所得支援給付法
〔増補版〕

木村弘之亮

所得支援給付法
〔増補版〕

学術選書
69
租税法・社会保障法

信 山 社

増補版はしがき

　初版では、所得税法と社会保障法との統合のため、フラット税率と消去率付き所得支援給付（Tax Credits）の組合せが試みられた。

　増補版では、フラット税率に代えて、累進税率を用いるモデルを提示することとした。そのため、本書第3部では、超過累進税額表と線形累進税額表を比較検討し、後者を選択することとした。線形累進税額表のモデルにもいくつか変形が考え得るので、それらを検討した。超過累進税額表と線形累進税額表のためのプログラムとグラフによる可視化を試みている。第3部では、基本的な線形累進税額表を用いている。さらに、所得税と社会保障の統合のためのプログラムとグラフで可視化することによって、線形累進税額表と消去率付き所得支援給付の組合せモデルを提示し、同時に、公表されている国税に係る申告納税者のデータベースを用いて、算出所得税からの歳入計算と所得支援給付額（Tax credit）の歳出計算のためのプログラムとグラフで可視化している。

　ここで説明する税率論は、グラフィックスを多用して視覚化することにより、より多くの人々にとって理解しやすくなることであろう。

　所得支援給付額の算定過程においては、相対的貧困線のデータを用いようと試みている。ただし、2014年統計資料は、課税所得金額と納税者数との関係について、正規分布を示さず、むしろ、べき分布とフラクタルの組合せを顕著に示している。正規分布を想定して理論構成されている相対的貧困線のアイデアは、現在の所得格差の著しい日本社会では当てはまらないおそれがある。やむをえず、仮定の数値を用いている。しかし、あえて相対的貧困線の数値を関係の数式に代入しても、べき分布と正規分布の異同を認識したうえならば、差し支えない。所得格差を示すパレート指数のためのプログラムとグラフを用いて可視化している。パレート指数は、使ったデータによる制約があるとはいえ、説得力のある値である。グラフとその数式プログラムがテストに耐えうるかどうかについて議論していただくために、あえてできるだけ掲載した。第3部ではMaple15とWolfram Mathematica 10.3（数式処理システム・ソフト）が使用されている。

　多数のグラフとその数式を示しているところは、筆者の用いうる統計資料に一定の限界があるばかりでなく、統計学や数学およびそのプログラミング能力

の不足を惧れている。このため読者の皆様には、プログラム等を検証されご教示いただきたい。統計学・財政学の専門家や財務省等の担当者の皆様が、本書で提示したモデルをさらに展開して、ここで提示したモデルのプログラム等に関係のデータを代入していただければ幸甚である。実務の一助となりうることを願うばかりである。

本書は、19 世紀以来確立されてきた "primum vivere deinde tributum solvere" (first living, then paying taxes). に代えて、次の基本方針を打ち立てている。

Si tributis solutis non vivitur, res publica auxilia ad vivendum necessaria tribuere debet.

If after tax paying man can't live, the state has to support things necessary to live.

納税後に生活できなければ、政府は必要な所得を支援しなければならない。

必要な国民に生存権を実効的に保障する観念が、その基底にある。

　謝　　辞

Professor John Tiley (Queens' College, Cambridge Uni.) に本増補版を捧げる。同教授は、租税法の教育と研究、ことに Tax Credits を道具とする家族税法及び租税回避の包括否認規定 (GAAR) の導入に足跡を残された。当職は、1992年から 3 年にタイリー先生の下でイギリス租税法を勉学させていただいた。その際、(財) 租税資料館及び慶應義塾大学から財政援助を賜り、また研究休暇の機会を与えていただいた。謝意を表する。

2011 年 2 月には Christian Seidl 教授（キール大学経済学部国民経済学研究所）のもとで税率論と所得再分配をご指導いただき研究の機会を与えていただいた。さらに、2012 年 2 月から Johanna Hey 教授（ケルン大学法学部租税法研究所）のもとでアドバンスな所得税率論と所得再分配を研究する機会を与えていただいた。いずれの在外研究においても、Alexander von Humboldt Stiftung さんから研究を支援していただいた。感謝の意を表する。

また、快く増補版の出版を承諾してくださった信山社の袖山貴氏と編集担当の稲葉文子氏には、深甚なる感謝の意を表したい。

　2016 年 3 月 1 日

木村弘之亮

は　し　が　き

　本書はフラット税率の所得税と社会保障システムの組合せからなる所得支援給付法を提示する。所得税法に定められている人的所得控除規定を全廃して、所得税は、総所得金額に直接1本の比例税率を適用して算出される。課税ベースが拡張され、フラット税率があらゆる所得階級に適用される結果、所得税収は増大する。低所得者も高所得者もその所得に比例して所得税を等しく負担する。他方、社会保障システムでは、最低生活の維持を確保しうる為の最低所得保障のための基礎租税クレジットや配偶者租税クレジットを、さらに、児童の貧困を撲滅し、就労インセンティブを強化するための児童租税クレジットや就労租税クレジットを主たる構成要素とする所得支援給付が、要所得支援者に支給される。生活保護法は全面的に改廃される。所得の再分配は、前記のフラット所得税システムと所得支援給付システムとによって、低所得者により厚く累進的に行われる。

　社会保険料の支払義務を果たしえない所得層にはその支払不足を補填しうるための保険料拠出保障は、社会保障制度に必要であろう。さもなければ、極貧の者は、社会保険料の支払い義務を果たしえない結果、生活保護を受けられないうえ、いかなる社会保障も享受しえなくなるからである。この問題は、フンボルト財団のご援助により来年2011年冬季に北ドイツで共同研究を行う予定であり、その成果については、いずれ公表したい。

　貧困に対する十分な対策は、法的正義の真の試金石である。

　だかしかし、わたくしは、不覚にも、基礎控除、配偶者控除および扶養控除等は、生存権の保障に必要不可欠な人的所得控除であり、所得税法にとっての礎だと思いこんでいた。基礎控除の仕組みが所得税法に内蔵されている合理的根拠に疑いをいだいてこなかった。配偶者控除の仕組みのみならず扶養控除の仕組みもまた、累進課税制度のもとでは、課税所得金額の多寡に応じて、隠れた所得移転に逆進的に作用する。このことは、富の再分配の文脈で不公正であるから、人的所得控除を改革しなくてはならない。

　貧困線以下しか所得を稼げない人々に対し、その不足分の所得を全部または

vii

はしがき

一部を補足しようとするのが、所得支援給付法である。最低所得保障額（所得支援基準給付額）を満たす所得のない者にはその満額を給付し、そして、所得支援給付額は、要所得支援者の稼ぐ所得金額の多寡に応じて削減され、やがて零（ゼロ）に消去される。受給権者は、所得支援給付を請求する。このような政府からの所得移転が、所得税制を用いて行われる。このような社会保障を規制する法律が所得支援給付法である。

　所得支援給付制度は生存権保障を目指して、最低生活費をすべての国民に確保できるようにする制度である。

　所得税と社会保障法を統合することによって、少なくとも部分的に統合することによって、前記の問題を抜本的に解決しようとするのが、本書の目指すところである。

　英国 2002 年 Tax Credits Act は、児童 Tax Credit および就労 Tax Credit の道具を用いて、極めてち密にかつ包括的に構想されており、それらによって、児童の貧困を撲滅し、機会の平等を保障しようとし、そして、非正規労働者又は貧困な就労者に租税クレジット [1] を給付する。中低所得者もまた、その所得金額が相対的貧困線（又は国家財政上それよりいくらか低水準）に満たない場合、かつその範囲において、租税クレジットを受給しうる。就労租税クレジットの受給要件を、請求人の就労時間の長短および請求人の年齢に依存させるかどうかは、政策判断である。就労意欲をどのように高めうるか、どの年齢層の若者又は熟年者を受給対象に含めるべきかは、本来、日本での実証研究及び統計数値に照らし、判断すべきであろう。しかし、そのような研究や統計に乏しいので、他国の経験や実証研究を斟酌して、政策判断をせざるを得ない。

　本書は、負の所得税についての議論をトレースした後、負の所得税の思想に触発されたドイツ所得税法改革案（Mitschke）を検討し、続いて、英国における租税クレジット法制度を紹介し、検討する。英国の租税クレジット法制度が、大規模な社会保障制度と所得税法の改革を必要としたことに、ご理解いただけるであろう。

　本書で示した所得支援給付プログラムについて、ご意見をお寄せいただければ、ご意見を検討させていただき、私案に反映させることとしたい。

---

[1]　tax credits. ここで租税とは、負の所得税をさしているから、負税債権と表現するのが、理論上適切であろう。しかし、負税という用語は、まだ、日本でなじみがないので、本書では、租税クレジットの用語を用いる。給付つき税額控除とも和訳されている。本書はこれを所得支援給付と意訳している。

はしがき

kimura.konosuke@nihon-u.ac.jp

Daniel Halperin(Harvard Law School) 教授には、2002-3 年 Fulbright Fellow
として、租税政策のゼミナールに参加し、その好機に社会保障と租税のかかわ
りあいについて覚醒させていただいた。Judith Anne Freedman（Worcester Col-
lege, Oxford Uni.）教授には、英国所得税法をご教示いただいたうえ、租税クレ
ジットを専攻する学者をご紹介いただいた。Atkinson, A.B.（Nuffield College,
Oxford Uni.）教授には、学寮、図書館など施設の利用に便宜を図っていただい
た。Natalie Lee（University of Southampton）教授には、所得税法と租税クレ
ジット法に関する詳細なご指導をいただいた。上村敏之博士（関西学院大学法
学部教授）と塩津ゆりか氏（同志社大学ライフリスク研究センター　特別研究員；
大阪商業大学経済学非常勤講師）には、歳入と租税支出の統計処理の仕方につい
て懇切にご教示いただいた。（独法）日本学術振興会から「法と経済学による
タックス・エンジニアリングと社会保障：所得税法の近代化と立法学」につい
て平成 18-21 年度科研費の助成をいただいた。その研究成果が本書である。あ
わせて、謝意を表する。快く出版を承諾してくださった信山社取締役袖山貴氏、
そして、作業の進捗をスムーズにしてくださった編集担当の稲葉文子氏には、
この機会に深甚なる感謝の意を表したい。

　本書をダニエル・ハルペリン先生（ハーバード大学ロースクール教授）に捧
げる。

　2010 年 8 月末日

五番町研究室にて
木村弘之亮

ix

【初出一覧】

木村弘之亮「政府からの移転所得に対する課税モデル——税率適用の留保ルールと所得移転消去率ルールの併用」自治研究 85 巻 9 号（2009 年）45-63 頁

木村弘之亮「所得税引き後の所得金額が最低生活必要額を保障すればよいとする、最低生活費残余説（一）、（二・完）」自治研究 86 巻 1 号（2010 年 1 月）31-57 頁、86 巻 2 号（2010 年）16-35 頁

木村弘之亮「基礎控除等に代わる租税クレジットの創設——生存権保障の充実」税経通信 65 巻 2 号（2010 年）40-49 頁

木村弘之亮「英国の所得税法における家族課税と租税債権給付：児童貧困の撲滅と働きがいのある社会支援給付を目指して」税法学 560 号（2008 年）37-88 頁

木村弘之亮「イギリス議会における省令承認手続き——社会保険料率を中心として」自治研究 84 巻 11 号（2008 年）3-24 頁

木村弘之亮「生活保護法と所得税法の統合モデル：生活保護法は法の支配下か」所収：石島弘・木村弘之亮・玉國文敏・山下清兵衛（編）『山田二郎先生喜寿記念 納税者保護と法の支配』（信山社　2007 年）431-495 頁

木村弘之亮「一等賞のドイツ税制改革案：所得税と社会保障の統合ならびに法人税の全廃」税経通信 60 巻 13 号（2005 号）17-29 頁

木村弘之亮「所得保障モデルを統合した所得税法案：Mitschke 所得税・所得支援交付金統合法案の位置づけ」税法学 555 号（2006 年）21-60 頁

【初出　所得支援給付法　増補版】

木村弘之亮「所得税額表の立法技術——超過累進税制に代わる、線形累進税モデル」『行政と国民の権利』水野武夫先生古稀記念論文集（法律文化社　2011 年）524-546 頁

木村弘之亮「2006 年と 11 年の日本所得税額シェジュール比較分析：所得課税の局所逆進性について」所収：葛克昌教授祝壽論文集編輯委員會（編）『租税正義與人権保障』葛克昌教授祝壽論文集（新學林出版　台北 2016 年）857-882 頁（日本語版）、883-904 頁（中国語版）

木村弘之亮「2015 年と 2013 年所得税法の定める超過累進税額表と歳入予測——見て楽しい税率」税務弘報 63 巻 13 号（2015 年）152-164 頁

木村弘之亮「所得税額表の立法技術——指数累進税モデルの紹介」税法学 567 号（2012 年）3-36 頁

木村弘之亮「所得税と社会保障の統合システム——残余所得説と最低生活費保障」初出

木村弘之亮「社会保障制度と租税法——憲法 84 条からみた社会保障と租税の統合」租税研究 711 号（2009 年）111-130 頁

木村弘之亮「線形累進税額表モデルと所得支援給付の統合とその歳入予測——見て楽しい税率」税務弘報 64 巻 3 号（2016 年）146-155 頁（未発刊）

　本書各章は、上に掲げる論考に補正を加えたものである。初掲載させていただいた各出版社様には、ここでの再録についてご寛容いただいた。御礼申し上げます。

目　　次

増補版はしがき

は し が き

第1部　負の所得税からの展開 ……………………………………… 1

第1章　序　　説 ………………………………………………………… 1

第1節　はじめに ……………………………………………………… 1

第2節　概　　観 ……………………………………………………… 4

第3節　法改正に伴う財政の均衡 ………………………………… 10

第2章　負の所得税を所得税法に統合：生活保護法は法の支配下か … 23

第1節　問題提起：所得税法と生活保護法の不整合 …………… 23

第2節　税制を用いた所得移転システムに関する学説史 ……… 28

1　理論枠組みの概要 …………………………………………… 28

2　所得支援分岐水準を所得税法上の人的所得控除額に限定する、
人的所得控除アプローチ ………………………………… 31

3　所得支援分岐水準を租税分岐点に拡張する、所得支援基準給付
アプローチ ……………………………………………………… 44

4　所得支援分岐水準を貧困線ギャップの一定割合とする、貧困
線ギャップ・アプローチ …………………………………… 66

第3節　結　　語 ……………………………………………………… 83

1　所得支援給付金制度としての負の所得税構想 ……………… 83

2　所得支援分岐額を所得税法上の人的所得控除額に依存させる
モデル …………………………………………………………… 83

3　所得支援分岐額を所得税法上の租税分岐点に依存させるモデ
ル ………………………………………………………………… 84

4　所得支援分岐額を貧困線ギャップに依存させるモデル ……… 84

5　所得支援給付法案にとっての意義 ………………………… 85

第3章　所得保障モデルを統合した所得税法案：Mitschke所得税・
所得支援給付金統合法案の位置づけ ……………………… 89

第1節　公的扶助と所得税制度 ……………………………………… 89

1．公的扶助と所得税法の谷間 …………………………… 89

xi

　　　　　　　　　　目　　次

　　　2.　税制を用いた社会配当に関する新契約論 ……………………… 97
　第2節　社会配当モデルに関する学説史 …………………………………… 105
　　　1.　理論枠組みの概要 …………………………………………………… 105
　　　2.　所得税法を用いた新しい社会配当アプローチ ………………… 108
　第3節　所得支援給付金システムを所得税法に統合する法律案 ………… 121
　　　1.　ミチケの所得支援給付金プランの位置づけ ………………………… 121
　　　2.　所得税・所得支援給付金統合法案の具体例 ……………………… 123
　第4節　結　　語 ……………………………………………………………… 124
　　　1.　所得税法を用いた所得保障：一般的性格付け …………………… 124
　　　2.　所得保障と所得税の統合 ………………………………………… 126
　　　3.　税率の高低 ………………………………………………………… 127
　　　4.　「負の区間」における課税と所得支援給付金と税率…………… 127
　付録　ミチケ法律案——所得税法及び所得支援給付金法（翻訳）……… 130
第4章　（研究紹介）1等賞のドイツ税制改革案：所得税と社会保障
　　　　の統合ならびに法人税の全廃 ………………………………………… 137
　第1節　著者紹介 ……………………………………………………………… 137
　第2節　本書の骨格 …………………………………………………………… 137
　第3節　内容紹介 ……………………………………………………………… 140
　第4節　評　　価 ……………………………………………………………… 146

第2部　就労及び児童・若者を支援する所得支援給付システム 155

第5章　英国の所得税法における家族課税と租税クレジット：児童貧
　　　　困の撲滅と働きがいのある社会保障給付を目指して………… 155
　第1節　連合王国所得税法における家族の課税：人的所得控除と税額控除 155
　　　1.1.　はじめに ……………………………………………………………… 155
　　　1.2.　人的所得控除 ……………………………………………………… 159
　　　1.3.　税額控除 ……………………………………………………………… 161
　　　1.4.　いずれか一方の夫婦の死亡 ……………………………………… 167
　　　1.5.　婚姻中の年度における税金 ……………………………………… 167
　第2節　児童租税クレジットと就労租税クレジット ……………………… 168
　　　2.1.　はじめに ……………………………………………………………… 169
　　　2.2.　児童租税クレジット ……………………………………………… 170
　　　2.3.　就労租税クレジット ……………………………………………… 190
　　　2.4.　租税クレジットの金額 …………………………………………… 211

目　次

2.5.　租税クレジットの過大支給 ……………………………… 234

第3節　租税クレジットの請求、決定と支給 …………………………… 249

3.1.　はじめに ……………………………………………… 249

3.2.　所得金額：租税クレジット …………………………… 269

3.3.　請求後における状況の変化 …………………………… 281

3.4.　所得金額の変化 ……………………………………… 286

第4節　事例研究 ……………………………………………………… 291

4.1.　請求に対する行政の対応 ……………………………… 291

4.2.　租税クレジットの計算：基本計算法と完全計算法 ………… 301

4.3.　支給、過少支給、過大支給 …………………………… 320

第5節　2002年租税クレジット法の評価…………………………… 322

5.1.　就労租税クレジット …………………………………… 323

5.2.　就労租税クレジットに関する諸問題 ………………… 324

5.3.　請求人の範囲 ………………………………………… 329

5.4.　即応性と複雑さ ……………………………………… 330

5.5.　租税システムと所得支援給付システムの統合 ………… 332

5.6.　2002年改正の積極的評価 …………………………… 333

第6節　結　　論 …………………………………………………… 334

第6章　政府からの移転所得に対する課税モデル：所得移転消去率
　　　　ルールを併用 ……………………………………………… 345

第1節　問題提起 ……………………………………………………… 345

1　所得移転に対する課税非課税の判定基準 ……………… 345

2　政府からの隠れた所得移転と逆進効果 ………………… 346

3　所得移転に対する課税モデル …………………………… 348

第2節　経済学にいう可処分所得と最低生活費残余方式 ………… 349

1　経済学にいう可処分所得 ………………………………… 349

2　所得税法上の最低生活費残余方式 ……………………… 350

第3節　政府からの所得移転を課税しないでおく理由は、政府からの金
　　　　銭給付を補完 ……………………………………………… 365

第4節　政府からの金銭給付に対する課税 ………………………… 366

1　就労意欲の向上のためのインセンティブ ……………… 366

2　貧困児童の撲滅と新生児誕生のためのインセンティブ ……… 367

第5節　政府からの金銭給付に対する非課税：所得移転消去率の併用 … 368

1　就労インセンティブの性格をもつ、政府からの金銭給付 …… 368

xiii

目　次

　　　　2　生存権保障の性格をもつ、政府からの金銭給付 ················· 369

　第6節　展　　望 ·· 370

第7章　所得税引き後の所得金額が最低生活必要額を保障すればよい
　　　　とする、最低生活費残余説·· 375

　第1節　問題提起 ··· 375

　第2節　所得税法32条a(税率)の税率構造と税額の計算過程 ············· 377

　　　　1　1985年所得税法 ··· 378

　　　　2　2009年所得税法 ··· 383

　第3節　1985年ドイツ法曹家大会とその決議 ·· 386

　　　　1　税額控除方式 ·· 387

　　　　2　人的所得控除方式 ··· 394

　　　　3　同一機能説 ·· 397

　　　　4　最低生活費残余方式 ··· 399

　第4節　1992年ドイツ連邦憲法裁判所決定 ··· 399

　第5節　教　　訓 ·· 405

第8章　イギリス議会における省令承認手続き：保険料率を中心として 411

　第1節　はじめに ··· 411

　第2節　連合王国における国民保険基金 ·· 413

　第3節　1946年法規命令承認手続法 ·· 418

　　　　1　はじめに ·· 418

　　　　2　法規命令とは何か ··· 418

　　　　3　法規命令承認に関する議会手続き ·· 420

　　　　4　積極的承認手続きについての詳論 ·· 423

　　　　5　法規命令の否決 ··· 424

　　　　6　法規命令に関する合同委員会 ·· 425

　　　　7　法規命令の政策評価に関する上院委員会 ······························· 425

　第4節　結　　語 ·· 425

第9章　所得支援給付法案の要綱 ·· 429

　第1節　立法理由 ·· 429

　第2節　要　　綱 ·· 429

　第3節　所得支援給付法　案 ··· 441

目　次

第3部　税率論とその歳入予測 …………………………………… 445

第10章　所得税額表の立法技術——超過累進税制に代わる、線形累進税
モデル—— ……………………………………………………………… 445

第1節　問題提起 …………………………………………………… 445
第2節　ドイツ連邦における1986年と1990年所得税額シェジュール…… 446
1　多項式による税額シェジュールの作成方法 ………………… 446
2　税額シェジュールの分析 ……………………………………… 453
第3節　日本所得税額シェジュールのためのモデルH ……………… 456
1　税額シェジュールの立法技術と累進の局所測度 …………… 456
2　税額シェジュールの分析 ……………………………………… 462
3　租税政策の反映 ………………………………………………… 465
第4節　結　語 ……………………………………………………… 468

第11章　2006年と2011年の日本所得税額シェジュール比較分析
——所得課税の局所逆進性について—— …………………… 491

第1節　問題提起 …………………………………………………… 491
第2節　累進測度 …………………………………………………… 493
第3節　日本における2006年と2011年所得税額シェジュール ………… 497
第4節　税額シェジュールの分析 ………………………………… 503
第5節　租税政策の反映 …………………………………………… 508
第6節　残された課題 ……………………………………………… 509

第12章　2015年と2013年所得税法の定める超過累進税額表と歳入予測
——見て楽しい税率—— ………………………………………… 513

第1節　問題提起——超過累進税制の特徴—— ………………… 513
1　基礎控除額 ……………………………………………………… 513
2　多段階の超過累進税率 ………………………………………… 513
3　最高限界税率 …………………………………………………… 515
4　平均税率 ………………………………………………………… 516
第2節　超過累進税制とその可視化 ……………………………… 518
1　納税者の分布 …………………………………………………… 518
2　所得階級 ………………………………………………………… 519
3　所得階級ごとの算出所得税歳入 ……………………………… 519
4　所得階級ごとの納税者数と算出所得税歳入分布 …………… 520
5　所得階級に応じた課税所得額と算出税額——開差は残余所得額——

xv

目　次

・・ 523

　　　6　課税所得合計と算出所得税額歳入 ・・・・・・・・・・・・・・・・・・・・・・・・・ 525

　第3節　局所累進性にみる不平等──2015年所得税法を手がかりとして──

　　　　　・・ 526

　　　1　超過累進税額表 ・・ 526

　　　2　限界税率表 ・・ 527

　　　3　平均税率表 ・・ 529

　　　4　歳入弾性 ・・・ 531

　　　5　残余所得弾性 ・・・ 533

　第4節　改正の必要性 ・・・ 535

　　　1　パネルデータの制約 ・・ 535

　　　2　超過累進税制の改廃 ・・ 536

第13章　所得税額表の立法技術──政策即応型累進税モデルの紹介── 539

　第1節　課題の設定 ・・ 539

　第2節　税額シェジュールのドイツ経済研究所提案 ・・・・・・・・・・・・・・・ 540

　　1　要　　請 ・・・ 541

　　　2　税額表関数 ・・・ 544

　　　3　モデル税額表シェジュール ・・・・・・・・・・・・・・・・・・・・・・・・・・・・・・・・・ 550

　　　4　当モデルの効果 ・・・ 555

　　　5　小　　括 ・・ 559

　第3節　税額シェジュールのカール・ブロイア研究所提案 ・・・・・・・・・ 567

　　　1　計算式の構築について ・・・・・・・・・・・・・・・・・・・・・・・・・・・・・・・・・・・・・・・ 568

　　　2　限界税率 ・・・ 570

　　　3　平均税率 ・・・ 571

　　　4　歳入弾性 ・・・ 572

　　　5　残余所得弾性 ・・・ 573

　第4節　T133モデルの長所短所 ・・・・・・・・・・・・・・・・・・・・・・・・・・・・・・・・・・・ 575

　　　1　税負担の均衡のとれた流れ ・・・・・・・・・・・・・・・・・・・・・・・・・・・・・・・・ 575

　　　2　簡単な数式を用いた税額表シェジュール ・・・・・・・・・・・・・・・・ 576

　　　3　貨幣価値の変動に容易に対応 ・・・・・・・・・・・・・・・・・・・・・・・・・・・・・ 577

　第5節　結　　語 ・・ 579

第14章　所得税と社会保障の統合システム──残余所得説と最低生活

　　　費保障── ・・ 585

　第1節　問題提起 ・・ 585

目　次

　　　1　移転所得に対する課税非課税の判定基準 ……………………… 585

　　　2　政府からの隠れた移転所得と逆進効果 ……………………… 586

　　　3　移転所得に対する課税モデル ………………………………… 586

　第2節　経済学にいう個人所得と最低生活費残余説 ………………… 587

　　　1　経済学にいう個人所得 ………………………………………… 587

　　　2　所得税法上の最低生活費残余説 ……………………………… 588

　第3節　政府からの移転所得に課税しないでおく理由は、

　　　　　政府からの金銭給付を補完 …………………………………… 589

　第4節　政府からの金銭給付に対する課税 …………………………… 589

　　　1　就労意欲の向上のためのインセンティブ …………………… 590

　　　2　貧困児童の撲滅と新生児誕生のためのインセンティブ ……… 591

　第5節　政府からの金銭給付に対する課税と所得移転消去率適用のルー

　　　　　ルの併用 ………………………………………………………… 592

　　　1　就労インセンティブの性格をもつ、政府からの金銭給付 …… 592

　　　2　生存権保障の性格をもつ、政府からの金銭給付 …………… 593

　第6節　結　　語 ………………………………………………………… 594

第15章　社会保障制度と租税法──憲法84条からみた社会保障と租税

　　　　の統合── …………………………………………………………… 615

　第1節　国民年金法、国家公務員共済組合法、私立学校教職員共済法な

　　　　　どと税法の対比 ………………………………………………… 615

　　　1　保険料率を定立する共済組合連合会定款 ………………… 619

　第2節　保険料率及び標準報酬は衡平か ……………………………… 622

　　　1　自営業者の場合 ……………………………………………… 622

　　　2　公務員／私学教職員の場合 ………………………………… 625

　　　3　厚生年金被保険者の場合 …………………………………… 632

　第3節　保険掛金ベースを給与所得に統合 ………………………… 633

　第4節　社会保障制度は全面改正 ……………………………………… 636

　　　1　議会による稀薄なコントロール：政省令および組合定款 …… 636

　　　2　横断的システム・デザイン：社会保障拠出法、社会保障管理法、

　　　　　社会保障給付法、所得支援給付法 ………………………… 637

　第5節　結　　語 ………………………………………………………… 640

第16章　線形累進税額表モデルと所得支援給付の統合とその歳入予測

　　　　──見て楽しい税率── ………………………………………… 645

　第1節　問題提起：1949年シャウプ勧告による超過累進税額表の特色… 645

xvii

目　次

第2節　線形累進税額表モデルと歳入予測 …………………………… 649
　　1　線形累進税モデル ………………………………………… 649
　　2　入口税率と出口税率に依存する歳入予測 ………………… 652
　　3　局所逆進性の伴わない、矯正的平等 ……………………… 652
　　4　残余所得にて最低生活費を賄い得ない者に対する所得支援の
　　　　必要性 ………………………………………………………… 652
第3節　Tax Credits（負の所得税） …………………………………… 654
　　1　人的所得控除に代替する Tax Credits：社会保障制度にとって
　　　　の意義 ………………………………………………………… 654
　　2　所得支援給付としての Tax Credits …………………………… 654
　　3　相対的貧困線の意義 ………………………………………… 655
　　4　消去率付き Tax Credits ……………………………………… 656
　　5　Tax Credits の歳出予測 ……………………………………… 660
第4節　線形累進税額表と社会保障の統合 …………………………… 663
　　1　Tax Credits モデルと線形累進税額表モデルの組合せ ……… 663
　　2　そのグラフィックス ………………………………………… 664
　　3　その歳入歳出予測：実行可能性 …………………………… 665
第5節　結　　語 ………………………………………………………… 667
　　1　消去率付き Tax Credits と線形累進税額シェジュールの統合 667
　　2　最低生活費が残余所得を下回らないという準則 ………… 668
　　3　就労意欲等を鼓舞するという要請 ………………………… 670
　　4　公的年金制度も線形累進保険料シェジュールへ改革：矯正的
　　　　平等 …………………………………………………………… 670
　　5　超過累進税制の内蔵する局所逆進性は排除すべしとの要請 … 670

参考文献（677）
事項索引（699）

xviii

所得支援給付法
〔増補版〕

第1部　負の所得税からの展開

第1章　序　　説

第1節　は じ め に

　本書において、負の所得税理論によって指摘された問題群を解決する目的で、政策手段の選択肢が論じられる。最近の議論の租税政策論議で取り上げられる一連の手段について、ドイツでの論議および連合王国での議論（とりわけ租税クレジット法）を含め論じている。本書を読もうとする理由は、知的興味からだけであるはずはない。貧困の撲滅、所得格差を緩和、就労意欲の向上、ひいては所得の再分配を達成する目的のために、本書は、4種類の租税クレジット（これは「給付つき税額控除」、または、「税制度を用いた所得移転」とも表現されうる。）の導入、所得税法上の人的所得控除の全廃、それによる課税ベースの拡大、1本のフラット税率の適用、それによる税負担の衡平、所得税収の増額および所得の再分配をセットとして制度設計している。本書が示す設定目標、採用する政策道具、政策目標の達成期待度に対する関心が、本書を紐解こうとする重要な要因となっていると思われる。現在の政策は不十分だと感じている人々もいるし、行き過ぎだと思っている人もいる。このテーマについては論議が多く、そのため、いろいろな問題が十分論じられることが何よりも重要である。

　まず、個人間の所得分配問題を考えることが重要である[1]。マルクスを含め古典派の研究者が関心を持った生産要素（土地、労働、および資本）間の分配の問題を超える必要がある。利潤が増大しても、それが財界の億万長者の手許で

---

[1]　Atkinson(1975), pp.2; アトキンソン(1981)　3頁。

第1部　第1章　序　説

なく、寡婦や孤児の手許へ行くならば、その意味はまったく異なってくる。政
府による所得分配政策の効果は、十分考慮されなければならない。

クズネッツ（Kuznets）は、アメリカの所得格差について先駆的な研究を行い、
「われわれが『所得の不平等』というとき、それは単なる所得の格差を意味し
ており、報酬の体系としての望ましさや、平等についてのある理念に反する制
度の不適切さを考慮しているのではない[2]」と序言している。生存権の保障と
の関連において、政府は、生存権および最低生活の維持を何人にも等しく保障
すべきであろう。そして、機会の平等との関連において、スタート、とくに成
人になるまでの期間において何人（とくに貧困者の児童や青年）に対しも機会を
等しく与えるよう努めなければならない。このような目的を実現するため、所
得の格差を是正し、不足の所得を補足し、その財源として富裕者の所得の一部
を政府経由で貧困者に移転する。

「所得格差」の用語の使い方は、他のどのような側面が関連するかに依存し
ている。これは、社会的な価値判断の問題であるが、ここで考慮されるべき重
要な問題を以下にいくつか指摘するにとどめる[3]。

個人は、仕事や貯蓄又は危険負担について嗜好が異なっている。その結果、
同じ機会を与えられた人々であっても、異なる意思決定がされ、所得や富の差
異が帰結する。或る者は、稼得所得は低くても労働時間が短く、重い責任のな
い仕事を選好するかもしれない。老後に備えて働けるうちに貯蓄に励むことを
選択する者は、退職時には、若いころに消費することを好んだ者より、多くの
富を有するようになるだろう。これは嗜好と選択の問題である。

重要なことは、人々が同じ機会を与えられることである。機会の平等という
面からだけ見れば、問題はどうスタートするか ── 成功の期待がすべての者に
同じであるとしても ── である。成果の平等は偶然の要素により影響を受ける
から、将来にわたり同じ機会を与えられてスタートした人々といえども、所得
や富はきわめて違ってしまうことがある。成果の平等は、偶然がどう作用する
かに依存するであろう。機会と成果がここでの問題である。

個人が受ける所得の流れや消費する量は、年齢、家族規模、健康状態などで
表わされるその者のニーズとの関連で考察される必要がある。単身者にとって
十分な所得額でも、5人家族には十分な満足をみたさないであろう。一人の児

---

[2]　Kuznets(1953).
[3]　アトキンソン(1981) 6-7頁。

第1節　はじめに

童に十分な所得でも、一人の労働者には十分ではないだろう。このように所得の分配には個人間のニーズの相違に照らし評価されなければならない。ここでは、所得とニーズが問題である。個々の個人単位というよりむしろ家族単位が所得保障の問題を解決するにふさわしい。

　これらの要因やその他の要因のため、所得の格差から公正や不公正について簡単に語ることはできそうもない。たとえば、ニーズの幅について社会的価値判断をするには多くの困難が伴う。しかし、これらの問題が困難だからといって放置してよいわけではない。格差があれば不公正があると考えてはいけないのと同様、政府から国民への所得移転を比較するのが困難だから、所得分配の問題は無視してよいと結論づけてはならない。

　セン（Sen）[4] は、こうした文脈において、極めて理論的に或る種の問題点を指摘し、それから破滅の図式を描くようなニヒリズムの格好の餌食となる危険に注意を促している。

　本書は、政府から国民に移転する所得の格差問題、ひいては所得の分配問題を考察する。政府から国民に移転する所得には、目につかない隠れた形のもの（租税支出など）と明示的な形のもの（補助金交付など）がある。所得税制度を通しての隠れた形の所得移転を誰の目にも容易に知覚しうるようにしたうえで、本書は、生存権の保障、スタートにおける機会の平等、就労インセンティブの向上、および個人間のニーズの相違を考慮に入れて、所得支援給付法の主要な部分を構築するよう試みる。

　所得支援給付法は、公的所得保障の給付制度を規律する。さまざまな原因や理由から、所得を稼いで経済活動に参加できない又は参加しにくい者がいる。また、子どもがいるために、養育費用がかかり、就労の機会が制約されたりして、稼得所得だけでは普通の生活水準を確保できないこともある。こうした事態に対応するために、公的所得保障の制度が各国で整備されつつあり、広義での社会保障の主要な一部門をなしている[5]。

　所得支援給付法とは、マクロにみると、所得を再分配する法である。この法制度をもちいて、政府は、一定の範囲の国民から、その所得の一部を政府に支

---

[4]　Sen(1973)（経済的不平等、とくに（資産以外の）所得の分配における不平等と、その計測及び尺度が議論されている。）；セン(1977)；セン(2000)（貧困と権原、貧困概念、権原アプローチなど詳細）；セン(1999)（機能と潜在能力、平等の要件など詳細）；セン(1988)（斬新な視点から厚生の概念的基礎を展開）；セン(1989)。

[5]　岩村(2001) 3-4 頁。

払ってもらって財源を調達し、政府の公的機関を媒介に、一定の範疇の国民に対し所得を再分配する[6]。しかし、本書は、生活保障[7]（児童のための公的保障を含む）を主要対象とする所得保障に限定する。医療保険、年金保険および労働保険は取り扱わない。

第2節　概　　観

　政府は、憲法で保障されている個人の尊厳と人格権の発展をはぐくみ、生存権を保障するため、人々の潜在能力を活性化させ、自立して生活しうる能力を育成すべきである。また、そのような能力を強化しうる制度的環境が整備されるべきであろう。政府の福祉サービスの目的は、弱者を支援するだけでなく、グローバルな競争のなかでも自立して働き、生活できる個人を育成することにある。政府は、国民の依存心を助長するのではなく、個々人が自立し、社会に参画することを後押しすべきであろう。政府は、どのような産業分野でもどこの企業でも働けるような高い質の技能や知識経験を有する若ものを作り出すことを目標とすべきであろう[8]。貧しい人も、教育と就労によって貧困から脱却できる、というメッセージが新しい福祉国家の理念を表現する。すべての人が仕事に就き、稼ぐことによって、自立した生活を送り、貧困から脱出するというのが、新しい福祉社会のモデルといえよう[9]。心身障害を患っている者や家庭内で無償労働に就いている女性の場合、同じような有償レベルで稼働できないとしても、それぞれの能力を最大限発揮して活動することによって、単に政府からの福祉に依存するのではない生活の仕方が望まれる。

　所得支援給付法（案）は、配分的正義に適合する富の再分配を実現し、すべての児童のためスタートの平等を確保し、働きがいのある就労意欲を高め、そしてすべての個人の生存権を保障するための、公的扶助を目指して、所得支援を給付する。所得支援給付[10]は、生活保護法による生活保護給付および所得税法における人的所得控除に代わる、公的扶助を意味する。所得支援給付法は、

---

[6]　岩村（2001）4頁。

[7]　加藤（2001）23-27頁（生活保障の語義を考察）。本書で取り上げる範囲の社会保障対象を、さしあたり、生活保障の典型例としておきたい。

[8]　山口（2005）20頁。

[9]　山口（2005）40頁。

[10]　tax credits. ここで租税とは、負の所得税をさしているから、負税債権と表現するのが、理論上適切であろう。

第 2 節 概 観

所得税制度と相互に関連しあって、制定される社会保障制度の核心的道具である。

新しい所得税法 [11] は、現行の所得税法に定める所得控除規定および租税特別措置法に定める自然人にかかる所得控除規定をすべて廃止する。このことによって、課税ベースを拡大し、租税支出総額 [12] を削減し、そのうえで、一律税率（33 1/3％）を導入する。超過累進税率の所得税制や多段階税率の所得税制 [13] によって富裕者から税金を搾り取るという政策は、取っていない。

さらに、国レベルの生活保護給付総額（＝扶助額）[14] もまた、削減される。生活保護法は、主要な部分を改廃する [15]。

その 3 に、社会保険料のための保険料所得控除 [16] はすべて廃止する。同時に、保険金非課税システムが新たに導入されるべきである。社会保険制度を見直し、保険料拠出時には所得控除をせず、保険金の受領時にその受取金を課税に服させないシステムに改変する。社会保険料控除の廃止もまた、課税ベースを拡大する。

なお、社会保険料の支払いにあてる稼得所得のない者に対し、その不足額は、所得支援給付額に加算して、給付する。この措置によって、失業者らを含め、すべての国民は、公的保険金を受給できるようになる（詳細は別稿）。

かくして、主観的課税標準（現行所得税法の概念では、課税総所得金額など）は不必要となり、税率は、客観的課税標準（現行所得税法の概念では、総所得金額などの合計額）に直接に適用される。税率は、租税分岐点（所得金額 零（ゼロ）円）を境に、正の税率と負の税率を区別することなく、一本の一律税率とする。所得税率を 33 1/3％または 25％に設定する場合の、所得税の歳入額は、

---

[11] 2010 年現在の所得税法における、人的所得控除の性質について、詳細は、木村(1999) 335-338 頁（生存保障所得控除、追加的負担所得控除、保険所得控除及び偶発所得控除を分析）；金子(2009) 174 頁。

[12] 平成 19 年度 94518.05 億円。参照、上村(2008) 1-14 頁、2 頁（租税支出概念について、包括的所得概念の逸脱から、実態的にみて租税制度における各種の免除、控除、特別措置へと変遷している）、4 頁（租税と社会保障の一体的改革が求められる場合、租税支出は重要な鍵である）。ただし、給与所得控除額を所得控除に含めない。この統計数値は、塩津ゆりか女史（大阪商業大学）にご教示いただいた。

[13] 多段階累進税制について、参照、本書第 7 章。

[14] 平成 19 年 96,789,119,680 円。この統計数値は、塩津ゆりか(大阪商業大学) 氏にご教示いただいた。

[15] 生活保護法の問題点について、たとえば、参照、関根(2007) 21-22 頁。

[16] 保険料控除について、参照、松原(2007) 44-47 頁。

本章第3節で述べるように、現在の所得税の歳入に比べ格段に増加する。

　他方、所得支援給付法及びその政省令は、拙稿「政府からの移転所得に対する課税モデル―税率適用の留保ルールと所得移転消去率ルール」（自治研究85巻9号（2009年9月）45-63頁（本書第6章））及び拙稿「所得税引き後の所得金額が最低生活必要額を保障すればよいとする、最低生活費残余説（1）（2・完）」（自治研究86巻1号（2010年1月）31-57頁、2号（2010年2月）16-35頁（本書第7章））に従って、法文化し、現行所得税法上の年度末の税額控除のテクニックとは別に、月次または週次の所得支援給付と所得移転消去の条文規定を創設しなければならない。所得移転消去は、トービンらのモデル（参照、本書第2章）における相殺所得税と同じ機能をはたす。異なる点は、税率のアイディアである。トービンらは、税率として数字（百分率）を設定するが、他方、本書は、その税率として数式利率を用いる。それが所得移転消去率である（参照、第6章数式1及び表1-1ないし8）。

$$所得移転消去率 = \frac{個人所得金額}{所得支援分岐点} \; ; \; 所得支援分岐点 > 0 \qquad 〈数式1〉$$

　　個人所得が所得支援分岐点以上の額である場合には、所得移転消去率は100%。

$$所得支援分岐点 = \frac{1}{一律税率} \times 所得支援基準給付額 \qquad 〈数式2〉$$

　　所得支援基準給付額は、典型的には、貧困線の数値に等値とする。

　廃止されるすべての種類の人的所得控除は、あらたに基礎所得支援給付（基礎租税クレジット）、配偶者所得支援給付（配偶者クレジット）、児童所得支援給付（児童クレジット）及び就労所得支援給付（就労クレジット）をそれぞれ構成する各種所得支援給付として再構築される。そして、本稿は、その法案の要綱を明確に提示する。就労所得支援給付は、たとえ低所得しか稼ぐことができなくても、自分で働き、社会の一員として生きていこうとする気力旺盛な者に対する支援である。これは生活保護法上の新規就労控除にとって代わる機能を有するが、人的適用対象が生活保護法上の要保護者を越えて拡大される。

　税負担の公平及び社会保障の観点から、所得支援給付（租税クレジット）は常に、人的所得控除よりも選好されるべきである。なぜなら、所得控除のケースでは、政府から国民に給付される（隠れた）移転所得は、超過累進税制のものとでは税率の百分率に左右され、その結果、所得金額の多いものにとって、

第2節 概 観

より有利となるからである。

生存権保障及び追加的負担[17]のための所得控除制度に代わる所得支援給付制度を新設するため、所得支援給付法を制定し、所得税法に定められている関係規定を改廃する。本書で提示する所得支援給付制度の特徴は、次の8点にある。

1に、所得支援給付の種類は、4種とする。すなわち、児童所得支援給付及び就労所得支援給付のみならず、基礎所得支援給付と配偶者所得支援給付がそれである。これらは、現在の所得法上の基礎控除、配偶者控除及び扶養控除に代わるものであり、就労所得支援給付はあらたな就労意欲を高めるための道具である。

2に、所得保障を請求し受給しうる単位は、個人単位ではなく家族単位とする。

3に、所得支援基準給付額は相対的貧困線[18]（又はその一定割合）を最大値とする。

生活保護法上の生活保護基準額の観念を本構想の貧困線に援用することによって、住宅手当要因額が所得支援基準給付金の一部を構成する。雇用者は、この住宅手当要因額に相応する住宅手当を、被用者 —— 被用者が要所得保障者たると否とを問わない —— に支給する必要がなくなる。これは、労働コストが雇用者にとって引き下がることを含意する。或る雇用者は、住宅手当要因額を上回る住宅手当をこれまで支給している場合にかぎって、その差額を将来も被用者に支給し続ければ足りるであろう。これにより、被用者が仮に解雇され失業しても、住宅費を賄えないほどに貧困にはならないであろう。現在の生活保護法は、受給額算定の要因として住宅手当を含めており、所得支援給付法（案）はその生活保護法を廃止するから、住宅手当の要因を基礎所得支援給付に含める必要があろう。

---

17 追加的負担のための追加的負担所得控除である。(i)所得税第79条に基づく障害者控除（特別障害者控除を含む。）、(ii)所得税法73条に基づく医療費控除、(iii)所得税第81条に基づく寡婦（寡夫）控除（租税特別措置法41条の17に基づく特別寡婦控除を含む。）、及び(iv)所得税第82条に基づく勤労学生控除を廃止する（カッコ内は、さしあたって、いずれも基本形のバリエイションンと把握することとする）。

18 貧困線について、たとえば、アトキンソン(1981) 221頁（「貧困線は、社会的な慣習および特定の社会におけるその時々の生活水準との関連で、定義される必要がある。」）、224頁（「人々は、その所属する社会で正常とみなされる機会、安寧そして自尊を剥奪されるために、『貧しい』のである。」及びそこに掲載された文献）。

第1部 第1章 序 説

4に、垂直的平等の観点から、各人の受給しうる所得支援給付金額は所得移転消去率に服し、そして、この所得移転消去率は、個人所得零（ゼロ）円の点で0％に始まり、そして、相対的貧困線（又はその一定割合）（これは「所得保障基準給付額」に合致する。）を越え、所得支援分岐点（本書では、相対的貧困線にフラット税率の逆数を乗じた数値）で、100％となるように設定する。所得支援給付の場合、政府から納税者（国民）に給付されうる金額（これを所得支援給付金という。）は、その最大値についてはすべての所得階級にとって同一である（水平的平等）ところ、前述の所得移転消去率の適用の下で、逓減し、やがて所得支援分岐点で零（ゼロ）になる（垂直的平等）。所得支援分岐点と租税分岐点とを一致させない理由は、飛躍問題を解決して、就労意欲の高揚を図る点にある（参照、本書第2章で説明する、トービンらの見解）。

5に、租税分岐点は、課税を受けうる所得金額が零（ゼロ）円のところに置く。これにより、「負の所得税」概念は不要となる。しかし、政府からの所得支援給付の形での所得移転は、一定の要件のもとで、所得移転消去の形でいわば所得課税に服するに等しい（参照、トービンらの提案する相殺所得税）。租税分岐点について、トービンらのモデルでは、租税分岐点の数値のほうが所得支援分岐点の数値よりも大であるところ、私案では、逆に、租税分岐点は課税を受けうる所得金額零（ゼロ）円であり、所得支援分岐点は、それよりはるかに大である。

6に、資力調査ではなく所得調査に基づいて、所得支援給付の金額は算定される。所得調査は、典型的には、納税申告などの税法上の所得申告によって行われる。ソーシャルワークは資力調査よりむしろ本来の課題に専念すべきであろう。資力調査を伴う他の給付が継続されるならば、限界税率を引き下げる負の所得税の効果は、減殺される。現物給付により就労のインセンティブを高めようとしても、現物扶助の制度は改革されずに失敗するだろう[19]。

貧困の原因[20]を究明しておくことは、本書で提示する4種類の所得保障を構成する要因額を構想するうえで重要である。人間のライフ・サイクル（子供及び高齢の時期）にかかわる貧困と、失業、疾病若しくは出産育児又は（寡婦

---

[19] 同旨、アトキンソン(1981) 257-262頁。

[20] アトキンソン(1981) 236-240頁及びそこに掲げられた文献、259-260頁（人間のライフ・サイクル（子供及び高齢の時期）にかかわる貧困と、失業、疾病若しくは出産育児又は（寡婦（夫）、未婚の母若しくは離別に伴う）片親の結果としての所得の予期しえない中断から生じる貧困、貧弱な教育と学業成果育の結果にかかわる貧困）。

第2節 概　観

（夫）、未婚の母若しくは離別に伴う）一人親の結果としての所得の予期しえない中断から生じる貧困、貧弱な教育と学業成果の結果にかかわる貧困がその典型例である。これらの原因のひとつである貧困を緩和するため、現行所得税法及び租税特別措置法が定める様々な生存保障所得控除及び追加的負担所得控除が法定されている。そこで、本書は、社会支援給付法案において、現行所得税法及び租税特別措置法が定める様々な生存保障所得控除及び追加的負担所得控除を斟酌するため、その要因額に反映するようデザインしている。これらの貧困原因を配慮する要因額が基礎所得支援給付額などに上乗せされる。

　家族の貧困[21]は、基礎所得支援給付の水準を適正化することによって除去または緩和できるであろう。日本においても、貧困線以下で生活している子ども3人以下の家族が多くいる。

　高齢者は、今日の日本において、貧困生活をおくる最大グループである。企業年金又は個人年金を受給しうる高齢者は、少数派である。高齢者のための第1の社会支援給付は、国民年金保険、厚生年金保険又は各種共済年金保険の老齢年金である。国民年金保険が不十分であっても、高齢者が他の所得源に頼れるならば、さほど深刻にはならない。しかしながら、かなりの人々は公的な保険金以外からなんの所得も取得していない。その受給保険金額が貧困線をはるかに下回っている現状に鑑み、この窮状を救済するため、前記の老人扶養控除及び同居老人扶養控除が所得税法上許容されている。これらの追加的所得控除を基礎租税クレジットの要因額に翻案する必要がある。将来、国民年金保険制度が改革されて、高齢者のための保険金がそれ自体で貧困線を上回るなら、上述の要因額が削除されても支障なくなるであろう。

　寡婦もまた、貧困生活をおくる大きなグループである。子持ちの寡婦はとりわけ経済的に困窮している[22]。

　7に、歳入庁は、雇用者または自営業者を経由して、納税義務者（および納税者に該当しない受給権者）に送付する給付明細書のなかで、（もしあるとすれば）算出税額から税額控除を控除して算出される所得支援給付（租税クレジット）の金額を明記するか、または、算出税額がもしないとすれば、所得支援給付を満額で表記する。

　8に、歳入庁は所得支援給付を雇用者もしくは自営業者に、または直接に受

---

[21] 家族の貧困について、アトキンソン（1981）257-259頁。
[22] 参照、阿部（2008 B）103頁（129-134頁）。

給権者の銀行口座（または郵便振替口座）に振り込む。

第3節　法改正に伴う財政の均衡

　提案にかかる所得支援給付法（案）は、追加の財源を他に求める必要を生じ
させない。その主な理由は5つある。

　1に、本書は、所得税法および租税特別措置法による所得控除を全廃するこ
とから出発する。そのため、所得税法が所得控除を許容していることに起因す
る、政府からの隠れた所得移転（いわゆる租税支出）は、本法案により、全廃
され、その結果、隠れた歳出が節約できる。

　2は、税額は、各種所得の金額の合計からなる総所得金額（いわゆる課税所
得）に1本の一律税率を適用して算出する。所得税法上の所得控除の全廃に伴
い、このように課税ベースは拡大する。ここでは、所得控除は一切行われない。

　3に、拡大した課税ベースに一律税率33.3％を適用することによって、所
得税の歳入を著しく増大させる。(1)所得控除制度を廃止した課税ベースに、現
在の税率を乗じて計算される歳入と、(2)所得控除制度を廃止した課税ベースに、
一律税率33 1/3％を乗じて計算される歳入と比較すれば、後者の方がはるかに
大である。35.2兆円の総税収が増加する。

　4に、生活保護法上の生活保護給付金を全廃することによってその歳出を節
約しうる。

　5は、税制を用いた所得支援給付金は、要所得保障者だけに必要な金額だけ
を給付する。相対的貧困線を超える所得（経済学にいう可処分所得）を稼得する
者は、憲法上保障されている生存権を現実に享受しており、かつ、自立して生
活を維持しているから、そのような者は、要所得保障者に該当しない。

　以上の諸理由から、所得税法に基づく税収の範囲内で、所得支援給付金は支
給されうる。もとより、所得支援給付金の受給は、保険料の拠出を要件としな
い。しかし、それでも、所得支援給付法（案）の導入は財政の中立以上に、財
政を豊かにし、しかも、所得の再分配効果を有する。

　所得控除をしないで、総所得金額に1本のフラット税率を乗じて算出税額を
計算し、これを人数倍して、税収を算出する。計算の手順は次の通りである。

1）　所得税法の税率規定による所得階級ごとに、税額算出の数式（一律税率
　のケースでは、その1本の税率）を所得税法の規定に従って、作る。

第3節　法改正に伴う財政の均衡

2）統計上の所得階級ごとに、その階級値[23]に税額算出数式（一律税率のケースでは、その1本の税率）を適用して、その所得階級ごとの税額を算定する。

3）所得階級ごとの人数に前記（2）の税額を掛け算する。

4）すべての所得階級の税額を合計して、歳入を計算する。

5）給与所得者と申告所得者の歳入を合計する。これが、所得税についての総歳入となる。

6）33.3％の税率の場合と、25％の税率の場合とを上の方式により、歳入を計算する。一律税率が33.3％の所得税率である場合、所得税にかかる税収総額は55.6兆円となる（参照、表1-2 セル E34；5,559,093,448万円）。一律税率が25％の所得税率である場合であっても、所得税にかかる税収総額は41.7兆円となる（参照、表1-2 セル G34；4,169,320,086万円）。

7）現在の超過累進税率のもとにおいては、各所得階級に区分される税率段階のうち最高の法定税率を限界税率として[24]、この限界税率を総所得金額に適用して、歳入を計算するアプローチを採用してはならない。平成19年当時の超過累進税率のもとで、所得控除制を適用しないとした場合、総所得金額

---

[23] 階級値の定義について、参照、大木(2005) 4頁。

[24] 経済学者がしばしば歳入の計算に用いられている限界税率の意義は次のとおりである。

単に限界所得税率と言う場合、法定税率表上の課税所得区分毎の段階別税率を意味することもあれば、課税前収入が1単位増えることに伴って、所得税（住民税も含める）額負担がどれだけ増えるかという割合を意味することもある。両者の関係は、次の数式から判明するように、同一である。

限界税率の数式

1. 単純な税制 税率 t で一定

税額 T ＝所得 M ×税率 t

限界（所得）税率：所得 M が1単位（円）上昇したときに税負担がいくら増えるか。

$$限界税率\ Marginal\ Tax = \frac{\partial T}{\partial M} = \frac{\partial Mt}{\partial M} = t$$

2. 平成20年度所得税法に基づく超過累進税制（章末、表1-3参照）

表1-3から判明するように、超過累進税構造のもとにおける、或る課税所得が区分される、最後の段階税率が限界税率を指すということができる（たとえば、参照、表1-3 セル C8）。この定義にしたがえば、歳入の算出のための数式は、次のとおりである（参照、上村（2009）179頁）。

歳入＝統計上の所得階級ごとの課税所得金額の階級値×限界税率×人数：これを所得階級ごとに算出し、その後に、合計を計算する。

しかしながら、納税者の負担する算出税額は、課税所得金額に上記の限界税率を乗じ

第1部　第1章　序　説

にその累進税率を適用して算出される税額は、24.2兆円となる（参照、表1-
2セルI34；2,416,149,792万円）。現行の所得税法に基づいて、所得控除後の
課税所得に関係の累進税率を適用される税額は、24兆円よりもはるかに少
ないであろう。平成19年度の「租税及び印紙収入」の金額は52.5510兆円
とされている[25]。平成20年度のそれは46.4290兆円に減収している[26]。こ
のような歳入減の傾向のなかで、前記(6)で示した、課税ベースの拡大と一律
税率の適用による所得税の歳入増は、特筆に値しよう。

8）前記(6)の数値と前記(7)の数値と比較するとき、前記(6)の一律税率のほうが、
単純にもかかわらず、税収を多く徴収することができる（参照、表1-2セル
J37（32.1兆円の増収）、表1-2セルK37（17.5兆円の増収））。所得控除制の適用
がなく課税ベースが拡大しているとの前提のもとで、平成19年度の超過累
進税制のもとにおける税収に比べ、33.3％の一律税率による所得税収入は、
32.1兆円増額するし、1本の24％税率による所得税収入は、17.5兆円の増
収をもたらす。

所得税からの歳入は、もとより一般財源であるとしても、このような増収が、
所得支援給付金の財源となりうるのである。消費税の増税は、他の一般財源と
して利用し、あるいは、累積国債の返済に用いることもできるであろう。

表1-2セルC13にみる「合計所得」金額は、事業等収入から経費を差し引
いた概念である[27]。

て計算されるのではなく、むしろ、税額算出式（表1-3セルC1ないし6、または平均税
率）を乗じて計算される。平均税率は、課税所得に占める算出税額の比率をいう（その
定義について、同旨、河野(1990) 17頁）。さらに、歳入は、限界税率ではなく、税額算
出式（表1-3セルC1ないし6、または平均税率）を「統計上の所得階級ごとの所得金額
の階級値」に乗じて税額を算出し、その後に、合計を計算するべきであろう。ここでも
平均税率が適用されるべきであろう。限界税率は、歳入および租税支出の計算にとって、
有意義ではない。同旨、河野(1987) 140-141頁、162-163頁）。上村教授が、限界税率
を用いられる理由は、上村(2001) 33-34頁（数値計算の困難性からの簡素化が主たる理
由）。したがって、数値計算が複雑でない問題群の解を求める場合（たとえば、歳入や
租税支出の算出）には、平均税率の使用を排除されていない（関西学院大学第2教授研
究館24号室における2010年3月18日午前9時30分からの同教授との討議）。総所得
金額に占める算出税額の比率を実効税率と定義するものとして、参照、河野(1990) 16頁。
ただし、本書は、実効税率の多義性に照らし、総所得対税負担率の概念をもちいる。

[25]　池田(2008) 42頁図表I.3.12「一般会計収入（主要科目別）の推移」。
[26]　福田(2008) 42頁図表I.3.12「一般会計収入（主要科目別）の推移」。
[27]　上村(2008年) 7頁、8頁図1（所得税における租税支出の金額は幾分過大であろ
う。）；上村（2009) 179頁。

第3節　法改正に伴う財政の均衡

　最後に、現在の所得税法は超過累進税制のもとで人的所得控除を定めている。この法的状況のもとで、或る納税義務者が有する或る課税所得ついて、その課税所得にかかる限界税率を、その者の利用しうる所得控除額に掛け算すると、その者についての「隠れた所得移転」（あえてこれを「租税支出」ということがある）が算出されるとされている。

　このような租税支出総額[28]の計算結果が、80,406.5億円である。その計算過程は、表1-7に記載しておく[29]。

　上村教授による給与所得者の租税支出額計算は次のとおりである[30]。そして、限界税率は所得金額に対応する法定税率を指す。

　　　或る所得控除の一人当たり租税支出＝一人当たり所得控除額）×或る所得
　　　　　　　　　　　　　　　　　控除を利用した場合の限界税率
　　　　　　　　　　　　　　　　　　　　　　　　　　　　　　　〈数式3〉

　租税支出は、一人当たり租税支出に対し、当該所得控除を利用する人数を乗じて計算する。これを一般にその他の各種所得控除にも及ぼし、それらの合計

---

[28]　平成19年度80,406.5億円。ただし、給与所得控除額を所得控除に含めない。統計資料等は、上村敏之教授（関西学院大学）と塩津ゆりか氏（同志社大学ライフリスク研究センター　特別研究員；大阪商業大学）にご教示いただいた。ただし、統計結果は、上村教授のそれより20億円ほど小である。理由は、同教授の用いる限界税率よりも、私の用いる平均税率のほうが小だからである。

[29]　章末表1-7に掲げる計算式と一覧は、塩津ゆりか氏の御教示による。

給与所得者のみ適用

　給与所得控除＝給与収入に応じて平成19年税制で適用される給与所得控除を適用

給与収入	（万円）
〜162.5万円	65.0
162.5万円〜180万円	給与収入×0.4
180万円〜360万円	給与収入×0.3＋18.0
360万円〜660万円	給与収入×0.2＋54.0
660万円〜1000万円	給与収入×0.1＋120.0
1000万円〜	給与収入×0.05＋170.0

　給与所得金額＝給与収入額−給与所得控除額

　給与課税所得金額＝給与所得金額−所得控除合計額

申告納税者のみ適用

　寄付金控除＝寄付金控除額/損害保険料控除対象人数

[30]　上村(2008) 7頁。

第1部　第1章　序　説

である租税支出の総額を求める。次の計算式が成立する。

或る所得控除の租税支出＝或る所得控除の1人当たり租税支出×
　　　　　　　　　　　　　　当該控除の利用者数　　　　　　　　〈数式4〉

　しかしながら、超過段階税率制度のもとにおいては、租税支出に関する上記の数式3および数式4は成立しない。その理由は次のとおりである。
　まず、限界税率の概念に言及しておきたい。単に限界所得税率という場合、法定税率表上の課税所得区分毎の段階別税率を意味することもあれば、課税前所得が1単位増えるに伴って、所得税額負担がどれだけ増えるかという割合を意味することもある。しかし、表1-3における証明から判明するように、経済学のタームでは、超過累進税構造のもとにおいて、或る課税所得が区分される、最後の段階税率が限界税率を指すということができる。その限りにおいてのみ、段階税率が marginal rate を指す[31]といって差し支えない。
　限界税率が、或る課税所得の属する段階税率のうち、最後の段階税率を指す（参照、表1-3 セル C8）とするならば、正確な税額は、この限界税率を或る課税所得金額に適用しても、算出されない。なぜなら、納税者の負担する算出税額は、課税所得金額に上記の限界税率を乗じて計算されるのではなく、むしろ、税額算出式（表1-3 セル C1 ないし6）を課税所得に乗じて計算される。したがって、所得税からの歳入総額は、すべての納税義務者の負う算出税額（から各種の税額控除を施したのちの納付税額）からなるので、歳入は限界税率を用いて算出されえないであろう[32]。むしろ、歳入の算出には、超過累進制度のもとでは、表1-3 セル C1 から6までにみる税額算出の方程式により求められる平均税率を適用すべきであろう。なぜなら、所得控除額の控除に伴って、区分されるべき所得階級が下がる場合には、限界税率では租税支出の金額は算定されないからである。

歳入＝統計上の所得階級ごとの課税所得金額の階級値×平均税率×人数：
　　　これを所得階級ごとに算出し、その後に、それらの数値を合計する。
　　　　　　　　　　　　　　　　　　　　　　　　　　　　　　　〈数式5〉

---

[31]　金子（2009）158頁。参照、河野（1987）140-141頁、162-163頁。
[32]　異説、上村（2009）176-178頁（限界税率説）。

第 3 節　法改正に伴う財政の均衡

ここで

　平均税率＝算出税額÷課税所得全額　　　　　　　　　　　　　〈数式 6〉

　算出税額＝課税所得金額×算出税額式（参照、表 1-3 セル C1 ないし 6）
　　　　　　　　　　　　　　　　　　　　　　　　　　　　　〈数式 7〉

　これと類似して、租税支出の数式 3 は、限界税率に代えて、平均税率[33] を用いるべきであろう。

　限界税率を用いた租税支出や歳出の計算方法には、以上に検討した諸問題をはらんでいる[34]。表 1-1 及び表 1-2 において算出した歳入額は、統計資料の制約上、概算であるとしても、大過はない。

　所得支援給付法は、2 つのステップを踏まえて、その実現を図ることができよう。第 1 ステップは、現行所得税法上の総所得金額等の合計額に現行法上の超過累進税率を適用する。このステップを踏むことによって、所得税法の構造の激変が緩和されるであろう。第 1 ステップでは、現行所得税法上の総所得金額等が課税総所得金額と読みかえられて、個人所得がわずかであっても、この所得金額が累進税率の適用を受ける。ただし、歳入は、著しくは、増加しないであろう。そして、所得支援給付金額は、所得支援基準給付額に各人の所得移転消去率を乗じて計算される。要所得保障者は、そのような給付金を受給しうる。

　第 2 ステップでは、所得支援給付法に定める一律税率（33 1/3％）を現行所得税法上の総所得金額等の合計額に乗じて税額を算出する。第 2 ステップは、より多くの歳入をもたらすであろう（参照、表 1-2）。

---

[33]　平均税率は、課税所得全額に占める算出税額の比率を指す。平均税率＝算出税額÷課税所得全額　ここで、算出税額は、算出税額式を用いて、計算される（参照、表 1-3 セル C1 ないし 6）。
　　　したがって、或る課税所得金額にかかる租税支出の金額は、その課税所得金額にかかる平均税率を所得控除額に乗じて計算される。
[34]　表 1-6 参照。

表1-1　平成19年民間給与実態統計調査

前提要件

適用税率　平成19年度　所得税法89条

超過累進税制度のもとでの　所得階級ごと税額算出のための　方程式

給与階級の区分	税率	方程式
$0 < Y \leqq 330$	0.10	$Y \times 0.1$
$330 < Y \leqq 900$	0.20	$330 \times 0.1 + (Y-330) \times 0.2$
$900 < Y \leqq 1800$	0.30	$330 \times 0.1 + (900-330) \times 0.2 + (Y-900) \times 0.3$
$1800 < Y \leqq 3000$	0.40	$330 \times 0.1 + (900-330) \times 0.2 + (1800-900) \times 0.3 + (Y-1800) \times 0.4$
$3000 < Y$	0.50	$330 \times 0.1 + (900-330) \times 0.2 + (1800-900) \times 0.3 + (3000-1800) \times 0.4 + (Y-3000) \times 0.5$

民間給与所得者一人当たり給与所得の金額

人	給与階級 (万円)	給与収入	給与所得控除	給与所得金額 (万円)	33% 算出税額＝税率×所得金額（源泉額）	33% 所得階級ごと税収合計 (万円)	25% 算出税額＝税率×所得金額（源泉額）	25% 所得階級ごと税収合計 (万円)	現行税率での算出税額（ただし、所得控除を少ない）	所得階級ごと税収合計 (万円)	33.3%一律税率 所得階級ごと税収増差額 (万円)	25%一律税率 所得階級ごと税収増差額 (万円)
2,788,471	100	50.00	65.00	0	0	0	0	0	0	0	0	0
5,350,138	200	150.00	65.00	85	28	151,587,243	21	113,690,433	9	45,476,173	106,111,070	68,214,260
6,528,755	300	250.00	93.00	157	52	341,671,512	39	256,253,634	16	102,501,454	239,170,058	153,752,180
7,286,409	400	350.00	123.00	227	76	551,338,281	57	413,503,711	23	165,401,484	385,936,797	248,102,226
6,133,952	500	450.00	144.00	306	102	625,663,104	77	469,247,328	31	187,698,931	437,964,173	281,548,397
4,259,787	600	550.00	164.00	386	129	548,092,594	97	411,069,446	44	188,282,585	359,810,009	222,786,860
2,876,267	700	650.00	184.00	466	155	446,780,141	117	335,085,106	60	173,151,273	273,628,867	161,933,832
2,012,419	800	750.00	195.00	555	185	372,297,515	139	279,223,136	78	156,968,682	215,328,833	122,254,454
1,339,324	900	850.00	205.00	645	215	287,954,660	161	215,965,995	96	128,575,104	159,379,556	87,390,891
881,941	1000	950.00	215.00	735	245	216,075,545	184	162,056,659	114	100,541,274	115,534,271	61,515,385
1,618,056	1500	1250.00	232.50	1018	339	548,790,660	254	411,592,995	182	295,133,414	253,657,246	116,459,581
311,334	2000	1750.00	257.50	1493	498	154,888,665	373	116,166,499	325	101,152,417	53,736,248	15,014,082
41386853						4,245,139,920		3,183,854,940		1,644,882,792	2,600,257,128	1,538,972,148
A	B	C	D	E	F	G	H	I	J	K	L	M

L：26兆円増　　M：15.4兆円増

表 1-2 平成19年申告所得標本調査結果

前提要件

平成19年度　所得税法89条　適用税率　超過累進税制度のもとでの所得階級ごと税額算出のための

方程式

区分	税率	算式
$0 < Y < 330$	0.10	$Y \times 0.1$
$330 < Y \le 900$	0.20	$330 \times 0.1 + (Y-330) \times 0.2$
$900 < Y \le 1800$	0.30	$330 \times 0.1 + (900-330) \times 0.2 + (Y-900) \times 0.3$
$1800 < Y \le 3000$	0.40	$330 \times 0.1 + (900-330) \times 0.2 + (1800-900) \times 0.3 + (Y-1800) \times 0.4$
$3000 < Y$	0.50	$330 \times 0.1 + (900-330) \times 0.2 + (1800-900) \times 0.3 + (3000-1800) \times 0.4 + (Y-3000) \times 0.5$

A 人	B 合計所得階級	C 合計所得	D 算出税額 33%（所得金額階数値）	E 所得階級ごと税収合計 万円	F 算出税額 25%（所得金額階数値）	G 所得階級ごと税収合計 万円	H 現行税率での算出税額（ただし，所得控除を除く。）	I 所得階級ごと税収合計 万円	J 33.3%一律税率での税収と現行税率での税収の比較 差額 万円	K 25%一律税率での税収と現行税率での税収の比較 差額 万円
242,742	70	35.00	12	2,831,990	9	2,123,993	4	849,597	1,982,393	1,274,396
390,499	100	85.00	28	11,064,138	21	8,298,104	9	3,319,242	7,744,897	4,978,862
951,198	150	125.00	42	39,633,250	31	29,724,938	13	11,889,975	27,743,275	17,834,963
1,104,562	200	175.00	58	64,432,783	44	48,324,588	18	19,329,835	45,102,948	28,994,753
952,249	250	225.00	75	71,418,675	56	53,564,006	23	21,425,603	49,993,073	32,138,404
639,243	300	275.00	92	58,597,275	69	43,947,956	28	17,579,183	41,018,093	26,368,774
850,498	400	350.00	117	99,224,767	88	74,418,575	37	31,468,426	67,756,341	42,950,149
561,957	500	450.00	150	84,293,550	113	63,220,163	57	32,031,549	52,262,001	31,188,614
395,575	600	550.00	183	72,522,083	138	54,391,563	77	30,459,275	42,062,808	23,932,288
299,988	700	650.00	217	64,997,400	163	48,748,050	97	29,098,836	35,898,564	19,649,214
225,141	800	750.00	250	56,285,250	188	42,213,938	117	26,341,497	29,943,753	15,872,441
302,305	1000	900.00	300	90,691,500	225	68,018,625	147	44,438,835	46,252,665	23,579,790
193,365	1200	1100.00	367	70,900,500	275	53,175,375	207	40,026,555	30,873,945	13,148,820
188,951	1500	1350.00	450	85,027,950	338	63,770,963	282	53,284,182	31,743,768	10,486,781
178,269	2000	1750.00	583	103,990,500	438	77,992,688	402	71,664,138	32,326,112	6,328,550
143,173	3000	2500.00	833	119,310,833	625	89,483,125	697	99,791,581	19,519,252	−10,308,456
88,651	5000	4000.00	1,333	118,201,333	1,000	88,651,000	1,397	123,845,447	−5,644,114	−35,194,447
60,318	5000	5000.00	1,667	100,530,000	1,250	75,397,500	1,897	114,423,246	−13,893,246	−39,025,746
7,768,684				1,313,953,528		985,465,146		771267001	542,686,528	214,198,146
				5,559,093,448		4,169,320,086		2,416,149,792	6.1兆円増	2.1兆円増

↑ 33%税率の税収　　↑ 25%税率の税収　　↑ 現行税率の税収（所得控除せず）

3,207,473,938　33.3%税率の税収　32.1兆円の増収

1,753,170,294　25%税率の税収　17.5兆円の増収

第1部　第1章　序　　説

表1-3　税額算出数式と限界税率

平成20年度所得税法89条　　適用税率　所得階級ごと算出税額

0<Y ≦ 1950	0.05	=Y×0.05
1950<Y ≦ 3300	0.10	=1950×0.05+(Y−1950)×0.1
3300<Y ≦ 6950	0.20	=1950×0.05+(3300−1950)×0.1+(Y−3300)×0.2
6950<Y ≦ 9000	0.23	=1950×0.05+(3300−1950)×0.1+(6950−3300)×0.2+ (Y−6950)×0.23
9000<Y ≦ 18000	0.33	=1950×0.05+(3300−195)×0.1+(6950−3300)×0.2+ (9000−6950)：0.23+(Y−9000)×0.33
18000<Y	0.40	=1950×0.05+(3300−1950)×0.1+(6950−3300)×0.2+ (9000−6950)×0.23+(18000−9000)×0.33+(Y−18000) ×0.4

　　　　　A　　　　　B　　　　　　　　　　　C

　Y＝課税所得金額　単位　千円

　課税所得が1単位（1,000円）増加するとき、増加する税負担の比率（すなわち限界税率）は次のように計算される。

　たとえば9001の限界税率は、次のとおりである。

　　　限界税率＝（（1950×0.05+（3300−1950）×0.1+（6950−3300）×0.2+（9000−6950）× 0.23+（9001−9000）×0.33）−（1950×0.05+（3300−1950）×0.1+（6950 −3300）×0.2+（9000−6950）×0.23））　／1

　　　　　＝1×0.33

　これを一般的に述べると、超過累進税構造のもとにおける限界税率は、ある特定の課税所得が区分される段階各税率の最後の数値を指す。

表 1-4　平成 19 年度申告所得標本調査結果

申告納税者一人当たり所得控除額と租税収支出

万円

人	合計所得階級	合計所得	基礎控除	障害者控除	特別障害者控除	寡婦控除	特別寡婦控除	医療費控除	社会保険料控除	一般配偶者控除	同居特別障害者控除	老人配偶者控除	うち減額特別寡婦控除	特定扶養親族控除	うち同居特別障害者控除	老人扶養親族控除	同居老親等扶養者控除	うち減額特別寡婦寡夫控除	同居老人本人障害控除	うち同居特別障害者配偶控除	その他老人扶養控除	うち非同居障害者親族扶養共済控除	小規模企業共済等控除	生命保険料控除	損害保険料控除	寄付金控除	雑損控除	医療費特別控除合計	還付等金額	算出税額	平均税額	平均税率	超過累進税額と租税支出の/租税支出比較額
242742	70	35	1.9	0	0	0	0	0.099327	0.071013	0.038645	0.768921	0.042919	0	0	0	0.001681				0	0	0	0.561137	0.230853	0.064501	0.09431			0	4.200912	80.79909	8.079999	0.10	0.00	164.045
390499	100	85	1.9	0.008429	0.009327	0	0	0.013428	0.056199	0.494192	1.075819	0.327259	0	0.134415	0	0.067655			0.01204	0	0.010855	0.982363	0.233066	0.064131	0.223235			0	5.679575	119.3204	11.92094	0.10	0.57	540.240
951198	150	125	1.9	0.013428	0.006368	0.000883	0	0.025919	0.063216	0.610981	1.337138	0.498479	0.001827	0.484679	0.001627	0.04815			0.01651	0	0.019651	1.424691	0.235604	0.063329	0.164956			0	6.97922	168.0208	16.80208	0.10	0.70	770.898
1104562	175	175	1.9	0.023004	0.049021	0.003167	0	0.023919	0.043709	0.694303	1.640135	0.546973	0.00398	0.525042	0.003247	0.003791			6.346-05	0	0.041518	1.529249	0.239633	0.063356	0.12037			9.196-06	7.934034	217.066	21.7066	0.79		755.518
962849	250	225	3.8	0.067778	0.116757	0.019623	0	0.067778	0.043709	1.717068	3.825864	1.11456	0.00388	0.065686	0.005686	0.305182			0.002022	0	0.009938	3.516533	0.473569	0.134231	0.750689			0	17.94965	257.0503	25.70503	1.79		1,147.419
639243	300	275	3.8	0.064114	0.147951	0.016193	0	0.067778	0.106289	1.882576	4.479607	1.123221	0.013489	0.311913	0.013489	0.678836			0.01187	0	0.07625	3.761789	0.480066	0.139936	0.750121			0	19.47161	330.5284	33.10568	1.95		1,638.704
850498	400	350	7.6	0.115667	0.25624	0.043997	0	0.114065	0.260669	4.986286	10.72547	2.14051	0.01137	0.02211	0.01653	1.134114			0.01737	0	0.027115	4.440566	0.961448	0.263206	1.014281			0	43.2394	406.6716	48.33432	2.12	5.15	2,893.927
561967	500	450	7.6	0.110797	0.359821	0.045799	0	0.100797	0.045799	4.194795	10.01579	0.05749	0.169669	0.0211	0.01867	1.88501			0.018923	0	0.039151	6.267246	9.669874	0.26729	2.244106			0	46.51924	503.4886	67.68615	6.25		2,474.244
399575	600	550	7.6	0.102747	0.359821	0.05393	0	0.102747	0.063303	5.47311	11.3302	0.04201	0.025828	0.31467	0.016671	0.82908			0.006687	0	0.067133	9.669874	9.6614	0.39997	3.070426			0	52.35638	597.6436	86.52872	7.58		2,274.065
299988	700	650	7.6	0.182363	0.22652	0.034179	0	0.11549	0.355461	5.400122	14.56774	2.216717	0.0075	0.42101	0.01306	0.314711			0.044306	0	0.044306	11.00374	9.97246	0.25573	4.523145			0.03993	54.73227	665.2677	106.1635	8.35		1,979.625
225141	800	750	8.74	0.115493	0.354634	0.049583	0	0.115493	0.42651	6.547865	17.92248	0.908231	0	0.58855	0.00741	0.388465			0.001668	0	0.03822	13.2885	11.2485	0.298326	0.255731			0	63.26783	536.7322	134.3464	0.16	10.46	3,070.916
302305	1000	900	12.54	0.097197	0.43051	0.052161	0	0.364806	0.005659	9.942502	28.33057	4.127146	0.017365	0.59017	0.01736	0.472535			0.02912	0	0.203106	19.46547	13.2865	0.427882	3.399318			0	92.4889	1007.511	179.3333	0.18	16.46	3,181.888
193365	1100	1100	12.54	0.1349	0.318173	0.005659	0	0.364806	0.0549	14.95296	35.40654	4.342053	0.033707	0.441074	0.03307	0.0075			0.029122	0	0.03278	20.8763	22.12962	0.43217	7.859461			0	100.1586	1249.841	251.9624	0.20	20.19	3,815.056
198951	1350	1350	12.54	0.177213	0.563134	0.364806	0	0.177213	0.01435	11.49862	36.15233	4.031998	0.441074	0.615313	0.443174	0.203579			0.001289	0	0.52654	22.29962	0.707104	0.423179	4.58356			0	103.8211	1648.079	371.4237	0.23	22.97	4,094.789
178059	1500	1750	15.2	0.100065	0.565134	0.659064	0	0.108985	0.318173	0.770559	13.04054	3.530651	0.018569	0.043074	0.023873	5.112337			0.001499	0	0.707104	27.47536	1.960172	0.547848	6.454722			0	125.3564	2374.644	646.6574	0.27	34.15	4,888.976
143173	2000	2500	15.2	0.108985	0.510947	0.659573	0	0.108985	0.318173	15.83328	34.92034	3.53651	0.007396	0.042639	0.042639	5.135272			1.333507	0	0.919809	29.210461	1.962411	0.344169	28.07682			0	144.4892	3855.591	1234.795	0.34	49.62	4,398.821
88651	3000	4000	15.2	0.19315	0.506383	0.060752	0	0.19315	0.659573	28.31788	33.55673	3.250771	0.00294	0.664001	0.023673	5.240286			0.013482	0	0.0441	28.21277	1.958759	0.555382	175.541			0	255.6598	4706.34	1750.17	0.37	109.20	6,587.010
60318	5000	5000																																44,596.081
																																	計

前提条件

平成19年度適用税率　超過累進税率制度のもとでの
所得税額算出　所得税額算出のための
方程式

0.10	Y×0.1
0.20	330×0.1+(Y-330)×0.2
0.30	330×0.1+(900-330)×0.2+(Y-900)×0.3
0.40	330×0.1+(900-330)×0.2+(1800-900)×0.3+(Y-1800)×0.4
0.50	330×0.1+(900-330)×0.2+(1800-900)×0.3+(3000-1800)×0.4+(Y-3000)×0.5

$0 < Y < 330$
$300 < Y < 900$
$900 < Y < 1800$
$1800 < Y < 3000$
$3000 < Y$

表 1-5 平成 19 年度民間給与実態統計調査

民間給与所得者一人当たり所得控除額

（万円）

前提要件：平成19年度 適用税率（超過累進税制度のもとでの所得税適用条件、所得税額ごと税額算出のための方程式）

所得区分	適用税率	方程式
0<Y<330	0.10	Y×0.1
330<Y<900	0.20	330×0.1+(Y−330)×0.2
900<Y<1800	0.30	330×0.1+(900−330)×0.2+(Y−900)×0.3
1800<Y<3000	0.40	330×0.1+(900−330)×0.2+(1800−900)×0.3+(Y−1800)×0.4
3000<Y	0.50	330×0.1+(900−330)×0.2+(1800−900)×0.3+(3000−1800)×0.4+(Y−3000)×0.5

（人・万円）

給与所得者数	給与収入階級	給与取人	給与所得控除額	給与所得金額	基礎控除	障害者控除	特別障害者控除	寡婦控除	勤労学生控除	社会保険料控除	同居特別障害者老人配偶者控除	老人配偶者控除	同居特別障害者控除	一般扶養控除	特定扶養控除	同居老人扶養控除	その他扶養控除	うち同居老親等扶養控除	うち同居老親等扶養控除	小規模企業共済等掛金控除	生命保険料控除	地震保険料控除	配偶者特別控除	給与所得者所得控除	所得控除合計	給与所得控除後所得	平均税率	税額	税率	支出	取給与所得者の個税支出総額
2708471	100	50	65	0	38	0.051103	0.170115	0.18188	0.310077	0.668757	3.612437	1.3272	0.23662	0.037832	0.436357	0.514579	0.29121	0.047854	0.026271	0.00733	15.01397	1.629735	4.942439	1.911163	29.81964	35.80278	103.2665	0	0.0	0.000	0.0	0.0
3350138	200	150	65	85	38	0.159213	0.204705	0.424437	0.952989	0.098338	30.49703	2.930492	0.053094	0.023656	0.015037	6.835819	1.519556	1.135513	0.162047	0.087944	0.029566	25.69131	1.883309	5.053691	32.49472	136.0935		0.3	0.100	15.4	0.0
6628755	300	250	93	157	38	0.099034	0.176174	0.307332	0.937353	42.51935	7.317447	0.074823	0.097317	0.037693	8.379118	2.883859	1.121594	0.423392	0.194065	0.026902	34.11465	5.147074	1.91163	29.83964	27.86844	154.3917	2.608283	0.3	0.100	15.4	100,796,569.6
7286409	400	350	123	227	38	0.06682	0.137681	0.09541	0.556331	42.51935	11.1206	0.064151	0.077669	13.47876	4.121504	5.787901	5.356155	0.678805	0.270017	0.045342	34.11465	5.291221	1.854688	25.787901	27.82464	179.3931	47.60694	4.8	0.100	17.9	130,733,123.3
6133952	500	450	144	306	38	0.066103	0.100646	0.073474	0.274422	54.09494	11.1206	0.064151	0.091171	16.04112	5.787901	16.64292	0.242599	0.658167	0.343231	0.04503	34.97099	5.519617	1.723175	27.82464	204.251	101.749	10.2	0.100	20.4	125,286,610.2
4259787	600	550	164	386	38	0.065253	0.115569	0.026875	0.274635	65.68681	11.97544	0.04762	0.047462	0.002981	18.53017	19.19692	0.242599	0.86167	0.343231	0.04680	35.69767	5.792796	1.712013	25.57331	204.402	163.6188	16.4	0.100	22.2	94,729,650.0
2876267	700	650	184	466	38	0.07832	0.110643	0.05863	0.116988	76.90803	18.0824	0.075414	13.30017	17.62831	18.53017	0.709258	1.165194	0.455633	0.08956	44.92515	6.015841	1.733022	27.1142	251.598	214.402	21.4	0.100	25.2	72,366,291.6
2012419	800	750	195	555	38	0.06434	0.105187	0.069208	96.27114	20.82771	0.097101	0.07924	20.82771	18.46937	20.37423	5.01552	1.87326	0.424639	0.087812	49.41901	6.152394	1.676433	24.97096	280.3472	214.402	28.0	0.107	27.5	75,271,633.4
1339324	900	850	205	645	38	0.059723	0.112303	0.040218	0.066157	100.7824	21.77707	0.16901	18.63289	21.55294	24.70606	1.962241	0.480531	0.655705	0.109889	54.00638	6.321343	1.722834	24.97096	289.9827	355.0973	38.0	0.124	31.0	41,571,574.9
881941	1000	950	215	735	38	0.031661	0.11203	0.066157	0.08872	113.9759	23.3912	50.38631	21.55294	2.247606	2.220917	0.655705	0.141775	0.14175	60.02289	6.348419	1.780743	32.82337	289.9827	431.5694	53.3	0.130	37.5	33,656,912.5
1618056	1500	1250	232.5	1017.5	38	0.049829	0.146719	0.046689	113.9759	24.58884	0.067475	0.01413	50.38631	24.50724	3.854393	2.220917	0.374172	0.109131	60.54843	6.451017	1.846055	34.2829	361.4634	656.0366	98.2	0.150	54.1	87,553,522.6
311334	2000	1750	257.5	1492.5	38	0.059002	0.373147	119.2154	23.39949	0.352599	0.21308	4.666581	24.14257	3.28252	2.609725	0.276102	0.095136	69.62924	6.417808	2.237542	294.9896	1197.51	236.3	0.197	54.1	18,118,885.3

	計
	759,468,793.5
	合計租民支出総額 804,061,875
	80,406 億円

単位 億円

第3節　法改正に伴う財政の均衡

表1-6　平均税率と限界税率との関係

平成19年度所得税法
89条に基づく超過累進税率構造

所得階級	税率
0<Y≦330	10%
330<Y≦900	20%
900 < Y≦1800	30%
1800 < Y≦3000	40%
3000 < Y	50%

単位　万円

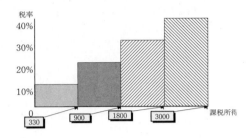

〔例解〕
ケース1
　課税所得が800万円であるとき、限界税率は20%である。
　課税所得が800万円であるとき、平均税率は17%である。
　　　　税額　　=330×0.1+(800−330)×0.2
　　　　　　　　=127
　　　平均税率　=127/800
　　　　　　　　15.88%
ケース2
　課税所得が1810万円であるとき、限界税率は40%である。
　　　　税額　　=330×0.1+(900−330)×0.2+(1800−900)×0.3+(1810−1800)×0.4
　　　　　　　　=421
　　　平均税率　=421/1810
　　　　　　　　23.26%

ケース1と2の例解から判明するように、限界税率と平均税率との格差は無視しえない。

・或る個人の税額は、累進税率制のもとで、課税標準額に限界税率を乗じても算出され得ない。平均税率が適用される。
・これと類似して、歳入もまた、累進税率制のもとで、限界税率を適用しても適切な数値を算出しえない。平均税率が適用されなければならない。
・国税庁統計資料のうち平成19年度統計資料には、平成19年度の所得税法が適用されるべきである。

第 1 部　第 1 章　序　　説

表 1-7　所得控除に関する計算式と一覧表

給与所得者・申告納税者共通（いずれも所得階級別で推計）
基礎控除（一律 38 万円）

1	障害者控除	障害者控除額（13 万円）×本人控除（障害者）該当人数／（納税者数＋非納税者数）
2	特別障害者控除	特別障害者控除額（40 万円）×本人控除（特別障害者）該当人数／（納税者数＋非納税者数）
3	寡婦控除	寡婦控除額（27 万円）×本人控除（寡婦）該当人数／（納税者数＋非納税者数）
4	特別寡婦控除	特別寡婦控除（35 万円）×本人控除（特別寡婦）該当人数／（納税者数＋非納税者数）
5	勤労学生控除	勤労学生控除（27 万円）×本人控除（勤労学生）該当人数／（納税者数＋非納税者数）
6	社会保険料控除	社会保険料控除額／社会保険料控除適用人数
7	一般配偶者控除	一般配偶者控除額（38 万円）×（一般控除対象配偶者数＋障害配偶者数＋非同居特別障害配偶者数）／（納税者数＋非納税者数）
8	同居特別障害配偶者控除	同居特別障害配偶者控除（63 万円）×同居特別障害配偶者該当人数／（納税者数＋非納税者数）
9	老人配偶者控除	老人配偶者控除（48 万円）×老人配偶者該当人数／（納税者数＋非納税者数）
10	同居特別障害老人配偶者控除	同居特別障害老人配偶者控除(83 万円)×同居特別障害老人配偶者該当人数／（納税者数＋非納税者数）
11	一般扶養控除	一般扶養控除額（38 万円）×一般扶養控除該当人数／（納税者数＋非納税者数）
12	特定扶養控除	特定扶養控除（63 万円）×特別扶養控除該当人数／（納税者数＋非納税者数）
13	同居老人扶養控除	同居老人扶養控除額（58 万円）×同居老人扶養控除）該当人数／（納税者数＋非納税者数）
14	その他老人扶養控除	その他老人扶養控除額（48 万円）×その他老人扶養控除該当人数／（納税者数＋非納税者数）
15	同居障害者扶養控除	同居障害者扶養控除額（35 万円）×同居障害者扶養当人数／（納税者数＋非納税者数）
16	非同居障害者扶養控除	非同居障害者扶養控除額（27 万円）×非同居障害者扶養当人数／（納税者数＋非納税者数）
17	小規模企業共済等掛金控除	小規模企業共済等掛金控除額／小規模企業共済等掛金控除対象人数
18	生命保険料控除	生命保険料控除額／生命保険料控除対象人数
19	損害保険料控除	損害保険料控除額／損害保険料控除対象人数
20	配偶者特別控除	配偶者特別控除額／配偶者特別控除対象人数

ただし、上記表の左端欄および表 1-3, 4, 5 で用いられている所得控除の数値は、平均値である。

第2章　負の所得税を所得税法に統合
：生活保護法は法の支配下か

第1節　問題提起：所得税法と生活保護法の不整合

　日本の生活保護法における生活保護水準（とりわけ最低生活保障水準）と所得法上の人的所得控除（基礎控除と配偶者控除及び扶養控除ならびにその他所得控除の合計額のうち、最低生活費に要する部分を人的所得控除と本書は総称する。）とを比較すると、地域差があるとしても、なお一般的には前者が後者に比べて大である。税法上の人的所得控除（1,140,000 ＝ 3 × ¥380,000）が最低生活保障水準（たとえば、平成14年度における標準3世帯の場合の年額2,183,640 ＝ 12× 1801,970 円）[1] と同一の水準に引き上げられるべきだ、とする議論がある[2]。

　本章の議論が示すように、「税法上の人的所得控除が最低生活保障水準と同一の水準に引き上げられるべきである」との見解[3] は、ドイツ連邦裁判所の裁判例に盲従しているかのようであり、同見解は、人的所得控除に基づく「政府からの隠れた所得移転」の金額と生活保護法[4] に基づく生活保護受給金とを比較する視点を欠落している。この視点を見落としている結果、高所得者が低中所得者に比しより多額の「隠れた所得移転」を享受している事実を看過することとなる。しかし、人的所得控除制度を排するならば、それに代え、租税クレジット制度またはあたらしい所得支援給付制度の創設は検討するに値するかもしれない[5]。

---

[1]　参照、厚生統計協会(2002) 94頁。

[2]　そうするものに、たとえば、BverfG-Beschluß vom 25.9.1992, BverfGE 87, 153/154., その紹介、三木(1995) 30頁、31頁およびそこに掲げる文献（課税最低限と生活扶助基準の一致を主張）。

[3]　三木(1995) 30頁、31頁およびそこに掲げる文献。

[4]　生活保護を申請しうる状況でもしない理由について、参照、NHK スペシャル「ワーキングプア」取材班(2007) 54-56頁（ワーキングプアとは、働いて得られる収入が生活保護水準を大きく下回るのに生活保護を受けていない人をさす。59頁）。

[5]　木村(2009A) 45-63頁；木村(2010A) 31-57頁；木村(2010B) 40-49頁。

本章にいう人的所得控除額は、最低生存権を保障するため、総所得金額から控除される結果、課税所得の金額から除外される。したがって、納税義務者は、人的所得控除額に相当する所得を、最低生活費として費消することができる。他方、生活保護受給者は、生活保護法に基づく最低生活保障水準に相当する（または収入のあるときは、その収入金額から勤労控除を差し引いた所得額を控除した金額に相当する）生活保護受給額を、最低生活費として費消することができる。その限りにおいてのみ、税法上の人的所得控除が最低生活保障水準と同一の水準に引き上げられるべきであるとの見解は、正当だろう。

生活保護法[6]の領域において、経常的最低生活費と臨時的最低生活費（一時的扶助費）からなる最低生活費は、所定の算定方式に基づいて認定される[7]。たとえば、3人世帯の最低生活費が、年 1,800,000 円であると仮定する。他方、人々が一定額以上の収入金額を取得する場合には、収入金額から勤労控除を差し引いた所得額だけ、一定の算式に基づいて生活保護の受給額が差し引かれたことになっている[8]。認定された収入金額が、400,000 円だとする。必要経費を意味する勤労控除額[9]が 250,000 円だと仮定する。その者の所得金額（収入充当額）は 150,000 円となる。要保護者の受給額（扶助額）は、1,650,000 円（＝¥1,800,000 −（¥400,000 − ¥250,000））となる。これは、要保護者の労働所得が税率 100% で課税をうけて、その全額が政府に強制的に移転されたに等しいと解釈しうる。ただし、勤労控除のうち新規就労控除の計上が許容される場合は、その計上額に応じて、税率は 100% を下回る。

受給者の立場から、次の数式が成立する。

$$NT = Yg + r_n \times Y \qquad \langle 数式1 \rangle$$

$$NT = |r_n| \times (Yg - Y) : Yg - Y > 0 \qquad \langle 数式2 \rangle$$

---

[6] 参照、橋元恭之(2006) 334 頁以下。
[7] 参照、生活保護手帳編集委員会(編)(2005) 151 頁以下。
[8] 参照、厚生統計協会(2002) 94 頁。
[9] 生活保護法に定める勤労控除のうち基礎控除は、収入を稼得するに必要な経費を意味し、所得税法上の給与所得控除にほぼ相当する。新規就労控除及び未成年者控除は、就労意欲を高めるインセンティブを有するであろう。
　1　勤労控除の趣旨・概要
　（1）勤労控除の趣旨
　　⑴　勤労に伴う必要経費を補填

第 1 節　問題提起：所得税法と生活保護法の不整合

$$NT = |r_n| \times (Yg - Y) - r_p \times (Y - Pa) : Yg - Y > 0, Y - Pa > 0$$

〈数式 3〉

$$NT = r_t \times Yg - r_p \times (Y - Pa)$$
〈数式 4〉

$$NT = r_t \times Yg - r_p \times \{(Y + r_t \times Yg) - Pa\}$$
〈数式 5〉

ここで

NT ＝正味の所得移転[10]（政府から国民に支払われる所得支援給付金又は国民から政府に支払われる正味の租税[11]）

被保護世帯に収入があった場合、世帯の最低生活費から当該収入を差し引いた不足分を保護費として支給するのが基本であるが、勤労収入を得るためには、勤労に伴って被服費や知識・教養の向上等のための経費が必要となることから、勤労収入のうちの一定額を控除する。

(2)　勤労意欲の増進・自立助長
（2）　勤労控除の種類
(1)　基礎控除［平成 16 年度上限額　月額 33,190 円（1 級地）・収入額 8,000 円までは全額控除］
　　○　勤労に伴って必要となる被服、身の回り品、知識・教養の向上等のための経費、職場交際費等の経常的な経費を控除するものであり、勤労意欲の増進、自立の助長を図ることを目的とする。
　　○　基礎控除の控除額は、勤労収入に比例して増加させる方式（収入金額比例方式）を採用している。
(2)　特別控除［平成 16 年度基準額　年額 150,900 円以内（1 級地）］
　　○　勤労に伴って必要となる年間の臨時的な経費に対応するもので、年間を通じて一定限度額の範囲内で必要な額を控除するもの。
　　○　特別控除の控除額は、年間収入に比例させることとし、収入額の 1 割を限度として必要な額を認定する。
(3)　新規就労控除［平成 16 年度基準額　月額 10,400 円（各級地共通）］
　　○　新たに継続性のある職業に従事した場合に、その勤労収入から一定額を控除するものであり、6 か月間に限って認定する。
(4)　未成年者控除［平成 16 年度基準額　月額 11,600 円（各級地共通）］
　　○　20 歳未満の者が就労している場合に、その勤労収入から一定額を控除するもの。
　　○　単身の者や配偶者とのみで独立した世帯を営む者等の一定の条件にあるものについては認定しない。
　※　この他に必要経費として、通勤費や社会保険料などが控除される。
　出典：社会保障審議会－福祉部会、生活保護制度の在り方に関する専門委員会、第 10 回（平成 16 年 4 月 20 日）、資料 2。さらに、参照、厚生労働省『平成 19 年被保護者全国一斉調査』第 7 表（5-1）　保護の決定状況額（積み上げ）、世帯人員・級地・保護の決定状況別。

10　net transfer.
11　個人が国から所得支援給付金を受け取らない場合、正味の租税を支払う。

第1部　第2章　負の所得税を所得税法に統合：生活保護法は法の支配下か

Y_g＝所得支援基準給付金（所得保障）
Y＝或る個人の個人所得
P_a＝人的所得控除
r_n＝負の所得税率　　：$0 > r_n > -1$
r_t＝所得移転消去率　：$1 > r_t \geqq 0$
r_p＝所得税率　　　　：$1 > r_p > 0$（ここでの所得税率は、顕示の税率である場合
　　　　　　　　　　　　も、影の税率である場合もある。）

　生活保護法に基づく給付金は、数式1に代入して、次のように算出される。

$$NT = ¥1,800,000 + (-100\%) \times ¥400,000$$

　個人所得（¥400,000）にかかる100％課税方式は、要保護者の就労意欲を減退させる法的原因の一つである。ディスインセンティブの問題がここに横たわっている。この意欲減退要因をなくし、就労の意欲向上要因を負の所得税システム又は所得支援給付システム（租税クレジット・システム）にどのように内蔵するかについて、本章における議論の背景において、実は検討されている。

　一つの選択肢（人的所得控除アプローチ）の場合、受給権者は、所得支援分岐点の金額（＝人的所得控除額の上限額）から、個人所得を差し引いた金額に特定の利率（負の所得税率）を乗じて計算した金額（所得支援給付金）を受け取るべきだと主張されることもある。この説の場合、受給権者は、個人所得を取得していないケースでは、「人的所得控除×負の所得税率」の金額を政府からの「隠れた所得移転」として受け取る（参照、数式2）。

　もう一つの選択肢（貧困線ギャップ・アプローチ）の場合、要保護者が、個人所得に対する所得税を差し引いた手取り所得のほかに、「所得支援分岐水準−個人所得」に（個人所得の多寡に応じた）所得移転消去率を乗じて計算される所得支援給付金を受け取る。ここでは、所得支援給付金は、負の所得税[12]の形で支給される（参照、数式3）。

　別な選択肢（所得支援基準給付アプローチ）の場合、要保護者が、(i)個人所得の金額と(ii)（個人所得の多寡に応じた）所得移転消去率を所得支援基準給付金（ここでは生活保護給付金）に乗じて算出される所得支援給付金との合計額に、その者の限界税率を乗じて算出される税額を納付する（参照、数式5）。ここで

---

[12]　負の所得税について簡易な設例は、参照、フィッツパトリック(2005) 104-106頁（失業給付には失業の罠を生みだす効果があるが、負の所得税は勤労意欲を高める）。

第1節　問題提起：所得税法と生活保護法の不整合

は、所得支援給付額（移転所得）は課税に服する[13]。他方、数式4では、所得支援給付額（租税クレジット）は課税に服さないケースが示されている。

数式1から数式5までにおいて、要保護者は、所得支援基準給付金、所得移転消去率（又は負の所得税率）、税率の設定の仕方に応じて、正味の所得移転（すなわち社会給付）を受給する。

数式1（$NT = Yg + r_n \times Y$）を敷衍すると、影の「負の税率」r_nの絶対値（現在では、90%超）が、個人所得Yに対する所得税法上の所得税率r_pより大である限り（数式7左辺第3項かっこ内）、短期的にみれば、生活保護給付金を受領するほうが、楽で経済的に有利である。そのため、現在の公的扶助制度を前提とする所得税制は、就労意欲を減退するよう作用しているといわざるをえない。しかも、影の「負の税率」の絶対値が、生活保護受給者が稼得所得を得た場合におけるその者の平均税率（たとえば、現行所得税法下では5%）を下回らない限り、就労意欲は減退する。

生活保護を受けない者が稼得した所得にかかる税引き後所得が、生活保護受給者が稼得所得を得た場合の税引き後可処分所得（＝稼得所得＋生活保護受給金－税額）と等しいとすれば、次の数式が成立する。

$$Y - r_p \times (Y - Pa) = Yg + r_n \times Y \qquad \text{〈数式6〉}$$

数式6を変形すると、

$$Yg - r_p \times Pa - (1 - r_n - r_p) \times Y = 0 \qquad \text{〈数式7〉}$$

数式2（$NT = |r_n| \times (Yg - Y) : Y = 0$）または数式3（$NT = |r_n| \times (Yg - Y) - r_p \times (Y - Pa) : Y = 0$）を敷衍すれば、最低所得保障額（所得支援基準給付金）を負の税率r_nの絶対額（50%、33 1/3%など）で除して計算した金額が、所得税法上の人的所得控除額Ygに等しくすべきである。これが、税法と公的扶助を統合したシステム[14]のアイデアのひとつである。もちろん、要保護者が個人所得を稼得する場合、所得支援分岐水準（Yg, B_N）の金額全額をその者に給付するようなことは、考えられていない。相対的貧困水準は、統計上客観的に特定されることと対照的に、人的所得控除額は、人為的に政策的に特定するこ

---

[13]　参照、木村（2009A）45-63頁。
[14]　本章は、課税と社会保障の一体的把握と直接には関わりがない。参照、宮島（2004）54頁。

第1部　第2章　負の所得税を所得税法に統合：生活保護法は法の支配下か

とができるから、相対的貧困水準より低位に定めることができる。これが、後述の、人的所得控除アプローチである。

アメリカ政府は、貧困水準を公表するので、この貧困水準と各人の個人所得との格差（ギャップ）を所得補足して埋めるというアイデアが、着想する。これが、後述の貧困線ギャップ・アプローチである。

日本国では、所得税制度と公的扶助制度は連携せずに孤立的に存在し、運営されている。そのため、税法上の人的所得控除が生活保護法上の最低生活費保障水準といかなる相互関係を保つべきかについて、管見の限りでは[15]、議論は深まっていない[16]。

最低生活保障水準の概念は、日本の生活保護法の概念であるから、各国の類似の公的扶助制度における諸問題を分析する道具として用いがたいであろう。そこで、本章は、最低生活費保障水準に代えて、のちに詳述する概念、最低所得保障額、所得支援基準給付金額などを分析道具や説明道具として用いることとする。

第2節　税制を用いた所得移転システムに関する学説史

1　理論枠組みの概要

正の所得税（租税債務）は、世帯レベルにおける貨幣の流出と、国家レベルにおける金銭の相応の流入によって性格づけられる。これに対し、負の所得税（租税クレジット[17]、所得支援給付金, tax credit = C）は、世帯への貨幣の流入と、国側での貨幣の相応の流出によって特徴づけられる。負の所得税の場合、正の所得税と対照的に、限界税率は、X軸上で原点0から所得支援分岐水準までのあいだ負である（参照、図2-1）。その際、限界税率 mr は、個人所得の変化 dy に対する負の租税の変化 dT の利率（dY/dT）から演繹されるものとして定義されている。世帯の個人所得 Y（粗所得または稼得所得とも呼ばれる。）は、税制を用いた所得移転システムのための算定基礎となっている。

所得税クレジット制度についてそのモデルは数多く開発されてきている。税

---

[15]　参照、木村忠(1950/1958)；藤本(1960)；小山(1950/75)；尾藤／木下／中川(1996)；古賀(1997)；三輪(1999)；『生活保護50年の軌跡』刊行委員会(2001)；生活保護手帳編集委員会(2005)。

[16]　木村(2006) 21-60頁。

[17]　tax credit.

28

第 2 節 税制を用いた所得移転システムに関する学説史

制を用いた所得移転システム[18] を、次の単純な設例によって例解してみよう（参照、グラフ 1）。

或る世帯の最低所得保障額が 3,000,000 円であり、そして 50％の税率が世帯の個人所得 Y（正味の所得支援給付金を除く。個人所得の大部分は貨幣所得からなる、と仮定する。）に適用されるとすれば、所得支援分岐額（B_N）は、その世帯にとって 6,000,000 円（$B_n = 3,000,000 / 0.5$) となる。6,000,000 円の点で、世帯の所得税債務は 3,000,000 円（$0.5 \times ¥6,000,000$）であり、3,000,000 円の所得支援給付額に等しい。もし、世帯の所得支援分岐水準を 3,000,000 円に、そして 1,500,000 円を最低所得保障の水準とすることが望ましいと仮定する。そうすると、税制を用いた所得移転システムの税率[19]（r_n）は 50％となるであろう。最後に、所得支援分岐水準は 3,000,000 円で、かつ税率 r_n が 25％であれば、最低所得保障額は 750,000 円（$= 0.25 \times ¥3,000,000$）である[20]。

次に、本章で用いる分析道具および説明道具の概念を概説する。理念型では、負の所得税構想は、正の所得税と体系的に統一して構築される。あらゆる負の所得税プランを含め、税制を用いた所得支援給付金制度[21] の基本要素は 3 つの変数に還元される。負の所得税構想は、3 つの基本パラメータによって表すことができる。最低所得保障額（これは「所得支援基準給付額」ともいう）Yg、所得支援分岐水準 B_N（この分岐点で粗所得と可処分所得は同一である）、および所得支援消去率（負の税率）r_n がそれである[22]。その他の変数は、論者の構成に応じて、追加されている。このことがいったん明らかにされると、レディー・ジュリエット・リス・ウィリアムズ（Lady Juliet Rhys-Williams）の社会配当プラン、フリードマン／ランプマン（Friedman/ Lampman）の負の所得税プランおよびトービン（Tobin）の所得支援基準給付アプローチ並びに貧困線ギャップ・アプローチのあいだに実は大差がない理由を容易に理解できるようになる。社会配当は、所得支援基準給付に相当すると位置づけることができるからである。リズ・ウイリアムズの提言する社会配当は、定額の給付金を普遍的に支給するところ、アメリカで開発された負の所得税構想は、定額の給付

---

[18] transfer-by-taxation. 税制を用いた所得移転。

[19] transfer-by-taxation　tax rate.

[20] *Green*(1967), 62f. ただし、所得税法上、課税所得額の計算上人的控除その他所得控除を計上しないものと仮定する。

[21] transfer-by-taxation.

[22] So *Almsick* (1981), S.62f.

第1部　第2章　負の所得税を所得税法に統合：生活保護法は法の支配下か

金（社会配当）というよりむしろ、所得支援基準給付額（これを最低所得保障額ともいう）の一定割合（税率または所得移転率ともいう）の金額（これを所得支援給付額、相殺所得税、租税クレジットなどという）を —— 税制を通して —— 低所得者に給付する。

　これら負の所得税3案のあいだに重要な差異があるとすれば、それは、最低所得保障額 Yg [23] の程度、税率 r_n [24] の水準、および所得支援分岐水準 B_N [25] にある。

　最初の変数は、税制を用いた所得移転システム [26] の対象とされる人々に保障される最低所得保障水準である。貧困線ギャップ・アプローチでは、これは $r_n \times R$ で表わされ、そして人的所得控除アプローチでは、所得支援基準給付金 [27] の大きさ C で表わされる [28]。この最低所得保障水準は、一般に承認されている貧困線水準に合致していても合致していなくても、構わない。合致しないモデルでは、租税と公的扶助を統合するシステムが、世帯の所得を、最低所得保障の水準にまで補足するほかに、社会福祉スキームはその本来の課題を残している。伝統的な所得税法上の人的所得控除額が所得支援分岐点の水準に一致していることは、必ずしも必要でない。

　第2の変数（負の税率または所得移転消去率）は、所得が増加するにつれて、所得支援給付金 [29] が削減消去していく率を決定する。貧困線ギャップ・アプローチでも人的所得控除アプローチでも、この限界税率は、$r_n = \varDelta Dy ./ \varDelta Y$、すなわち所得の変化に対する可処分所得の変化の率である。ただし、人的所得控除アプローチでは、負の税率 [30] r_n は、正の税率 r_p に等しくても等しくなくてもよい、就労意欲を減退させることを避けるには、この負の税率は不可避的

---

[23]　the guaranteed minimum income, the minimum level of income guaranteed, or, guaranteed allowance, Grantiebetragsniveau.

[24]　この税率は、社会配当税率（または所得支援消去率）を意味し、所得支援分岐水準または貧困水準と個人所得との格差（いわゆる貧困線ギャップ）をなんパーセント埋め合わせるかを示すパラメータをさす。

[25]　the break-even level of income ＝ break even point ＝ kritische Einkommensgrenze ＝ Unterstützungsgrenze beim Bürgergeld、所得支援給付金による所得支援の上限がこの分岐点となる。

[26]　NIT. 負の所得税。

[27]　NIT allowance. 負の所得税の給付、言い換えると、租税クレジットの給付。

[28]　*Green* (1967), 63; *OECD* (1974), at 20, para.14；*Almsick* (1981), S.65.

[29]　NIT allowance. 負の所得税の給付金

[30]　負の税率と類似の文脈において、「所得移転消去率」又は「withdrawing rate」が論じられる。参照、木村(2009A) 45 頁以下。

第 2 節　税制を用いた所得移転システムに関する学説史

に 100％未満でなければならず、通常 30％から 50％の幅のなかで設定される。貧困線ギャップ・アプローチでは、所得支援消去率（負の税率）r_n は、所得支援基準給付金の消滅消去率を決定するのみならず、所得支援分岐額Ｂと組み合わさって、最低所得保障水準 Br_n を決定する [31]。

　第 3 の変数は、所得支援分岐水準 B_N は租税クレジット・スキームでは、租税債務と租税クレジットが等しくなる点であり、そして、貧困線ギャップ・スキームでは正味の所得支援給付金 [32] が零（ゼロ）に減少する点である。「租税分岐点 [33]」は、税引き後所得が負の所得税スケジュールでも正の所得税スケジュールでも同一の点である [34]。

2　所得支援分岐水準を所得税法上の人的所得控除額に限定する、人的所得控除アプローチ

2.1　はじめに

　モダンな論戦は 1962 年と 1963 年に始まった。1962 年にミルトン・フリードマン（Milton Friedman）[35] が、他の公的扶助制度にとってかわるべき「負の所得税」モデルを提案した [36]。1963 年にはロバート・テオバルト（Robert

---

[31]　*OECD* (1974), at.20,para.14.

[32]　the net allowance.

[33]　the tax break-even point.

[34]　*OECD* (1974), at 20, para.14.

[35]　フィッツパトリック(2005) 107 頁（フリードマンは急進右派と位置付けられている）。

[36]　*Friedman*(1963/69), 190-195；フリードマン／フリードマン(1980) 154 頁（今日の社会福祉制度にとって代われる魅力ある制度といえば『負の所得税』だ。しかし、将来、その実現は政治的に可能とは思えない。）、191-198 頁（この改善策は、必要に迫られているすべての人々に対して、その必要を発生させた原因が何であれ、これとはまったく関係なく最低限の所得を保証し、しかも、他方では、これによって人々の人格にできるだけ少しの悪影響しか及ぼさず、人々の自分自身の独立を達成させたり、自分自身の状態を改善するようにさせたりする誘因も傷つけることが少なく済む。もしも負の所得税制度が、既存のすべての福祉プログラムと置き換えるのに成功すれば、この制度は巨大な利益をもたらすであろう。）；フリードマン (2008)346-347 頁（1 に、貧困を減らそうというなら、それだけを目的としたプログラムを用意すべきである。2 に、市場を通じてプログラムを運用する場合でも、市場を歪めたり市場機能を妨げてはならない。機械的に運用できる点で最も望ましいのは、負の所得税である。価格維持制度、最低賃金法、関税などは落第である。）；バトラー(1989) 279 頁（福祉問題に対する一般的解決法は、貧困が現金の欠乏によって起こるということを認識することである。現金の欠乏は、必要とする人々に現金を与えることによって解決でき、貧者救済の任に当たっていた政府の巨大機関を不要とすることにもなる。そこで、フリードマンは負の所得税を提案する）。参照、橋元(2006) 329 頁以下。

Theobald）が社会配当モデルを提唱した[37]。この2つの提案が議論を雪崩のように引き起こし、その他の所得保障コンセプトを含む多彩なモデルを導き出した[38]。

この文脈において、負の所得税について2つのプランが観念されており、そして議論されるべきである。人的所得控除アプローチと所得支援基準給付アプローチがそれである。2つのプランは、貧困を撲滅または軽減する目標を原則として指向している。その構造は、ここで関心のある限りにおいては、日本の所得税法システムに移植しうるであろう。とはいうものの、これらのアプローチの叙述と分析は、従来の所得税法の基本構造[39]を同時に変革しない限り、所得税と負の所得税とを結びつける機能が現行の所得税制に欠如していることをはっきり示すことになるであろう[40]。フリードマンやトービンらは、それにもかかわらず、従来の所得税法の基本構造（とくに人的所得控除制度）を温存して、それに人的所得控除アプローチを結びつけようとしたことが、彼らの構想の特徴である。

「租税クレジットまたは所得控除[41]」スキームと呼ばれる、税制を用いた所得移転システムは、政府の立場からみて、次の数式で表現できる。

$$NT = r_p \times Y - C \qquad\qquad \langle 数式8 \rangle$$

課税所得金額の計算上人的所得控除を計上する場合は、次の数式で表わされる[42]。

$$NT = r_p \times (Y - B_E) - C \qquad\qquad \langle 数式9 \rangle$$

$$C = r_n \times (B_N - Y) \qquad\qquad \langle 数式10 \rangle$$

$$NT = r_p \times Y - r_n \times (B_N - Y) \qquad\qquad \langle 数式11 \rangle$$

C＝所得支援給付または租税クレジット

---

[37] *Theobald*(1963), at.192ff. (Apendix); *Theobald*(1965/66), pp. 83-96.

[38] So *Turnball /Williams /Cheit*(1973), at 570.

[39] *Surrey*(1973), pp.8 f., Table 1.1.（生存権保障のための人的所得控除は、租税支出に数え入れられていない。）この文脈において、サリーは、人的所得構造は所得税法の基本構造として把握されているであろう。

[40] *Almsick*(1981), S.73.

[41] the tax credit or allowance.

[42] 橋元(2006) 330頁以下。

第2節　税制を用いた所得移転システムに関する学説史

r_p ＝正の税率
r_n ＝負の税率
NT ＝正味の租税債務または正味の所得支援給付若しくは正味の租税クレジット [43]
Y ＝粗所得（所得支援給付を除く）
B_N ＝所得支援分岐点、そして
B_E ＝所得税法上の人的所得控除額

　$r_p \times Y < C$ の不等式が成立する場合、すなわち租税債務が所得支援給付（租税クレジット）より小であるとき、NT ＝正味の所得支援給付若しくは正味の租税クレジットが成立する。

　次に、$r_p \times Y > C$ の不等式が成立する場合、すなわち租税債務が所得支援給付（もしくは租税クレジット）より大であるとき、NT ＝正味の租税債務が成立する [44]。このスキームで対象とされる、各個人に支給される所得支援給付金（もしくは租税クレジット）は、国の予算を斟酌して、貧困線ギャップを埋め尽くすに必要であろう所得支援基準給付水準よりかなり低い傾向にある [45]。

2.2　フリードマンの EX-MSD プラン

　負の所得税の概念それ自体はあたらしくない [46] にもかかわらず、この考え方の2人の主たる主張者は、ミルトン・フリードーマン [47] とロバート・ランプマン（Robert J. Lampman）[48] である。フリードマンが人的所得控除アプローチを、ランプマンは貧困線ギャップ・アプローチを主唱する。それをめぐる議論は、ミルトン・フリードーマンによって 1962 年にもっとも強く推し進められた [49]。

　負の所得税の基本的構想は、次の仕組みを用いることである。そのメカニズムによって、われわれは、いま最低レベル未満の所得しか有しない人々に対し所得支援を供するため、最低レベル以上の所得を有する人々から租税収入を徴

---

[43]　net transfer.
[44]　Cf. *OECD* (1974), 19.
[45]　*OECD*(1974), 19f.
[46]　夙に、*Rhys-Williams*(1943/2004), p.161-169；also, *Dalton* (1954), 148ff.（応能主義に基づく給付金制度を考察）。参照、中桐(1969 A) 5 頁,13 頁；フィッツパトリック(2005) 107 頁（ミルトン・フリードーマンが、負の所得税を払うことを最初に考案した人物でないことを確認）及びそこに掲げられた文献。
[47]　*Friedman*(1963/69), 71-81.
[48]　*Lampman*(1965 A), 521-529.*Also, Lampman* (1964), 78.
[49]　*Friedman*(1963/69), 191；フリードーマン(1975)、215 頁。参照、*Almsick*(1981), 73 FN. 31 およびそれに対応する本文。

第1部　第2章　負の所得税を所得税法に統合：生活保護法は法の支配下か

収する[50]。所得の極めて少ない者が、利用できない所得税法上の人的所得控除[51]の一定割合（たとえば50％）の金額をその生活困窮者に給付することによって、低所得者の所得を補足する。フリードマンは、この提案を負の所得税[52]と命名した[53]。

　負の所得税は、基本的に、最低所得保障額と極めて異なっている。最低所得保障額 Yg は、所得支援分岐水準[54] Bn と等しくない（参照、グラフ1）。その分岐点では、納税義務者はいまだ租税を支払わないし、また、所得支援給付金[55]も受給しない[56]。

　それでは、人的所得控除アプローチはなにを基準として、負の所得税を給付しようとするのであろうか。

　アメリカ合衆国における当時の社会福祉プログラムに基づくコンセプト、すなわち、「農業プログラム、一般的老齢者扶助、最低賃金法[57]、労働組合優遇立法、最低賃金[58]、技能職ないし専門職の免許規定[59]」よりも、フリードマンは負の所得税のほうが多くの長所を有すると考えた[60]。社会福祉プログラムは、一方で、「人々を人として援護する」ように設計されるべきであり、他方で、できる限り、そのプログラムは市場を通して機能すべきであり、「市場をゆがめたり、その機能の仕方を妨げたりすることのないようにすべきである[61]。」たとえば、最低賃金は、すでにジョージ・ジョセフ・スティグラー（George Joseph Stigler）が論証したように、結果として雇用の減少をもたらし、後者の

50　*Friedman*(1968 A), 53.
51　their unused income-tax exemptions and deductions.
52　a negative income tax.「負の所得税」の構想について、参照、國枝(2008) 57 頁以下。
53　*Friedman*(1968 B), 48.
54　the break-even income.
55　a subsidy.
56　*Friedman*(1967/68), 72.
57　川口(2009) 日本においても、川口は統計調査の結果、次の結論を得ている。
　　最低賃金の上昇は、
　　1. 男性若年労働者の雇用に負の影響を与える。
　　2. 既婚中年女性の雇用を減少させる。
　　3. 男性・女性高齢労働者の雇用には影響を与えない。
　　こうしたことから、最低賃金は必ずしも望ましい貧困対策ではない。
58　tariffs, Mindestlönen.
59　*Friedman*(1963/69), 191; フリードマン(1975) 215 頁。
60　*Friedman*(1968 B), 48.
61　*Friedman*(1963/69), 191; フリードマン(1975) 215 頁。

第2節　税制を用いた所得移転システムに関する学説史

要請をみたしていない[62]。

　ミルトン・フリードマンの見解によれば、<u>負の所得税は2つの要請を満たし</u><u>うる</u>。1に、負の所得税は、現実に所得を必要とする者に対する給付に集中しており、市場の過程に影響を及ぼさずに推移する。2に、負の所得税は、富の再分配の「実際コスト」を社会に正確に明示し、そして他の社会給付に比べ本質的長所を有する。その長所とは、負の所得税の受給者が個人所得を稼得する動機を高めうる点にある。なぜなら、「稼得した追加所得の1ドルは、[所得支援給付によって]常に、支出のために使うことのできる金銭を1ドルより多く使えるということを意味する[63]。」

　このような考え方が、負の所得税に関する、所得税制の上に築かれた制度案を定礎している。フリードマンは、アメリカ連邦所得税法に基づく人的控除額[64]（プラス最低標準控除額）をベースとして構想する[65]。

　フリードマンの EX-MSD プランを叙述するにあたって、6つの変数、正味の所得支援給付金＝NT、所得支援基準給付金（すなわち最低所得保障額）＝Yg、個人所得＝Y、負の税率＝r_n（つまり、負の所得税率、租税クレジット率、または社会配当率[66]を意味し、所得支援分岐水準 B_N の何パーセントを所得補足するかを示すパラメータを意味する）および所得支援分岐点＝B_N[67]、最後に、所得税法上の人的所得控除 $B_E = B_N$[68] がそれらである。

フリードマンプランにおける、正味の所得支援給付は、政府の立場からみると、

---

[62] *Stigler*(1946), 358ff.「負の税率をもつ個人所得税を最低所得層にまで拡大するという提案には、非常に魅力がある。」（at 365）との言明は負の所得税アイデアを示唆している。

[63] *Friedman*(1963/69), 192; *Friedman*(1971), S. 246; 参照、[*Friedman*(1963/69), 191; フリードマン（1975）216頁（ただし、同所翻訳には従っていない）。

[64] Exemption.

[65] そのため、*Green*(1967), 69; *David/Leuthold*(1968), 71 は，このプランを EX-MSD Plan と呼んでいる。

[66] social dividend tax rate.

[67] break even point of income ＝ kritische Einkommensgrenze ＝ Unterstützungsgrenze beim Bürgergeld, 所得支援の上限がこの分岐点となる。所得支援のための所得支援給付金の支給がなくなる点が、所得支援分岐点である。

[68] Friedman の EX-MSD プランの場合、人的所得控除額の上限に等しい金額が、所得支援分岐点（the break-even point, B_N）である。そして、所得支援分岐点と人的所得控除額とが合致する点に、フリードマン説の特色がある。変数のシンボルは、論者により相異なっている（たとえば、参照、*Hildebrand*(1967), p.14.）。本章は、シンボルの数を、できるかぎり、そり落とし、数少ないシンボルでもって、できるかぎりすべての提案を数式でもって表現し分析することとしたい。

35

第1部　第2章　負の所得税を所得税法に統合：生活保護法は法の支配下か

次の数式で表わされる[69]。

$$NT = r_n \times (B_E - Y) \qquad \langle 数式12 \rangle$$

$$B_E = B_N \qquad \langle 数式13 \rangle$$

数式13を数式12に代入すると、

$$NT = r_n \times (B_N - Y) : Y < B_N \qquad \langle 数式14 \rangle$$

当時の連邦所得税法のもとで、4人世帯が人的控除[70]と最低標準控除額[71]（ここでは両者を人的所得控除額と略称する。）の合計額3,000ドル（人的控除＄2,400、家賃控除＄600）を控除できる権利を有すると仮定する。4人世帯がまったく個人所得[72]を稼がず、したがって、所得税法上の人的所得控除権も行使できない場合には、その世帯は負の課税所得3,000ドルを有する。そのうえ、所得支援給付金の利率（補助金交付率）[73]がたとえば50％だとすれば[74]、世帯は所得支援給付1,500ドルを受給する権利を有するだろう。この世帯は他に個人所得を稼いでいないと仮定する。これは、政府の立場からみると、次の数式で示される。

$$NT = r_p \times Y - |r_n| \times (B_N - Y), \text{ then } NT = - |r_n| \times B_N \qquad \langle 数式15 \rangle$$

この1,500ドルが、4人世帯のために同プランによって保障された税引き後の正味の所得支援給付である[75]。

つぎに、その世帯が2,000ドルの税引き前所得を稼得している場合、その世帯は未使用の人的所得控除額としてその差額1,000ドルだけを残している（参照、グラフ2-1）。すなわち、

$$負の課税所得 \$1,000 = B_N - Y = \$3,000 - \$2,000 : B_E = B_N$$

---

[69] *So, Friedman*(1967/68), 71; also, *Turnball/Williams/Cheit*(1973), at 571. 参照、地主（1968）81頁。

[70] personal exemptions.

[71] the minimum standard deduction.

[72] その大部分は貨幣所得からなるとする。本章ではいわゆる帰属所得を考慮に入れない。

[73] the rate of subsidy.

[74] *Friedman*(1968 A), 53；*Friedman* (1963/69), 191f.; フリードマン（1975）216頁。

[75] *Friedman*(1967/68), 72（フリードマンはNTを最低所得保障ともいう）。

第2節　税制を用いた所得移転システムに関する学説史

　この負の課税所得は、当時、通常の所得税法のもとでは無視される。すなわち、その世帯の粗所得が 2,000 ドルである場合、その差額 1,000 ドル（つまり、負の所得課税 1,000 ドル）は、使用できない人的所得控除額を残してしまう。

　ところが、負の所得税制のもとでは、世帯は、その負の課税所得の一定割合（負の税率 r_n）を受給する権利を有する。これが所得支援給付金である。このような所得支援給付の利率（補助金交付率）がたとえば 50％だとすれば、この未使用の人的所得控除額の 50％（利率）、500 ドルが所得補足として給付されることとなる。したがって、その世帯は、最低所得保障として所得支援給付金 500 ドルを受給する権利を有し、その結果、負の所得税を加味したのちの所得 2,500 ドル（＝ $2,000 ＋(0.5 × $1,000)）が可処分所得としてその世帯に残るであろう[76]。

　このような世帯が税引き前所得 3,000 ドルを有する場合、当時のアメリカ所得税法によれば、所得税法上の人的所得控除額はその所得とちょうど相殺されてしまう。その世帯は、課税所得が零（ゼロ）となり、したがって、税金をまったく支払わない[77,78]。これ（すなわち、人的所得控除額の上限値に等しい 3,000 ドル）が、所得支援分岐点（B_N）である[79]（参照、グラフ 2-1）。

　さらに、その世帯が 4,000 ドルの税引き前所得を有し、かつ、人的所得控除を利用する場合、その世帯は正の課税所得を 1,000 ドル（＝個人所得－人的所得控除額＝ Y － B ＝ $4,000 － $3,000 ただし、$B_E = B_N$）を有することとなる。当時のアメリカ連邦所得税法によれば、その世帯は、15.4％の税金、したがって、154 ドルの租税債務を負う。税引き後所得 3,846 ドルがその世帯に残ることになる[80]。

　正味の所得支援基準給付金 NT（フリードマンの用語では最低所得保障額）[81] は、フリードマンの EX-MSD プランのもとでは、所得税法上の人的所得控除額に等しい所得支援分岐水準 B_N に税率（r_n）を乗じて計算される。

$$NT = r_n \times (B_N － Y) \qquad \langle 数式 16 \rangle$$

---

[76] *Friedman*(1967/68), 72; *Friedman*(1968 A), 53;*Chrysant /Rürup*(1971), S.363.

[77] $B_N - Y = $3,000 － $3,000$, ただし、$B_E = B_N$

[78] *Friedman*(1968 A), 53.

[79] *So, Friedman*(1967/68), 71. ここでは所得支援分岐点が租税分岐点と合致していることが、フリードマン説の前提である。

[80] *Friedman*(1967/68), 71; *Friedman*(1968 A), 53.

[81] Guaranteed minimum income.

第1部 第2章 負の所得税を所得税法に統合：生活保護法は法の支配下か

個人所得がないケースでは、

$$NT = r_n \times B_N$$

表2-1は、フリードマンのEX-MSDプランのもとにおいて、正味の所得支援基準給付（彼の用語では最低所得保障額）は所得支援分岐水準（B_N）と税率の関数である。表2-1が示すように、世帯の規模が異なれば、最低所得保障額および所得支援分岐水準は異なってくる。世帯が個人所得を有すれば、正味の所得支援給付額は異なってくる（参照、数式16）。

表2-1　Friedman の EX-MSD プラン：所得支援給付金と所得支援分岐水準

世帯の規模	所得支援基準給付金	所得支援分岐点	所得支援給付率、税率
1	450	900	50％
2	800	1,600	50％
3	1,150	2,300	50％
4	1,500	3,000	50％
5	1,850	3,700	50％
6	2,200	4,400	50％

負の課税所得に対する税率が50％で、かつ人的所得控除額は当時の所得税法に基づくものとする。

個人所得は零（0）とする。

Friedman (1967/68), at 72, Fn.3

表2-1が示すとおり、世帯（課税単位）が異なれば、所得支援基準給付金および所得支援分岐水準は異なってくる。

しかし、負の所得税プランの強調点は、論者によって多少異なっている。まず、所得支援分岐点か決定される。フリードマンの人的所得控除アプローチの場合には、所得支援分岐水準は、1世帯に認められている所得税法上の人的所得控除額に等しい。これと対照的に、ラップマンの貧困線ギャップ・アプローチの場合は、所得税法の規定と関係なく、世帯の貧困水準Pに依存する[82]。

以上の考察から、負の税率を用いた所得支援給付金について、国民の立場から、次の数式が得られる[83]。

---

[82]　*Green*(1967), 64.

[83]　Cf. *Green*(1967), 64；*Chrysant /Rürup*(1971), S.361f.；*Almsick*(1981), S.65.

第2節　税制を用いた所得移転システムに関する学説史

$$Yg = |r_n| \times B_N \qquad \langle 数式17 \rangle$$

r_n ＝負の税率（単一または複数）
Yg ＝最低所得保障額
B_N ＝所得支援分岐点、すなわち正味の所得支援給付金がゼロに削減されてしまう所得額

負の税率による課税の等式は、数式17から、次のように変形できる。

$$Yg / B_N = r_n \qquad \langle 数式18 \rangle$$

$$NT = r_p \times Y － C \qquad \langle 数式19 \rangle$$

$$C = r_n(B_N － Y) \qquad \langle 数式20 \rangle$$

$$NT = r_p \times Y － r_n \times (B_N － Y) \qquad \langle 数式21 \rangle$$

グラフ2-1　租税債務

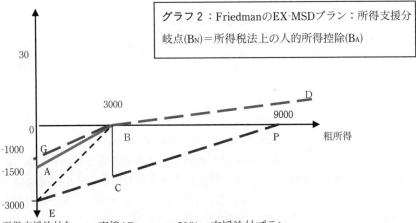

グラフ2：FriedmanのEX-MSDプラン：所得支援分岐点(B_N)＝所得税法上の人的所得控除(B_A)

直線AB：$r_n = 50\%$、支援給付プラン
直線EB：$r_n = 100\%$、支援給付プラン
直線GB：$r_n = 33\ 1/3\%$、支援給付プラン
直線BD：現在の正の所得税スケジュール
直線ECP：$r_n = 33\ 1/3\%$、支援給付プラン（Pを所得支援分岐点とする。ただし、Friedmanが望ましくないとする代替案のケース）

Green (1967). at 69,Fig.6-1；*Friedman* (1967/68), at 71；*Friedman* (1968 A), 53.

39

ここで、

C ＝粗の最低所得保障額

r_p ＝正の税率

r_n ＝負の税率

NT ＝正味の所得移転[84]（正味の税負担または正味の所得支援給付）

Y ＝粗所得（所得支援給付金を除く）

B_N ＝所得支援分岐点

B_E ＝所得税法上の人的所得控除額

　ここで強調しておくべき点は、所得支援分岐額と所得支援給付金である。その解は、負の税率である。所得支援給付金は、変数 Yg と r_n によって性格決定をうける。

　しかし、社会配当プランの場合と異なり、フリードマン EX － MSD プランでは、変数 Yg ではなく、所得支援分岐点 B_N（＝所得税法上の人的所得控除額 B_E）が重要である。この「所得支援分岐点＝ B_N」は、粗の最低所得保障額 C を負の税率 r_n で除して計算した額に等しい。

$$C / r_n = B_N$$
　　　　　　　　　　　　　　　　　　　　　　　　　　　　　　〈数式 22〉

所得支援分岐点 B_N 3,000 ドルと粗の最低所得保障額 C 1,500 ドルは区別されなければならない。ここで粗の最低所得保障額は所得支援給付額（言い換えると、負の所得税）を指していると解することができよう。所得支援分岐点 B_N では、世帯は税金を支払わないし、また、所得支援給付金[85]をも受給しない（参照、グラフ 2-1）。低所得層の世帯が追加の所得を稼ぎだそうとする就労意欲を高めるためには、この２つの変数の格差を堅持することは不可欠である[86]。両変数が一致するのは利率 r_n が 100％である場合に限られる。

　これらの数値はすべて４人世帯のためのものである。所得支援分岐額（B_N ＝ B_E）と最低所得保障額 C は、大世帯には大きくなり、そして小世帯には小さくなるだろう。このようにして、負の所得税 $\{C = r_n \times (B_N - Y)\}$ は自動的に必要性の差異 —— 世帯規模の差異や世帯構成の差異 —— に応じて異なってくる。ただし、本プランは、$B_N = B_E$ を前提とする。B_E は、所得税法上の人的

---

[84]　net transfer.

[85]　a subsidy.

[86]　*Friedman*(1968 A), 53.

第2節　税制を用いた所得移転システムに関する学説史

所得控除を指す[87]。

　その人的控除額は、世帯構成員ごとに 600 ドルであり、同時に「特別支出」についての標準控除額については「総所得金額」の 10％であった。（各種所得の金額は、事業用支出ないし必要経費を減額して算出される。）次に、負の所得税の算定ベースは、個人所得 ―― これが人的所得控除額より少ない場合、その範囲において ―― と、税法上の人的所得控除との差額である。この差額に、50％の負の税率を適用される。このようにして、前述の差額（すなわち、負の課税所得）の 2 分の 1 に相当する所得支援給付金が算出される。

　しかし、このような見解は、若干の問題を未解決にしてしまう。確かに、原則として、所得税法上の人的所得控除額は、最低生活費を課税から免れるようにきめられている[88]。この観点からは、最低生存権を保障するため所得支援給付システムを基礎控除のうえに構築することは、正当化できるかもしれない。標準控除額と、輪郭のほぼはっきりした目的に役立つ人的控除額との合計額（人的所得控除）を所得支援分岐点の計算上で考慮することは、純粋にプラグマティックに考察するときに限って、せいぜい正当化されるにすぎない。標準控除額と人的控除額の効果についてみると、それらは免税点として機能しており、いずれも課税所得の金額の計算上所得控除として働く。さらに、その際、特定の者だけが当該標準控除額と基礎控除額を利用できるという事実が、看過されている[89]。この問題の発生を防止するには、所得支援分岐点 B_N は、所得税法上の人的所得控除額 B_E に依存させるべきではなく、まして、等値にすべきでない。これが、フリードマンのプランが英国において迎え入れられなかった、理由であろう。

　同様に、負の所得税スキーム

$$NT = r_p \times Y - r_n \times (B_N - Y) : B_N = B_E \qquad \langle 数式23 \rangle$$

における潜在的受給権者が複数の各種項目の所得控除を自由に使え、そして特定のその他の各種所得の金額の計算上控除しうるということ、あるいは、彼女が非課税の所得を稼得するということも、考えうる。所得税法が負の所得税について所用の改正を行わなければ、人的所得控除額を所得支援分岐額の計算上

---

[87]　Cf. *Friedman*(1968 A), 53.

[88]　詳細な理由付けは、参照、*Schanz(1923/1929)*, S.911 ff.

[89]　*Almsick*(1981), S.75.

第1部　第2章　負の所得税を所得税法に統合：生活保護法は法の支配下か

考慮することは、考えられない[90]。

　しかし、人的所得控除だけしか利用できない場合には、50%の負の税率でも、さらに100%の負の税率でも、文化的最低生活費をカバーするには十分ではない。人的所得控除額は、その他の残りの所得支援給付額とのギャップを埋め合わせることができない。フリードマンは、同趣旨を次のように述べて、貧困線ギャップを完全に埋め合わせることを意味のあることと考えていない。

　　「所得支援分岐額及び負の税率をいろいろと動かしてみることによって、所得の巨大な再分配をもたらし、そして人々の就労意欲を劇的に低下させる、そうした無責任かつ好ましくないプランへと突き進んでいくことは予想しうることである[91]。」

　しかし、この言明を彼は3週間後に発行された論文で撤回してしまった。彼は、次を新たに強調したのである。負の所得税に関する彼の提案は、（州所得税法や市所得税ではなく）連邦所得税だけに関係しており、そして多くの理由から「州基金から負の連邦所得税を——負の州所得税法を制定することによって——所得補足することを、裕福な州に奨励する[92]」ことに賛成している[93]。かくして、社会的所得給付の改革にとって、複雑さのほかにほとんど得るものはないだろう。「［所得支援給付金以外の］その他の所得[94]がない場合、それを最低生存平均所得としてみるか又は最低所得保障額としてみるとしても、補助金交付率[95]は、現行の支援プログラムのカテゴリーに基づいて算出される値をはるかに下回る結果となるであろう。」[96] なぜなら、次の数式24が、政府の立場からみて、成立しているからである。

$$NT = r_p \times Y - r_n \times (B_N - Y) : B_N = B_E \qquad \text{〈数式24〉}$$

　フリードマン・プランは次のように要約できる[97]。

---

[90]　*Almsick*(1981), S.76.

[91]　*Friedman*(1968 A), 53.

[92]　*Friedman*(1968 A), 48.

[93]　*Almsick*(1981), S.76,Fn.45.

[94]　本章はこれを「個人所得」と略称している。

[95]　the rate of subsidy.

[96]　参照、*Almsick*(1981), S.76, Fn. 46 に掲げる文献。

[97]　Cf. *Turnball/Williams/Cheit*(1973), 572.

42

第2節　税制を用いた所得移転システムに関する学説史

1.　負の所得税率（又は補助金交付率）を用いた課税について、注に掲げる数式が得られる[98]。所得支援分岐点（＝人的所得控除額）を超える所得を有する人々は、政府に所得税を支払う。その分岐点未満の所得しか持たない者は、政府から所得支援給金を受給しうる。

2.　その所得支援給付の税率は50％のレベルである。4人世帯が個人所得1,500ドルを有し、人的所得控除額3,000ドルを有する場合、所得の不足額は、1,500ドルである。この不足額（貧困線ギャップともいいうるだろう。）の50％に相当する750ドルが、所得支援給付金となる。

3.　このように、人的所得控除額が、実質的に、所得支援分岐点と貧困水準とを兼ねており、いわば一人三役を果たしている。この3つの変数の一致が、フリードマン案の最大の特色である。

4.　その結果、人的所得控除額が、現行所得税法の水準を維持したままであれば、公的扶助法（日本の生活保護法にほぼ相当する。）上の貧困水準は著しく引き下げられることとなるだろうし、それに応じて、所得支援給付の金額は著しく低下することとなる。これと対照的に、前記2で示したように、人的所得合計額が3,000ドルに引き上げられていることに、留意されたい。

5.　フリードマンの提案を解釈すれば、所得支援給付の消去率（税率）は、貧困線ギャップ（負の課税所得、公的扶助法上の所得 earnings）に対してマイナス50％である。4人世帯が個人所得を有さず、人的所得控除額を3,000ドルだけを有すると仮定する。この場合、所得支援給付金は、その50％である1,500ドルである。次に、4人世帯が2,000ドルを有し、人的所得控除額3,000ドルを有すると仮定する、この場合、所得支援給付金は500ドルとなる。そうすると、この世帯の総所得金額は2,500ドルとなる。

　以上の考察から、現在のアメリカ所得税制度上の人的所得控除額に、彼の提案する負の所得税プランを体系的に結び合わせることは、極めて困難なようにみえる[99]。たとえば、公的扶助のような既存の公的扶助制度が維持されるべきでないときには、たとえその基礎控除額を標準控除額その他の控除額の合計に加算でき、人的所得控除額が2倍又は3倍に引き上げられて、現時点の生活保護水準にまで達する場合に限って、そのような結び合わせは成功するかもしれ

---

[98]　Cf. *Green*(1967), 64；*Chrysant/ Rürup*(1971), S.361f.；*Almsick*(1981), S.65.

[99]　*Almsick*(1981), S.76.

ない。その引き上げ額が文化的最低生活費としてみなされる限り、そうである[100]。さらに、税法上の所得概念を経済学上のそれに近づけることも、必要であろう[101]。

　新しい公的扶助制度を創設せず、そして別なシステムを補充しない限り、負の所得税にかかわるフリードマンのEX-MSDプランを日本の状況に移植するには、所得税法の抜本的改革を必要とする。ただし、この結論については、フリードマンのプランが最低生活に要する所得額をカバーすることを目指しているのではなく、貧困線ギャップの一部だけを埋めることを企図していることを、斟酌しなければならない。なぜなら、かれは、考察の冒頭で、私的な慈善が「いろいろな点で最も望ましい」[102]ということから、出発しているからである。

3　所得支援分岐水準を租税分岐点に拡張する、所得支援基準給付アプローチ
3.1　トービンによるL33 1/3%プラン

　ジェイムズ・トービン（James Tobin）[103]は、1965年秋の論文[104]において、人的所得控除アプローチと最低所得保障の一定割合を保障するルールを併用した。これを所得支援基準給付案という[105]。フリードマンとの相違は、ジェイムズ・トービンが人的所得控除でなく、むしろ所得支援給付（社会配当、租税クレジット）[106]に注目した点にある。就労意欲の高揚が念頭に置かれている[107]。

　トービンの出発点は、黒人の経済的地位の改善を手掛かりとして[108]、アメリカ合衆国における従来の公的扶助メカニズムに対する批判である[109]。同国では最低賃金法が特別な地位を占めている。トービンはこの法律を社会政策的に不適切だと考え、そしてその限りにおいて、ミルトン・フリードマンの論証に従っている。なぜなら、アメリカ最低賃金法は「彼ら［労働者－木村注］の労働が有する価値以上に支払うように雇用者に強いているからである。そのよ

---

[100]　*Almsick*(1981), S.76f.

[101]　*Almsick*(1981), S.77.

[102]　*Friedman*(1963/69), 190; フリードマン (1975), 214頁。

[103]　フィッツパトリック（2005）108頁（トービンは自由主義者として位置づけられている）。

[104]　*Tobin*(1965), 889-895.

[105]　a basic income allowance proposal.

[106]　tax credit.

[107]　*Turnball/Williams/Cheit*(1973), p.574.

[108]　*Tobin*(1965), 891.

[109]　Tobin のプランについて、参照、*Chrysant/ Rürup*(1971), S.364; *Green*(1967), 60f.

第2節　税制を用いた所得移転システムに関する学説史

うな法制度のありそうな帰結は、当該意図された受益者がまったく雇用されていないことである。」[110] トービンは、国庫からの所得補足が最良のアプローチだと考えている[111]。ただし、このような扶助は、就労をやめるように受給者にディスインセンティブを与えたり、又は、まじめに就労に励み勤めない動機を受給者に与えるといったやり方で、賦与されるべきでない。トービンは、このような間違いを犯したアメリカ福祉システムを非難した、アメリカの福祉プログラムは、資力調査に基づく厳格な資力調査[112] を要保護者に課すことを前提とする。支給される所得支援給付金額は、最低の要請だけをカバーするに過ぎず、そして［正味の所得支援給付金以外の］個人所得の金額を100％考慮に入れる。このような制度構築の目的は、「実際に支援の必要のない人々に納税者のお金を支給して浪費することを避ける」[113] という点にある。このような福祉制度目的を実現すれば、その結果、労働者が福祉水準を超えて稼得する可能性がある場合を除いて、公的扶助受給者は労働によって彼彼女の世帯の生活水準を高めることができないことである。しかも、たとえば、成人が多数の子どもを扶養しなければならず、そして比較的低賃金でしか働けないケースでは、福祉水準を超えて稼得する可能性はないであろう。

　さらに、資力調査に基づく必要性テストは、公的扶助に先立ち、要保護者の受給資格を判定する際に、その者の財産の在り高を審査しなければならないことを含意する[114]。これは、貯蓄する意欲を削ぐことになる。行政が公的扶助受給者を監視しそして意のままに操っていれば、その結果、彼ら彼女らは、みずからの問題を自分で把握し解決する自信と能力を徐々に衰えさせてしまうことになろう。

　トービンの提案は、負の所得課税と社会配当課税のあいだに架け橋をかけたとも評しうる[115]。トービンの見解によれば、前述の問題の大部分は、次のようにすれば解決する[116]。「所得支援基準給付[117]」システムを創設し、しかも、『人的所得控除』が租税システムにかたく食い込んでおり、その上、租税制

110　*Tobin*(1965), 889f.
111　*Tobin*(1965), 890.
112　a strict means test.
113　*Tobin*(1965), 890.
114　*Tobin*(1965), 890.
115　So *Green*(1967), 60.
116　*Tobin*(1965),891.
117　basic income allowances.

第 1 部　第 2 章　負の所得税を所得税法に統合：生活保護法は法の支配下か

度を通して行政管理されるならば、解決するであろう。

　所得支援給付金の受給は、過誤納金の場合の還付請求権と類似して、権利の問題である。

　トービンの提案によれば、毎年すべての世帯単位[118]は、連邦所得税を支払う義務を負うか又は連邦政府から所得支援給付金（より正確に表現すると、所得補足)[119]を受給する権利を得るかのいずれかである。後者の給付額は、当該年度の世帯の人数と世帯の所得に依存する[120]。

　Ｌスケジュールの場合、所得支援基準給付金は 400 ドルから 2,700 ドルまでの幅で刻まれるだろう[121]。したがって、所得支援給付金は、所得支援分岐点と、それ未満の個人所得金額との差額の 33 1/3％に過ぎない。相殺所得税の税率は 33 1/3％である[122]。他に考えうるプランは、50％税率のＬスケジュールである[123]。

　正味の所得移転（＝正味の所得支援給付金または正味の租税)[124] は、トービンのＬプランの場合にも、国民の立場から、次のように表現できる。

$$NT = Yg{-}|r_n| \times Y : B_N > Y \qquad\qquad 〈数式 25〉$$

　個人所得Ｙのない世帯は、その世帯の人数により測定される 1 人年当たり 400 ドルの所得支援基準給付金を取得する。政府がその世帯に給付する金額（所得支援給付金）は、所得保障とみなすことができる[125,126]。その際、トービンは、その金額の措定を「例示」として仮定している。世帯の個人所得が増加

---

[118]　each family unit.
[119]　an income supplement.
[120]　*Tobin*(1967/68), 64.
[121]　*Tobin/ Pechman /Mieszkowsk* (1967), 4. 参照、表 2 。
[122]　*Almsick*(1981), S.87f. 参照、表 2。
[123]　*Tobin/ Pechman /Mieszkowsk* (1967), 4.
[124]　*NT* ＝ net tax,or net transfer.
[125]　*Tobin*(1967/68), 65.
[126]　ただし、人口政策の観点から、Tonin は、たとえば 4 人目以降の子供には所得支援給付金の追加額を減らすことが望ましく衡平であるかもしれないと主張する。*Tobin*(1965), 891. もっとも、子供数 n 人目以降に所得支援給付金額を減らし、究極的には所得支援給付金額を 0 にする場合には、妊娠調節に関する情報と技術があまねく利用できるようにしなければならない。*Tobin*(1967/68), 66.

第2節 税制を用いた所得移転システムに関する学説史

するにつれて、所得支援給付（又は所得補足）[127] は削減されていく。個人所得1ドルが増えると、所得支援給付が1ドル減るわけではない。そうではなく、所得支援給付は、世帯の個人所得が1ドル追加されると、その追加額1ドルは、追加の都度それぞれ、そのうちの一定割合（r_n）だけ削減されていく。

たとえば、この一定割合、33 1/3％は、マイナス限界税率と同じ意味を有する。稼得者が取得する追加の1ドルのうち3分の2が、稼得者の手許に残るであろう[128]。世帯の所得支援受給金は、他の所得（すなわち、正味の所得支援給付金以外の個人所得）がその世帯に流入するとき、1ドルの流入の都度、一定割合だけ削減されるであろう。トービンはその一定割合を個人所得の3分の1の税率（r_n）と措定する。所得支援給付金を受給しうる低所得者について、（負の所得税プランに基づいて算出される）個人所得に対する所得税の金額が、所得支援基準給付額と相殺される。この相殺される所得税を相殺所得税と呼ぶ。

トービン・プランは、とくに、すべての男、女、子どもに対し、年当たり400ドルの所得支援基準給付を認めている。かれは、1世帯につき2,700ドルを上限として所得支援基準給付金を支給する。6人世帯には、2,400ドルの所得支援基準給付金を、そして、7人世帯と8人世帯には、それぞれ150ドルを上乗せする。8人超の世帯には、追加の所得支援給付は行われない。トービンは、何人も400ドルの最低所得保障額（「所得支援基準給付金」を指す。）を保障する以外には、老齢者給付金、寡婦（寡夫）給付金および障害者保険の給付金[129] 重ねて賦与することはしない[130]。

4,500ドルの税引き前所得を有する世帯は、1,000ドルの所得支援給付金を受給するだろう。それらを合計すれば、5,500ドルの所得を使えるようになる[131]。このように、1世帯は、その個人所得（すなわち、粗所得）を［所得支援基準給付金の3倍の金額、すなわち所得支援分岐点に達するまでの区間では－木村注］いくら稼いでも、所得支援受給者の地位にとどまりうる。したがって、「所得支援給付金」の受給権を利用し尽くすために、低中所得の世帯は所得支援分岐点まで個人所得（おもに稼得所得）を稼ごうとする動機を持ち続けるであろう。このことは、その世帯が所得を稼得しようとする就労インセンティブ

---

[127]　the government payment or income supplement.
[128]　*Tobin*(1967/68), 65.
[129]　OASDI.
[130]　*Tobin*(1965), 892.
[131]　*Tobin*(1967/68), 65.

47

第1部　第2章　負の所得税を所得税法に統合：生活保護法は法の支配下か

を高めることを意味する [132]。

　特定の所得支援分岐点 B_N を越える所得を有する世帯は、正味の租税を支払い、納税者になるであろう。或る税引き前所得水準（すなわち、所得支援分岐点 B_N）を超える所得を稼ぐ世帯については、政府は、所得支援給付をやめるであろうし、また、この分岐点 B_N を超える所得を有する世帯は、租税を支払うであろう。所得金額 0 の世帯に支給される所得支援基礎給付額 [133] が 3,000 ドルであり、税率（r_n）が 33 1/3％であるとすれば、所得支援分岐水準は 9,000 ドルとなる [134]。

　しかし、所得税と負の所得税を統合する際に、トービンは、かれのいう所得支援分岐水準を所得税法上の人的所得控除（つまり、人的控除額および標準控除額 EX-MSD）に限定していないので、技術的問題が起きる。敷衍すると、その所得支援分岐点から租税分岐点までのあいだの金額の税引き前所得を有する世帯は、現行所得税法に基づき納税している税額より少なく支払うであろう（租税の減額）。そのため、所得支援給付と所得課税とを結び合わせると、その結果、粗所得の増額から純所得の減額が帰結するという意味において、配分関係の「逆立ち」が起きる [135]。所得支援分岐点を超える最初の 1 ドルの所得は、設例では、その分岐点未満の人々と同じく、33 1/3％の税率 r_n で課税を受ける。次に、或る所得水準（ここでは 6,279 ドル）において、算出される租税債務は、現在の所得税法に基づく税額と同一になる。この租税分岐点 B_p（ここでは 6,279 ドル）からは、現行法が引き受けるであろう。この租税分岐点を超える所得を有する納税者は、負の所得税案によって影響を受けない [136]。

　トービンの所得支援基準給付アプローチが、4 人世帯に及ぼす影響の仕方は、グラフ 2-2 および表 2-2 で示されている。

　グラフ 2-2 の X 横軸上で、世帯が稼得した給与所得・利子・配当などからなる個人所得——アメリカ内国歳入法典では「総所得金額 [137]」——が測定される。Y 縦軸上では、それに対応する可処分所得、すなわち所得支援給付金と連邦税を加減した後の所得 [138] が測定される。もし世帯が所得税も支払わないし、所

---

[132]　*Tobin*(1965), 891f.; *Tobin*(1967/68), 65.
[133]　the initial income guarantee, the basic income guarantee.
[134]　*Tobin*(1967/68), 65.
[135]　*Almsick*(1981) , S.85.
[136]　*Tobin*(1965), 892.
[137]　adjusted gross income.
[138]　income after federal taxes and allowances.

第 2 節 税制を用いた所得移転システムに関する学説史

得支援給付金 [139] も受給しない場合には、可処分所得は、世帯の所得 [140] に等しい。グラフ 2-2 では、この等号は、原点 0 から 45 度線で示されている [141] というよりむしろ、所得支援分岐点 E で示されている。この分岐点 E からの垂直線と X 横軸の交点が所得支援分岐水準 B_N である。

グラフ 2-2 における 45 度線より上部の可処分所得（△OCE）は、世帯が所得支援給付金 [142] を受給していることを意味する。この 45 度線より下部の可処分所得（□EDGF）は、その世帯が粗所得の多寡に応じて税金を支払っていることを意味する。折れ線 AED は、子どもが 2 人の夫婦について当時の所得税法に基づいて法定の所得控除を認めた数値を表わしている。直線 CD は、提案にかかる所得支援給付制度が租税分岐点 6,279 ドル未満の所得についてどのように働くかを示している。6,279 ドル以上の粗所得については、従来の租税

グラフ2-2　所得支援給付モデル

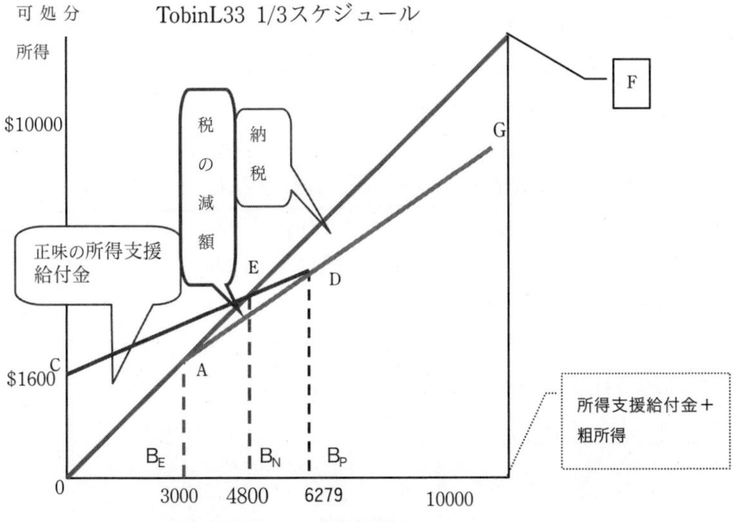

TobinL33 1/3スケジュール

可処分所得

$10000

税の減額

納税

正味の所得支援給付金

F

G

E

D

C

A

$1600

所得支援給付金＋粗所得

B_E　B_N　B_P

0　　3000　4800　　6279　　10000

所得支援分岐点における粗所得

租税分岐点における粗所得

Cf. Tobin(1965), p. 893, Fig. 1
Almsick(1981), S. 91, Fig 11.

---

[139]　allowance.
[140]　family income.
[141]　*Tobin*(1965), 892.
[142]　allowances.

第1部　第2章　負の所得税を所得税法に統合：生活保護法は法の支配下か

スケジュール（税率と税負担）が適用されるとされている[143]。

　かれのプランのもとでは、1課税単位（1世帯）は、グラフ2のCDで示されているような所得支援給付金（このケースでは1,600ドル）を除く個人所得Yに対しマイナス 33 1/3％の税率（r_n）に服する。彼のプランの特色は、正の所得税システムに負の所得税を融合できることである[144]（参照、数式25）。

　トービンは、正味の税[145] が正の所得税システムの租税債務に等しい点（すなわち、租税分岐点）における、所得水準（4年世帯で6,279ドル）未満に対しては税率 r_n（マイナス 33 1/3％）が適用される。6,279ドル[146] 超の所得水準には、現在の正の所得税スケジュール（曲線ADB）が適用される。これによって、かれは、何人も現在彼彼女が納税している以上に税金を確実に支払わなくて済むようにしている[147]。

　表2-2は、所得支援分岐点[148] の期待値及び選択的に用いられる税率を示している。そのプランがどのように働くかを例解してみよう。トービンは、たとえば、世帯の各構成員について400ドルの人的所得控除を相当だと仮定する[149]。原点からX横軸上の B_p までの区間における（正味の所得支援給付金を除く）個人所得は、すべて、一律に税率 r_n で［相殺所得］課税をうける。

　Lスケジュールによれば、4人世帯は、個人所得がないケース1では、年間1,600ドルの所得支援基準給付金と同額の所得支援給付金を受給する。

　4人世帯の1人が、1,000ドルの所得を稼得するケース2では、その世帯の所得合計は、稼得所得 $1,000 ＋所得支援給付金 $1,600 ＝ $2,600 である。粗の所得支援給付金を受給しうる低所得者について、負の所得税プランに基づいて、稼得所得（すなわち、個人所得金額）1,000ドルに対して税率 r_n（マイナス 33 1/3％）が適用されて、相殺所得税 333ドルが算出される。

---

[143]　*Tobin*(1965), 892.
[144]　*Green*(1967), 61.
[145]　正味の税　＝所得支援給付金－所得税債務。これは正でもあり負でもありうる。*Green*(1967), 61,Fn.33.
[146]　Tobin は、$6,306 でなく $6,279 とする。See, *Tobin/ Pechman /Mieszkowsk* (1967), at 5, Table 1.
[147]　*Green* (1967), 61. ただし、この点については、議論の余地がある。
[148]　Break-even point.
[149]　この所得税法上の人的所得控除額が、同時に、最低所得保障額（das garantierte Existenzminimum）である、とする論者（たとえば、Friedman や *Chrysant/ Rürup* (1971), S.364）がいるが、Tobin はそうは考えていない。Tobin のプランでは、人的所得控除額＞最低所得保障額　の不等号式が成立する。

第2節　税制を用いた所得移転システムに関する学説史

表 2-2　所得支援給付金、所得支援分岐点、租税分岐点および税率：
Tobinm, Pechman と Mieszkowski の提案

税率が 33 1/3% の L スケジュール

	世帯の人数	所得支援基準給付金*	所得支援分岐点	租税分岐点**	第4列における所得の場合における当時の限界税率
	1	2	3	4	5
1人	成人	400	1200	1420	0.15
2人	成人	800	2400	3007	0.15
3人	2人以上の成人	1200	3600	4633	0.16
4人	2人以上の成人	1600	4800	6279	0.17
5人	2人以上の成人	2000	6000	7963	0.19
6人	2人以上の成人	2400	7200	9728	0.19
7人	2人以上の成人	2550	7650	9951	0.19
8人	2人以上の成人	2700	8100	10196	0.19

* Basic allowance を所得支援基準給付金と意訳する。所得税法上の人的所得控除と Tobin のいう Basic allowance とは一致しない。
**租税分岐点；当時の税率が適用されはじめるレベル
Tobin/ Pechman /Mieszkowsk. (1967), at 5, Table 1;Cf. *Almsick*(1981), S.90, Tabelle4.

その世帯の可処分所得は、所得合計額から相殺所得税 333 ドルを控除すると、2,277（= \$2,600 − \$333）となる。稼得所得は、1,000 ドルだけであるから、その差額 1,277 ドル（= \$2,277 − \$1,000）が政府から所得支援給付金の形で支給される[150]。これは、受給者の立場から、次の数式 26 で表現できる。

$$NT = Yg - |r_n| \times Y : B_N > Y \qquad \langle 数式 26 \rangle$$

この数式 26 は、受給権者が、粗の所得支援給付金 Yg を受給する一方、個人所得を稼得する場合、その稼得所得に対する負の税率が、就労意欲のインセンティブを左右することを意味する。負の税率と正の税率の絶対値が等しいとき（$r_n = r_p$）またはそれ未満であるとき（$r_n > r_p$）にかぎって、低所得者もまた、中高所得者に比し、等しい税負担感またはより軽い税負担感をいだくであろう

---

[150] *Chrysant/ Rürup* (1971), S.364.

第 1 部 第 2 章 負の所得税を所得税法に統合：生活保護法は法の支配下か

（死荷重がゼロ）。

　その世帯が（正味の所得支援給付金以外の）個人所得 4,800 ドルを取得する
ケース 3 では（参照、グラフ 2）、その所得は 4,800 ドルの所得支援分岐点で 33
1/3％の相殺所得税の「課税」をうけ[151]、それとともに、粗の所得支援給付金
1,600 ドルは相殺所得税を差し引かれるから、正味の所得支援給付金は零（ゼ
ロ）になる。

数式 26 に代入すると、

$$NT = 1,600 - (1/3) \times 4,800$$

$$= 0 \qquad \qquad \langle 数式 27 \rangle$$

　しかし、租税分岐点を D にまで延長するケース 4 では（参照、グラフ 2）、所
得支援分岐点 B_p では、所得支援給付金は、租税分岐点と個人所得との差額に
負の税率を乗じて計算されるから、次の数式が成立する。

$$NT = r_n \times (B_p - Y) : B_N < Y < B_P \qquad \langle 数式 28 \rangle$$

この数式に代入すると、

$$NT = (1/3) \times (6,279 - 4,800)$$

$$= 493 \qquad \qquad \langle 数式 29 \rangle$$

　所得支援給付金は、個人所得が所得支援分岐点に合致するとき、493 ドルと
なる。

　さらに、その世帯が個人所得を租税分岐水準と等しく有するケース 5 では、
租税分岐点 D において、負の所得税についての 33 1/3％スケジュール CED は、
通常の所得税についてのスケジュール ADG と交差する。この点 D で、所得支
援給付金は零（ゼロ）になる[152]。この点を租税分岐点という[153]。直線 AD の
区間にある納税者にとって、税額が軽減される。彼彼女は、通常の所得税法上
の税率が適用される場合の可処分所得よりも、多くの可処分所得を得ることが

---

[151]　$C = r_n (B_N - Y) = 33\ 1/3\%\ (4,800 - 4,800)$
[152]　$C = r_n (B_P - Y) = 33\ 1/3\%\ (6,279 - 6,279)$
[153]　*Chrysant/ Rürup*(1971), S.364.

第 2 節　税制を用いた所得移転システムに関する学説史

できる[154]。なぜなら、トービンは、所得支援給付を受けうる範囲を所得支援
分岐点 B_N から租税分岐点 B_p へと拡張したからである。

　粗所得が租税分岐点 B_p を越えるケース 6 では、その粗所得に対して、すべ
て通常の所得税法による税率が適用される。4,800 ドルを越える粗所得は、従
前どおりの税率が適用され、そして、従来の所得税法に基づいて課税をうける。

　最後に、個人所得が 6,279 ドルを超えるあらゆる規模の世帯にとって（ケー
ス 7）、その世帯の所得は、従前通りである[155]。正味の税[156]、すなわち「所
得支援基準給付金－相殺所得税[157]」は、この新しいルールに基づいても、当
時の税率に基づくと同じ税額である[158]。

　以上を要するに、正味の税（NT）は、L スケジュールの場合、X 横軸上原
点 0 から所得支援分岐点[159]（B_N）までの区間では個人所得に対し 33 1/3 ％で
あり[160,161]、さらに、所得支援分岐点（B_N）に到達したのちは、負の所得税プ
ランによる正味の負の税額と従来の所得税法による正味の税額が一致する点
（租税分岐点[162] B_p）までの区間では税率はずっと 33 1/3 ％のままである[163]。こ
れは表 2-2 の第 4 列に記載した各点、および、グラフ 2 においては点 D（＝
$6,279）でもってそれぞれ表現されている[164]。租税分岐点よりも多額の粗所得
に対しては、通常の税率構造が適用されるであろう[165]。すなわち、

$$NT = r_n \times Y : Bp < Y \qquad \langle 数式 30 \rangle$$

　その結果、トービンらの提案は、何人についても、通常の連邦所得税法に基
づく租税債務を増加しないであろう[166]。とくに、「飛躍問題」は、負の所得税
の対象区間を拡張することによって、解決している。負の所得税案によれば、

---

[154]　*Chrysant/ Rürup*(1971), S.364.
[155]　*Chrysant/ Rürup*(1971), S.364.
[156]　$NT = Yg - |r_n| \times Y: B_p > B_N > Y > 0$
[157]　この文脈における相殺所得税は通常の正の所得税を指す。
[158]　*Tobin/ Pechman /Mieszkowsk* (1967), 5.
[159]　break-even pointe of income.
[160]　$NT = |r_n| \times Y$
[161]　*Almsick* (1981), S.87f.
[162]　break-even pointe of tax.
[163]　$NT = Yg - |r_n| \times Y: B_p > B_N > Y > 0$
[164]　*Almsick*(1981), S.88.
[165]　*Tobin/ Pechman /Mieszkowsk*(1967), 5.
[166]　*Tobin/ Pechman /Mieszkowsk*(1967), 5f.

第1部　第2章　負の所得税を所得税法に統合：生活保護法は法の支配下か

政府は、租税を現在支払っていない者の多くに対し正味の給付金[167]を支給するだろう。所得支援を受給している世帯が、所得を稼ぐ場合に、その稼得所得に対し「過重な」租税を現在支払っている世帯の一部は、より少ない税金を支払うだろう。所得が比較的高額であるその他の世帯は、何の影響も受けない[168]。

　トービンは、負の所得税を新たに導入する際、従来の公的扶助システムの位置づけに立ち入って考察を加えている[169]。各種の法定項目ごとによる公的扶助のための政府の給付は、かれの見解によれば、あたらしい所得支援給付システムに置き換えられるべきであろう。

　これと対照的に、「社会保険[170]」はそのまま維持されるべきである。ただし、「その社会保険」の受給者は、あたらしい当該制度を享受すべきでない。とはいえ、立法府は、「老齢者給付金、寡婦（寡夫）給付金及び障害者保険に関する連邦制度（OASDI）」に基づく最低給付額を少なくとも所得支援給付水準に確実に等しくしなければならないだろう。失業保険および退役軍人年金のような制度は、そのまま維持されるであろう。なぜなら、そのような年金受給権は、現在の必要性にかかわらず、過去の役務提供により取得された権利だからである[171]。ただし、このような制度に基づく給付金は、負の租税（所得支援給付）を請求する時、その支援受給金は、所得税を課されないにもかかわらず、所得として評価され、したがってこれに応じて査定を受ける。

　トービンは所得支援基準給付金[172]（400ドル）と税率（1/3％）に関する前記数値を「例示」として仮定しているだけにもかかわらず[173]、同教授はそのプランのコストを推計している。その推計によれば、そのプランは、年間約15Mrd.ドル（1965年）の予算を計上することになろう。しかし、この数値から、生活保護予算の削除から節約される金額が差し引かれる。その結果、予算の正味負担は、9.4Mrd.ドルとなる[174]。

---

[167]　net benefits.
[168]　Tobin/ Pechman /Mieszkowski(1967), 6.
[169]　*Tobin*(1965), 892.
[170]　social security.
[171]　*Tobin*(1965), 892.
[172]　the basic allowance.
[173]　*Tobin*(1965), 891.
[174]　*Tobin* (@@), 893.

トービンのプランは、批判的に考察されるべき若干の側面を含んでいる。しかし、そのような側面は、ここではまだ議論しないでおく。かれのコンセプトの展開を叙述した後にはじめて議論することとしたい。

3.2　トービンらによるH50%プラン

トービンら3名[175]は、実務で機能しうる負の所得税プランをデザインするに当たって、3つの一連の問題を指摘する。

1に、世帯単位をどのように定義し、そして、世帯の規模と構成に対する基礎控除をどのように関係づけるか、2に、相殺所得税[176]のベースをどのように定義し、通常の所得税や政府による現存の所得支援給付プログラムと負の所得税をどのように関係づけるか、3に、受給権者をどのように決定するか、彼彼女らに適時にどのように支給するか、そして彼彼女から相殺所得税をどのように徴収するか、したがって、所得支援給付金をどのように支給するか[177]。

かれらは、負の所得税をめぐる諸提案において混乱している用語を整理する。諸提案は、まず、2つの識別できる用語で比較し叙述される。1に、適格な個人または世帯が政府に請求できる、粗の所得支援給付金[178] Yg（下記参照）と、2に、正味の所得支援給付金[179] $NT = Yg - |r_n| \times Y$ がそれである。両者は明確に識別されるべきである。所得支援給付金を受給する者は、その者の他の所得（すなわち個人所得 Y）について相殺所得税 $r_p \times Y$ を支払わなければならない。その受給者にとっての正味の所得支援給付金 NT は、「粗の所得支援給付金－相殺所得税」である[180]。これらの関係は次の数式で表わされる。

$$NT = Yg - |r_n| \times Y : B_N > Y \qquad \langle 数式31 \rangle$$

受給者の受け取る正味の所得移転（NT）は、「正味の」負の所得税と考えられる。負の所得税（租税クレジット）は、所得税（租税債務）の対称物だからで

---

[175] *Tobin/ Pechman /Mieszkowski*(1967), 2.

[176] the offsetting tax.

[177] *Tobin/ Pechman /Mieszkowski*(1967), 4.

[178] the basic allowance.

[179] the net benefit, the net transfer.

[180] *Tobin/ Pechman /Mieszkowski*(1967), 2. ただし、Tobin らは、所得支援基準給付金 Yg と所得支援給付金 r_n (BN – Y) の変数をともに the basic allowance と同一概念で表わすことがある。しかし、Green は所得支援給付金 r_n ($B_N - Y$) を正確に the allowance と表記する。*Green*(1967), 61.

ある。通常のまたは正の所得税制度は、世帯の稼得所得が最低生活費[181]（＝B_E これは人的所得控除を指し、人的控除の数値および所得控除をできる人数によって左右される。）を超える範囲で（$Y > B_E$）、政府は、その世帯の稼得所得に分与（すなわち課税）させてもらうことを、許容している。他方、負の所得税制度のもとでは、政府は、世帯の個人所得 Y が最低生活費 B_E を下回って不足している（$Y < B_N$）場合、所得支援給付金を支給することによって、所得を補足する。ただし、その所得支援給付金は、最低生活費に近似していれば足り、必ずしもそれに等しい金額を必要としない[182]。

$$NT = Yg - |r_n| \times Y : 0 < Y < B_N \qquad \langle 数式32 \rangle$$

$$NT = 2600 - 1/3 \times 3900 = 1300 \qquad \langle 数式33 \rangle$$

$$DY = NT + Y = 1300 + 3900 = 5200 > 4000 \qquad \langle 数式34 \rangle$$

ここで

DY ＝可処分所得

所得支援基準給付金[183] は個人所得のないケースでは所得保障[184] とみなしうる。

$$NT = Yg - |r_n| \times Y \qquad \langle 数式35 \rangle$$

：

$Y = 0$ を代入すると、

$$NT = Yg \qquad \langle 数式36 \rangle$$

その所得支援給付金は、1年間に個人所得をまったく取得しない者で、したがって納税すべき相殺所得税のない者によって受給される正味の給付[185] である。これが、最少の可処分所得の総額であり、あらゆる源泉からの所得である。受給者はこのような最少の可処分所得を受け取る[186]。

---

[181] a minimum.
[182] *Tobin/ Pechman /Mieszkowsk* (1967), 2.
[183] *Tobin/ Pechman /Mieszkowsk* (1967), 2 は a basic allowance と叙述する。
[184] the income gurantee.
[185] the net benefit.
[186] *Tobin/ Pechman /Mieszkowsk*(1967), 2f.

第2節　税制を用いた所得移転システムに関する学説史

　所得支援基準給付金[187] は、受給者単位（世帯）の人数と構成に依存する。いろいろなプランは、所得支援給付金スケジュール案ごとに、世帯の人数と構成に応じて金額の適正さと形態について、千差万別である[188]。

　相殺所得税について、主たる問題は、（正味の所得支援給付金以外の）個人所得が課税を受ける税率 r_n である。トービンらは、所得支援給付スケジュールと相殺所得税率に関し、ある特定の負の所得税プランを強く支持する[189]。

　トービンらは、負の所得税法の導入を詳細に論じている[190]。かれらの研究の主たる目的を「負の所得税アプローチの長所を一般的に明らかにする[191]」ことに置くのではなく、経済学者のあいだで科学的議論のなかで従来軽視されてきたけれども、解決されなければならない若干の厳密な技術的問題を精査することが、かれらにとって最も重要なことであった[192]。

　かれらによって展開されたプランは、それまでに公表されてきた負の所得税草案のうち、最も深く考え抜かれたものとみなすことができる。というのも、かれらは、同プランを実施するコストを正確に検証できるように推計しているほか、技術的問題の解決方法の選択肢を検討し、さらに、とりわけ予算負担の理由で必要となる段階的導入を提案している。それと並んで、かれらは、従来の所得税法の体系的な改訂を必要とすることなく、同プランを設計している[193]。

　トービンらの負の所得税プランによれば、世帯単位[194] が、その個人所得に対する相殺所得税を支払うならば、世帯の人数により測定される所得支援給付金を受給する権利を有する。所得支援給付の2つの特殊なスケジュールをここで検討する。1つは、Hスケジュールであり、2つは、Lスケジュールである。その都度保障される最低生活費は、トービンらの場合、世帯の人数と構成に依存している。その際、予算負担の高くつくプラン（H-Plan）と予算負担の比較的低くてすむプラン（L-Plan）が選択的に提案されている。Hスケジュールは、

---

[187]　the basic allowance.
[188]　*Tobin/ Pechman /Mieszkowsk*(1967), 3.
[189]　*Tobin/ Pechman /Mieszkowsk*(1967), 3.
[190]　*Tobin/ Pechman /Mieszkowsk*(1967), 3.
[191]　*Tobin/ Pechman /Mieszkowsk*(1967), 3.
[192]　*Tobin/ Pechman /Mieszkowsk*(1967), 3.
[193]　*Almsick* (1981), S.87.
[194]　family unit.

第1部 第2章 負の所得税を所得税法に統合：生活保護法は法の支配下か

貧困水準に近い所得支援給付[195]を保障する。これに対し、Ｌスケジュールは貧困水準の一定割合だけを保障し、したがって貧困線ギャップを不完全に一部補足するだけである[196]。

Ｈスケジュールは、1人世帯について1年 800 ドルから、8人世帯について 3,800 ドルまでの幅のある所得支援基準給付金[197]を定める[198]。相殺所得税の税率は 50％である。他に考えうるプランは 33 1/3％税率のＬスケジュールである[199]。

第 2-3 表は、所得支援分岐点 B_N の期待値および税率 50％を示している。

そのプランがどのように働くかを例解する。

たとえば、Ｈスケジュールによれば、4人世帯は、個人所得がないとき、年間 2,600 ドルの所得支援給付金を取得し、そして、その世帯が個人所得を稼得し、その個人所得が 5,200 ドルの所得支援分岐点で 50％の相殺所得税の「課税」を受けるとき、それとともに所得支援給付金は 0 に消去される[200]。5,200 ドルを超える粗所得は、税率は変わらないまま従来の所得税法に基づいて引き続いて課税を受ける。個人所得が 6,144 ドルを超えるあらゆる規模の世帯にとって、正味の税、すなわち「所得支援基準給付金－相殺所得税[201]」[202]は、この新ルールに基づいても、当時の税率に基づく税額と同じ税額となる。この所得レベルでは、所得支援給付金はすでに零（ゼロ）だからである。

このように、正味の税は、すでに確認したように、Ｈスケジュールの場合、所得支援分岐点 B_N に至るまでは個人所得の 50％であり[203]、所得支援分岐点に到達したのちは、負の所得税プランによる正味の負の税額と従来の所得税法による正味の正の税額が一致する点（租税分岐点[204]、B_p）までの区間では、税

---

[195] Allowance.

[196] *Tobin/ Pechman /Mieszkowsk*(1967), 4.

[197] basic allowances.

[198] *Tobin/ Pechman /Mieszkowsk*(1967), 4. 参照、表 2-3。

[199] *Tobin/ Pechman /Mieszkowsk*(1967), 4.

[200] この文脈における相殺所得税は所得支援基準給付金を減額する機能を有し、その差額が、所得移転（すなわち所得移転給付金）を指す。

[201] offsetting tax less basic allowance.

[202] この文脈においても相殺所得税は所得支援基準給付金を減額する機能を有し、その差額である所得移転（すなわち所得移転給付金）はすでに零（ゼロ）であるから、所得支援分岐点と租税分岐点を超える領域では通常の正の所得税が成立する。

[203] *Almsick* (1981), S.87f.

[204] break-even point of tax.

率はずっと50％のままである。表2-3の第5列に記載した各点、およびグラフ2-3の点D（= $6,144）でもってそれぞれ表現されている。租税分岐点より多額の所得に対しては、通常の租税スケジュールが適用されるであろう[205]。

　トービンらの提案を理解する最善の道は、グラフを用いて、当時の所得税法と提案とを比較することである。

　グラフ2-3[206]は、4人世帯の事実関係を負の税率50％のHスケジュールに基づいて表わしている。Y縦軸には、税引き後の可処分所得（DY）が、X横軸には、税引き前所得（Y）がのっている。曲線OADGは、当時のアメリカ所得税率に基づいて、可処分所得と粗所得との関係を示している。当時の所得税法に従って、税引き後可処分所得（DY）と、所得支援給付金又は税引き前粗所得（Y）すべてに許容される人的控除とを検討する（参照、グラフ2-3）。Yは、人的所得控除額[207]を控除する前の世帯の総所得金額[208]を表わす。グラフ2-3において、曲線OADGは、子どもが2人いる（合同申告書を提出する）夫婦について、当時の税法に基づいた、可処分所得（DY）と総所得金額（Y）とのあいだの関係を表わしている。3,000ドル以下の所得を有する4人世帯は税金を支払わないので、直線OAは1の勾配でもって原点0から始まったのち、次に、曲線ADGは、所得が増加して高い累進税率が適用されるにつれて、可処分所得の金額が逓減するから,緩い勾配をとる（参照、表2-3の第5列）。総税額は曲線OADGと45°線とのあいだの垂直距離によって表われている[209]。

　X横軸において、人的控除額と標準控除額の合計額（人的所得控除額）3,000ドルと原点とのあいだの区間では、正の所得税は課されないから、粗所得と可処分所得は同一である（45°線）。粗所得の金額が3,000ドルを超えて右側に増加するにつれて、45°線と曲線AGの距離は、税率が累進であるため、比例しないで大きく開いていく。曲線CEDGは、Hスケジュールによる可処分所得の進展を示している。X横軸についてみると、租税分岐点6,144ドルと原点0とのあいだの区間に属する粗所得を有する世帯は、その当時の適用税率による所得（直線AD）よりも大きな可処分所得（曲線AED）を使うことができる。個人所得がない場合には（原点0）、負の所得税2,600ドルが給付される（Y縦

---

[205]　*Tobin/ Pechman /Mieszkowski*(1967), 5.
[206]　*Tobin/ Pechman /Mieszkowski*(1967), 7.
[207]　exemption and deduction.
[208]　the total income, adjusted gross income.
[209]　*Tobin/ Pechman /Mieszkowski*(1967), 6.

第1部　第2章　負の所得税を所得税法に統合：生活保護法は法の支配下か

表2-3　所得支援基準給付金、所得支援分岐点、租税分岐点および税率：
Tobinm Pechman と Mieszkowski の提案

税率が50％のHスケジュール

	世帯の人数	所得支援基準給付金 *	所得支援分岐点 **	租 税 分 岐 点 ***	第4列における所得の場合における当時の限界税率
1人	成人	800	1600	1876	0.15
2人	成人	1600	3200	3868	0.16
3人	2人以上の成人	2100	4200	4996	0.17
4人	2人以上の成人	2600	5200	6144	0.17
5人	2人以上の成人	3000	6000	7003	0.17
6人	2人以上の成人	3400	6800	7857	0.17
7人	2人以上の成人	3600	7200	8100	0.17
8人	2人以上の成人	3800	7600	8359	0.16
	3人以上の世帯は、世帯の1人だけが成人である場合よりも少ない所得支援給付金を受ける。	* ＝個人所得がない世帯単位が受ける、最低所得保障額	** ＝所得支援給付金を受けられなくなる点	*** 当時の所得税率が適用され始めるレベルをさし、負の所得税プランによる正味の負の税額と従来の所得税法による正味の正の税額が一致する点	税率は、1964年アメリカ連邦歳入法典により 1965/66 年度所得に適用できるものである。

Tobin/ Pechman /Mieszkowsk(1967), at 5, Table 1; Cf. *Almsick* (1981), S. 90, Tabelle 4.

軸上のC）。所得支援分岐点5,200ドルと原点0とのあいだの区間に属する粗所得を有する世帯は、正味の所得支援給付金（△OCE）を受給する。所得支援分岐点5,200ドルと租税分岐点6,144ドルとのあいだの区間に属する粗所得を有する世帯は、租税を支払っているけれども、所得税法の適用税率により算出される税額（△ADE）よりも少ない税額（直線AD）を支払う。粗所得が租税分岐点6,144ドルを超える所得層には、そのような減税はない[210]。

50％Hスケジュールによる提案は、曲線OADGの代わりに、曲線CDGを用いる。X横軸について、原点0から6,144ドル（B_p）までの区間に属する所得

---

[210] *Almsick* (1981), S.89.

60

第2節　税制を用いた所得移転システムに関する学説史

グラフ2-3　4人世帯の所得支援給付金プラン

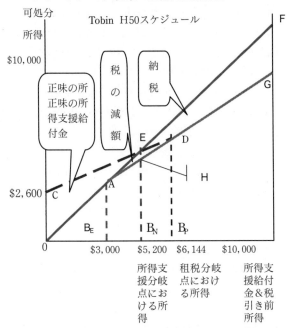

CD：50％租税スケジュール。ADB：正の所得税スケジュール．
$2,600＝所得支援基礎給付金(a basic income allowance)
Tobin/Pechman/Mieszkowski (1967),p.7 Fig.1; *Green*(1967); p.60, Fig.4-1；
Almsick(1980), S.91,Fig 11.

を有する世帯は、所得支援給付を受給できるか又は減税を受けるから、現在持っているより大きな可処分所得を持つことになる。破線CEDは、対岸線OADより上にあり、その二つの線とY縦軸とのあいだの空間OADCは、正味の所得支援給付を表わす。粗所得を取得しない世帯は、2,600ドルの所得支援給付金[211]（すなわち、個人所得のない世帯単位が受ける、正味の給付金[212]）を受給できる。X横軸について、原点0から5,200ドル（B_N）までの区間に属する所得を有する世帯は、正味の所得支援給付（△OCE）を受給できる。3,000ドル（人的所得控除額B_E）と5,200ドル（所得支援分岐点B_N）とのあいだの粗所得を有する世帯は、直線AHで示されるように、税金を支払い始めるとともに、

---

[211]　an allowance.
[212]　net benefits.

第1部　第2章　負の所得税を所得税法に統合：生活保護法は法の支配下か

なお、所得支援給付金を受け取っている。5,200 ドル（所得支援分岐点 [213] B_N）と 6,144 ドル（租税分岐点 B_p）のあいだの粗所得を有する世帯は、現在支払っているより少ない税金（△ DEH）を支払うことになる。最後に、6,144 ドル（租税分岐水準 [214] Bp）を超える粗所得を有する世帯は、負の所得税プランによって影響を受けない（参照、直線 DG）[215]。

　表 2-3 を用いて、1 人世帯から 8 人世帯まで幅のある世帯単位についてのトービンらの提案を説明する。第 3 列目は所得支援基準給付金の金額を表わす。すなわち、もし世帯単位が（所得支援給付金以外に）個人所得を取得していない場合に、その世帯単位が所得支援給付の受給権を有する金額を示している。所得支援基準給付金は、正味の所得支援給付金以外に個人所得を取得していない世帯が受け取る、最低所得保障を意味する。第 4 列は、50％Hスケジュールについてみると、「第 3 列の数値× 2」であり（参照、表 2-3）、そして、33 1/3％Lスケジュールについてみると、「第 3 列の数値× 3」である（参照、表 2-2）。第 4 列は所得支援分岐点の水準を示しており、前出「2」又は「3」の数値は、負の税率の逆数である。所得支援分岐額を下回る区間では、その世帯は、所得支援分岐額を下回る金額の 1/2 に相当する金額の正味所得支援給付金を受領する。所得支援分岐額を上回る粗所得の区間では、その所得支援給付金は負となる（参照、グラフ 3 △ ADE）。その世帯は正の税金を支払う（参照、グラフ 2-3 曲線 AHD）。

　直線 CE と 45°直線との交点 E からの垂直線と X 横軸との交点 B_N を所得支援分岐点と呼ぶ。税額は所得支援分岐点を越える世帯について、その個人所得が人的所得控除額を超過する金額の 1/2 である。しかも、その租税は、当時の連邦租税債務を越えることはない。さらに、第 5 列は、負の所得税と所得税債務の算出額が等しい所得を示している。言い換えると、第 5 列は、負の所得税と所得税債務が同一である場合の、分岐点（租税分岐点 B_p）を表わしており、そして、当時の所得税率が適用され始める所得の水準を示している。第 6 列は、租税分岐点を越える所得に適用される限界税率を示している。

　所得支援分岐点において或る世帯が個人所得を取得すると、その所得は没収なみの高い限界税率で課税される恐れがある。そこで、このプランは、没収な

---

[213]　the break-even level of income.
[214]　tax-break-even income.
[215]　*Tobin/ Pechman /Mieszkowsk..* (1967), 6.

62

第2節　税制を用いた所得移転システムに関する学説史

みの限界税率を回避するため、所得支援分岐点をいくばくか超える個人所得を有する世帯単位を考慮に入れなければならない。たとえば、総所得金額が5,200ドル（人的所得控除額）である世帯はまったく税金を支払わないが、しかし、1ドルでも所得が増えるとき、32ドルの所得税債務が当時の所得税法に従えば成立し、そして、その世帯は5,168ドル（= \$5,200 − \$32）の可処分所得に逆戻りしてしまう[216]。言い換えると、稼得所得の追加1ドルはその世帯にとって32ドルのコストとなる。可処分所得との関係において、粗所得に対する100％以上の限界税率の飛躍は避けられなければならない。これがいわゆる飛躍問題[217]である。この問題を解決するには、所得が人的所得控除額（B_E 3,000ドル）を超える所得層を所得支援受給者のなかに取り込むなどして、調整措置を講じる必要性がある。その目的のため、トービンらのプランは、負の所得税のもとにおける可処分所得と、正の所得税のもとにおける可処分所得とが同一になるまで、（拡張された）負の所得税システムのもとにとどまる選択権を一定の世帯に認めている[218]。

そのため、直線CEを延長し、通常の所得税スケジュールAGと交差する交点Dが求められる。交点Dからの垂直線とX横軸との交点 B_p を租税分岐点と呼ぶ。4人世帯にとって、この点は、Hスケジュールのもとでは、租税分岐点 B_p であり、租税分岐点における所得[219]は6,144ドルの所得である[220]。

以上のコンセプトのコストは、グラフ3を手掛かりとして、明らかにすることができよう。△OCEは、負の所得税の純コストを表わし、これに対し、△ADEは、飛躍問題を調整するため、税金の減収によって条件づけられるコストを示している[221]。

所得支援分岐点は、以下において数式を用いて説明する。

負の所得税のもとにおける可処分所得の関数は、次のとおりである[222]。

$$DY = Y + NT \qquad \text{〈数式 37〉}$$

---

[216]　このケースでは、跳躍の箇所では最後の1ドルに対し適用される税率は3200％以上であろう。

[217]　notch-problems.

[218]　*Tobin/ Pechman /Mieszkowski*(1967), 7.

[219]　tax-break-even income.

[220]　*Tobin/ Pechman /Mieszkowski*(1967), 7.

[221]　*Almsick*(1981), S.89.

[222]　*Almsick*(1981), S.88.

第1部　第2章　負の所得税を所得税法に統合：生活保護法は法の支配下か

$$NT = Yg - |r_n| \times Y \qquad \langle 数式38 \rangle$$

$$DY = Y + Yg - |r_n| \times Y \qquad \langle 数式39 \rangle$$

$$Yg = |r_n| \times B_N \qquad \langle 数式40 \rangle$$

$$DY = Y + r_n \times (Y - B_N) \qquad \langle 数式41 \rangle$$

$r_n = -0.5$
$Yg =$ 所得支援基準給付金
$B_N =$ 所得支援分岐点（\$5,200）
$DY =$ 可処分所得
$Y =$ 粗所得（税引き前所得）

所得支援分岐点 B_N において、粗所得（税引き前所得）Y と可処分所得（税引き後所得）DY は一致する。つぎのように容易に証明できる[223]。

$$DY = Y = B_N \qquad \langle 数式42 \rangle$$

$$Y = Y + r_n \times (Y - B_N) \qquad \langle 数式43 \rangle$$

$$r_n \times Y = r_n \times B_N \qquad \langle 数式44 \rangle$$

$$Y = B_N \qquad \langle 数式45 \rangle$$

トービンらが租税分岐点Dで示したもの、すなわち、グラフ2-3における点Dは、負の所得税に基づく可処分所得の関数と正の所得税に基づく可処分所得の関数の交点として明らかになる。可処分所得の関数は次のとおりである[224]。

$$DY = Y - r_p \times (Y - B_E) \qquad \langle 数式46 \rangle$$

$B_E < B_N$
$B_E = \$3,000$
$r_p =$ アメリカ連邦所得税の税率

二つの曲線の交点は、次から計算される[225]。

$$Y + r_n \times (Y - B_N) = Y - r_p \times (Y - B_E) \qquad \langle 数式47 \rangle$$

---

[223] *Almsick*(1981), S.88.
[224] Cf. *Almsick* (1981), S.88.
[225] *Almsick*(1981), S.88.

第2節　税制を用いた所得移転システムに関する学説史

$$r_p \times Y + r_n \times Y = r_p \times B_E + r_n \times B_N \qquad \langle 数式48 \rangle$$

$$Y = (r_p \times B_E + r_n \times B_N)/(r_p + r_n) \qquad \langle 数式49 \rangle$$

　数式49は、租税分岐点[226]をDで表わしている。このD点で、正の所得税に基づいて支払われるべき所得税と、（拡張された）負の所得税に基づいて支払われるべき負の所得税とが、一致する[227]。

　数式49の右辺分母は、$r_p + r_n > 0$、かつ、$r_p \neq |r_n|$、$r_p > |r_n|$ を条件とする。正の税率はつねに負の税率の絶対値より大でなければならない。このことは、所得支援給付金の受給者が稼得したなにがしかの所得に対する税率が通常の所得税率より小であるべきことを意味する。正の税率（通常の所得税の税率）が、負の税率の絶対値と等しければ、右辺分母は零（0）となるから、そのような等値は避けなければならない。

　さらに、租税分岐点は、同数式の右辺分子から、人的所得控除額 B_E と所得支援分岐水準 B_N に従属する。もし人的所得控除額 B_E と所得支援分岐水準 B_N が等値であるなら、それはフリードマン・プランに近似するであろう。その場合であっても、$r_p > |r_n|$ の関係は保たれなければならない。

　このことから次の重要な結論が導き出される。負の税率と正の税率を等しくし、そして、人的所得控除を廃止することを目指す、所得保障給付法構想は、トービンらの提案に追従しえない。人的所得控除を廃止すれば、数式49は、次のように変化する。

$$Y = r_n \times B_N / (r_p + r_n) \qquad \langle 数式50 \rangle$$

　この数式50から、次のバリエーションが解釈されるであろう。租税分岐点は、所得支援分岐点 B_N に負の税率を乗じて算出した数値を、正の税率と負の税率の合計でもって除して計算される。

　本書で示す所得支援給付プランは、かならずしもトービンらの提案に追随していない。私案は、人的所得控除を廃止したうえで、租税分岐点を零（ゼロ）に設定し、かつ、税率を一本のフラット税率に決めている。税引き前所得（個人所得）は正の税率の適用を受け、そして、所得支援給付金額は、所

---

[226]　tax-break-even point.
[227]　*Almsick*(1981), S.88.

得支援基準額（貧困線に相当する。）に所得移転消去率を乗じて算出される。所得移転消去率は個人所得の多寡に依存する。そして、正の所得税額と所得支援給付額との差額が、前者が大であるときは、国民が税金を支払い、逆の場合は、政府が所得支援給付金をその国民に支給する。このような構想のもとでは、数式50にかかわらず、正の税率と負の税率が等しく、かつ、人的所得控除が廃止されても、その構想は、不合理ではない。

所得支援分岐点 B_N を貧困線（またはその一定割合）の3倍と措定するならば、原点0から所得分岐点 B_N に至るまでの区間のあいだ、所得支援給付額は、所得支援基準給付額に所得移転消去率を適用して徐々に削減され分岐点 B_N で零（ゼロ）に消去されてしまう。他方、個人所得金額と課税を受けうる所得移転金額との合計額は、0円を超えていれば、所得税に服する。したがって、私案において飛躍問題は生じえない。

4　所得支援分岐水準を貧困線ギャップの一定割合とする、貧困線ギャップ・アプローチ

4.1　はじめに

貧困線ギャップ・スキームは、貧困線と稼得所得の差額の一定割合を社会給付によって補填しようとするアイデアである。貧困線ギャップ・スキームと呼ばれる税制を用いた所得移転システムは、次のように表わされる[228]。

$$NT = |r_n| \times (B_N - Y) : Y < B_N \qquad \langle 数式51 \rangle$$

$$NT = r_p \times (Y - B_N) : Y > B_N \qquad \langle 数式52 \rangle$$

ここで、もし現実の粗所得Yが所得支援分岐水準 B_N（すなわち、その分岐点では正味の租税は支払われないし、正味の所得支援給付金も支払われない。）より小である場合、正味の租税は負である。他方、もし現実の粗所得Yが所得支援分岐水準 B_N より大である場合、正味の租税は正である。このスキームでは、等号式 $|r_n| = r_p$ が前提とされている[229]。

貧困線ギャップ・スキームの或るタイプは、粗所得と所得税法上の人的所得控除 B_E との差額に負の税率を適用する。このタイプでは、所得税システムの

---

[228]　*OECD*(1974), at 19.
[229]　*OECD*(1974), at 19.

合理化が強調され、そして、普通は

|r_n| ＝ r_p の等式が仮定されている [230]。

$$NT ＝ r_n \times (B_E － Y) : B_E ＞ Y \qquad \qquad \langle 数式53 \rangle$$

もう一つのタイプの貧困線ギャップ・スキームは、粗所得と、新たに決定される所得支援分岐点（たとえば貧困水準 B_P）との差額に負の税率を適用する。このタイプは、貧困の撲滅又は軽減をより一層強調する [231]。

$$NT ＝ r_n \times (B_p － Y) : B_p ＞ Y \qquad \qquad \langle 数式54 \rangle$$

4.2 テオバルトとシュバルツ

テオバルト（Theobald）[232] とシュバルツ（Schwartz）[233] の提案は、何人も最低生活費を全額保障することをとおして、貧困を撲滅することを示唆している [234]。

シュバルツは、レディー・リス・ウィリアムズ（Lady Rhys-Williams）が 1943年・44年に提言したプラン [235] を受け入れ、生存権を認識する必要があり、社会配当（世帯所得支援給付金 [236]）をアメリカ憲法上の市民権として保障する必要があるとする。

先に検討した、負の所得税を所得税法の規定のうえに構築する提案に対し批判を加える立場から、所得支援分岐点の確定のために、その他の理由を求めることとなる。一つのよりどころとして、アメリカ合衆国の連邦社会保障庁（SSA）によって毎年確定される貧困水準（B_p）が考えられる。その貧困水準によれば、或る世帯の所得がこの貧困水準を下回っているとき、その世帯は貧困とみなされる [237]。社会保障庁の貧困水準が、実際に最低所得保障の確保のた

---

[230] *OECD*(1974), 19.

[231] *OECD*(1974), 19.

[232] フィッツパトリック(2005)、108頁（テオバルトは社会主義者として位置づけられている）。

[233] *Schwartz*(1964), 3-12; *Schwartz* (1971), 135-149.

[234] *Turnball/Williams/Cheit*(1973), p.577. Theobald の見解について、たとえば参照、*Turnball/Williams/Cheit*(1973), 577f.

[235] *Rhys-Williams*(1943/2004), p.161-169.

[236] family security benefit.

[237] 貧困水準について、参照、*Almsick*(1981), S.80, Fn.58 およびそれに対応する本文；中桐(1969 A) 3号8頁脚注4 およびそこに掲げられた文献。

第1部　第2章　負の所得税を所得税法に統合：生活保護法は法の支配下か

めの適切な指標となりうるか否かの問題は、ここではこれ以上深入りしないほうがよい[238]。

　所得支援分岐点を貧困水準に依存する「負の所得税」アプローチもまた、従来の所得税との統合を予定している。貧困水準に基づき築かれる負の租税プランの例として、ここでは、エドワード・シュバルツ（Edward E. Schwartz)[239] の1964年提案を議論する。

　シュバルツは、憲法上の権利として承認され保障されなければならない生活維持を求める権利すなわち、生存権[240] を保障する公的扶助制度を補充し[241]、資力調査に基づく必要性のテストを廃止し[242]、そしてソーシャルワークが長年にわたって無視されてきた本来の課題にソーシャルワークが集中できるようにというアイデアから社会保障プログラムを導き出している。経済的考慮に基づいて同プログラムを導き出しているのではない。「生存権を保障するに最も満足のいく方法は、連邦所得税法の現在の徴収メカニズムの修正と拡張を通して、施策することである。」[243] その資力調査に代わる、「［家族］所得支援給付のベースとされる所得の報告」は、個人所得税申告書に用いられていると同じスタイルで行われる。世帯所得支援給付（FSB）申請書[244] を検査し審査する方法は、個人所得税申告書を検査する現在の方法の拡張として開発されるであろう[245]。

　彼の論文名は、「資力調査を終わらせる方法」であることであり、これを「負の所得税」[246] または「デモグラント」[247] によって実現しようとする。このように負の所得税を擁護する論者が、資力調査の廃止を主張していることは、重要である。

　　「或る個人の翌年の予想所得が彼女の連邦最低所得保障額[248] を下回って

---

[238]　参照、*Almsick* (1981), S.81, Fn.59 およびそれに対応する本文。

[239]　*Schwartz*(1964), 3-12.

[240]　the right to a livelihood.

[241]　*Schwartz*(1964), 4.

[242]　資力調査の廃止反対論者として、参照、*Friedman*(1968 B), 48.

[243]　*Schwartz*(1964),4.

[244]　claims for a Family Security Benefit(FSB).

[245]　*Schwartz*(1964), 4; *also, Theobald*(1963), 192-197; *Theobald*(1965/66), 83-96.

[246]　Schwartz(1964), 3.

[247]　Schwartz(1971), 135.

[248]　Federally Guaranteed Minimum Income (FGMI).

いる場合、彼彼女は、［その予想所得と最低所得保障額との］差額[249] に相当する世帯所得支援給付[250] を求めて請求書を提出することができる。彼彼女の予想所得が彼彼女の連邦最低所得保障額を上回っている場合、彼彼女は現行の租税法とその手続きに基づいて所得税を支払うだろう。」[251]

シュバルツの構想は、それぞれ所得控除前の所得金額の区間3,000ドル、4,000ドルまたは5,000ドルにある4人世帯について「所得支援基準給付金」から出発する。所得支援給付金[252] は、個人所得が増加するにつれて上昇する所得移転消去率［を所得支援基準給付額に乗じた金額］で、相殺される（参照、表2-4第6列）。所得移転消去率の増加の仕方は、超過累進的であり、具体的には数式56を参照されたい。

シュバルツは、生活維持保障額の数値に関して、合衆国大統領府に属する委員会に提案している。同委員会は、世帯の構成員の属性（たとえば、年齢、性別、居住地、都会若しくは田園）に関連する家族生活維持費に相違が生じるため連邦最低所得保障額（FGMI）をどの程度調整すべきかについて、問題となった。シュバルツ自身は、4人世帯にとって5,000ドルの金額を「控えめにして適当[253]」と考えた[254]。彼の見解によれば、その総コスト[255] は、42billionドルであり、当時の国民総生産（GNP）の7％の水準にあった。その際、別な社会扶助プログラムの廃止からの節約および行政コストの削減に基づく節約は考慮に入れられていない[256]。

もっとも、シュバルツは、上記の見解に100％固執しているわけではない。かれは、4人世帯について連邦最低所得保障額（FGMI）を3,000ドルに引き下げている限りにおいて、その見解を次のように修正している。その数値は、社会保障庁の当時の貧困水準（ここでは世帯所得支援基準給付金（FSB））の金額にほぼ等しい。個人所得が稼得されている場合には、その個人所得に対し租税

---

[249]　the gap.
[250]　a Family Security Benefit(FSB).
[251]　*Schwartz*(1964), 4.
[252]　the guaranteed payment.
[253]　modest but adequate.
[254]　*Schwartz*(1964), 5.
[255]　the gross cost.
[256]　*Schwartz*(1964), 6.

が徴収される。「負」の税率（r_n）は、所得移転消去率[257]を意味し、60％ないし100％に達する（参照、表2-4第6列）。所得税の徴収は、所得支援給付金額の逓減という形でと、個人所得への適用の形でとそれぞれの税率によって行われる。負の税率（すなわち、所得移転消去率）は所得支援基準給付額に適用され、そして算出される数値は所得支援給付額を指している。負の所得税は、その範囲において、所得支援基準給付額と所得支援給付額との差額を指す。もう一つの所得税は、個人所得に通常の税率を適用して算出される。

　シュバルツの提案は、負の所得税について、最低所得保障に関して貧困線を指向するあらゆるプランの基本問題を叙述するのに適している。すなわち、かれの案は、最低所得保障額と負の税率とのあいだの相互依存関係を明らかにするのに適している。個人所得の課税を経由して、個人所得が増加するとき所得支援給付金は負の利率によって逓減する。

表2-4　Schwartz による最低所得保障、税率、所得支援給付金

所得階級		固有所得	所得支援給付金	可処分所得		固有所得に対する限界税率(mr)
1	dY(1)	0－999	3000－2400	3000－3399	60％	(3000－2400)/(999－0)＝60.006
2	dY(2)	1000－1999	2399－1700	3399－3699	70％	(2399－1700)/(1999－1000)＝69.969
3	dY(3)	2000－2999	1699－900	3699－3899	80％	(1699－900)/(2999－2000)＝79.979
4	dY(4)	3000－3999	899－0	3899－3999	90％	(899－0)/(3999－3000)＝89.989
5	dY(5)	4000－4499	0	4000－4499	100％	(0)/(4999－4000)＝
6	dY(6)	4500＋	所得税	4500＋		

Schwartz(19641), 9: cf. Almsick (1981), S.82, Tabelle 3.ただし、
Schwartzは所得支援給付金（第4列）をFSB/Taxesと表示する。Almsickはそれを負の所得税と表記する。

設例を例解しよう。

表2-4では、Yは或る世帯の個人所得、その個人所得のなかの dY(1) は、租税スケジュールのうち、所得階級1に区分される所得金額をさす。シュバルツの設例では、各所得階級に区分される金額 Y(m) はすべて一定の金額1,000ドルと仮定されている。ただし、個人所得 Y が所得支援限界点 B_N を越える場合、その越える最初の所得階級5に区分される金額を、500ドルとする。mr は限界税率をさし、そして mr × dY(1) は、租税スケジュールのうち、所得階級1に区分される所得金額 Y(1) に対する限界税率を指す。

---

[257]　a transfer rate.

第2節　税制を用いた所得移転システムに関する学説史

　世帯の個人所得が 1,000 ドル未満である場合、その所得は、累進税率構造（租税スケジュール）の枠組みのなかで、所得階級１に区分されて限界税率（１）の適用を受ける。そして、このようにして所得階級１の限界税率 mr × dY1[258] が算出される。正味の所得支援給付金（または正味の租税）は、世帯所得支援基準給付金 3,000 ドルから、所得支援給付金消去額 mr × dY1 を控除して計算される。その世帯は、この所得支援基準給付金Ｃから、所得支援給付金消去額 mr × dY1 を差し引いた残りの 40%（＝ 1 − 60%）を取得することになる[259]。

　したがって、その世帯は所得支援基準給付金 Yg から所得支援給付金消去額を控除した正味の所得支援給付金 NT を受給できる。

$$NT = Yg - mr \times dY1 : 0 < Y(1) < \$1,000 \qquad \text{〈数式 55〉}$$
$$= 3,000 - 0.6 \times 1,000$$
$$= 2,400$$

　世帯の個人所得が 1,000 ドルと 1,999 ドルとのあいだである場合には、その世帯は、世帯所得支援基準給付金 Yg (FSB) 3,000 ドルから、所得支援給付金消去額[260] 1,300 ドルを減額するから、正味の所得支援給付金 1,700 ドルを受給する。

$$NT = Yg - (mr(1) + mr(2)) \times dY(1) : \$1,000 < Y(2) < \$2,000 \quad \text{〈数式 56〉}$$
$$= 3,000 - (0.6 + 0.7) \times 1,000$$
$$= 1,700$$

ここで
mr(2) は、税率構造のうち、所得階級(2)に区分される所得金額に対する限界税率を指す。

　　所得支援給付率[261] ＝（所得支援基準給付金−所得支援給付消去額）/
　　　　　　　　　　　　所得支援基準給付金　　　　　　　　　　〈数式 57〉

258　この数値は、負の所得税を指しているから、所得支援給付金に類似しているようにみえるが、そうではなく、すべての国民に普遍的に支給される所得支援基礎給付金（デモグラント（Schwartz(1971), 135 の論文名を見よ）から、各世帯の個別の人的事情（個人所得など）を斟酌するため、所得支援給付消去額を差し引く変数である。

259　Cf. Scwartz(1964), 9.

260　{mr(1) + mr(2)} × dY(1)、これに代入すると、(60% + 70%) × \$1,000 = \$1,300.

261　*Schwartz*(1964), 10; also, Scwartz(1971), 145.

第1部　第2章　負の所得税を所得税法に統合：生活保護法は法の支配下か

$$= (\$2,000 - \$1,300) / \$2,000$$
$$= 35\%$$

同様に、所得階級3に区分される所得金額について、次の数式が成立する。

$$NT = Yg - (mr(1) + mr(2) + mr(3)) \times dY(1) : \$2,000 < Y(3) < \$3,000$$

〈数式58〉

これに代入すると、

$$NT = 3,000 - (0.6 + 0.7 + 0.8) \times 1,000$$
$$= 900$$

同様に、所得階級4に区分される所得金額について、次の数式が成立する。

$$NT = Yg - (mr(1) + mr(2) + mr(3) + mr(4)) \times dY(1) : \$3,000 < Y(4) <$$

$$\$4,000 \qquad \text{〈数式59〉}$$

これに代入すると、

$$NT = 3,000 - (0.6 + 0.7 + 0.8 + 0.9) \times 1,000$$
$$= 0$$

　所得階級5について述べると、世帯の個人所得が4,000ドル以上で4,500ドル未満である場合、その世帯は世帯所得支援給付金（FSB）を受給せず、かつ、税金も支払わない。所得支援分岐点は、4,000ドルであり、そして、租税分岐点は4,500ドルである。

$$NT = Yg - (mr(1) + mr(2) + mr(3) + mr(4)) \times dY(1) + mr(5)) \times dY(5)$$

$$: \$4,000 < Y(5) < \$4,500 , NT < 0 \qquad \text{〈数式60〉}$$

$$NT = 3,000 - (0.6 + 0.7 + 0.8 + 0.9) \times 1,000 - 1.0 \times 500$$

$$= -500,$$

but

$$= 0$$

第2節　税制を用いた所得移転システムに関する学説史

　このように、所得階級5に区分される世帯は、世帯所得支援給付金を受け取ることができないが、しかし、所得税を支払わないで済む。そのため、この世帯は、その所得を4,500ドルまで増やそうとする就労意欲を高めるであろう。所得階級5が、就労インセンティブのための緩衝区間である。

　最後に、所得階級6の区分される世帯についてみると、個人所得が4,500ドルのとき、500ドルの正の所得税債務が成立する。4,500ドル以上の所得を稼得する世帯は、その所得に対し通常の税金を支払うであろう。ただし、4,500ドルの境界線で、飛躍問題が生じている。

　上述した設例を一般化した数式で表現すると、シュバルツの見解は次のとおりである。

$$NT = Yg - ((mr(1) + mr(2) + \cdots\cdots + mr(4)) \times dY(1)) \qquad \text{〈数式61〉}$$

この数式61を変形すると、

$$NT = Yg - dY(1) \sum_{n=1}^{4} mr(n) \; ; Y < \$4,000 \qquad \text{〈数式62〉}$$

次に、$NT = 0 \qquad ; Y = ¥4,000$

最後に、

$$NT = Yg - \{mr(1) + mr(2) + mr(3) + mr(4)\}dY(1) + mr(5)Y(5) \qquad \text{〈数式63〉}$$

の式を変形すると、

$$NT = Yg - dY(1) \sum_{n=1}^{4} mr(n) + mr(5)Y(5)$$
$$; \$4,000 < Y < \$4,500 \qquad \text{〈数式64〉}$$

　所得支援分岐点（$4,500）以下の領域において、シュバルツは、世帯の各所得階級に対する税率を累進的に刻むことによって、一方で、所得保障金額の水準 Yg を保持し、他方で、個人所得を稼得しようとするインセンティブを強めようと試みていると主張されている。

　段階税率 r_n の拡散は、表2-4第6列から読み取れる。その際、4,500ドル以上の個人所得に適用される税率 r_p は、従来の所得税法のもとにおけるそれと、

73

第1部 第2章 負の所得税を所得税法に統合：生活保護法は法の支配下か

変わらない。

　シュバルツの提案は、負の所得税について、最低所得保障に関して貧困線を指向するあらゆるプラン[262]の基本問題を叙述するのに適している。すなわち、彼の案は、最低所得保障額と負の領域における税率の数値とのあいだの相互依存性を叙述するのに適している。個人所得の課税を経由して、個人所得が上昇するとき所得支援給付金は負の領域における利率によって減少する[263]。

　負の所得税についてのシュバルツ案に対する主たる批判は、受給者の就労意欲をなえさせるディスインセンティブ効果に向けられている[264]。表面的にみれば、シュバルツの見解はフリードマンやトービンらの提案する負の所得税プランに類似しているけれども、一律の税率（r_n）100％未満で課される負の所得税案に比べ、シュバルツ案は、極めて異なっている。個人所得が逓増するに応じて、所得移転消去率として60％から100％までの限界税率[265]を所得支援基準給付額（貧困線）に乗じて所得支援給付金を計算する。個人所得が0ドルから4,500ドル未満である場合、表2-4第4列から明らかなように、所得支援給付の金額（すなわち負の所得税債権）は急激に削減され、ついには零（0）となる。負の限界税率が所得階級1において60％から始まっているのは、確かに、疑問である。

　このような批判は、所得支援分岐点を貧困線の近似値とせずに、貧困線の2、3倍ほどに設定し、所得移転消去率の設定方法に工夫をすれば（本書第1章数式1）、克服できるであろう。

　数式57において、所得支援給付率は、所得支援基準給付金と所得支援給付消去額とがあらかじめ与えられていなければならない。この数式は、所得支援給付率が人為的に任意に措定されて初めて、成立する。そして、数式57は数式65を前提としている。

　　所得支援給付率＝1－所得支援消去率　　　　　　　　　　〈数式65〉

　このため、シュバルツ案は、所得移転消去率を60％から100％まで設定して

---

[262] たとえば、参照、*Theobald*(1963), 192-197; *Theobald*(1965/66), 83-96.

[263] *Almsick*(1981), S.83.

[264] *So, Friedman*(1967/68), 72; also, *Hildebrand*(1967), 43f.（その理由の1は、その平均税率が非常に高いこと、2は、累進限界税率が非常に高いことにある。）。

[265] 負の区間における税率が100％まで上昇することを短所とするものに、参照、*Almsick*(1981), S.82f.

第2節　税制を用いた所得移転システムに関する学説史

いない、多くの批判を受けているのである。

　就労意欲の高揚を押しすすめ、人々に自立の生活力を育むには、所得支援分岐点は貧困線から遠く離れているほうが、合目的的であろう。所得支援分岐点までの個人所得を取得する者が、所得支援給付金を受給しうるから、就労して自ら所得を稼得しようと励み努めるであろうからである。

　通常の正の所得税に服し始める水準（租税分岐点 B_p）が所得支援分岐点（B_N）よりも小である（$B_N < Y < B_p$）ことは、シュバルツ案の特色である。特筆に値する。

　もう一つの問題は、所得税システムに最低所得保障システムを組込もうとする場合に、当該プランの建設的なメルクマール、すなわち、4人世帯について税法上の人的所得控除額を当時の 3,000 ドルから 4,500 ドルに拡大することから生じる。このことは、当該プランの財源調達にとって、負の税金受給者（つまり所得支援受給者）への支払いの流れと並んで、相当の歳入減を意味し、これは世帯所得支援基準給付（FSB）の水準の引き上げによって左右される[266]。

　シュバルツの提案の場合、税率の組合せも又問題である。いわゆる飛躍問題[267] が起きるからである。たとえば、個人所得が 1,999 ドルから 2,000 ドルに増加するとき、世帯ケース1は、1,700 ドルの世帯所得支援基準給付金（FSB）を有しており、世帯ケース2は 1,699 ドルの世帯所得支援基準給付金を受ける（参照、表 2-4 第 4 列の第 2 行と第 3 行）。稼得所得が 1 ドル追加するとき、所得支援給付金は 1 ドル削減される。これは、あたかも稼得所得の追加 1 ドルに対する 100％の課税と同じ意味合いを持つと解釈できる。もっとも、このような利率の推移の不連続性（参照、表 2-4 第 6 列）は、それほど重要な意義をもたない。その不連続性の意義は、所得支援分岐点の値を考えるとき、確かに百分率で表わせば大きいけれども、金額でみると無視しうるほど低く下がるだけである[268]。

　最低所得保障額の水準を高くする場合に、財政需要が巨額の歳出と歳入の不足のために耐えられなくなるであろうから、高い税率と負の区間における高い税率が必要になる。このような財政需要が、彼のプランの実現可能性を幻想に

---

[266]　*Almsick*(1981), S.83.
[267]　個人が彼女の所得が上がるに連れて服する限界実効税率／支援給付消去率が、非常に鋭利にかつ突然上昇するケースに、飛躍問題(notch-problem)がみられる。*OECD*(1974), at 36,para.45; *Almsick* (1981), S.89, Fn.85 およびそれに対応する本文；*Green*(1967), 66.
[268]　*Almsick*(1981), S.83.

75

してしまうであろう。

　他方、最低所得保障額の水準が比較的低く抑えられる場合には、貧困撲滅の目標はその成果を余り得られないであろう。しかも、所得税体系と負の所得税の必要性とを適正に調整しなければ、フリードマンとランプマンの提案を議論する課程で考察した理由から、そのシステムは実務に耐え得ないであろう[269]。

4.3　ランプマンの貧困線ギャップ・プラン

　ロバート・ランプマン（Robert Lampman）は、おもに所得の再分配および貧困などを研究対象としており、貧困問題に関係する一連のそうしたプランを公表している[270]。彼[271]が1965年に提案した貧困線ギャップ[272]・プラン[273]は、基本的には、別な設定目標を追求している。ランプマンは、フリードマン構想における人的所得控除に代え、標準貧困額（貧困水準）を用いている点で類似しているが、個人所得と貧困水準との格差を一部埋め合わせるために、所得支援給付金概念と所得支援分岐点概念を開発している。フリードマンは、一方で、アメリカ合衆国における貧困問題の軽減をその目標とし、そして、他方で、負の所得税プランをもって従来の社会扶助プログラムに代置することを目標とした。これと対照的に、ランプマンは、貧困を撲滅するため、多元的に攻撃をしかけている[274]。

　　「われわれは、もちろん、累進税率の適用のため、世帯の相異となる人数と家族員構成を区分して、人的所得控除[275]に関する連邦個人所得税法の規定を置いている。しかし、たとえば、児童扶養控除についての所得税法規定が本当の貧困者層の児童にではなく、その扶養控除規定を利用できる裕福な児童を支援するというのは、そのシステムの痛烈な皮肉である。」[276]

　この問題を解決するため、ランプマンは、「個人所得税システムは、正の税

---

[269]　*Almsick*(1981), S.83.
[270]　*Turnball/Williams/Cheit* (1973), p. 575.
[271]　Cf. *Lampman*(1965 B). 同書は多数の負の所得税案を対比し研究していている。
[272]　Poverty Income Gap.
[273]　*Lampman*(1965 A), 526ff.
[274]　*Turnball/Williams/Cheit* (1973), p.576.
[275]　personal deductions and exemptions.
[276]　*Lampman*(1964), 78; *Lampman*(1965 A), 526.

第2節　税制を用いた所得移転システムに関する学説史

率と同様に、負の税率をもつ区間にも拡大するように転換すべきであり、貧困者の利用できない人的所得控除に基づく還付金（つまり、所得支援給付金[277]）をすべての世帯が請求できるように転換することができるだろう。」[278]

その所得がわずかなため租税を支払わない世帯は、税率を（あるいはあるかもしれない）人的所得控除に適用できずに、隠れた所得移転を受けられない、という考慮からランプマンは出発している[279]。なぜなら、そのような人々の所得はあまりに低すぎるからである[280]。税法上のパラメータのバリエーションはいろいろ考えうるとしても、労働所得がたとえば3,700ドル以下であるとき、その世帯は4人世帯であろうと8人世帯であろうと、課税をうけないままであり続けるといった具合に、事態は変わらない。そこには「水平的」不正義が見られる。

ランプマンの提案は、フリードマンの場合と類似して、「課税所得0以下に適用される」税率を「負の税率 r_n」によって補完することに基づいている。つまり、アメリカ連邦所得税の最初の税率14％を、「人的控除額と所得控除額」との合計以下の貧困線ギャップに直接につなげ、さらに、世帯の個人所得がほぼ零（ゼロ）に近づくとき、[－] 40％までに拡張する。すなわち、

　「当時のアメリカの［正の］所得税率は、5人世帯について最高税率70％から（所得3,700ドルで）14％まで降下し、そして3,700ドル未満の所得については0％に下がる。続いて、［負の所得税構想に基づいて］負の平均税率は、0％から、未利用の人的所得控除[281] 500ドルについてはマイナス14％、未利用の人的所得控除1,000ドルにはマイナス20％、未利用の人的控除3,700ドルにはマイナス40％までの幅がありうる。これは、5人世帯について、1,480ドル［＝ 0.4 × \$3,700］の所得支援給付金 $r_n \times (Y_E - Y)$ を意味するであろう。これは、個人所得が増えるにつれて、徐々に減少する所得支援給付金[282]を通して就労意欲を高揚するであろう。」[283]

---

[277]　refunds, grants.
[278]　*Lampman*(1964),78（脚注7は M. Friedman, Edward と E. Schwartz の文献を引用。）；
　　Lampman(1965 A), 526.
[279]　*Lampman*(1965 A), 527.
[280]　Cf. *Hildebrand*(1967), 32.
[281]　the unused exemptions.
[282]　a set of grants.
[283]　*Lampman*(1965 A), 527.

77

第1部　第2章　負の所得税を所得税法に統合：生活保護法は法の支配下か

受給者の立場から、次の数式が成立する。

$$DY = Y + |r_n| \times (Y_E - Y) \qquad \langle 数式66 \rangle$$

方程式を用いる所得保障スキーム[284]は、貧困線ギャップを一部埋め合わせるだけであるとしても、標準貧困額が世帯の個人所得を超える差額（すなわち、貧困線ギャップ）に（−）税率（たとえば14％）を適用することによって行われる。ランプマンとグリーン（Lampman/ Green）[285]は、その標準貧困額が世帯主について1,500ドルと被扶養世帯員ごとに500ドルの合計額であると措定する。そうすると、4人世帯について、標準貧困額は3,000ドルになる。もしその世帯が所得を取得せず、そして負の税率が（−）50％であるとすれば、その世帯は1,500ドル（＝50％×＄3,000）を受給する。

$$P_E = B_P$$

この数式を数式51に代入すると、

$$DY = Y + |r_n| \times (B_P - Y) \qquad \langle 数式67 \rangle$$

Y＝0を代入すると、

$$DY = |r_n| \times B_P \qquad \langle 数式68 \rangle$$

$$DY = 50\% \times \$3,000 \qquad \langle 数式69 \rangle$$

もし世帯が1,000ドルの個人所得を取得し、その利率が（−）50％であるとすれば、世帯は1,000ドルの所得支援給付金を受給する。

$$NT = r_n \times (B_P - Y)$$

$$= 50\% \times (\$3,000 - \$1,000)$$

$$= \$1,000 \qquad \langle 数式70 \rangle$$

デビッドとロートホールドはこのプランを所得ギャップ・プラン[286]と呼ん

---

[284]　formula income maintenance.
[285]　*Lampman*(1964), 79; *Green*(1968), 280ff.; *Green*(1967); Green説の紹介として、地主(1968)。
[286]　the Income Gap Plan.

78

でいる[287]。

この案に対する批判は、3点に集中する[288]。1に、ランプマンのコンセプトは、フリードマンのそれと同様に、所得の貧困を克服するに十分な国家予算を国家財源から自由に使うことができず、貧困の一部しか所得補足するにすぎない。他方、これは、当該提案にかかる措置のための歳出が比較的わずかであるという、国家予算にとって長所を有する。ランプマン自身は、当該年度のアメリカ合衆国について、6 billion ドルの費用を見込んでいる[289]。

次に、租税行政庁における行政コストの追加が斟酌されなければならない。その行政追加費用は、社会行政庁での費用削減によってほとんど埋め合わせることができない、なぜなら、従前の諸制度や組織を廃止することはできないからである。もっとも、納税申告書の提出義務が一般に課されているから、税務行政庁での行政コストは、合衆国においては少ない範囲にとどまっている[290]。

第3の批判の論拠は次にある。ランプマンの提案は、租税法規定が同じだとすれば、「利回りが高ければ高いほど不公平な結果になるだろう」[291] という点に第3の批判が向けられている。なぜなら、一方で、かれのプランは実際に必要な国民層に援助をもたらしうるとしても、他方で、他の国民層が必要以上に不相当に利益を得るだろうからである。その理由は、税法上の所得の定義にある。税法上の所得の定義は、納税者の経済的給付能力に照準を合わせて包括的に十分に定立されておらず、そのうえ、一部では他の判定基準から導きだされているからである。アメリカ合衆国でも、日本の場合と類似して、特定の所得類型は非課税とされており、さらに、特定グループの人々（老齢者など）は利子所得について追加の非課税を受けているからである[292]。

所得税法の既存の条文規定をこのように手短に検討するだけで、すでに次のことを認識できる。負の所得税についてここで議論したランプマンのプランは、それが所得税法の基礎に立ち返っている範囲において、かえって機能しえない。なぜなら、彼の見解の場合、あまりに多くの新しい相違が負の所得税と既存の所得税とのあいだにみられるからである。彼の提案には、この種の支援を要す

---

[287]　*David/Leuthold*(1968), 71.
[288]　*Almsick*(1981), S.78.
[289]　*Lampman* (1965 A), 52.
[290]　*Almsick* (1981), S.79.
[291]　*Hildebrand* (1967), 32.
[292]　*Almsick* (1981), S.79.

第1部　第2章　負の所得税を所得税法に統合：生活保護法は法の支配下か

る人々のみならず、支援を必要としないグループの人々もまた、負の所得税を享受するという点に、欠点がある。なぜなら、支援を要しない人々の支払い能力のある所得額は、負の所得税を受給する権利のある分岐点を上回るとことにあるからである[293]。

　ランプマンは、後に、貧困線ギャップ・アプローチ[294]のかかえる諸問題を摘記するに至っている[295]。

4.4　ロルフの所得税制を用いた所得税クレジット

　ジョージ・マクガバン（George McGovern）の提案（本書第3章第2節）は、すべての国民に対して支給される同一の給付金の支給[296]を想定している。これが、アール・ロルフによって提案された所得税制を用いた所得税クレジット[297]のアイデアである[298]。その所得税制を用いた所得税クレジットは、トービンのいう相殺所得税[299]に相当するといわれている[300]。しかし、まったく両者は異なっている。

　負の所得課税は、或る所得税システムと或る所得支援給付金システムを結び付ける方程式である。おもに経済専門家と福祉専門家のプロ集団だけが、負の所得税方程式をめぐって論争している[301]。

　税制を用いた所得支援給付方程式のうち、「貧困線ギャップ[302]」タイプが、他のタイプよりもはるかに擁護されている[303]。

　この問題へのひとつのアプローチは、合理的に適切と考えられる或る水準以下の金額の所得を「貧困」として定義することである。或る者の現実の所得と貧困水準との差額を「貧困線ギャップ」として取り扱う。そして、そのギャップを埋めるに必要な金額を計算し、各人の現実の所得と貧困水準との差額をその者に給付する。そうすれば、貧困は「治癒」される。なぜなら、定義により、

---

[293]　*Almsick*(1981), S.79f.

[294]　のちに、Welfare-Oriented Negative Rates Plan と呼称。

[295]　*Lampman*(1971), 111-114.

[296]　the same payment.

[297]　the credit income tax.

[298]　*Rolph*(1966/67), 155ff.; *Rolph* (1969), 352-361. 同旨、*Rolph/Break.* (1991).

[299]　the offsetting tax.

[300]　See, McGovern(1972 A), 285.

[301]　*Rolph*(1969), 353.

[302]　poverty-gap.

[303]　*Rolph*(1969), 353.

グラフ2-4　Rolphの所得再分配方程式

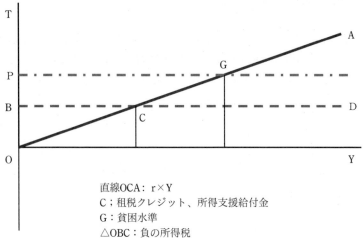

直線OCA：r×Y
C；租税クレジット、所得支援給付金
G：貧困水準
△OBC：負の所得税
△CAD：正の所得税
△OPG：貧困線ギャップ

何人も貧困水準以下の所得のままに放置されることはなくなるからである[304]。

　このタイプの主張者は、貧困をなくすことをその目標としており、そこでの「貧困」とは、或る貧困水準——通常、4人世帯について年3,000ドルだとされている——以下の世帯所得として定義されている。理想的には、貧困線ギャップは、国が人々の個人所得[305]と貧困水準所得[306]との差額を生活困窮者に給付することによって、埋め尽くされる。そのようなギャップを埋め合わせる支援給付率は、影の税率100％[307]（より分かりやすく表現すると、ギャップ全額）を意味する。しかしながら、そのような影のギャップ100％（ギャップ全額）を用いえないと認識されているから、支援給付金と100％未満の税率とのさまざまな組み合わせが示唆されている[308]。

　負の所得税方程式を定立するうえでの主要問題は、どのプランでも目標とされている所得の再分配の規模[309]である。数理の問題としてみると、世帯所得

---

[304]　*Rolph*(1966/67), 157.
[305]　own income.
[306]　the poverty-line income.
[307]　a 100% per cent implicit tax rate.
[308]　*Rolph*(1966/67), 157: *Rolph*(1969), 353.
[309]　scale.

第1部　第2章　負の所得税を所得税法に統合：生活保護法は法の支配下か

の5分布のうち最下層の総可処分所得を増加させれば、かならず、いくつかのより高い所得階層またはすべてのより高い所得階層の所得持分割合を減らさなければならない[310]。

どのような所得再分配プランであってもその基礎は、その再分配の規模であるところ、負の所得課税についてのこの特質はほとんど注目されていない。

方程式は、政府の立場から、次のとおりである[311]。

$$NT = r \times Y - C \qquad \langle 数式71 \rangle$$

ここで

NT ＝正または負の租税債務
Y ＝所得税法で定義されている年間所得[312]
r ＝（単一の）税率
C ＝年間1人当たりクレジット[313]（所得支援給付又は租税クレジット）

数式71のもとで、各居住者は、所得税の租税債務を負い、そして各人は租税クレジット（所得支援給付）を受給しうる。

つぎに、$r \times Y > C$ の不等号式が成立するとき、その者は、正の租税債務を有する。

逆に、$r \times Y < C$ の不等号式が成立するとき、その者は、負の租税債務（すなわち、租税クレジットまたは所得支援給付）を有する。彼女は、政府から給付をうける。この構想は、比例税率と一律のクレジット[314]の組合せである。

租税クレジット（所得支援給付）Cは、すべての国民に一律の給付される限りにおいて、単純明快であり、レディー・リス・ウィリアムズのアイデアに遡ると位置づけることができる[315]。

前記構想の枠組み内において、政策決定が、クレジット[316]について、そして、このクレジットと整合性のある税率について下されなければならない[317]。貧困水準はここでは問題でない。財政学の観点から、課税所得の総額Yを所与

---

[310] *Rolph*(1969), 353.
[311] *Rolph*(1969), 354.
[312] annual income.
[313] the annual credit per person.
[314] flat-sum credits.
[315] *Rolph*(1969), 354.
[316] the credit.
[317] *Rolph* (1969), 354.

とすれば、クレジットの総合計ΣCおよび税収Rを前提とすれば、税率rを求めることができる。

第3節 結 語

1 所得支援給付金制度としての負の所得税構想

一方で、政府がすべての国民に一定額の所得支援給付金（ベーシック・インカム[318]）を支給するといったベーシック・インカム・モデルが提唱されることがある。他方で、政府がすべての納税者に対し、人的所得控除制度を通して、隠れた所得支援給付金（隠れた所得移転）を支給するといった人的所得控除モデルが長年にわたって重用されてきた。

しかし、本書で検討するモデルは、いずれも、ベーシック・インカム・モデルや人的所得控除モデルと異なり、負の所得税構想を通して、税金を支払うことに余裕のある水準の所得を稼得していない者に対し、その者の所得を補足しその者を支援する目的で、所得税制度を駆使して国庫から所得を顕示的にまたは隠れた形で移転する。

問題は、どのようなスキームに基づいて要保護者に所得移転を行うかである[319]。

2 所得支援分岐額を所得税法上の人的所得控除額に依存させるモデル

このモデルは、所得支援をうけることができるかどうかの分岐点を、人的所得控除額に依存させる。このことによって、時の政府は、かならずしも貧困線（相対的貧困額）に影響を受けることなく、現行所得税法に定める人的所得控除額を利用できる。その結果、本モデルは、国の財政状況に応じて、所得支援分

---

[318] フィッツパトリック(2005) 110-112頁（ベーシック・インカムと負の所得税とは同一でない。その相違点を説明）。ただし、負の所得税の諸類型を、(1)負の所得税による受給額は、勤労所得と課税最低限との差額に求め、所得が増えるにつれて負の所得税が減るような形で計算して決まるタイプと、(2)負の所得税による受給額は、勤労所得と貧困線との差額に求め、所得が増えるにつれて負の所得税が減るような形で計算して決まるタイプとに大別するとき、後者のタイプはベーシック・インカムの思想に親和している。ただし、ベーシック・インカムの不可欠要件として、同一額の給付と普遍主義を主張するならば、両者は峻別される。さらに、参照、小沢修司(2002) 117-118頁（負の所得税とベーシック・インカムとを対比して説明）。

[319] 負の所得税の長所短所について、参照、フィッツパトリック(2005) 112-114頁。

岐額を極力抑えることができる。

　本モデルの最大の利点は、課税最低限以下の所得移転（所得移転給付金、補助金）を受給する低所得者に就労意欲を高めるうる点にある[320]。所得移転の金額が一定の比率（所得移転消去率）で徐々に逓減しやがて零（ゼロ）になってしまうから、税引き前所得が上昇するにつれて、可処分所得（税引き後所得）はかならず上昇する。

　他方、本モデルの弱点は、人的所得控除額に相当する水準の所得を低所得者が取得すれば、直ちにその者は所得移転をうけることができなくなる。したがって、人的所得控除額の分岐点に接近するにつれて、低所得者は就労意欲を弱めてくるであろう。そのうえ、本プランは、人的所得控除額を、貧困水準に依存させず、それを大きく下回って設定している。

3　所得支援分岐額を所得税法上の租税分岐点に依存させるモデル

　このモデルは、所得支援をうけることができるかどうかの分岐点を、人的所得控除額よりむしろ租税分岐点に依存させる。正の租税を課すかどうかの分岐点の金額は、人的所得控除額より大である。それに応じて、所得支援給付金を受給しうる人々の範囲は、拡大する。

　所得支援分岐点と租税分岐点との開差は、就労意欲の高揚に働く。所得支援給付が、打ち切られるほどの稼得所得を有する場合であっても、なお正の所得税を課されるまでの区間がある。この区間では、低所得者は、就労意欲を高め、稼得所得を増大させても、なお正の所得税を課せられないからである。

　相殺所得税は、人的所得控除額に左右されることなく、低所得者の取得する個人所得のうち、租税分岐点未満の金額にかかる税額である。この相殺所得税が、所得支援基準額から相殺される。これを「税額」控除すると表現しても差し支えない。

　このように、フリードマンの提案する負の所得税スキームとトービンらの提言する負の所得税スキームは、数式で表現すれば明瞭なように、基本的に異なっている。

4　所得支援分岐額を貧困線ギャップに依存させるモデル

　本モデルは、所得分岐額を貧困線及び貧困線ギャップに依存させることに

---

[320]　参照、橋元（2006）331頁。

第 3 節 結 語

よって、社会科学の批判に耐えうるように理論的基盤を提供しようとする。

ジョージ・マクガバン／ロルフの方程式は、明快であるけれども、フリードマンやトービンが提起した諸問題を克服しているわけではない。ランプマンの提案は、トービンらの見解に親近しているとはいえ、（個人所得が少ないため人的所得控除が利用されていないケースで）マイナス14％から（個人所得ゼロのケースで）マイナス40％までの負の所得税率を、個人所得の金額を越える貧困額の超過額に乗じて所得支援給付金を計算する。ここで貧困額は、統計上の貧困線と必ずしも合致する必要はなく、その一定割合であってよいとされている。

5 所得支援給付法案にとっての意義

負の所得税に関する論議の全盛期は、すでに半世紀前のことである。負の所得税スキームは実施するに金がかかりすぎるとともに、就労意欲を損ない、家族の解体を促進する、と多くの人々が判断を下した[321]。このため、「その時にイギリスやアメリカに登場した急進右派の政府は、給付システムをビッグバン的に置き換えてしまうよりも、漸進的な改革を好むようになった。」[322] この脈絡において、勤労所得税額控除（EITC）や就労家族租税クレジット（勤労世帯税額控除 WFTC）等が生まれた。それらは、負の所得税の縮小版と位置付けることができる。なぜなら、租税クレジットは、稼得所得者に対しても、稼得所得と貧困線（または所得支援分岐点若しくは租税分岐点）との差額を、政府からのクレジットの形で給付するからである。このように、租税クレジットのあいだでは、負の所得税の着想から大きく飛躍しているわけではない[323]。

本書で提案する所得支援給付モデルは、トービンらの提案とシュバルツの提案を基礎とする。

所得支援基準給付額に税率の逆数を乗じて所得支援分岐額を算出する。所得支援基準給付額は、相対的貧困線に相当する数値とする。個人所得金額が零の水準から、所得支援分岐点に合致する所得金額の水準に至るまで、所得移転消去率は0％から徐々に100％に逓増する。言い換えると、所得移転（所得支援給付金）の金額は、所得移転消去率により削減されやがて、所得支援分岐点で零（ゼロ）に落着する。

---

[321] フィッツパトリック(2005) 108-110 頁。
[322] フィッツパトリック(2005) 108 頁。
[323] 参照、フィッツパトリック(2005) 115 頁及びそこに掲げられた文献。

第1部　第2章　負の所得税を所得税法に統合：生活保護法は法の支配下か

　他方、トービンらは、租税分岐点を所得支援分岐点よりも大きな数値としている。その理由は、彼らのモデルが現行所得税の最低課税限度額をそのまま利用し、租税分岐点より小さい所得金額には負の所得税率を新たに創設して、租税分岐点を下回る所得金額にその税率を乗じて税額（これを相殺所得税という。）を算出することにある。

　しかし、本書で提案する所得支援給付モデルは、租税分岐点を所得金額ゼロに求める。シュバルツ案は、租税分岐点を所得支援分岐点より小でありうることを明言していた。そして、普通の正の所得税にかかる税率と、所得支援分岐点を下回る所得金額に対する税率とを共通にする。負の所得税と正の所得税は峻別されない。

　新しい所得税法は、人的事情を斟酌するための人的所得控除を計算に入れる課税総所得金額（これを主観的課税標準という）を必要とせず、総所得金額（これを客観的課税標準という。）に一本の税率（一律税率）を適用すればよい。このように所得税法は、抜本的に簡素化される。

　トービンらのモデルは、所得支援給付額は、所得支援基準給付額から相殺所得税を控除したのに対し、わたくしの所得支援給付モデルでは、所得支援給付額は、所得支援基準給付額に所得移転消去率を乗じて計算することによって—このように算出される数値は相殺所得税と解釈することができる。—、個人所得の多寡に応じて、逓減する。両案はこの点で共通するテクニックを用いている。所得支援基準額について、トービンらは人的所得控除額を参照するが、他方、シュバルツ案と私案は貧困線を参照する。所得移転消去率について、シュバルツ案は、私案と異なり、確たる根拠を有していない。

　私案が、トービンらの案やシュバルツ案と異なる核心は人的所得控除制を温存するか否かにある。私案は、人的所得控除制を全廃し、課税ベースを拡張し、その結果、所得税からの歳入を増額するとともに、所得の再分配に要するであろう財源を確保する。

　私案では、各個人または各世帯が受給しうる所得支援基準給付金は、さまざまな人的事情を斟酌される。その目的のために、連合王国における 2002 年租税クレジット法で用いられている各種「要因額」の技術概念が、私案でも援用されよう。

　連合王国における 2002 年租税クレジット法は、負の所得税、おそらくはトービンらのモデルに大きな影響をうけている。その仕組みは、本書第 5 章の機会に、論じるが、極めて複雑である。

第3節　結　語

　最後に、アメリカにおける負の所得税議論は、既述のとおり、いくつかの学派に収斂しうる。資力調査の廃止が、すべての学派によって退けられているのではなく、急進右派と目されるフリードマンによって排斥されようとしているのであって、むしろ、資力調査の廃止は負の所得税を支持する多数の人々によって主張されている。

　生活保護法は、負の所得税スキームによって廃止されようとしている。

第3章 所得保障モデルを統合した所得税法案
：Mitschke 所得税・所得支援給付金
統合法案の位置づけ

第1節 公的扶助と所得税制度

1. 公的扶助と所得税法の谷間

何人にも生存権を保障するために、国は、経済的富裕者の財産の一部を国庫経由にて生活困窮者に一定の所得額を補足し給付する場合に、その受給者が就労意欲を促進しその生産性を維持するように、制度設計すべきである。さもなければ、ケインズ卿は次のように反対意見を述べるであろう。

「Pigou 教授が論証したように、『富の再配分の観点からは、豊かな人々からあなたのお金[1]をほとんどすべて受け取ることが明らかに最もよいであろうが、しかし、これは、生産性の観点からみると、貧しい人びとが結局のところ欲求するばかりであろうから、悪いものである。』そうであるかもしれないし、そして富者はいつもそうであることを望むだろう。しかし、当該委員会［Colwyn Committee］は、少なくとも現在のところ、そうではないとの結論に達した。」[2]

公的扶助の制度設計に当たって、生活困窮者が潜在能力を発揮できるようになり、その潜在的な生産性に加えて、さらに、潜在的な雇用の機会、とりわけ就労意欲の高揚を改善することが、大きな課題であろう[3]。所得税制度を公的扶助制度と連絡する場合、負の所得税制度は、富裕者から生活困窮者への所得

---

[1] 最低生活水準 national minimum standard of living - 木村。参照、Pigou(1929/52), pp720-728, pp.758-767.

[2] *Keynes*(1927), 676；負の所得税構想に対する反対説とその反論について、参照、*Friedman*(1967/68), 75-79；*Friedman*(1967), 239-240；フリードマン (1975) 218 頁以下。本章では、反対論のひとつ、政治問題には立ち入らないこととする。残りの問題、就労意欲の促進または減退については、言及する。

[3] *Lampman*(1964), 79.

第1部　第3章　所得保障モデルを統合した所得税法案

の移転を第3の課題としている[4]。負の所得税プランを推奨したミルトン・フリードマン（Milton Friedman）教授は、負の所得税制度構想を口先だけうまいことを述べているわけでないことを繰り替えし強調している[5]。負の所得税制度は、富裕者から貧困者への所得の移転を目指し、現在の公的扶助制度[6]に取って代えられるべきものとして構想されている[7]。本章は、税と社会保障の関係[8]を、広く対象とするものではない。さらに、本章は、社会配当アプローチを考察の対象に限定し、そして、本書第2章が、負の所得税構想のうち、人的所得控除アプローチ、所得支援基準給付アプローチや貧困線ギャップ・アモデルについて、叙述する。

　何らかの理由で、稼得所得の金額が低額であるため、課税所得がないかまたはきわめて少ない場合には、彼彼女は、所得税法上の人的控除その他の所得控除（人的所得控除と総称する）を利用することもできない。そのような無所得者または低所得者は、現在、所得税法と無縁であり、もっぱら公的扶助法の領域で国からの公的扶助を受給する。

　これと類似して、定年退職した者が非課税の各種年金のみを取得する場合、彼らは、最低生存権を保障するためのコストを所得税法上の人的所得控除を通して享受する機会をもっていない。

　しかも、若年未熟練の失業者の多くは、多少とも所得があるため生活保護受給要件を満たさず、その結果、生活保護を受給することもできない。さらに、失業者やパートタイム労働者・フリーターを多数生みだしている雇用状況および雇用政策は、後述の通り、現在の公的扶助制度および所得税法の関係規定にひとつの遠因をもつ。

　日本の生活保護法における生活保護水準（とりわけ最低生活保障水準）と所得税法上の人的所得控除額（基礎控除額と配偶者控除および扶養控除ならびにその他の所得控除を含む。これらの合計額のうち、生存権保障に要する部分を人的所得控除と本章は総称する）とを比較すると、地域差があるとしても、なお一般的に

---

[4]　*Lampman*(1964), 81.

[5]　*Friedman*(1967), 239.

[6]　present welfare programs.

[7]　*Friedman*(1967/68), 73.

[8]　たとえば、参照、高橋(1995) 1-36頁。また、アメリカの社会保障について、たとえば、参照、河野(1975) 17頁；慎(2000) 117-135頁。ドイツの社会保障について、たとえば、参照、小林(2005) 85-103頁。

第1節　公的扶助と所得税制度

は前者が後者に比べて大である。税法上の人的所得控除（￥1,140,000 ＝ 3 ×￥380,000）は、最低生活保障水準（たとえば、平成 16 年度における標準 3 人世帯の場合の月額、171,730 円（住宅扶助を除く）に 12 を乗じて計算される 2,060,760円)[9] と同一の水準に引き上げられるべきである、との議論がある[10]。

　本章の議論が示すように、「税法上の人的所得控除が最低生活保障水準と同一の水準に引き上げられるべきである」との見解[11] は、ドイツ連邦憲法裁判所の裁判例および多数説に盲従しているかのようであり、同見解は、人的所得控除に基づく「影の最低生活保護受給金」と生活保護法に基づく生活保護受給金とを比較する視点を欠落している。どのように改めるべきかは、本章の示すモデルから示唆を得るであろう[12]。

　本章にいう人的所得控除額は、生存権を保障するに要する所得であり、総所得金額から控除される。したがって、納税義務者は、人的所得控除額に相当する所得を、最低生活費として消費することができる。他方、生活保護受給者は、生活保護法に基づく最低生活保障水準に相当する（または収入のあるときは一定額を控除した金額に相当する）生活保護受給額を、最低生活費として消費することができる。その限りにおいてのみ、税法上の人的所得控除が最低生活保障水準と同一の水準に引き上げられるべきであるとの見解は、一見すると、正当であろう。

　しかしながら、生活保護法の法状態を数理分析すると、次に説明する問題点が直ちに明らかになる。

　生活保護受給権を有する或る世帯について、その夫婦がともに 41 歳から 59歳であり、子供 1 人は 12 歳だとする。その世帯は生活保護法に定める 1 級地

9　参照、厚生統計協会(2002)、94 頁。

10　そうするものに、たとえば、BVerfG-Beschluß vom 25.9.1992, BVerfGE 87, 153/154. その紹介、三木(1995) 30 頁、31 頁およびそこに掲げる文献（課税最低限と生活扶助基準の一致を主張）。

11　三木(1995) 30 頁、31 頁およびそこに掲げる文献。

12　参照、木村(2005) 17 頁。アメリカ所得税法は、勤労所得額控除の方式を用いて、就労意欲の促進をはかっていたとされている。就労しているにもかかわらず、貧困者となっているものをワーキングプァーと呼ぶが、ワーキングプァーを救済する手段として構築された EITC（勤労所得税額控除）を切り詰める改正は、ワーキングプァーに対して、大変大きな影響を与えるとされている。本章はこの問題を取り扱わないこととする。

91

に定住しているとする。たとえば東京都文京区では、その世帯は生活保護基準額として月額222,430円（住宅扶助を含む）を受給しうる法的地位にある。現行の日本所得税法は人的控除として住宅控除を許容していないので、所得税法上の人的控除と生活保護法上の生活保護基準額とを比較しやすくするために、住宅扶助を計算に入れないで、生活保護基準額を算出すれば、その世帯は生活保護基準額として月額171,730円（住宅扶助を除く。）を受給しうる法的地位にある。それらの月額数値を年額に換算すれが、それぞれ2,669,160円と2,060,760円が生活保護基準額（年額）となる（表3-1）。所得税法上の生存保障の人的所得控除合計（1,140,000円）が、単純に生活保護基準額（住宅扶助を除く。）に比べると、いかに少ないかは、一目瞭然であろう。

つぎに、その世帯のうち、1人だけが稼働能力を有し、その者だけが特定の収入金額を稼得すると仮定する（参照、表3-2）。

収入金額（月額）が8,339円を稼得するケースでは、基礎控除額は8,339円であるから、生活保護受給額は、生活保護基準額から「収入金額－基礎控除額」（生活保護基準控除額）を差し引いて算出される。このケースでは、次の数式が成立する。

$$生活保護受給額 = ￥222,430 - (￥8,339 - 100\% \times ￥8,339)$$
$$= ￥222,430 \qquad \langle 数式1 \rangle$$

表3-1　第62次改訂生活保護基準額表と所得税法上の生活保障の人的所得控除との比較

	夫婦2人 (41－59歳)	子供1人 (12－19歳)	子供1人 (12－19歳)	生活保障の人的所得控除*
第1類	38,180×2	76,360	76,360	
	42,080	42,080	42,080	
第2類		53,290	53,290	
住宅扶助		53,700		
合計／月額		222,430	171,730	
年額		2,669,160	2,060,760	1,140,000
				*＝基礎控除＋配偶者控除＋扶養控除：3人世帯

第1節　公的扶助と所得税制度

表 3-2　勤労収入の基礎控除額（定住地は 1 級地）

収入金額別区分	勤労等控除額（1人目）	利率（r_n）	生活保護基準額消去額 * #
Y	EX	$r_n = Y/EX$	$C = r_n Y$
0 − 8,000	0 − 8,000	1	0
8,001 − 8,339	8,001 − 8,339	1	0
8,340 − 11,999	8,340	1.00 − 0.695	0 − 3,659
12,000 − 15,999	9,030	0.753 − 0.564	2,970 − 6,969
16,000 − 19,999	9,720	**0.608 − 0.486**	6,280 − 10,279
20,000 − 23,999	10,410	0.521 − 0.434	9,590 − 13,589
……			
……			
80,000-83,999	20,730	0.259 − 0.241	59,270 − 63,269
……			
100,000-103,000	23,220	0.232 − 0.225	76,780 − 79,780
……			
168,000 − 171,999	28,090	0.167 − 0.163	139,910 − 143,909
……			
200,000 − 203,999	30,670	0.153 − 0.150	169,330 − 173,329
……			
220,000 − 223,999	31,820	0.145 − 0.142	188,180 − 192,179
			*：生活保護基準額から差し引かれる控除額
			#：通勤費等の実費はなく、世帯の就労者は 1 人と仮定する

参照、生活保護手帳編集委員会(編)(2006) 254-255 頁。
級数区分は、生活保護法による保護の規準（昭和 38 年厚生省告示第 158 号（別表第 9 「地域の級地区分」）による。

　生活保護基準控除額は、生活保護基準額から控除しなければならない計算要素であり、その結果、生活保護受給額は、次の数式により、算出される。

$$NT = Yg - C$$

第1部　第3章　所得保障モデルを統合した所得税法案

$$C = Y - EX$$

$$EX/Y = r_{\mathrm{n}}$$

$$EX = r_{\mathrm{n}}Y$$

$$NT = Yg - r_{\mathrm{n}}Y \qquad\qquad\qquad\qquad 〈数式2〉$$

ここで、

　　　　NT ＝生活保護受給額（一般的に述べると、国から個人に給付される正味の給
　　　　　　　付金または国民から国に支払われる正味の租税）、
　　　　Yg ＝生活保護基準額、
　　　　C ＝生活保護基準控除額、
　　　　r_{n} ＝消去率（r_{n}）、
　　　　Y ＝個人所得（収入金額）、
　　　　EX ＝生活保護法上の勤労控除額＋基礎控除額など

　さらに、収入金額（月額）が168,000円を稼得するケースでは、控除額等は
28,090円であるから、生活保護受給額（生活扶助）は、生活保護基準額（最低
生活費）から「収入認定額－（実費控除＋勤労控除など控除額）」（生活保護基準控
除額つまり収入充当額）を差し引いて算出される数値に係数（たとえば1＋
0.00689）を乗じて計算される。
　このケースでは、生活保護受給額＝{￥222,430－（￥168,000－￥28,090)}
(1＋0.00689)＝{￥222,430－(1－16.7%)×￥168,000}×1.00689＝(￥222,430
－￥139,910)×1.00689＝￥82,520×1.00689＝￥83,088.56の数式が成立する。
　収入充当額（ここでは収入認定額マイナス勤労等控除額）は、生活保護基準額
（最低生活費）から差し引かれるので、生活保護受給額の計算過程において（収
入金額×（1－所得支援消去率%）＝）所得支援消去額として機能する。ただし、
生活扶助額は、最低生活費から収入充当額を差し引いた差額に係数（たとえば
1＋0.00689）を乗じて算出されるので、わずかであれ割り増しされている。
　最後に、収入金額（月額）が223,999円を稼得するケースでは、勤労控除額
等は31,820円であるから、生活保護受給額は、生活保護基準額から「収入金
額－勤労控除額等」（収入充当額）を差し引いて算出される。このケースでは、
生活保護受給額の金額は、{￥222,430－（￥223,999－￥31,820)}＝{￥222,430
－(1－14.2%)×￥223,999}＝￥222,430－￥192,179＝￥30,251に係数（1＋
0.0068）を乗じて算出される。

第1節　公的扶助と所得税制度

　収入充当額、たとえば勤労所得（ここでは収入金額マイナス勤労控除額）は、生活保護基準額から差し引かれるので、生活保護受給額の計算過程において（個人所得×（1－所得移転消去率％）＝）所得移転消去額として機能する[13]。表3-2から窺い知ることができるように、勤労所得はじめ個人所得が増加するにつれて、所得移転消去率が逓減するように、労働厚生事務次官通知別表「基礎控除額表」は、利率を逆進構造に仕組んでいる[14]。このような逆進性の所得移転消去率は就労意欲の高揚（インセンティブ）にとって有意であろう[15]。しかし、利率を表示する第3列第5行目にみるブロック数値（0.608 － 0.486）は、その前後の利率と比較すると、合理的根拠の存否に疑問である。

　さらには、その次官通知は、法規範というよりむしろ、通達（処理基準）として性格決定されるから、これは、法律による行政の原則に反するであろう。その別表は、生活保護受給額の算定にとってきわめて重要な変数であるから、生活保護法自体に、少なくとも省令に含められるべきであろう[16]。

　世帯の稼得する労働所得は、次官通知別表では、224,000円未満の月額を想定しているから、これは年収に換算すると、2,688,000円と同値である。その勤労等控除額は31,820円であり、収入充当額は192,179円であるから、生活保護基準額は月31,820円となり、収入充当額は192,179であるから、生活保護受給者は年 369,840（＝ 2,688,000 ＋ 381,840）円を取得する。他方、この2,688,000円の給与所得を取得する者が、生活保護申請ではなく、納税申告を行えば、彼女は、3,069,840円の貨幣所得を取得する生活保護者に比べて、税引後の可処分所得をより一層自由に使用し処分できるだろうか。

　生活保護支給額の財源を負担するのは、国、都道府県、市町村であり、国の負担割合は近時次第に低下しつつある。中央政府の政策判断が、(1)産業構造の変革に基因する失業者の増大を、(2)社会保障制度に基づく企業の保険料負担の

13　参照、厚生統計協会(2002) 94 頁。

14　厚生労働事務次官通知表について、参照、厚生労働省発社援第 0331001 号（平成 15 年 3 月 31 日）；生活保護手帳編集委員会(編)(2006) 251 頁、254-255 頁。

15　貧困線ギャップアプローチをとる Schwartz (1964), 9 は、生活保護を受ける者について、個人所得（勤労収入など）が増大すればするほど高い税率を適用する。彼の見解は就労意欲の減退をもたらす、との批判を受けている。それに比べると、日本の生活保護法上の基礎控除額表は、就労意欲を促進するであろう。

16　付言すれば、生活保護法所定の基本的法律要件規定の多くは、きわめて抽象的であり、法律要件明確性の原則および給付要件法定主義に違反するのではなかろうか。このように、法の支配との関連においても、全面改正の必要性が生活保護法にみられるのではなかろうか。

95

第1部 第3章 所得保障モデルを統合した所得税法案

回避を理由とする正社員雇用の低下を、(3)定年退職年齢と年金受給資格年齢との間隔に基因する要生活保護者の増大をもたらしているとすれば、国はその財政負担を地方公共団体に押しつけるべきであろうか。地方公共団体は、財政負担のほかに、要生活保護者に対し、必要な場合、まず1ヶ月のあいだ緊急一時保護センターで、その後、自立支援センターで彼ら彼女らを保護しており、それで十分ではなかろうか。

さらに、生活保護受給要件として、稼働能力ある者の就労義務（労働義務）のほか、資産調査テストがある。選別主義が日本では未だにはびこっている。イギリスは近時普遍主義へ大きく舵をきったことは、周知の通りであろう。不正な生活保護を防止する必要があることは、いうまでもないが、普遍主義のもとでもそうした不正受給は防止できるとされている。

生活保護法と所得税法の関係規定がきわめて不整合のまま放置されていることは、以上の問題点の摘記によって明白になったであろう。雇用政策を視野に入れつつ、このような不整合を是正しようとするのが、所得支援給付プランと所得税改革を統合する所得支援給付法案である。

逆進性を顕著に示す生活保護受給額控除方式は、重度要保護者の就労意欲を減退させる法的原因の一つである。ディスインセンティブの問題がここに横たわっている。この影の税率の引き下げが、本章における議論の背景において、実は検討される。たとえば、所得支援消費率を33 1/3％に設定する案が、それである。さらに、生活保護の受給権者は、所得税法上の人的所得控除の金額よりいくらか多額の給付金をうけとる。この生活保護給付金は、「人的所得控除額×税率」の影の最低生活保護給付金（つまり政府からの隠れた所得移転）より遙かに多額である。所得税率が33 1/3％だとすれば、生活保護受給者は、短期的に見れば、生活保護給付金を受給した方が楽で経済的に有利である。そのため、現在の公的扶助制度下の所得税制は就労意欲を減退するよう作用していると判断せざるをえない。最後に、所得支援基準給付金＝最低所得保障額が憲法上の生存権の発現として成立すべきであるとすれば、最低所得保障額を税率 r_n（50％，33 1/3％など）で除して計算した金額が、所得税法上の所得支援分岐点に等しくすべきである。これが、租税・公的扶助統合システム[17]のアイデアの1つである。勿論、所得支援分岐点の金額全額をすべての納税者に給付するようなことは、考えられていない。

---

[17] 本章は、課税と社会保障の一体的把握と直接には関わりがない。参照、宮島(2004)、54頁。

第1節　公的扶助と所得税制度

　納税者と生活保護受給者が国から受ける生活保障のための所得控除にかかる移転所得と生活保護受給額との間に格差が、前述の通り、顕著である。その格差が余りに大きければ、両者のボーダーラインにある労働所得を稼得する者は、就労意欲を減退するであろう。

　就労意欲を促進させるように、所得税法と公的扶助法が統合されるべきである。日本国では所得税制度と公的扶助制度が連携せずに孤立的に存在し運営されているので、税法上の人的所得控除が生活保護法上の最低生活費保障水準といかなる相互関係にあるべきかについて、管見の限りでは[18]、議論が深まっていない。

　最低生活保障水準の概念は、日本の生活保護法の概念であるので、各国の類似の公的扶助制度における諸問題を分析する道具に用いがたいであろう。そこで、本章では、最低生活費保障水準に代えて、後に詳述する概念、最低所得保障額，所得支援基準給付金，所得支援給付金などを分析道具として用いることとしたい。

　以上に概観した理由から、本章は、貧富 2 極化社会のもとで就労意欲にインセンティブを与えうる所得税・公的扶助制度統合案を考察する。そのため、まず、いわゆる負の所得税案の考察を行い、所得税と公的扶助を統合する可能性について、続いて、所得税・公的扶助統合システムに関するミチケ教授の提案を紹介し、分析することとする。

2. 税制を用いた社会配当に関する新契約論

　最低所得保障を指向し、かつこれを目標とすると称する形態の負の所得税は、「すべての国民は……いつでもそしてその者の個人的状況を斟酌することなく公的資金からの所得を（……）使える（べき）であるとする。その所得の金額は、公的扶助ベースを保障する。」[19] この形態の負の所得税は、以降において、英語の名称[20]にちなんで社会配当と呼ぶこととする。

　アメリカにおける負の所得税案は、これと類似する。それは「 所得税クレ

---

[18]　参照、木村忠(1950/1958)；藤本(1960)；小山進(1950/75)；尾藤／木下／中川(1996)；古賀(1997)；三輪(1999)；『生活保護 50 年の軌跡』刊行委員会(2001)；生活保護手帳編集委員会(編)(2005)。

[19]　*Molitor*(1973), S.42.

[20]　social dividend.

第1部　第3章　所得保障モデルを統合した所得税法案

ジット[21]」、「相殺租税クレジット[22]」等と呼ばれている。ドイツ語は，「所得支援給付金[23]」、「所得税控除額[24]」と呼ばれている[25]。

2.1　社会配当論の前史

2.1.1　日本の恤救規則

政府は、明治7年太政官達による恤救（じゅっきゅう）規則、昭和7年の救護法、さらに敗戦後に昭和21年の生活保護法（旧法）、憲法25条の生存権の理念に基づく昭和25年5月の現行生活保護法（新法）を制定し、生活保護制度を確立してきた[26]。

その間、税制度と生活保護制度とに架け橋を築こうとする試みがあったといわれている[27]。明治30年提出の恤救法案と救貧税法案がそれである[28]。税制を用いて所得補足交付金を生活困窮者に給付する、という範囲において、『救貧税法案』『恤救法案』は、負の所得税プランに類似している。しかし、恤救法案は保険主義を含意しており、被恤救者（貧困者など）は、恩恵（仁恵）として給与（所得支援給付金）を受けている[29]。

欧米で提唱されている負の所得税構想は、社会契約論に基づき、所得支援給付金または所得補足交付金[30]を受給する権利を、税制を用いて人々に賦与しようとする。この点において、明治30年（1897年）『救貧税法案』『恤救法案』は、本章の研究対象である負の所得税構想と基本的に異なっている。さらに、『救貧税法案』『恤救法案』による受給要件および拠出要件等が、負の所得税構想のそれらと異なっていることは、本書第2章でみる負の所得税に関する各種モデルの叙述から自ずと判明するであろう。

---

[21]　credit income tax.

[22]　credit against tax.

[23]　Bürgergeld.

[24]　Steuerabzugsbetrag.

[25]　*Almsick*(1981), S.67.

[26]　厚生統計協会(2002)、88頁以下。

[27]　小川(1960/2001) 105-114頁；西野(1995) 19頁、21頁；小川(1959) 273-274頁。

[28]　それら法案のテキストは、参照、西野(1995) 27頁以下。

[29]　参照、西野(1995) 29頁（「恤救法案説明」）。

[30]　所得補足制度と所得支援制度の異同について、参照、古賀(1997) 86頁。ただし、両者は、数式を用いて表現するとき、同一に表示できるので、本章では原則として、区別しないこととする。

98

2.1.2 イギリス地方都市

イギリスでは、1562年に、各人の資力に応じて救貧費を拠出しないときに強制的に課税を行いだし、その後、1601年救貧法に基づき救貧事業は各教会区の義務とされ、救貧税を課すことを可能にした。このような義務救助主義のもとでは、教会区所属の貧民が救貧の対象であり、救貧税をおもに土地所有者に課税することにより、富の再分配が行われていた[31]。

イギリスの地方都市、ニューベリーに近いスピナムランド[32]において、大不況の1795年に「治安判事たちは、賃金扶助の額はパンの価格に応じて定められるべきであり、したがって貧民の個々の所得に関係なく最低所得が保障されるべきだと決定した。」「すべての貧民・勤勉な男子は、そのみずからの労働もしくは家族の労働、もしくは救貧税からの給付によって、週に3シリングを生計費として給付され、……」この決定に基づく救貧税からの給付制度は、その後、法律となり、現実には「生存権[33]」の導入によって社会的・経済的革新をもたらしたが、1834年新救貧法の制定とともに、資本主義経済における賃金システムにとって障害になるという理由で、撤廃された[34]。雇用者は、賃金をカットする口実としてそのスピナムランド制度を利用し、そして政府は労働コストに補助金を給付する地位に置かれたからである[35]。労働の正当な対価を政府が生活困窮者に所得補足を行って、生計費を一律に給付する制度が、資本主義経済における賃金制度になじみにくいことは論をまたない。

しかしながら、スピナムランドの給付制度は、救貧税を媒介として、生存権の保障と最低所得の保障とを組み合わせて、富の再分配の理論を導いたことは、特筆すべきことであろう。

2.2 レディー・リス・ウィリアムズの社会配当モデル

スピナムランド制度以外にも、さまざまな所得保障案がその後にも提案されていた[36]。モダンな案を最初に提案したのは、大英帝国のレディー・リス・

---

[31]　西野(1995) 27号10頁。
[32]　Speenhamland.
[33]　right to live.
[34]　Polanyi(1944/75), 78；ポラニー(1975) 104頁以下。
[35]　*Turnball/Williams/Cheit*(1973), 569.
[36]　社会配当の理論史について、詳細は、*Trier*(2002); also, *Turnball/Williams/Cheit* (1973), 569. 税制を用いた所得支援給付金の理論史について、参照、*Green*(1967), Chap. IV.

ウィリアムズ（Lady Rhys-Williams）であった。1942年8月[37]に彼女は新社会契約論を提言した。

「社会配当」という名称は、引き続いて議論さるべきレディー・リス・ウィリアムズの案に遡ることができる[38]。彼女の提案[39]は、ルソーのいう意味において社会契約（「新社会契約」）[40]をその内容としている。社会配当の概念についての解釈の可能性は、契約に関与する世帯の負担金から成る収益［すなわち歳入－木村］から、［国庫を経由して－木村］配当が分配されるという点に見られる。これを社会配当という。社会契約への加入は、その限りにおいて、加入の時点で「負け組みの地位」にある者にとっても価値がある。当該システム内で支払われる負担金が，受給した社会配当より多く、そして社会契約として社会の安定性を成立させる。なぜなら、社会契約は普遍主義[41]に基づいており、他の態様では処分できないからである。それにもかかわらず、社会配当の概念についてのこのような解釈は、輪郭がぼやけたままである。しかし、統一性の理由から、文献に取り入れられている社会配当の概念はなお維持されている[42]。

その新しい社会契約関係は、18歳以上の個人男女と国家のあいだにおける契約の署名によって表示されるだろう。その契約によって、国家は、いつでも個人とその子供を扶養すべき義務、および健康な生活に必要なものすべてを彼らのために保障すべき義務を負うであろう。他方、個人は、富の生産のため最善の努力を尽くすべき義務を負うだろう。そうすることによってのみ、共同社会の福祉は維持することができる[43]。このような契約の具体的効果は、平均的社会配当の給付[44]であろう[45]。

このようにレディー・リス・ウィリアムズの新社会契約論によれば、国家は

---

[37] *Rhys-Williams*(1953), 120.

[38] *Chrysant/Rürup*(1971), S.361；*Almsick*(1981), S.67, Fn. 9 とそれに対応する本文。社会配当の観念に関する起源について、参照、中桐(1969 A) 11 頁以下。

[39] *Rhys-Williams*(1943/2004), 161-169; *Rhys-Williams*(1953), 120-137. しかし、生産性の理由から、彼女の提案は当時受け入れられなかった。参照、*Keynes*(1927), 676；*Almsick*(1981), S.67, Fn. 10.

[40] *Rhys-Williams*(1943/2004), 166f; *Rhys-Williams*(1953), 137.

[41] universalsystem.

[42] *Almsick*(1981), S.67.

[43] *Rhys-Williams*(1943/2004), 166f.

[44] the payment of an average benefit.

[45] *Rhys-Williams*(1943/2004), 167.

第1節　公的扶助と所得税制度

すべての市民に対し生理的最低生存に要する所得を給付する義務[46]を負い、これに対し、個人は労働の義務を負う。ここでは労働のテストがきわめて重要視された。

レディー・リス・ウィリアムズは、次のようにして、欲望からの自由と恐怖からの自由がこの［1942年当時の］世代において達成できると主張する。

「3つの重要な改革が、国家と個人とのあいだの新契約の締結によって実施される。これにより、国家は、個人の雇用の状態、財産または富の状態にかかわりなく、生活維持費を全額すべての個人に給付[47]する責務を負う。

(1) 児童はすべて、その子の親の経済的地位および兄弟の人数にかかわらず、十分な食品とその他の必需品、完全な医療、および最善と考えられる教育を保障される。

(2) 税引き後の賃金の価値全体は、就業者の予算と失業者のそれとのあいだでは異なるであろう。その結果、失業者は、欲望の心配から就労するのではなく、賃金労働者間で就労意欲を強めるであろう。

(3) ［公的扶助給付のための］資力調査テストは完全に廃止できる。そして、失業者も、働くことを許容され、しかもかれの［税法上の人的］控除に加えて好きなだけ稼ぐことを許容される。」[48]

このように彼女の提案は、所得補足制度というよりむしろ、普遍主義による社会配当を全国民に給付するというものである。彼女はその理念を、既存の公的扶助制度に対する批判から展開したのであった。その当時の制度では、老齢者と疾病者の国民だけが援護されたに過ぎなかったが、しかしながら、労働者や健常者もまた、貧困者や疾病者と同じように、必要性を問わず、国家から同一の社会配当を受けてしかるべきであろう[49]。

彼女の提案は、何人にも最低生存所得を保障し、そしてその支払いは毎週すべての国民に対し行われるべきである。しかも、年齢・性別に応じて格差をつけて行われるべきであろう。

この提案は、所得税と社会保障制度の吸収合併である。そのスキームは、当時（1942年／43年）の保険金[50]の全部（または一部）に取って代わるものであ

---

[46]　the duty to provide a subsistence income.
[47]　provide full maintenance.
[48]　*Rhys-Williams*(1953), 122.
[49]　*Rhys-Williams*(1943/2004), 162.
[50]　the insurance benefits.

第1部 第3章 所得保障モデルを統合した所得税法案

る。元々の提案は、当時請求できた保険金の金額に等しい現金支払額をすべての個人に毎週給付するものであった[51]。

その後、彼女は、その最初の提案を基本的には正当であるとしつつも、1953年当時の状況下において、当該スキームのコストを賄うために所得税の税率引き上げを求めるのは大変だと認識し、生産性に対するディスインセンティブな効果をもつかも知れないと認識するに至っている。そのため、彼女は、当初の提案で用いた社会配当の数値を減額するように修正している[52]。

レディー・リス・ウィリアムズの表明した「きわめて重大な」改革案についてのこのような観念は、少なくともイギリスの地方では長らく流布していた。他方、レディー・リス・ウィリアムズは、たとえば次の問題を認識していなかった。すなわち、機能しうる所得保障システムが、(1)で述べたように、「最善と考えうる教育」を供与しうる状態にはなっていない。(2)で述べた言明は、公的扶助給付要件に関する当時の状況からのみ、解釈できる。なぜなら、大英帝国では、失業保険は、明らかに、失業者自らまたは世帯の一員が追加的な所得を稼ぐや否や、失業者は所得支援を失うということに基づいていた[53]。

レディー・リス・ウィリアムズは、社会配当と所得税法との関連性を次のように叙述する。すなわち、社会配当は、所得税を引き上げるものとして徴収されるべき付加税[54]によって財源調達される。同時にこれによって、あらゆる公的扶助のための財源調達が別な国家的課題の財源調達から区分されなければならないであろう。社会配当それ自体は、究極的には租税債務と相殺されるであろう。なぜなら、社会配当がその受給者のもとでその他の個人所得と共に所得課税に服するからである。

さらに、税法上の人的控除額および概算控除額はなくなるであろう結果、課税は、最初の所得階級から始まるだろう[55]。これを数理で表現すれば、方程式は次の通りである[56]。

$$T = r(NT + Y)$$

---

[51] Rhys-William(1953), 128.
[52] Rhys-William(1953), 128.
[53] *Rhys-Williams*(1953), 122.
[54] sur tax.
[55] *Rhys-Williams*(1953), 122.
[56] Cf. *Rolph*(1969), 354.

第 1 節　公的扶助と所得税制度

$$NT = Yg - C$$
$$T = r(Yg - C + Y)$$

$C = 0$ と仮定すれば、

$$T = r(Yg + Y)$$

ここで、T は正の租税、NT は正味の社会配当または正の租税、Y は所得税法で定義されている年間所得[57]、r は（単一の）税率、そして Yg ＝社会配当（所得支援基準給付金）、C ＝所得支援給付金消去額、NT は年間 1 人当たり正味の社会配当である。

レディー・リス・ウィリアムズの社会配当論では、所得支援給付金消去額は 0 であり（$C = 0$）、この点に特色がある。すべての国民が、その有する資産状況およびその個人所得の多寡に拘わらず、所得支援給付金（社会配当）を受給する。

リス・ウィリアムズ提案の実際上の実現可能性のいかんにかかわらず、このタイプのスキームは、「驚くほど行政上の簡素化を生み出すだろうことは、まったく明白である。」[58] このような簡素化は、給付の場面だけではなく、財源調達の場面にも当てはまる。給付場面では、資力調査のみならず所得状況のテストもまた行なわれない。「所得税法の目的にとって個人査定の必要性はないであろう。そして、大多数の納税者にとっての標準税率の採用は、源泉課税制度の複雑なシステム全体の廃止を意味するだろう。」[59]

行政上の利点とともに、富者から貧者への垂直的所得再分配という、明白に見通しうる富の分配政策の戦略がある。それと並んで、社会配当が文化的最低生活を財源的にカバーする場合に、社会配当のインセンティブ効果に関して深刻な疑念が生じる。

最後に、このような諸問題の結果、サー・ウィンストン・チャーチル（Winston Churchil）は、レディー・リス・ウィリアムズの社会配当スキームではなく、サー・ウィリアム・ベヴァリッジ（Sir William Beveridge）によって提案された

---

[57]　annual income.
[58]　*Almsick*(1981), S.67, Fn. 18 およびこれに対応する本文。
[59]　*Almsick*(1981), S.67, Fn. 18 およびこれに対応する本文。参照、ティトマス（1971）、140 頁。

別な保障制度（最低生活費を下回る水準を採用する所得補足制度）を大英帝国に導入することに決した[60]。

社会配当論は、最初は博愛主義的響きのある目標のアイデアに過ぎなかったにもかかわらず、第2次世界大戦中および戦後の政治的雰囲気が重くのしかかるにつれて、その目標は大英帝国で認識できるようになり、そしてどの時期の社会政策的提案と宣言のなかでも見いだすことができるようになる。

所得支援給付金消去額およびその消去率 $[NT = Yg - C, C = rnY]$ に関する理論が開発されるのは、1960年代までまたなければならない。個人所得を有する個人または世帯に対し一律に社会配当（NT）を給付する見解は、その財源調達および（富裕者を除く）貧困者に対して給付される社会配当について、貧困者と富裕者との識別基準の説明がなされない限り、また、就労意欲の促進を説得しない限り、採用されることはないであろう。

個人所得を稼得しようとする就労意欲に社会配当が及ぼすであろうと推定される負の作用は、しかしながら、異なる角度から考察されなければならない。なぜなら、所得保障は、その者の労働供給から切り離して、見なければならないからである。ブッカー（Booker）は、1946年当時のイギリス失業保険を手がかりに、そしてさまざまな社会給付の複合体を手がかりにして証明しようと試みた[61]。

　「1つだけ例をとって、戦時中に働いていた妻が失業者に分類されるべきであるかどうかそしてどのくらいの期間そうなのかについて、実務でどのように決定されるであろうか。彼女は、家事労働を行なうかもしれないし、また、彼女が実際に求職しているが、しかし職を得られないというかもしれない。労働の深刻な不足が通り過ぎたとき、［中略］この種の［公的扶助給付要件に関する］問題は、両大戦中期に多くのトラブルと苦情の種を撒き散らした。確かに、国家と個人のあいだにおける直接的財政的所得支援給付金についてのこのような事項に関するわれわれの組織は、あまりに複雑になってきている。ある個人が何を支払う義務を負っているか、そして、その者が様々な状況においていかなる支払いを受領する権利を有するかについて、認識するに

---

[60] *Rhys-Williams*(1943/2004), 161, 164; *Rhys-Williams*(1953), 120; *Turnball/Williams/Cheit*(1973), 569.
[61] *Almsick*(1981), S.70.

は専門家を要する。専門家が必要とされるのは、ある個人が自分が不公平に取り扱われるようになってきているかもしれないと感じはじめるときである。」[62]

このようなブッカーによる観察は、原則として、現在の日本の社会給付システムにも妥当する。就労意欲または労働能力は個別のケースで事後検証するのが難しく、そして社会給付システムは総合的に非常に複雑になってきているので、多くのケースでは、専門家は、請求権の存在または金額を立証できなければならない。

このような状況のもとで、そのようテストを用いない、就労意欲にインセンティブを与えるあたらしい社会配当モデルが、求められているのである。「普遍主義か選別主義か」、「個人の尊厳か貧困者の恥辱か」がここでは絶えず問われている。共に前者が選好されるべきであろう[63]か。

最後に、グリーンは、レディー・リス・ウィリアムズによる「普遍主義に基づく社会配当論」を次のように意義づけている。すなわち、この「社会配当」の基本的考え方は、「すべての世帯の［個人］所得の下にセーフティ・ネットを張るかのようにして、その社会配当が負の税と正の税とを結びつけることであった。」[64] このような所得税制を用いた社会配当論は、負の所得税論（とりわけ所得支援基準給付アプローチおよび貧困線ギャップ・アプローチ）で開発された、多数の道具概念を理解した後のほうが、理解しやすい（参照、本書第2章）。その負の所得税論で開発された、多数の道具概念が新しい社会配当論にその萌芽を見出すことができるからである。しかし、負の所得税論の詳細は、本書第2章で説明され分析されている。新しい社会配当論をできるだけ容易に理解できるよう、叙述し分析することとしたい。

第2節　社会配当モデルに関する学説史

1.　理論枠組みの概要

正の所得税（租税債務）は、世帯レベルにおける貨幣の流出と、国家レベル

62　*Booker*(1946), 237.
63　普遍主義と選別主義について、参照、*Titmuss*(1979), pp.259-267；ティトマス（1971）138-151頁。
64　So, *Green*(1967), 54.

における金銭の相応の流入によって性格付けられる。これに対して、所得支援給付金[65]または負の所得税[66]は、世帯への貨幣の流入と、国の側での貨幣の相応の流出によって特徴づけられる。所得支援給付金または負の所得税の場合、正の所得税と対照的に、所得支援消去率（または限界税率）は所得支援分岐線までは負である。その際、所得支援消去率、限界税率（mr）は個人所得の変化（dY）に対する所得支援給付金（負の租税）の変化（dT）の利率（dY/dT）から演繹されるものとして定義されている。世帯の個人所得 Y（粗所得または労働所得とも呼ばれる。）は、所得支援給付金（負の所得税）システムのための算定基礎を成している所得として定義されている。

　所得税クレジット制度についてそのモデルは数多く開発されてきている。税制を用いた所得支援給付金制度（税制を用いた所得移転制度[67]）を、次の単純な設例によって例解してみよう。

　ある世帯の最低所得保障基準額（これが「所得支援基準給付額」に相当する。）が 3,000,000 円であり、そして 50％の税率が世帯の個人所得 Y（正味の所得支援給付金を除く。個人所得の大部分は、貨幣所得からなる、と仮定する。）に適用されるとすれば、所得支援分岐額（B_N）はその世帯にとって 6,000,000 円（B_N ＝ ¥3,000,000/0.5）となる。すなわち、6,000,000 円の点で、世帯の所得税債務は 3,000,000 円（0.5 × ¥6,000,000）であり、3,000,000 円の所得保障基準額に等しい（¥3,000,000 － 0.5 × ¥6,000,000 ＝ 0）。もし、1,500,000 円を最低所得保障基準額の水準にそして世帯の所得支援分岐水準を 3,000,000 円にすることが望ましいと仮定する。そうすると、税制を用いた所得移転の税率[68]（r_n）は 50％となるであろう。

　最後に、所得支援分岐水準は 3,000,000 円で、かつ税率 r_n が 25％であれば、所得保障基準額（所得支援基準給付額）は 750,000 円（＝ 0.25 × ¥3,000,000）である[69]。その所得保障基準額が 750,000 円であるならば、正味の所得支援給付金［正味の所得支援給付金＝粗の所得支援給付金－その世帯の個人所得に対する税額］だとする。

---

[65]　transfer, allowances,benefits,subsidy.
[66]　租税クレジット、tax credit.
[67]　transfer-by-taxation.
[68]　transfer-by-taxation tax rate.
[69]　*Green*(1967), 62f. ただし、所得税法上、総課税所得額の計算上人的控除その他所得控除を計上しないものと仮定する。

第2節　社会配当モデルに関する学説史

　つぎに、本章で用いる分析道具および説明道具概念を紹介し、概説する。理念型では、所得支援給付金構想または負の所得税構想は正の所得税と体系的に統一して構築される。あらゆる負の所得税プランを含め、税制を用いた所得支援給付金制度の基本要素は3つの変数に還元される。所得支援基準給付（所得保障基準額）Yg、所得支援分岐水準B_N[70]、および所得支援消去率（負の税率）r_nがそれである[71]。その他の変数は、論者の構想に応じて、追加されている。このことがいったん明らかにされると、(1)レディー・リス・ウィリアムズの社会配当モデル、ミチケ（Mitschke）の改良型社会配当モデル、ならびに(2)ランプマン（Lanpman）[72]、ロルフ（Rolph）[73]らの貧困線ギャップ・モデルおよび(3)フリードマン（Friedman）[74]の負の所得税プラン、最後にトービン（James Tobin）[75]の折衷案のあいだに数理的には大差がない理由を容易に理解できるようになる。本章は、普遍主義に基づく社会配当モデルを分析する。

　これら4案のあいだに重要な差異があるとすれば、それは、所得支援給付基準額（Yg）[76]の程度とその基準額の求め方、税率（r_n）[77]の水準、および所得支援分岐水準（B_N）[78]とその分岐点の求め方にある。最初の変数は、租税・公的扶助統合システムの対象とされる人々に保障される最低所得保障水準 Yg である。第2の変数（限界税率）は、個人所得が増加するにつれて、所得支援給付金[79]が減少していく率（所得移転消去率）を決定する。所得移転消去率（負の

---

[70]　その分岐線は、富裕者と貧困者を識別し、所得支援を行うべき生活困窮者を選定する道具概念だと言っても良い。

[71]　*Almsick*(1981), S.62f.

[72]　*Lampman*(1964), 71-81; *Lampman*(1965 A); 521-529; *Lampman*(1965 B); *Lampman*(1971), 108-116.

[73]　*Rolph*(1966/67), 155-165; *Rolph*(1969), 352-361.

[74]　*Friedman*(1963/69), 190-195; *Friedman*(1967), 239-240; *Friedman*(1967/68), at 71-81; *Friedman*(1968 A), 53; *Friedman*(1968 B), 48; *Friedman*(1971).

[75]　*Tobin*(1965), 878-898; *Tobin*(1967/68), at 64-70; *Tobin/Pechman /Mieszkowski*(1967), 1-27.

[76]　the garanteed minimum income, the minimum level of income guranteed, or, guaranteed allowance, Grantiebetragsniveau.

[77]　この税率は、社会配当税率（または所得支援給付消去率）を意味し、所得支援分岐水準または貧困水準と個人所得との格差（いわゆる貧困線ギャップ）をなんパーセント埋め合わせるかを示すパラメータである。

[78]　the break-even level of income = break even point = kritische Einkommensgrenze = Unterstützungsgrenze beim Bürgergeld、所得支援給付金による所得支援の上限がこの分岐点となる。

[79]　transfer, allowance.

第1部　第3章　所得保障モデルを統合した所得税法案

税率）r_n は正の税率 r_p に等しくても良いし等しくなくても良い。就労意欲を減退させることを避けるには、この限界税率は不可避的に100％未満であらねばならず、通常30％から50％の幅のなかで設定される。第3の変数、所得支援分岐水準（B_N）は、社会配当モデルでも、定義上、正味の所得支援給付金（NT）[80] がゼロに減少する点である。所得支援分岐点の求め方は、人的所得控除額に基準に求めるか、または、貧困線（所得支援基準給付額）の一定倍数によるかに大別されよう。

2.　所得税法を用いた新しい社会配当アプローチ

2.1　はじめに

あらゆる社会配当スキームは、最低所得保障額 Yg（これは世帯の規模と構成により左右される。）の選択および税率 r_n の選択から始まる。Yg と r_n は独立変数である。これらの選択が、第三の変数、すなわち、所得支援分岐水準 B_N の大きさを決定する[81]。

3つの上記変数から、次の数式が得られる[82]。

$$Y_g - r_n \times B_N = 0$$

$$Y_g = r_n \times B_N$$

$$Y_g / r_n = B_N \qquad \langle 数式 3 \rangle$$

ここで、

Y_g ＝最低所得保障額

r_n ＝税率、つまり社会配当税率（所得移転消去率）[83]

B_N ＝所得支援分岐点[84]、すなわち正味の所得支援給付金（正味の社会配当[85]）がゼロに減ってしまう所得額

　数式3の右辺 B_N ＝所得支援分岐点は、数式の左辺の大きさにかかわりあう

---

[80]　the net transfer, the net allowance.

[81]　*Chrysant/Rürup*(1971), S.361f. なお、BN を「収支均等水準」（地主(1968)、81頁）または「臨界的所得水準」中桐 (1969 A) 3号13頁と和訳されることもある。

[82]　*Green*(1967), 63; *Chrysant/Rürup*(1971), S.362.

[83]　social dividend tax rate.

[84]　break even point.

[85]　the net allowance.

第2節　社会配当モデルに関する学説史

図3-1：所得支援給付金と所得税

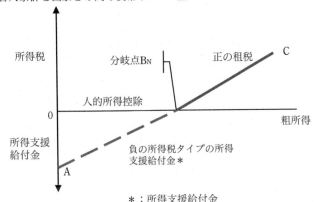

Almsick (1981), p.50, Fig. 7; Cf. OECD (1973), p.13, Fig.1.

独立変数 Y_g と r_n によって決定される。すなわち、これらの政策的に確定されうる変数（Y_g と r_n）（数式3の左辺）は、第三の所得支援分岐点Bの金額（数式3の右辺）を決定する。しかし、このことは、税制による社会配当スキームにおいて B_N ＝所得支援分岐点が政策立案者の関心事でないということを意味するわけではない。むしろ、簡単に述べると、税制による社会配当制度[86]は、最低所得保障 Y_g と租税スケジュール（所得支援給付金消去額）を強調することによって特徴づけられる[87]。

社会配当プランでは、正味の所得支援給付金（社会配当）は、最低所得保障と個人所得（粗所得）の関数として次のように表現できる[88]。

$$NT = Yg - r_n Y \qquad \langle 数式4 \rangle$$

　　NT ＝正味の所得支援給付金[89]、
　　Yg ＝最低所得保障額（所得支援基準給付金）、
　　r_n ＝負の税率（所得移転消去率）、
　　Y ＝粗所得

---

[86] social dividend taxation.
[87] *Green*(1967), 63.
[88] 参照、地主(1968)、80-83 頁。
[89] net transfer, net tax credit.

ここで適用される税率が、とくに検討を要する。2つの相異なる概念が考察されなければならない[90]。

(1) 所得支援給付金消去率（負の税率）r_n これは、所得支援給付金額（すなわち社会配当）の計算にもちいられる。
(2) 税率r_p これは、所得支援分岐点を越える区間にある所得に適用される税率である。この税率は、当該プランのコストの財源を調達するための収入を拠出するものである（[社会配当の財源となるスケジュール[91]]）。

負の所得税の概念のもとでそのように定義されるとすれば、負の所得税は原点0から、横軸とフロー線の交点B_N（これを「分岐点」または「所得支援分岐点」という。）までのあいだでみられる。その場合、2つの過程が理解される。すなわち、1に、生活保護法に基づく最低生活費を扶助する場合の現在の実務的過程であり、2に、「正の」所得税と「統合される」負の所得税の（議論されようとしている）過程である[92]。

原点0と分岐点B_Nとのあいだのあらゆる所得は、所得支援基準給付金 Yg の給付によって増額する。ここで、個人所得（$2000）に税率（所得移転消去率）を適用して計算される金額（所得支援消去額）が、あたらしい社会配当モデルの特色である。正味の所得支援給付金は、所得支援基準給付金からその所得支援消去額を控除した金額である。

$$NT = Yg - r_n Y$$
$$= \$3,000 - 0.5 \times \$2,000$$
$$= \$2,000$$

2.2 マクガバンの所得税クレジット [93]

アメリカ合衆国における所得保障制度をめぐる新しい議論の結果、1972年当時、民主党上院議員ジョージ・マクガバン（George McGovern 大統領候補者）は、社会配当に対応する案を引っさげて登場した。マクガバンは、彼が大統領

---

[90] Cf. *Chrysant/Rürup*(1971), S.362.
[91] social dividend finance schedule.
[92] *Almsick*(1981), 50.
[93] Credit Income Tax.

第2節 社会配当モデルに関する学説史

に選出された暁には、アメリカ福祉方針の改革および基本的税制改革を実行する意図を持っていた。彼の、次に叙述する提案は、——彼自身強調したように——具体的な形の法律を発議しようとしていたのではなく、たんに大統領になったときのためのプログラム的性格を有していたに過ぎない[94]。

そのコンセプトの本質的構成要素は、実際の必要性を問わず、あらゆる者に対する所得支援給付金の支給であった。マクガバンは次のように提案した。

すべての男、女、子供は連邦政府から毎年給付金[95]を受け取る。この給付金は、受給者の富の大小に応じて異ならない。所得支援給付金[96]の受給者にとって、この所得支援給付金は生活保護制度[97]に取って代わるものである。国民所得支援給付金[98]が特定の社会保障給付金[99]に取って代わりうることが、示唆されている[100]。

この提案は、レディー・リス・ウィリアムズの社会配当論の復活であり、このアイデアを実現しうるであろう多数の方法がある。

個人所得を取得している場合には、所得支援給付金の支給額は、税率を経由して、引き下げられる。国民の立場からみて、個人所得が多ければ多いほど、租税クレジット[101]から租税債務を差引勘定するため、国庫の給付義務は小さくなるだろう。租税クレジットの金額は、マクガバンによれば、当該優遇を受ける者の世帯の人数、年齢またはその他の個人的メルクマールに左右されるべきではない。かれのプランは、税制改革を通して財源を調達される。その税制改革は、現行の累進税率に代えて、33.3％で貫通する直線的税率を予定していた。その際、課税標準は、非常に広く定義されていた。ただし、租税クレジットそのものを非課税にしておくことが予定されていた。たとえば、［正味の所得支援給付金以外の］個人所得を自由に使うことのできない4人世帯が、4,000

---

[94] *McGovern*(1972 A), 285.
[95] an annual payment.
[96] income grant.
[97] the welfare system.
[98] the national income grant.
[99] certain social security benefits.
[100] *McGovern*(1972 A) 284f.
[101] Tax credit.

III

図3-2：マクガバンの所得税クレジット4人世帯のケース

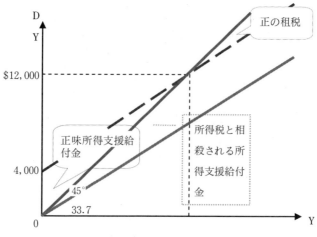

Almsick (1981), S. 72, Fig.10

ドルを取得するとする。そして、12,000ドルのところで、所得支援分岐額に達するとする。分岐点では、租税は支払われないし、国家に対する請求権も成立しない。図3-2[102]が、この事実関係を明らかにする。

一見して本コンセプトの魅力は、たとえここにも問題が潜んでいるとしても、その簡素さである。すべての人に対する統一的な金額は、他の負の所得税コンセプトが示す技術上の問題の大半を確かに回避するが、しかし、世帯のさまざまの人数と構成についての必要状況は考慮に入れていない。

このコンセプトと必然的に結びついた税制改革が生みだすコストないし税負担の新たな配分が、もうひとつの問題を作り出す。税収減を含め租税クレジットのコストは、1972年度には55ないし60Mrd.ドルと推計された。この金額は、所得税法上の課税標準を相応に拡大することによってそして比例税率の導入に基づいて財源を調達しうるであろう。ただし、その計算は、納税者の行動が当該税制改革を考慮しても変化しないという前提要件、すなわち所得効果だけが現れそして代替効果は生じないという前提要件のもとでのみ成立する。しかし、この前提は、税金の引き上げの結果、労働供給と投資行動に影響を与える限りにおいて、非現実的である。しかも、それに富まない、追加の財政需要

---

[102] 参照、*Almsick*(1981), S.71、Fn.25 およびそれに対応する本文。

第2節　社会配当モデルに関する学説史

の推計が問題になっているだろう[103]。

　税負担の引き上げは、まず第1に、高所得者層にではなく、中所得者層にかかわっている。たとえば、従属労働に基づく年間所得 11,000 ドルを有する1人世帯について、租税債務は 1,768 ドルから 2,667 ドルに上昇し、そして年間所得 50,000 ドル（勤労所得と譲渡所得がそれぞれ半分ずつだとする）を有する4人世帯について租税債務は 8,177 ドルから 12,667 ドルに上昇する。しかしながら、マクガバンの計画は、その提案の段階で頓挫した。なぜなら、彼は 1972 年の大統領選で、対立候補者リチャード・M・ニクソン（Richard M. Nixon）に敗れたからである[104]。

2.3　ミチケ Mitschke の所得税・所得支援給付金統合法

　ヨアヒム・ミチケ（Joachim Mitschke）教授は、イギリスにおける社会配当論とアメリカにおける負の所得税論とを比較しつつ、両者が数理の観点からおおむね同一の帰結を得る[105]ことを前提として、人々により理解しやすい、納得の得られやすい、所得税法の条文規定に翻案しやすいアプローチを採用している。

　ミチケ教授の提案する所得税法案は、収益を収入金額として、所得稼得に要する費用を経費として測定する。経済的収益を獲得するために投入された財の費消は、はっきりと、個人的需要を充足するための財の費消から区別されるべきである。なぜなら、さもなければ所得と消費のあいだの境界がぼやけてしまうからである。その結果、所得税法では家事費または家事関連費としてよばれ

---

[103]　*Almsick*(1981), S.71f.

[104]　*Almsick*(1981), S.72.

[105]　Friedman の EX-MSD プランを叙述するに当たって、6つの変数、正味の所得支援給付金＝ NT、所得支援基準交付金（＝最低所得保障額）＝ Yg、個人所得＝ Y、負の税率＝ r_n（つまり負の所得税率、租税クレジット率、または所得支援給付消去率、社会配当税率 social dividend Tax rate を意味し、所得支援分岐水準 B_N をなんパーセント助成するかを示すパラメータである。）および所得支援分岐点＝ B_N、さらに、Friedman のプランでは、所得税法上の人的所得控除 $B_E = B_N$ がそれである。Friedman の EX-MSD プランの場合、人的所得控除額の上限に等しい金額が、所得支援分岐点 (かつ、租税分岐点 the break-even point, B_N) である。変数のシンボルは、論者により相異なっている（たとえば、参照、*Hildebrand* (1967), p.14）。

　人的所得控除アプローチは、正味の所得支援給付金は、次の数式で表される。(*So, Friedman*(1967/68), 71; also, *Turnball/Williams/Cheit*(1973), at 571. 参照、地主(1968)、81頁）。

$$NT = r_n (B_E - Y),$$

第1部　第3章　所得保障モデルを統合した所得税法案

ている、最低生活のための消費に充てられる財の費消は、原則として、各種所得の金額の計算上経費として計上されてはならない。したがって、所得税法案上の人的所得控除の各種項目は、課税所得の金額の計算上控除されることはない。それら項目は、むしろ、公的扶助の各種項目として機能する。

　もちろん、1に、日々の生計に基本的に必要な金額とならんで、現在および将来に関連する生活配慮に要するその他の支出（医療費、身体障害による就業不能に基因する費用、老齢のための費用、教育費用、保険料費用）が存在する。これらは国庫の租税債務よりも優先する。2に、所得がなかったり不十分である場合、国家による所得支援給付金の給付が必要である[106]。所得に依存する社会的扶助にとっても決定的に規準となる、所得税法上の課税所得金額の算定ベースは、この必要性を斟酌している。このことによって、気がつくように、総所得金額から課税総所得金額を算出する過程での人的所得控除は、まさに、税法上の特別規定により消費所得が段階的に所得控除されているのである。このような人的所得控除に関する規定は、国家が、通常の生計や納税のために必要な財政資金を国民から別な強制的公租公課によって取りあげるケース（公的扶助）では特別な計算規定をおいている。所得税法の定義規定による課税所得金額の算定ベース、すなわち「課税所得」は、伝来的な経済学上の所得概念とまったく異なる数値である[107]。

　所得支援基準給付額（Yg）は、負の税率、社会的メルクマールと必要性に応じて段階づけられる「所得支援給付金」プランのなかで確定される。生存権保障を担保するため、所得支援給付金[108]は、生活維持費用の動向に自動的に調

$B_E = B_N$

したがって

$NT = (B_N - Y)rn \quad : Y < B_N$ 　　　　　　　　　　　　　　　　　〈数式4A〉

　本章の数式(4)と数式(4A)は、$Yg = r_n B_N$ の関係（これは所得支援分岐水準の方程式）が成立しているとき、等しくなる。参照、地主(1968)、81頁。

[106]　$NT = rY - C$, ここで、rY を0と仮定すると、C だけが問題となる。C＝所得支援給付金

[107]　所得税法上の「課税所得金額」は、総所得金額と算出税額との間にある数値である。その他、その数値は、総所得金額から「人的所得控除 EX-MSD」の金額を控除した金額である。人はそのような数値を「可処分所得（disponiblem order verfügbarem Einkommen）.」の1種と呼ぶことができる。この所得税法上可処分所得概念は、国民経済学にいう可処分所得概念と異なる内容を有する（本書第6章）. *Mitschke*(1985), S.44 Fn.19.

[108]　Bürgergeld には、個人所得のない場合における最低所得保障 Yg を意味する所得支援基準交付金と，個人所得のある場合における正味の所得支援給付金 NT（net transfer）との2義がある。

整されなければならない（自動調整）。正味の所得支援給付金の請求は、申請によってではなく、申告書の提出によって行われる。所得支援給付金請求権が職権により審査されなければならないという点に、申請手続との重要な相違がある[109]。

所得支援給付金は、社会行政庁による（個人と関連する）貨幣給付をすべて統合し、そして青少年行政庁、援護行政庁と厚生行政庁による児童手当、住宅手当、教育促進、社会援護および経済援助、ならびに、法定の公的扶助と多用な目的促進の再分配金銭給付に取って代わるものである。その結果、所得支援給付金は、家族状況と年齢に応じて段階付けられた基本受給額とならんで、教育、身体障害による就業不能、疾病、介護の必要性、宿泊の必要状況のような特殊な必要状況に対する特別手当を含まなければならない。この特別手当は、必要状況について、たとえば教育、宿泊および身体障害による就業不能のような比較的固定した、見積もることのできる費用でもって概算して総計され、そして、疾病の場合のようなその他の場合には、実際に生じた、自己負担した費用の金額を指向している。このような計算方法を、租税・所得支援給付金法案もまた、用いている[110]。

ミチケ教授は、厳格な国家予算中立性をベースとして、所得支援基準給付金の金額と段階付けについて具体的提案を示している[111]。その提案により所得支援を必要とする者または家族に属する所得支援基準給付金（Yg）からは、「同じ世帯の所得から賄われる消費所得（Y）金額（これは粗所得に相当する。）に一定の所得支援消去率（r_n）（これは負の税率に類似する。）を乗じて計算される金額（所得支援給付金消去額 r_nY）が控除される。所得支援給付金消去額 r_nY は、正の所得税と相殺されるというよりむしろ、所得支援基準給付金（Yg）を削減する。所得支援給付金額は所得税クレジット、負の所得税に類似する。正味の所得支援給付金請求権（NT）は、したがって、所得支援給付基準金（Yg）から、個人所得に消去率（r_n）を適用して算出される金額（所得支援給付金消去額 r_nY）を控除して求められる。

$$NT = Yg - r_nY$$

109　*Mitschke*(1985), S. 45, para.53.
110　*Mitschke*(1985), S.45f.
111　参照、*Mitschke*(1985), 付録Ⅰ、para.370-371.

第1部　第3章　所得保障モデルを統合した所得税法案

表3-3　正味所得支援給付金と可処分消費所得総額

1	2	3: (1)× 50%	4: (2)−(3)	5: (1)+(4)
個人所得に基づく消費所得	最低所得保障額＊	最低所得保障額からの控除額	所得支援給付金	可処分消費所得総価額
0	7000	0	7000	7000
1000	7000	500	6500	7500
2000	7000	1000	6000	8000
4000	7000	2000	5000	9000
8000	7000	4000	3000	11000
13000	7000	6500	500	13500
13980	7000	6990	10	13990
14000	7000	7000	0	14000
	＊＝所得支援基準給付金（Yg）			

Mitschke (1985), S. 47, Tabelle 1.

さらに、図3-3は正味の所得支援給付金と可処分消費所得総額の全推移を示している。

　設例を表3-3と図3-3によって示す。ミチケ教授は、支出税論者であるので、所得課税に服する所得を消費所得と表記するが、社会配当論もしくは負の所得税論の仕組みそれ自体は、所得概念によって左右されるものではない。

　　　△0AB ＝正味の所得給付支援金の領域

　　　△$0B_N$B ＝個人所得の領域

　　　□$0B_N$BA ＝粗所得の領域

　原点0とB_Nとの間のX軸上の任意の点mから、垂直線を引くとき、OBとの交点n、ABとの交点qをえる。直線nqが所得支援給付金を示す。直線mnが個人所得を示す。Y軸上の直線0Aが、所得支援給付基準金を示す。そうすると、正味の所得給付金（nq）は、個人所得（mn）が増加するにつれて、所得支援給付基準金（0A）を控除する形で、逓減していくことが理解できる。

したがって、次の数式が成立する[112]。

---

[112]　*Mitschke*(1985), S.46, para.54.

116

第 2 節　社会配当モデルに関する学説史

図3-3：正味の所得支援給付金と　可処分消費所得総額

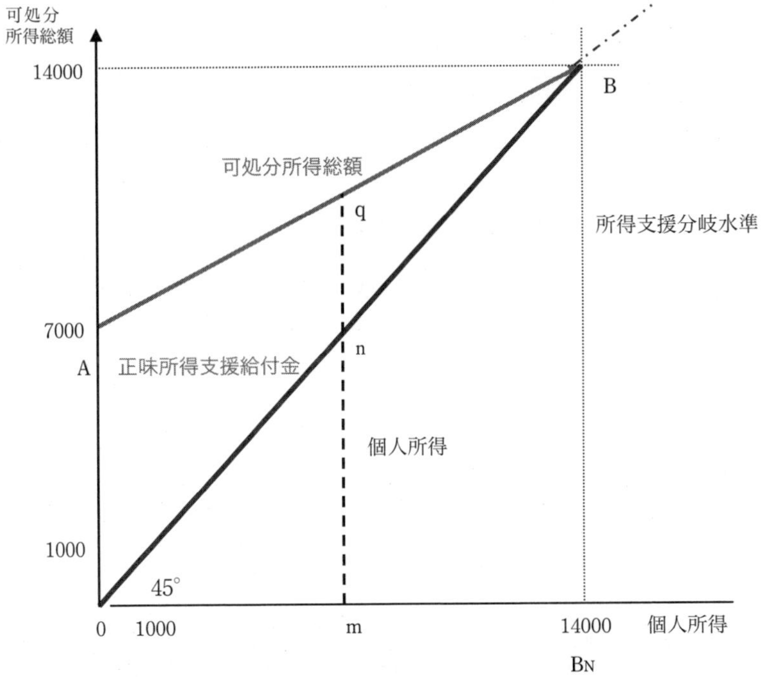

可処分
所得総額

14000

　　　　可処分所得総額

　　　　　　　　　q　　　　　　　　　　所得支援分岐水準

7000
A　　正味所得支援給付金　n

　　　　　　　　　　個人所得

1000

　　45°

0　1000　　　　　　　m　　　　　　14000　個人所得

B　　　　　　　　　　　　　　　　　　　　　　　　　　　　B_N

Cf. *Mitschke* (1985), S. 48, Abbildung I.
Cf. *David/ Leuthold* (1968), at 73, Fig.1（ただし、社会配当
モデルを正しく表現していない）

$$NT = Yg - r_{n}Y \qquad : ただし、Yg > r_{n}Y \qquad 〈数式 5〉$$

　ここで、所得支援基準給付金＝最低所得保障 Yg は、完全に所得のない場合
の所得支援基準給付金であり、最低生存保障額に等しい値である[113]。Y は個
人所得からの消費所得[114]であり、個人所得は、自分で稼いだ貨幣所得と貨幣
価値のある自然所得との合計である（所得支援給付金または信用に基づく収入と

113　Yg = Bürgergeld bei völliger Einkommenslosigkeit = E × istenzminimum. ＝所得が全
　　くない場合の所得支援給付金＝最低生活費
114　ミチケ教授は、かれの社会配当モデルのなかに支出税をも採り入れて構想しているの
　　で、消費所得が因子となっている。しかし、伝統的な所得税もまた、社会配当モデルに
　　おいて用いることができる。

は異なる。)[115]。NT は、正味の所得支援給付金であり、支払われる所得支援給付金に等しい値である[116]。

$Yg = 7000DM$

$Y = 5000DM$

$r_n = 50\% = 0.5$ と仮定すると　　　　　　　　総貨幣所得

$NT = 7000 - 0.5 \times 5000 = 4500DM$

消費しうる、可処分消費所得総額は $5000 + 4500 = 9500DM$ である。

このような手続では、数式5が明らかにしているように、個人所得（Y）に基づく（消費所得額に消去率（負の税率 r_n）を乗じて計算される）所得支援給付金消去額（$r_n Y$）が所得支援基準給付金（Yg）以上である場合（$r_n Y \geqq Yg$）、そのかぎりにおいて、世帯は正味の所得支援給付金（NT）を取得しない。したがって、所得支援分岐水準（B_N）は所得支援給付基準金 Yg を消去率 r_n によって除して計算される（数式5）。所得支援分岐水準（B_N）は、数式を用いると、Yg/r_n と表現され、したがって、百分率や比率ではない。：

消費しうる所得を 14,000 マルクと仮定すれば、

$NT = 7,000 - 0.5 \times 14,000 = 0$　　すなわち

$B_N = Yg/r_n = 7,000 / 0.5 = 14,000DM$

所得支援分岐水準 B_N は所得支援給付金の区間を通って消費所得（粗所得）14,000 マルクで打ち止めとなる。14,000 マルク超のところから、課税がはじまるであろう。したがって、人的所得控除額は、本来、租税・所得支援給付金の統合案では分岐点 B_N と一致して 14,000 マルクであるべきであろう。

この所得支援給付金消去率（これは負の所得税率に相当する。）は、国庫の目から見ると、所得支援給付金制度における消費所得額に対する一定の負の限界

---

[115]　Y = Konsume aud eigenem Einkommen, wobei eigenes Einkommen = selbst verdientes Geldeinkommen+Gelldwert Naturaleinkommen (im Gegensatz zu Einnahmen aus Transger order Krediten.)

[116]　NT = Netto-Bürgergeld = auszuzahlendes Bürgergeld, net transfer, net Tax credit

税率としても解釈できる。すなわち、所得支援給付金消去率はある納税者の適用所得税率に同値である。

　生活維持費の価格指数（基準年度との関係で、p）の動向に対応した、ある基準年度0に措定された所得支援基準給付金（$Yg\ 0$）の調整は、当該年度にとっての所得支援給付金方程式に表現すれば、次のように正確に表すことができる[117]。

$$NT = p \cdot Yg^0 - r_n Y \qquad \langle 数式6 \rangle$$

　所得支援給付金消去率 r_n の大小は、国家予算構造と所得構造を所与とする場合、所得支援給付金の金額と累進構造と一緒になって、総合経済的所得支援給付金の数量を特定する。国民所得支援給付金は、当該割り当てられる最低所得保障制度の課題を履行しうるために、公的扶助基準[118]を下回ってはならない。他方、総合経済的所得支援給付金の需要は、公債による財源調達を除外すると、他の国家的課題のための資金需要と一緒に税収で充足されなければならないから、所得支援給付金消去率 r_n の選択は、社会政策や雇用政策の自由にまかされているわけではない[119]。

　中庸な解決法としては、1年当たり所得支援基準給付金（Yg）が平均7,000DM であるとき（1982年基準）、50％の所得支援給付金消去率が提案に値する。7,000DM の金額は、ドイツ連邦共和国の予算構成と人口構成を経由して、付録Ⅰの国民所得支援公金累進構造から1人頭の数値として計算することができる。その数字は、数値（平均値または推計値）の見積もりにとって意義を有するに過ぎず、個別の所得支援給付金請求権（NT）と混同すべきではない。

　このような留保のもとで、数式7から正味の所得支援給付金の受取額についてイメージを得ることができよう[120]。

$$NT = 7000 - 0.5Y \qquad \langle 数式7 \rangle$$

　所得支援分岐水準（B_N）は、それによれば、個人所得に基づく消費所得が14,000DM であるところにある。

---

[117]　*Mitschke*(1985), S.46.
[118]　Fürsorgesätze.
[119]　*Mitschke*(1985), S.46, para.55.
[120]　*Mitschke*(1985). S.47, para.56.

第1部 第3章 所得保障モデルを統合した所得税法案

　まず、ここで提案されている所得支援給付基準金（Yg）と所得支援給付金消去額（$r_n Y$）の組み合わせによる所得支援給付金モデルは何らかの社会的博愛による希望観に基づくのではなく、検証しうる予算数値と歳入推計に基づいているという事実を確認すべきである[121]。

$$NT = Yg - r_n Y \qquad ; Y < B_N \qquad\qquad 〈数式8〉$$

　ただし、Y は所得支援分岐額 B_N より左側に位置にする。

　負の所得税のさまざまな刻印（所得支援消去手続き、社会配当、これらの手続きの組み合わせ）のなかで、所得支援給付金を社会配当コンセプトとして認識することは難しくない[122]。
　市場において所得が追加的に稼得され消費にまわされると、その結果、その消費所得の金額は、所得支援給付金を全額減額してしまうこともありうる。そうすると、貯蓄能力が欠けるとき本人の就業能力と就労意欲に対するいかなる財政上のインセンティブも失われることとなる。総合経済的所得支援給付金の数量が引き続き上昇すればするほど、増税は繰り返し必要となる。2つの給付金数式7と8を比較すると、貯蓄以外の解決策はすべて更なる短所があることが明らかになる。すなわち、富の再分配は、経済的弱者間における再分配にその重心を移している。
　社会配当コンセプトは、ドグマ史上の仮説に負っているというのが、推定の根拠である。レディー・リス・ウィリアムズは、社会的必要最低限に基づいて支援を構想しようとはせずに、むしろルソー型の考え方にしたがって富の再分配を彼女の念頭においている。この観点からすると、社会配当に対する異論は、所得支援給付金法に反対する論証ではなく、所得支援基準給付の金額を固定する判定基準に反対する論証だとわかる[123]。
　選択した所得支援給付金数式7は、就業する意欲・動機刺激を与えるので、これは逆に、失業中の所得支援給付金受給者には就労者を凌駕する財政的地位を与えない、ということを意味する。今日の所得支援給付金制度は、著しく安定しておらず、最近では社会扶助受給者の飛躍的増大（1982年現在：2.3百万人）

---

[121] *Mitschke*(1985), S.48.
[122] *Mitschke*(1985), S. 47, para.57.
[123] *Mitschke*(1985), S. 48f.

は、収まりきらぬ失業補助、高齢者構造の変化、および難民候補者の増加だけにその説明を見出すことはできない[124]。

第3節　所得支援給付金システムを所得税法に統合する法律案

1.　ミチケの所得支援給付金プランの位置づけ

　ミチケ・スキームは、社会配当モデルに属する。所得支援基準給付額は、文化的生活費に要する最低所得保障額として観念されている。あたらしい所得税・公的扶助統合法はすべての国民にこの所得支援基準給付額の受給権を一般的に賦与する。他方、個人所得を有する人々は、その個人所得に所得移転消去率（負の税率）を適用して計算される給付金消去額を、所得支援基準給付額から控除した差額（所得支援給付金）を受給しうる権利を得る。この差額である所得支援給付金が正の数値で成立しない場合には、その当事者は所得支援給付金を受給できず、かえって、通常の正の所得税を支払う義務を負うであろう。つぎに、所得支援給付金の受給者は、個人所得にかかる所得税からその所得支援給付金を控除した差額（正味の所得支援給付金）を現実に受領しうる。

　所得移転消去率（負の税率）は、就労意欲の促進をはじめとする雇用政策および財政政策に配慮しつつ、設定されている。

　社会配当モデルは、1942 年レディー・リス・ウィリアムズ（Lady Rhys-Williams）に遡る、普遍主義に基づく所得支援をその基本思想としている。

　フリードマン／ランプマン（Friedman/Lampman）の人的所得控除アプローチは所得税法上の人的所得控除額に依存する。ロバート・テオバルト（Robert Theobald）[125]／シュバルツ（Schwartz）[126] モデル、ロバート・ランプマン（Robert Lampman）モデルは、究極的には、いずれも貧困水準に依存しており（貧困線ギャップ・アプローチ）、貧困線ギャップをどの程度まで所得補足すべきかという、難題に直面し、これまでのところ政治決着もつかずに挫折している。

　トービン（Tobin）らは、標準貧困水準に依存することなく、方程式を用いて、社会配当モデルと貧困線ギャップ・モデルとの折衷案を提示している。アメリカ社会に現存する所得貧困者層があまりにも厚く、Tobin らの提案する所得支

---

[124]　*Mitschke*(1985), S, 49, para.58.
[125]　*Theobald*(1963); *Theobald*(1965/66), p. 83-96.
[126]　*Schwartz*(1964), 3-12; *Schwartz(1971)*, 135-149.

第 1 部　第 3 章　所得保障モデルを統合した所得税法案

援基準給付アプローチは、国家予算の負担に照らし、実現されていない。

　このような学説史（本書第 2 章）のなかで、ミチケ・モデルは、公的扶助システムの他に、支出税と生涯所得税（純財産増加税）をも取り組んだ所得税法案 [127] である。加えて、かれの提案によれば、法人税は全廃される。すべての国民に賦与される所得支援給付金額は、法人税の全廃に対応する措置であると位置づけることができる。

　現在日本の所得税法は、所得控除を全部で 15 種類設けている。これらのうち、配偶者控除（所法 83）、扶養控除（所法 84、措法 41 の 14、負担軽減法 3）、基礎控除（所法 86）の 3 種類は、生存保障のための所得控除と呼ばれている [128]。したがって、このような生存保障所得控除は、課税最低限の実現と密接な関連を有している。ところで、現行の生存保障のための所得控除のうち配偶者控除と扶養控除は、数度の税制改正によって相当細分化され、控除対象配偶者又は被扶養親族の態様（所法 2 ① 33〜34 の 3、措法 41 の 14）により、配偶者控除は 4 区分、扶養控除に至っては 8 区分となり、非常に複雑になっている。生存保障所得控除は、年齢、障害の有無、就学の要請等によって個人ごとにその態様が異なるから、生存保障のための所得控除の額をその対象者の態様に応じてきめ細かく設定する意義は否定できないが、しかしあまりにも複雑化しすぎると、いくつかの問題が生じることとなる。そこで、これらをきめ細かく区分することの是非も含め、配偶者控除や扶養控除の役割、効果等を再検討すべきであるとされている。

　所得税法上のこれら生存保障所得控除をはじめとする人的所得控除の規定は、生活保護法上の関係規定と整合性を保つように整備し、その金額を設定し直すべきであろう。

---

[127]　See *Fuest/Peichl/Schaefer*(2005). この鑑定書の要約は次のとおりである。ミチケ教授の提案は、導入局面と最終局面を区別する。両局面について、長期的な歳入効果、雇用効果および成長効果が研究の対象とされた。まず、経済主体の調整的リアクションがないという仮定のもとで、歳入効果を検討した。次に、その調整的リアクション、とりわけ雇用および総生産に及ぼす効果を研究した。既存の租税制度から新たなシステムに移行する導入局面では、20 億ユーロの歳入減が生じ、最終局面への移行時には 130 億ユーロの歳入減になる。他方、その税制改革の導入局面では、雇用は full-time jobs で 37 万の職場を創出し、GDP は 1.1％上昇する。最終局面では、54 万の職場が創出され、GDP は 1.7％上昇するだろう。
　このような分析結果は、課税ベースの拡大不足、所得移転消去率の存否、支出税と法人税全廃に基因しているとおもわれる。

[128]　木村(1999) 335-337 頁（生存保障の基礎控除）。

2. 所得税・所得支援給付金統合法案の具体例

税金により財源調達される社会給付を所得支援給付金システムに切り替える、社会配当を指向する新秩序のための主たる理由をミチケは次のように要約する[129]。

1　所得支援基準給付額の所得保障をもれなく、確実にかつ透明に行い、そして期限に制限を加えなければ、その所得保障は人的労働の投入をフレキシビルにする。なぜなら、そのような所得支援基準給付額の所得保障は、学校教育や生涯教育、再教育、パートタイム雇用、転職、疾病、懐妊、育児、児童教育を理由とする、所得稼得者の人生の局面のうち所得の乏しい時代に橋渡しをし、さらに企業家の起業期にも橋渡しをする。

2　所得支援基準給付金、すなわち社会配当タイプの所得保障は、今日の社会的給付秩序と対照的に、資格の低い者や能力不足の者のからなる低所得者層における失業の発生を予防する。なぜなら、所得支援給付金による所得保障は、これらのグループのための社会契約上の労働賃金協約交渉を開催することを許すし、そのようにして事業者側の労働費用を引き下げるからである。このことは、世帯の労働供給が欠けているというよりはむしろ、事業者側の労働需要、したがって提供しうる職場が欠けているという、雇用政策の状態において決定的である。社会は、失業の代わりに労働により財源調達できるようになろう。

3　所得支援給付金システムでは、個人所得が増大するにつれて、可処分所得が増額する[130]。したがって、所得支援給付金システムは、現在の生活保護法に比べて就労意欲の高揚を強め、そして賃金のカットを多少なりとも所得支援することによって、企業者側の付随効果および生産性に関係のない賃金引き下げに対してかえってよい反作用をする。闇労働への動機刺激は、使用者側にも使用人側にも衰えていく。システムの数理は、所得稼得の活動者が国家の基本所得保障にのみ頼りきっているものよりも、いつも財政的に相当によりよくうまくいくという、事実を保障する。

4　所得支援給付金システムは、国家の所得再分配の数量を決定的に引き下げる。なぜなら、所得支援基準給付額と所得支援消去額が差し引き相殺さ

---

[129]　*Mitschke*(2002), Rnd.297, S.106f.
[130]　参照、表3-3第5列。

れるからである。国民はもはや納税を通じて彼女の固有の所得支援給付金[131]の資金を調達しない。税金による予算と社会保険負担金による予算は、収縮する。

5　所得支援給付金システムは、生活保護水準を維持するにもかかわらず一般的に税金を引き上げることもなく、予算中立的に財源調達できる。財源調達の反対勘定は、当該補填する所得支援給付金のための予算支出、必ずしも必要でない目的別補助金交付、ならびに法定生活保護の最低保障要素をその対象とする。中期的および長期的には、期待しうる雇用上昇は、地方公共団体と保険者のもとにおける予算の負担軽減をもたらす。

6　所得支援給付金システムは租税法と社会法並びにこれらに対応する行政を同列にする。所得支援給付金は、統合によって、税金で財源調達される様々な社会給付を相互に調製する。社会行政の官僚組織は撤廃される。なぜなら、同じまたは類似の生活保護データと経済データはもはや何重にも収集されないからである。

7　租税秩序と生活保護秩序の制度的結び付けは、基本所得保障の必要性についての誹謗を和らげ、そして2級社会への傾向——1級社会では税金を支払う者からなる、国家を担う階級と、2級社会では所得支援を必要とする者からなる、国家に負担を課す階級——を阻むであろう。

第4節　結　語

1. 所得税法を用いた所得保障：一般的性格付け

モダンな所得保障プランのすべてに共通する要素がある。これを次のように要約できよう[132]。

1. 政府が所得支援給付金を給付しうる所得支援分岐水準以下に属する所得を有する個人および世帯に対し、最低所得保障基準額が措定される。

2. 大多数のモデルは、所得支援給付金が直接に所得税メカニズムに繋がっている。納税申告書が所得不足を示しているならば、納税申告書の提出が、所得不足の証明を一応行ったこととなり（表見証明）、法律問題としてその所得支援給付金を受給しうるベースとなるであろう。

---

[131]　Transfers.

[132]　So, *Turnball/Williams/Cheit* (1973), 570.

第4節　結　語

3．その所得支援給付金の請求は、法律問題であり、「必要度」は所得不足それ自体によって示されるであろう。

4．その所得支援給付金は、各特定のプランの構想に依存して、金額の点ではさまざまに異なっている。あるプランによれば、その不足額の100％が給付され、別なプランによれば不足額のうち一定割合だけ、たとえば50％以下が保障される。

5．就労意欲の促進（インセンティブ）をはかる道具がそのプランのメカニズムに装備されている。稼得所得が1円増えると、所得支援給付金が1円減るといった、帰結をもたらさない。ただし、ある最大値（所得支援分岐点）までに限る。

6．負の税率r_nと正の税率r_pがその絶対値において同値である場合、税負担の飛躍負担の問題が生じないので、道具概念「租税分岐点」は不要である[133]。

さまざまなプランは、そのアプローチの点で、次の3つに大別される。1は、負の所得税を用いる租所得支援基準給付アプローチ（または人的所得控除アプローチ）であり、2は、貧困線を用いて貧困線ギャップの一部を所得補足する貧困線ギャップ・アプローチ（または人的所得控除アプローチもしくは所得支援基準給付アプローチ）であり、他は、すべての国民に最低所得保障を給付する建前をとる社会配当アプローチである。ただし、数理を用いてこれらを分析すれば、大差のない結論に到達するであろう。

所得支援給付金は一般に、それが個人または世帯に支払われるとき、公的扶助法に基づく公的扶助（または「所得支援給付金」という）として考えられる。世帯が個人所得を増やせば、その結果として公的扶助は減ってくる。しかしながら、世帯での労働所得の増加が低下すればするほど、所得支援給付金の存在がおおきく目立ってくる。これと類似して、財産が増大するとき、所得支援給付金の金額が減少してくることも考えられる[134]。

負の所得税と正の租税の結びつきが、図3-1で表わされている。主たる性格付けは、ここでは、折れ線（または直線）ABCと×横軸との交点における所得支援給付金領域から租税領域への流れの移行である。その交点の勾配は、租税

133　租税分岐点について、参照、*Tobin/ Pechman/Mieszkowski*(1967), p. 5.
134　*Almsick*(1981), S.49.

のフロー値／社会的支援給付のフロー値である。その際、その勾配は、直線的流れ方か非直線的流れ方を採るかは、原則として重要ではない。直線的流れ方かまたは非直線的流れ方かは、税収ないし所得支援給付費用およびありうるディスインセンティブを熟慮してはじめて決めることができる[135]。

さらに、負の所得税構想は、稼得しうる所得に結びついているのではなく、所得の実際の流入に結びついている。国家から世帯へ給付される所得支援給付金に影響を及ぼす税率（または所得支援給付消去率）は、つねに、100％以下である[136]。そこでは、労働所得が取得されるときそのうちの相応の一定割合（$1 - r_n$）が世帯の手許に残るという意味において、就労意欲のインセンティブ機能が創出される。

2. 所得保障と所得税の統合

その理念型においては社会配当および負の所得税は、それが公的扶助原則に基づいているというよりもむしろ、いわば所有権類似の性格を有する範囲において、個人所得課税と所得保障制度とのひとつの自己完結的システムの構成要素である[137]。

所得保障に関する行政は、公的扶助のための特別会計の解体および所得税クレジット要件の審査が問題である範囲において、社会行政省ではなく財務省で所轄するのがシステムに適合している[138]。

ミチケ教授は、前記1992年9月25日ドイツ連邦憲法裁判所決定（本書第7章）の原告の一人であった[139]。同決定は、所得税法上の人的控除額と公的扶助の同一説（または同一以上説とも解されている）を採用し、同教授は勝訴した。従前の法状態に比べ、所得税法上の人的控除額が引き上げられるべきことと、判断されたのであるから、その限りにおいて、原告はその決定を歓迎している。しかしながら、その結果、1に、同教授は、所得支援分岐点が所得税法上の人的所得控除より超過する程度について、オリジナルの見解を一部変更して、2004年統合法案を公表するにいたり[140]、2に、その結果、就労意欲の促進が

---

[135] *Almsick*(1981), S.49.
[136] 中桐(1969 A) 3号17頁。
[137] *Almsick*(1981), 50f.
[138] *Almsick*(1981), 5 1.
[139] 2006年4月16日 Prof. Mitichke 発木村宛電子メール。
[140] *Mitschke*(2004), Rn. 290, S.104.

第4節　結　語

多少とも減退し、雇用政策にとって魅力もまた多少とも低下することとなり、3に、これに対し、財政政策的には一息つくこととなる。

3.　税率の高低

社会配当プランまたは負の所得税プランは、常に、受給者の個人所得に対し100％以下の限界所得移転消去率（または限界税率）r_n を用いる。これに対して、生活保護法第4条（保護の補足性）はその第1項において、「保護は、生活に困窮する者が、その利用し得る資産、能力その他あらゆるものを、その最低限度の生活の維持のために活用することを要件として行われる。」と規定する。生活保護法による生活維持のための所得補足交付金の計算については、追加の個人所得は逆進利率による控除額（生活保護法上の基礎控除額）を公的扶助の金額の計算上斟酌される。すなわち、追加の個人所得は、少なくとも所得保証額 Yg まはた所得支援給付水準 B_N までは100％以下の課税をうけているのと同値ではなかろうか（参照、数式1、表3-2）。

4.　「負の区間」における課税と所得支援給付金と税率

社会配当または負の所得税のためのその他の判定基準は、それが公的扶助の場合のように、当該世帯の稼得しうる所得にではなく、世帯が「実際に稼得した所得」に依存していることである。類似の保険システムにおけるようにその設定目標としての公的扶助は、2つの態様で、世帯の稼得しうる所得をその判定基準としている。1に、公的扶助の請求前にたとえば親族に対する請求が行われなければならない。2に、生活保護の受給者は、原則として、就労の義務を負っている（生活保護法4条1項）[141]。これに対し、負の所得税に基づき支給されるべき金額は、その受給単位（世帯）に実際に流入する所得、すなわち世帯の個人所得だけを算定の基礎とする。それとならんで、負の所得税に関する若干の提案のなかには、消費にまわされる消費所得に関する規定がおかれている。そこでも、判定基準は、「従来の」所得税の場合のように、経済的・財政的給付能力が貨幣単位で表現されている。

---

[141]　ドイツでは社会扶助の受給者は、「生活維持を創出するためその者の労働力を……」投入する義務を負っている（連邦社会扶助法18条1項）。それにもかかわらず、「期待される労働を提供することを拒絶する者は、「生活維持のための援護を求める請求権を有しない」（連邦社会扶助法25条1項）。

第1部　第3章　所得保障モデルを統合した所得税法案

　ミチケ教授は、1992 年 9 月 25 日連邦憲法裁判所決定に応じて、所得税法上の人的所得控除を公的扶助法上の最低所得保障額に合致するように、付録で示す法律案においてその見解を変更している[142]。その見解は次の数式で表現できる。

　　　人的所得控除（B_E）＝最低所得保障額（Yg）
　　　　　　　　　　　　＝個人所得のない場合の所得支援給付基準額

〈数式 9 〉

　この数式 9 は、ミルトン・フリードマン（Milton Freedman）説に回帰するものであるかのようである。しかし、さらに、所得支援給付金消去率（r_n）と正の所得税の税率（r_p）が食い違っている（参照、2004 年所得税法案 27 条）ため、トービン教授らが指摘したいわゆる飛躍問題[143]に直面するであろうから、その問題を解消するためには租税分岐点が社会配当プランに措定されなければならないのではなかろうか？　しかも、基礎控除額（本章でいう人的所得控除額の一部）の金額以下において、税率が 2 本準備されている（参照、2004 年所得税法案 26 条、27 条）ので、それを表現する方程式はやっかいとなろう。r_n と r_p が相異なることは、一般的に述べると、しばしば起こりうることであるから、トービンらの開発した道具概念（たとえば租税分岐点）は、社会配当プランにおいても導入を検討してしかるべきであったろう。

　前記 1992 年 9 月 25 日連邦憲法裁判所決定は、所得税法上の人的所得控除の金額を引き上げることに多大な寄与を果たした点に功績を認めることができよう。最低保障所得に対する課税は、生存権の保障（憲法 25 条 1 項、2 項）に照らし禁じられているのであって、とくに所得税法上の生活保障の人的所得控除規定は、生活保護法のそれに比べ、劣悪な条件の下に納税者を置いている。これが、改正されるべき課題である（参照、表 3-2 第 3 列）。他方、雇用政策、とくに就労意欲の促進に力点をおいて、所得保障プランを統合する所得税制度を構築する場合、本章で紹介したミチケ教授のオリジナルな理論構成がより優れている。低所得者や失業者が労働意欲（就労意欲）を減退することなく、自助

---

[142]　*Mitschke*(2002). Rn 290, S. 104.
[143]　notch-problems. 飛躍問題について、参照、*Tobin/Pechman/Mieszkowsk*(1967), 7.; *OECD* (1974), at 36, para.45; *Almsick*(1981), S.89, Fn.85 およびそれに対応する本文；*Green*(1967), 66.

128

第4節　結　語

　努力に励み努めるようインセンティブを与える、所得支援プランが必要であろう。現在の低所得者や失業者が、より多くの所得を稼得するようになり、あるいは就労者に転じるならば、税収や年金基金の増収が期待できるのではなかろうか。生活保護受給者がなにがしかの僅かな所得を稼得すると、100％課税を受けると同値の結果を甘受せざるをえないとするならば、彼らは、その所得を正直に申告できるだろうか。なにより、生活保護受給者が、生活保護法のもとにおける選別主義と貧困者の恥辱を受忍している現況から脱して、何人も所得支援を受給できる法的地位にあることを前提とする「普遍主義に基づく個人の尊厳」を取り戻すことが重大な法律問題である。

　社会配当を指向する所得税統合法案は、数理を駆使した重要な試みである。ミチケ教授は、自ら勝訴した前記1992年連邦憲法裁判所決定を超克しない限り、普遍主義による所得保障を所得税制度に統合することは、容易ではない。支出税および生涯所得税ならびに法人税の全廃に伴う、巨額の歳入減もしくは歳入不足が予想されているので（参照、脚注130）、本章は、あえて、後者の問題群に焦点を合わせることはしなかった。普遍主義による所得保障を所得税制度に統合するプランだけからも、財政政策の問題が、たとえ解決できないほど深刻でないとしても、引き起こるであろうからである。

　人的所得控除が温存されているため、課税ベースが拡大されていないことが、ミチケ案の特色である。ミチケ案は消費所得概念を前提としているが、この概念が、税制を用いた所得移転構想に不可欠でないことは、アメリカにおける負の所得税理論に照らし、明らかであろう。ミチケ案は、一定額の所得支援給付額に固執しておらず、そして、その限りにおいて普遍主義にもこだわっているわけではない。

　ミチケ教授は、これら一連の問題を考慮に入れているようである。同教授がそれらをどのように克服し、そして所得税・所得支援給付金法を提案しているか。その具体案を付録として添付する。経済理論を法律条文に変形する工夫が、随所に見いだされる。立法理由書は、紙幅の関係で、省略する。

第1部 第3章 所得保障モデルを統合した所得税法案

付録 ミチケ法律案——所得税法及び所得支援給付金法（翻訳）

第1部 所得税
改正条文について
第5条 非課税収入
第1項第3号は次のように変更する：

「第3号 全部又は主として税により財源調達する国の社会給付、支援給付、補償給付及び医療奉仕給付としての、現物給付と金銭給付、とくに所得支援給付金」

第1項第4号において、「及び労働賃金補助」の文言を削除する。

第21条 控除できる支出金額と控除額
a) 第1項において、従来の第4号（第25条の児童控除額）を削除し、従来の第5号（第26条の免税点）を第4条に繰り上げる。

b) 次の第5項を追加する。

⑸ 第3項第3号による支出金額は、この支出金額を第52条に基づき関係の所得支援給付金の計算上控除する場合には、控除することができない。

第25条 児童控除額
a) 次に掲げる新しい文言をその内容とする。

第25条 児童扶養費
親、祖父母及び里親がひとりの未成年で、未婚の子の生計、扶養、教育及び専門教育のためにおこなう支出金額は、第48条第3項及び第50条に規定する所得支援給付金の枠内で児童手当てとして経費に算入する。

b) 次に掲げる事項を変更する。

第32条第1項第3号及び第37条第6項において、第25条第3項と第4項の参照を削除する。

第33条において、第2項を削除し、従来の第3項と第4項をそれぞれ第2項と第3項に繰り上げる。

第35条第2項及び第42条第2号bにおいて、第33条第3項第2号及び第3号ないし第33条第3項第2号から第4号までの参照を、第33条第2項第2号及び第3号ないし第33条第2項第2号から第4号までの参照に読み替える。

第2部 所得支援給付金
X. 個人的請求権
第46条 個人的請求権、所得支援給付単位としての世帯
⑴ 国内において2年以上固定の住所を有する自然人で、その住所を維持し、そして引き続いてその住所に居住するものは、第2項を留保して、所得支援給付金請

求権を有する。

(2)　生計を一にする夫婦又は単独で養育を行なう片親及び世帯に属する未成年の子又は未婚の子で、第1項の住所要件及び居住要件を満たす者は、所得支援給付単位を構成する。

(3)　子とは、第2項に規定する所得支援給付単位の場合、両親と1親等にある児童又は片親と1親等にある児童をいう。

XI.　請求権の算定

第47条　請求権の算定と縮減

(1)　年間の所得支援給付金請求権は、総必需額（第48条）に応じて算定する。ただし、児童扶養額（児童手当て、第50条）を除外して、所得支援給付金消去に服する所得の金額（53条）の半額を減額する。

(2)　公共労働幹旋所若しくは公認労働幹旋所又はその他の行政庁が提供し、期待できる労働を拒絶する者は、児童扶養額（児童手当て、第50条）を除いて、総必需額の4分の1だけ、所得支援給付金を喪失する。公認機関が課し、期待する労働促進措置に従わない者又はその他自らの援助の必要性を故意に又は重大な過失により引き起こした者についても、同様とする。

XII.　必需額

第48条　総必需額の構成要素

(1)　所得支援給付金の算定（第47条）についての年間の総必需額は、次に掲げるすべての事項を含むものとする。

一　基礎必需額（第49条）

二　児童扶養費（児童手当て、第50条）

三　住居必需額（第51条）、及び

四　追加負担の場合の支出金額（第52条）

(2)　第46条第2項に規定する所得支援給付単位の場合、所得支援給付単位に属する者の総必需額は、合算される。

(3)　個人的請求権の一般要件（第46条）又は第1項に規定する必需額の特別請求要件を満たさない日の属する月については、必需額は約12分の1だけ減額する。

第49条　基礎必需額

(1)　基礎必需額は、成人の、未成年者の、既婚者の請求権者についてそれぞれ4,000ユーロとする。

(2)　生計を一にする夫が所得支援給付単位（第46条）である場合には、基礎必需額は7,500ユーロに増額する。

(3)　ひとりの未成年の、未婚の、かつ独立の請求権者について、基礎必需額は、児童扶養のために予定されている児童手当て（第50条第3項）に従って算定する。

第50条　児童扶養費（児童手当て）

⑴ 親、祖父母及び里親がひとりの未成年で、未婚の子の生計、扶養、教育及び専門教育のためにおこなう支出金額は、児童手当てとして第3項及び第4項に規定する金額と相殺する。

⑵ 児童とは、次に掲げる者をいう。

　一　納税義務者又はその配偶者と1親等にある児童

　二　納税義務者の世帯に引き取られ、そしてその納税義務者によって大部分養育されている里子及び孫

⑶ 児童手当ては、次に掲げる事項について、次に掲げる金額とする。

　一　満12歳まで　　　　　　　　　　　　　　　3,000ユーロ

　　　ただし、この金額は、片親養育者については、割増し扶養費の概算控除額1,200ユーロを増額する。

　二　満12歳から満18歳まで　　　　　　　　　4,500ユーロ

⑷ 第3項第2号に規定する児童手当ては、自らの家庭を持たないひとりの子がよそで宿泊している場合には、3,000ユーロを増額する。

⑸ 同一の子については、児童手当ては一度だけ請求することができる。第2項第2号に規定する親子関係は、第2項第1号に規定する親子関係に優先する。

第51条　住宅必需額

⑴ 住宅必需額について、中程度の質の住宅の、その地域に慣行の賃料に従って、次に掲げる事項を斟酌して、算定される概算控除額を確定しなければならない。

　一　区域の状況、必要な場合には、ゲマインデ又は市区に至るまで区分された区域の状況。当該地域の平均賃料がその区域の平均賃料から10%を超えて乖離していない、住宅状況は、ひとつの住宅必需額別区域にまとめられる。

　二　世帯の類型。世帯に属する成年の者及び未成年の者の人数に従って区分された世帯の類型。

　三　暖房費及びその他の付随費用について、暖房抜きの家賃に15%を割り増す手当て。

　四　独立の請求権者が、別な世帯に属する理由から、その者の住宅必需額（第1号から第3号まで）の30%を値引き

⑵ 第1項に規定する概算控除額は、1,200ユーロを下回らない。

⑶ 特に過酷の事例について、実際に支払うべき賃料が、第1項に規定する概算控除額に取って代わる。

⑷ 第19条2項に規定する各種所得が、所得支援給付金消去に服する所得（第53条）に含まれている場合には、この各種所得が、第1項に規定する概算控除額の代わりに、住宅必需額とみなされる。

⑸ 第1項第1号から第3号まで及び第2項により確定される概算控除額は、付録第3に掲げる住宅必需額表として掲載する。

第52条　追加負担の場合における支出

追加負担の場合における支出金額は、第24条に列挙する場合において、そこに記

付録　ミチケ法律案──所得税法及び所得支援給付金法（翻訳）

載した金額を追加の所得支援給付金として経費に算入する。

XIII. 所得支援基準給付金消去に服する所得

第53条　所得支援基準給付金消去に服する所得

(1)　所得支援給付金請求権の算定にとっての所得支援基準給付金を消去すべき義務
　　ある所得の金額は、課税総所得金額に、第2項及び第3項に基づき増額と減額を
　　おこなった金額をいう。

(2)　世帯課税（第2条）又は夫婦の分離査定処分（第31条）が、所得支援給付単位
　　（第46条2項）に属さない者に関係している場合、その者の正の各種所得（第6条、
　　第13条から第20条まで）の金額は、当該課税単位の課税総所得の金額から減額し、
　　そしてその者に属する負の各種所得、欠損金の控除額及び人的控除額（第12条、
　　第21条から第26条まで）を増額する。当該生計を一にする夫婦の課税総所得の金
　　額は、夫婦が分離査定処分をうける場合（第31条）、第1文を適用して合算する。

(3)　課税総所得の金額は、第2項に規定する者については、さらに次に掲げる項目
　　を増額する。

　　一　二重課税条約に基づき非課税である各種所得

　　二　第11条第1項第2号に列挙する類の、非課税の受領した、出捐、受給及び受
　　　　贈

　　三　失業手当、疾病手当て、懐妊手当て

　　四　第5条第1項第四号及び第7号に基づく非課税の、金銭受給と現物受給

　　五　第8条第2項に規定する稼得経費

　　六　第23条第1項第5号に基づく寄付

　　七　第26条に規定する基礎控除額。ただし、それがすでに使い尽くされていない
　　　　範囲に限る。

XIV. 査　定

第54条　分離及び連結の所得支援給付金査定、査定期間、所得支援給付金申請

(1)　所得支援給付金は、暦年（査定期間）の経過後に第47条の規定により査定される。

(2)　所得支援給付金は、次に掲げるそれぞれの場合に、査定をおこなわなければな
　　らない。

　　一　所得支援給付金を成年の請求権者又は未成年の請求権者の任意代理人が申請
　　　　するとき

　　二　前査定期間に所得支援給付金が関係したとき

(3)　前査定期間については、所得支援給付金査定の場合と同一の者を対象とする、
　　所得税査定の要件がみたされる範囲において、所得税査定と所得支援給付金査定
　　を併合する。

(4)　申請者と所得支援給付金受給者（第2項）は、前査定期間について、独自に署名
　　されるべき所得支援給付金申告書を公式用紙にて提出しなければならない。夫婦

133

第1部 第3章 所得保障モデルを統合した所得税法案

が第46条第2項に基づき所得支援給付単位に属し、かつ生計を一にする場合、その夫婦は、合同の所得支援給付金申告書を提出し署名しなければならない。

XV. 決済と支払
第55条 請求権の成立、査定手続きにおける決済
(1) 第47条の規定による所得支援給付金は、査定期間の終了時に成立する。
(2) 査定期間（第1項）の所得支援給付金請求権に基づいて、その賦課期間に給付される所得支援給付金の賦払い額（第56条）が所得支援給付金消去されなければならない。
(3) 所得税査定と所得支援給付金査定が併合される場合（第54条第3項）、第2項の規定によりまだ残っている所得支援給付金が、第33条第2項の所得支援給付金消去前に、当該査定された所得税債務から控除することができ、そして第2項に規定する所得支援給付金請求権を所得税債務から控除することができる。
(4) 所得税査定と所得支援給付金査定が併合されるときに所得税債務が当該査定期間の所得支援給付金請求権（第1項）をうわまわるか又は債務額と請求権額が一致する場合には、所得支援給付金賦払い額を所得支援給付金から控除した後の残額である決済納付又は決済請求について第33条第3項を適用する。所得税の予納額（第35条第2項）の算定及び給与所得税源泉徴収票のための給与所得税源泉徴収率の規定（第37条第5項から第7項まで）は、当該査定期間の所得支援給付金請求権の金額を減額した所得税債務をその基礎としなければならない。
(5) 所得税査定と所得支援給付金査定が併合されるときに当該査定期間の所得支援給付金請求権が当該所得税債務をうわまわっているか、又は分離した所得支援給付金査定が第54条第1項及び第2項に基づいて行なわれる場合には。所得支援給付金賦払い額を税額から控除した後に残った請求権は、当該決定の告知と同時に満期になる。これに対応する所得税の決済納付及び所得支援給付金の請求権は、当該決定の告知の1月後に満期になる。所得支援給付金の請求権は、6月毎に按分して取り立てることができ、そして特に過酷な場合には全部又は一部を免除することができる。
(6) 第5項に定める事例において生計を一にする夫婦が第46条第2項に規定する所得支援給付単位に属する場合において、当該請求権が夫婦双方に共通して及ばないとき、その夫婦は、その請求権のため共通の申告によって当該受領権をもつ配偶者を指定しなければならない。

第56条 所得支援給付金の賦払い
(1) 第55条第5項に規定する事例において、所得支援給付金の賦払いは、必要な場合には、前査定期間の所得税債務を減額して、当該前査定期間の所得支援給付金請求権に従って算定するために、当該前査定期間についての査定決定で確定されなければならない。
(2) 当期査定期間において従属労働所得を期待できる場合には、第1項による賦

払いは、第57条に規定する給与所得支払請求手続きにおいて給付されなければ
ならない。

(3) 当期査定期間において従属労働所得を期待できない場合には、税務署は、当
該前査定期間についての査定決定の告知の日の翌月から、第1項の請求権の約
12分の1をそれぞれある月の初日に至るまで、支払わなければならない。当該
社会保障庁の確認と通知ののちに、所得支援給付金の目的外転用又は期限前使
用が予想される場合には、その所得支援給付金を、第1項に規定する請求権の
約24分の1をそれぞれある月の1日と15日に賦払いする。

(4) 所得支援給付金を当期査定期間に始めて申請する場合、所得支援給付金申告
書は第54条第4項により提出し、そして所得支援給付金の賦払いは賦払決定に
よって確定しなければならない。その賦払い額は、年間の見込み所得支援給付
金請求権（第47条）に従って算定し、賦払い決定の告知の日の翌月の初日を起
算日とする。第2項を準用する。

(5) 当期査定期間の間についてより高い所得支援給付金請求権又はより低い所得
支援給付金が生じると見込まれる場合には、その割増金は職権により又は請求
人の申立により直近の満期日以降に賦払い更正決定によって調整しなければな
らない。

(6) 生計を一にする夫婦が第46条第2項に規定する所得支援給付単位に属する場合
には、その夫婦は、その賦払い金が配偶者双方にともに行き渡らないときには、
当該賦払い金について合同の申告書によって当該受給権のある配偶者を指名し
なければならない。

第57条 給与所得支払請求手続き、給与所得支払請求書

(1) 第56条第2項に掲げる事例について、税務署は、過年度の査定期間についての
査定決定と一緒に、又は分離の賦払い決定と一緒に（第56条第4項及び第5項）、第
2項から第5項までに規定する給与支払請求権証明書[144]を作成する。

(2) その支払請求権証明書[145]は、当該支払請求権証明書の告知の日の翌給与支払期
間の初日以降に有効であり、そして、新しい支払請求権証明書の有効期間の初日
前に終了する。

(3) 各使用人につき第1項の規定により作成される支払請求権証明書は、粗給与所
得の給付率と有効期間の初日を記載する。その支払請求権証明書は、使用人の純
給与をその内容とし、そして純給与を支払う。

(4) 給付率は、当該決定に含められる粗給与と、査定決定又は賦払い決定で確定さ
れる所得支援給付金請求権との比率により決まってくる。その給付率は、小数点
第1位で四捨五入しなければならない。

(5) 支払請求権証明書は、第4項に基づいて確定される所得移転消去率をもって、

---

[144]　eine Lohngutschrifts-Bescheinigung.

[145]　die Gutschriftsbescheinigung.

第1部　第3章　所得保障モデルを統合した所得税法案

ひとりの使用人のすべての勤務関係に適用する。

(6)　将来の請求権メルクマールが、第4項による所得移転消去率の設定の基礎とされるそれから相当に乖離する場合、使用人の申立により又は職権により所得移転消去率の計算にあたり当該乖離する請求権メルクマールを斟酌しなければならず、そしてすでに発行された支払請求権証明書を含めそして変更しなければならない。当該所得移転消去率の格差が1％を越えることが明かである場合、その乖離は相当である。

第58条　給与所得支払請求権証明書の届出、相殺、及び証明書

(1)　使用者は、給与所得税届出期間中にその営業所の使用人に支払われる給与所得支払請求権証明書を、第38条第1項及び第2項に基づいて源泉徴収されるべき給与所得税と一緒に、届け出て、そして当該届出期間の当該源泉徴収される給与所得税から、当該支払われる給与所得払戻請求書の総額を控除する。

(2)　当該支払われる給与所得支払請求書の総額が、源泉徴収されるべき給与所得税をうわまわる場合には、税務署は、給与所得税届出期間の経過後10日以内に使用者に当該超過額を払い戻さなければならない。

(3)　雇用関係の終了時又は暦年の末日に、使用者は使用人に、その者に支払われる給与所得支払請求書の総額について証明書を公式モデルに従って作成しなければならない（所得支援給付金支払請求権証明書）。

XVI. 授権規定及び経過規定

第59条　授　権

所得支援給付金の給付の平等を維持するため、過酷な事例における不公平を除去するため、又は当該給付手続きを執行するために必要である限りにおいて、連邦政府に、連邦参議院の同意を得て、本法を施行するため法令を公布することを授権する。次に掲げる条文の範囲についてである。

一　個人的請求権（第46条第1項）

二　請求権の縮減（第47条第2項）

三　住宅必需額（第51条第1項及び第3項）

四　追加負担の場合の経費（第52条）を第44条第5号と調整

五　所得支援給付金消去に服する所得（第53条第3項第1号から第5号まで）

六　所得支援給付金査定、所得支援給付金申告（第54条）

七　最低手続きにおける決済（第55条第5項及び第6項）

八　所得支援給付金の賦払い（第56条第4項から第6項まで）

九　給与所得支払請求手続き（第57条、第58条第3項）

第60条　経過規定

本法の発効にともない失効する、現行社会法及び社会給付税の規定の経過規定、並びに、これらの法律にかかわる別な法律の規定及び法令は、本法にかかる経過規定法において規定する。

第4章 （研究紹介）1等賞のドイツ税制改革案 ：所得税と社会保障の統合ならびに法人税の全廃

本稿は Joachim Mitschke, *Erneuerung des deutschen Einkommensteuerrechts – Gesetzestextentwurf und Begründung*, Köln, Verlag Dr. Otto Schmidt, 2004 (Nachdruck 2005), 186 S. を紹介する。本稿副題の示す内容が叙述されている。

第1節 著者紹介

著者のヨアヒム・ミチケ博士（1936年6月21日生まれ。バイエルン州ミュンヘン国税局、ザール州財務省勤務後、ザール大学金融研究所助手を経てフランクフルト大学経済経営学部会計学教授、公認会計士試験委員、連邦議会・州各省委員会委員等の要職）、一等受賞者は、1998年までフランクフルト大学経済学会計学の教授であった。彼の最初の単行書は1970年代に経済学と法律学に基礎をおく課税標準論に関する内容である[1]。ミチケ教授は、この30年の間、所得に対する課税の選択肢について基本的な分析を行ってきたし、さらに課税標準の数理を明瞭に分析して理論を開拓している[2]。

第2節 本書の骨格

1 本書は4部から構成されている。第1章は基礎理論、第2章は所得課税の新秩序、第3章は租税を財源とする国民所得支援給付金を統合した所得課税の新秩序、第4章は移行段階における新秩序である。さらに、各章は以下のように細分されている。第1章は第1節 新秩序の選択肢、第2節 法的枠組み条件、次に、第2章は第1節 コンセプトの一般的論拠としての綱領、第2節 法案—所得税法、第3節 逐条立法理由、第4節 新所得税法に関係する他の

---

[1] Mitshke (1976).

[2] Mitshke (1974/75); Mitshke (1975), 69 ff.; Mitshke (1980A), 122 ff.; Mitshke (1980 B), 274ff.; Mitshke (1990); Mitshke (1994), 153ff.; Mitshke (1995), 75 ff.; Mitshke (1996); Mitshke (1998); Mitshke (2000 A), S.107 ff. ; Mitshke (2000 B); Mitshke (2001 A); Mitshke (2001B).; Mitshke (2004 A).

第1部　第4章　1等賞のドイツ税制改革案

直接税の規定、さらに、第3章は第1節　コンセプトの一般的論拠としての綱領、第2節　法案—所得税・国民所得支援給付金法、第3節　逐条立法理由、最後に、第4章は第1節　移行段階に適した法案についての覚書、第2節　法案がその構成である。

　このように、その税制改革案は、45条に定式化された法律案文および理由書からなっている。その第3章では、統一的な租税システムと負の所得税の形での社会的所得支援給付金システム[3]とを統合して詳細に叙述している。第4章に,本書は2段階を踏んで同提案を完成するその手順をも提示している。

　(1)支出税が基本に採用されていること、(2)法人税が消滅していること、(3)社会保障法としての国民所得支援給付金法[4]が所得税法に統合されていることが、本書の構成からとくに目をひく。

2　所得と消費と投資の関係は次が前提とされている[5]

　所得[6](I)、消費[7](C)と富の純増（W, wealth; dWt = accumulation of wealth in period t）の間にはまず等式が成立し、そして利子率[8](r)が所与だとすれば次の資本理論（投資理論）の関係が成立する。

　　　等式：　　　$It = Ct + dWt$
　　　　　　　　　$= Ct + Wt - Wt - 1$
　　　資本理論：$Wt = f(Ct, Ct+1, ...Cn; r)$
　　　　　　　（長期の、定率の消費の流れの場合 $C \times : Wt = C \times /r$）

　数式から次を読み取ることができる。所得の課税をうける者は、同時に、消費と資本の課税をうける。さらに、資本［価値］は、将来の、消費に用いうる財貨の流れ［より正確には、将来所得］の現在価値以外のなにものでもない。資本ストック［より正確には、資本価値］はその将来の財の流れ［より正確には、将来所得］から割り引かれる[9]。所得は消費しうる財の流れであり、他方、

---

[3]　das Sozialtransfersystem.
[4]　Bürgergeldgesetz.
[5]　参照、Mitschke's letters dated 14.08.2005 and 11.09.2005.
[6]　income.
[7]　consumption.
[8]　rate of interest.
[9]　Kapital wiederum ist nichts anderes als der Gegenwartswert zukünftiger, konsumtiv verwendbarer Güterstöme, die der Kapitalstock abwirft. (Mitschke's letter dated 14.08.2005).

138

第 2 節　本書の骨格

消費は実際に費消される財の流れである。そのため、ミチケ構想は財産税（wealth tax）を予定していない。（ヘイグ＝サイモンズ流の包括的所得概念である $Y = C + dW$ の dW は、期中に実現した部分 dW^r と、発生したが未実現の部分 dW^u とに分けられ、$Y = C + dW^r + W^u$ と表現できる。現実の所得は、dW のうち dW^r にだけ課税し、dW^u の部分は行政技術上課税しがたい。そうであるとすれば、dW を非課税として、消費 C だけに課税する方が現実的で公平である。この理由から、エンドリュース（William Andrews）は、消費支出を所得として課税ベースとするのが妥当だと主張する[10]。

　企業にまず内部留保され（貯蓄され）課税されない利益と自然人のその他の貯蓄される各種所得は、金融と生産にまわしうる資本ストックを増大する。この資本ストックが後の期間に企業所有者が消費にまわしうる払出し（配当）に流れ出し、そのうち、消費にまわされる払出し（配当）が課税をうける。その限りにおいて、経済学的には、投資収益率で利子の生じる所得税の繰り延べ[11]が問題である[12]。現在の歳入は減少するが、他方、将来にそれだけより多くの歳入が増加する。総合経済的にみると、多数の納税者について埋め合わせの効果が生じるので、税収はほとんど変わらない[13]。死亡時になお手許に残っている財産増加 (dWL) だけが、まだ課税されないままとなっている所得であり、したがって遺産税（相続税）に服する[14]。

　さらに、消費は、現在のシステムと同様に、もう一度、間接税によって負担をうける。売上税（付加価値税）がそれである。しかし、この売上税は、ミチケ構想の（直接）所得税とは、その形態と経済的法的効果の点で根本的に区別されるものである[15,16]。

10　粂井（1995）1 頁以下（4 頁以下）。

11　eine mit der Kapitalrendite verzinste Einkommensteuer-Stundung.

12　参照、Mitschke（2004 B）Rz 19, S.7-8.

13　Johannes Becker/ Clemens Fuest, Wie viel Aufkommne kostet die Einführung eines Konsumsteuersystems - Weniger als 1% des BIP, Working Paper（その脚注 3 によると、ミチケ構想に基づいて試算がおこなわれている。執筆者はケルン大学経済社会学部財政学教授である。）

14　遺産税（相続税 Nachlaßsteuer, Erbschaftsteuer）について、参照、Mitschke,（2004 B), Rz 235-238, S. 84-85.

15　参照、Mitschke（2004 B), Anmerkung 14 zu Rz 42, S.14-15. なお、個人企業から商品や人的役務の個人的払い出しがおこなわれる場合、この消費（Naturalkonsum）は課税の対象とされている（参照、Mitschke（2004 B), §7 Abs. 1, Rz.59 ；§9 Abs.2, Rz. 61, Rz. 125, Rz. 148, S. 21, 22, 50 and 57)。参照、Mitshke（1988), 111 ff.; Mitshke（1980 B), 274ff.

第1部　第4章　1等賞のドイツ税制改革案

第3節　内 容 紹 介

1　ミチケ構想の要点 [17]

1）　課税をうけるのはもっぱら自然人である。

2）　自然人に各種所得の形で流入するものだけが、課税をうける（払出し原則、繰り延べ課税）。

3）　税率表：第一段階では年間3,000／6,000ユーロ（独身／既婚）未満の課税総所得金額について15％であり、続いて上乗せ額が年間所得5,000／10,000ユーロ未満について22％であり、続いて5,000／10,000ユーロを超える金額について30％である（最終段階では：4,000／8,000ユーロ未満は20％、超過額は30％）（以上、2004年12月5日現在）。

4）インフレ・デフレ調整は必要ない。

　課税は、消費型所得 [18] に顕在化している給付能力をその基礎とすべきである。したがって、ミチケは所得獲得の単なる用具としての企業に、固有の給付能力を認めていない。企業の利益は、それが投資され続けているかぎり、課税されずにいるべきである。企業の利益が自然人としての資本所有者に流入する場合

　その限りおいて、かれはキャシュ・フロー課税から離れている。

[16]　企業という媒体にストックされた資本が、家計という媒体に流入すると、後者の媒体（家計）に一時的もしくは瞬時的にプールされる。これが名目所得（I.Fisher のいう貨幣所得）である。この貨幣所得が貯蓄にまわされるものと、それ以外の消費型所得（I.Fisher のいう実質所得、ミチケのいう自然消費）に分かれて流れる。この消費型所得は、実定税法（とくに支出税・付加価値税・売上税）を斟酌するとき、まだ家計に暫定的にとどまっているが、まもなく最終的に消費されるにいたるものである。消費型所得は、その後まもなく消費市場において具体的に費消される消費（I.Fisher のいう享楽所得に近似）にフローする。消費型所得と消費との間に時間差がない場合もあるけれども、時間差がたとえば29日間があることもある。消費型所得と消費は、消費型所得税と売上税（支出税もしくは付加価値税）との並存する税制度を構想するならば、このように動態的に捕らえることができるだろう。参照、Irving Fisher (1930/1970), p.6 f.; フィッシャー (1980)　6頁。ただし、フィッシャーは消費型所得と消費を識別せず、両者を一括して静態的に享楽所得として把握している。

[17]　参照、Hugo Müller-Vogg, Das Mitschke Konzept: Niedrigere Steuersätze, mehr Wachstum, mehr Arbeitsplätze.

[18]　I.Fissher のいう実質所得 .

140

第 3 節　内容紹介

に、かつこれが新たに投資されない範囲において初めてその利益は税負担を受けるにいたるべきである。ミチケ草案では、払出しないし配当の消費が初めて税負担をうける。

「所得」概念は、富のありようをストックとフローを大別したうえ、フローの領域で個人が消費するもの ― 個人にとっての効用を表すもの ― が「所得」であり、それ以外のものは貯蓄であるという。この仮定のもとでは、所得の課税をうける者は、法人でありえず個人だけである。

労働または資本投下によって同胞のために何かをサービスする者ではなく、消費それ自体によって何かをサービスする者が、課税をうけるべきである。したがって、各期間において、給与所得またはその他の所得源泉により流入する収入金額から、すべての必要経費の支出額が控除される。ミチケ草案では、課税の平等は投資の「報償」を伴って現れる。価値（資産 Werte）を創造する者は、彼女がその価値を消費［部門］に持っていき、個人的目的のために資源を費消するまでは、ずっと課税をうけないままである[19]。

このように、課税の目標は、企業の背後にいる自然人で、その利益を使用する効用を享受するものである。このことから導き出される、所得税の課税標準の定義は、いたって簡潔である。すなわち、課税の出発点は、再投資と相殺した後の、配当ないし正味払出し[20]である。このことは、すべての所得類型について等しく当てはまる。あらゆる投資はまず所得税法上の課税標準から除外されるだろう。他方、払出し額と収入金額は、消費に費消される範囲において、課税標準を大きくするだろう。このようにして、彼の提案はすべての所得類型について繰り延べ課税をもたらす。その構想は「消費型所得」概念を指向している。繰り延べ課税を受ける年金所得と繰り延べ課税を受けないその他の所得類型との間の恣意的な差別扱いは、もはや必要ではないだろう[21]。

課税総所得金額は各種所得の合計額から一連の人的控除および概算額だけを減額した数値からなっている。

インフレーションまたはデフレーションの調整問題はみかけ利益課税（インフレ利益課税[22]）の問題であり、消費を指向する（繰り延べ）、定率の所得課税

---

[19]　ただし、私見については、参照、前掲注(16)。
[20]　Nettoentnahmen.
[21]　Moser (2005), 194.
[22]　Scheingewinnbesteuerung.

の場合は消滅する[23]。課税標準のインフレ調整は、ミチケ草案では行う必要がない。なぜなら、所得は、支出金額と収入金額の差額としてその都度同じ貨幣価値によって計算されるからである。インフレ調整が必要になるのは、従前の期間においてより高い貨幣価値をもってはたらいていた支出が、後の期間において初めて、経費（費用[24]）として相殺される場合だけであろう。

2　ミチケ構想は企業にとって次を意味する[25]

1）　投資の即時控除
2）　法人税の廃止
3）　税務会計決算書の廃止
4）　利益処分の問題について租税法上熟慮する必要はなくなる。したがって、配当と投資の間の意思決定は租税法上中立である。
5）　投資リスクの斟酌

ミチケ草案では、企業がどのように法的に組織されていようとも、企業は所得獲得のための媒体[26]に過ぎないことが、前提とされている。したがって、企業は、企業自体の目的を追求しているのではなく、つねに目的のための用具であるに過ぎない。その目的は企業の所有者によって設定される。ミチケは、企業で稼得された利益に対する課税はその利益の成立時においては正当化されないとの結論に達している[27]。

以上のことは企業課税にとって次を意味する。会社段階での利益ではなく、払出しまたは配当のうち消費目的のために社員が費消する部分だけが、課税をうけるべきである。ミチケ草案によって、企業の課税を投資家の課税から分離することはうまくいく。固有の意味での企業課税は、もはや必要でないだろう。その投資は、所得の金額の計算上課税標準を減額するので、投資がのちに投資収益として償還されるときに所有者の課税標準となりうる。人的企業も、これと同様の態様で、課税を受けるだろう。すなわち、ここでも、企業資本を増加する出資は、課税を受けない部分の「貨幣」所得から行われる。他方、企業か

---

[23]　その理由について、参照、Mitschke (2004 B), Rz 127-130, S. 51-52.
[24]　Aufwand.
[25]　参照、Müller-Vogg(FN. 17), Das Mitschke Konzept.
[26]　Einkommensintermediäre.
[27]　Moser (2005), 193.

第 3 節　内容紹介

らの払出しは、それが新たに投資されない限り、担税力を高めることになる。ミチケ草案は、企業の非課税をとおして企業の課税における法形式の完全な中立性を達成している [28]。近い将来の導入が議論されている日本型ＬＬＰなどもまた、彼の構想では不要となろう。

　企業における組織再編および企業グループは、租税法では中立的だろう。固有の法素材としての組織変更税法および企業グループ税法は、今後廃止できるだろう。

　企業が内部留保利益を投資したところ失敗して倒産または支払い不能に陥った場合、投資の失敗からの損失は、コンセプトを首尾一貫すると、租税法上会社レベルでは斟酌されない。むしろ、企業の損失は、ミチケ構想では、社員のもとで持分に応じて（現行法と異なり）無制限に斟酌される。同一期間におけるその社員の他のプラスの各種所得（消費にまわされる払出し・配当）と通算するか（損益通算）、または、前期以前もしくは翌期以降において同様に行う（欠損金の繰戻繰越。法案 12 条）[29]。

　総合経済の観点からも、企業課税の将来に関する問題は、まさに緊急の課題である。法人税の廃止によって、投資活動に対する課税軽減が徹底的に行われるので、その限りにおいて、持続可能な経済活性化が期待される [30]。

　企業の利益計算によって従来起きていた問題はすべて回避することができる。ミチケ草案は、企業会計と課税との分離を可能にするものである。その草案からの帰結はさらに数多くある。企業を通り抜けての課税の繰り延べが行われることによって、今日の意味における税務会計法は不要となるだろう [31]。ミチケ草案が採用される場合、記帳および会計決算書はその本来の機能である「情報の開示」に立ち返るだろう。企業会計学の立場からみれば、このことはむしろ歓迎しうることである [32]。

3　ミチケ構想は株主にとって次を意味する

１）株主または社員が企業利益に対して有する抽象的持分は課税されない。

---

[28]　Moser (2005), 194.

[29]　ミチケ法律草案 12 条について、参照、Mitschke (2004 B), Rz. 64, S. 24 sowie Rz 155 und 156, S. 59.

[30]　Moser (2005), 194.

[31]　Moser (2005), 194.

[32]　Moser (2005), 194.

ミチケ草案では、株主と従業員は租税法上対等である。なぜなら、両者のもとで、貨幣と財の流入だけが所得として把握される。企業利益の抽象的帰属は、資本所有者のもとではまだ税負担をうけない。

4 ミチケ構想は国にとって次を意味する [33]

1) 国庫は企業に内部留保されている利益に課税の手を伸ばすのではなく、払出しないし配当が所有者と社員のもとにおいてはじめて課税をうける。

2) 課税は企業利益の課税を断念するのではなく、払出しないし配当まで課税を繰り延べるに過ぎない。

3) 繰り延べられた税の価値は、当該企業が稼得する収益率[34,35] に応じて上昇する。この繰り延べ税はまた利子もつく。これは、傾向としてより多い配当をもたらし、そして傾向としてより多い税収をもたらす。

4) 多数の租税優遇措置の廃止によって、課税標準は今日にくらべ50％拡大する。したがって、税率の引き下げならびに利益に対する課税の繰り延べは、税収不足をもたらさない。

企業と投資家とを首尾一貫して租税法上分離することによって、最広義での資本所得に対する課税は後の時点に繰り延べられるのであって、各種所得が永続的に非課税になるわけではない。資本所得に対する正規の課税優遇措置、たとえば、特別減価償却や割増償却または非課税準備金や投資控除は削除されるだろう。これらは平等の観点からそれ自体問題である。課税が後の時点に繰り延べられるので、効果の点では、投資財の即時償却と類似しているだろう。そのため、特別減価償却の規定や投資控除は廃止して差し支えなくなる [36]。

「貨幣」所得のうち投資にまわされるものは、その間、課税の繰り延べをうける。ここでは投資理論または利子論が展開される余地もある。消費型所得を唱導する論者が「消費型所得（実質所得）」概念を展開してそれぞれの所得税改正案を提示する場合において、課税繰り延べ期間における投資収益率（また

---

[33] 参照、Müller-Vogg(FN. 17), Das Mitschke Konzept.

[34] ここにいう「収益率」は、複数の期間にわたって成立する収益率の加重平均的収益率をさすと考えられる。

[35] ここでいう「収益率」は、課税の繰り延べ期間中における(1)インフレ率もしくはデフレ率を斟酌しなくてもよいこと、そして(2)投資のリスクは斟酌することを前提としている。技術革新による収益率の変動については、管見の限りでは、不明。

[36] Moser (2005), 194.

第3節　内容紹介

は利子率）をどのように設定するかは、一大問題である。技術革新に伴う収益率の変動がないものと前提した、もっとも単純化した想定は、複数期間にわたる加重平均収益率の採用であろう。

5　ミチケ構想は従業員にとって次を意味する[37]

1）　基礎控除額：7,500 ユーロ（約 100 万円）
2）　教育および生涯教育の費用はすべて完全に控除
3）　通勤概算額：通勤距離 1 キロメートル当たり 0.40 ユーロ
4）　最低額：1,200 ユーロ（約 16 万円）の概算控除額（必要経費）
5）　生活配慮控除額：社会保障義務のある給与給付額[38] の 25％が控除可能。4,000／8,000 ユーロ（約 53 万円／約 106 万円）（独身／既婚）を上限とする。さらに、子供 1 人につき 2,000 ユーロ。（以上、2004 年 12 月 5 日現在）

ミチケは、消費型所得課税の構想を首尾一貫して個人的資本所得すべてに適用する。これによって、貯蓄と将来の生活配慮積立金[39] との相違はなくなる。さらに、社会保障義務のある給与給付額は、受領時にその 25％を控除しうる。

6　ミチケ構想は家族にとって次を意味する[40]

1）　夫婦基礎控除額：15,000 ユーロ（約 200 万円）
2）　扶養控除額：12 歳未満の子供 1 人につき 5,000 ユーロ（約 66.5 万円）、満 18 歳未満の子供 1 人につき 6,500 ユーロ（約 86.5 万円）、それ以降は、教育または介護が必要な場合 7,500 ユーロ（約 100 万円）である。
3）　夫婦分離方式に代えて家族分離方式。子供 1 人ごとに 0.5 係数を用いての N 分 N 乗方式。すなわち、課税総所得金額は、子供一人の 1 家族の場合、2.5 で割り算し、次にその租税債務を基本税率表で計算し、引き続いて 2.5 で掛け算をする。子供が 2 人の場合、割り算ないし掛け算は、係数 3 を用いる。
4）　家族分離課税方式の便益は、課税総所得の金額が 15,000 ユーロを越え

---

[37]　Müller-Vogg(FN. 17), Das Mitschke Konzept.
[38]　sozialversicherungspflichtige Erwerbsbezüge.
[39]　Zukunftsvorsorge.
[40]　参照、Müller-Vogg(FN. 17), Das Mitschke Konzept.

ると、もはや上昇しない[41]。

【設例1】 平均的事業者の夫婦[42]

13歳と15歳の子供2人がいる平均的事業者の夫婦：合名会社の一人社員。2004年度の合名会社の利益：110,000ユーロ。そのうち、会社契約の基づき個人消費に払い出される金額：70,000；法定の概算額と上限額をこえる所得控除、夫婦合同賦課処分ないし家族課税は新税制ではない。

払い出されない利益に対する租税は、払出しに時まで法律により繰り延べられる。ただし、投資収益は払出し時に課税する。他方、払い出されない内部留保利益がその後に投資されて、そしてその投資がのちの期間に深刻なリスクに出会い、損失をもたらし、結局その企業がやむなく倒産する場合、リスク前に留保されていた利益は、課税されないままとなるのではないか。

新税制における家族分離課税方式の便益は1,220ユーロである。この便益は、課税総所得金額が15,000ユーロを越える範囲において、もはや増大しない。

【設例2】 教育中の独身従業員

独身の、社会保険義務を負う従業員（子供なし）、2004年度のドイツ連邦の平均給与所得を取得するもの：自己負担した職業教育費は7,000ユーロ、その他に、法定の概算額を上回る所得控除額は租税法上存在しない。

7　ミチケ構想は社会保障受給権者にとって次を意味する

ミチケ構想、は、統一的な租税システムと負の所得税の形での国民所得支援給付金システムとによって、分散して通暁しがたい社会給付制度を、解体しようとする。

第4節　評　　価

1　懸賞広告と応募選考

2002年5月21日に、フランクフルトのヒューマニティ財団Humanistische Stiftungが収益税の改革案を奨励するために総計450,000ユーロ（約6,000万円）

---

[41]　§3, Abs.4, Rz 55 Mitschke's EstG-Entwurfs.

[42]　以下に掲げる設例は、Müller-Vogg(FN. 17), Das Mitschke Konzept による。

第4節　評　価

の賞金を提供することを懸賞広告した。

「授賞選考委員会は、その選考に当たり以下に掲げる判定規準を尊重する。すなわち、

［I］［1］言語の明晰、［2］叙述の簡潔さと文章の張り、［3］公衆と専門家の世界で提案にかかる諸規範が受容されること、ならびに［4］法律として変形しうる可能性。さらに、［II］［1］応能負担原則の尊重、［2］課税平等原則の尊重、［3］みかけ利益［インフレ利益］課税の防止、［4］課税の実行可能性と実施可能性、［5］欧州共同体の上位法との整合性、［5］経済的に無意味な動機付けの防止ならびに［6］捕捉されていない所得源泉を通常の課税に服するように改善する可能性。」（［　］内は木村加筆。以下同様。）43

今日の緊要な課題について上記の財団の授賞選考委員会は判定基準［I］［1-4］と［II］［1-6］を明示して選考している。判定規準［1］は租税法の立法に限らず、すべての立法に妥当する一般規準であり、そして判定規準［II］は租税法、とくに所得税法の立法に妥当する特殊規準であると考えられる。インフレによる貨幣所得の目減りは重要問題であるので、［II］［3］判定規準がたてられていると考えられる。貨幣価値の変動を考慮に入れるいわゆる実質所得が問題とされることをその判定規準では期待しているのであろう。［II］［5］判定規準は仮装行為および租税回避を誘発する法律規定を設けないことを要請している。［II］［6］判定規準は、現行ドイツ所得税法には個人に課税する譲渡所得」類型や「雑所得」といった掃討類型が欠けているから、課税漏れになりうる所得類型を放置すべきでないことを要請している。「中立性、公平」といった抽象的規準は判定規準に含まれていないことは、特筆すべき点である。授賞選考委員会は、応募された個別の改正案の審査に当たって、前記以外の評価ポイントを加算している。たとえば、［III］［1］コンセプトの首尾一貫性と［2］独創的研究成果は従たる一般規準と位置づけられるものであろう。［III］［3］立法技術の細部は判定の対象とされていないものの、立案コンセプトが洗練された法律文に定式化されていることは、評価の対象である。さらに［IV］［1］経済成長の促進、［2］雇用機会の促進、［3］企業の資本構成の改善、［4］法形式の中立性と投資の中立性、［5］投資と貯蓄の中立性、［6］社会保障制度との統合は従たる特殊規準の性格を有する（順不同）。さらに、選考委員会は「環境との和合」を判定規準に加えることもできたであろう

43　Mitischke (2004 B), S VII f.

が、他方、これを判定規準のひとつとすれば投資より消費の抑制を選考委員会が積極的に評価していることを鮮明にし、そのため支出税構想を推奨しているかのように受け取られかねない。そのためかどうか、同委員会は「環境に優しい」判定規準を明らかには加えていないようである。このように、租税立法学にとって、その都度の課題をどのように把握するかはきわめて重要であるところ、前記の判定規準は授賞選考委員会の思想を顕現している。

次に、応募された 19 の提案のうち、授賞選考委員会は 4 つの提案を選択した。ABC 順にそれらをあげると次のとおりである。Michael Elicker 博士 [44]、Mitschke 教授 [45]、Manfred Rose 教授 [46]、および「ケルン草案」グループ（代表Joachim Lang 教授）[47]。4 つの草案の着想はいろいろな判定規準に関してあい異なっている。あるものは現行の法状態が全面的に疑問であるとする。あるものは、現行法にごくわずかだけ修正を加えるべきであるとする。それに対応して、法律草案の法規定は条文構成の順序が異なっており、詳細さもまた異なって作成されている。さらに、草案の基本的相違は、1 に、法規範の範囲の重点の置き方に現れており、2 に、各草案を根拠付ける理由書に現れている。

授賞選考委員会は、草案の実質的内容とその法技術の観点からする形式的構造とに重点を置いて判定を行っている。懸賞広告で明示した判定規準に鑑み、授賞選考委員会は草案の実質的内容を評価している。これに対し、授賞選考委員会は法律編纂上の不完全さには余り比重をおかなかった。

最後に、前出 4 受賞作は、いずれも「消費型所得」概念から出発して所得

---

[44] Elicker (2004), 同書は著者の教授資格論文である。その作品は、ヒューマニティ財団の競争において 2 等賞の所得税改革草案として顕彰をうけた。なぜなら、同書は従来見られなかった態様により成功裡に租税憲法の思想を打ち出している。同書は定率による所得税率を用いており、この比例税率を新たに定義した課税標準に適用している。新定義の課税標準は真性の純所得課税システムによっている。

[45] Mitschke (2004 B), 206 S.

[46] Rose (2002).

[47] Lang / Herzig/Hey/Hordlemann/Pelka/Pezzer/Seer (2005), 147 S. 同書は、「ケルン草案」は政治的に CDU よりの、しかし独立な専門家による現実的な改革案として理解されうる。その作品は、ヒューマニティ財団の競争において 3 等賞の所得税改革案として顕彰をうけた。その草案は、所得税法をその基本構造に立ち返って築いており、余計な限定規定や例外規定を削除し、とくに租税優遇措置を削除する一方、他方で、現行所得税法の規定の缺欠を充填している。確固たる信頼しうる概念に基づいて、法適用者が法律からできるだけ具体的にあらゆる法的判断を導き出しうるべきであるとする。2007 年秋に実施されていたドイツ連邦共和国の総選挙の結果、CDU が僅差で勝利したので、現実的な「ケルン草案」が一歩実現に向かうであろう。

第4節　評　価

税・法人税の構想を描いている点で、共通している。論者（たとえばヨアヒム　ラング教授）は現行税法のラディカルな改革を回避するため、その限りにおいて、法人税や取得型所得概念をその草案に残しているにとどまる。ケルン学派グループは確定決算主義を廃して、法人税のために独立の税務会計法を提案する。ミチケ草案は、「消費型所得」概念を所得税、法人税および社会保障の領域で首尾一貫して展開したものである。

2　ミチケは、もはや企業に課税しようとせずに、企業の所有者、したがって社員および株主だけに課税しようと考えている。金銭が企業から払いだされるかまたは企業から配当されるときに、はじめて課税が行われうる。これは次を意味する。

1）　経済成長の促進および雇用機会の増大のための条件は、決定的に改善される。

2）　国際比較をするとドイツ企業の低すぎる自己資本水準を非常に早く高い水準に引き上げることを可能にする。

3）　企業には研究開発および投資のためにより多くの金銭が企業に内部留保される。

4）　ドイツの立地条件は、投資家にとって再び魅力的になる。

5）　企業の破産または支払い不能は資本構成比の改善によって少なくなる。

6）　投資家は、消費よりも投資を選好するだろうから、自然資源の浪費を抑制し、環境に好ましい行動をとることになる（現在の支出税構想の背後にある哲学は、環境との和合である）。

さらに、あらゆる貯蓄形態が「繰り延べ」課税をうけるべきであるので、とくに、貯金が解消するとき、個人の貯蓄形態と集合的貯蓄形態は等しく取り扱われる。このようにして、貯蓄者は投資形態の選択の自由を享受する。

最後に、ミチケ草案は、所得税の徴収および国民所得支援給付金——負の所得税の1形態——の導入による国民所得支援給付金システムを統合して体系化しているという意味において、最も包括的に設計されている[48]。

ミチケは、その草案の行政執行可能性の問題を、国境を越える取引のケース

---

[48]　Mitschke (2004 B), S. VII.

に見て取っており、そしてそのためかれのコンセプトを、コンセプト上完全には首尾一貫していない態様で、修正をしている[49]。ミチケ草案では、住所の海外移転によって問題が生じるだろう。ある所得税制から支出税制度への切り替え、逆の切り替えは移行問題を引き起こすので、この問題の解決は、国家間での調整によってのみ行われうる。このようにあい異なる所得概念を採用する国家間での国際取引は、問題を引き起こしうる。類似の問題は、しかし、現在でも起きている。

授賞選考委員会は、ミチケ草案に1等賞を授与している。その理由はこうである。かれは首尾一貫性してそのコンセプトを考え抜いており、とくに明瞭な言語で理由付けをしており、そしてとくに練って定式化した法律文に翻案しているか。さらに、ミチケ草案は彼自身の学問思想にもとづいていることは、特筆に価する。経済学や会計学のアイディアおよび理論を法律条文に変形（翻案）する法技術こそが、租税立法学の重要な課題であり、したがって、その意味において、ミチケ草案は彼の経済学・会計学のアイディアをよく首尾一貫して法律案にまとめ上げている。

懸賞広告の中では求めていなかったけれども、ミチケ草案は次の点でも高い評価をうけた。所得の課税が所得支援給付システムに統合されている。所得支援給付システムと所得税は実質的に分離されないので（現行所得税法3条）、そのような統合は不可欠であり、そしてミチケ草案でのみ実現できる。著者がここでも「国民所得支援給付金[50]」のコンセプトを用いて彼自身の準備作業[51]に立ち返って統合を行っていることが、彼の草案がとくに受賞に値する点である。さらに、ミチケは、企業の利益を、それが払出しもしくは配当される、時点でかつその範囲においてのみ、課税するように提案する。企業の所有者が企業の中に利益を内部留保しておく限り、国はその留保利益に課税を行なうべきではない。この帰結は、現在妥当している、2分の1所得免除方式において半ば実現している。著名な経済人や経済界の代表者の判断によれば、ミチケの提案は次の理由だけからでも歓迎されるものである。税務会計法と法人税法の全体は廃止され、企業をめぐる現在の租税問題の3分の2は消滅するからである。租税法の意味において企業利益とはいったい何であるのか、という論争は、過

---

[49] Mitschke (2004 B), S. VII.
[50] Bürgergeld.
[51] 国民所得支援給付金（Bürgergeld）に関する初期の文献として、参照、Mitschke (1974/1975). その他の準備作業として、参照、前掲注(1)と(2)。

第 4 節 評 価

去のものとなってしまうであろう。なぜなら、将来の課税標準は、個人企業と
人的会社の場合には払出しであり、そして物的会社の場合には配当だからであ
る。このような利益の計算は、現行「租税法上の利益」の計算よりもよほど簡
単である[52]。

ミチケは税務会計法および法人税法の全廃を提案しているので、その結果、
税理士の業務が税法を顧みずに企業会計に従えばよいので簡単になるばかりで
なく、税務署でも相当の人員の合理化が容易になるだろう。とりわけ、企業経
営が租税法を斟酌しないで、もっぱら会社法上および企業会計の原則にした
がって行いうることは、特筆に値する[53]。他方、法人税の納税申告業務は全廃
されるとしても、税理士は個人企業、法人（とりわけ中小零細規模法人）その他
の企業の財務諸表の記帳業務と決算書作成業務を行いうるうえ、納税申告を行
わずに済ませるので、その余力をもってより質の高い助言サービス提供に振り
向けることができるだろう[54]。

伝統的な租税法律家の提案には比較しうるものはない。たとえば、「ケルン
草案」はあたらしい税務会計法を具体的に公表しているが、将来ふたつの独立
の会計決算書、すなわち租税法によるものと会社法によるものが存在すること
になる。また、将来、企業は租税法を常に斟酌して経営をおこなわなければな
らないだろう。企業は、租税法がかれらにとって有利であるかどうかを検討し
なければならず、さらに貸借対照表によって租税法上の利益を計算するか、収
支剰余計算法によって収支を計算するかを検討しなければならない。これらす
べては余計な費用を要することであり、したがって簡素化をすすめたり負担軽
減をもたらすことはまれであろう[55]。

ミチケの提案している、払出しまたは配当の時点までに繰り延べられる課税

---

[52] Jehnert (2004), FAZ Nr. i vom 2.1.2004.

[53] Jehnert (2004), FAZ Nr. i vom 2.1.2004.

[54] ドイツ税理士およびヘッセン税理士会ならびに大手の会計事務所はミチケ 構想に賛成
している。代表的なものとして、Moser(2005), 193-194（執筆者は、税理士であり、同
時にトリア単科大学教授である。）；Jehnert(FN. 52), FAZ Nr.i vom 02.01.2004.（執筆者
は、租税弁護士である。）もっとも、ヘッセン以外の税理士会およびもっぱらの税理士が、
法人税申告業務の消滅とそれに伴う収入減をもたらすミチケ 構想に諸手を挙げて賛同し
ているかどうかは、不明である。他方、社会保障を統合する所得税法案のもとでは、負
の所得税を受給するために、貧者もまた租税申告書を作成提出すべきであるが、この職
務の業は社労士と税理士との間の職域問題を引き起こすだろう。租税立法学において、
既存の利益団体の利害得失をどの程度まで斟酌すべきかは、重要な課題である。

[55] Jehnert (2004), FAZ Nr. i vom 2.1.2004.

によってはじめて、企業の所有者は、次の意味において、租税法上従業員と同じ立場に立つだろう。すなわち、企業の所有者が実際に企業から払い出すものだけに、事業者は従業員と同様に課税を受けるからである。現在では、企業の所有者は、会社契約上の規定に基づき企業からまったく払い出されていない部分の利益にも個人レベルで課税を受けるからである。従業員もまた、同提案から利便を受けるだろう。企業に資本が十分留保されると、雇用の機会は確保され、さらにあたらしい雇用の機会が生まれ、従業員に研修を受ける費用や技術革新の費用が内部留保利益で賄えることになるだろうから、各企業は不況を乗り越え、再び成長できるだろう。要するに、ミチケ教授のような経済学者は、あたらしい所得税法の草案において、経済成長の促進を企業課税に同時に結びつけるよう試みている[56]。

ミチケは、成功裏に包括的かつ矛盾のない草案を提示している。なぜなら、かれは法人税率の問題のような隅の問題にかかわりあっていないからである。租税法の簡素化や課税標準の拡大もまた、ここでは自己目的ではない。むしろ、それらは、首尾一貫して把握された租税法の理念からの帰結である。今日の租税システムは、法形式の中立性と投資の中立性が欠けている点で、幾度もまた正当にも批判を受けているものである[57]。

ミチケは、その所得税・国民所得支援給付法（案）において、所得税法上人的所得控除を温存している。このため、所得税の課税ベースは十分に拡大しておらず、その結果、同法案では歳入が歳出より大となるとの批判が加えられている。

3 リスクとインフレ・デフレと技術革新

利子論（投資理論）においてリスクとインフレ・デフレならびに技術革新を考慮に入れること、および、それらを法律案文に変形することは、そう簡単な事柄ではない[58]。「本書の骨格2」における理論は、企業に内部留保される資本は、リスクの蓋然性を仮定して、後の期間に利息（投資収益）を生じることを想定している。企業が期間1に内部留保し（貯蓄した）利益（dW_1）を投資して、期間2において投資の失敗により投資収益のみならず元本（dW_1）をも

---

[56] Moser (2005), 194.
[57] Jehnert (2004), FAZ Nr.i vom 2.1.2004.
[58] 利子論の第1次研究、第2次研究及び第3次研究の前提要件について、参照、I.Fisher (1930/1970), Part II；フィッシャー（1980）第1編。

第4節　評　価

失うこと（リスク）は起きうるだろう。そのような投資リスクを直視して、ミチケ構想は、企業の内部留保利益に対する租税を課さないで、個人投資家のもとでその持分に応じて資本損失 Capital Loss を斟酌する。しかし、資本損失の認識時期と資本損失の新旧個人投資家への割り当てとは、理論上も実務上も容易ではあるまい。親子会社関係や兄弟会社関係が複雑に入り組んでいる企業グループにあって、ミチケ構想は1傘下企業の倒産による資本損失を、どのように個人株主のもとで斟酌しているであろうか。

　所得税と社会保障の統合とともに、支出税の採用により法人税の廃止を提案するミチケ構想は、その所得税法案と立法理由を詳細に紹介する機会を別に得て、詳述することとしたい。支出税の導入を貝塚啓明教授、中里実教授が日本でも主張されており、また、負の所得税と公的扶助の統合を M. フリードマン教授[59] が 1962 年に提唱されたことは、よく知られている。それらのアイディアをミチケは経済学、会計学と法律学によって総合的に研究したうえで、社会保障制度と統合したひとつの所得税法案に明瞭にまとめ上げている。

---

[59]　Friedman(1963/69), 190-195；. フリードマン／フリードマン（1980）154 頁。

第2部 就労及び児童・若者を支援する
所得支援給付システム

第5章 英国の所得税法における家族課税と
租税クレジット：児童貧困の撲滅と働きがい
のある社会保障給付を目指して

第1節 連合王国所得税法における家族の課税
：人的所得控除と税額控除

1.1. はじめに

現在のイギリス政府[1]の主たるアイデアのひとつは、所得再分配を通して貧困問題を解決するため租税クレジット[2,3]、の活用である。最初の成果は1999年租税クレジット法[4]に具体化された。当時存在していた2つの所得支援給付、すなわち家族クレジット[5,6]、と障害者就労手当[7]は、新たに2つの租税クレ

---

[1] 所(2007) 87-98頁（2007年6月末まで10年間のトニー・ブレア政権の行った家族政策を検証）；諸富(2009 A) 209頁以下。

[2] 租税クレジットの政策意義について、参照、樫原(2005) 521頁、524頁。

[3] tax credits. 日本では給付つき税額控除と訳されることがある。しかし、国民からみて、納税義務は租税であり、政府に支払うべき債務を指しているのと対照的に、租税クレジットは、政府に対して有する債権を意味する。租税クレジットは、所得支援基準給付額から控除されるのであって、算出税額から控除されるわけではない。社会保障法上、この租税クレジットは一定の要件のもとに国民に給付される。また、外国税額控除等は、課税年度末に算出税額から税額控除されるのに対し、社会保障法上の租税クレジットは、毎月、受給権者に給付され、彼ら彼女らはその支給額だけ、貨幣所得を増やすこととなる。以上の理由から、tax cedits を租税クレジットと翻訳する。

[4] The Tax Credits Act of 1999.

[5] family credit. 参照、下夷(1999) 164-168頁（家族クレジットは、家族所得補足に比べ、労働時間を増やせば手取り所得も増加するので、後者の制度よりも就労を奨励することが意図された。）；諸富(2009 A) 213頁；衣笠(2006) 207頁。

[6] その問題点について、参照、諸富(2009 A) 214頁。

[7] disability working allowance. 参照、衣笠(2006) 207頁、216頁以下（その沿革について記述）；下夷(1999) 175頁。

ジット——就労家族租税クレジット[8]と障害者租税クレジット[9]——に改められた[10]。これらは、家族に支援を施すための、これまでの努力の成果であった[11]。それらは、家族を支援することを希求したのではあるが、ところがあに図らんや、仕事に就くことを控えたくなるほどあまりに多くの障碍を生み出していた[12]。

2002年租税クレジット法は、2003年4月6日に発効し、1999年租税クレジット法を廃止し、2つの新しい租税クレジット、すなわち児童租税クレジット[13,14]、と就労租税クレジット[15]を創設した[16]。これらは、1に、子ども税額控除[17]と、2に、（所得税を引き下げるもの[18]として働いていた）就労家族租税

---

[8]　the working families tax credit, WFTC. 勤労世帯税額控除とも訳される。就労家族クレジットについて、参照、樫原(2005) 509頁；橋本(2002) 3；衣笠(2006) 208頁、214頁（「税額手当」は本稿でいう租税クレジットを指す。)、217頁；諸富(2009 A) 214頁以下（就労家族租税クレジットの特色を5点に要約する。だたし、その第4点及び第5点は、2002年租税クレジット法に定める就労租税クレジットの特色ではなかろうか）。

[9]　the disabled person's tax credit, DPTC. 障害者租税クレジットについて、参照、樫原(2005) 525頁；衣笠(2006) 208頁、217頁以下（受給権、計算方法）。

[10]　就労家族租税クレジット制度（Working families' tax creddit）は、「1998年のTaylor報告で子供を持つ低・中所得者の所得を押し上げるために導入が推奨された」（橋本(2002) 2）；さらに、租税クレジット制度の沿革小史について、参照、衣笠(2006) 212頁以下。

[11]　Tiley (2008) para 9.4.1.

[12]　Cf. Tiley (2008). s. 9.4(Tax Credits: Tax Credits Act 2002 and Later)；諸富（2009 A）216頁以下及びそこに掲げられた文献.. 日本においても、租税クレジット制度の論説、紹介と提言が、多くなされている。たとえば、森信茂樹「給付付税額控除の意義と課題」Japan Tax Institute; 森信茂樹「我が国税制の現状と課題」；(株)日本総合研究所　調査部　ビジネス戦略研究センター「個人所得課税改革の課題：子育て・就労・教育をサポートする税制改革を」ビジネス環境レポート No.4; 小林勇人「ワークフェアの普及：アメリカから（主に）イギリスへ」；森信(2008 A)；森信(2008 B)；森信(2009 A)；森信(2009 B)；古谷(2003)；所(2007) 87頁；岩間(2006) 6頁；衣笠(2006) 207頁；深井(2003) 362頁。

[13]　the child tax credit, CTC. 児童租税クレジットの導入とその背景について、参照、諸富(2009 A) 211頁以下。

[14]　ブレア政権のとった2004年「児童ケア10カ年戦略」の概要について、参照、駒村(2009) 179頁。

[15]　the working tax credit, WTC. 参照、橋元(2006) 331頁以下。

[16]　The Tax Credits Act 2002 (TCA 2002), s. 1(1). 参照、衣笠(2006) 207頁；諸富(2009 A) 217-220頁。

[17]　children's tax credit 1988年所得税・法人税法 (TA 1988) に基づく人的控除ではあるが、現実には、所得税税額控除として機能した。

[18]　an income tas reducer.

第1節　連合王国所得税法における家族の課税：人的所得控除と税額控除

クレジットおよび障害者租税クレジット[19]に取って代わるものである[20]。

　租税クレジット法およびそれに関連する多数の省令は、租税と所得支援給付システムを統合[21]する最初の本当の試みである[22]。租税クレジット[23]の目的との関連で所得の測定は、所得税上の所得金額の計算ルールに基づいており[24]、そして、その租税クレジットは、所得課税年度を引き合いに出して支給される[25]。

　このように、これらの租税クレジットのルールは、社会保障よりむしろ租税により近いものである[26]。2002年租税クレジット法は、重度障害者がいる場合に、その租税クレジットの価値を大きくするルールを含んでいる。このようにして、障害者租税クレジットは独立分離の手当として存在することをやめ、当該システムの一部に吸収合併されている[27]。それら2つの租税クレジットは少なくとも次の理由で相互に識別されなければならなかった。児童租税クレジットは原則として（歳入・関税庁に附置する）委員会から直接に主たる後見人に支給されるのに対し、就労租税クレジットは、養育要因額を除いて、原則として賃金パケット[28]を通して雇用者によって支給された[29]。

　就労租税クレジットの支給方法は雇用者の事務負担を理由に2005年に改正

19　この2種は、社会保障省（Department of Social Security, DSS）によって元々支払われた2つの租税クレジットで、社会保障給付として多くのものによって見られている。

20　Tiley & Collison (2008) para.6.51, pp310.

21　租税が社会保険料と異なる側面を持つことを強調するものに、たとえば、岩村(2001)115頁；江口(2008) 177頁。しかし、ここでは、成文法律である税法を道具として用いて、最低生存権の保障、貧困の撲滅、就労意欲の向上といった目標を実現しようとする。そのため、社会システムのデザインを描こうとする。

22　Tiley & Collison (2008), para.6.51, p 310.

23　tax credit.

24　Tax Credit (Definition and Calculation of Income) Regulations 2002, SI 2002/2006 as amended by SI 2003/732, 2003/2815, 2004/762, 2004/2663,2005/2919, 2006/745 and 2006/766.

25　TCA 2002, s. 5; Tax Credits (Income Thresholds and Determination of Rates) Regulations 2002, SI 2002/2008.

26　同旨、諸富(2009 A) 220頁（それが伝統的な社会保障給付から「負の所得税」へと段階的に純化している）。

27　障害就労者を対象とする租税クレジット制度について、詳細は、衣笠(2006) 209頁、211頁、215頁以下。2005年10月障害者自立支援法及びこれに続く改正障害者雇用促進法のもとで、障害者向けの租税クレジット制度の導入を提言するものに、参照、衣笠(2006) 240頁。

28　the wage packet.

29　Tiley (2008), para 9.4.1.

されている。すなわち、雇用者は、被用者への租税クレジットの支給について
もはや責任を負っていない。歳入・関税庁が、すべての租税クレジットの支給
について単独で責任を負っている。これは、2005年租税クレジット（雇用者等
による支給）（改正）省令[30]をその根拠とする。この改正の主たる効果は、就労
租税クレジットの新規請求人のすべては2005年11月7日から、そして、就労
租税クレジットの既存請求人のすべては2006年4月1日から、雇用者経由で
なく、内国歳入庁の委員会[31]によって直接に支給される。ただし、自営業者
はその就労租税クレジットを直接に委員会から受け取る[32]。2003/04年には、
このようにして再分配された金額は、160億ポンド[33]を超えていた[34]。

　個人的事情を斟酌して租税システムによって許容されている所得控除に関す
るルールが現在2つだけある。個人の事情に応じた税負担の調整は、租税クレ
ジット・システムの分野でも行われる。2つの所得控除[35]は、「救済[36]」の形
式で、すなわち、課税所得金額[37]を算出するために総所得金額[38]から控除さ
れる。基礎控除[39]と盲人控除[40]がそれである。もうひとつは、税額「控除[41]」
の形態をとる。すなわち、納税義務者の納付租税債務（納付すべき税額）は、
算出税額から当該税額控除額を控除して計算される。数多くの態様で、税額控
除[42]は、ある者の租税債務と相殺される債権[43]のようであるが、しかし、租
税クレジットの導入は、ここでの用語「債権」と極めて混用しやすい。人的所
得控除は、所得の金額を減額する。この所得控除は、低い税率（平均税率）で
納税する人びとよりも高い税率（平均税率）で納税する人びとにとってより価

---

[30]　The Tax Credit (Payment by Employers etc) (Amendment) Regulation 2005
(2005/2200). さらに、EXPLANATORY MEMORANDUM TO THE SOCIAL SECURITY
(CONTRIBUTIONS) (AMENDMENT NO. 2) REGULATIONS 2006 (2006 No. 576).
[31]　the Commissioners for Her Majesty's revenue and Customs.
[32]　当該法律の会計処理の詳細について、Lee(2003 B), 7-51.
[33]　22,848億円（168億×136 = 22848億）
[34]　Tiley (2008), para 9.4.1.
[35]　Deductions.
[36]　Reliefs.
[37]　Tax able income.
[38]　Total income.
[39]　The basic personal allowance.
[40]　The blind person's relief.
[41]　Reductions.
[42]　A tax reduction.
[43]　a credit aginst one's tax liability

第1節　連合王国所得税法における家族の課税：人的所得控除と税額控除

値が高い[44]。これと対照的に、租税クレジットは、すべての納税義務者にとって同一の金額であれば同一の価値を有しており、そして、「より衡平[45]」でありうる。

　税額控除は、ある者が租税債務（納税義務）を負う場合にだけ、利用できる。租税クレジット・システムの背後にある論理は、納税義務者及び非納税義務者にとって等しい価値の給付金を支給することである。3組のルールの背後にあるものは、応能負担原則に従って[46]租税負担を配分したいというものである。

　これらの所得控除及び税額控除は、たとえば信託と反対に、各人によってのみ請求されうる。これらは、したがって、損失の繰り越し繰り戻しのような損金控除と区別できる。さらに、これらの所得控除及び税額控除は、一般に、居住者によってのみ請求される。所得控除は、査定年度においてのみ使用でき、ある年度に使い切れなかった所得控除額は、別な年度に繰り越したり繰り戻したりできない。これと類似して、この所得控除及び税額控除は、それらは直接に指定されないという意味において、個人ベースである。もしある人が、他の者が所得控除を使い尽くすために、所得を他の者に提供できるならば、間接的にそのように行うかもしれない。たとえば、夫婦の一方当事者がその平均税率の高低を理由に、他方の配偶者の基礎控除額を提供してもらうことができるなら、その夫婦は、2つの基礎控除額の合計に対する高い平均税率でもって、政府からの隠れた補助金を無償で取得できるであろう。

1.2.　人的所得控除

1.2.1.　基 礎 控 除[47]

　所得を取得する者が所得税を申告し、そして納税する。そして、原則として、夫と妻は独立分離して課税[48]に服する[49]。

1988年税法257条によれば、連合王国に居住するすべての個人及び或る特定

44　類旨、橋本(2002) 4 （「所得控除として扶養控除を認めることは、適用限界税率の高い、高所得者ほど児童扶養による節税額を大きくしてしまう」）。さらに、租税クレジットに反対して所得控除に賛同するものとして、みよ、Brannon/ Morss(1973) pp.599-659; Gottschalk (1976) 221-226.

45　Fairer. Tiley (2008), para 11.1, p189.

46　According to ability to pay.

47　The basic personal relief.

48　ＩＲ93および課税マニュアルを見よ。

49　Independent Tax ation Manual. http://www.hmrc.gov.uk/manuals/inmanual/IN1 ＋ .htm

の非居住者は、人的所得控除の方途により総所得金額から控除しうる権原を有する。

1990 年 4 月 6 日以降、連合王国に居住するすべての納税義務者は、人的所得控除権を有する（2007/08 年には 5,225 ポンド[50]）。人的所得控除の金額は、すべての類型の所得（総所得金額）から減額されうる。稼得所得[51] か不労所得[52] かを問わない。

人的所得控除を享受しうるのは、所得税の申告者ひとりに限定されている。この人的所得控除は譲渡することもできない。それにもかかわらず、人びとは所得を分割して、人的所得控除を享受できるように試みている[53]。なお、配偶者控除と呼ばれる独立の所得控除は存在しない[54]。

1.2.2 盲人所得控除

1988 年税法 26 条によれば、登録盲人は、総所得金額から盲人所得控除を行う権原をもっている。この所得控除は、妻が盲人であるとすれば夫が請求することもできる。このルールは登録同性結婚にも適用される。両者がともに盲人である場合、各人が盲人所得控除を受ける。該当者は、当該年度の少なくとも一部について地方当局に登録しなければならない。

【設例 1】

若いカップルが年所得金額を 11,000 ポンド稼得するとする。年金掛金の拠出額は 1,000 ポンドだと仮定する。その算出租税債務は次のように計算される。

---

[50]　1 ポンド ≒ 136 円とすれば、710,600 円（5225 × 136 ＝ 710600）となる。

[51]　earned.

[52]　unearned.

[53]　照会に対する回答 (e-mail dated 08 Oct.2008 by Prof. Judith Freedman). ベヴァリッジ・システムは家族の解体を助長しているとの指摘について、参照、フィッツパトリック (2005) 98 頁（家族を尊重した給付改革が必要である）。なお、ドイツ語の Grundeinkommen は、イギリスでいうベーシック・インカムとはまったくその内容を異にする（前者の首唱者 Mitschke, Joachim による私信に対する回答）。異説、ヴェルナー (2007) 7 頁。Mitschke の見解について、参照、木村 (2006) 21 頁；木村 (2005) 17 頁。ベーシック・インカムの概念と構想について、たとえば、小沢 (2002) 2 頁、105 頁以下；橘木・浦川 (2006) 299-305 頁。本書は、ベーシック・インカム構想に基づくものではない。

[54]　a spouse allowance. 照会に対する回答 (e-mail dated 08 Oct.2008 by Prof. Judith Freedman).

第1節　連合王国所得税法における家族の課税：人的所得控除と税額控除

超過累進税率は表 5-1 セル D 7 から D 9 とする（ITA 2007 s.6, FA 2007 s.1）[55]。

表 5-1　英国所得税におけるその累進税並びに算出租税債務の計算過程

	適用税率　所得階級			2007－08 所得税率		
1	所得の金額			11,000		
2	年金掛金の拠出額			1,000		
3	総所得金額			10,000		
4	人的所得控除額（基礎控除額）	－)		5,225		
5	人的救済（盲人所得控除）	－)				
6	課税所得			4.775		
7	最低税率適用の第 1 所得階級	£1－£2,230	最低税率	10%	223	＝2230×D6/100
8	標準税率適用の第 2 所得階級	£2,231－£34,600	標準税率	22%	560	＝(4775－2231)×D20/100
9	最高税率適用の第 3 所得階級	£34,600－	最高税率	40%		
10				s.6	783	算出租税債務
	A	B	C	D	E	F

1. 3.　税 額 控 除

税額控除は、租税クレジットと異なる機能を有する。老人夫婦税額控除は、算出納税額を限度に打ち切られ、そのマイナス差額があっても、政府から差額を支給されない。租税クレジットは、これと異なり、マイナス差額は、当事者の政府に対する税法上のクレジットとして把握されるから、当事者はこのクレジットを政府に対して請求しうる。租税クレジット（Tax credits）概念は、この文脈において、誤解すべきではない。

1. 3. 1.　夫婦税額控除[56]：2000 年 4 月以降のポジション

夫婦税額控除は、納税者又はその配偶者のいずれかが 2000 年 4 月 5 日に満65 歳を越えていた場合、今日でも利用できる。このルールは登録同性結婚にも適用される。この夫婦税額控除は、その他の場合には、2000/01 課税年度以降について廃止された[57,58]。

子ども税額控除は、2001 年に導入されたが、2 年後に廃止され、代わって、

55　Lee(2008), para51.25; cf. Tiley & Collison(2008), para.6.51., p.134. FA 2008 (c.9) s.1 によれば、2008/09 年度について、最低税率は 20% であり、そして最高税率は 40% である。

56　the married couople's allowance MCA.

57　Lee(2008), para51.22.

58　少なくとも一方の配偶者が 2000 年 4 月 5 日以前に満 65 歳になっていたケースについてのポジションについて、参照、Lee(2008), para51.24.

第2部　第5章　英国の所得税法における家族課税と租税クレジット

2002 年租税クレジット法が発効した。

1. 3. 2.　老人夫婦税額控除 [59]

婚姻関係の当事者のうち少なくとも一方が 2000 年 4 月 5 日以前に満 65 歳に
なっていた場合、老人夫婦税額控除は今日もまだ使える。あたらしい請求は、
当該夫婦の一方が満 65 歳になる日以降は行うことができないが、これに反し、
一方の夫婦が 1935 年以前に生まれている場合、夫婦又は配偶者は老人夫婦税
額控除を請求する権利を有する [60]。高齢者がしばしば蓄えもなく貧困にあえい
でいる現状に照らし、この老人夫婦税額控除は導入されている。

1. 3. 2. 1.　基本的必要要件

婚姻している男、および、課税年度の一部のあいだ彼と同居している妻は、
人的所得控除（基礎控除など）に加えて、その年度について老人夫婦税額控除
を受ける権利を有する。ITA 2007 s 1011 は、「同居している」という表現を次
のように定義する。

「婚姻関係にある個人または同性結婚 [61] である個人は、所得税法の目的との
関連では、次の場合に該当しない限り、「同居している」ものとして取り扱
われる。
(a)　彼ら彼女らが、管轄権のある裁判所の命令により、別居している場合、
(b)　彼ら彼女らが、別居の捺印証書により別居している場合、
(c)　彼ら彼女らが、別居が永続しそうな状況のなかで実際に別居している
　　場合」

したがって、所得税法の目的にとって、婚姻関係は現実の別居の日に終了す
る。たとえば一棟の建造物が各戸独立した 2 つの居室 [62] に区分されている場
合に、カップルが所得税法の目的との関連で別れて生活しているように見える
としても、同一の家屋に同居し続けていれば、それは、通常、別居にならない。

---

[59]　The age-related married couple's allowance. 日本の老人夫婦税額控除の年齢要件は 75
　　歳以上である（所得税法 83 条及び 2 条 1 項 33 号の 2）。48 万円。
[60]　Lee(2008), para51.23.
[61]　civil partners.
[62]　flats.

夫と妻が同じ屋根の下で生活し続けるのをやめており、その住居空間の物理的分離がない場合であっても、夫と妻は、1972 年にひとつの生計をやめ、かつ、2 つの生計 [63] になっている、Holmes v. Mitchell (1991) 事件の場合、夫がおよそ 10 年後に離婚のきっかけを探している意図を表示すれば、そのときに、別居の事情は、その別居が永続的であるというものである [64]。

2007/08 年度の老人夫婦税額控除は、65 歳-74 歳の人びとについては 6,285 ポンド [65] であり、75 歳以上の人びとについては 6,385 ポンド [66] である。これらの夫婦税額控除は、もし、2007/08 年については、納税義務者の所得金額が所得上限額 20,900 ポンド [67] を超えるなら、減額される。ただし、老人夫婦税額控除の減額は 2,440 ポンド [68] 未満に引き下げることはできない [69]。

1.3.2.2. 救済の制限

請求人の権利 [70] は、その者の課税総所得金額について生じる所得税債務 [71] から控除 [72] して行使される。言い換えると、税額控除 [73] が行われる。この税額控除の金額は、2007/08 年について、老齢夫婦税額控除にかかる算定の基礎となる特定金額 [74] の 10％に相当する金額であり、又は、マイナスになる場合であっても、請求人の租税債務を 0 (ゼロ) にまで減額するだろう金額である。

【設例 2】

2008 年 3 月に 65 歳を祝賀した John と、Emma は、婚姻関係にあり、かつ、2007/08 課税年度を通して一緒に生活している。John の総所得の金額（すべて稼得所得と仮定）は 42,000 ポンド [75] であり、Emma さんは所得がない。

---

[63] Two households.
[64] Lee(2008), para51.24.
[65] 85 万 4760 円 (6285 × 136 = 854,760).
[66] 86 万 8360 円 (6385 × 136 = 868,360).
[67] 2,842,400 円 (20900 × 136 = 2842400).
[68] 331,840 円 (2440 × 136 = 331840).
[69] Lee(2008), para51.24.
[70] the claimant's entitlement.
[71] the income tax liability.
[72] reduction.
[73] a tax credit.
[74] the speccified amount.
[75] 5,712,000 円 (42000 × 136 = 5712000).

第2部　第5章　英国の所得税法における家族課税と租税クレジット

2007/08 年における John の所得税債務（所得税納税義務）は次のように計算される（参照、表 5-2 の設例 2）。

【設例 3】

2000 年 3 月に 65 歳を祝賀した John と、Emma は、婚姻関係にあり、かつ、2007/08 課税年度を通して一緒に生活している。John の総所得の金額（すべて稼得所得と仮定）は 10,000 ポンド[76] であり、Emma は所得がない。

2007/08 年における John の所得税債務は次のように計算される（参照、表 5-2 の設例 3）。

表 5-2　所得税債務の計算方法

設例 2			(単位　£)
1	総所得金額			42,000
2	人的所得控除額[77]			5,225
3	課税総所得金額			36,775
4	算出所得税債務	223.00	＝2230×10%	
5		7,121.18	＝32369×22%	
6		870.40	＝2176×40%	8,214.58
7	老人夫婦税額控除[78]	244.00	＝2440×10%	244.00
8	納付所得税債務			7970.58

設例 3			(単位　£)
9	総所得金額			10,000
10	人的所得控除額[79]			7,550
11	課税総所得金額			2,450
12	算出所得税債務	223.00	＝2230×10%	
13		48.40	＝220×22%	271.4
14	老齢夫婦税額控除	628.50	＝6,285×10%	
15	算出税額に限定	271.40	＝MIN(D13, B14)	271.40
16	納付所得税債務			0.00
	A	B	C	D

もし、John の 2007/08 年度の総所得金額が 10,000 ポンド[80] だけであるなら、彼の租税債務は次のようにして計算されるであろう。

---

[76]　1,360,000 円 (10000 × 136 = 1360000).
[77]　総所得金額を理由に老人税額控除は限定を受けうる。
[78]　所得制限により限定されうる。
[79]　年齢 65 歳ないし 74 歳。
[80]　1,360,000 円 (10000 × 136 = 1360000).

第1節　連合王国所得税法における家族の課税：人的所得控除と税額控除

　請求人の租税債務は、年間の総所得金額から人的所得控除額を控除したのち、所得税額を算出し、さらに、その算出所得税額から適格生活維持保証支給額[81]を税額控除した後に、決定される。最後に、その請求人が一方的国内措置によりまたは二重課税条約を経由して権限を有することのできる二重課税の救済は無視するものとする[82]。

1. 3. 2. 3.　老人夫婦税額控除の使い方

　この税額控除は自動的に夫にいく。しかし、この夫婦税額控除を夫婦間にどのように配分するかを決定することを婚姻カップルに許容している条項がある。2007/08 年の特定金額は、2,440 ポンド[83] である。当課税年度の開始前に、カップルは、妻が夫婦税額控除にかかる当該特定金額の全額を配分してもらうことを 2 人で合意して選択するか、または、妻がその特定金額の半額を受け取ることを選択することができる。いずれのケースでも、妻は、彼女の算出所得税債務から、当該特定金額の 10%（2007/2008 年について）に相当する金額を税額控除[84]する権利を有することとなるか、または、当該特定金額の配分割合を税額控除することができるようになる。選択は所定の様式により行われなければならない。そして、いったん選択すると、その選択は、後の課税年度の初日前になされる次の選択によって撤回されるまで、継続する[85]。

【設例 4】

　Natalie と（2000 年 2 月に 65 歳になった）Bob は、2007/08 課税年度のあいだ一緒に生活している婚姻関係にあるカップルである。Bob は、パート・タイムの仕事に就いており年 9,000 ポンド[86] を稼得する。Natalie さんは、年 21,000 ポンド[87] を稼ぎ、そして、老人夫婦にかかる夫婦税額控除[88] の特定金額[89] の

---

[81]　relief for qualifying maintenance payments; 参照、Lee(2008) para 51.61;ITA 2007 ss 24, 26, 27.

[82]　Lee(2008), para51.25.

[83]　331,840 円 (2440 × 136 = 331,840).

[84]　reduction.

[85]　Lee (2008), para 51.26.

[86]　1,224,000 円 (9000 × 136 = 1224000).

[87]　2,856,000 円 (21000 × 136 = 2856000).

[88]　Tax credit.

[89]　the specified amount.

第2部　第5章　英国の所得税法における家族課税と租税クレジット

半額を受領することを選択した。この老人夫婦税額控除の救済は次に掲げるようにして、彼彼女のあいだで分割される。

　Bob は、かれの租税債務[90] を 0（ゼロ）にまで減額するに当たって、314.25 ポンド[91] のうち 145 ポンド[92]（算出所得税額に相当する金額）だけを利用した。残余の 169.25 ポンド[93]（= 314.5 - 145）は、Natalie の所得税債務[94] を税額控除するため彼女に移転されるものとする。（参照、表5-3）

　これと対照的に、夫と妻は、人的所得控除額[95] を全く相互に移転することはできない。Natalie についてみると、夫婦税額控除[96] が婚姻中の年度において控除された場合[97]、相手配偶者（妻 Natalie）に移転されうる、税額控除の金額（表5-3 セル B5 - B6）と妻固有分の老齢夫婦税額控除（表5-3 セル B13）の合計からなる老齢夫婦税額控除（表5-3 セル B14）を、算出所得税債務[98] から控除して納付所得税債務[99] が算定される。

表5-3　所得税債務の計算方法

設例 4：Bob

（単位　£）

1	所得の金額			9,000.00
2	老齢者所得控除額[100] （年齢65歳ないし74歳）			7,550.00
3	課税所得金額			1,450.00
4	算出所得税債務	145.00	=D3×10%	145
5	老人夫婦税額控除	314.25	=6285×0.5×10%	
6	算出税額[101]に限定	145.00	=MIN(D4, B5)	145
7	納付所得税債務[102]			0

---

[90]　tax liability.

[91]　42,738 円 (314.25*136 = 42738).

[92]　19,720 円 (145*136 = 19,720).

[93]　23,018 円 (169.25*136 = 23,018.

[94]　income tax liability.

[95]　the personal allowance.

[96]　the maried couple's allowance.

[97]　参照、Lee(2008). para.51.27.

[98]　income tax liability.

[99]　net income tax liability.

[100]　Personal age-elated allowance

[101]　Income tax liability.

[102]　Net income tax liability.

第 1 節　連合王国所得税法における家族の課税：人的所得控除と税額控除

設例 4 ：Natalie　　　　　　　　　　　　　　　　　　　　　　（単位　£ ）

		A	B	C	D
8	所得金額				21,000.00
9	人的所得控除額				5,225.00
10	課税所得金額				15,775.00
11	算出所得税債務		223	＝2230×10%	
12			2,979.90	＝(D10－2230)×22%	3,202.90
13	老人夫婦税額控除		314.25	＝6285×0.5×10%	
14			483.5	＝B13＋(B5－B6)	483.5
15	納付所得税債務				2,719.40

1.4.　いずれか一方の夫婦の死亡

　妻が死亡する場合、夫が、かれの人的所得控除に加えて、当課税年度におい
て老人夫婦税額控除を全額得るだろう。翌年以降、かれは、（再婚しないと仮定
すれば）人的所得控除だけを受けるであろう。夫が死亡する場合、妻は、彼女
の人的所得控除に加えて、老人夫婦税額控除について、その未使用の部分を受
けるであろう[103]。

1.5.　婚姻中の年度における税金

　人的所得控除額は、婚姻中の年度において通常の方法で夫婦共に利用できる。
しかし、年度の中途において婚姻した場合の老人夫婦税額控除[104] の金額は、
婚姻の日に先立つ満月数[105] に、老人夫婦税額控除の金額の 12 分の 1 を乗じ
た金額が、減額される[106]。たとえば、老人夫婦税額控除の配分について選択
がなされないケースについて、男は、老人夫婦税額控除の 12 分の 3 を失うだ
ろう。なぜなら、結婚した年度においてそのカップルが婚姻していない、満月
数が 3 ヶ月あるからである。

　（同じ課税年度に前の婚姻があったため）すでに老人夫婦税額控除を受ける権
利を有する男が婚姻する場合、ひとつだけの老人夫婦税額控除が利用できる。

　婚姻していたカップルが或る課税年度において分かれたが、その後の年に元

---

[103]　Lee(2008), para 51.28.
[104]　the age-related maied couple's allowance.
[105]　complete tax month.
[106]　ITA 2007 s 54.

の鞘に戻り、そしてその間に離婚がなかった場合、夫は、仲直りの年度におい
て老人夫婦税額控除を全額得る。月割り減額はない。

第2節　児童租税クレジットと就労租税クレジット

　住宅手当[107] と地方税給付金[108] 以外の、たいていの社会保障給付[109] に関す
る包括的行政管理と政策策定に責任を負っている、中央政府の省庁は、労働年
金省[110] である。租税クレジット、児童手当、監護人手当及び出産準備金[111] は、
歳入・関税庁（歳入庁と略称する）の所轄である。住宅手当及び地方税給付金
は地方当局によって行政管理されている。

　労働年金省の行政機関（求人センター・プラスという）は、法定引退年齢[112] 未
満の人々（これを労働年金省は生産年齢の人々[113] という）のための社会給付請求
のほとんどを行政管理している。年金サービス庁は退職年金及び年金クレジッ
トを扱っている。障害者介護者サービス庁は障害者給付と介護者手当を所轄す
る。この2つのサービス庁は 2008 年 4 月 1 日に合併して、労働年金省のひと
つの新しい行政庁、年金・障害者・介護者サービス庁[114] が設置されている。

　法務省の行政機関は、行政審判サービス庁[115] であり、社会給付と租税クレ
ジットの不服申し立て[116] を行政管理する責任を負っている[117]。

　いくつかの社会給付は、請求人が限られた所得と資本を有するにすぎないと
きに限って、支給される。これらの社会給付は、資産テストを受ける社会給付
として知られている。なぜなら、請求人がそれらを受給できる前に、請求人の
資産に対する調査が行われるからである。請求人が国民保険料の拠出要件を満
たす必要はない[118]。

---

[107]　housing benefit (HB).
[108]　council tax benefit (CTB). 自治体税給付金
[109]　social security benefits.
[110]　the Department for Work and Pensions (DWP).
[111]　health in pregnancy grants.
[112]　state retirement age.
[113]　people of working age.
[114]　The Pension, Disability and Carers Service.
[115]　the tribunals Service.
[116]　benefit and tax credit appeals.
[117]　CPAG(2010), p3.
[118]　CPAG(2010), p3.

168

第 2 節　児童租税クレジットと就労租税クレジット

児童租税クレジットと就労租税クレジットもまた、資産テストをうける。

2.1.　はじめに

2003 年 4 月 6 日に、資産テストを受ける租税クレジットが 2 種類導入された。
- 低賃金で就労している人々のための就労租税クレジット
- 児童手当の最高額を受けている子どものいる家族（彼彼女が就労しているか否かを問わない）のための児童租税クレジット

いずれか一方の租税クレジットを受給する適格を有することも、双方の租税クレジットを受給する適格を有することもありうる。租税クレジットは、歳入・関税庁（これを「歳入庁」ということもある）によって行政管理されている。

あたらしい租税クレジット、すなわち就労租税クレジット[119]と児童租税クレジット[120]の公式の目的は、次のとおりである。
- 入職したいという財政上のインセンティブを改善すること
- 児童の貧困を減らすという政府の戦略に寄与すること

である。

敷衍すると、これらの租税クレジットの目的は、1 世帯における就労成人のための支援を、児童のための支援から分離することである。これは、1 に、低賃金の世帯が、子供の有無を問わず、より財政支援を受けることを確実にすること、2 に、児童が(i)就労していない世帯内でおよび(ii)就労している世帯内で適切に養育[121]してもらえることである。したがって、児童租税クレジットは、世帯の成人が就労しているかどうかにかかわらず、請求されうる。そして、就労租税クレジットは、たとえ子供が世帯内にいなくても、請求されうる。これは、嘗ての就労家族租税クレジット[122]と対照的である。就労家族租税クレジットの受給権は、家族内の少なくとも 1 人の成人が有償の労働に就いていること、および、世帯に 1 人又は複数の子供がいることによって左右されていた。

個人の裁定額又は家族の裁定額は、2 つの要因額に基づいて算定される。1 は、彼ら彼女らの現在の状況（たとえば、児童租税クレジットについては、彼ら彼女らの有する子供が何人であるか、彼ら彼女らが何時間就労するか、そして適格

---

[119]　the Working Tax Credit WTC.
[120]　the Child Tax Credit CTC.
[121]　Childcare. 児童ケアについて、参照、樫原（2005）522 頁。
[122]　the Working Families' Tax Credit WFTC.

児童養育コストの金額）、および、2は、彼ら彼女らの総所得金額[123]（もしくは1カップルの合同総所得金額）である。1「カップル」は、(i)婚姻関係にある男1人と女1人、または、(ii)同性結婚[124] である同性の2人で[125]、かつ、別居していない[126] 者として定義されている。さらに、(iii)あたかも彼ら彼女らが婚姻関係にあるかもしくは同性結婚[127] であるかのように一緒に生活している、男一人と女一人または同性の2人として定義されている。事実問題として、それは、社会保障アプローチを引き合いに出して決定されるようである。この新しい租税クレジットは、どの年度でも4月6日から12ヶ月のあいだ続けて支給される。通常、その裁定額は請求人の現在の状況と前年度の総所得金額を基礎にして、さらに、状況の変化（たとえば、新生児の誕生）または当該期間中の所得の変化で、その請求人に支給される金額に反映するものを斟酌して、算定される[128]。

このような状況変化への「対応」は3つの段階を経て達成される（詳細は後述）。

2.2. 児童租税クレジット

児童租税クレジットは、児童（これは適格青年を含む）のいる家族に支給される。請求人がフルタイムで賃金労働に従事しているか否かを問わず、児童租税クレジットは、支給される。

児童租税クレジットは、所得補給[129]、所得ベース型求職者手当[130]、所得関連型雇用支援手当[131] 又は年金クレジット[132] との関連で、所得として算入されない。児童租税クレジットは、これらの社会給付に付け加えて、支給されうる。

請求人は、次の2つのうち、いずれか一方または両方を受給する権利を有しうる。

---

[123] gross income.
[124] civil partners.
[125] 参照、Lee(2008), para 51.130.
[126] Tax Credits Act 2002 s 3(5).
[127] civil partners.
[128] 参照、Lee(2008), para51.39-51.40.
[129] income support.
[130] income-based jobseeker's allowance.
[131] income-related employment and support allowance.
[132] pension credit.

第2節 児童租税クレジットと就労租税クレジット

- 児童租税クレジット、および
- 就労租税クレジット

これらの租税クレジットは歳入・関税庁（これを以下「歳入庁」と略称することがある）によって行政管理されている。そのルールは、その他の社会給付に関するルールと主要な点で異なっている。

請求人は、児童租税クレジットの受給適格を有するために、国民保険料を支払っている必要はない[133]。

2.2.1. だれが児童租税クレジットを請求できるか

児童租税クレジットの請求人は、次に掲げる要件を満たすとき、児童租税クレジットの適格を有する[134]。

- 請求人（または請求人のパートナー）が、責任を負っている、少なくとも1人の被扶養児童[135]（適格青年を含む）を有し、
- その所得が十分に低額であり、
- 「連合王国内に」に一時在留[136] 又は「定住[137]」しなければならない[138]。

請求人は、一時的に国外渡航する場合などの状況においては、連合王国内に一時在留又は定住するものとして取り扱われうる。他方、請求人が2004年5月1日以降に初めて児童租税クレジットを請求し、かつ、連合王国内で「居住する権利」を有していない場合、連合王国内にいないものとして取り扱われうる[139]。そして、

- 請求人が出入国管理に服する者に該当していない。

児童租税クレジットの適格を有するためには、請求人は、1人または複数の児童（又は適格青年）に責任を負っていなければならない[140]。適格青年は、その者が20歳になるまで、引き続き児童として数え入れられる。

---

[133] CPAG(2010), p1241.
[134] ss3(3) and (7), 8 and 42 TCA 2002; regs 3-5 CTC Regs; reg 3 TC® Regs; reg 3 TC(IMM) Tregs.
[135] dependent child.
[136] present.
[137] ordinarily resident.
[138] TCA 2002, s 3; Tax Credits (Residence) Regulations 2003, SI 2003/654.
[139] CPAG(2010), p1242.
[140] s 8(1) TCA 2002.

請求人は、児童の親である必要はない。請求人は、たとえば、祖父母であっても、兄弟姉妹であってもよい[141]。

また、租税クレジットの受給権は、児童租税クレジット及び就労租税クレジットの取扱いを異にするヨーロッパ法によって影響を受けている。前者は家族の所得支援給付であり、そして後者はＥＣ域内における労働者の自由に関するルールによって影響を受けている[142]。しかし、通常、連合王国内に一時在留するというのは、その者が「定住者[143,144]」であるときに、国内に物理的に現存することを意味する。

入国管理[145]に服する人びとについて特別規定がある[146]。そのルールによれば、連合王国内に居るあいだに租税クレジットを請求し、それから通常は８週間以上、家族の死亡に関わる疾病のケース[147]では12週間以上のあいだ連合王国を離れる者は、租税クレジットの請求単位[148]が変更した事実を通知しなければならない。

児童租税クレジットの受給適格については、就労要件は必要でない。請求人がフル・タイムで就労し賃金を得ているかどうかにかかわらず、児童租税クレジットは支給される。請求は、家族内の成年の１人又は両者が就労しているかどうかにかかわらず、家族の１人または複数の児童について、行うことができる[149]。

2.2.2. 年齢に関するルール

請求人（および請求人のパートナー）は、児童租税クレジットを得るため、次

---

[141] 児童に責任を負っている要件について、参照、CPAG(2010), p 1244. 児童に責任を負っていない要件について、参照、CPAG(2010), p 1246.

[142] 参照、Inland Revenue Manual TCTM02007.

[143] Ordinarily resident. この概念は、社会保険法で用いられる概念であって、直接税法の目的との関連での「居住者 ordinarily resident」を意味するわけではない。参照、Inland Revenue Manual TCTM02003 et seq. さらに、参照、Tiley & Collison(2008), para.6.52, p 312.

[144] 居住要件及び入国要件について、参照、CPAG (2009), p1425.

[145] 出入国管理業務；入国審査；出入国管理カウンター immigration control.

[146] TCA 2002,s 42; Tax Credits (Immigration) Regulation, SI 2003/653.

[147] 租税クレジットに関する一時的不在についての詳細は、Tax Credits (Residence) Regulations 2003, SI 2003/654, reg 4.

[148] 租税クレジットの請求単位について、詳細は、Tiley & Collison(2008), para 2.18 p 78.

[149] Tax Credits Act 2002, s 3, 4.

の年齢に関する要件を満たさなければならない[150]。

- 満 16 歳以上であること。上限はない。または
- 請求人が 16 歳未満である場合、だれか他の者（たとえば、請求人の親又は、請求人が通常一緒に生活している成人）が、請求人及び請求人の児童のために、児童租税クレジットを請求することができる。

2. 2. 3.　誰が請求人の請求にかかわりあうか

- **請求人の要件**

請求人が、児童又は適格青年のために責任を負っている場合に限って、児童租税クレジットを請求できる。

請求人がカップルの当事者である場合、請求人は、請求人のパートナーと一緒に児童租税クレジットを請求しなければならない。もし請求人がカップルの当事者でなければ、請求人は単独で請求する。

児童租税クレジットの適格要件には、就労要件はない。請求は、請求人（すなわち家族内の成年の 1 人又は両者）が就労しているかどうかにかかわらず、家族の 1 人又は複数の児童について、行うことができる。その受給権は、児童の 16 歳誕生日に続く 9 月 1 日まで、または、全日制の第 2 教育を引き続き受けている人については、その青年の満 19 歳まで、継続する。

また、この支援は、無賃金での労働ベースの職業訓練プログラムに服している 16 歳ないし 19 歳の青年についても利用できる[151]。

- **児童の要件**

児童租税クレジットの適格を得るためには、請求人は児童または適格青年に責任を負っていなければならない。ここで、「児童」または「子供」という用語は、この適格青年を含んでいる。

- **誰が児童として数え入れられるか**

だれでも、彼らが 16 歳誕生日になるまでなら、児童として数え入れられる[152]。

- 16 歳未満であること、

---

[150]　s 3(3) TCA 2002.
[151]　Lee(2008), para51.31.
[152]　s8(3) TCA 2002;reg 2(1) CTC Regs, definition of 'child'.

第2部　第5章　英国の所得税法における家族課税と租税クレジット

　次に掲げるいくつかの状況では、20歳未満の青年もまた、児童として数え入れられる、歳入庁は彼らを「適格青年」と呼んでいる。満16歳以降、児童は、省令[153]において、「適格青年[154]」として呼ばれている[155]。

- ◆ 彼らが全日制の、高等教育以外の教育[156]、または公認職業訓練[157]を受けているか否かを問わず、満16歳未満から、満16歳の誕生日後の8月31日までであること。彼らが16歳で学校を卒業・退学している場合、児童租税クレジットは、支給される。

- ◆ 満16歳の誕生日後の9月1日から、20歳未満であり、かつ、彼らが次に掲げるいずれかの要件を満たすケースに限る。

　　✓ 全日制の、高等教育以外の教育を受けているケース。これは、彼らがその雇用の理由から教育を受けているときには、適用されない。もし青年がその他のコースCに登録しておりかつ履修し終えたときには、その者がひとつのコースAの修了ともう一つのコースBの開講との空隙のあいだ、全日制の教育を受けているものとして数え入れられる。

　　✓ 公認職業訓練[158]を受けているか、または、公認職業訓練を受けるため登録または受け入れられているケース。これは、彼らが雇用契約に基

---

[153]　s8(4) TCA 2002; regs 2, definition of 'qualifying young person' and 'full-time education', 4 and 5(1)-(3A) CTC Regs.

[154]　適格青年（a qualifying young person）は、高等教育以外の教育もしくは公認職業訓練を受け始めていなければならず、または、彼らが満19歳になる前にそのようなコースを履修するため登録しているか若しくは受け入れられていなければならない。

[155]　CPAG(2010), p1243.

[156]　全日制の、高等教育以外の教育とは次を指す (Regs 2(1), definition od 'advanced education' and 'full-time education', and 5(5) and (6) CTC Regs)。
　1コースが、講義時間及び個別指導時間（teaching and supervised study hours）が平均して週12時間を超えているならば、全日制である。
- 高等教育以外の教育とは、GCSEs, AS and A-levels, Highers, NVQ & SVQ level 3以下または国の認定証
　高等教育とは、大学の学位、DipHE, HND および HNC を含む。

[157]　公認職業訓練とは、次のコースをいう。
- イギリスでは、Entry to Employment または Programme-Led Pathways
- スコットランドでは、Get Ready For Work, Skillseekers または Modern Apprenticeships
- ウエルズでは、Skillbuild ＋または foundation Modern apprenticeships

[158]　公認職業訓練とは、次のコースをいう。
- イギリスでは、Entry to Employment または Programme-Led Pathways
- スコットランドでは、Get Ready For Work, Skillseekers または Modern Apprenticeships
- ウエルズでは、Skillbuild ＋または foundation Modern apprenticeships

第 2 節　児童租税クレジットと就労租税クレジット

づく職業訓練を受けているときには、適用されない。

この教育又は職業訓練は、彼らが満 19 歳になる前に開始していなければならず、または、その年齢に達する前に、その教育または職業訓練を受けるため登録または受け入れられていなければならない。

◆ 彼らの 16 歳誕生日後の 9 月 1 日から、18 歳未満であること。ただし、彼らが全日制の教育または「公認職業訓練」を卒業・退学し、かつ、彼らがそうして以来、20 週間を超えていない場合。彼らは、全日制教育又は「公認職業訓練」を卒業・退学したのち 3 ヶ月以内に、歳入庁に次の事実を届け出なければならない。彼らは適格団体 [159] に就労または職業訓練を登録した、という事実を届け出る。このルールは、彼らが全日制教育または「公認職業訓練」の復帰しそして再び卒業・退学して辞めるならば、再び適用できる。

青年が全日制の教育または「公認職業訓練」を受けている者として数え入れられるかどうかを検討するとき、歳入庁は、次に掲げる中断の事実をともに無視する。

◆ その青年が 16 歳になる前に始まったかその後に始まったかにかかわらず、中断が 6 月以下である。

◆ その青年が「精神又は身体」の疾病または身障である場合には、中断は長さを問わない。

そのような中断は、歳入庁が無視することが合理的だと考える場合に限って、無視される。

請求人が子どものために引き続き児童租税クレジットを確実に得られるよう、上記のルールが適用されるかどうかについて、請求人は、歳入庁に知らせてもらえる [160]。

■　青年が児童として数え入れられない場合

青年は、彼らの 16 歳誕生日に続く期間のうち、次に掲げる期間のあいだ、

---

[159]　たとえば、the Careers or Connexions Service or the Ministry of Defence. （参照、CPAG(2010), p1243)

[160]　CPAG(2010), p1243.

児童に数え入れられない[161]。

◆ 全日制の教育または「公認職業訓練」をやめているとき、彼らがフルタイム賃金労働に従事している1週間を含む。フルタイム賃金労働とは、週当たり24時間以上の労働をさす[162]。

このフルタイム賃金労働についてのルールは、就労租税クレジットについても同一である。

青年がフルタイム賃金労働を始めていない場合でさえも、彼らがフルタイム教育又は公認職業訓練をやめており、かつ、適格団体に就労または職業訓練を登録していないなら、彼らは、18歳誕生日後の9月1日から18歳までのあいだ、児童として数え入れられない。

◆ 彼らが所得補給、所得ベース型求職者手当又は所得関連型雇用支援手当を自らの権利として取得している、期間を含む。

なお、16歳以上の児童が児童租税クレジット、障害者給付または雇用支援手当を自らの権利として取得している場合には、請求人はその児童に責任を負っているものとして扱われないかもしれない[163]。

もし請求人が16歳未満である場合には、だれか他の人（たとえば請求人の親又は請求人が通常一緒に生活している成人）が請求人及び請求人の子どものために、児童租税クレジットを請求することができるかもしれない。

● 児童に責任を負っていること

児童租税クレジットの請求人は、「1人もしくは複数の子供または適格青年に責任を負って」[164]いる場合に限って、児童租税クレジットを請求できる。適格青年は、彼らが20歳になるまで、引き続き児童として取り扱われる。請求人は、次に掲げるケースのいずれかの要件がみたされる場合、児童に責任を負っているものとして扱われる。

◆ 彼らが通常一緒に生活している。蔵入庁はこれを「通常一緒に生活しているテスト[165]」と呼んでいる。

◆ 請求人が彼らのため主たる責任を負っている。蔵入庁はこれを「主たる責

---

161 Regs 2,definition of 'remunerative work', and 5(4) CTC Regs.
162 詳細は、CPAG(2010), p 1244.
163 CPAG(2010), p 1244.
164 s 8(1) TAC 2002; reg 3(1) rule 2.2 CTC Regs.
165 The 'normally living with test'.

任テスト」とよんでいる。これは、請求人及びもう一人（またはカップル）が同一の児童のために児童租税クレジットにつき請求権を競合して主張している場合に限って、適用される。

　請求人が責任を負っているものとして扱われる、児童Aが、そのもの自身Aの児童Bを有しており、そして、その児童BがAと通常一緒に生活している場合、請求人は児童Bの責任を負っているものとして数え入れられる[166]。このルールは、請求人の児童Aが16歳以上であり、かつ、自身の権利として児童租税クレジットの裁定を受けている場合には、適用されない[167]。

■　通常一緒に生活しているテスト
　ここで、「通常一緒に生活しているテスト」について説明しておく。
　請求人が、請求人と「通常一緒に生活している」児童のために責任を負っているとみなされる要件について、ルールは定義されていない。歳入庁の見解によれば、そのテストは、請求人の児童が「通例、普通に、典型的に」請求人と一緒に生活していること、および、児童が一時的又はその時々に不在であってもよいこと、を意味している[168]。したがって、請求人の児童が請求人と通常一緒に生活しているものとして数え入れられる場合、たとえ彼らが——学校で寄宿していたり、休暇中若しくは入院中で暫くのあいだ——家庭から離れているときでさえ、彼らは一緒に生活しているものとして数え入れられるものとする。もし彼らが、だれか他の人と一緒に生活するよりも、請求人と一緒に生活する時間が長い場合、その児童は請求人と通常一緒に生活していると、請求人は主張できる[169]。
　もし請求人の児童がだれか他の人とも一緒に生活し、または週の一部だけ請求人と暮らし、週のその余のあいだ他の誰か（たとえば、その児童の別な親）と暮らしている場合でさえ、その児童は請求人と通常一緒に暮らしているものと数え入れられうる。これは、複数の者が同一の児童について児童租税クレジットを請求できるであろうことを意味する。しかし、児童租税クレジットは、一人の請求人（または合同請求のカップル）にだけ支給しうる。複数の者が請求す

---

[166]　Reg 3(2) CTC Regs.
[167]　Reg 3(1) rule 4 Case D CTC Regs.
[168]　para 02202 TCTM.
[169]　CPAG(2010), p1245.

る場合、次に説明する「主たる責任」テストが問題となる[170]。

■ 「主たる責任テスト」

　或る児童が2つの異なる世帯で通常生活しており、かつ、2人が当該児童のために別々の児童租税クレジットを請求する場合には、その児童は、「主に責任を負っている[171]」者の責任として取り扱われる。彼らは、彼らのうちいずれが主たる責任を負っているかを、彼らのあいだで決定できる。さもなければ、歳入庁が彼らに代わって選定できる[172]。

● 　児童に責任を負っていないものとして請求人が数え入れられるとき

　しかし、このような責任を負っていない者もまた、児童又は適格青年の租税クレジットを請求できる（2002年租税クレジット法8条2項）。

　受給権は児童の死亡後8週間続く。障害及び重度障害の定義を定めている2002年児童租税クレジット省令[173]がこのようなルールを規定している[174]。

2. 2. 4.　児童租税クレジットの金額

　請求人が取得する、児童租税クレジットの金額は、次の3項目に依存している。

- ◆請求人の児童租税クレジットの最大料率。これは、「要因額[175]」の組み合わせから成り立っている。
- ◆請求人が所得をどれくらい取得しているか。および、
- ◆請求人に適用される、「所得支援分岐水準の数値[176]」。

　要因額と所得支援分岐水準は毎年4月に増加しうる。もし請求人が当期に児童租税クレジットの適格を有しない場合であっても、その料率が上昇するなら、請求人はその適格を有することになるかもしれない。

---

[170]　CPAG(2010), p1245.
[171]　the main responsibility.
[172]　詳細は、CPAG(2010), p1245.
[173]　the Child Tax Credit Regulations 2002, SI 2002/2007.
[174]　詳細は、CPAG(2010), p1246f.
[175]　elements.
[176]　the income threshold figure.

第 2 節　児童租税クレジットと就労租税クレジット

● 請求人が、資産テストを受ける社会給付を受けている場合

　所得補給、所得ベース型求職者手当、所得関連型雇用支援手当又は年金クレジットを受給しているなら、自動的に、請求人は、最大料率の児童租税クレジットを受給する適格を有する[177]。

　したがって、請求人は、請求人の所得または資本を確認する必要はない。このような状況のもとでは、児童租税クレジットは、児童租税クレジットの最大料に等しい値である[178]。

● 請求人が資産テストを受ける社会給付を取得していない場合

　請求人が所得補給、所得ベース型求職者手当、所得関連型雇用支援手当又は年金クレジットを受給していないなら、請求人は、請求人の児童租税クレジットを計算するために、次のステップに従うことが必要である。

- ◆ステップ 1 ：請求人の「関係の期間」を確認する。
- ◆ステップ 2 ：関係の期間について、請求人の諸要因額の最大料率を確認する。これは、請求人の関係の期間について請求人の児童租税クレジットの最大料率を確認することを含んでいる。
- ◆ステップ 3 ：請求人の関係の所得を確認する。
- ◆ステップ 4 ：請求人の関係の期間について、請求人の所得金額を「所得支援分岐水準の数値」と比較する。2010/10 年度の児童租税クレジットについて、第 1 所得支援分岐水準の数値は、16,190 ポンドである[179]。もし請求人の租税クレジットの最大料率が就労租税クレジットの要因額と児童租税クレジットの要因額とを含んでいる場合は、「第 1 所得支援分岐水準」の数値、6,420 ポンドが用いられる[180]。
- ◆ステップ 5 ：関係の期間について、児童租税クレジットの受給権を計算する。請求人の所得金額が「第 1 所得支援分岐水準」の数値より小である場合、児童租税クレジットは、児童租税クレジットの最大料率に等しくなる。もし請求人の所得金額が「第 1 所得支援分岐水準」の数値を超過している場合、児童租税クレジットの最大料率は、その超過額の 39％だけ削減される。なお、これは 2008/09 年以前は、38％であった。

---

[177]　ss7(2) and 13 TCA 2002; reg 4 TC(ITDR) Regs.
[178]　CPAG(2010), P1249.
[179]　Reg 3(3) TC(ITDR) Regs.
[180]　Reg 3(2) TC(ITDR) Regs.

第 2 部　第 5 章　英国の所得税法における家族課税と租税クレジット

　請求人の年次所得金額が 50,000 ポンドより高い場合を除いて、請求人の児童租税クレジットの最大料率は、家族要因額（請求人が乳児要因額を受給する権限を持っているなら、乳児要因額を含む。）の水準未満に引き下げられることはない。

- 児童租税クレジットの最大料率
　請求人の児童租税クレジットの最大料率は、適用される要因額のすべてを一緒に加算して、算出される[181]。それらは次のとおりである[182]。
   - ◆児童要因額（年 2,300 ポンド）：これは、当該家族内の各児童（年齢に無関係）に対し、年 2,300 ポンド[183] 以下の個人要因額である。
   - ◆障害要因額（年 2,300 ポンド）：適格を有する各児童について、一つの要因額を加算。
   - ◆重度障害要因額（年 1,095 ポンド）：適格を有する各児童について、一つ要因額を加算。
   - ◆家族要因額[184]（乳児要因額[185] を含めば年 1,090 ポンド。もし含まれないなら、545 ポンド[186] 以下）。（参照、表 5-4 セル C2）これは、おおよそ、子供租税クレジット[187] に代替するものである。

表 5-4　1 家族についての児童租税クレジットの最大料率（2010/11 年度）

		週金額　　£	年当たり金額　　£
1	家族要因額	10.48	545
2	乳児 1 歳以下のあいだの追加家族要因額	10.48	545
3	各児童について支給される個人要因額	44.23	2,300
4	（例）子供が 2 人おり、最若年者が 12 ヶ月以下である 1 家族の児童租税クレジットの最大料率	109.42	5,690

---

[181]　TCA s.9.
[182]　Reg 7 CTC Regs.
[183]　312,800 円（2300 × 136 = 312,800）.
[184]　family element.
[185]　baby element. 家族追加要因額とも称されることがある。
[186]　74,120 円（545 × 136 = 74120）.
[187]　Children's Tax Credit.

5		$=B3\times2+B2+B1$	$=C3\times2+C2+C1$
	A	B	C

追加の児童租税クレジットを、各身障児童は利用できる。

基本家族要因額は、請求人の所得金額が高いほうの所得支援分岐水準[188]を上回らない人びとに支給される。

就労租税クレジット[189]と異なり、第2の成人要因額は追加されていない。第2の成人要因額は、カップルだけに支給され、一人親には支給されない。児童租税クレジットは、家族内の成人の地位に関わりなく、そして、就労中の親の人数もしくは就労外の親の人数にかかわりがない。児童租税クレジットの計算は、世帯の子どもをその算定の基礎としている。さらに、近年廃止された子ども租税クレジット[190]と対照的に、児童租税クレジットの請求額は、カップルの合同所得金額をその算定の基礎としている。

児童租税クレジットの現実の裁定額は、これらの独立の諸要因額を合算した金額をその算定の基礎とする。その合算額は、次に、請求人の所得金額に応じて調整される。2010/11年について、児童租税クレジットは、家族の所得金額が年16,190ポンド[191]（児童租税クレジットだけを受給する権利のある人びとについて、第1所得支援分岐水準の上限値）未満である場合、最大料率[192]で支給される。租税クレジット法及びその下位の省令は租税クレジットの最大値を設定している（同法7条1項及び13条1項）。同条項によれば、租税クレジットの全額は、請求人の当該所得が特定の金額を超えない場合に限って、利用できる。家族要因額は、所得金額が年50,000ポンド（第2所得支援分岐水準）を超えるまで、そのままとどまっている。そして、この家族要因額は、第2所得支援分岐水準を超える部分の総所得金額について1ポンド当たり6.67％の料率で削減し消滅する[193,194]。

児童の個人要因額は、低いほう所得支援分岐水準以上[195]の所得水準から次

---

188 A higher threshold of income.

189 みよ、Lee(2008), para51.33.

190 Children's Tax Credit. 児童租税クレジットについて、参照、樫原（2005）510頁。

191 2,201,840円 (16190 × 136 = 1971320).

192 The maximum rate. 最大料率は、さまざまな要因額から積算される（TCA s 9）。

193 The Tax Credits (Income Thresholds and determination of Rates) Regulations 2002(S.I. 2002 No.2008) reg 8.

194 Lee (2008), para 51.30.

195 After a much lower threshold of income.

第 2 部　第 5 章　英国の所得税法における家族課税と租税クレジット

第に削減されはじめ消滅する。低所得の家族[196]には支給され続けるであろう。または、子どもの多い家族及び児童養育コストが非常に高くつく家族にも支給され続けるであろう[197]。

　所得補給[198]または求職者手当[199]を受けている者は、自動的に児童租税クレジット額の最大値を受領する。これは次を意味する。このポジションにある家族は、2002 年法の租税クレジットのための所得テストおよび失業手当[200]のための資産テストをともに受ける必要がない[201]。

【設例 5 】

　ナンシーは 8 歳、5 歳と 3 歳の 3 人の児童がいる一人親である。彼女は、児童租税クレジットの最大料率 7,445 ポンド（週 143.17 ポンド）を期待できる。

表 5-5　児童租税クレジットの基本受給権

ステージ 1　　　　　　　　　　　　　　　　　　　　　　　　　　　　　　（単位£）

家族要因額		545
児童要因額 3 人分	＝ 2,300 × 3	6,900.00
基本的児童租税クレジット受給権：最大値		7,445.00

　その次に、租税クレジット法 7 条は、租税クレジット額は当該所得金額が増加するたびに、引き下げられるべきことを規定する（削減消去ルール）。同法 13 条 2 項は、関係の省令を制定する権能を定めている。2002 年租税クレジット（所得支援分岐水準及び料率の決定）省令 8 条 3 項[202]は、減額をなす 11 ステップを規定する。その第 5 ステップは、租税クレジットが 37 ％で削減消去されていく過程を定めている。この過程は、家族要因額を除いて、すべての要

---

[196]　Low income families.

[197]　Tiley & Collison(2008), para.6.52, p 312 and 313 Fn.9. 児童租税クレジットの受給権について、詳細は、Child Tax Credit Regulations 2002, SI 2002/2007. 年齢の上限は Child Tax Credit (amendement) Regulations, Si 2006/222 art 4 によって 20 歳に修正された。

[198]　Income Support.

[199]　Income-based Jobseeker's Allowance. 求職者手当について、参照、山口(2005) 33-34 頁。

[200]　Out-of-work benefits.

[201]　Tax Credits Act, section 7(2); The Tax Credits (Income Thresholds and Determination of Rates) Regulations 2002 (S.I.2002 No. 2008) reg 4.

[202]　The Tax Credits (Income Thresholds and Determination of Rates) Regulations 2002 SI 2002/2008 para8 (3).

第 2 節　児童租税クレジットと就労租税クレジット

因額に適用される。その第 8 ステップは、家族要因額が、当該所得金額が 50,000 ポンドに達すれば、6.67％の料率で削減消去される。裁定額は、その第 1 所得支援分岐水準を超える部分の総所得金額につき 1 ポンド当たり 39 ペンス [203] の消去率 [204,205] で徐々に減額される。この家族要因額は、所得金額が年 50,000 ポンド [206]（第 2 所得支援分岐水準）を超えるまで、そのままとどまっている。そして、この家族要因額は、第 2 所得支援分岐水準の上限値を超える部分の総所得金額について 1 ポンド当たり 6.67 ペンス [207] の料率で削減し 50,000 ポンドで消滅する [208]。

【設例 6】

Dorothee は、一人親であり、4 歳と 2 歳の 2 人の子どもを育てている。彼女は、就労租税クレジットの受給権を持っていないが、しかし、児童租税クレジットの受給権を有している。彼女の所得金額は 13,000 ポンドである。彼女の所得金額は、児童租税クレジットを受給しうる人びとについての第 1 所得階級を下回っている（2010/11 年度についてその上限値は 16,190 ポンド）から、彼女は、児童租税クレジットを全額、すなわち、5,145 ポンド＝£545（家族要因額）＋ 2 ×£2,300（児童要因額）を受給する権原を有する（参照、表 5-6 ステージ 1）。

【設例 7】

事実関係は設例 6 と同一とする。ただし、Dorothee の所得が 15,495 ポンドに増額する場合、彼女は、彼女の所得金額が児童租税クレジットのための当該所得支援分岐水準（2010/11 年度についてその上限値は 16,190 ポンド）を 1,000 ポンド上回っており、その 1,000 ポンドのせいで租税クレジットの金額が 39％（すなわち 390 ポンド）削減される。その結果、受給しうる児童クレジット額は 4,755 ポンド（＝ 5145 － 390）に下がる [209]。

---

[203]　50.32 円（0.37 × 136 ＝ 50.32）.

[204]　withdrawal rate.

[205]　料率は、たとえば Table A.57 of the Budget March 2005 Report HC 372 500(p 193) で要約されている（Tiley(2008), para 9.4.2 より引用）。

[206]　6,800,000 円（50000 × 136 ＝ 6800000）.

[207]　9.0712 円（0.0667 × 136 ＝ 9.0712）.

[208]　Lee(2008), para51.30.

[209]　設例について、参照、Tiley(2008), para 9.4.2.

第2部　第5章　英国の所得税法における家族課税と租税クレジット

表5-6　児童租税クレジットの基本受給権

ステージ1　　　　　　　　　　　　　　　　　　　　　　　　　（単位£）

			C	D	E
1	【設例6】	家族要因額			545
2		児童要因額2人分	4,600	＝2,300×2	4,600
3		基本的児童租税クレジット 受給権： 最大料率			5,145
4	【設例7】	家族要因額			545
5		児童要因額　　2人分			4,600
6		基本的児童租税クレジット 受給権：最大料率			5,145
7		所得金額	17,190		
8		所得支援分岐水準（適用額）	16,190		
9		超過所得額	1,000		
10		削減消去額	390	＝(C8－C9)×0.39	390
11		受給しうる児童租税クレジット			4,755
	A	B	C	D	E

2.2.5.　請求と日付の遡及

ここでは、児童租税クレジットの請求についてのルールを概説する。

● 請求を行う

請求人が児童租税クレジットの請求を始めて行うには、通常、公認様式または政府刊行様式による書式を用いて行う。請求人は、児童租税クレジットと就労租税クレジットについて同じ様式を用いる。

請求人はその完全に記入した様式を、歳入庁によって指定されている事務所に直接送付する。請求人は、当該請求様式に同封されている郵便料金前納の封筒を用いることができる[210]。その請求が決定を受ける前には、請求人は、いつでもその請求を修正しまたは取り下げることができる[211]。

一人親として所得支援の受給適格について、詳細は、CPAG (2010), p1250.

---

[210] Regs 2, definition of 'appropriate office' and 'relevant authority), and 5 TC(CN) Regs.

[211] Reg 5(7) TC(CN) Regs; R(IS) 3/05.

第 2 節 児童租税クレジットと就労租税クレジット

- **請求人の請求を根拠づける情報**

請求人が児童租税クレジットを請求する場合、請求人は国民保険番号[212] についての必要要件を満たさなければならない。多くのケースでは、これは、請求人が請求人の国民保険番号とともに、請求人のパートナーのそれをも提供しなければならないことを意味する。請求人は、また、本人確認の証拠を提供するよう求められるかもしれないし、また、請求人の請求を根拠づける情報を提供するよう求められるかもしれない[213]。請求人が求められた情報のすべてを提供することが、重要である。請求人がそうしないならば、決定は請求人の請求を斥けるかもしれない。

請求人が児童租税クレジットを請求する場合、請求人は次に掲げる情報を提供しなければならない。

- ◆ 請求人の児童手当整理番号[214]。これは、請求人が受け取っている児童手当に関する書簡に記載されている。
- ◆ 請求人（および請求人のパートナー）の、前課税年度の所得金額
- ◆ 児童租税クレジットを振り込む、請求人の銀行、住宅貯蓄協会の口座についての詳細情報。もし請求人が口座をもっていないなら、請求人は、請求を行った日から8週間以内にひとつの口座を開設する必要がある。

請求人が就労租税クレジットをも請求している場合、請求人が提出しなければならない情報はその他にもある。歳入庁が請求人の請求に対し決定を行う前に、さらに情報提供を求めるかもしれない。

- **誰が請求をなすべきか**

請求人がカップルの1当事者である場合、請求人は、請求人のパートナーと一緒に合同請求を行わなければならない。請求人がカップルの一員でないなら、請求人は単独で請求する。

例外的に、請求人が自ら請求できない場合、租税クレジットの決定権者は請求人のために請求などできるようにだれか他の人（友人または親戚など）に権限を賦与できる[215]。

---

[212] the national insurance (NI) number.
[213] Reg 5(3)-(6) TC(N) Regs.
[214] child benefit reference number.
[215] CPAG(2010), p1251.

第2部 第5章 英国の所得税法における家族課税と租税クレジット

- いつから請求は進行するか

　原則によれば、請求人の請求が歳入庁によって受理されたときから、その請求は進行する[216]。

　請求人は、請求人が請求しようとする課税年度に先立って、請求を行うことができない。児童租税クレジットの裁定は、常に、年次所得金額を基礎として行われる。歳入庁は、請求人（および請求人のパートナー）の前課税年度の所得に基づいて児童租税クレジットの当初裁定をまず行う。もし請求人が、当課税年度についての請求人の所得金額が児童租税クレジットの適格を請求人がうるほどに十分に低いと考える場合、請求人は請求を起こすことを考えようとするかもしれない。たとえ請求人が「ゼロ回答の裁定」を賦与されたとしても、請求人は請求を起こしておくことは、請求人のポジションを保護することもある。なぜなら、請求を起こしゼロ回答の裁定を受けていれば、請求人の所得金額の変化がその年度に起こり、その変化を届け出れば、請求人はその変化の届出に基づいて当該裁定額を修正するよう歳入庁に申し入れることができるからである。

　その場合には、修正裁定は請求の最初の日（または請求人の請求が遡及した日付の期日）から進行するであろう[217]。

- 請求人の請求はどのように扱われるか

　請求人がいったん児童租税クレジットを請求し、そして、求められた情報すべてを提供したなら、歳入庁は請求人の請求に対し決定を行う。請求人は裁定通知書を受け取り、そして、その通知者は、請求人が受給権を有する児童租税クレジットがいくらであるか、そして、いつ支給が開始するかを記載している[218]。

- 請求人の請求とその日付の遡及

　期限内に請求することは重要である。児童租税クレジットの請求は、原則として、最大93日間に限って、日付を遡及することができる[219]。請求人がその期間のあいだ児童租税クレジットの適格を有していた事実を示す必要があるだ

---

[216]　s5(2) TCA 2002.
[217]　CPAG(2010), p1251.
[218]　CPAG(2010), P1251.
[219]　Reg 7 TC(CN) Regs.

けである。資産テストを受ける社会給付の場合と異なり、請求人は、請求人の遅滞の理由を示す必要はない[220]。

- 更新裁定[221]

請求人が児童租税クレジットを請求した、課税年度の末日に、請求人（および合同請求を行っているときは請求人のパートナー）は、歳入庁から「最終通知」を受け取る。その最終通知によれば、請求人の所得金額及び請求人の家計の状況が前課税年度についてのそれを基礎とすることから始めている事実を、請求人は確認するように求められる。請求人は厳格な期限内に応答しなければならない。続いて、歳入庁は、最終決定を行う。最終決定は、当課税年度のあいだの請求人の現実の所得金額をその基礎として行う。歳入庁は、請求人が児童租税クレジットを受給する権限を有していたかどうかについて決定し、そして、もしそうなら、請求人の裁定の金額を最終的に決定する。これが「年次審査[222]」として知られているものである。歳入庁は、翌課税年度（すなわち当課税年度）の請求人の裁定を更新するため、前年度の課税年度の請求人の所得金額と家計状況についての情報を利用する[223,224]。

2.2.6. 租税クレジットの支給

児童租税クレジットの支給は原則として、（請求人の子どもの主たる後見人の）銀行、住宅貯蓄協会または郵便局カード口座に直接に振り込まれる。

児童租税クレジットは毎週または4週間ごとにその口座に振り込まれる[225]。

児童租税クレジット（または児童租税クレジットと就労租税クレジットの組み合わせ）の請求人の裁定が週2ポンド以下である場合、それは一括して年度全体を対象として請求人の口座に振り込まれる[226]。

- 裁定の対象期間

児童租税クレジットの請求人の裁定は、請求人の請求が歳入庁に受理された

---

[220] CPAG(2010), p1252,1331.
[221] renewal awards.
[222] the annual review.
[223] Regs 11 and 12 TC(CN) Regs.
[224] 設例について、参照、CPAG(2010), p1252.
[225] Regs 8 and 13 TC(PC) Regs.
[226] Reg 10 TC(PC) Regs.

日（または請求人の請求が遡及した日付を付した期日）から、その課税年度の末日まで、進行する。ただし、請求人の状況の変化は、その課税年度中に斟酌されうる。

- 状況の変化

請求人の児童租税クレジット裁定は、請求人（と請求人のパートナー）の前年度所得金額と請求人の請求日における請求人の人的状況とを基礎としてなされる。請求人の当年度の所得金額または請求人の人的状況が変化する場合、請求人の児童租税クレジット裁定は修正をうけうる。次に掲げる事項に留意すべきであろう[227]。

- 変化が起きれば、請求人は歳入庁に届け出なければならない。請求人が1ヶ月以内にそうしなければ、請求人は過料を受けることもある。そのような変化のいくつかは、請求人の児童租税クレジット受給権を終了させ、そして請求人は新たな請求をしなければならない。
- 請求人が届け出なければらない変化に該当する場合を除いて、児童租税クレジットの受給権の最大料率に影響を与える、諸変化を届け出るのが最適である。しかしながら、請求人の児童租税クレジットの受給権の最大料率を増加させる、諸変化は、請求人が歳入庁に届け出る日から最長3ヶ月遡って日付をつけることができる。請求人の児童租税クレジットの受給権の最大料率を減縮する、諸変化は、その変化の日からつねに影響をおよぼしうる。その結果、過大支給は、もし請求人が届出を遅延した場合に、起きうるであろう。
- 請求人の児童租税クレジットを受給権の増加を許容する、特別ルールは、もし請求人の児童が身障生活手当[228]の裁定を受け、そして身障要因額又は重度身障要因額が請求人の就労租税クレジットに含まれている場合、3ヶ月以上遡って日付をつけるというものである。請求人は，身障生活手当が裁定された日の3ヶ月以内に歳入庁に届け出なければならない。
- 請求人の所得金額の変化を届け出るのが、最適である。それら変化は通常、当課税年度の末日に斟酌される。しかし、請求人は、児童租税クレジットの過大支給又は過少支給を避けるため、できるだけ早くその変化を届け出

---

[227] CPAG(2010), p1253.
[228] disability living allowance (DLA).

ることを考えようとするであろう。

• 過大支給

請求人が児童租税クレジットの過大支給を受ける場合、請求人はそれを返還しなければならない。場合によっては、利子がその過大支給に付加される。

2.2.7. 児童租税クレジット決定に対する権利救済

請求人は、児童租税クレジット決定の改定[229]を申し込み、またはそれに不服申し立てできる。

2.2.8. 税、租税クレジット及び社会給付

• 税

児童租税クレジットは課税に服さない。

• 租税クレジット

請求人がフルタイム賃金労働に就いている場合、請求人は就労租税クレジットを受給する適格を有するかもしれない。児童租税クレジットは、就労租税クレジットに加えて、支給されることもある。

• 資産テストを受ける社会給付

請求人（および請求人のパートナー）がフルタイム賃金労働に就いていない場合、請求人は所得補給、所得ベース型求職者手当または所得関連型雇用支援手当及び年金クレジットの受給資格を有するかもしれない。

もし請求人が、地代及び地方税を支払っている場合、請求人は、住宅手当および地方税給付金[230]を受給する資格を有するかもしれない。請求人が所得補給、所得ベース型求職者手当または所得関連型雇用支援手当を取得しているか、または少なくとも年金クレジットの適格受給年齢に達している場合、請求人が支給を受ける児童租税クレジットの金額は、住宅手当及び地方税給付金の目的との関連で所得として斟酌される[231]。

• 資産テストを受けない社会給付

児童租税クレジットは、請求人（または請求人のパートナー）が受給権を有す

---

[229]　revision.
[230]　council tax benefit (CTB).
[231]　CPAG(2010), p1254.

る、資産テストを受けない社会給付に加えて、支給されうる。

　請求人の児童が障害生活手当の受給適格を有する場合、請求人もまた、児童租税クレジットの障害要因額または重度障害要因額の受給適格を有するかもしれない。そして、障害生活手当からの所得は無視される。

2.3.　就労租税クレジット

　政府は、国民最低賃金[232]の導入と連携して、「失業の罠」および「貧困の罠」を税金と所得支援給付システムを改革することによって取り除くことを目指している。これらの目的は、就労租税クレジットの導入によって促進されているといわれている。就労租税クレジットは、(1)貧弱な労働インセンティブおよび(2)就労している人びと間の執拗な貧困に取り組もうとしている[233]。

　就労租税クレジットは低賃金労働者に支払われる。請求人が「有償の労働[234]」に就いている場合、それは、請求人が賃金労働に就いたこととなる。「有償の労働」は、フルタイム賃金労働[235]とも呼ばれている。

　そのような就労者が児童であるかどうかは、問わない。

　このような賞賛に値する立法理由にもかかわらず、それは「非常に奇妙な給付[236]」と呼ばれている[237]。

　さらに、就労租税クレジットの背後にある目的は、税法上の人的所得控除の引き上げよりははるかによい、といった見解が表明されている[238]。税法上の人的所得控除を引き上げれば、その引き上げが、低賃金労働の人びとに的を絞って支援するというよりも、最高税率の適用を受ける所得階級にある者の税負担を一層軽くすることとなるからである。

　請求人は、次のうち、1つまたは両方に受給権を有しうる。

- 児童租税クレジット、および
- 就労租税クレジット

---

[232]　The National Minimum Wage.

[233]　HM Treasury, the Modernisation of Britain's Tax and Benefit System – The Chile and working Tax Credits, Report No. 10, A pril 2002 p10, para2.15.

[234]　remunerative work.

[235]　full-time paid work. So CPAG(2010), p1257.

[236]　"a very curious benefit"

[237]　Willetts / Hillman (2002).

[238]　Steve Webb MP, Hansard, H.C. Debs. Vol 376, cols. 621-623 (December 10 2001).

第2節　児童租税クレジットと就労租税クレジット

請求人は、就労租税クレジットの適格を有するため、国民保険料[239] 支払っていなければならないわけではない。

2. 3. 1.　だれが就労租税クレジットを請求できるか

請求人は、次に掲げる4つの要件をいずれも満たす場合に[240]、就労租税クレジットの適格を有する。

- ◆ 請求人（または請求人のパートナー）がフルタイム賃金労働に就いている；
- ◆ 請求人の所得金額が十分に低額である；
- ◆ 請求人が連合王国内に「一時在留」及び「定住」している；
- ◆ 請求人が「入国管理に服する者」でない

● フルタイム賃金労働

請求人は、次に掲げる場合[241] に、有償の適格労働（フルタイム賃金労働）に就いている者として数え入れられる。

就労租税クレジットは、請求人が有償の適格労働に就いている場合に、成立する。請求人は、この要件を4つのケースの1つによって満たすことができる。まず、概観しておく。

1　請求人が一緒に生活する児童を有するケース

請求人は、次の要件をすべて満たさなければならない。

- ◆ 16歳以上であること、かつ、
- ◆ 週16時間以上就労していること、かつ、
- ◆ 児童に責任を負っていること（ただし、その児童は、満16歳未満であるか、または、全日制の高等教育以外の教育もしくは公認職業訓練を受けているならば、20歳未満であること。このルールは、児童租税クレジットについてと同一である）。

2　請求人が身障者であるケース

請求人は、次の要件をすべて満たさなければならない。

---

[239]　national insurance contributions.

[240]　ss3(3) and (7),10 and 42 TCA 2002; regs 4-8 WTC (EMR) Regs; reg 3 TC(R) Regs; reg 3 TC(i) Regs.

[241]　Reg 4 WTC(EMR)Regs. The Working Tax Credit (Entitlement and Maximum Rate) Regulation 2002 SI　2000/2005 para 4. 2002年就労租税クレジット（受給権及び最大料率）省令

第 2 部　第 5 章　英国の所得税法における家族課税と租税クレジット

- 16 歳以上であること、かつ、
- 週 16 時間以上就労していること、かつ、
- 職を得るうえで請求人を不利な立場に置く心身障害を患っていること、かつ、
- 法定されている身障者の受給要件

3　請求人が 25 歳以上であるケース

請求人は、次の要件をすべて満たさなければならない。

- 25 歳以上であること、かつ、
- 週 30 時間以上就労していること

4　請求人が 50 歳以上であるケース

　請求人は、次の要件をすべて満たさなければならない。

- 50 歳以上であること、かつ、
- 週 16 時間以上就労していること、かつ、
- 有償の適格労働を始めていること、かつ、
- 次に掲げる要件の 1 つが満たされること
  - ✓　請求人が就労を始める直前に終わる、連続期間のあいだ、請求人は少なくとも次の 1 つを得ていること。所得補足[242]、求職者手当[243]、就業不能者手当[244]、重度障害手当[245]、雇用支援手当[246]、国家退職年金＋年金クレジット[247]、または「成人向け労働ベース学習」スキーム研修手当または「労働研修」スキーム研修手当[248] または、
  - ✓　請求人が就労を始める直前に少なくとも 6 月の期間ひきつづき、請求人が前記の支給（それは年金クレジットで支給されていなければならない。）の少なくとも 1 つを得ていること、または、
  - ✓　請求人が就労を始める直前 6 月以上のあいだ、請求人が国民保険クレジットの受給権を有したこと

なお、請求人は、請求の日に現実に就労していなければならない。または、

---

[242]　income support, IS.
[243]　JSA.
[244]　incapacity benefit IB.
[245]　severe disablement allowance, SDA.
[246]　Employment and support allowance, ESA.
[247]　state retirement pension plus PC
[248]　a 'work-based learning for adults' or 'training for work' scheme training allowance.

第 2 節　児童租税クレジットと就労租税クレジット

その請求の日から 7 日以内に開始すると期待できる労働の申し込みを承諾して
いなければならない。そのうえ、その就労は、少なくとも 4 週間継続すること
が期待されなければならない。

　就労要件は次に詳説するとおりである。
- 請求人は、請求の日に就労しているか、または、7 日以内に就労を開始す
  る義務を負っていなければならず、そして、少なくとも 4 週間のあいだ継
  続すると期待されなければならない。
- その就労は対価と引き換えに行われなければならず、また、対価を期待し
  て行われなければならない。
- 請求人は、次の場合、16 時間（または 30 時間）以上就労しているものと
  して扱われる。
  - ✓　過去 7 日以内に請求人がそのように就労していた場合（これは、職と
    職とのあいだの短いギャップのあいだ受給権を引き続き許容するものであ
    る。）
  - ✓　請求人が停職している場合
  - ✓　請求人の支給が開始する直前に請求人が有償の適格労働に就いていた
    なら、請求人が法定疾病給付金 [249]、短期の低料率の就業不能手当 [250]、
    所得補給などを得ている場合
  - ✓　請求人が法定出産給付 [251]、出産手当 [252]、法定父親乳児育児給付 [253]
    又は法定産休手当などを受けている場合
  - ✓　請求人が就労しておりかつ就労租税クレジットを受け取っており、か
    つ、請求人が就労をやめるかまたは請求人の就労時間が週 16 時間また
    は 30 時間未満に下がった場合

　身障のある労働者として就労租税クレジットの受給権を得るには、週 16 時
間以上就労するとともに、請求人は、受給要件 [254] と身障要件をともに満たさ

---

[249]　statutory sick pay (SSP).
[250]　incapacity benefit (IB).
[251]　Statutory Maternity Pay：SMP
[252]　Maternity Allowance：MA
[253]　Statutory Paternity Pay :SPP
[254]　Child Poverty Action Group, Welfare benefits and tax credits handbook, 2009/2010,
　　　London 2009, pp1279,1500.

第2部　第5章　英国の所得税法における家族課税と租税クレジット

なければならない。

次に、受給権者の属性に応じて、叙述する[255]。

1　子供のいるカップルと身障のある労働者

請求人が子供を持つかまたは身障者である場合、その家族または就労者が、16歳を超えており、かつ、週16時間以上就労しているならば、就労租税クレジットを受給する権利を有する[256]。子供のいるカップルが、彼ら彼女らが、合計で週30時間以上就労しており、そのうちの1人が16時間以上就労しているなら、追加の租税クレジット要因額を受給する権利を有する[257]。この租税クレジットの請求が合同で行われる場合、そのカップルが成人第2要因額を受給する権利を有する[258,259]。

2　一　人　親[260]

単身者は、彼ら彼女らが16歳を超えており、かつ、週16時間以上労働しているなら、就労租税クレジットの受給権を有する[261]。さらに、彼ら彼女らは、週30時間以上労働し[262]、かつ、一人親として請求しているなら[263]、追加の要因額についても受給権を有する[264]。

---

[255]　詳細は、Tiley(2008). p 170; Tiley & Collison(2008), para. 6. 52 p 312. 租税クレジット法11条5項と6項の授権に基づく2002年就労租税クレジット（受給権及び最大料率）省令20条1項とシェジュール2）（1）など。参照、衣笠（2006）225頁。

[256]　Tax Credits Act 2002, section 10; The Working Tax Credit (Entitlement and Maximum Rate) Rgulations 2002 (S.I. 2002 No.2005) reg 4.

[257]　The Working Tax Credit (Entitlement and Maximum Rate) Rgulations 2002 (S.I. 2002 No.2005) reg 10.

[258]　The Working TaxCredit (Entitlement and Maximum Rate) Rgulations 2002 (S.I. 2002 No.2005) reg 11.

[259]　Lee(2008), para 51.34.

[260]　一人親を雇傭に引き入れる政策について、参照、樫原（2005）527頁。一人親世帯の問題状況について、参照、深井(2003)365頁。

[261]　The Working Tax Credit (Entitlement and Maximum Rate) Rgulations 2002 (S.I. 2002 No.2005) reg 4.

[262]　The Working Tax Credit (Entitlement and Maximum Rate) Rgulations 2002 (S.I. 2002 No.2005) reg 10.

[263]　The Working Tax Credit (Entitlement and Maximum Rate) Rgulations 2002 (S.I. 2002 No.2005) reg 10.

[264]　Lee(2008), para 51.35.

3　子供のいない労働者および身障のない労働者

この範疇は全く新規である。以前の就労家族租税クレジットの受給権は、一人親として又はカップルとして、子供に対する責任の有無に依存していた。この受給権は、請求人が25歳以上でなければならず、かつ、週30時間以上就労していることを、その要件とする[265]。合同請求のケースでは、そのカップルは、そのうちの1人が週30時間以上労働しているなら、青年第2要因額を受給する権利を有する。請求人の1人がカップルの当事者である場合、この30時間は、当事者間で融通し合うことはできない。1人の請求人が単独で30時間以上就労しなければならない。25歳未満で子供のいない労働者は、租税クレジットの受給権を持っていない点について、批判が向けられている。なぜなら、調査研究の結果、18歳ないし25歳グループにおいて就労中の貧困[266]が明らかにされているからである[267]。

4　身障児童

請求人が児童であるが身障者である場合、その必要要件は、週16時間就労することおよび16歳であることだけである。そのような請求人は、もし30時間就労するならば、彼ら彼女らの裁定額に追加して30時間要因額を得ることができる[268]。

5　受給年齢後の再入職

請求人が50歳以上である場合など、社会保障受給年齢後に就労に戻る場合、請求人は週16時間就労しさえすればよい。もし彼ら彼女らが30時間以上就労すれば、追加の給付を受け取ることができる[269]。

6　出産休職など

出産休職、医療費支払期間、季節労働者、労働者、ストライキ中若しくは休業中[270]、就職と就職の合間[271]について,特別ルール[272]が規定されている。

---

[265]　The Working Tax Credit (Entitlement and Maximum Rate) Rgulations 2002 (S.I. 2002 No.2005) reg 4(1). この要件について、詳細は、Lee(2003 B), p 34.

[266]　in-work poverty.

[267]　Lee (2008), para 51.36.

[268]　Tiley & Collison(2008), para.6.52 p312.

[269]　参照、The Working Tax Credit (Entitlement and Maximu Rate) Regulation 2002 SI 2002/2005 para 18 over 50.

[270]　under suspension.

[271]　gaps between jobs.

[272]　The Working Tax Credit (Entitlement and Maximu Rate) Regulation 2002 SI 2002/2005 reg. 5-8. 障害要素について、詳細は、衣笠（2006）230頁 (Ibid, reg. 9)。

第2部 第5章 英国の所得税法における家族課税と租税クレジット

7 就労しない世帯

就労しない世帯は、就労租税クレジットを受給する権利を持っていないが、その代わりに、所得補給[273]及び求職者手当[274]を受け取るであろう[275]。

2. 3. 2. 請求人の年齢に関するルール

請求人（または請求人のパートナー）は就労租税クレジットを請求するには、少なくとも 16 歳でなければならない[276]。その年齢に上限はない。

2. 3. 3. 誰が請求人の請求にかかわりあうか。

● 請求人の要件

請求人がカップルの当事者である場合、請求人は、請求人のパートナーと一緒に就労租税クレジットを請求しなければならない[277]。もし請求人がカップルの当事者でなければ、請求人は単独で請求する[278]。

請求人が 1 人または複数の児童に責任を負っている場合、

- 請求人（請求人のパートナー）は、就労租税クレジットの受給適格を有するため、週 16 時間の賃金労働しているだけでよい。
- 請求人がカップルであり、その 1 人が少なくとも週 16 時間就労している場合、請求人の就労時間は 30 時間要因額の受給適格を得るため、請求人のパートナーの就労時間に加算できる。
- 請求人が児童養育費を支払っているなら、請求人（または請求人のパートナー）は就労租税クレジットの児童養育要因額の受給適格を得るであろう。

児童についてのルールは、児童租税クレジットについてのそれと同一である[279]。

● カップル

請求人（または請求人のパートナー）は、請求人が次に該当する場合、「カッ

---

[273]　income support.

[274]　the Jobseekers allowance.

[275]　Tiley (2008).p 172.

[276]　s3(3) TCA 2002.

[277]　s3(3)(a) and (5A) TCA 2002; CTC/3864/2004; R(TC) 1/07.

[278]　s3(3)(b) TCA 2002.

[279]　Reg 2 WTC (EMR) Regs, definition of 'child' and 'qualifying young person'.

プル」として数え入れられる[280]。

- 男と女であり、かつ、
  - ✓ 請求人が別居しており、それが裁判所の命令によっているか、または永久にそうであると思われる場合を除いて、法律婚をしているケース
  - ✓ 法律婚をしていないが、「夫と妻として一緒に生活」しているケース
- 請求人のパートナーと性が同一であり、かつ、
  - ✓ 請求人が別居しており、それが裁判所の命令によっているか、または永久にそうであると思われる場合を除いて、同性結婚として登録しているケース、または、
  - ✓ 同性結婚として登録していないが、しかし、請求人がパートナーと異性であるとすればあたかも「夫と妻として一緒に生活」している者とみなされる状況で、請求人がその者と一緒に生活しているケース[281]。

なお、請求人がパートナーと一緒に合同請求をしたが、その後カップルをやめる場合、請求人は請求人の状況の当該変化を届け出るべきであり、かつ、直ちに単身者として租税クレジットを請求すべきである。

- 法律婚と同性結婚

請求人が彼女彼と婚姻関係にある場合、または請求人が同性結婚を登録している場合、請求人はパートナーと一緒に租税クレジットを合同請求しなければならない。請求人と請求人のパートナーが一時的に別居しているあいだ、請求人は引き続いてカップルとして数え入れられる。その一時的別居がどのくらいのあいだ継続するかは、問題とされない。

もし請求人と請求人のパートナーが永久に別居しているか、または、裁判所の命令により別居している場合、直ちに、請求人は単身者として租税クレジットを請求できる。これは、たとえ請求人が同一の屋根の下でまだ生活している場合でさえ、そうであり、かつ、請求人がパートナーと離婚するステップ若しくは請求人の同性結婚を解消するステップをとっているかどうかを問わない。永久かどうかは、請求人（および請求人のパートナー）の意図にかかってい

---

[280] s3(5A) TCA 2002; reg 2(1) WTC (EMR) Regs, definition of 'couple'.
[281] s48(2) TCA 2002.

る[282]。請求人と請求人のパートナーが別居を試みており、かつ再び元の鞘に収まる可能性が少なくとも50％ある場合、歳入庁は、請求人2人がまだカップルに数え入れられると主張するかもしれない[283]。

- 夫と妻として一緒に生活

請求人は、次に掲げる場合、請求人のパートナーと一緒に租税クレジットを請求しなければならない。

- ◆請求人が夫と妻として一緒に生活している場合、または
- ◆同性結婚として登録していないが、しかし、請求人がパートナーと異性であるとすればあたかも「夫と妻として一緒に生活」している者とみなされる状況で、請求人がその者と一緒に生活している場合

請求人が夫と妻として一緒に生活している者として数え入れられるか否かを決定するに当たって、歳入庁は次の事項を考慮しているようである。

- ◆請求人が同じ生計で生活しているかどうか
- ◆請求人が性的関係をもっているかどうか
- ◆請求人がどのような財政の取り決めをしているか
- ◆請求人2人の関係がどのように安定持続しているか
- ◆請求人が児童をもっているかどうか
- ◆請求人2人が公衆のなかでどのように登場しているか
- ◆請求人2人が別々に生活しているなら、請求人がそうしている日時の長さ

- 請求人又は請求人のパートナーが出国する場合

もし請求人又は請求人のパートナーが、永久に又は52週間[284]以上のあいだ、外国に行くならば、請求人は居住要件を満たさなくなる。この場合、請求人は合同請求を撤回しなければならない。そうしなければ、罰則を受けることとなる。連合王国内にまだいる者は、単身者として新たな請求をすることができる。

- 状況の変化

---

[282]　s3(5A) (a)(ii) and (c)(ii) TCA 2002.
[283]　R(TX) 2/06.
[284]　CPAG(2010), p1424.

198

第2節　児童租税クレジットと就労租税クレジット

状況の変化がある場合、請求人が歳入庁に届け出なけばならない。もしそうし
なければ、請求人は過大支給の回収を受けることがあるし、罰則を受けること
もありうる。カップルと児童（適格青年を含む。）に関係する、状況の変化とは、
次に掲げる事項である[285]。

- ◆ 請求人が単身者として請求していたところ、請求人がカップルの当事者に
  なる、または、
- ◆ 請求人がカップルとして請求していたところ、請求人がカップルの当事者
  をやめる、または、
- ◆ 請求人又は請求人のパートナーが連合王国での定住者としてもはや数え入
  れられなくなる、または、
- ◆ 請求人又は請求人のパートナーが児童に責任を負っているものとしてもは
  や扱われなくなる、または、
- ◆ 請求人又は請求人のパートナーが児童に責任を負っている児童が、死亡す
  る、または、
- ◆ 請求人の児童が適格青年になると期待されることを、請求人又は請求人の
  パートナーが歳入庁に届け出たが、しかし、実際にはその子が適格青年に
  ならない、または、
- ◆ 請求人又は請求人のパートナーが児童に責任を負っている適格青年が、20
  歳になる前に適格青年の資格を失う。

上記の変化のうち初めの3つは、就労租税クレジットの請求人の受給権を終
了させ、そして、請求人はカップルとして又は単身者として新たな請求を行わ
なければならない。

2. 3. 4.　就労租税クレジットの金額

請求人が取得する就労租税クレジットの金額は、次に依存する。

- ◆ 請求人の就労租税クレジットの最大料率。これは「要因額」の組み合わせ
  からなる。
- ◆ 請求人の所得がいくらか、および
- ◆ 請求人に適用される「所得支援分岐水準の数値[286]」

要因額および所得支援分岐水準は毎年4月に増加するかもしれない。もし請

---

[285] s3(4) and (7) TCA 2002; reg 21 TC(CN) Regs.
[286] the income threshold figure.

求人が今現在就労租税クレジットの受給適格を有していなくても、もしその料率（所得支援分岐水準の数値）が上昇すれば、請求人は受給適格を有することになるかもしれない。

◆　請求人が資産テストを受ける社会給付を得ている場合

　所得補給、所得ベース型求職者手当、所得関連型雇用支援手当又は年金クレジットを受給していれば、自動的に、就労租税クレジットの最大料率を受給できる[287]。したがって、請求人は自分の所得金額と資本をチェックする必要はない。この状況では、就労租税クレジットの金額は就労租税クレジットの最大料率に等しい額である。

　もっとも、請求人が所得補給、所得ベース型求職者手当、所得関連型雇用支援手当又は年金クレジットを受領すると同時に、就労租税クレジットを受給するという状況は多くはない[288]。

◆　請求人が資産テストを受ける社会給付を得ていない場合

　所得補給、所得ベース型求職者手当、所得関連型雇用支援手当又は年金クレジットを受給していなければ、請求人は、次に掲げるステップに従って、就労租税クレジットを計算する必要がある。

　ステップ１：請求人の「関係の年度」内の日数を算定する。

　ステップ２：関係の年度について最大料率の受給権を算出する。これは、請求人の関連の年度について、請求人の就労租税クレジットの最大料率を算出する。

　ステップ３：請求人の関連の所得金額を算出する。

　ステップ４：関連の期間について、請求人の所得金額を「所得支援分岐水準の数値」と比較する。「所得支援分岐水準の数値」は、現在、就労租税クレジットについて 6,420 ポンドである[289]。

　ステップ５：関係の期間について、就労租税クレジットの受給権を計算する。もし請求人の所得金額が「所得支援分岐水準の数値」より小である場合、就労租税クレジットの金額は、就労租税クレジットの最大料率に等しい額で

---

[287]　ss7(2) and 13 TCA 2002; reg 4 TC(ITDR) Regs.

[288]　その理由について、参照、CPAG(2010), p1262.

[289]　Reg 3(2) TC(ITDR) Regs.

ある。もし請求人の所得金額が「所得支援分岐水準の数値」より大である場合、就労租税クレジットの最大料率は、その差額の39％だけ減額される。なお、この消去率は、2008/09年課税年度前の請求については、37％であった。

◆　就労租税クレジットの最大料率

　請求人の就労租税クレジットの最大料率は、請求人に適用される要因額すべてを一緒に合計して、計算される[290]。8つの要因額がある[291]。

①**基本要因額**　　当該クレジットを受給しうる者すべてについての基本要因額は、年1,920ポンド[292]以下である（2010/11年について）。

②**一人親／カップル要因額**　　一人親である者またはカップル（婚姻関係にあるか否かを問わない。）の要因額は、年1,890ポンド[293]以下である（2010/11年について）。

③**30時間要因額**　　追加の租税クレジットを支給する30時間要因額は、年790ポンド[294]以下である（2010/11年について）。この30時間要因額は、週30時間を超えて就労する者（1人又は複数。）に支給される。これは、フル・タイム労働に向けて労働時間を増やすべくインセンティブを与えようとするものである。そして、

④**児童養育要因額**　　適格児童養育コストの80％についての児童養育要因額は、1人の児童について、週175ポンド[295]以下のコストである。2人以上の児童については、週300ポンド[296]である（2010/11年について）[297]。すなわち、週140ポンドまたは240ポンド以下である。

⑤**障害要因額**　　職を得るうえで請求人を不利な立場に置く、障害を患っている者を支援するための要因額（年2,570ポンド）

⑥**重度障害要因額**　　職を得るうえで請求人を不利な立場に置く、重度障害

---

[290]　s11 TCA 2002.
[291]　Regs 3 and 20 and Sch 2 WTC (EMR) Regs.
[292]　261,120円（1,920 × 136 = 261,120）. 就労租税クレジットの計算方法について、参照、衣笠（2006）226頁以下。
[293]　257,040円（1890 × 136 = 257040）.
[294]　107,440円（790 × 136 = 107440）.
[295]　23,800円（175 × 136 = 23800）.
[296]　40,800円（300 × 136 = 40800）.
[297]　CPAG(2010), p1289.

を患っている者を支援するための要因額（年 1,095 ポンド）

⑦ **50 歳プラス要因額**　労働市場において個人的事情によってとくに不利な立場にある人びとを支援するため、就労に戻ってきている 50 歳以上の者がこの要因額の受給権を有する。

　請求人がカップルの一方当事者である場合、複数の障害要因額、重度障害要因額および 50 歳以上要因額が含まれうる。たとえば、請求人と請求人のパートナーがそのような要因額の受給権を有する場合、2 人分が含まれうる。

【設例 8】[298]

　Sandra は、満 6 月の双子と満 8 歳のもう 1 人の児童を有する。Sandra は、週 20 時間労働する。彼女は、障害生活手当の低率養育要因額[299] を取得し、そして、歳入庁は、彼女が職を得るうえで請求人を不利な立場にあると認定する。この場合、彼女の就労租税クレジットの最大料率は、基礎要因額、一人親要因額、及び、障害要因額の合計から成る。彼女はまた、児童租税クレジットの受給適格をも有する。

⑧ **児童養育要因額**　家族は、就労租税クレジットのうち児童養育要因額[300] を受給する権利を有する。この場合、一人親又はカップルの両当事者が週 16 時間以上就労し、かつ、関係の児童養育[301] のための費用がかかっていなければならない。この目的のために、児童が満 15 歳の誕生日に続く 11 月 2 日の属する週の最終日まで、その人が児童であらねばならない（その児童が身障者である場合、16 歳）。児童養育要因額は、公認児童養育スキームが利用できる。そして、イギリスでは、このスキームに該当するのは、登録済みの、子守、託児所、遊戯施設、ベビーシッター、オーペア（家事を手伝って宿泊・食事をただにしてもらう外国人（女子）留学生）、放課後のクラブである[302]。

　就労租税クレジットにかかる児童養育要因額の受給権[303] について、敷衍す

---

[298] 設例は CPAG(2010), p1263 による。

[299] Disability living allowance (DLA) care component at the lower rate.

[300] 児童養育要因額についての外枠を定め得る規定は、TCA 2002 s.12.

[301] Relevant childcare について、参照、CPAG(2010), p1290ff.

[302] Lee(2008), para51.37.

[303] CPAG(2010), p1289.

第 2 節　児童租税クレジットと就労租税クレジット

る。

　請求人が次に掲げる要件のいずれかをみたす場合、請求人は、「関係の児童養育」コストを補塡するため、児童養育要因額を受給する権限を有する。

- 一人親で、かつ、有償の適格労働に従事していること、または、
- カップルの双方が有償の適格労働に従事している場合におけるそのカップルの一方当事者、または、一方当事者が有償の適格労働に従事し、かつ、他方当事者が就業不能である（すなわち、身障、就業不能、若しくは就業能力の制約[304] に基づき社会給付を得ている）か、又は、入院中又は収監中であること

　児童租税クレジットと同様に、就労租税クレジットの裁定額は、これらの独立要因額の合計であり、社会保障受給請求人の所得金額に応じて調整を受ける。2010/11 年について、年 6,420 ポンド（第 1 所得支援分岐水準）未満の総所得金額を有する個人およびカップルは、租税クレジット額の最大値を受け取る[305]。その者の総所得金額がその第 1 所得支援分岐水準の上限値を超える人びとについて、裁定値は徐々に、当該第 1 所得支援分岐水準の上限値を超える部分の総所得金額について 1 ポンド当たり 39 ペンスの料率（39％）で削減されついには消去される。[306] 就労租税クレジットおよび児童租税クレジットの受給権を有する請求人は、次に掲げる順序で、彼らの最大裁定額から減額される[307]。

① 　児童養育要因額を除く、就労租税クレジット
② 　就労租税クレジットのうち児童養育要因額
③ 　家族要因額を除く、児童租税クレジット
④ 　児童租税クレジットのうち、家族要因額[308]

　受給権は、請求人が就労租税クレジットの受給権を有する場合、その範囲に限って、成立する。その受給権は、当該児童養育コストの 80％に限定されている（参照、表 5-7）。児童養育コストの上限額も週単位で定められている。

　就労租税クレジットについての削減消去ルールは、2002 年租税クレジット

---

[304]　limited capability.

[305]　The Tax Credits (Income Thresholds and Determination of Rates) Regulations 2002 (S.I. 2002 No. 2008) reg 3(2) as amended by The Tax Credits Up-rating Regulations 2008(S.I.2008 No. 796) reg 4(2).

[306]　Ibid, reg 4(4) (b).

[307]　The Tax Credits (Income Thresholds and Determination of Rates) Regulations 2002 (S.I. 2002 No. 2008) reg 8; Lee (2003 B), p 12.

[308]　Lee(2008), para51.33.

203

（所得支援分岐水準及び料率の決定）省令7条[309]で定められている。就労租税クレジットのための所得支援分岐水準の上限値[310]は児童租税クレジットのための所得支援分岐水準の上限値[311]よりも低いから、就労租税クレジットの削減消去ルールは、児童租税クレジットのルールよりも早く適用されはじめる（参照、表5-14、5-15）。

労働者は身障がなくかつ50歳以下と仮定する。

表5-7　1カップルについての就労租税クレジットの最大料率（2010/11年度）

	週当たり料率　£	年当たり料率　£	
基本要因額		1,920	①
カップルおよび一人親の要因額		1,890	②
30時間要因額		790	③
養育要因額（補填されるコストの80％）：1人の児童について適格コスト最大値	175.00	9,100.00	④
2人以上の児童について適格コスト最大値	300.00	15,600.00	
〔例〕カップルの2人が共に就労し、かつ、彼彼女の労働時間が合計で30時間を超えており、彼彼女の一人が16時間以上の就労をしており、そのうえ、子供が2人いるカップルについて、就労租税クレジットの最大値。ただし、その子供について、養育費がかかっているものとする。	①＋②＋③＋⑤＝388.47	①＋②＋③＋⑤ 20,200.00	⑤

2.3.5.　請求と日付の遡及

ここでは、就労租税クレジットの請求についてのルールを概説する。

- 請求を行う

　請求人が就労租税クレジットの請求を初めて行うには、通常、公認様式また

---

[309] The Tax Credits (Income Thresholds and Determination of Rates) Regulations 2002 SI 2002/2008 para8 (3).

[310] The Tax Credits (Income Thresholds and Determination of Rates) Regulations 2002 SI 2002/2008 para3(2).

[311] The Tax Credits (Income Thresholds and Determination of Rates) Regulations 2002 SI 2002/2008 para3(3).

第2節　児童租税クレジットと就労租税クレジット

は政府刊行様式により書面で行わなければならない。請求人は、児童租税クレジットと就労租税クレジットについて同じ様式を用いる。

　請求人はその完全に記入した様式を、歳入庁によって指定されている事務所[312]に直接送付する。請求人は、当該請求様式に同封されている郵便料金前納の封筒を用いることができる[313]。その請求が決定を受ける前には、請求人は、いつでもその請求を修正しまたは取り下げることができる[314]。

- 請求人の請求を根拠づける情報

　請求人が就労租税クレジットを請求する場合、請求人は国民保険番号[315]についての必要要件を満たさなければならない。多くのケースでは、これは、請求人が請求人の国民保険番号とともに、請求人のパートナーのそれをも提供しなければならないことを意味する。請求人は、また、本人確認の証拠を提供するよう求められるかもしれないし、また、請求人の請求を根拠づける情報を提供するよう求められるかもしれない[316]。請求人が求められた情報のすべてを提供することが、重要である。請求人がそうしないならば、決定は請求人の請求を斥けるかもしれない。

　請求人が就労租税クレジットを請求する場合、請求人は次に掲げる情報を提供しなければならない。

- 請求人（および請求人のパートナー）の、前課税年度の所得金額の詳細情報
- 請求人が就労している労働の詳細情報（請求人の通常の労働時間を含む）
- 請求人が雇用されている場合、請求人が雇用された前課税年度についての請求人の様式 P60 又は給与明細書[317]
- 請求人が自営業を営んでいる場合、請求人の納税者番号と、請求人が自営業者になった日にち、
- 請求人が登録保育士または公認保育士に支払った、児童養育支払額の詳細情報
- 請求人の就労租税クレジットを振り込む、請求人の銀行、住宅貯蓄協会の

---

[312] Comben House, Farriers Way, Metherton, Merseyside or any other office syecified in writing by the Revenue.

[313] Regs 2, definition of 'appropriate office' and 'relevant authority), and 5 TC(CN) Regs.

[314] Reg 5(7) TC(CN) Regs; R(IS) 3/05.

[315] the national insurance (NI) number.

[316] Reg 5(3)–(6) TC(N) Regs.

[317] P60 or wage slips.

口座についての詳細情報。もし請求人が口座をもっていないなら、請求人
は、請求を行ってから8週間以内にひとつの口座を開設する必要がある。

　請求人が児童租税クレジットをも請求している場合、請求人が提出しなけれ
ばならない情報はその他にもある。

　歳入庁が請求人の請求に対し決定を行う前に、さらに情報提供を求めるかも
しれない。

- 誰が請求をなすべきか

　請求人がカップルの1当事者である場合、請求人は、請求人のパートナーと
一緒に合同請求を行わなければならない。請求人がカップルの一員でないなら、
請求人は単独で請求する。

　例外的に、請求人が自ら請求できない場合、租税クレジットの決定権者は請
求人のために請求などできるようにだれか他の人（友人または親戚など）に権
限を賦与できる[318]。

- いつから請求は進行するか

　原則によれば、請求人の請求が歳入庁によって受理された日から、その請求
は進行する[319]。

　請求人は、請求人が請求しようとする課税年度に先立って、請求を行うこと
ができない。請求人が7日以内に労働を始めると期待し、そして労働の開始の
7日内に就労租税クレジットの受給権を取得するであろう場合には、請求人は
労働の開始に先立って就労租税クレジットを請求することができる[320]。

　就労租税クレジットの裁定は、常に、年次所得金額を基礎として行われる。
歳入庁は、請求人（および請求人のパートナー）の前課税年度の所得金額に基づ
いて就労租税クレジットの当初裁定をまず行う。もし請求人が、当課税年度に
ついての請求人の所得金額が就労租税クレジットの受給適格を得るほどに十分
に低いと考える場合、請求人は請求を起こすことを考えようとするかもしれな
い。たとえ請求人が「ゼロ回答の裁定」を賦与されたとしても、請求人は請求
を起こしておくことは、請求人のポジションを保護することもある。なぜなら、

---

[318] CPAG(2010), p1251.
[319] s5(2) TCA 2002.
[320] Reg 10 TC(CN) Regs.

第2節　児童租税クレジットと就労租税クレジット

請求を起こしゼロ回答の裁定を受けていれば、請求人の所得金額の変化がその年度中に起こりその変化を届け出れば、請求人はその変化の届出に基づいて当該裁定を修正するよう歳入庁に申し入れることができるからである。

　その場合には、修正裁定は請求の最初の日（または請求人の請求が遡及した日付の期日）から進行するであろう[321]。

● 　請求人の請求はどのように扱われるか

　請求人がいったん就労租税クレジットを請求し、そして、求められた情報すべてを提供したなら、歳入庁は請求人の請求に対し決定を行う。請求人は裁定通知書を受け取り、そして、その通知書は、請求人が受給権を有する就労租税クレジットがいくらであるか、そして、いつ支給が開始するかを記載している[322]。

● 　請求人の請求とその日付の遡及

　期限内に請求することは重要である。就労租税クレジットの請求は、原則として、最大93日間に限って、日付を遡及することができる[323]。請求人がその期間のあいだ就労租税クレジットの適格を有していた事実を示す必要があるだけである。資産テストを受ける社会給付の場合と異なり、請求人は、請求人の遅滞の理由を示す必要はない[324]。

● 　更新裁定

　請求人が就労租税クレジットを請求した、課税年度の末日に、請求人（および合同請求を行っているときは請求人のパートナー）は、歳入庁から「最終通知」を受け取る。その最終通知によれば、請求人の所得金額及び請求人の家計の状況が前課税年度についてのそれを基礎とすることから始めている事実を、請求人は確認するように求められる。請求人は厳格な期限内に応答しなければならない。続いて、歳入庁は、最終決定を行う。最終決定は、当課税年度のあいだの請求人の現実の所得金額をその基礎として行う。歳入庁は、請求人が就労租税クレジットを受給する権限を有していたかどうかについて決定し、そして、

---

[321]　CPAG(2010), p1265.
[322]　CPAG(2010), P1265.
[323]　Reg 7 TC(CN) Regs.
[324]　CPAG(2010), p1265,1331.

もしそうなら、請求人の裁定の金額を最終的に決定する。これが「年次審査」として知られているものである。歳入庁は、翌課税年度（すなわち当課税年度）の請求人の裁定を更新するため、前年度の課税年度の請求人の所得金額と家計状況についての情報を利用する[325,326]。

2.3.6. 就労租税クレジットの支給

雇用者は、被用者への租税クレジットの支給についてもはや責任を負っていない。歳入・関税庁が、すべての租税クレジットの支給について単独で責任を負っている。これは、2005 年租税クレジット（雇用者等による支給）（改正）省令[327]をその根拠とする。この改正の主たる効果は、就労租税クレジットの新規請求人のすべては 2005 年 11 月 7 日から、そして、就労租税クレジットの既存請求人のすべては 2006 年 4 月 1 日から、雇用者経由でなく、内国歳入庁の委員会[328]によって直接に支給される。雇用者は、所得税、法人税及び付加価値税についていつも負っている事務負担に加えて、租税クレジットの追加負担について非常に不満であったことは確かであった。雇用者は、この問題について政府に対し圧力をかけたのであった。

就労租税クレジットの支給は原則として、請求人の銀行、住宅貯蓄協会又は郵便局カード口座に直接に振り込まれる。

就労租税クレジットは毎週または 4 週間ごとにその口座に振り込まれる。いずれの間隔かは、請求人にとってより便宜なほうである[329]。

就労租税クレジット（または児童租税クレジットと就労租税クレジットの組み合わせ）についての請求人の裁定が週 2 ポンド以下である場合、それは一括して年度全体を対象として請求人の口座に振り込まれる[330]。

2005 年省令改正前は、次のとおりであった。

---

[325] Regs 11 and 12 TC(CN) Regs.

[326] 設例について、参照、CPAG(2010), p1266.

[327] The Tax Credit (Payment by Employers etc) (Amendment) Regulation 2005 (2005/2200). さらに、EXPLANATORY MEMORANDUM TO THE SOCIAL SECURITY (CONTRIBUTIONS) (AMENDMENT NO. 2) REGULATIONS 2006 (2006 No. 576).

[328] the Commissioners for Her Majesty's revenue and Customs.

[329] Regs 8 and 13 TC(PC) Regs.

[330] Reg 10 TC(PC) Regs.

第2節　児童租税クレジットと就労租税クレジット

　就労租税クレジット（養育要因額を除く）は、歳入・関税庁からの支給明細パケット[331]を用いて、直接に雇用者によって被用者に対し支給される[332]。カップルについては、就労租税クレジット（養育要因額を除く）は、有償の労働に従事している当事者に支給される。もし両人が週16時間以上労働している場合、彼彼女は、いずれの者が支給を受けるかについて、両人間で決定できる。もし両人が決定できない場合には、歳入・関税庁の委員会[333]が、その租税クレジットを受け取る当事者を決定する[334]。自営業者たる請求人は、内国歳入庁から直接に租税クレジットを受け取る[335]。

　被用者の権利が、不当な解雇または雇用者に課せられている義務の結果としてのその他の損害を受けないために、特別規定が設けられている[336]。

●　裁定の対象期間

　就労租税クレジットの請求人の裁定は、請求人の請求が歳入庁に受理された日（または請求人の請求が遡及した日付を付された期日）から、その課税年度の末日まで、進行する[337]。ただし、請求人の状況の変化は、その課税年度中に斟酌されうる。

●　状況の変化

　請求人の就労租税クレジット裁定は、請求人（と請求人のパートナー）の前年度所得金額と請求人の請求日における請求人の人的状況とを基礎としてなされる。請求人の当年度の所得金額又は請求人の人的状況が変化する場合、請求人の就労租税クレジット裁定は修正をうけうる。次に掲げる事項に留意すべき

---

[331]　The pay packet.　この支給明細パケットのなかで、被用者の所得税について、算出税額（すなわち、源泉税額）から租税クレジット額を控除し、納付税額が計算される。納付税額がマイナス符号で示される場合、そのマイナス納付税額がその被用者に支給される。

[332]　Tax Credits Act 2002, section 25; The Working Tax Credit (Payment by Employers) Regulations 2002 (S.I. 2002 No.2172).

[333]　The Board.

[334]　Tax Credits Act 2002, section 24(2); The Tax Credit (Payment by the Board) Regulations 2002 (S.I.2002 No.2173) reg 3, 4.

[335]　The Tax Credit (Payment by the Board) Regulations 2002 (S.I.2002 No.2173) reg 4.

[336]　Tax Credits Act 2002, section 27 and Schedule 1.

[337]　s5(2) TCA 2002.

第 2 部　第 5 章　英国の所得税法における家族課税と租税クレジット

であろう[338]。

◆ 変化が起きれば、請求人は歳入庁に届け出なければならない。請求人が 1 月以内にそうしなければ、請求人は過料を受けることもある。そのような変化のいくつかは、請求人の就労租税クレジット受給権を終了させ、そして請求人は新たな請求をしなければならない。

◆ 請求人が届け出なければらない変化がない場合を除いて、就労租税クレジットの受給権の最大料率に影響を与える、諸変化を届け出るのが最適である。しかしながら、請求人の就労租税クレジットの受給権の最大料率を増加する、諸変化は、請求人が歳入庁に届け出た日から 3 月遡って日付をつけることができるだけである。請求人の就労租税クレジットの受給権の最大料率を縮小する、諸変化は、その変化の日からつねに影響をおよぼしうる。その結果、もし請求人が届出を遅延した場合に、過大支給が起きうるであろう。

◆ 就労租税クレジットを受給しうる請求人の権利の増加を許容する、特別ルールは、もし請求人が身障生活手当の裁定を受け、そして身障要因額又は重度身障要因額が請求人の就労租税クレジットに含まれている場合、3 月以上遡って日付をつけるというものである。請求人は，身障生活手当が裁定された日の 3 月以内に歳入庁に届け出なければならない[339]。

◆ 請求人の所得金額の変化を届け出るのが、最適である。それら変化は通常、当課税年度の末日に斟酌される。しかし、請求人は、就労租税クレジットの過大支給又は過少支給を避けるため、できるだけ早くその変化を届け出ることを考えようとするであろう[340]。

● 過大支給

請求人が就労租税クレジットの過大支給を受ける場合、請求人はそれを返還しなければならない。場合によっては、利子がその過大支給に付加される。

2. 3. 7.　就労租税クレジット決定に対する権利救済

請求人は、就労租税クレジット決定の改定[341] を申し込み、またはそれに不

---

[338]　CPAG(2010), p1267

[339]　CPAG(2010), p1267, p1339.

[340]　CPAG(2010), p1267.

[341]　revision.

第2節　児童租税クレジットと就労租税クレジット

服申し立てできる。

2.3.8.　税、租税クレジットおよび社会給付

* 税

就労租税クレジットは課税に服さない。

* 租税クレジット

請求人が被扶養児童（これは「適格青年」を含む）を有する場合、請求人は児童租税クレジットを受給する適格を有するかもしれない。児童租税クレジットは、就労租税クレジットに加えて、支給されることもある。

* 資産テストを受ける社会給付

就労租税クレジットは、所得補給、所得ベース型求職者手当、所得関連型雇用支援手当又は年金クレジット、住宅手当および地方税給付金[342]との関連では所得として数え入れられる[343]。

* 資産テストを受けない社会給付

就労租税クレジットは、請求人が受給権を有する、資産テストを受けない社会給付に加えて、支給されうる。

2.4.　租税クレジットの金額

請求人が受給権を有する、租税クレジットの金額は、請求人の家族状況及び請求人の所得金額に依存する。請求人が有するかもしれない、預貯金またはその他の資本の金額に関する制限はない。請求人が、所得補給、所得ベース型求職者手当、所得関連型雇用支援手当又は年金クレジットを受給する権利を有する場合、請求人は、自動的に、請求人が受領しうる、租税クレジットの最大料率（最大額）を受領する権利を有する。請求人が、所得補給、所得ベース型求職者手当、所得関連型雇用支援手当または年金クレジットを受給する権利を有しない場合、請求人は、租税クレジットの最大料率（最大額）より少ない額を受領することができる。その受領額は、請求人の所得金額の水準に依存する。

児童租税クレジットの請求人の最大額は、請求人の家族の規模、家族内の子どもの年齢、家族内の子どもが障害者かどうかに依存している。

請求人が得ることのできる、就労租税クレジットの金額は、請求人が被扶養

---

[342]　council tax benefit (CTB).
[343]　就労租税クレジットと社会給付との競合について、参照、CPAG(2010), p1268.

者のいない単身者であるかどうか、一人親か、カップルの一当事者か、請求人が就労している時間、請求人が障害を患っているか、請求人が 50 歳以上の年齢になって就労に復帰しているか、そして請求人が児童養育コストの権利を有するかに依存している。

租税クレジットの金額を計算するに当たっての基本ステップは、次のとおりである。

- 請求人の「関係の期間」内の日数を算出する
- 請求人の「最大料率」を算出する
- 請求人の「関係の所得金額」を算出する
- この所得金額を「所得支援分岐水準の数値」と比較する
- 受給権を計算する

2.4.1. 関係の期間

請求人が受け取りうる租税クレジットの金額は、「関係の期間」中の請求人の受給権に基づいている。租税クレジットの裁定は、請求人が受け取りうるだろう租税クレジットの金額を引証して計算される。請求人が新たな課税年度の初日に租税クレジットを請求する場合、請求人の裁定は、請求人がその課税年度の全期間（4月6日から4月5日まで）について租税クレジットを受給するであろう事実に基づいて計算される。したがって、請求人の関係の期間は、1年である[344]。請求人の年次受給権が計算され、そして、それからこの年度を通じて請求人に支給される。

請求人が新たな課税年度の初日後に租税クレジットを請求する場合、請求人の裁定は、請求人が請求した日からその課税年度末日までの期間について、計算される。ただし、請求人が請求日より早い期間に遡って日付のついた請求権を有しうる場合を除く。これと類似して、請求人の状況が当該年度の途中で変化し、そして請求人の裁定が修正される場合、新たな関係の期間が始まる。その新たな関係の期間は、その期間が当課税年度の末日に終了するであろうということを基礎として、計算される[345]。これらのケースのいずれの場合にも、請求人は、1年未満の期間について租税クレジットの受給権を得るであろう。年次金額の割合に応じて支給されうるであろう。

---

[344] s5(1) TCA 2002.
[345] s5(2) TCA 2002.

第2節　児童租税クレジットと就労租税クレジット

　租税クレジットの請求人の最大額を算出するため、請求人は、請求人の関係の期間の長さを知る必要がある。

　「関係の期間」とは、次をいう。

- ◆児童租税クレジットについて、請求人の最大額が同一であり続ける、裁定期間[346]、
- ◆就労租税クレジットについて、租税クレジットの請求人の最大額を成り立たせている諸要因額（児童養育要因額を除く）が同一であり続ける、裁定期間[347]。

　請求人が児童租税クレジットと就労租税クレジットの双方を受給する権利を有する場合、関係の期間は、上記の要件の両方を満たす、一つの期間である[348]。

2. 4. 2.　児童租税クレジットの最大額

　請求人が得ることのできる児童租税クレジットの最大額は、請求人に適用される「諸要因額」のそれぞれを一緒に合算して、計算される。各要因額の金額は、毎年の料率[349] で設定されている。請求人が1年より短い期間について児童租税クレジットを受給する権利を有する場合、または、請求人の受給権がその年度の途中で変更される場合、これらの要因額のおのおのの金額は調整を受け、その結果、請求人の年間の最大額のうち適切な割合が請求人に支給される[350]。

表5-8　児童租税クレジットの要因額 *

要因額	年次料率
家族要因額（乳児要因額を除く）	£545
家族要因額（1歳未満の児童について乳児要因額を含む）	£1,090
児童要因額	£2,300
障害要因額	£2,715
重度障害要因額（児童一人当たり）	£1,095

　　* Reg 7 CTC Regs

---

[346]　Reg 8(2) TC(ITDR) Regs.
[347]　Reg 7(2) TC(ITDR) Regs.
[348]　Reg 8(2) TC(ITDR) Regs.
[349]　a yearly rate.
[350]　Regs 7 and 8 TC(ITDR) Regs.

第 2 部　第 5 章　英国の所得税法における家族課税と租税クレジット

✓　ひとつの家族要因額は請求人の家族のために支給されうる。そして、その金額は、請求人が一人親であるかまたはカップルの一当事者であるかどうかによって、影響を受けない。基礎料率[351] は 545 ポンドである。請求人の家族が 1 歳未満の児童を一人有する場合、請求人は追加の乳児要因額を受け取る。この家族要因額（1 歳未満の乳児要因額を含む）は、請求人の家族要因額の総額を 1,090 ポンドとする（請求人の家族が 1 歳未満の複数の児童を含んでいても、この追加の金額は増額しない）。

✓　請求人は、請求人の家族内の児童めいめいにつき児童要因額を取得する。

✓　請求人は、家族内の、障害生活手当を得ている児童について、または、登録盲目である児童若しくはその登録を最近 28 週内に抹消した児童について、障害要因額を取得する。請求人の児童が入院中であるという理由で、障害生活手当の支給が停止されている場合でも、なお当該要因額は適用される[352]。障害要因額は、当該児童の児童要因額に追加して支給される。

✓　請求人は、家族内の、障害生活手当のうち養育コンポの最高料率[353] を得ている児童について、重度障害要因額を取得する。請求人の児童が入院中であるという理由で、障害生活手当の支給が停止されている場合でも、なお当該要因額は適用される[354]。重度障害要因額は、当該児童の児童要因額及び障害要因額に追加して支給される[355]。

【設例 5-9】

Petra は、8 歳と 3 歳の 2 人の児童がいる一人親である。彼女は、児童租税クレジットの最大料率を計算時に用いる、年次の要因額は次のとおりである（参照、設例 5-5）。

---

[351]　the basic rate.
[352]　Reg 8(1) and (2) CTC Regs.
[353]　The highest rate of the care component of disability living allowance (DLA).
[354]　Reg 8(1) and (2) CTC Regs.
[355]　Reg 8(1) and (3) CTC Regs.

第 2 節　児童租税クレジットと就労租税クレジット

表 5-9　児童租税クレジットの基本受給権

（単位£）

家族要因額	545
8 歳の児童について児童要因額	2,300
3 歳の児童について児童要因額	2,300
基本的児童租税クレジット受給権：最大料率	5,145

2.4.3.　就労租税クレジットの最大額

　請求人が得ることのできる就労租税クレジットの最大額は、請求人に適用される「諸要因額」のそれぞれを一緒に合算して、計算される[356]。各要因額の金額は、児童養育要因額を除いて、毎年の料率で設定されている。児童養育要因額は、週当たりの請求人の平均児童養育コストを用いて、設定される[357]。

　請求人が 1 年より短い期間について就労租税クレジットを受給する権利を有する場合、または、請求人受給権がその年度の途中で変更される場合、これらの要因額のおのおのの金額は調整を受け、その結果、請求人の年間の最大額のうち適切な割合が請求人に支給される[358]。

　8 つの要因額がある（参照、表 5-10）[359]。

表 5-10　1 カップルについての就労租税クレジットの最大値（2010/11 年度）

	要因額	週当たり料率£	年当たり料率£
1	基本要因額		1,920
2	一人親要因額		1,890
3	カップル要因額		1,890
4	30 時間要因額		790
5	障害要因額		2,570
6	重度障害要因額		1,095
7	50 歳プラス要因額		
	◇ 16 ないし 29 時間		1,320
	◇ 30 時間以上		1,965

---

[356]　Reg 20 WTC (EMR) Regs.
[357]　Reg 15 WTC (EMR) Regs.
[358]　Regs 7 and 8 TC(ITDR) Regs.
[359]　Reg 20 WTC (EMR) Regs.

	児童養育要因額		12
8	◇ 2人以上の児童について適格コスト最大額	300	15,600
	◇ 1人の児童について適格コスト最大額	175	9,100
	◇ 補填されるコストの百分率	80%	

● 基本要因額

基本要因額は就労租税クレジットの裁定により支給される。この要因額の受給権を得るには、請求人は、「有償の適格労働」に従事していなければならない。「有償の適格労働」は「フルタイム労働」とも称されている[360]。請求人が、就労租税クレジットの基本要因額を受給する適格を有しない場合には、請求人は就労租税クレジットのその他の要因額を受給する適格を有しえない[361]。

● カップル要因額

請求人が50歳プラスルートだけにより就労租税クレジットを受給する適格を有する場合を除いて、請求人が合同請求を行うカップルの一当事者である場合、請求人はカップル要因額を取得する。すなわち、カップル要因額は、次に掲げる要件をともにみなす場合、支給されない。

- ◆請求人と請求人のパートナーのいずれもが、少なくとも週30時間就労していないこと、かつ、
- ◆請求人が障害要因額を取得する権利を有していないこと

請求人は、請求人又は請求人のいずれかが児童又は適格青年に責任を負っている場合を除いて、請求人のパートナーが12カ月以上の懲役刑に服しているとき又は、「出入国管理に服する者」に該当するとき、カップル要因額を取得できない[362]。請求人は、請求人の最大額に含まれているひとつのカップル要因額を取得できるだけである[363]。

---

[360] Reg 4 WTC (EMR) Regs.
[361] Reg 3(2) WTC (EMR) Regs.
[362] Reg 11 WTC (EMR) Regs.
[363] Reg 3 WTC (EMR) Regs.

第 2 節　児童租税クレジットと就労租税クレジット

- 一人親要因額

請求人が単身者として請求し、かつ、児童または適格青年に責任を負っている場合、一人親要因額を取得する[364]。

- 30 時間要因額

請求人は、請求人が次に掲げる要件をみたす場合、30 時間要因額を取得する[365]。
- 請求人が、少なくとも週 30 時間就労する単身請求人に該当すること、又は
- 請求人が合同請求を行い、かつ、請求人又は請求人 2 人の双方が少なくとも週 30 時間就労すること、または、
- 請求人が合同請求を行い、かつ、少なくとも請求人 2 人の一方が児童又は適格青年に責任を負っていること、及び
  - ✓ 請求人 2 人がともに有償の労働についていること、かつ、
  - ✓ 少なくとも請求人 2 人の一方が少なくとも週 16 時間就労していること、かつ、
  - ✓ 請求人 2 人の労働時間の合計が少なくとも週 30 時間であること

請求人 2 人は、請求人の最大額に含まれている、30 時間要因額をひとつだけを取得しうる[366]。

- 障害要因額

請求人は、請求人が次に掲げる要件をみたす場合、障害要因額を取得する[367]。
- 請求人は少なくとも週 16 時間就労すること、および、
- 職を得るうえで請求人を不利な立場に置く、障害を患っていること、および
- 疾病または障害について適格の社会給付[368]を受けているか、または最近受けていたこと

---

[364]　Reg 12 WTC (EMR) Regs.

[365]　Reg 10 WTC (EMR) Regs.

[366]　Reg 3 WTC (EMR) Regs.

[367]　Reg 9 WTC (EMR) Regs.

[368]　A qualifying benefit. Cf. CPAG(2010), p1286f.

請求人2人が合同請求を行っている場合、少なくとも請求人2人の1人は、これら要件のすべてをみたさなければならない。

職を得るうえで請求人を不利な立場に置く、障害を患っていることとは、請求人が、Schedule 1 Regulation 9(1) to the Working Tax Credit (Entitlment and Maximum Rate) Regulation 2002 の Part 1 と Part 2 [369] に列記された要件の一つに該当することを意味する。

- 重度障害要因額

請求人は、障害生活手当のうち養育コンポの最高料率若しくは介護手当 [370] の最高料率を得ている場合、または、これらのうちいずれかの支給が請求人の入院中を理由に停止されている場合、重度障害要因額を取得する [371]。請求人が、これらの要件をみたすパートナーを有する場合、重度障害要因額は、そのパートナーについても算入されうる [372]。

- 50歳プラス要因額

請求人は、次に掲げる要件をみたす場合、50歳プラス要因額を取得する [373]。
- ◆ 請求人が50歳以上であること、および、
- ◆ 請求人が少なくとも週16時間のフルタイム賃金労働に従事していること、および、その他の所定の規則のいずれか [374]。

この50歳プラス要因額は、請求人が仕事に復帰するときから起算して12ヶ月間だけ支給されうる。これは、12月の1期間、または26週だけ間隔をおいた期間、または合計して12月以下の期間をいう。

請求人が、12時間ないし29時間のあいだ就労する場合は、低料率 [375] が支給されうる。週30時間以上のあいだ就労する場合は、高料率 [376] が支給される。もし請求人にパートナーがおり、この者もまたこれらの要件をみたす場合、50

---

[369] 参照、CPAG(2002), p1504f.
[370] attendance allowance (AA).
[371] Reg 17 WTC (EMR) Regs.
[372] Reg 3(3) WTC (EMR) Regs.
[373] Reg 18 WTC (EMR) Regs.
[374] Cf. CPAG(2010), p1288.
[375] a lower rate.
[376] a higher rate.

第 2 節　児童租税クレジットと就労租税クレジット

歳プラス要因額が、その者のためにも支給される[377]。

● 児童養育要因額
　もし請求人が「適格児童養育コスト」を負担している場合、就労租税クレジットの請求人の最大額は、児童養育要因額を含むことがありうる[378]。これは、請求人が受給権を有している他の要因額に加算される。

2.4.4. 就労租税クレジットの児童養育要因額
　請求人の就労租税クレジット最大額は、「関係の児童養育」コストを支援するための児童養育要素を含んでいることがある[379]。この要因額は、児童 1 人につき週 175 ポンドを上限とする実際の児童養育費の 80％であるか、または、2 人以上の児童については 300 ポンドを上限とする実際の児童養育費の 80％である。すなわち、週 140 ポンドまたは 240 ポンドを上限とする[380]。
　就労租税クレジットの児童養育要因額を得るため、請求人または請求人のパートナーは少なくとも 1 人の児童に責任を負っていなければならない[381]。請求人は、その児童の親である必要はない。「〜に責任を負っている」とは、児童租税クレジットについての意味と同じ意味を有する[382]。
　児童養育要因額は、就労租税クレジットの最大料率の計算の一部であって、児童租税クレジットの一部としてまたは児童養育要因額自体に基づいて請求できるものではない[383]。
　児童養育要因額は、関係の児童養育の料金が請求人に生じ、かつ、請求人が次の要件のいずれかに該当する場合、児童養育コストを支援するため、就労租税クレジットに算入されうる[384]。

- 少なくとも週 16 時間就労している一人親、または、
- カップルの一当事者であり、かつ
  - ✓ 請求人 2 人がともに少なくとも週 16 時間就労しているか、または、

377　Reg 3(3) WTC (EMR) Regs.
378　Reg 13 WTC (EMR) Regs.
379　Regs 3 and 13 WTC (EMR) Regs.
380　Reg 20(3) WTC (EMR) Regs.
381　Reg 14(1) WTC (EMR) Regs.
382　Reg 14(1) WTC (EMR) Regs.
383　Reg 20 WTC (EMR) Regs.
384　Reg 13(1) WTC (EMR) Regs.

第 2 部　第 5 章　英国の所得税法における家族課税と租税クレジット

✓　請求人 2 人の 1 人が少なくとも週 16 時間就労し、かつ相手方が就業
不能[385] であるか、または

✓　請求人 2 人の 1 人が少なくとも週 16 時間就労し、かつ相手方が入院
中かまたは収監中（懲役刑に服しているかまたは拘留中）である。

請求人は、請求人が就労租税クレジットの目的との関連で就労中として取り
扱われる期間（たとえば、離職後 24 週間就労租税クレジットの支給延長又は産休）
のあいだ、児童養育要因額を受給する権利を引き続き有する[386]。

● 就業不能

請求人または請求人のパートナーは、もし請求人が次に掲げる要件のいずれ
か 1 つに該当する場合、就業不能として取り扱われる[387]。

◆短期高料率の就業不能手当または長期就業不能手当を取得するか、または、

◆国民保険料を拠出していた場合などに受け取りうる保険料型雇用支援手
当[388] を取得してきたか、または、

◆重度障害手当を取得しているか、または

◆介護手当、障害生活手当を取得しているか、または、それを取得しうると
ころ、実際には入院中のためそれを取得していないか、または、

◆継続的介護手当の付いた、労働災害障害手当を取得しているか、または、

◆住宅手当又は地方税給付（これは、障害プレミアム、支援コンポ[389]、就労関
連型能動コンポ[390] を含む）の裁定を受けているか、または、

◆請求人が病人用車いす又は類似の車を有している[391] か、

請求人は、請求人が法定の産休又は養子縁組にかかる休職（初めの 39 週間だ
け）若しくは父親育児休暇（2 週間）についているあいだ、または、請求人が
産休手当を受給しているあいだ、請求人が責任を負っている乳児若しくはその
他の子供について、児童養育要因額を請求できる[392]。

---

[385]　be incapacitated.

[386]　Reg 5-8 WTC (EMR) Regs; Explanatory Note to The Workinng Tax Credit
(Entitlement and Maximum Rate) (amendment) Regulations 2009, No.1829.

[387]　Reg 13(4) WTC (EMR) Regs.

[388]　contributory employment and support allowance (ESA).

[389]　support component.

[390]　work-related activity component.

[391]　Reg 13(8) WTC (EMR) Regs.

[392]　CPAG(2010), p1290.

第 2 節　児童租税クレジットと就労租税クレジット

- 児童養育要因額の金額について概説する[393]。

ステップ 1：請求人の関係の期間内の日数を算出する。

　　請求人の関係の期間の日数を合計する。もし請求人が新たな課税年度の初日前に租税クレジットを請求している場合、請求人の裁定は原則として、1 課税年度全体について同一の料率での受給権に基づいて行われる。そして、請求人の関係の期間は 1 年である。2010/11 年課税年度は 365 日である。

ステップ 2：請求人の関係の児童養育料を計算する。

　　請求人の「関係の児童養育料」とは、請求人の週平均料金[394]である。週平均料金の計算の仕方は、請求人が毎週若しくは毎月又はその他の一定間隔おいて児童養育のために支払っているか否か、又は、請求人が支払っている金額が期間を通して変動した金額であるかに依存している。

- ✓　請求人が週単位で児童養育の対価を支払っており、かつ、その料金が週当たり固定額である場合、当該請求直前 4 週間における当該料金を合計し、それを 4 で除す。

- ✓　請求人が週単位で児童養育の対価を支払っており、少なくとも 52 週間のあいだ児童養育の対価を支払ってきており、かつ、その料金がその期間を通して変動した金額である場合、当該請求直前 52 週間における当該料金を合計し、それを 52 で除す。

- ✓　請求人が月単位で児童養育の対価を支払っており、かつ、その料金が月当たり固定額である場合、月額料金を 12 で乗じ、それを 52 で除す。

- ✓　請求人が月単位で児童養育の対価を支払っており、かつ、その料金が月ごとに変動している場合、最後の 12 月における料金を合計し、そしてそれを 52 で除す。

- ✓　上記の方法のいずれによっても請求人の週平均料金を歳入庁が設定するための情報が不足している場合、その料金は、請求人が請求人の児童養育コストについて提供した情報に基づいて歳入庁が、合理的だと考えるいずれかの方法により、計算する。

- ✓　請求人が児童養育のため支払う協定を歳入庁とのあいだで裁定期間中に結んだ場合、請求人の週当たり平均児童養育コストは、このコストに

---

[393]　CPAG(2010), p12992f.
[394]　average weekly charge.

第2部　第5章　英国の所得税法における家族課税と租税クレジット

ついて請求人が自身の推定額に基づいて計算される。請求人は請求人の租税クレジット請求様式にその推定額を記載する。

　請求人がこれらの方法のうちのいずれかを用いて請求人の週平均児童養育料を計算したとき、ポンド未満を切り上げる。

　ステップ3：関係の期間について請求人の実際の児童養育コストを計算する。

　　ステップ2で求められた週金額は、今や、請求人の関係の期間を対象とする金額に換算される。当該年次金額を計算するため当該週料金を52で乗じる。日割り料率[395] を求めるため、当該算出された数値を、当課税年度の日数で割り算する。ついで、この日割り料率に、請求人の関係の期間における日数を乗じる。これが、当該関係の期間についての請求人の児童養育コストである[396]。

　ステップ4：関係の期間についての請求人の適格児童養育コストの最大額を計算

　　請求人に適用される、週当たり適格児童養育コスト[397] を、7で除す。この週当たり適格児童養育コストは、児童ひとりにつき175ポンドであり、そして、児童2人以上につき300ポンドである。この数値は、ペンス未満を切り上げる。ついで、この日割り料率を、関係の期間における日数を乗じる。

　ステップ5：関係の期間についての児童養育要因額を計算する。

　　ステップ3と4で求められた2つの数値のうち小のほうをとる。ついで、その数値の80％を計算する。ペンス未満を切り上げる。これが、当該関係の期間についての請求人の児童養育要因額である[398]。

【設例10】

　Petra は、租税クレジットの申請が行われる前の4週間の週ごとに、彼女の2人の子供について、適格児童養育コストに毎週400ポンドの金額を支払った。彼女は、あたらしい課税年度に先立って、就労租税クレジットの申請を行う。彼女は、引き続いて、同じ児童養育のため週200ポンドを支払い続ける。課税

---

[395]　the daily rate.
[396]　Reg 7(3) TC (TDR) Regs, steos 7-10.
[397]　the maximum eligible weekly childcare cost.
[398]　CPAG(2010), p1293..

第2節　児童租税クレジットと就労租税クレジット

年度全期間についての彼女の児童養育要因額は、次のように計算される。

　ステップ1：Petra の関係の期間は、1年である（365日）。

　ステップ2：彼女の関係の児童養育料は 200 ポンドである。（これは彼女の週当たり平均料である。）

　ステップ3：£200 × 52 ＝ £10,400

　ステップ4：Petra の週当たり適格児童養育コストの最大額は 300 ポンドである。なぜなら、彼女は 2 人の子供を有する。

　　　日割り料率は、£300 ÷ 7 ＝ £42.86（ペンス未満を切り上げ）

　　　年次料率は、£42.86 × 365 ＝ £15,643.90

　ステップ5：ステップ3と4のうち小さいほうの数値は、10,400 ポンドである。

　児童養育要因額は、80%× £10,400 ＝ £8,320 である。

　関係の期間（このケースでは、1 課税年度全体）について、Petra の児童養育要因額は、8,320 ポンドである。

2.4.5.　租税クレジットの金額をどのように計算するか

● 　請求人か特定の社会給付を受給している場合

　請求人が、所得補給、所得ベース型求職者手当、所得関連型雇用支援手当または年金クレジットを受給する権利を有する場合、請求人は、自動的に、請求人が受領できるであろう、児童租税クレジットまたは就労租税クレジットの最大額を受領する権利を有する[399]。請求人は、この最大額を、請求人が適格を有する各租税クレジットの諸要因額を請求人の関係の期間にわたって一緒に合計して、計算する。請求人の最大額は、請求人が所得補給、所得ベース型求職者手当、所得関連型雇用支援手当又は年金クレジットを受給している期間のあいだ、減額をされることはない（ただし、過大支給が請求人の裁定から回収される場合は、これと異なる）。

● 　請求人か特定の社会給付を受給していない場合

　請求人が所得補給、所得ベース型求職者手当、所得関連型雇用支援手当または年金クレジットを受給する権利を有しない場合、請求人の受給権がどのよう

---

[399]　ss7(2) and 13 TCA 2002; reg 4 TC(ITDR) Regs.

に算出されるかは、次に掲げるとおりである [400]。

ステップ1：請求人の関係の期間を算出

請求人の関係の期間における日数を合計する。請求人が新しい課税年度の開始日に租税クレジットを請求する場合、請求人の裁定は、1課税年度全期間について同一の料率で受給権に基づいているであろう。請求人の関係の期間は1年であろう。2010/11年課税年度は365日である。

ステップ2：関係の期間についての、請求人の最大額の受給権

まず、請求人が適格のある、各租税クレジットのそれぞれの要因額を同定する。各要因額の日割り料率を求める。ただし、就労租税クレジットの児童養育要因額を別とする。

各要因額について、この日割り料率に、関係の期間における日数を乗ずる。各要因額の当該調整額を一緒に合計する。

つぎに、関係の期間について請求人の児童養育要因額を計算する。

関係の期間について請求人の受給権の最大額を求めるため、当該関係の期間についての他の諸要因額に、当該関係の期間についての児童養育要因額を加算する。

ステップ3：請求人の関係の所得金額

租税クレジットの計算において用いられる所得金額は、請求人の関係の所得金額である。

歳入庁が用いる通常の手順は、請求人の前課税年度の所得金額に基づき計算をし始める（いくつかのケースでは、その計算法を用いないで、それに代えて、請求人の当課税年度の所得金額を推定するほうが、請求人に有利であるかもしれない）。

日割り料率を求めるため、その所得金額を、当課税年度における、請求人の租税クレジットの請求が関係している日数で除す。ついで、この日割り料率に、関係の期間における日数を乗ずる。この金額をペンス未満を切り捨てる。これが請求人の関係の所得金額である。

課税年度の末日に、当該年度のあいだの請求人の受給権が当課税年度の所得金額を基礎とすべきかまたは前課税年度の所得金額を基礎とすべきかを決するときに、歳入庁は、これら二つの所得金額のあいだに25,000ポンド以上の差があるかどうかを確認するため、これら金額を比較する [401]。

---

[400]　租税クレジットの金額の計算方法は、CPAG(2010), p1294ff. に依拠する。
[401]　s7(3) TCA 2002; reg 5 TC(ITDR) Regs.

第2節　児童租税クレジットと就労租税クレジット

✓　当課税年度における請求人の所得金額が前課税年度における請求人の所得金額よりも 25,000 ポンド以下だけ大である場合、その前課税年度の所得金額が用いられるであろう。

✓　当課税年度における請求人の所得金額が前課税年度における請求人の所得金額よりも 25,000 ポンドを超えて大である場合、当課税年度における請求人の所得金額マイナス 25,000 ポンドが用いられるであろう。

✓　当課税年度における請求人の所得金額が前課税年度における請求人の所得金額以下である場合、請求人の当課税年度の所得金額が用いられるであろう。

ステップ4：関係の期間について、請求人の所得金額を所得支援分岐水準の数値と比較する。

請求人に適用される、年次の所得支援分岐水準の数値を求める。

✓　請求人が就労租税クレジットだけの受給権を有する場合、年次の所得支援分岐水準の数値は 6,420 ポンドである。

✓　請求人が就労租税クレジットと児童租税クレジットの受給権を有する場合、年次の所得支援分岐水準の数値は 6,420 ポンドである。

✓　請求人が児童租税クレジットだけの受給権を有し、就労租税クレジットの受給権を有しない場合、年次の所得支援分岐水準の数値は 16,190 ポンドである。

請求人に適用される所得支援分岐水準の数値を、当課税年度における日数で除す。ついで、この数値を、関係の期間における日数によって乗ずる。この金額をペンス未満を切り上げる。この数値が関係の期間についての請求人の所得支援分岐水準の数値である。

ステップ5：関係の期間について租税クレジット受給権を計算する。

✓　請求人の所得金額が、請求人に適用される当該所得支援分岐水準の数値より小である場合、請求人は、租税クレジットの最大値を受給する権利を有する。

✓　請求人の所得金額が、請求人に適用される当該所得支援分岐水準の数値より大である場合、請求人の超過所得金額 [402] を求めるため、請求人の関係の所得金額から当該所得支援分岐水準の数値を引き算する。この超過所得金額の 39％を計算する。この数値のペンス未満を切り捨てる。

---

[402]　excess income.

第2部　第5章　英国の所得税法における家族課税と租税クレジット

最後に、請求人の租税クレジットの最大額から、この金額を減額する。

✓ 請求人の最大額の租税クレジットのうち相異なる諸要因額は、次の順序によって、削減消去する。

➤ まず、児童養育要因額を除いて、就労租税クレジットの諸要因額が減額される。

➤ 次に、児童養育要因額が減額される。

➤ 第3に、児童租税クレジットの児童要因額プラス請求人の子供についての障害要因額または重度障害因額が減額される。

➤ 課税年度の請求人の所得金額が第2所得支援分岐水準の数値（50,000ポンド）を超えていない場合は、児童租税クレジットの家族要因額は減額されない。このポイント（50,000ポンド）を超える区間では、家族要因額は、50,000ポンドを超える所得金額のうち、15ポンドごとに1ポンドだけ減額される。すなわち、6.67％の率である。

少数のケースでは、租税クレジットの請求人の最大額が余りに大である結果、児童租税クレジットの児童要因額は、課税年度の所得金額が50,000ポンドに達するときまで、完全には削減消去されつくされないだろう。この少数のケースでは、児童要因は、この要因額が消去されつくすまで、39％の消去率で引き続き削減されるであろう。家族要因額は、超過所得について、15ポンドごとに1ポンドの率で削減消去されるだろう。

請求人が児童租税クレジットだけ又は就労租税クレジットだけの受給権を有し、そして、その計算の結果、26ポンド未満の受給権が算出される場合、租税クレジットの裁定は行われない。請求人が児童租税クレジットと就労租税クレジット双方の受給権を有し、そして、両者の受給権の合計が26ポンド未満である場合、裁定は行われない。

請求人の週当たり支給額がいくらになるかを求めるためには、まず、日割り料率を求めるため、上記ステップ5で求められた合計額を、請求人の関係の期間における日数で除す。ついで、この日割り料率に7を乗ずる。もし請求人のクレジットが4週間ごとに支給される場合、請求人の受給額を計算するため、この日割り料率に28を乗ずる。

【設例11】

Petra は、2010/11 年課税年度の初日に租税クレジットを請求する。2009/10年課税年度のあいだに、彼女は週20時間就労し、そして、時間当たり8ポン

ドを稼得した。2010/11 年課税年度のあいだも、彼女は引き続き、同じ時間、同じ賃金率で就労する。Petra の租税クレジットの受給権は、次のように、計算される。

ステップ1：関係の期間を検討する。

Petra の関係の期間は、365 日である。

ステップ2：関係の期間についての受給権の最大料率

表5-11

児童租税クレジット	家族要因額	£547.50
	3歳の児童について児童要因額	£2,303.15
	8歳の児童について児童要因額	£2,303.15
就労租税クレジット	基本要因額	£1,923.55
	一人親要因額	£1,890.7
	児童養育要因額	£8,320.00
租税クレジットの最大料率の合計		£17,288.05

表5-11 の数値例を例解する。

Petra の年次期間は1年であるけれども、各要因額の数値は、各要因額の年次額に等しいわけではない。たとえば、家族要因額の年次額は 545 ポンドである。しかし、上の計算は、彼女の関係の期間1年のあいだにおける Petra の家族要因額が 547.50 ポンドであることを示している。その理由は次にある。年次額が 365 で除するとき、その数値は、課税年度における日数を掛け算する前に、ペンス未満を切り上げられているからである。この切り上げは Petra の年次最大料率を増額する効果を有する。

ステップ3：関係の所得金額

Petra は、2009/10 年課税年度のあいだに 8,342.85 ポンドを稼得した。（彼女は、時間当たり8ポンドの賃金を受け、そして週 20 時間就労する）この合計は次のように計算される。

$$((£8 \times 20) \div 7) \times 365 = £8,342.85$$

彼女は、引き続き 2010/11 年課税年度のあいだ同一の賃金率で支払を受ける、租税クレジットが支給される年度（2010/11 年）のあいだは、2009/10 年度の彼女の所得金額が利用される。

227

第2部　第5章　英国の所得税法における家族課税と租税クレジット

したがって、Petra の所得金額は、次のように計算される。

(£8,342.85 ÷ 365) × 365 ＝ £8,342.85（ペンス未満を切り下げる）

ステップ4：関係の期間についての所得支援分岐水準の数値と所得金額を比較する。

Petra は就労租税クレジットと児童租税クレジットの両方を受給しているので、彼女の年次所得支援分岐水準の数値は 6,420 ポンドである。

したがって、関係の期間の所得支援分岐水準の数値は、次のように計算される。

(£6,420 ÷ 365) × 365 ＝ £6,420.00（ペンス未満を切り上げる）

ステップ5：関係の期間について租税クレジット受給権を計算する。

Petra は、1,922.85 ポンドの超過所得金額を有する。（所得金額 8,342.85 ポンド　マイナス　所得支援分岐水準の数値 6,420 ポンド）

この超過所得金額に消去率 39％を適用する。

39％ × £1,922.85 ＝ £749.91

Petra の租税クレジットの最大額（£17,288.05）は、この金額だけ減額される。彼女の租税クレジット受給権の総額は、次のように計算される。

£17,288.05 － £749.91 ＝ £16,538.14

この減額は、まず、児童養育要因額を別として、彼女の就労租税クレジットの諸要因額に適用される。

すなわち、基本要因額 £1,923.55 ＋一人親要因額 £1,890.70 ＝ £3,814.25
つづいて、

£3,814.25 － £749.91 ＝ £3,064.34

したがって、Petra の 2010/11 年課税年度についての租税クレジットは、次のように計算される。

第2節　児童租税クレジットと就労租税クレジット

表 5-12

就労租税クレジット（児童養育要因額を除く。）	£3,064.34
児童養育要因額	£8,320.00
児童租税クレジット	£5,153.80
租税クレジットの総額	£16,538.14

　週当たり支給率を求めるため、この数値が 365 日（Petra の関係の期間における日数）で除し、そして、7 を乗ずる。

　　（£16,538.14 ÷ 365）× 7 ＝ £317.17

2.4.6.　状況の変化後における受給権

　請求人の租税クレジットの受給権に影響を与えるであろう、請求人の状況が変化する、態様は 3 種ある[403]。

①　請求人の状況が、請求人の受給権の最大額に影響を与える態様で、変化するなら、新たな関係の期間が開始する。たとえば、障害要因の受給権を与えることとなる障害給付が、請求人の請求にかかわっている請求人又はその他の誰かに対し裁定されている場合、これは請求人の租税クレジットの最大額を変更し、かつ、新たな関係の期間を開始する。

②　単身者になるとか又はカップルの当事者になるといった、その他の変化によって、請求人の裁定は終了することとなる。請求人が依然として受給権を有しているなら、請求人は、租税クレジットの新たな請求をしなければならないだろう。これがまた、新たな関係の期間を開始する。

③　請求人の受給権の最高額に影響を及ぼさず、そして請求人の現在の裁定を終了させることにならない、そうした状況の変化によって、請求人に支給されうる租税クレジットの金額が影響を受ける。たとえば、もし請求人の現在の裁定が請求人の当課税年度の所得金額に基づいており、そして請求人の所得金額が当課税年度中に著しく増加する場合、請求人がその変化を歳入庁に届け出て、かつ、請求人の裁定が計算され直されなければ、請求人は、租税クレジットの過大支給を受けるかもしれない。

---

[403]　Cf. CPAG(2010), p1297f.

第2部 第5章 英国の所得税法における家族課税と租税クレジット

【設例12】

Petra は彼女の 8 歳の児童について障害生活手当を請求し、そして、これが 2010/11 年課税年度の 201 日目から裁定を受ける（児童養育コンポの中利率）。したがって、彼女は、この課税年度のあいだに二つの関係の期間を有する。最初の期間は、200 日間である。第 2 のものは、彼女の娘が障害生活手当の裁定を受けた日から始まり、165 日が続く。

• 最初の 200 日間の彼女の受給権は、次のように計算される[404]。
  ✓ ステップ 1：関係の期間内の日数を算出する。
    最初の関係の期間は、200 日である。
  ✓ ステップ 2：当該関係の期間についての受給権の最大額
  200 日の関係期間についての租税クレジットの諸要因額すべて（児童養育要因額を除く。）に対する受給権の最大額は、次のように計算される。

表 5-13

児童租税クレジット	家族要因額	£300
	3 歳の児童についての児童要因額	£1,262
	8 歳の児童についての児童要因額	£1,262
就労租税クレジット（児童養育要因額を除く）	基本要因額	£1,054
	一人親要因額	£1,036
合　計		£4,914
つぎに、当該関係の期間についての児童養育要因額は、次のように、計算される。		
児童養育要因額		£4,558.92

Petra の当該関係の期間についての租税クレジットの最大額の総計は、したがって、9,472.92 ポンドである。

$$（£4,914 ＋ £317.17）＝ £9,472.92$$

  ✓ ステップ 3：関係の所得金額

---

[404] 設例は、CPAG(2010), p1298f. に依拠する。

230

第 2 節　児童租税クレジットと就労租税クレジット

Petra の年次所得金額は 8,342.85 ポンドである。これは、当該関係の期間について調整を受け、課税年度の日数によって除する。そして、当該関係の期間における日数によって乗じる。

$$(£8,342.85 \div 365) \times 200 = £4,571.42$$

✓　**ステップ 4**：当該関係の期間についての所得支援分岐水準の数値と所得金額を比較する。

Petra が就労租税クレジットと児童租税クレジットの双方を受領しているので、彼女の年次所得支援分岐水準の数値は、6,420 ポンドである。この所得支援分岐水準の数値もまた、当該関係の期間を対象として、調整を受ける。

$$(£6,420 \div 365) \times 200 = £3,517.81$$

✓　**ステップ 5**：当該関係の期間についての租税クレジットの受給権を計算する。

Petra は超過所得金額 1,053.61 ポンドを有する。

関係の所得金額 £4,571.42 − 所得支援分岐水準の数値 £3,517.81 = £1,053.61

この超過所得金額に消去率 39% を適用する。

$$39\% \times £1,053.61 = £410.90$$

Petra の租税クレジットの最高額（£9,472.92）は、この金額だけ減額される。彼女の租税クレジット受給権の総額は、次のように計算される。

$$£9,472.92 - £410.90 = £9,062.02$$

この削減額 £410.90 は、まず、児童養育要因額を別として、彼女の就労租税クレジットの諸要因額（すなわち、基本要因額 £1,054 ＋一人親要因額 £1,036 ＝ £2,090）に適用する。

$$£2,090 - £410.90 = £1,679.10$$

かくして、最初の 200 日期間についての Petra の租税クレジットは、次のものから構成されている。

第2部　第5章　英国の所得税法における家族課税と租税クレジット

表5-14

就労租税クレジット（児童養育要因額を除く。）	£1,679.10
児童養育要因額	£4,558.92
児童租税クレジット	£2,824.00
租税クレジットの総額	£9,062.02

　したがって、Petra の最初の 200 日期間についての租税クレジットは、9,062.02 ポンドである。

　週当たりの支給料率を求めるためには、この数値は 200 で除し、そして 7 を乗じる。

$$(£9,062.02 ÷ 200) × 7 = £317.17$$

- 第 2 の関係の期間についての彼女の受給権は、次のように計算される [405]。
  - ✓ **ステップ 1：関係の期間における日数を算出する。**

    第 2 の関係の期間は、165 日である。
  - ✓ 当該関係の期間について受給権の最大額

    165 日の第 2 の関係期間について租税クレジットの諸要因額のすべて（ただし、児童養育要因額を除く）に対する受給権の最大額は、次のように計算される。

表5-15

児童租税クレジット	家族要因額	£247.50
	3 歳の児童についての児童要因額	£1,041.15
	8 歳の児童についての児童要因額	£1,041.16
	8 歳の児童についての障害要因額	£1,227.60
就労租税クレジット（児童養育要因額を除く）	基本要因額	£869.55
	一人親要因額	£854.70
	合　計	£5,281.65
つぎに、当該関係の期間についての児童養育要因額は、次のように、計算される。		
	児童養育要因額	£3,761.10

---

[405]　設例は、CPAG(2010), p1299f. に依拠する。

第2節　児童租税クレジットと就労租税クレジット

Petra の当該関係の期間についての租税クレジットの最大額の総計は、したがって、9,042.75 ポンドである。

$$(£5,281.65 + £3,761.10) = £9,042.75$$

✓　**ステップ 3：関係の所得金額**

Petra の年次所得金額は 8,342.85 ポンドである。これは、当該関係の期間について調整を受け、課税年度における日数によって除する。そして、当該関係の期間における日数によって乗じる。

$$(£8,342.85 ÷ 365) × 165 = £3,771.42$$

✓　**ステップ 4：当該関係の期間についての所得支援分岐水準の数値と所得金額を比較する。**

Petra が就労租税クレジットと児童租税クレジットの双方を受領しているので、彼女の年次所得支援分岐水準の数値は、6,420 ポンドである。この所得支援分岐水準の数値もまた、当該関係の期間を対象として、調整を受ける。

$$(£6,420 ÷ 365) × 165 = £2,902.20$$

✓　**ステップ 5：当該関係の期間についての租税クレジットの受給権を計算する。**

Petra は超過所得金額 869.22 ポンドを有する。

関係の所得金額 £3,771.42 − 所得支援分岐水準の数値 £2,902.20
= £869.22

この超過所得金額に消去率 39％を適用する。

$$39％ × £869.221 = £338.99$$

Petra の租税クレジットの最高額（£9,042.75）は、この金額だけ減額される。彼女の租税クレジット受給権の総額は、次のように計算される。

$$£9,042.75 − £338.99 = £8,703.76$$

この削減額 £338.99 は、まず、児童養育要因額を別として、彼女の就労租税クレジットの諸要因額（すなわち、基本要因額 £869.55 ＋一人親要因額 £854.70 ＝ £1,724.25）に適用する。

第 2 部　第 5 章　英国の所得税法における家族課税と租税クレジット

£1,724.25 − £338.99 = £1,385.26

かくして、第 2 の 165 日期間についての Petra の租税クレジットは、次のものから構成されている。

表 5-16

就労租税クレジット（児童養育要因額を除く。）	£1,385.26
児童養育要因額	£3,761.10
児童租税クレジット	£3,557.40
租税クレジットの総額	£8,703.76

したがって、Petra の第 2 の 165 日期間についての租税クレジット受給権の総額は、8,703.76 ポンドである。

週当たりの支給料率を求めるためには、この数値は 165 で除し、そして 7 を乗じる。

(£8,703.76 ÷ 165) × 7 = £369.25

2. 5.　租税クレジットの過大支給

英国の最大の問題は、過大支給についてであったが、しかし、この問題は立法により大幅に解決されている。歳入・関税庁の職員は租税クレジット請求人にとっていつも役だつ。そして、公認会計委員会[406] は、租税クレジットが行政管理される方法について、今日もなお内国歳入庁と協議し続けている[407]。

2. 5. 1.　租税クレジットの過大支給とは何か

主要なルールは、児童租税クレジットについても就労租税クレジットについても同一である[408]。請求人（および、合同請求をしている場合は、請求人のパートナー）は、或る課税年度について、請求人が受給権を有している以上の租税

---

[406]　the Public Accounts Committee.

[407]　就労租税クレジットの支給方法に関する省令改正と現状について、参照、Professor Natalie Lee（Professor of Tax Law, Head of School School of Law, University of Southampton）発の 2010 年 3 月 15 日電子メール。

[408]　s28 TCA 2002.

234

クレジットを支給された場合、その差額が過大支給額とみなされる。歳入庁は、過大支給が積み重なることを防ぐため、請求人の当期の租税クレジット裁定の年度の途中で、請求人の裁定を調整する決定を行うことができる（これを年度内過大支給[409]という）。そしてまた、歳入庁は、課税年度末以降に請求人から過大支給の全部または一部を回収する決定を行うことができる（これを年度末過大支給[410]という）。請求人は租税クレジットを受給する請求人の権利を変化させた決定に対して不服申立てできるとしても、そのような回収決定に対する不服申立て権はない。これは次を意味する。請求人の受給権にかかる新しい決定を不服申立ての対象とすることによって、請求人は、実質的に、過大支給があるという事実認定に挑むことができ、また、その過大支給の金額に挑むことができる[411]。

- 過大支給はいつ起きるか
  過大支給を最も惹き起しそうな原因は、次のとおりである。
  - 請求人の所得金額が、前課税年度と比較して、当課税年度において 25,000 ポンドを超えて増額した[412]。
  - 請求人が、請求人の受給権を減額する状況の変化について適時に歳入庁に届け出なかった。
  - 請求人が歳入庁に提供した情報が、不正確であった。
  - 上記のいずれもが、当てはまらないが、しかし、何らかの態様で歳入庁が間違いを犯したために、過大支給がおきた。――すなわち、「職務上の瑕疵[413]」がある。

- 年度内過大支給について
  年度内過大支給[414]とは、請求人の当期租税クレジット裁定の年度の途中に生じる過大支給をいう。年度内過大支給についての決定は、係争の課税年度の途中に、次に掲げる状況において、行われうる[415]。

---

[409]　An in-year overpayment.
[410]　An end-of-year overpayment.
[411]　CPAG(2010), p 1343.
[412]　Reg 5 TC(ITDR) Regs.
[413]　An official error.
[414]　In-year overpayments.
[415]　CPAG(2010), p 1344.

第2部　第5章　英国の所得税法における家族課税と租税クレジット

◆ 過大支給がありそうだと歳入庁が考える場合、同庁は、その過大支給を減額しまたはなくしてしまうために当該裁定（またはもう一つの租税クレジットの裁定）を調整できる。これは、請求人の裁定がその年の残りの期間のあいだに減額されることを意味する。

◆ 請求人が受給権に関する基本要件を満たしていないという理由で、裁定が撤回される場合、歳入庁は、すでに請求人に支給された当該金額又はその一部が過大支給としてみなされると、決定することができる。受給権の基本要件とは、就労租税クレジットについて、請求人が児童のために責任を負っているということであり、そして、就労租税クレジットについて、請求人がフル・タイムで労働に従事していることである。

● 　年度末過大支給について

年度末過大支給[416]とは、係争の課税年度の末日以降に認定される過大支給である。すなわち、当該年度についての請求人の裁定が完了したのちに、認定される過大支給である。歳入庁は、同庁が次に掲げるいずれかを行うときに、年度末過大支給がこれまでにあったと決定できる[417]。

◆ 最終の決定[418]

◆ 質問検査決定[419]

◆ 新しい事実の認定に関する決定[420]

◆ 職務上の瑕疵についての改定[421]

● 　過大支給の通知

歳入庁は、請求人の受給権に関する決定を変更し、そして、その新しい決定をその者に通知しなければならない[422]。請求人は、租税クレジットを受給する権利の金額についての決定に対し不服を申立てる権利を有する。請求人の受給権に関する新しい決定が間違っており、したがって、歳入庁が言うほどには

---

[416]　End-of-year overpayments.

[417]　s28(1) TCA 2002.

[418]　A final decision.

[419]　An enquiry decision.

[420]　A decision on discovery.

[421]　A revision for official error.

[422]　s23 TCA 2002.

第2節　児童租税クレジットと就労租税クレジット

過大支給を受けていないまたは過大支給をまったく受けていない、と請求人が考える場合、請求人は請求人の受給権に関する当該新しい決定に対し不服を申立てることができる。請求人が詳細な計算書を受け取るまでに請求人が不服を申し立てる必要があったことを請求人が認識していなかったという理由で、請求人の受給権に関する当該新しい決定に対する請求人の不服申立てが不服申立て期間30日を徒過してしまっている場合、当該不服申立てが遅れたことにつき正当な理由がある、と主張することができる[423]。

　請求人の受給権が変更され、そして請求人の受給額が調整された旨を、歳入庁が請求人に書面を送付するときにのみ、請求人は年度内過大支給について了知することができる。歳入庁が年度末過大支給を請求人から回収しようとする場合には、同庁は、年度末過大支給について、それがどのくらいであるか、そして同庁がどのようにして請求人から回収するかについて、通知書を交付しなければならない。同庁は、当課税年度について請求人の受給権に関する最終決定について請求人に書面を作成するとき、同時に、この年度末過大支給の通知書を通常作成する。過大支給を回収する決定に対する不服申立て権はない[424]。

2.5.2.　過大支給の回収

　基本ルールは、歳入庁が過大支給の全部または一部を回収[425]できるということである[426]。

歳入庁は次に掲げる仕方で、過大支給を回収できる。

- 　請求人の当期裁定を調整（すなわち、減額）すること、および、
- 　当該過大支給を返還するよう請求人に請求すること、

によってである。

　しかし、歳入庁は、過大支給を回収しなければならないわけではなく、裁量権を行使す[427]べきである[428]。

　公式の指針は、過大支給は、もし歳入庁がその「責任」を履行しなかった場

---

[423]　歳入庁は、COP 26 バージョン 2007 年 4 月前に、そのように述べていた（so CPAG(2010), p 1344)。

[424]　ss29(1) と (2) 及び 38 TCA 2002

[425]　recover.

[426]　CPAG(2010), p 1345.

[427]　exercise discretion

[428]　CPAG(2010), p 1345.

合（すなわち職務上の瑕疵）、または、もしその回収が請求人に過酷を惹き起すであろう場合、その全部又は一部について消却[429]することができる。通達[430]によれば、歳入庁は、過大支給を請求人から回収する決定について請求人が裁量申立て[431]を行った場合、過大支給の回収を執行停止する。様式 TC846 によるか、または書面によるか、または電話連絡 0845　300　3900 によって、裁量申立てを行う[432]。

　請求人が年度末過大支給を返還しなければならないという通知を、請求人は受けなければならない。この通知書には、当該過大支給の金額がいくらであるか、歳入庁がどのようにして過大支給を請求人から回収するかについて、記載されなければならない[433]。過大支給を回収する決定に対する不服申立て権はない[434]。

　過大支給の回収が請求人に過酷を惹き起すであろう場合、または、過大支給を請求人から回収すべきでないと請求人が考える場合、歳入庁は請求人に求めない。ただし、請求人はその事情について述べなければならない。したがって、できるだけ速やかに歳入庁と折衝することが、重要である[435]。

- 過大支給及び裁定の通知

　歳入庁が送達する、租税クレジット裁定通知書は、極めて複雑である。請求人は、請求人がチェックできるように、計算で用いられた情報を添付した裁定通知書と一緒に、チェックリスト（様式 TC602（SN））の送付を受けるべきである。請求人は、歳入庁に計算通知書（様式 TC647）を求めることができる。これによって、請求人の受給額がどのように履行されてきたかについて歳入庁はより詳細な情報を請求人に提供することができる。それでもなお不明である場合には、請求人は租税クレジット事務所[436]（その住所は裁定通知書の上欄に

---

[429] be written off
[430] Official guidance
[431] dispute
[432] Revenue guidance for intermediaries and advisers, How HMRC Handle Tax Credit Overpayments; COP 26 (CPAG(2010), p 1352 foot note8 より引用）.
[433] ss28(1) と 29 TCA 2002.
[434] s38 TCA 2002.
[435] CPAG(2010), p 1345.
[436] the Tax Credit Office

第2節　児童租税クレジットと就労租税クレジット

ある。）に「個別回答[437]」を求める書面を送ることができる[438]。

　請求人がそれでもなお満足のいく回答を得られない場合には、その事案を国会議員に持っていくかまたは異議申立て[439]をするかを考えてみるがよいであろう[440]。

- 過大支給は誰から回収すべきか

　年度内過大支給は、現在の租税クレジット裁定を減額することによって、回収される。年度末過大支給は、当該租税クレジット裁定を受けた者から回収できる。すなわち[441]、

　◆ 請求人が単身者として請求したならば、その過大支給は請求人から回収できる。

　◆ 請求人が請求人のパートナーと一緒に合同請求をした場合には、その過大請求は請求人2人の一方または双方から回収できる。もし請求人がパートナーと分かれている場合には、歳入庁は実務上まずその過大支給を均等に返還するよう請求人2人双方に求める。もし請求人が望むなら、請求人及び請求人の元パートナーが異なる金額をそれぞれ支払うことに同意してもよい。歳入庁がその全額を1人の者に返還するよう求める権限を有するとしても、通達は、各人がその過大支給額を折半して返還するよう求められるであろうと示唆している[442]。

- 年度内過大支給

　歳入庁は、請求人が当該年度中に受給した金額を調整する。その結果、請求人は当初よりも少ない金額を受け取り、そして、実質的には、その過大支給を返還する[443]。通常、その減額は、請求人が受給権を有しうる租税クレジットの最大料率を受け取りうるとした場合の請求人の裁定の10%を上限とするか、

---

[437] tailored reply
[438] CPAG(2010), p 1345.
[439] make a complaint
[440] CPAG(2010), p 1345.
[441] ss28(3) と (4) TCA 2002.
[442] Revenue guidance for intermediaries and advisers, How HMRC Handle Tax Credit Overpayments; COP 26 (CPAG(2010), p 1352 foot note12 より引用).
[443] Revenue guidance for intermediaries and advisers, How HMRC Handle Tax Credit Overpayments; COP 26 (CPAG(2010), p 1352 foot note12 より引用).

第2部　第5章　英国の所得税法における家族課税と租税クレジット

または、その他の場合では25％を上限とする。言い換えると、請求人には、請求人の受給額の90％が手元に残るか、または75％が残る。

　もし請求人が就労租税クレジットの家族要因額だけを受領している場合、請求人の裁定の100％を使うことができる[444]。

　これらの制限は、たとえ請求人が年度内過大支給と年度末過大支給の両方を有している場合でさえも、通常は適用できる[445]。もし請求人がそのような制限を適用してもらいたくないなら、請求人はそう述べるべきであろう。請求人は請求人の受給権に関する新しい決定に対して不服を申立てることができる。請求人は前記の金額より少ない金額だけ請求人の裁定を減額するよう歳入庁に申し入れることができるし、または、その裁定をまったく減額しないように申し入れることもできる。なぜなら、その過大支給が職務上の瑕疵によって惹き起されたか又は請求人に過酷をもたらすであろうと請求人が考えるからである。また、通達によれば、もしその過大支給が次に掲げる原因のうち前2者のいずれかと第三者とによって起きていた場合には、歳入庁は、通常、過大支給の金額を、請求人が実際に受給権を有した租税クレジットの金額と相殺（すなわち減額）するであろう[446]。

- ◆請求人が単独申請人であることをやめ、そして、カップルの当事者になったこと（請求人は、請求人のパートナーの所得の詳細情報を提供する必要がある。）、または、

- ◆請求人がカップルの当事者であることをやめ、単独申請人として数え入れられることになったこと、のいずれかのケースで、かつ、

- ◆請求人は請求人の家族状況の変更後も引き続き、或る租税クレジットの受給権を有しているであろうこと。

　歳入庁は、このことについて請求人と折衝するかもしれない。しかし、もし請求人がその折衝から益するかもしれないなら、請求人は歳入庁と折衝すればよい[447]。歳入庁がすでに返還された過大支給をさらにリファンドしたくないであろうことは理解しうる。しかし、現在も過大支給がまだある場合には、歳

---

[444]　CPAG(2010), p 1345.

[445]　CPAG(2010), p 1346.

[446]　Pre-Budget Report 2009, chapter five; HMRC statement at ; COP 26, pp10-11(CPAG(2010), p 1353 foot note14 より引用).

[447]　詳細は、参照、CPAG(2010), p 1346.

第2節　児童租税クレジットと就労租税クレジット

入庁は請求人と折衝するかもしれない。また、請求人が当該過大支給について現在異議申立て[448]、裁量申立てまたは再審査[449]してもらいたい場合にも、歳入庁は請求人に折衝するかもしれない。相殺は、請求人が状況の変化をまったく届け出ていなかった場合には、いずれのケースでも適用されない。そして、そのような場合には、歳入庁は、罰則を課すことを考慮することができる[450]。

- 年度末過大支給

歳入庁は、年度末過大支給の全部または一部を回収できるし、また、通常そのようにする。しかし、そうする必要はない[451]。主要な例外は、職務上の瑕疵（すなわち、歳入庁が責任を履行しないか）または過酷がかかわっている場合に、みられる。しかし、歳入庁は、また、年度内過大支給を相殺するのと同じ態様で、年度末過大支給を相殺することができる[452]。

何らかの理由で請求人が返還するのが難しいと考える場合、歳入庁にその旨を述べ、そして、当該過大支給の全部または一部を回収しない裁量権を同庁が行使するように頼んでみるとよい。当該過大支給が正しく計算されているかをチェックすることは、よいことである。とくに、用いられている数字について請求人が疑念を抱いている場合、または、歳入庁がどのように案件を処理したかについて理解できない数字について請求人が疑念を抱いている場合、そうである[453]。請求人は請求人の受益権に関する決定に対して不服を申立てることができる。

- 職務上の瑕疵、過酷、および精神疾患

---

[448] complaint.

[449] review.

[450] 2010 年 1 月 18 日前には、通達によれば、そのような相殺は、状況の変化の届出が遅延した場合よりもむしろ、請求人が「本来的な間違い」を犯した場合に限って、行われるものとされていた。もし歳入庁が請求人の過大支給を相殺することを拒む場合、請求人が考えるいくつかの事実が重要であると歳入庁が考えるのかを尋ねるとよい。たとえば、請求人が請求人の家計が変化したのちに受給権を有しているかどうか、請求人が「本来的な間違い」を犯したか否かについて、尋ねるがよい。いくつかのケースでは、歳入庁による相殺の拒否は、当該事実に依存するとしても、裁判所での司法審査に挑むに値しよう。

[451] s28(1) TCA 2002.

[452] CPAG(2010), p1347.

[453] CPAG(2010), p1347.

第2部　第5章　英国の所得税法における家族課税と租税クレジット

　過大支給が職務上の瑕疵[454]（歳入庁はこれをその「責任[455]」を履行しなかった
ものと呼んでいる。）によって惹き起された場合、または、その回収が請求人に
過酷（歳入庁はこれを請求人の「必須の生計費[456]」を賄うためすでに費消してし
まった不当利得返還を請求しえないものと呼んでいる。）を惹き起すであろう場合、
歳入庁は、過大支給の全部または一部を回収しない決定を行うことができる。
最近の通達の示唆するところによれば、請求人が精神疾患の問題をかかえてお
り、かつ、その旨を説明する介護専門ワーカーまたは精神疾患ソーシャルワー
カーからの手紙がある場合、歳入庁は、当該過大支給を回収しない決定を行う
ことができる[457]。

　これらの決定は裁量で行われ、不服申立ての対象とならない。請求人の状況
を説明し、そして、請求人の利益になるよう裁量権を行使するよう歳入庁に申
し入れてみるとよい。それでも、請求人がその決定にまだ不満が残っているな
ら、請求人が何をなすことができるかについて、後述[458]を参照。いずれの
ケースにあっても、歳入庁が当該事案を考慮しているあいだ、請求人がその回
収を執行停止にしておきたいなら、当該過大支給を回収する決定に対し裁量申
立てをするのが、最善の策である[459]。

　「職務上の瑕疵」および「責任」の用語は法律で用いられていないかまたは
定義されていない。しかし、通達によれば、歳入庁は、もし同庁が次の事項を
受け入れるならば、過大支給を返還するように請求人にまったく求めないであ
ろう[460]。

- ◆その過大支給がその「責任」を履行しなかったことによって、惹き起され
たこと、および
- ◆請求人が請求人の「責任」をすべて履行していること。

　歳入庁がその責任をすべて履行したとみずから考え、請求人が請求人の責任
のすべてを履行していないと歳入庁が考える場合、通常は、同庁は、その過大

---

[454]　official error.
[455]　responsibilities.
[456]　essential living expenses
[457]　CPAG(2010), p1347.
[458]　CPAG(2010), p1350.
[459]　CPAG(2010), p1347.
[460]　CPAG(2010), p1347.

242

第 2 節　児童租税クレジットと就労租税クレジット

支給を回収するであろう。同庁と請求人の双方が責任を履行していないと同庁が考える場合、同庁は、その状況をよく観察し、そしてその過大支給の一部を消却することができる[461]。

歳入庁は、歳入庁の責任[462]を次に掲げる内容と考えている[463]。
- 請求人の情報に基づいて請求人に対し適切な助言を与えること
- 請求人の情報を正確に記録にとどめ、そして適切に斟酌すること
- 請求人が歳入庁に述べた過誤を正しく是正し、そして適正な裁定通知書を請求人に送付すること
- 請求人の状況に変化についての届出を正確に記録にとどめること
- 必要な情報すべてを得た30日以内にあらたな裁定通知書を請求人に送付すること

他方、歳入庁は、請求人の責任を次に掲げる内容と考えている[464]。
- 正確な、完全な、かつ、最新の情報を提供すること
- その年度をとおして状況の変化を届け出ること
- もし何かが間違っているか不完全であるなら、その旨を歳入庁に申し出るため、請求人の裁定通知書と一緒に送付されたチェックリストを使うこと
- 裁定通知書に記載された金額と請求人の受給額とが合致しているかどうかをチェックすること
- 原則として1月以内に、請求人の裁定通知書にみる過誤を歳入庁に申し出ること（ただし、歳入庁がより長い期間を合理的だと考えるかもしれない。たとえば、請求人が1月以内に申し出ることができない「例外状況」があった場合）

過酷[465]、または、請求人の「必須の生計費」を賄うためすでに費消してしまった不当利得返還を請求しえないものについて、いずれも定義されていない。通達の旧版は、次の事項が考えられていると述べていた[466]。

---

[461]　CPAG(2010), p1347.
[462]　responsibilities.
[463]　CPAG(2010), p1348.
[464]　CPAG(2010), p1348.
[465]　hardship.
[466]　CPAG(2010), p1348.

第2部　第5章　英国の所得税法における家族課税と租税クレジット

- 請求人の所得と家事費、および、請求人の以前の受給額の履歴
- 預貯金と投資
- 請求人が負っているかもしれないその他の負債、および、その過大支給を返還すれば、それが、請求人が光熱費、水道料のような必須の生計費を支払う余裕がなくなるであろうことを意味するかどうか
- その過大支給および（請求人が歳入庁に負っている）その他の支払額を請求人が返還するのに、どのくらい長い時間がかかるか
- 請求人が、5歳未満の子ども、または、家族のなかに長期療養用を要する疾病または身障を患わっている者をかかえているかどうか
- そのほかの関係のある諸要因

- 過大支給はどのように回収されるか

　歳入庁は、年度内過大支給を、その年度の途中で請求人の支給額を調整することによって、回収する。その結果、請求人は減額された金員を受け取る。請求人は請求人の受給権に関する新しい決定について通知を受ける[467]。通常、歳入庁は請求人の支給額の減額について限度を設けている（前述）。年度末過大支給について、歳入庁は、過大支給がどのように返還されるべきかについても、請求人及び（もし歳入庁が返還されるべき金額について彼彼女から回収する場合には）請求人のパートナーに通知しなければならない[468]。
歳入庁が請求人に返還を求める方法には3種類がある[469]。

- 租税クレジットの支給を続けるうえで、その支給額を減額。これは、歳入庁が選好する返還方法であり、そして、減額される金額には原則として限度が設けられている。
- 直接に歳入庁へ。もし請求人がもはや租税クレジットの受給権を有しておらず、または、一つの租税クレジットが終了し、そして請求人の状況の変化（たとえば請求人がカップルの一当事者であることをやめたり始めたりするケース）のためもうひとつの租税クレジットが開始した場合、歳入庁はつぎのようにして直接に歳入庁に返還することを求める。請求人が請求人の現在の租税クレジット裁定を通して返還している場合、歳入庁は直接

---

[467]　ss23 と 28(5) TCA 2002.
[468]　s29(1) と (2) TCA 2002.
[469]　s29(1) TCA 2002.

244

回収を執行停止する旨を、歳入庁は述べている[470]。請求人は 12 月月賦での返還を請求される。12 回月賦が標準期間であるけれども、最大 3 年間まで交渉の余地がある[471]。

- ◆ 源泉徴収税制度を用いて、稼得所得から源泉控除。歳入庁は（任意に基づく）この権限の行使を採用できるものと、理解されている[472]。

- 租税クレジットの裁定を続けるうえで、その支給額を減額

法律はただ年度末過大支給だけを扱っている。しかし、実務では、歳入庁は年度内過大支給についても同様のアプローチをとっている。歳入庁が請求人の租税クレジット裁定を減額しうる、最大額は、つぎのとおりである[473]。

- ◆ 請求人が受給権を有しうる租税クレジットの最大料率を受け取りうるとした場合のその裁定の 10%
- ◆ もし請求人が就労租税クレジットの家族要因額だけを受領している場合、その裁定の 100%
- ◆ その他の場合では、裁定の 25%

歳入庁はそれらを自動的に適用するにもかかわらず、これらはあくまで最大値である。もし請求人が返還すべきだということを受け入れるとしても、しかし、これらの料率で返還する余裕のない場合には、歳入庁と折衝し、より低い料率での返還を受け入れてくれるよう歳入庁に申し入れるとよい。歳入庁を説得するために、最大料率での返還が、請求人に過酷を惹き起す理由を、提示する必要があるかもしれない[474]。

◆ 回収について裁量申立て及び返還についての交渉
- 回収について裁量申立て[475]

請求人は過大支給を回収する決定に対する不服申立て権を有しない。しかし、

---

[470] Tax credit consultation group 16 October 2008 (www.hmrc.gov.uk/taxcredits/minutes 161008.htm)
[471] CPAG(2010), p1349.
[472] CPAG(2010), p1349.
[473] Reg 12A TC(PC) Regs; COP 26.
[474] CPAG(2010), p1349.
[475] disputing recovery.

第2部　第5章　英国の所得税法における家族課税と租税クレジット

請求人は、歳入庁にその回収について裁量権行使を申立てることができる[476]。

　しかし、請求人は、租税クレジットを受給する権利（請求人の受給権の金額を含む。）に関する決定に対し不服申立て権を有する。歳入庁がいつも請求人の受給権について正しく決定を行っていると、仮定してはならない。請求人が過大支給を受けそしてその理由を理解できない場合、請求人の受給権に関する当該決定をチェックしなさい。

　歳入庁は、同庁がその責任を履行しなかったケース（職務上の瑕疵）、精神疾患又は過酷にかかわるケースに限って、過大支給を回収しないように思われる。請求人は、過大支給を回収しない裁量を行うよう歳入庁に求めることができる（歳入庁はこれを通常、裁量申立て[477]と呼んでいる）。回収について裁量申立てを行うことによって、その裁量申立てが処理されるあいだ、確実に、回収は執行停止となる[478]。回収について裁量申立てをするためには、様式 TC846（これは www.hmrc.gov.uk/taxcredits/forms-lwaflets.htm で入手できる）をすべて記入するか、歳入庁に手紙を出すか、または、租税クレジット・ヘルプライン（電話番号 0845 300 3900 又はファクシミリィ番号 0845 300 3909）に電話連絡をするとよい。

　過大支給の回収に固執する決定に対する唯一の権利救済の途は、裁判所での司法審査の途である。通常、これは、極端な事例——たとえば歳入庁が（請求人が請求人の責任をすべて履行しており、かつ、職務上の瑕疵によって明らかに惹き起された）過大支給を請求人から回収することを固執し、そして、歳入庁にその決定を変更させる必要性が急迫[479]している場合——においてのみ可能である[480]。

　歳入庁に決定を変えさせるもう一つの途は、異議申立て[481]をすることによる。まず、請求人は、歳入庁自身の異議申立て手続きを用いる必要がある。もし請求人がなお不満であるなら、請求人は独立行政審査委員会[482]又は議会オンブズマン[483]に不服を申し出ることができる。彼らは提訴を勧めるか、また

---

[476]　CPAG(2010), p1350.
[477]　a dispute.
[478]　CPAG(2010), p1350.
[479]　some urgency.
[480]　CPAG(2010), p1350.
[481]　making a complaint.
[482]　the Independent Adjudicator.
[483]　the Parliamentary Ombudsman.

は、金銭補償[484]を命じる。もっとも、両者は、事実関係の調査を行うに時間を要するようである。行政審査委員[485]およびオンブズマンは、租税クレジットについての不服を扱うことができるが、しかし、（たとえば、過大支給を回収するべきかどうかに関して）歳入庁の裁量権行使について行政審査委員に不服を申し立て、そして、（重大な遅滞など）行政の懈怠についてオンブズマンに不服を申し立てるのが、最も適切であるかもしれない[486]。

● 返還の交渉について

請求人が返還するに困難である場合、歳入庁は、当該過大支給の返還を通常期間よりも長い期間にわたって履行することに合意できる。返還賦割計画を策定することによってである。租税クレジット・ヘルプライン（0845 300 3900）に連絡するとよい（ファクシミリ番号は 0845 300 3909）。通常、請求人はまずなにがしかを支払うよう求められるであろう。そして、残額をのちの期間にわたって支払うよう求められるであろう。歳入庁は、当該状況（請求人の所得、預貯金、その他の負債と支出を含む）を斟酌するであろう[487]。

● 回収のその他の方法

歳入庁が上記の方法を用いても回収に満足しない場合、歳入庁は法的措置を考えるであろう。歳入庁は、請求人が返還を拒否しているとかまたは返還について合意するため交渉をすると考える場合には、さらなる措置を講ずるであろう。そのような法的措置を講じる前にあらゆる状況が斟酌されるだろう[488]。

しかし、歳入庁は、次に掲げるいずれかの措置を講じることができる[489]。

◆ 歳入庁は、請求人の個人財産を差し押さえて売却する。しかし、この権限は、一般に行使されないと、一般に理解されている。請求人がその財産を歳入庁に差し出さない場合には、歳入庁は請求人の家屋に立ち入ることが

---

[484] order financial compensation.
[485] the Adjudicator.
[486] CPAG(2010), p1350.
[487] CPAG(2010), p1351.
[488] CPAG(2010), p1351.
[489] S29(3) TCA 2002（租税クレジットの過大支給は、あたかもそれが現存の税額（outstanding tax）であるかのように取り扱われる）; Revenue guidance for intermediaries and advisers, How HMRC Handle Tax Credit Overpayments. (CPAG(2010), p 1353 foot note26 より引用)

できなし、また、請求人の個人財産を裁判所の令状なしに差し押さえることはできない。または、

- ◆歳入庁は請求人を被告として（破産手続きを含め）提訴する。

2. 5. 3.　過大支給にかかる利子

或る状況においては、歳入庁は、過大支給に対し利子を付加できる。この付加は、請求人が返還しなければならない金額を増加する効果を有している[490]。

- ● 利子はいつ付加されるか

その過大支給が請求人（もしくは請求人のパートナー）の側での「詐欺または過失[491]）に起因していると歳入庁が考える場合に、利子は、請求人（およびまたは、請求人が合同請求している場合には、請求人のパートナー）から回収される過大支給に付加されうる[492]。

利子が付加される場合、利子は、次に掲げる日付のいずれかが適用される期日の 30 日後から付加される[493]。

- ◆請求人（または請求人のパートナー）が係争課税年度のあいだ中、受給権の基本要件を充足していないという理由から、請求人の裁定を撤回したために過大支給が生じたものとして取り扱った場合、その裁定を撤回する決定の日付または、
- ◆それが適用されない場合には、請求人が課税年度の実際の所得を確認するため付与された最終通知書の日付

利子が過大支給に付加される場合、その利子はあたかもその過大支給の一部であるかのように取り扱われる。これは、その利子が過大支給そのものと同じルールに服することを意味する[494]。

- ● 利子はいくら付加されるか

罰則に課される利子の金額は、年利 6.5％であるか、または、もしそれが主要銀行の平均貸出金利と異なっているならば、その銀行貸出金利に 2.5％を加

---

[490]　CPAG(2010), p1351.
[491]　neglect.
[492]　s37(6) TCA 2002.
[493]　s37(2)-(3) TCA 2002.
[494]　s37(6) TCA 2002.

えた利率である[495]。

- 利子決定に対する権利救済

過大支給に加算する利子決定は、不服申立て権の対象となる。たとえば、請求人は、請求人が詐欺や過失により行為を行ったのではないと主張することができる。あるいは、請求人は、その利子の金額が間違っていると主張することもできる[496]。

請求人は（およびまたは請求人のパートナーがその決定に服する場合には、そのパートナーもまた）過大支給に付加される利子決定の通知を付与されなければならない。その通知は日付を記載されていなければならず、そしてその決定に対する請求人の不服申立て権について情報をも記載していなければならない[497]。

第3節　租税クレジットの請求、決定と支給

3.1. はじめに

本節は、児童租税クレジット及び就労租税クレジットをだれがどのようにそしていつ請求できるについて、さらに、請求人の請求がどのように取り扱われるか、そして請求人がどのように支給を受けるかについて、概説する。その行政過程はつぎのとおりである。

- 請　求

租税クレジットは歳入庁によって行政管理をされている。請求は、租税クレジット事務所[498]で取り扱われる。

---

[495] Reg 4 TCA(IR) Regs.
[496] CPAG(2010), p1351.
[497] ss37(4) と 38(1)(d) TCA 2002.
[498] The Tax Credit Office.

第2部　第5章　英国の所得税法における家族課税と租税クレジット

　租税クレジットの受給権を得るためには、請求を起こさなければならない。租税クレジットは適切な様式（C 600）を用いてすべて実際に請求されなければならず[499]、かつ、正しい方法で行われなければならない[500]。

　請求人は、年度の途中で1度以上請求してもよい。たとえば、請求人がカップルの相手方としてだれかあるものと一緒に生活を始めるとかまたはやめる場合、請求人は新たな請求を起こさなければならない。

　請求が行われる場合を除いて、そして、請求が行われるまで、租税クレジットの受給権は成立しない。

- 当初決定

　当初決定とは、請求人が租税クレジットの受給権を有するかどうかについての決定と、その者がどのくらいの受給権を有しそうかについての裁定とをいう。この当初決定に続いて、歳入庁が、その裁定が間違っていると信ずるに足る合理的な理由を有する場合、または、請求人が状況の変化を届け出るには、裁定は撤回されるかまたは修正される。これを改定決定という。

　歳入庁は、請求人が租税クレジットを過大に受給していると決定することもできるし、請求人がその過大支給を返還しなければならないとも決定できる。

- 年次審査と年次申告

　当課税年度の末日後に、歳入庁は、前課税年度（すなわち、当課税年度）についての請求人の裁定を最終的なものにするために、必要な情報を収集する。歳入庁は、年次審査様式（TC603R）を送付することによってそうするし、そして、また年次申告様式（TC603D）によってそのようにする。そのような様式の送付をうけたら、請求人は特定の期日までにその年次申告を提出しなければならない。その年次審査と申告は、新しい課税年度のための請求人の請求としても、性格決定される。

- 最終決定

　最終決定は、当課税年度の末日後に行われる。歳入庁は、請求人が受給権を

---

[499]　これは、社会保障法の基本原則を反映している。見よ、Social Security Administration Act 1992, s.1.
[500]　Tax Credits Act 2002, section 3.

有するかどうかを決定し、もし有すると判断するなら、その課税年度全期間について どの程度の金額かを決定する。請求人が租税クレジットについて過少の支給を受けていたのなら、その過少支給額が請求人に支給されるだろう。歳入庁が、請求人が租税クレジットを過大に受給していたこと、及び請求人がその過大支給を返還しなければならないと決定することもできる。

歳入庁は、最終決定を次の事由で改定（変更）することができる。

- 職務上の瑕疵がある。
- 歳入庁が質問検査を行った。
- 歳入庁が詐欺もしくは過失を認定したか又は所得税の納税義務を変更した。

3.1.1. 請求人：誰が請求しうるか

請求人は、租税クレジットを請求するためには少なくとも16歳でなければならない[501]。

請求は、カップルでまたは単独で行われる。

- もし請求人が法律婚の一方当事者または登録同性結婚の一方当事者、または（請求人があたかも法律婚の当事者若しくは同性結婚の当事者であるかのように何者かと一緒に生活している）事実婚の当事者であるなら、請求人は請求人のパートナーと一緒に請求を起こさなければならない。これは合同請求と呼ばれている[502]。

カップル[503]（夫婦）は、租税クレジットのために「合同請求」をしなければならない。たとえば就労租税クレジットの請求人がカップルの一方当事者である場合、請求人は、そのパートナーと合同して就労租税クレジットを請求しなければならない[504,505]。すなわち、彼らは2人で一緒に請求しなければならない。このルールは、法律婚の夫婦（または、彼らがあたかも夫婦であるかのように一緒に生活している、事実婚の夫婦）にも、登録した同性愛者（登録同性結婚の夫婦）にも適用される。

501　s3(3)TCA 2002.

502　s3(3)(a) and (8)TCA 2002.

503　誰がカップルに数え入れられるかについて、参照、CPAG(2010), p 1259.

504　s 3(3)(a) and (5A) TCA 2002; reg 2(1)CTC Regs; CTC/3864/2004; CSTC/724/2006.

505　もし請求人 がパートナーと一緒に合同で請求をし、その後にカップルを解消する場合、請求人は請求人の状況の変化について届け出るべきであり、そして直ちに単身者として租税クレジットを請求すべきである。

第 2 部　第 5 章　英国の所得税法における家族課税と租税クレジット

　しかし、相異なる租税クレジットの支給を誰が受領するかについて、例外ルールがある。

　歳入庁は、同庁が望むなら、或るカップルの一方当事者による請求を、そのカップルの他方当事者によっても請求がなされているかのように、取り扱うことができる[506]。

　なお、請求人または請求人のパートナーが、一定期間以上長くまたは永久に、国外に出かける場合、請求人は合同請求することできなくなり、そしてその代わりに、単独請求として新たな請求を行わなければならない。出国の事実を歳入庁に届け出なければ、罰則が課せられる[507]。

- 　もし請求人が単身者であるなら、請求人は単独申請を行わなければならない。もし請求人がカップルの一方当事者でない場合には、請求人は、単独でたとえば就労租税クレジットを請求しなければならない（これを「単独請求」という)[508]。

　請求人が合同請求を行ったが、その後もはやカップルの当事者でなくなる場合、または、請求人が単独請求を行ったが、その後にカップルの当事者となる場合、請求人の裁定は撤回[509]される。請求人は新たな請求を行わなければならない[510]。請求人は、できるだけ速やかに、租税クレジット事務所（TCO）に申し出るべきである[511]。

　もし請求人がそのような申し出をしないなら、請求人は過大支給をうけるであろう。もし請求人が 1 月以内にその状況の変化を届け出ない場合には、請求人は過料[512]を課されうるであろう。

　請求人の合同請求が終了したという事実を届け出るために、租税クレジット事務所と折衝する場合、請求人の新しい単独請求が、新たな請求書の様式に記載する必要もなく、同一の電話連絡によって、行うことができる[513]。他方、請求人が単独申請を終了し、そして今やカップルの一当事者になった旨を届け出る場合、請求人はあたらしい請求書の様式を完全に記載し、そして、必要な

---

[506]　Reg 13(3)TC(CN)Regs; CPAG(2010), p1322.
[507]　CPAG(2010), p1322.
[508]　s 3(3)(b) TCA 2002.
[509]　stop.
[510]　s3(4)TCA2002.
[511]　CPAG(2010), p1322f.
[512]　a financial penalty.
[513]　Tax Credits Transformation Programme, HMRC Report,2008.

252

第3節　租税クレジットの請求、決定と支給

ら日付を遡ってつけることも求められる[514]。

いずれのケースでも、請求人がそのようの状況の変化後 93 日以内に新たな請求を起こさない場合には、請求人は租税クレジットの受給権を喪失する[515]。

◆ 被任命者[516] について

次に掲げる者は、請求人が自ら請求を行うことができない場合に、請求人のために請求することができる[517]。

- ◆ 請求人のために租税クレジットを請求することのできる権限を有する無能力者保護裁判所[518] によって指名された無能力者後見人[519]
- ◆ 社会保障の目的のための請求人の「被任命者[520]」である者
- ◆ 前記の要件を満たさない者である場合であっても、請求人のために代理することを書面により歳入庁に申し出る、18 歳以上の者、および、歳入庁により職権で指名された者

3. 1. 2.　請求の方法：請求はどのように行うべきか

請求をなさなければ、請求人は租税クレジットの受給権を有しない[521]。請求人は、児童租税クレジットと就労租税クレジットの双方を請求する場合、1 通の請求様式で行う。請求人が請求人の子どものために請求人の所得支援に追加の金額を得ており、かつ、一人親に関するルールの改正の理由で請求人の所得支援受給権が終了する場合、労働年金省は、就労租税クレジットにつき「みなし請求[522]」を認めるため歳入庁に当該必要的情報を回付することができる。その結果、請求人は、独立の請求様式に記載する必要がなくなる[523]。請求人が求職者手当または一人親として所得支援を受けていた後、就労し始める場合、請求人は地方求人センター・プラスで入職離職時給付請求安心プロジェク

---

[514]　CPAG(2010), p1323.
[515]　CPAG(2010), p1323.
[516]　申請代理人 appointees.
[517]　CPAG(2010), p1323.
[518]　the Court of Protection.
[519]　a receiver.
[520]　CPAG(2010), p991.
[521]　s3(1)TCA2002.
[522]　a deemed claim.
[523]　Reg 2 TCA(TP)O.

第 2 部 第 5 章 英国の所得税法における家族課税と租税クレジット

ト [524] の一部として租税クレジットを請求できる。請求人が年金クレジットを受給する権利を有している場合、状況によっては、請求人は就労租税クレジットの請求を行っているものとして取り扱われることができ、そして請求様式に記載する必要がない [525]。

上記の例外ルールが適用される場合を除いて、または、請求人が請求を更新する場合を除いて、請求人は様式 TC600 に記入して租税クレジットを請求しなければならない。実務では、歳入庁はいくつかの例外状況では請求様式によらずに書面申し込みを受理する。ただし、省令はこれを裁量とさだめている [526]。請求人は助言センター、求人センター・プラス事務所から、そして、直接に租税クレジット事務所から様式を入手できる。これらの事務所には電話または書面で連絡することができる。歳入庁の租税クレジット・ヘルプラインは、請求様式を発行でき、そして租税クレジットについての質問に回答できる。電話番号は 0845 300 3900、ファクシミリィ番号は 0845 300 3909 である [527]。

請求人が請求様式で求められている詳細な事項すべてを記入できない場合、さらに助言を求めるため租税クレジット・ヘルプラインに電話するとよい。当該完全に記入した請求様式を、請求様式と一緒に同封された郵便料金前納封筒に入れて、直接に、Comben House, Farriers Way, Netherton, Merseyside L75 1BY の住所に送るがよい。請求様式のコピーを一部とっておくのがよい [528]。

請求人が請求人の請求様式を歳入庁に送付し、そして、のちに、請求人がその様式中の記載事項を修正しなければならないと気づく場合、請求人は速やかに租税クレジット事務所に連絡すべきである。その請求が決定される前に、請求人はその請求をいつでも修正できまたは取り下げることができる [529]。請求人の請求が決定された場合であっても、請求人の租税クレジット受給権が修正を受けるような状況がいくつかある。しかし、請求人の請求が決定されそして裁定がいったん行われたのちには、請求人は請求を取り下げることはできない [530]。

---

[524] In and Out of Work Project.

[525] CPAG(2010), p1323.

[526] Reg 5(2) TC(CN) Regs.

[527] CPAG(2010), p1323f.

[528] CPAG(2010), p1324.

[529] Reg 5(7) TC(CN) Regs.

[530] R(IS) 3/05 (CPAG(2010), p1331,footnote11 より引用)

第3節　租税クレジットの請求、決定と支給

● 請求人の請求を根拠づける情報

請求人の請求書は、歳入庁がその他の態様で決定する場合を除いて、請求様式で求められている情報すべてを記載しなければならない[531]。請求人が当該求められた情報すべてを提供しない場合、当該必要的情報が提供されるまで、決定は請求人の請求に対し行われなくてよい。請求人が当該求められた情報について助言を必要とする場合、前記のヘルプラインに連絡すればよい[532]。

● 国民保険番号[533]は必要的記載事項

請求人の請求書は、請求を行う者それぞれについて次に掲げる項目の情報のいずれかを記載しなければならない[534]。

◆ 彼彼女の国民保険番号、プラス、それが彼彼女の国民保険番号である事実を立証しうる証拠または情報、または

◆ 歳入庁が彼彼女の国民保険番号を見出すに資する、証拠または情報、または、

◆ 国民保険番号の申請（および、或る者に附番することを許容するため必要な証拠及び情報の申請を含む）

歳入庁が請求人が正当な理由を有すると考える場合、請求人は国民保険番号の要件を満たす必要はない。国民保険番号の要件は、「入国管理に服している者」である人々については満たされる必要がない。なぜなら、彼彼女は連合王国に入国してもやがて帰国するしまた長期滞在しないので、国民保険番号を付与されていないからである。

ただし、租税クレジットの受給権について、入国身分の要件[535]がある[536]。

● 所得金額

請求人が租税クレジットを請求するとき、請求人が、所得補給、所得ベース型求職者手当、所得関連型雇用支援手当又は年金クレジットを受給している場合、請求人は、その事実についてだけ歳入庁に情報提供する必要がある。請求

---

[531]　Reg 5(3) TC(CN) Regs.
[532]　CPAG(2010), p1324.
[533]　National insurance (NI) number.
[534]　CPAG(2010), p1324.
[535]　an immigration status condition.
[536]　CPAG(2010), p1324.

人は、そのほかの所得の詳細について情報提供する必要はない[537]。

　そのほかの場合には、請求人が租税クレジットを請求するとき、請求人は前課税年度のあいだの請求人の所得について詳細な情報を提供しなければならない。

　請求人がカップルの一当事者であり、そして合同請求をしている場合、請求人の裁定は、前課税年度のあいだの請求人2人の合同所得に基づいている。請求人が、カップルとして実際には一緒に生活していないといった、状況でさえそうである[538]。

　請求人が当課税年度の所得金額が前課税年度の所得金額と極めて異なることになると考える場合には、請求人は請求人の前課税年度の所得金額についての詳細を添付して、請求様式を完全に記載すべきである。歳入庁が請求人の請求に基づいて決定を行うとき、請求人は裁定通知書の送付を受けるだろう。その通知書は、請求人が当年度の推定所得金額を歳入庁にどのように届け出るべきかについて、述べている。他方、請求人は、その裁定の年度のあいだいつでも請求人の裁定を調整してもらいたいと求めることができる。請求人の求めが適切ならば、歳入庁は租税クレジットについての請求人の裁定を、請求人の当年度の所得金額についての請求人の推定値を用いて、調整するだろう[539]。

　請求人が前課税年度をとおしてずっと被用者として就労していた場合、当該年度についての請求人の様式 P60 は、請求人の課税所得の詳細を記載しているであろう。もし請求人が雇用者から現物給付を受け取ったなら、請求人の様式 P9D または様式 P11D にはこれらの詳細が記載されているだろう。これらの様式は雇用者が請求人に交付することとなっている。

　請求人が前課税年度をとおしてずっと自営業者であった場合、請求人は請求人の課税所得の基礎資料として請求人の納税申告書[540]を用いることができる。

　請求人が、課税をうけうる社会保障給付を受領していた場合、請求人は労働年金省から課税給付所得の支払調書[541]を受け取るはずである。

　請求人の前課税年度の所得金額があまりに高額すぎて、租税クレジットを受給できなかった場合であっても、請求人が適格要件を満たし、かつ、請求人の

---

[537]　Ss7(2) TCA 2002; Form TC600, Part 5（CPAG(2010), p1331,footnote14 より引用）
[538]　CTC/2270/2007.
[539]　CPAG(2010), p1325.
[540]　tax return.
[541]　a statement of taxable benefit income.

第3節　租税クレジットの請求、決定と支給

当年度の所得金額が前年度のそれより低いかもしれないと請求人が思料するなら、請求人は租税クレジットを請求すべきであろう。これは歳入庁によって「予防的請求[542]」と呼ばれており、「ゼロ回答の裁定[543]」になることもありうる。しかし、請求人の当年度の所得金額が明らかになったとき、租税クレジットが支給されるようになるかもしれない[544]。

● 銀行口座についての詳細情報

　請求人は、銀行、住宅貯蓄協会または郵便局カード口座についての詳細情報を提供するよう求められる。なぜなら、受給権は、銀行口座を有しているかまたはその他の口座を有しているかによって左右されるからである[545]。

　請求人が銀行口座又はその他類似の口座を有していない場合については、後述。

● その他の情報および証拠

　歳入庁は、決定（請求に基づく決定または改定）を行う前に、さらに情報提供または証拠を必要とするかもしれない。そのような情報または証拠は、請求人から、請求人の雇用者から、または保育士[546]から求めることができる。証拠資料を求める場合、歳入庁は、特定期間内にそれを提供するよう請求人（または請求人の雇用者若しくは保育士）に通知をする。すべてのケースにおいて、この特定期間とは、少なくとも30日でなければならない。基本ルールは、（歳入庁が必要だと考える）さらなる情報または証拠を提供するよう請求人に求めることができるというものである。もし請求人が求められた証拠資料を提供しない場合、請求人は租税クレジットを拒絶されるかもしれない。請求人が不正確な情報を提供したり、または情報若しくは証拠の提供を完全に履行しない場合、請求人は過料に服すかもしれない。あるいは、請求人が偽計を図ったと考えられた場合には、科料[547]若しくは懲役刑[548]または併科を科せられるかもしれ

---

[542]　a protective claim.
[543]　a nil award.
[544]　CPAG(2010), p1325.
[545]　Reg 14 TC(PC) Regs.
[546]　childcare provider.
[547]　a fine.
[548]　imprisonment.

第 2 部　第 5 章　英国の所得税法における家族課税と租税クレジット

ない[549]。

- 請求人の請求を更新

　4 月 5 日後は、歳入庁は、ゼロ回答の裁定があった場合または裁定が 4 月 5 日以前に終了した場合を含め、租税クレジット裁定をすべて審査する。この審査の過程[550]及び請求人の応答が、4 月 6 日以降の次年度について請求人の請求についての自動的更新の基礎をなす[551]。歳入庁は請求人に年次審査パックを送付する。請求人は、そのパックに同封された封筒に入れて当該様式を返送することによって、求められた情報を提供でき、または、租税クレジットヘルプラインに電話連絡して、求められた情報を提供できる[552]。

　年次審査過程のあいだも、租税クレジットは、暫定的に[553]引き続き支給される[554]。歳入庁が最新の所得金額に関する詳細情報をもっていない場合、年次審査過程中の支給は、ちょうど終わったばかりの課税年度の請求人の所得金額が平均稼得所得に沿って増加したという仮定に基づいて行われる[555]。請求人の所得がその平均稼得所得以上に増加した場合、請求人は、その審査が完了する前に、過大支給を受けることとなる。したがって、できるだけ速やかに所得について詳細情報を提供し、そして当該様式を待っていないのが、最善の策である[556]。

- 年次審査[557]

　請求人が 2009/10 年課税年度について租税クレジットを請求していた場合、歳入庁は 2010 年 4 月から 7 月までのあいだに、年次審査様式（TC603R）を同封した書簡を請求人に送付する。これは法令では「最終通知書[558]」と呼ばれている[559]。請求人が就労租税クレジットのうち家族要因額に関してのみの継

---

[549]　CPAG(2010), p1325f.
[550]　review process
[551]　Regs 11 and 12 TC(CN) Regs.
[552]　CPAG(2010), p1326.
[553]　on a provisional basis.
[554]　s24(4) TCA2002;reg 7 TC(PC) Regs.
[555]　Reg 12(4) TC(PC) Regs.
[556]　CPAG(2019), p1326.
[557]　Annual review.
[558]　the final notice.
[559]　s17(1) TCA 2002.

258

第3節　租税クレジットの請求、決定と支給

続的裁定[560]またはゼロ回答の裁定を受け取っている場合を除いて、請求人はまた、年次申告様式[561]（TC603D）を受け取る[562]。

　（たとえば、請求人 がその年度中に請求人のパートナーと分かれ、そして単身者として租税クレジットの新たな申請をしなければならないといった理由で）請求人が前課税年度のあいだに租税クレジットの請求を複数回した場合、請求人は1通の独立の年次審査様式と年次申告様式を、もし要求すれば、それぞれの請求について、受け取るであろう。請求人が、相異なる請求を対象とするひと組以上の様式を受け取った場合には、それら様式がたとえ同一の情報を求めているときであっても、請求人はそれぞれ別々に回答すべきである。年次申告を求める場合は、元カップルの各当事者は、例外状況がある場合を除いて、回答するよう求められる[563]。

　請求人が年次審査様式を送付してもらったが、しかし年次申告様式を受け取っていない場合、前年度の請求人の請求についてその様式に記載された詳細な情報すべてが正確であるかどうかをチェックすること、および、状況の変化を歳入庁に届け出ることを求められているのである。請求人はまた、2010/11年課税年度の請求人の所得金額が当該様式で示された許容範囲内にとどまりそうであることを確認することを求められている。請求人の個人的状況が変化せずに、かつ、2010/11年課税年度の請求人の所得金額が請求人の年次審査様式で示された金額を超えて増減するであろうと請求人が考えない場合には、請求人はそれ以上なにもしないでよい。そのままにしておくなら、請求人は、当該様式中の詳細な情報すべてが正確である旨を確認したとみなされる[564]。

　2009/2010年度の裁定に関する最終決定および2010/11年度の裁定に関する新しい当初決定は、年次審査様式のなかで、明確にされている。しかし、請求人は、その様式をいつもチェックするべきであり、そして、請求人が様式を返送する必要があるかどうか調べるために、その様式に添付されている通知をチェックすべきであろう[565]。

　請求人が年次審査様式に回答する必要がある場合には、請求人はその様式で

---

[560] an ongoing award of the family element only of CTC.
[561] an annual declaration form.
[562] CPAG(2010), p1326.
[563] CPAG(2010), p1326.
[564] s17(2)(b) and (6)(b) TCA 2002.
[565] CPAG(2010), p1327.

指定されて期日——これは 7 月 31 日である。——までにそうしなければならない。もしその様式が 7 月 7 日後に請求人に送付されてきた場合には、その受信日から起算して 30 日後までに請求人は回答しなければならない[566]。

　請求人の請求に関して請求人に送付されてきた様式に記載された詳細な情報、および、所得金額が正確でなく、かつ、請求人が期限内に回答しなかった場合、請求人は、租税クレジットについて正確な金額を受け取れないかもしれない。もし請求人がその結果過大支給を受けたなら、その過大支給を返還しなければならないかもしれない。請求人が迅速に状況の変化を届け出ない場合、請求人は過料を支払わなければならないかもしれない[567]。

- 　　年次申告[568]

　請求人は、前課税年度の請求人の所得の詳細情報を求める、年次申告様式[569]（TC 603D）を受け取る。2009/10 年裁定が就労租税クレジットのうち家族要因額の他の要因額を含んでいる者、または、裁定が 2010 年 4 月 5 日に終了する者は、年次申告様式を入手する。

　年次申告様式が請求人に送付されてきたなら、請求人は、添付されている年次審査様式で指定されている期日——通常は 7 月 31 日——までに、いつもそれを記載して完成させて返送しなければならない。請求人がそれを返送しなければ、請求人の租税クレジット支給は取り消されるであろうし、請求人は 4 月 6 日以来支給を受けた租税クレジットを返還しなければならならないかもしれない。さらに、請求人は罰金[570] を支払わなければならないかもしれない。請求人は、年次審査様式で明確にされている人的状況と異なる変化を蔵入庁に届け出なければならない[571]。

　もし、この期日前に、請求人が係争期間についての請求人の総所得金額[572]を知らない場合であっても、請求人は請求人の様式の返送を遅滞すべきでない。遅滞なく、請求人は蔵入庁に推定額を提供すべきであり、そしてさらに、でき

---

[566]　Reg 33 TC(CN) Regs.
[567]　CPAG(2010), p1327.
[568]　annual declaration.
[569]　an annual declaration form.
[570]　a penalty payment.
[571]　CPAG(2010), p1327.
[572]　total income.

第3節　租税クレジットの請求、決定と支給

る限り速やかに請求人の実際の所得金額[573]についての詳細情報を送付すべきである。請求人は、その様式に記載された期限までにこれをなさなければならず、または、請求人は、前の日付に遡って[574]損をするかもしれない[575]。

　もし請求人が期限7月31日までに請求人の年次申告様式を返送するならば、請求人の更新請求は、2010年4月6日に遡って、行われたものとみなされる。もし請求人が7月31日前にその申告様式を返送しないでおり、かつ、他方で、租税クレジットの支給が撤回されたという通知を受け取ったのち、その通知書の期日後30日以内にその申告様式を返送するならば、請求人の更新請求は2010年4月6日に遡って、行われたものとみなされる。

　これらのいずれもがあてはまらないが、しかし、請求人が2011年1月31日までに請求人の年次申告書を返送し、かつ、遅れてそれを返送したことに「やむを得ない理由[576]」を有する場合、請求人の更新請求は、2010年4月6日に遡って、行われたものとみなされる[577]。やむを得ない理由は定義されていないが、しかし、歳入庁の見解によれば、同庁は、各ケースにおける個別のメリットを検討している。例外的状況の理由で請求人がその申告様式を記入完成できなかったのかどうかについて、同庁は考慮するであろうが、しかし、請求人の事案を取り扱うため誰か他の人について取り決めをすることはできないであろう[578]。

　請求人が請求人の年次申告様式を遅れて返送し、そして、遅れてそれを返送したことについてやむを得ない理由があったとものとして認定されなかった場合には、これは新たな請求として取り扱われ、そしてそれは93日間だけ遡った日付で請求が行われたものと扱われうるだけである[579]。請求人がやむを得ない理由があったものと受けいれられない場合には、請求人は、請求人の新しい裁定の開始日にその決定に対し不服を申し立てることができる[580]。もし請求人が1月31日後にその申告様式を返送する場合、これは新たな請求として取り扱われ、そして93日間だけ日付を遡って請求が行われたものとして取り

---

[573]　actual income.
[574]　backdating.
[575]　CPAG(2010), p1327.
[576]　good cause.
[577]　Reg 11 TC(CN)Regs.
[578]　TCM 'Good Cause(info)' (CPAG(2010), p1331 footnote 25 より引用).
[579]　Reg 11(3)TC(CN) Regs.
[580]　CPAG(2010), p1327f.

扱われるだけである[581]。

しかし、次に掲げる場合のいずれかでは、請求人の申告の返送遅延について許容されている前記のルールは、適用されない[582]。

- ◆ 請求人の以前の請求が、請求人が単身者であるという事実を基礎にしていたところ、請求人が今やカップルの一方当事者である場合、または
- ◆ 請求人の以前の請求が、請求人がカップルの一方当事者であるという事実を基礎にしていたところ、請求人が今や単身者である場合

- ● 最終決定[583]

蔵入庁は、請求人が完全に記入した様式を受理した日の30日後にそれらを処理することを目指す。請求人は、請求人の2009/10年度裁定が正確であるかどうかを確認する蔵入決定を受け取る。請求人が年次申告様式を完全に記入していなかった場合、最終決定は、請求人の年次審査様式で明確にしたとおりとなる（そうでなければ、請求人の年次審査様式を読んだならば、請求人は、蔵入庁が当該届け出られた状況の変化を取り扱ったのちに請求人の新たな裁定の詳細情報を、蔵入庁は請求人に送付するだろう）[584]。

蔵入庁はまた、2010/11年課税年度について請求人の裁定を明確にした当初決定通知書（TC602）を請求人に送付するだろう[585]。

請求人が租税クレジットの過大支給を受けてきたという通知を受け取った場合について、過大支給の項を参照。

3. 1. 3.　請 求 期 間

請求人は、請求人が請求している課税年度に先立って、租税クレジットを請求できない[586]。原則によれば、租税クレジットの請求は、当該請求がなされた課税年度末日までに蔵入庁がその請求を受理した日から進みだす[587]。

請求人の請求は、もし請求人が当該93日期間を通してずっと租税クレジットの受給権を有していたのなら、蔵入庁がその請求を受理した日から93日ま

---

[581]　CPAG(2010), p1328.
[582]　Reg 11 TC(CN) Regs.
[583]　final decision.
[584]　CPAG(2010), p1328.
[585]　CPAG(2010), p1328.
[586]　Reg 9 TC(CN) Regs.
[587]　s5(2) TCA 2002.

第3節　租税クレジットの請求、決定と支給

での期間について、日付を遡って行われたものとみなされる[588]。就労租税クレジットについての遡及する日付は、もし請求人が障害生活手当又は別な適格給付の裁定に付随して、就労租税クレジットの受給権を得るだけの場合には、93日以上の期間が認められうる[589]。

3.1.4. 決定手続き

いったん請求人が租税クレジットの請求を行ったなら、歳入庁は、請求人が租税クレジットの受給権を有するかどうか、そしてもし有するなら、いくらの料率で有するかについて、決定を行わなければならない[590]。まず、歳入庁は、決定をなすに必要な情報または証拠を提供するように、請求人、または合同請求が行われているケースでは請求人のパートナーに求めることができる[591]。

請求人は、様式 TC602 で請求人の裁定の通知を受ける。請求人は、チェックリスト（TC602（SN））を使って、請求人の裁定通知書に記載された詳細情報をチェックするよう求められる。請求人は、当該裁定通知書に示されている詳細情報のいくつかが正しくないかまたはその間に変化しているならば、租税クレジット事務所と折衝すべきである。もし請求人が折衝しない場合には、そして、その結果、過大支給が帰結している場合、歳入庁は、それを返還するように請求人に期待する[592]。

請求人の請求後になされる最初の決定は、当初決定[593]と呼ばれている。請求人は、請求人の請求をなす時に提供した詳細情報を、口頭でまたは書面により、（歳入庁が当初決定を行うまでに、かつ、請求人の請求データが同一のままであるときまで）いつでも修正することができる[594]。

当初決定は、請求人が請求を行った期日における状況を基礎として通常行われ、そして請求人の前課税年度の所得金額に基づいて行われる。請求人の所得金額または状況が変化しない場合、その裁定は、当課税年度の末日まで、当該当初決定で裁定された金額である。歳入庁が4月6日までに租税クレジットの

---

[588]　CPAG(2010), p1328.
[589]　CPAG(2010), p1328.
[590]　s14(1) TCA 2002.
[591]　s14(2) TCA 2002.
[592]　CPAG(2010), p1329.
[593]　initial decision.
[594]　CPAG(2010), p1329.

更新請求に対する決定を行うことができなかった場合、請求人への支給は、その新たな請求に対する決定が行われるまで、引き続いて行われる[595]。状況が変化すれば、その変化は、当初決定が変更されるであろうことを意味する[596]。

3. 1. 5.　租税クレジットの支給方法

● 　誰に支給されるか

　もし請求人が合同請求をするならば、児童租税クレジットおよび就労租税クレジットの児童養育要因額は、その児童の「主たる後見人[597]」である者に支払われる[598]。「主たる後見人」は、請求人又は請求人のパートナーである。請求人2人双方が合意する、請求人2人のうちの1人が、就労租税クレジットの支払いを受けるべきである。請求人及び請求人のパートナーが同じ住所で生活しており、かつ、請求人が請求人2人のうちいずれの一方当事者が支給をうけるべきかを請求人が同定しないか、または、請求人2人が合意しない場合、歳入庁が決定する。請求人及び請求人のパートナーが同じ住所で当面一緒に生活しておらず、かつ、請求人2人のうち一方当事者が前記住所から一時的に別居している場合、請求人2人のいずれに支給するかについて、歳入庁が決定する[599]。主たる後見人が租税クレジットの裁定後に交代する場合、歳入庁は、同庁が元の後見人に支給し続けるのが合理的だと考える場合、同人に支給することができる[600]。

　請求人が合同請求の当事者として就労租税クレジットを請求し、かつ、請求人2人の1人が就労している場合、就労租税クレジットの支給は、（児童養育支給額を除いて）フルタイム賃金労働に従事している者に対し行われる。請求人2人双方がフルタイム賃金労働に従事している場合、請求人2人は、請求人たちのあいだでその支給を受け取る者を決定できる。請求人2人が合意できない場合には、歳入庁が決定できる。請求人たちが合意する場合は、請求人は、相手方にその支給を行ってくれるよう歳入庁に書面を送ってもよい[601]。

---

[595]　s24(4) TCA; reg 7 TC(PC)Regs.

[596]　CPAG(2010), p1329.

[597]　main carer.

[598]　Reg 3 TC(PC) Regs.

[599]　Reg 3(3) TC(PC) Regs.

[600]　Reg 3(6) TC(PC) Regs.

[601]　Reg 4 TC(PC) Regs.

第 3 節　租税クレジットの請求、決定と支給

　請求人が合同請求を行い、そしてその後に請求人のパートナーが死亡した場合、請求人は、請求人のパートナーに支払われていた租税クレジットの未払い額を受け取る[602]。

　被任命者（請求代理人）が請求人のために租税クレジットを請求した場合、支給はその被任命者に対し行われる[603]。

● 　支給はどのようにそしていつ行われるか

　歳入庁は、租税クレジットの支給を直接クレジットの振替[604]によって銀行、住宅貯蓄協会（または類似のもの）又は郵便局カード口座に行う[605]。租税クレジットの請求パックは、金融サービス当局からのリーフレットを含めておくべきである。そのリーフレットは、請求人が開設できる異なるタイプの口座を説明し、そしてその開設をどのようにできるかを説明しておく。請求人は、請求人がその口座に毎週か、または、4 週間ごとにその支給をしてもらいたいかを自ら決定できる。さらに、児童租税クレジットと就労租税クレジットの児童養育要因額とは、同時に及び同一の間隔をおいて支給されなければならない[606]。

　いくつかのケースでは、請求人が租税クレジットの少額だけの受給権を有する場合、請求人の裁定は一括払いで支給される。このことは、請求人への支給が週 2 ポンド未満である場合には、一般にあてはまる[607]。

　口座への振り込む支給について適切だと考えられない場合、歳入庁は、その他の手段で、支給の態様とタイミングについて決定できる[608]。しかし、このようなことは例外状況でのみ行われるだろう[609]。歳入庁は、請求人の口座が開設中であるあいだ、または、請求人の口座に問題がある場合、小切手で請求人に支給してもよいと理解されている[610]。

　口座の詳細情報が提供されない場合、請求人の請求は、請求人が関係の詳細

---

[602]　Reg 5 TC(PC) Regs.
[603]　CPAG(2010), p1330.
[604]　direct credit transfer.
[605]　Reg 13(1) TC(PC) Regs.
[606]　Reg 8(2) and (2A) TC(PC) Regs.
[607]　Reg 10 TC(PC) Regs.
[608]　Reg 9 TC(PC) Regs.
[609]　Reg 14(3) TC(PC) Regs.
[610]　CPAG(2010), p1330.

第 2 部　第 5 章　英国の所得税法における家族課税と租税クレジット

情報を提供するまで、停止する、というのが原則である[611]。請求人が口座の
詳細情報を提供しない場合、歳入庁は請求人に文書をだし、請求人が租税クレ
ジットを支給してもらいたい口座について情報を提供するように、8 週間の猶
予期間を請求人に与える。つづいて、請求人が歳入庁に、口座を開設する権限
を求める場合、歳入庁が請求人の口座の詳細情報を提供する権限を請求人に提
供する日から、請求人は 3 週間の猶予期間を有する。これらの期間は、請求人
が当該期限内に詳細情報を提供できないことについて請求人が「正当な理由」
を有している場合に、延長できる[612]。「正当な理由[613]」は省令で定義されて
いないが、しかし、歳入庁の言明によれば、それはケースごとに異なっており、
かつ、裁量は公正に行使されなければならない[614]。請求人がその猶予期間内
に口座の詳細情報を提供できないかった場合、請求人はその理由を説明すべき
である。

3. 1. 6.　請求人の請求を遡及して日つけ

　もし請求人が 93 日の期間のあいだずっと受給権の要件を満たしているなら
ば、原則として、請求人の租税クレジットの請求は、93 日間まで遡及した日
付で行われたものとして扱われる[615]。

　歳入庁は、遡及日付の可能性を証明するため、請求人の請求様式を精査する。
しかしながら、請求人の請求が、請求人の受給権が始まると考えるときまで、
遡及した日に、行われたものと扱いうることを、明らかにすることが最善であ
る。

　請求人が租税クレジットの裁定を受けたが、しかし、請求人が租税クレジッ
トの振り込まれうるであろう口座の詳細情報を十分に提供しなかったという理
由で、支給が行われなかった場合、請求人の裁定は、請求人がその情報を提供
する日から 3 ヶ月まで遡って、行われたものと扱われる[616]。

　就労租税クレジットについての新たな請求は、もしそれが障害要因額を含ん
でおり、かつ、請求人が適格障害手当を裁定した日の 3 ヶ月以内に請求する場

---

[611]　Reg 14(1) TC(PC) Regs.
[612]　Reg 14(4) TC(PC) Regs.
[613]　Reasonable excuse.
[614]　Para 06110 TCTM（CPAG(2010), p1332,footnote 45 より引用）
[615]　Reg 7 TC(CN) Regs.
[616]　Reg 14(2) TC(PC) Regs.

266

第3節 租税クレジットの請求、決定と支給

合には、93 日を超えて遡った日に、行われたものとして扱われる。これが適用されるためには、遡及する期間における、請求人の就労租税クレジット受給権は、適格障害給付が裁定されているかどうかに左右される[617]。

　個人の裁定額または家族の裁定額は、2 つの要因に基づいて算定される。1 は、彼ら彼女らの状況（たとえば、就労租税クレジットについては、彼ら彼女らが何人の子供を持っているか、そして、就労租税クレジットについては、彼ら彼女らの労働時間と適格養育コストの金額である）である。2 は、彼ら彼女らの所得金額（またはカップルの合同所得金額）で、所得税および国民保険料拠出額を控除する前の金額である。旧就労家族租税クレジットは、所得金額又は家族の状況に変化が起きたかどうかにかかわらず、6ヶ月の確定裁定額として支給されていたが、これは、状況（たとえば、養育コストが 6ヶ月期間を通して、途中で増加するなど[618]）、の本質的変化にも全く即応して調整されなかった点について、批判が向けられていた。この批判に鑑み、2002 年法の租税クレジット制度は12ヶ月の期間を採用して[619]、その期間中における状況の変化および請求人に支給される金額に反映する所得金額の変化を斟酌することに改正されている。

　「われわれは、年単位賦課期間に移行したい。その結果、我々は、租税クレジットの授受[620]について人びとに確実性を提供できる。家族租税クレジットおよび就労家族租税クレジットについての長期にわたる経験が示しているように、6ヶ月の更新はなるほどその期間のあいだについて確実性を提供できるとしても、このような短期間は更新の時点で問題を惹き起す。とくに、家族および世帯の計画にとって問題である。より長い期間は、［福祉の受給から］労働市場への移行、職業の変更または養育の手配を可能にするには必要である。われわれの目的は、長期間を通して確実性を確立することである。[621]」

　これはまた、資産テスト[622]が社会保障受給請求人と行政などに課されてい

---

[617] Reg 8 TC(CN) Regs.

[618] Lee (2003 B), p 26, Fn. 113.

[619] TCA 2002 s 5(1).

[620] in receipt of the tax credit payment.

[621] Per Dawn Primarolo MP, the Paymaster General, Hansard, H.C. standing Committee Debs. Standing Committee A, Cols 82-83 (17 January 2002).

[622] The means test.

第2部　第5章　英国の所得税法における家族課税と租税クレジット

る負担を軽減するという目的に役立っている。この軽減負担の目的は、就労租税クレジット制度の導入に当たっての政府の主たる目標のひとつである。それはまた、週単位資産テストを受ける所得支援給付システムから離れて年単位システムへの移行を意味する。その結果、この変革は租税システムとより歩調を合わせることとなった[623]。

資産テストについて附言する。
◆ 租税クレジットの受給権は、4月6日から4月5日までの年ベースで査定を受ける。
◆ 請求人の受給権の最大料率は、請求人が適格を有する就労租税クレジット及び就労租税クレジットの様々な要因額を一緒に加算して計算される。各要因額の金額を定める省令は議会に提出され、そして、その要因額の料率は毎年4月に更新される[624]。
◆ もし請求人が所得補足、所得ベース型求職者手当、所得関連型雇用支援手当又は年金クレジットを受けている場合、請求人は、自動的に租税クレジットの最大料率を受給する権利を有する。
◆ もし請求人が所得補足、所得ベース型求職者手当、所得関連型雇用支援手当又は年金クレジットを得ていない場合、もし請求人の所得金額がひと組の所得支援分岐水準（請求人が就労租税クレジットの受給権を有するとき6,420ポンド）又は（請求人が就労租税クレジットだけを受給する権利を有するとき16,040ポンド）を下回るなら、請求人は、自動的に租税クレジットの最大料率を受給する権利を有する。
◆ 請求人の最大料率を受給する権利は、請求人の所得金額がその第1所得支援分岐水準[625]を超える部分について、1ポンド当たり39ペンスずつ削減される。
◆ 就労租税クレジットの要因額（児童養育要因額を除く）が、まず最初に削減消去され、続いて児童養育要因額が削減消去され、その次に、就労租税クレ

---

[623] いわゆる年金債権もまた、週間資産テストの廃止を行い、そして、その代わりに、年金受給権者の所得の金額は、5年期間について（小売物価指数の上昇に服する）統計数値によって推定される。参照、State Pension Credit Act 2002.
[624] CPAG(2010), p1294.
[625] the threshold.

268

ジットの児童要因額が削減消去される[626]。

- 就労租税クレジットの家族要因額は、請求人の所得金額が 50,000 ポンドを超えるまではそのまま維持される。50,000 ポンドの分岐点から、その家族要因額は、50,000 ポンドを超える所得について、15 ポンド当たり 1 ポンドだけ減額される（消去率 6.67%）[627]。

請求が課税年度の開始前に行われる場合に、裁定額は課税年度全期間について行われる[628]。請求が課税年度の開始後に行われる場合に、それは、当該請求に続く課税年度の末日前までに行われる[629]。裁定額は、請求人の現在の状況および、——基本的ポジションとして——前年度の総所得金額を算定の基礎として算出される[630]。状況または所得金額のいずれかに変化がない場合、その裁定額は、当課税年度全体についておなじ水準であり続ける。2010/2011 年度租税クレジットの最大料率および租税クレジットの計算チェック・リストは本章末尾に掲げる表 5-40 および表 5-44 を参照。

請求人は、請求人 2 人の 1 人が 30 時間以上のあいだ就労している場合を除いて 50 歳プラス要因額を得ているなら、夫婦要因額を受給できない。または、請求人が、児童を有しているか若しくは身障労働者である場合、夫婦要因額を受給できない。請求人 2 人の 1 人が入国管理を受けており、かつ、請求人が児童をもっていない場合、請求人は夫婦要因額を受けることができない。

3.2. 所得金額：租税クレジット

3.2.1. 請求人の所得金額

2002 年スキームのもっとも興味深い側面のひとつは、請求人の所得金額の計算方法である。2002 年租税クレジット（所得の定義及び計算方法）省令[631] は詳細なルールを 23 ページにわたって記載している。3 つの理由で興味深い。

1 は、それが連合王国の所得概念のうえでクロス・チェックして働いている。譲渡所得[632]——および資本自体——はともに無視されている。資本の排除は、

---

[626] CPAG(2010), p1284.
[627] CPAG(2010), p1283.
[628] Cf. Lee (2003 B), p 26, Fn. 117.
[629] TCA 2002 s 5(1)(2).
[630] TCA 2002 s 7(3).
[631] The Tax Credits (Definition and Calculation of Income) Regulations 2002 SI 2002/2006.
[632] Capital gains.

第 2 部 第 5 章 英国の所得税法における家族課税と租税クレジット

重要である。なぜなら、資本は、2003 年前のスキームでは重要であったし、そして、その当時当該租税クレジットの社会保障上の源泉[633]を強調していたからである。その当時の手続ルールは、請求人に特定類型の不労所得を列記するよう求めている。その次に、その種の不労所得は、合計で 300 ポンドを超えない限り、不算入とされている。その次に、請求人は、給与所得[634]、社会保障所得、学生所得および雑所得を合計しなければならない。その次に、事業所得[635]が計算に入れられるが、それは損失を救済するためにそのように斟酌されるのである。送金されない国外所得は通常算入されない。しかし、その他の国外所得は、二重所得課税防止条約による救済を除いて、全額算入される。特別な所得免除および外交官等所得免責[636]は定義されていないが、しかし、不算入である[637]。年金拠出金、適格慈善寄付金および国外所得を英国通貨建てにするための銀行手数料は経費控除される[638]。

2 に、同省令の条文は、課税所得と課税外所得の概要を規定しており、そして課税の更正賦課処分についていくらか規定している。給与所得の定義（パラ 4）は、2003 年所得税（稼得所得および年金）法[639]を斟酌するために修正されている。経費控除および不算入の項目は、2002 年租税クレジット（所得の定義及び計算方法）省令パラ 4 (4) 表 5-1 に列記されている。年金所得（パラ 5）は、パラ 5 (2) で明記されている一定の支給額が不算入される一方で、年金所得を列記して明示している。事業所得（パラ 6）は、減価償却[640]を全額計算に入れて、所得税法上利益の計算法を用いている。ただし、農業者および創造的芸術家について平準化ルール[641]は、すべて各種所得にまず算入し、その後にいくつか

---

[633] Social security origins.

[634] Employment income.

[635] Trading income.

[636] Special exemptions or immunities.

[637] The Tax Credits (Definition and Calculation of Income) Regulations 2002 SI 2002/2006, para 3(6).

[638] The Tax Credits (Definition and Calculation of Income) Regulations 2002 SI 2002/2006, para 3(7).

[639] (Ch.1) Income Tax (Earnings and Pensions) Act 2003.

[640] Capital allowance.

[641] (Ch 5) Income Tax (Trading and Other Income) Act 2005 (ITTOIA) ss 221 et seq.; The Tax Credits (Definition and Calculation of Income) Regulations 2002 (S.I. 2002 No.2006) para 7 （社会保障所得）.

第3節　租税クレジットの請求、決定と支給

を所得除外する。所得除外として、児童手当[642]、出産手当[643] および住宅手当[644] が列記されている。学生所得[645] は、たいていは奨学金であるが、特別奨学金[646] はそうではない（2005年所得税（事業所得その他所得）法776条、および解釈通達753）。投資所得[647] は、2005年所得税（事業所得その他所得）法第2編2章と3章に規定されている。不動産所得[648] は連合王国の土地からの所得を意味する。

3. 2. 2.　年　次　所　得[649]

租税クレジットの裁定のための査定は、原則として、課税年度全体（4月6日から4月5日まで）にわたる所得に基づいて行われる。ただし、所得補給、所得ベース型求職者手当、所得関連型雇用支援手当又は年金クレジットを請求人が取得しているときは、その期間を除く。租税クレジット裁定が年度の一部だけをその対象とする場合には、その課税年度全体の所得金額は、按分比例方式（プロ・ラタ・ベース）で縮減される[650]。

請求人の請求の出発点では、請求人の租税クレジットは、前課税年度の所得金額に基づいて計算される。

課税年度の末日には、歳入庁は、前課税年度の所得金額と、当該裁定の年度全体にわたる所得金額（これを「当年度の所得金額」という。）を比較して、受給権を最終的なものとする。もし当年度の所得金額のほうが小であるなら、請求人の最終の受給権は、当年度の所得金額がその基礎として計算される。当年度の所得金額が、前年度の所得金額より、25,000ポンドを超えて大であるならば、請求人の最終受給権は、当年度の所得金額を基礎とする。ただし、25,000ポンドは不算入とする。このように、請求人の最終の受給権は、最初

---

[642]　Child benefits.
[643]　Maternity allowance.
[644]　Housing benefit.
[645]　The Tax Credits (Definition and Calculation of Income) Regulations 2002 (S.I. 2002 No.2006) para　8 and 9.
[646]　Certain scholarships.
[647]　The Tax Credits (Definition and Calculation of Income) Regulations 2002 (S.I. 2002 No.2006) para 10.
[648]　Property income. The Tax Credits (Definition and Calculation of Income) Regulations 2002 (S.I. 2002 No.2006) para　11.
[649]　annual income,
[650]　CPAG(2010), p1302.

第2部 第5章 英国の所得税法における家族課税と租税クレジット

表 5-17　英国の租税クレジット

①児童租税クレジット	2009－10年　年額	日割り料率
家族要因額 １世帯当たり	545ポンド、または、１歳未満の児童が１人いれば、1090ポンド	1.50ポンド
児童要因額 １児童当たり	2235ポンド	6.13ポンド
身障児童要因額 身障者生計手当を得ている各児童について、または盲目を登録している各児童について、または最近28週のあいだそうであった各児童について	2670ポンド	7.32ポンド
重度身障児童要因額 最高料率の介護要素を含む身障者生計手当を得ている、各児童について	1075ポンド	2.95ポンド

②就労租税クレジット	2009－10年　年額	日割り料率
基本要因額	1890ポンド	5.18ポンド
夫婦要因額とひとり親要因額	1860ポンド	5.10ポンド
30時間要因額 あなた又はあなたのパートナーが週30時間以上就労している場合（１人以上の児童を有する夫婦は、もし彼らが彼らのあいだで30時間以上就労しているならこの30時間要因額を請求できる。）	775ポンド	213ポンド
身障労働者要因額 あなた又はあなたのパートナーが週16時間以上就労し、求職に当たり不利な立場に置かれるような身障を患っており、かつ、社会給付要件を満たしている場合（就労している者は、身障を患っていることを要する）。	2530ポンド	6.94ポンド
重度身障要因額 あなた又はあなたのパートナーが最高料率の介護要素を含む身障労働者手当又は高い料率の介護人手当を得ている場合（重度身障者が就労しているかどうかを問わない）。	1075ポンド	2.95ポンド
50歳以上の就労復帰要因額 12月の期間限定のあいだ支払われる。あなた又はあなたのパートナーが50歳＋の要件を満たしている場合。	1300ポンド 16ないし29時間就労しているなら。	3.57ポンド
	1935ポンド 30時間以上就労しているなら。	531ポンド
児童養育要因額		
適格児童養育コストについて		
＊児童１人について受給コストの最大料率	週当たり175ポンド	25ポンド
＊児童２人以上について受給コストの最大料率	週当たり300ポンド	42.86ポンド
＊カバーされた受給コストのうちの百分率	80%	

ただし、チャートにみる年額は、正確な数値ではない。

に行われた裁定に比べ、大であったり小であったりしうる[651]。

原裁定は当該年度の途中で改定されうる。

なお、請求人が所得補給、所得ベース型求職者手当、所得関連型雇用支援手当または年金クレジットを請求人が取得しているときは、請求人は所得テストを受けないで、租税クレジットの最大額を受給する権利を有するから、前年度の所得金額と当年度の所得金額の多寡は、重要でない。もっとも、所得補給、所得ベース型求職者手当、所得関連型雇用支援手当又は年金クレジットが撤回されるなら、租税クレジットの裁定は再び年次所得金額をその基礎として計算される[652]。

● 請求期間

課税年度2010年4月6日乃至2011年4月5日の全部または一部について請求するとき、請求人の裁定は、当初、2009年4月6日乃至2010年4月5日についての請求人の所得金額に基づいている。このことは、当該裁定の年度における請求人の所得金額が前年度のそれと異なるであろうと、初めから請求人が知っているときでさえも、その通りである。前年度の請求人の所得金額が余りに高すぎるので租税クレジットの適格がないが、しかし、請求人がその他の適格要件を満たす場合、その決定は、租税クレジットをゼロ料率で裁定することであろう。請求人の所得金額が当年度においてより低いかまたは著しく高いであろうと請求人が考える場合、請求人は、その裁定を改定するよう求めることができる（ゼロ料率の裁定を含む。)[653]。

● 請求人の所得金額が前課税年度以来変化してきている場合。

前年度と比べて当年度の所得金額が、少額であるとしても、減少している場合、この減少は請求人の最終の租税クレジット受給権に影響を及ぼす。所得金額が増加している場合、この増加は、請求人の当年度の所得金額が前年度のそれより25,000ポンドを超えて増えているときに限って、最終の受給権に影響を及ぼす。25,000ポンド未満の増加は、翌年度までは、請求人の裁定に影響を及ぼさない。なお、2005/06年度以前の裁定については、2,500ポンド超の

---

[651] CPAG(2010), p1302f.

[652] CPAG(2010), p1303.

[653] CPAG(2010), p1303.

第2部　第5章　英国の所得税法における家族課税と租税クレジット

増加が最終の受給権に影響を及ぼしていた[654]。

　請求人が所得金額の変化について歳入庁に届け出ない場合、他の状況が同じままであるなら、請求人の裁定は、引き続き、当課税年度の末日まで同じ料率である。歳入庁が請求人に年次審査パック[655]を送付してきたとき、その時点で、請求人は詳細情報をすべて提供しなければならない。そして、歳入庁は、その年度について請求人の最終の受給権を計算しなおすだろう。これには数ヶ月かかることがあるから、もし請求人の所得がこの間に増えているなら、たとえその増加がこの年の請求人の裁定に影響を及ぼすほど多くないとしても、歳入庁が請求人の更正裁定[656]を開始してその結果、請求人が過大支給を受けることを避けるため、請求人は、4月6日までに歳入庁に所得の変化について詳細を届け出るべきである。もし請求人が4月6日までに所得についての最新情報を提供しない場合、歳入庁は平均稼得所得の数値によって請求人の所得金額を増額して推計して請求人の更正裁定を開始する。

　請求人が前年度に比べての25,000ポンド超の所得金額の増加について、当該年度中に歳入庁に届け出るなら、請求人の裁定は、当課税年度の所得から不算入額25,000ポンド[657]を差し引いた推定額に基づいて、改定されうる。もし請求人が年度末に過大支給のリスクを避けたいなら、これは聞くに値する助言であろう[658]。

　請求人が前年度に比べ当年度における所得金額のほうが少ないと予想する場合、請求人はそのことを歳入庁に届けるべきであろう。そうすれば、歳入庁は、請求人が予想するところに基づいて請求人の裁定を行うことがありうる。その後に、もし請求人の予想推定額が低すぎて、歳入庁が請求人の裁定を再び調整するかもしれない、と請求人が考えるに至るなら、請求人は速やかに歳入庁にその旨を届けるように慎重に注意を払うべきであろう。請求人がそうしないなら、請求人は結局、過大支給にかかる処分を受けることになるであろう。25,000ポンドの不算入は、前年度に比べの当年度の所得金額の増加に適用されるのであって、当年度中の初期の予想推定額に比べての増加に適用されるわ

---

[654]　CPAG(2010), p1303.
[655]　the annual review pack.
[656]　renewed award.
[657]　a disregard of £25,00.
[658]　CPAG(2010), p1303.

274

第3節　租税クレジットの請求、決定と支給

けではない[659]。

　請求人は、請求人の当年度の所得の詳細情報を租税クレジットヘルプライン
に電話をするか、または租税クレジット事務所に書面で連絡できる。請求人
（および請求人のパートナー）の当該年度についての関係の所得に関する詳細な
情報すべてを請求人が確実に歳入庁に提供するための、記載すべき特別な様式
はない[660]。

● 　課税年度の末日に

　課税年度末日に、歳入庁は、請求人の受給権を最終的なものにする。歳入庁
は、請求人の当年度の所得金額が前年度のそれと異なっているかどうかを確認
できるよう、請求人に年次審査様式を送付する[661]。

　前年度とは、当該裁定の年度の直前に終了した課税年度をいう。たとえば、
課税年度2010年4月6日乃至2011年4月5日の裁定については、
2009年4月6日から2010年4月5日までである[662]。

　請求人の最終受給権は、次に掲げる所得金額を基礎に計算される[663]。

- ◆ 当年度の所得金額が前年度の所得金額より小である場合、当年度の所得金
  額；
- ◆ 当年度の所得金額が前年度の所得金額より25,000ポンドを超えて増えて
  いる場合、当年度の所得金額から25,000ポンドを差し引いた金額
- ◆ 所得金額が同一であるかまたは25,000ポンドを超えて増えていない場合、
  前年度の所得金額

【設例13】[664]

　2009年4月6日から2010年4月5日までのあいだMonicaはパートタイム
で就労し、そして合計5,000ポンドを稼得した、それ以来、彼女はフルタイム
で就労し、そして当該裁定の当年度2010年4月6日乃至2011年4月5日にお
いて12,500ポンドを稼得した。彼女の租税クレジット裁定は当初、所得金額

659　CPAG(2010), p1304.
660　CPAG(2010), p1304.
661　CPAG(2010), p1304.
662　CPAG(2010), p1304.
663　s7(3)(a) and (b) TCA 2002; reg 5 TC (ITDR) bRegs.
664　設例は、CPAG(2010), p1304 に依拠する。

5,000 ポンドに基づいて行われる。彼女の所得は当年度において丁度 7,500 ポンド（これは不算入額 25,000 ポンド未満である。）だけ増加したので、彼女の最終の受給権は、所得金額 5,000 ポンドを基礎として行われる。

【設例 14】[665]

2009 年 4 月 6 日から 2010 年 4 月 5 日までのあいだ Ann と David はカップルとして請求しており、そして、David の賃金から合計 11,000 ポンドの所得金額を稼得した。当該裁定の当年度 2010 年 4 月 6 日乃至 2011 年 4 月 5 日において Ann は、就労に復帰して、そして、彼らは両者で 37,000 ポンドを稼得した。彼らの租税クレジットの裁定は、当初、前年度所得金額 11,000 ポンドに基づいて行われる。彼らの所得金額は当年度において 26,000 ポンド（£37,000 － £11,000）だけ増加したから、彼らの最終の受給権は、所得金額 12,000 ポンド（£37,000 － £25,000）に基づいて行われる。翌年度 2011 年 4 月 6 日乃至 2012 年 4 月 5 日については、彼らの裁定は 37,000 ポンドの所得金額に基づいて行われる。

3. 2. 3.　誰の所得が数え入れられるか

請求人がカップルの当事者である場合、請求人のパートナーの所得金額が、請求人のそれに加算される[666]。さもなければ、請求人自身の所得が計上される。

請求人が以前にはカップルの当事者であったが、今では単身者又は一人親である場合、請求人の所得金額だけが計上される。たとえ前年度の所得金額がその査定に当たって用いられていたとしても、請求人の元パートナーの所得は算入されない。

請求人が単身者又は一人親であったが、今やカップルの当事者となっている場合、請求人 2 人の合同所得が査定される。受給権が当課税年度の所得又は前課税年度の所得に基づいて行われているかどうかを問わない[667]。

■　児童の所得

児童の所得は無視される。しかしながら、請求人が信託に基づいて、請求人の児童に金銭を移転し、そして、租税法のルールがその所得を依然として請求

---

[665]　設例は、CPAG(2010), p1304 に依拠する。
[666]　s7(5) TCA 2002.
[667]　CPAG(2010), p1305.

人に帰属するものとして扱っている場合、それは租税クレジットにとって請求人のものとして取り扱われうる[668]。

3.2.4. どのような所得が数え入れられるか

一般には、課税しうる社会保障給付は算入される、そして、総稼得所得金額（税引き前）及び企業利益は、請求人の年金拠出金を控除して、算入される。年金及び預貯金に基づく利子のような、その他の大部分の所得は、一緒に加算される。ただし、その総額が年300ポンドを超える範囲に限って、算入される[669]。

所得の概念と計算方法に関して、大まかにいうと、所得税法上計算に入れられている金額は、2002年租税クレジットの受給権を計算するうえでも、計算に入れられる。ただし、特定の種類の所得については考慮に入れないものとする。この双方の統合は、(1)雇用者、(2)自営業者および(3)請求人に利するだろうと、信じられていた。すなわち、1に、雇用者にとって、そのような統合は雇用者に求められる追加の必要文書を最小化するであろう、点にメリットがある。なぜなら、必要とされる情報の大部分は、租税法上の目的のために雇用者がすでにその被用者に提供した情報であるからである。たとえば、支給明細書[670]、様式P60および様式P45によって情報が提供されている。2に、自営業者にとって、自営業者が自主申告（納税申告）のために保管している帳簿および記録類を、2002年法の租税クレジットの請求を根拠づけるため利用できるであろう。3に、社会保障受給請求人にとって、彼ら彼女らは、税法目的のためにすでに受け取っている情報を、租税クレジットの請求時にも利用できるであろう。そのうえ、税法上の所得概念を用いることは、租税クレジット・システムが租税システムの一部分であることを、強調するであろう[671]。特定の範疇の所得は、省令で列記されている[672]。所得支援給付を別として、雇用関係および自営業関係から生じる稼得所得が、租税クレジットを請求するたいていの者

---

[668] Reg 14(2)(b)(ⅶ) TC(DCI) Regs.
[669] CPAG(2010), p1305.
[670] payslips.
[671] The New Tax Credits: Supporting Families, making work pay and tackling poverty, Consultation Document, Inland Revenue, July 2001 paras 86-87.
[672] The Tax Credits (Definition and Calculation of Income) Regulations 2002 (S.I. 2002 No.2006).

第2部　第5章　英国の所得税法における家族課税と租税クレジット

にとって、所得の主たる源泉である[673]。その他の所得の種類は、年金所得[674]、学生所得[675]、投資所得[676]、財産所得[677] および国外所得[678] である。さらに2種類の所得類型は、みなし所得[679] および雑所得[680] である。

　給与所得との関係において、租税クレジット法の目的にとって、現物給付はすべて計算に入れられるべきかどうか、または、特定の現物給付だけが考慮に入れられるべきかについて、当初議論があった[681]。最初の省令案はすべての現物給付をその対象としていたけれども、議論の結果、その後の省令は、より普通の現物給付だけを計算に入れられるべきだと規定している。このアプローチは衡平と簡素化との正しいバランスをはかっていると、考えられる。衡平は、世帯が受け取る租税クレジットの金額は、その雇用者が当該世帯に支給するため選択した形態によって影響を受けうる事実を認識しての、判断である。そして、簡素化は、膨大な数の現物給付は、その裁定が複雑であろうし、たいした価値もなく、おそらくは1世帯の裁定額全体にもほとんど実質的な影響を及ぼさないであろう、という事実を受け容れてのことである。このように稼得所得から特定の現物給付を非課税としつつ、他方で、雇用者に供される乗用車と燃

---

[673]　The Child Tax Credit and The Working Tax Credit Dreft Statutory Instruments, A Memorandum by the Inland Revenue and the Department for Work and Pensions, 9 May 2002.

[674]　The Tax Credits (Definition and Calculation of Income) Regulations 2002 (S.I. 2002 No.2006) reg 5.

[675]　The Tax Credits (Definition and Calculation of Income) Regulations 2002 (S.I. 2002 No.2006) regs 8, 9.

[676]　The Tax Credits (Definition and Calculation of Income) Regulations 2002 (S.I. 2002 No.2006) reg 10.

[677]　The Tax Credits (Definition and Calculation of Income) Regulations 2002 (S.I. 2002 No.2006) reg 11.

[678]　The Tax Credits (Definition and Calculation of Income) Regulations 2002 (S.I. 2002 No.2006) reg 12（ただし、ここにいう国外所得は、Taxes Act 1988, s. 547(1)(a) に規定する給与所得、事業所得または投資所得を含まない）.

[679]　Notional income. The Tax Credits (Definition and Calculation of Income) Regulations 2002 (S.I. 2002 No.2006) regs 13-17. みなし所得（みなし所得）について、参照、Lee(2003 B), p 32.

[680]　The Tax Credits (Definition and Calculation of Income) Regulations 2002 (S.I. 2002 No.2006) reg 18. 雑所得について、参照、Lee(2003 B), p 32.

[681]　The New Tax Credits: Supporting Families, making work pay and tackling poverty, Consultation Document, Inland Revenue, July 2001 paras 93-95; Part 2: Partial Regulatory Impact Assessment, para 6.4.

第 3 節　租税クレジットの請求、決定と支給

料、雇用関係に基づき雇用者から被用者に交付される現金バウチャー[682]と現金外のバウチャー[683]およびクレジット・トークンだけが、計算に入れられる[684]。簡素化のために、その他の現物給付は、非課税とされるが、しかし、雇用者によって提供される住宅について少額でない現物給付は含まれているようである[685]。

　社会保障所得および学生所得に関して、その明らかな目的は、それが適切である場合、所得税法の目的と租税クレジット法の目的との関連において、社会保障所得と学生所得の取り扱いを一直線にそろえることである。社会保障所得に関する限り、児童手当[686]、監護人手当[687]、住宅手当[688]、地方税給付金[689]、所得補給[690]および所得型求職者手当[691]は、所得がないものとみなされ非課税である[692]。学生所得に関して、学生ローンに基づく利子および奨学金所得は、所得がないものとみなされ非課税である[693]。改正省令で用いられている用語は、社会保障法よりむしろ税法とより一致している。たとえば、用語「事業所得[694]」は「自営業からの所得[695]」より優先して用いられており、そして用語「課税利益[696]」は「自営業からの所得」に代えて用いられている[697]。

　請求人が受給権を有する租税クレジットの金額は、請求人がどれくらいの所

---

[682]　Part 3 Chapter 4 ITEPA 2003 sets out the amount charged to tax on the benefit of certain cash vouchers, non-cash vouchers and credit-tokens that are provided by reason of an employee's employment (see EIM16010 onwards).

[683]　non-cash vouchers.

[684]　The Tax Credits (Definition and Calculation of Income) Regulations 2002 (S.I. 2002 No.2006) reg 4.

[685]　Lee (2003 B), p 32.

[686]　Child Benefit.

[687]　Guardian's Allowance.

[688]　Housing Benefit.

[689]　Council Tax Benefit.

[690]　Income Support.

[691]　Income-based Jobseeker's Allowance.

[692]　The Tax Credits (Definition and Calculation of Income) Regulations 2002 (S.I. 2002 No.2006) reg 7.

[693]　The Tax Credits (Definition and Calculation of Income) Regulations 2002 (S.I. 2002 No.2006) reg 8.

[694]　Trading income.

[695]　Income of self-employment.

[696]　Tax able profits

[697]　The Tax Credits (Definition and Calculation of Income) Regulations 2002 (S.I. 2002 No.2006) reg 8.

第2部　第5章　英国の所得税法における家族課税と租税クレジット

得を有しているかに依存している。原則として、大部分の課税所得は、査定に
当たって算入されるが、これに対し、非課税所得は無視される。ただし、例外
がいくつかある。ここでは、どのような所得が考慮に入れられ、そしてどのよ
うな所得が無視されるかについて、説明する。

　たとえば、預貯金または資本から稼得される利子またはその他の所得は租税
クレジットの査定に当たって適格であるとしても、請求人の預貯金またはその
他の資本そのものは、査定に当たって算入されない。社会保障給付については
資本の上限があるが、租税クレジットにはその制限はない。請求人の資本の水
準がどれほどであっても、請求人は租税クレジットについて適格を有する[698]。

3.2.5.　みなし所得（想定所得）

　ときには、請求人は、請求人が実際には有していない所得をあたかも取得し
ているかのように、取り扱われる。これが「みなし所得（想定所得）[699]」と呼ば
れている[700]。みなし所得は、ある者が2005年所得税法第5編5章（事業所得
その他所得）に定める決済ルール[701]に基づいて所得を有するものとして扱わ
れる、そうした状況を列挙している[702]。いろいろな回避防止規定とは別に、
そのリストはまたリース・プレミアム・ルール[703]、預貯金[704]、株式配当[705]、
閉鎖会社による出資者への貸付[706]を含んでいる。パラ18（雑所得）は、「雑所
得」の標題の下で2005年所得税（事業所得その他所得）法第5編8章（シェ
ジュールD　ケースVI）に挿入されている。パラ19は、さらに所得の計算上収
入金額への不算入ルールを定めている。

　3に、当該省令は、第10章「みなし所得」の下で非常に興味深い回避防止
ルールでもって終わっている。パラ15、17がそれである。

---

[698]　CPAG(2010), p1302.
[699]　Notional income. The Tax Credits (Definition and Calculation of Income) Regulations 2002 (S.I. 2002 No.2006) para 13-17.
[700]　Reg 13 TC(DCI) Regs.
[701]　settlement rule.
[702]　TA 1988, ss. 660A or 660B.
[703]　ITTOIA Part 3 Chapter 4.
[704]　Deposits. ITTOIA Part 4 Chaper 11.
[705]　Stock dividends. ITTOIA Part 4 Chaper 5.
[706]　Loans to participators by close company. TA 1988 s. 421.

第 3 節　租税クレジットの請求、決定と支給

3. 2. 6.　所得金額の計算

請求人の所得金額は、租税目的の場合と類似の仕方で、年ベース（4月6日から4月5日まで）で計算される。

カップルの合同所得は合算される。単独の請求人が、前年度においてカップルの一方当事者であった場合、彼又は彼女の所得だけが、受給権を査定するうえで計算に入れられる。彼女の前パートナーの所得を含まない。

児童の所得は無視される。

3. 3.　請求後における状況の変化

請求人の裁定のあいだにおける請求人の家族の状況、児童養育料又は所得金額が変化すれば、このような状況の変化の結果、請求人の受給権が変化することとなるかもしれない。そのような諸変化が請求人の受給権に影響を及ぼす場合、その受給権は、当該変化が起きたのちすぐに変更されうるか、または、その最終決定が行われかつ歳入庁が請求人の詳細についてチェックをする年度の末日に、変更されうるかのいずれかである。しかし、特定の状況の変化は、1月以内に歳入庁に届け出られなければならず、さもなければ、請求人は罰則を課せられる。請求人の受給権を増大するそうしたその他の変化は、もし請求人の増加した裁定が全額その変化の日に遡って日付[707]されるのならば、3月以内に通知されなければならない[708]。

状況の変化は一般に受給権の料率にのみ影響を及ぼすとしても、裁定額は、もしその租税クレジットの受給権が消滅する場合、当課税年度の末日前に最終的なものになるだろう。たとえば、その家族に「児童」または「青年」がもはやいなくなるため[709]、さらに、合同請求をしたカップルがその後別居するに至るまで、または、請求を行った単身者が、後にカップルの当事者になるに至るまでのあいだに限って[710]、ひとつの裁定は継続する。さらに、当該年度の継続中に起きる状況の変化を歳入庁に通知すべき要件が満たされる場合、その状況の変化がおきるまで、その裁定は継続する[711]。

---

[707]　be backdated.

[708]　CPAG(2010), p 1337.

[709]　TCA 2002 s 5(5).

[710]　そのような変化が起きたときに、新たな請求が行われなければならない。TCA 2002 s 3(4).

[711]　TCA 2002 s 6(3).

第 2 部　第 5 章　英国の所得税法における家族課税と租税クレジット

　これらの状況において、そのような事態が起きた日後 1 月以内に当該変化の届出を正規に歳入・関税庁に行わなければならない[712]。また、労働関係の地位、又は、租税クレジットを請求できる家族の児童数が変化する場合にも、届出が必要である。さらに、請求人又はパートナーが連合王国を恒久的にまたは 8 週を超えて出国する場合、または、請求人がみずからの疾病、家族の疾病若しくは近親者死亡のため 12 週を超えて出国する場合、歳入・関税庁への届出が求められる。変化が単に裁定の料率に影響を及ぼすだけの場合、当該変化についての正規の届出は、1 月以内に、養育費[713]がなくなったかまたは著しく減った場合に限って、求められる。その他の変化に関しては、たとえその変化が受給料率[714]をひき下げる効果を有するとしても、正規の届出は必要ない（ただし、過大支給のある場合、当該年度末日に返還する必要はある）。他方、その変化（たとえば新生児の誕生または労働時間の増大。30 時間要因のため受給額が上昇）が受給料率を引き上げる効果を有する場合には、たとえば、新生児の誕生、または就労した時間数の増加といった変化については、正規の届出は必要である。歳入・関税庁が届出を受けると、租税クレジットに関する裁定は、その変化の日から改定される。このような状況の変化後 3 ヶ月以内に届出を受ける場合、租税クレジットは、当該変化の日から改定されるであろう[715]。これと類似して、租税クレジット額の最大値を変額する変化は、当該変化の日からその効果を有する[716]。これは、そのような届出を遅延しないようインセンティブを与えていないことを意味する。請求人が、その所得金額および状況を確認するため最終通知書の方法により照会を受けるときに、歳入庁に届け出られなかった状況の変化は、当課税年度の末日に取り上げられるであろう[717]。

　当該年度の途中で歳入・関税庁へ届け出られない、それ以外の変化は、年度末に明るみに出される[718]。

---

[712]　The Tax Credits (Claims and Notification) Regulations 2002 (S.I. 2002 No.2014) reg 21.

[713]　養育費を考慮に入れることの意義について、参照、深井（2003）370 頁。

[714]　The rate of entitlement.

[715]　TCA 2002 s 6(1); The Tax Credits (Claims and Notification) Regulations 2002 (S.I. 2002 No.2014) reg 22, 22-25.

[716]　HM Treasury, The Modernisation of Britain's Tax and Benefit System – The child and working Tax Credits, Report No. 10, April 2002, para 4.13.
　　　TCA 2002 s 6(1); The Tax Credits (Claims and Notification) Regulations 2002 (S.I. 2002 No.2014) reg 22, 22-25.

[717]　TCA 2002 s 7(3).

[718]　Lee (2008), para 51.39.

第3節　租税クレジットの請求、決定と支給

最初の決定[719]がいったんなされた場合、租税クレジットの受給権に影響を及ぼす変化には、3種類がある。

- 歳入庁に届け出なければならない、変化
- 租税クレジット受給権の最大料率に影響を及ぼす、変化
- 所得金額の変化

これら3種の変化について、説明する。

● 歳入庁に届け出なければならない、変化

いくつかの変化は、当該変化のおきた日の1月以内に歳入庁に届け出なければならない、かまたは、もしその変化の起きたのちに、請求人がその変化に気付いた場合には、その気付いた日の1月以内に歳入庁に届け出なければならない。必要要件は、その届出が適切な事務所になされることである[720]。もし請求人がこれをなさない場合、歳入庁は請求人に過料[721]を課すことができる。

請求人は、次に掲げるケースに、1月以内に歳入庁に届け出なければならない[722]。

- 請求人が、単身者として請求を行っていたところ、今ではカップルの1当事者になっているケース。請求人の租税クレジット受給権は、その変化が起きた時から、消滅する。そして、請求人は、新しい請求を行わなければならない。
- 請求人が、カップルとして請求を行っていたところ、今ではもはやカップルの1当事者でなくなっているケース。請求人の租税クレジット受給権は、その変化が起きた時から、消滅する。そして、請求人は、新しい請求を行わなければならない。
- 請求人又は請求人のパートナーが恒久的に連合王国を出国するか、または、8週間を超える期間（もし疾病のためもしくは死別のためならば、12週間超の期間）のあいだ外国に行くケース。受給権は消滅し、そして請求人は新たに請求を起こさなければならない。もし外国に行く者が請求人のパートナーである場合には、請求人は単身者として新たな請求を起こさなければ

---

[719]　an initial decision.
[720]　ss3(4),6(3) and 32(3) TCA 2002; reg 21 TC(CN) Regs.
[721]　a financial penalty.
[722]　CPAG(2010), p1338f.

283

第2部　第5章　英国の所得税法における家族課税と租税クレジット

ならない。そして、その者が帰国するときには、ふたたびカップルとして
請求する。

◆ 就労租税クレジットだけについて、請求人は連合王国において居住する権
利を失うケース。

◆ 請求人または請求人のパートナーの児童養育費又は児童養育費が停止した
週またはこれに続く4週間以上のあいだ、それら児童養育費について週
10 ポンドが縮減しているケース。この変化は、当該4週間後の日に影響
を及ぼす[723]。

◆ 請求人または請求人のパートナーが通常、少なくとも週16 時間または30
時間労働することをやめているケース[724]。（疾病または出産のケースなど）
いくつかのケースでは、請求人は、労働しているものとしてみなされる。
もし請求人が労働を停止するなら、請求人は就労租税クレジットを4週間
取得することができる[725]。

◆ 子どものいるカップルについて、請求人および請求人のパートナーが、通
常、ふたり合計して週30 時間労働することをやめるケース。請求人はも
はや、30 時間要因額を受ける適格をもっていない。

◆ 請求人または請求人のパートナーが、請求人の子供のうち1人または複数
について責任を果たすことをやめるケース。

◆ 請求人または請求人のパートナーが責任を負っている児童が、（満20 歳に
なったという理由以外で）児童または適格青年として性格決定されなくな
るケース。このケースでは、請求人は、（請求人がその変化に気づくに至っ
た日から1月以内ではなく、）その変化が実際に起きた日の1月以内に歳入
庁に届け出なければならない。

● 　請求人の受給権の最大料率に影響を及ぼす、変化

そのほかの状況の変化は、請求人の租税クレジットの受給権に影響を及ぼす。
たとえば、そのような状況の変化は、請求人が受給権を有する、租税クレジッ
ト要因額に影響を及ぼす。

請求人は、そのような状況が変化するとき、その変化を歳入庁に届け出なけ

---

[723]　Reg 16(5) WTC (EMR) Regs.
[724]　労働時間に関するルールについて、参照、CPAG(2010), p1270.
[725]　参照、CPAG(2010), p1278.

284

第 3 節　租税クレジットの請求、決定と支給

ればならない。いくつかの変化は、あらかじめ 1 週間前に届け出ることができ
る。しかし、請求人の受給権を増大する状況は大抵、請求人の届出日から最大
3 月だけ遡りうる。この例外ルールは、身障要因額と重症身障要因額に当ては
まる。請求人の受給権を減少する状況の変化は、常に、変化の日から影響を及
ぼす。請求人がその変化を歳入庁に届け出る日は、問題とされない[726]。した
がって、この変化の届出が遅延すると、請求人は過少に支給されることとなる
かまたは過大に支給されることとなる。もっとも、過大支給は通常、請求人か
ら回収されるだろう[727]。

　これらのルールが適用される変化には次の状況が含まれる[728]。

- ◆ 請求人に乳児がいるか、または、その他の子どもが請求人の家族に加わる
  ケース、
- ◆ 請求人又は請求人のパートナーが通常、少なくとも週 16 時間または 30 時
  間労働し始めるケース、
- ◆ 請求人の児童養育コストが平均で、少なくとも 4 週間のあいだ 10 ポンド
  以上ひきあがったケース。この変化は、請求人のコストが増加した最初の
  週から影響する。請求人がその変化が少なくとも 4 週間続くであろうと予
  測する限り、請求人は、それが起きたらできるだけ速やかに 10 ポンド以
  上の増加について届け出ることができる。

- ● 身障要因額または重度身障要因額を受給する権利に及ぼす、変化

　就労租税クレジットの身障要因額と重度身障要因額は、歳入庁が、適格身障
手当の裁定がなされた 3 月以内に、請求人が適格身障手当の裁定を受けた事実
について届け出を受けた場合には、3 か月以上日付を遡ることができる[729]。

　これと類似したルールは、就労租税クレジットの受給権にも当てはまる。請
求人が責任を負っている児童が、障害生活手当[730] の裁定を受ける場合、請求
人は、障害要因額の受給権を得るであろう。そして、最高料率の養育額[731] が
裁定されている場合、重度障害要因額が請求人の就労租税クレジットの裁定に

---

[726]　Regs 20 and 25 TC(CN) Regs.
[727]　CPAG(2010), p 1339.
[728]　CPAG(2010), p 1339.
[729]　Reg 26 TC(CN) Regs.
[730]　disability living allowance (DLA).
[731]　the highest rate care component.

計上されるであろう。歳入庁が3月以内に最高料率の養育額について届け出を受けた場合には、その要因額は、3月以上日付を遡ることができる[732]。

- あたらしい「関係の期間」

届け出なければならない状況の変化または請求人の受給権の最大料率に影響を及ぼす変化が起きると、これにひき続いて、請求人の租税クレジットを計算する方法もまた、変化する[733]。このような変化すべてが意味するところは、請求人の租税クレジット受給権が消滅するか、または、新たな「関係の期間[734]」は、その変化が効力を有するものとして取り扱われる時から、開始する。新しい関係の期間とは、請求人の受給権についての新たな計算が行われることを意味する。たとえば、前述の類の請求人の児童養育コストの増加が、新たな関係の期間をもたらし、その結果、請求人の児童養育要因額が増加する、あたらしい期間について、請求人の受給権は新たに計算されることとなる[735]。

- 状況の変化を届出

状況の変化についての届出は、口頭によるかまたは書面によって行うことができる。そのルールはまた、届出が「適切な事務所」に対し行われなければならない旨を述べている。

3. 4. 所得金額の変化

前述した「状況」に加えて、2002年法の租税クレジットは、個人の総所得金額またはカップルの合同所得金額に基づいて裁定[736]を受ける。そして、その租税クレジットは、税制度で用いられている所得の定義に基づいて、算定される[737]。情報は納税証明書P 60[738]（と退職証明書P 45[739]）を通してシステム

---

[732] CPAG(2010), p1339.

[733] Reg 26A TC(CN) Regs.

[734] relevant period.

[735] CPAG(2010), p1340.

[736] be awarded.

[737] Lee(2003 B), pp21-23; 本稿 6.2。

[738] 連合王国アイルランドでは P60（納税証明書 *End of Year Certificate*）は、課税年度末に納税義務者に対し発行される文書である。連合王国では、P 60 は、その年度について、納税義務者の課税所得および源泉徴収制度（それは所得税と国民保険料拠出金の双方に関するものである。PAYE）によって行われる年末調整（deductions）を詳細に記載されている。納税義務者は、発行してもらった納税年末証明書を破棄してはならない。

286

第 3 節　租税クレジットの請求、決定と支給

のなかで提供されているので、最初の裁定額は、前課税年度の所得金額を原則としてその算定の基礎とする[740]。

このような立法の方針は、明らかに確実性のためであり、それ以上のものではないが、まったく満足いくわけではない。とくに所得金額が労働時間の減少又は超過勤務時間の減少のため前後の年度間で下落するケースでは、問題が生じる。カップルの一人が共稼ぎをやめてしまうケースでも、同様である。

請求人の裁定は、次に掲げる変化を反映させるため変更されうる[741]。

- 最初の決定をするために用いられた所得金額と比較して、請求人の年間所得金額が下落すると予期される場合（たとえば、請求人の稼得所得がその年度のあいだに下落している場合）、および
- 最初の決定をするために用いられた所得金額と比較して、請求人の年間所得金額が上昇すると予期される。とくに、その上昇額が年 25,000 ポンドを超えている場合

したがって、このシステムがそれぞれ適切に機能することを確実にするには、当期中に家族の所得金額が増額する場合、当該年度の所得金額が前年度の金額の代わりに用いられ得るべきであろう。ただし、25,000 ポンドはないものとみなされる[742]。このような 25,000 ポンドの無視ルールは、前課税年度と比べて、当年度における年間所得が増加するケースに限って適用される。

確実性と即応性とのバランスをとるために、当年度の所得金額が、前年度のそれよりも 25,000 ポンド超でない場合、当年度の所得金額は前年度の所得金額をそのまま用いることとする。これによって、裁定額の算定の基礎として引き続き用いることができるのは、前年度の所得金額である[743]。当年度の所得

なぜなら、それは、納税した事実を証明する証拠方法だからである。

[739]　連合王国とアイルランドの税法上退職する被用者の詳細を記載した文書である。A P45 は、被用者が退職するとき、雇用者によって発行される。これは多目的様式である。その第 1 部は、雇用者が歳入・関税庁に提出する。同庁は、続いて、個人納税者記録ファイルに支給と税の詳細を記録する。その第 1 A 部は、被用者が保管する。第 2 部は、新しい雇用者が保管する。その新雇用者は、受け取った第 3 部を所轄税務署に送付する。P 45 は、当該課税年度中に支払われた税金と稼得所得についての詳細を記載している。なお、前年度に支払われた税金は、その年度についての納税証明書（P 60）で詳しく記載されている。

[740]　Tax Credits Act 2002, s 7(3).

[741]　CPAG(2010), p 1340.

[742]　Tax Credits Act 2002, s 7(3)(b) and The Tax Credits (Income Thresholds and Determination of Rates) Regulations 2002 (S.I. 2002 No. 2008) reg 5

[743]　Tax Credits Act 2002, s 7(3) (b).

第2部　第5章　英国の所得税法における家族課税と租税クレジット

金額は前年度の所得金額より少ない場合には、裁定額の算定の基礎となるのは、当年度の所得金額である[744]。

このように、租税クレジットの裁定額についての最初の決定がある場合、その決定は、前課税年度の所得金額をその算定の基礎にしている。しかし、受給権は、当該請求のなされた課税年度の末日にはじめて最終的に決定される。考慮事項の情報は、前課税年度と当該請求のなされた課税年度、すなわち当年度について提供されなければならない。当年度中に家族の所得金額が増加する場合[745]、最終裁定額の計算の基礎をなすのは、当年度の所得金額である。そして、この当年度の所得金額のうち、25,000 ポンド[746]はないものとみなされる[747]。しかし、当年度所得金額が、前年度のそれに比べ、25,000 ポンドを超えて増えていない場合、その当年度所得金額は前年度の所得金額とする[748]。他方、当年度所得金額が前年度のそれより下落する場合[749]、問題の金額にかかわらず、計算の基礎となるのは、当年度所得金額である[750]。非対称。

表5-18にみる設例によって例解する。設例Aでは、当期の総所得金額は、前記のそれよりも、25,000 ポンド以上大きい。したがって、裁定額の基礎をなすのは、当年度の所得金額から 2500 ポンドを控除した金額である[751]。

設例Bの示すように、当年度の所得金額は、前年度のそれを超えているが、25,000 ポンド未満だけである。この所得の変化だけでは、最終裁定額は、前年度の所得金額を算定の基礎とされる[752]。

設例Cでは、当年度の所得金額は、前年度の所得金額より小である。下落幅は、25,000 ポンドを超えている。したがって、最終裁定額のベースとなるのは、当年度の所得金額である[753]。

---

[744]　Tax Credits Act 2002, s 7(3) (e).

[745]　詳細な例解は、参照、CPAG(2010), p1341.

[746]　3,400,000 円 (25000 × 136 = 3400000).

[747]　2006/07 年とそれ以降の年度について— TCA 2002 s 7(3)(b) および the Tax Credits (Income Thresholds and Determination of Rates) Regulations 2002 as amended.

[748]　TCA 2002 s 7 (3) and the Tax Credits (Income Thresholds and Determination of Rates) Regulations 2002 as amended.

[749]　詳細な例解は、参照、CPAG(2010), p1340f.

[750]　Lee(2008), para51.40.

[751]　TCA 2002 s 7 (3) (b).

[752]　TCA 2002 s 7 (3) (a).

[753]　TCA 2002 s 7 (3) (e).

第3節　租税クレジットの請求、決定と支給

設例Dの示すように、当年度の所得金額は、前年度の所得金額より小である。下落幅は、25,000ポンドより小であるという事実にもかかわらず、最終裁定額のベースになるのは、当年度の所得金額である[754]。

表5-18　2課税年度間における所得金額の変化

		年度		総所得金額	最終裁定額のベース	
1	設例A	2006/2007	20,000			(D2－C1)＞2500
2		2007/2008		25,000	22,500	＝D2－2500
3	設例B	2006/2007	20,000			(D4－C3)＜2500
4		2007/2008		22,000	20,000	＝C3
5	設例C	2006/2007	25000			D6＜C5
6		2007/2008		20000	20000	＝D6
7	設例D	2006/2007	22000			(D2－C1)＜2500
8		2007/2008		20000	20000	＝D8
	A	B	C	D	E	F

このような緩衝値（25,000ポンド）を用いたルールの立法理由は次のように説明されている。すなわち、

「2002年租税クレジット制度の目的は、所得支援の継続性[755]を、請求人の生活状況の変化に対応しうる柔軟性を組み合わせることである。とくに、租税クレジットは、請求人がその者の所得の著しい下落に難渋しているときに、特別の所得支援を供するため取りなすことができるべきものであり、したがって、仕事に就いているそのような人びとを手助けするものである。租税クレジットのねらいは、労働に対する褒美であり、そして就労を奨励しかつ就労を持続することである。

柔軟性は重要ではあるけれども、人びとはその租税クレジットをできるだけ確実にもらえることも必要としている、という事実にわれわれは気づいている。7条3項の規定は、2年間の所得金額に変化が起きうることに備えて、緩衝値を定めている。この分岐点より変化が大きい場合に限って、受給権に相違が生じる。」[756]

---

[754]　TCA 2002 s 7 (3) (e).
[755]　continuity of support.
[756]　per Paul Boetang MP, financial Secretary to the Treasury, Hansard, H.C. Standing Committee Debs., Standing Committee A, Col 73 (15 January 2002).

この緩衝値は、所得が上向きに変化する限り、請求人の有利に働かない。たとえば、当期に所得金額が急増しても、前年度の裁定額がそれに応じて急落しないので（設例A）、租税クレジットの金額も急増しない。請求人が就労を持続的に続け、所得金額を増加できれば、その者は次第に租税クレジット制度に依存することなく、自立して生活できるようになるであろう。設例Bの示すように、当期の所得金額がわずかに増加しても、前年度の裁定額がそのまま当期にも用いられ、したがって、租税クレジットは、前年度ベースで当期にも支給されるので、社会保障受給請求人は、生活水準を維持もしくは上昇できるであろうから、その限りで労働意欲を強めるであろう。このように緩衝値（25,000ポンド）の道具概念は、社会保障受給請求人が、前年度比25,000ポンド未満の所得上昇の成果を得ても、なお前年度と同額の租税クレジットを取得できるので、「働きに見合った以上の支払い」を得、そして就労意欲をかき立てられるであろう。

　他方、設例CとDが示唆するように、この緩衝値（25,000ポンド）は、所得が下落するとき、請求人に影響を及ぼさない。社会保障受給者がその年間所得の著しい下落に見舞われる場合、彼ら彼女らは、前年度に比べ少ない当課税年度の所得を予想する、と歳入庁に通知することができる。この通知を受けると、歳入庁は、彼ら彼女らの当年度の所得金額を推定でき、もし適切ならより高額の裁定をすることができるであろう。もっとも、彼ら彼女らはその高い裁定額に拘束されない[757]。もう一つの選択肢として、所得金額の下落についての調整は、当該裁定が最終的になる、年度末に行うこともできる[758]。

【設例15】

　Sandraは、2010/11年につき児童租税クレジットと就労租税クレジットを支給された一人親である。Sandraの2009/10年の総所得金額（「前」年度所得金額）は、20,000ポンド[759]であった。彼女の最終裁定額は、2010/11年末日に決定されるが、当年度すなわち2010/11年度における彼女の総所得金額に依存している。

　⑴　Sandraの2010/11年総所得金額が30,000ポンド[760]だとする場合、最終

---

[757]　Tax Credits Act 2002, s 7(10).
[758]　Tax Credits Act 2002, s 17.
[759]　32,720,000円（20000 × 136 = 3600000）.
[760]　4,080,000円（30000 × 136 = 4080000）.

裁定額は、引き続いて、前年度の所得金額をその基礎とする（TCA 2002 s 7 (3)
(a)）。なぜなら、当年度所得金額は、前年度所得金額に比べ、25,000 ポンド [761]
を超えて増えていないからである（増差少額切捨てルール）。

(2) Sandra の 2010/11 年総所得金額が 48,000 ポンド [762] だとする場合、最終
裁定額は、当年度の所得金額を算定の基礎とされるが、その金額は 25,000 ポ
ンドだけ減額されて、23,000 ポンドと決定される（TCA 2002 s 7 (3)(b)）。なぜな
ら、当年度所得金額は、前年度所得金額に比べ、25,000 ポンドを超えて増え
ているからである。

(3) Sandra の 2009/10 年の総所得金額が 40,000 ポンド [763] であった場合に、

(a) Sandra の 2010/11 年総所得金額が 10,000 ポンド [764] だとするとき、当年
度の所得金額が最終裁定額を算定するときの基礎とされる（このような要
件を充足するために制定された省令がない場合、TCA 2002 s 7(s) (e) .）。

(b) Sandra の 2010/11 年総所得金額が 25,000 ポンドだとする場合、当年度
の所得金額が、再度また、最終裁定額の算定の基礎とされる。ただし、所
得金額の下落は 25,000 ポンド未満であるという事実にも拘わらずそうで
ある（TCA 2002 s 7 (3)(e)）。

第4節　事例研究

4. 1.　請求に対する行政の対応

最大の租税クレジットが支給されるケース [765] において、請求人が特定の所
得支援給付を受給する場合を除いて、請求人が受け取る租税クレジットの金額
は、その者の所得金額 [766] に依存している。その租税クレジットは、所得金額
が増えるにつれて、削減消去される。

租税クレジットに関する省令は、2種類の租税クレジット [767] についてそれ

---

[761]　3,400,000 円 (25000 × 136 = 3400000).

[762]　6,528,000 円 (48000 × 136 = 6528000).

[763]　5,440,000 円 (40000 × 136 = 5440000).

[764]　1,360,000 円 (10000 × 136 = 1360000).

[765]　TCA 2002, s 7(2).

[766]　TCA 2002, s.7. 租税クレジットおよびその計算方法について、参照、Lathwood（2004
A）; Lathwood（2004 B）, pp 11-14.

[767]　Tax Credits (Income Thresholds and Dertermination of Rates) Regulations 2002, SI
2002/2008., regs 7, 8.

それの計算方法を規定しているが、しかし、一方の租税クレジットについての所得支援分岐水準が他方の租税クレジットについての所得支援分岐水準によって影響を受けうる[768]という事実は、両方を受給しうる人びとにとって、単一の計算過程が、その計算を行うもっとも容易なやり方である。用いられる租税クレジットが削減消去される順序もまた、規定されている。

租税クレジットにかかる最初の査定額は、前年度の所得の金額に基づいて算定される[769]。

【設例16】

2010年4月6日現在25歳の単身者で、週35時間就労し、かつ、2009/10年の9,000ポンドの給与を稼得するJohnは、2010/11年のはじめに次に掲げる金額の租税クレジットを受領するだろう。

表5-19 就労租税クレジットの計算過程

(単位 £)

		A	B	C	D
	就労租税クレジット:基本要因額		1,920		
1	就労租税クレジット:30時間		790		
2			2,710		租税クレジット
3	2010/2011年所得金額	9,000			
4	所得支援分岐水準の上限値(適用額)	6,420			
5	超過所得額	2,580			
6	裁定額の削減額 @39%[770]		1,006		= B5 × 0.39
7	受給すべき租税クレジット		1,704		租税クレジット
	Cf.Tiley & Collison, UK Tax Guide 2007-08, at 313				

2009/10課税年度の末日後に、請求人は、翌年度(すなわち、当年度)についての彼の租税クレジット裁定額を改定するよう求め、そして、2010／11年度の最終裁定を受けるだろう。

---

[768] Tax Credits (Income Thresholds and Dertermination of Rates) Regulations 2002, SI 2002/2008., regs 8(3), Step 4.

[769] 2008/09年度租税クレジットの請求について、前年度とは2006/07年度だとみなされる。その結果、請求は、当該年度の初日前に提起されうる。参照、Tax Credits (Claims) (Transitional Provision) (Amendment) Order 2002, SI 2002/2158.

[770] 2008年4月6日発効のthe Tax Credits Up-rating Regulations 2008 SI 2008/796 para 4(3) は、37%に代えて39%とする。

第 4 節　事例研究

【設例 17】

　Bob とその妻 Natalie は、3 人の子供を育てている。Sandra は 9 歳で、John は 6 歳で、Michael は 2010 年 4 月 6 日に生まれたばかりである。彼女らの 2009/10 年の合同総所得金額は、14,500 ポンド[771] であったが、2010/11 年については 65,000 ポンドに増えている。彼女らは、常に、週 40 時間を超えて労働している。

　Bob と Natalie は、昼間は家を外出しているので、彼女らは児童養育コストがかかった。Michael の誕生前には、この金額は週 120 ポンド[772] であったが、誕生後は週 320 ポンド[773] に跳ね上がった[774]。

4.1.1.　当初決定

　租税クレジットの請求が行われると、内国歳入庁の委員会[775] は、裁定[776] を行うべきかどうかおよび請求にかかる裁定にどの料率[777] を適用すべきかを決定しなければならない[778]。委員会は、決定に至るために、重要だと考える情報を通知書によって請求人から求める権限を有している。請求人が複数の場合には、そのうちの 1 人または両者から求めることができる。あるいは、さらに、省令の規定に従って、第三者から情報の提供を求めることができる[779]。

4.1.1.　最初の裁定額を計算する

(a)　児童租税クレジットの受給権の計算

　家族は、様式 TC 600 を完全に記載して、2010/11 年当課税年度について、租税クレジットを請求する権原を有する。最初の請求は、2009/10 年前課税年度の所得金額に基づくものである。

---

[771]　1,972,000 円 (14500*136 ＝ 1972000).

[772]　16,320 円 (120*136 ＝ 16320).

[773]　43,520 円 (320*136 ＝ 43520).

[774]　設例は、Lee(2008), para 51.42 による。2 人子どものいる一人親の設例（容易なケース）について、参照、Tiley(2008).p 171 ff.

[775]　The bord of the Inland Rebenue,

[776]　Award.

[777]　Rate.

[778]　TCA 2002, s 14(1).

[779]　TCA 2002, s 14(2). The Tax Credits (Claims and Notifications) Regulations (S.I. No.2014) Part 4.

第 2 部　第 5 章　英国の所得税法における家族課税と租税クレジット

(b)　児童租税クレジットの当初受給権を計算する

児童租税クレジットの基本受給権は次の構成からなる（参照、表 5-41「2010年 /2011 年租税クレジット計算シート」）。

表 5-20　児童租税クレジットの基本受給権

（単位£）

家族要因額	547.50	= 1.50 × 365	547.50
児童要因額 2 人分	4,606.30	= 6.31 × 365 × 2	6,909.45
基本的児童租税クレジット 受給権：最大値			5,153.80

(c)　就労租税クレジットの受給権を計算

就労租税クレジットの基本受給権は次の構成からなる。

表 5-21　就労租税クレジットの基本受給権 (1)

（単位£）

基礎要因額	1,923.55	=5.27×365	1,923.55
夫婦要因額	1,890.70	=5.18×365	1,890.70
30時間労働要因額	792.05	=2.17×365	792.05
基本的就労租税クレジット受給権： 最大値（（児童養育要因額を除く）			3,814.25

表 5-22　就労租税クレジットの基本受給権 (2)

（単位£）

児童養育要因額について 実際の週児童養育コスト：週£120	=(120×52×365)/365	6,240.00
児童養育コスト（2人以上）：週£300	42.86×365=	15,644.00
児童養育要因額：£6,240.00の80%	6,240.00×80%=	4,992.00

児童養育要因額の受給権がある。これは、児童養育コストの 80％に限定されている。さらに、適格児童養育コストは、1 人の児童について週 175 ポンド [780] 以下に限定されており、複数の児童がいる場合は、週 300 ポンド [781] 以

---

[780]　23,800 円 (175 × 136 = 23800).

[781]　40,800 円 (300 × 136 = 40800).

第 4 節　事例研究

下に限定されている（表5-22. 参照、表5-40）。

(d)　租税クレジットの当初裁定額の最大値を計算する

当初裁定額は、児童租税クレジット、就労租税クレジットおよび就労租税クレジットの児童養育要因額の合計である（表5-23）。

表5-23　児童租税クレジット、就労租税クレジットおよび就労租税クレジットの児童養育要因額の合計

（単位£）

児童租税クレジット	5,153.80
就労租税クレジット	3,814.25
就労租税クレジットの児童養育要因額	4,992.00
当初裁定額の最大値	13,960.05

(e)　当初裁定額の削減額を計算する。

(i)　就労租税クレジットは、請求人の総所得金額が所得支援分岐水準の上限値（すなわち 2010/11 年について 6,420 ポンド[782]）をこえる金額の 39％を削減される（表5-24）。

表5-24　就労租税クレジットの削減額

（単位£）

総所得金額		14,500.00
所得支援分岐水準の上限値（適用額）		6,420.00
超過所得額		8,080.00
裁定額の削減額	8,080 × 39％＝	3,151.20

(ii)　児童租税クレジットは、請求人の総所得金額が所得支援分岐水準の上限値（すなわち 2010/11 年について 14,495 ポンド[783]）を超える金額の 39％を削減額される。その裁定額の削減額は、次の通りである（表5-25）。

---

[782]　709,920 円 (5220 × 136 = 709920).

[783]　1,971,320 円 (14495 × 136 = 1971320).

295

第2部　第5章　英国の所得税法における家族課税と租税クレジット

表 5-25　児童租税クレジットの削減額

(単位£)

総所得金額		14,500.00
所得支援分岐水準の上限値（適用額）		16,190.00
超過所得額		1,690.00
裁定額の削減額	1,690.00 × 39% ＝	659.10

(iii)　削減消去は次の順序で行われる[784]。
- 就労租税クレジット
- 就労租税クレジットの児童養育要因額
- 児童租税クレジットの児童要因額
- 児童租税クレジットの家族要因額

(f)　実際の裁定額を計算する。

表 5-26　実際の裁定額を計算

(単位£)

就労租税クレジット	3,814.25	
裁定額の削減額	3,151.20	
実際の就労租税クレジット：裁定額		663.05
就労租税クレジットの児童養育要因額	4,992.00	
児童租税クレジット裁定額の削減額	659.10	
実際の児童養育要因額：裁定額		4,332.90
児童租税クレジット		4,234.00
租税クレジットの支給総額		9,229.95

4.1.2.　改定決定

　租税クレジットの最大料率を引き上げるかもしれない、状況の変化についての届出を受けた後、委員会は租税クレジットの裁定額を修正すべきかどうかを決定しなければならない[785]。委員会はその決定に至る前に、請求に応じると

---

[784]　The Tax Credits (Income Thresholds and Determination of Rates) Regulations 2002 SI 2002/2008 para7; Tiley (2008). p171.

[785]　TCA 2002, s 15(1).

296

第 4 節　事例研究

きとおなじ情報提供請求権を有する[786]。請求人（単独または複数）が当初に裁定を受けた租税クレジットと異なる料率で、租税クレジットを受給する権利を有している、と委員会が合理的に考える場合、または、その請求人が租税クレジットの受給権をもはや有しないかもしくはそもそもその受給権を有していないと、委員会が合理的に考える場合、委員会は、課税年度の途中で租税クレジットの裁定額を修正しまたはそれを取り消すことができる[787]。委員会は、改定決定を行う前に委員会の必要とする情報を提供してもらうため、先に述べたと類似の情報提供請求権を有する[788]。

　Michael の誕生に続く状況の変化の影響を計算してみよう（設例 17 の後半）。
　歳入・関税庁が、当該変化の日の 1 月以内にこの状況の変化（それは租税クレジットの裁定額を増額する効果を有する）について届出を受けた場合、当該改定された裁定額は、当該変化の日から効果を生じる。さもなければ、裁定額は、その届出の日からのみ効果を生じる。
　Michael の誕生および児童養育コストの増大の結果、租税クレジットの裁定額は改定されるべきこととなる。

表 5-27　児童租税クレジットの改定裁定額

（単位 £）

家族要因額	547.50	$= 1.50 \times 365$	547.50
乳児要因額	547.50	$= 1.50 \times 365$	547.50
児童要因額 3 人分	6,909.45	$= 6.31 \times 365 \times 3$	<u>6,909.45</u>
児童租税クレジットの改定裁定額			8,004.45

表 5-28　就労租税クレジットの基本受給権

（単位 £）

児童養育要因額について		
実際の週児童養育コスト：週 £320	$= (320 \times 52 \times 365)/365$	16,640.00
児童養育コスト（2 人以上）：週 £300	$42.86 \times 365 =$	15,644.00
児童養育要因額：£6,240.00 の 80%	$15,644.00 \times 80\% =$	12,515.20

---

[786]　TCA 2002, s 15(2).
[787]　TCA 2002, s 16(1).
[788]　TCA 2002, s 16(2) (3).

第 2 部　第 5 章　英国の所得税法における家族課税と租税クレジット

表 5-29　児童租税クレジット状況変化

(単位£)

家族要因額（乳児がいる家族）	1,095.00	
児童要因額：子供 3 人	6,909.45	
改定児童租税クレジットの裁定額		8,004.45
就労租税クレジットの児童養育要因額：週 £300 を上限		12,515.12
就労租税クレジットは同一のまま		663.05
Michael の誕生後に請求できる租税クレジットの支給総額		21,182.70

4. 1. 3.　最終通知書の交付と聴聞権

　請求人の聴聞権を保護するために、委員会は不利益処分（最終裁定）前に請求人に対し最終通知書を交付する義務を負っている。

　委員会は、租税クレジットが裁定された者（単独または複数）に対して通知書を交付する義務を負っている。その通知書は、(i)「当課税年度について租税クレジット受給権に影響を及ぼす状況」および(ii)「当課税年度について被通知人が受給権を有した租税クレジットの金額」が [789]、同委員会の見解とおりであるか、又はそうでないなら、どのように異なっているかについてその事実を申述するように、当該通知書で指定した期日内 [790] に被通知人に求めることができる。もう一つの選択肢として、通知書は被通知人に対して次のことを知らせなければならない。すなわち、前記の申述 [791] がなければ、委員会は、同委員会が認定した状況を正確として承認されたものとして扱うことができる [792]。

　これと類似して、2002 年租税クレジット法 17 条の基づく最終通知書は、(1)請求人が、彼ら彼女らの当年度の所得金額又は推定所得金額が通知書で認定されているとおりであることを確認するように、その請求人に求めるか、または(2)所得の正しい金額もしくは当年度の所得の推定額を申告するように、その請求人に求める [793] か、又は(3)通知書で認定した当年度の所得金額についての情報を請求人が指定期日内に是正しない場合には、請求人が彼ら彼女らの当年度

---

[789]　CTA 2002, s 17(3).

[790]　The Tax Credits (Claims and Notifications) Regulations (S.I. No.2014) reg 33.

[791]　Declaration.

[792]　CTA 2002, s 17(1) (2).

[793]　CTA 2002, s 17(8). そのような推定は、それが不正確だと判明すれば、特定の期日までに是正されなければならない。

の所得額を当該通知書で認定されたとおりだと申述したものとして取り扱われる旨を、請求人に知らせなければならない[794]。通知書は、所得金額の不修正枠[795]を特定でき、そしてその不修正枠を超える場合に限って所得金額の変化を報告するように人びとに求めることができる。委員会の裁量により、通知書は、請求人に対し、前年度についての彼ら彼女らの所得金額の明細書または確認書を送付するよう求めることもできる[796]。

4.1.4 最終通知後の決定

最終通知の後に、しかし、当該通知に対応するために請求人に与えられた期限前ではなく、委員会は、当課税年度の租税クレジット引当金の当該受給権およびその金額について決定しなければならない[797]。その決定の通知書は、その決定が決定する者（単独または複数）に交付されなければならない[798]。所得金額の推定が最終通知への答弁書に記載されている場合、委員会は、最終通知を留保して、受給権について中間決定を行うものとする。このような最終数値が確定された場合には、委員会は、受給権について最終決定を行うものとする[799]。18条に基づき行われる最終決定は、受給権に関して終局的である[800]。ただし、特殊な状況の下ではこの最終決定を改定することは許されている[801]。委員会は、必要とするかもしれないさらなる情報を請求人から入手しうる権限を、18条によって授権されている[802]。いずれの決定も、質問[803]、決定改定[804]、誤謬訂正[805]、不服申立[806]に関する条項に服する。

---

[794] CTA 2002, s 17(4) (5).

[795] A range of income.

[796] CTA 2002, s 17(6) (7).

[797] Tax Credits Act 2002, s 18(1)-(4). 請求人が当該通知書の関係条項すべてに答弁した場合には、決定は、当該通知書で指定された期限前に行うことができる。事情によっては、請求人が当該元々の期限内にされに申述又は意見表明を重ねて行う場合、委員会は、同委員会による前の決定をみずから改定することを許されている。TCA 2002, s 18(5) (9).

[798] Tax Credits Act 2002, s 23(1). この通知書は、公布日を記載し、その決定に対する不服申立権の詳細を教示しなければならない。TCA 2002, s 23(2).

[799] Tax Credits Act 2002, s 18(6)-(8).

[800] Tax Credits Act 2002, s 18(1).

[801] The Tax Credits (Claims and Notifications) Regulations (S.I. No.2014) reg 33.

[802] Tax Credits Act 2002, s 18(10).

[803] Tax Credits Act 2002, s 19.

[804] Tax Credits Act 2002, s 20.

[805] Tax Credits Act 2002, s 21.

第 2 部　第 5 章　英国の所得税法における家族課税と租税クレジット

　2010/11 年課税年度末日に最終通知がなされた後に受給権を計算してみよう（設例 17 の最終段階）。

　当該裁定額は、年度末日にもう一度裁定されなおされる。そして、前年度（この事例ケースのもとでは、2009/10 年）の総所得金額と当年度（2010/11 年）のそれとが比較される。

表 5-30　最終通知後の受給権を計算

（単位£）

2009/10 年についての合同総所得金額を算定	14,500.00
20010/11 年についての合同総所得金額を算定	65,000.00

　このレベルの所得金額では、裁定額の総額は、児童租税クレジットの家族要因額を切り離して取り除かれる。児童租税クレジットの家族要因額（基本の家族要因額と乳児要因額から成る。）は、関係期間[807] の所得金額が 50,000 ポンド[808] を上回っている金額に 6.67％（＝ 1/15）を乗じて得られる金額で削減される。

表 5-31　裁定額の年末調整

（単位£）

就労租税クレジット		0.00
就労租税クレジットの児童養育要因額		0.00
児童租税クレジット：家族要因額を切り離す		0.00
児童租税クレジットの児童要因額	1,087.70	
削減額	(65000 − 50000) × 6.67％ ＝ 1,000.50	
最終裁定額		87.20
最初の改定裁定額	21,182.70	
最終裁定額	87.20	
租税クレジットの過大支給額	21,095.50	

　Bob とその妻 Natalie が、当期に租税クレジットの受給権を持っていない

---

[806]　Tax Credits Act 2002, ss 38, 39.
[807]　The relevant period.
[808]　6,800,000 円（50000 × 136 ＝ 6800000）.

第4節　事例研究

（それはありそうなことである[809]。）場合、歳入・関税庁は、彼女らに送付した通知の 30 日以内に、彼女らが 21,095.50 ポンド[810] を返還するよう求める。前年度の過大支給は、あるとすれば（本設例では翌課税年度において）、当課税年度についての請求人の（社会保障受給権の）受給額を減額して、是正されるであろう[811]。過大支給の起因となった決定に対する不服申立権はあるが、しかし、この過大支給を是正する歳入・関税庁による決定は、不服申立に服さない[812]。

　以上の考察対象からもれている者には就労しない世帯がある。就労しない世帯は、就労租税クレジットを受給する権利を持っていないが、その代わりに、所得補給[813] および求職者手当[814] を受け取ることができるだろう。

4. 2.　租税クレジットの計算：基本計算法と完全計算法

　租税クレジットは、年ベースで査定される。請求が 1 年全体を対象とし、かつ所得金額と状況が不変であるならば、請求人は、当年度について租税クレジット裁定の金額を算出するためひとつの計算だけをすれば足りる。しかし、請求が 1 年の途中で始まるとき、または、状況の変化が斟酌されるとき、請求人は租税クレジット裁定をどのように計算するか。

　この問題について、これまでに、説明してきたが、再度、ここでは、状況又は所得金額の変化があった請求人は租税クレジットをどのように計算すべきかを概説する。

　ここでの目標は、次を理解することにある。

➢　所得補給、求職者手当、雇用支援手当又は年金クレジットの請求権者にとっての、租税クレジットの計算

➢　年次租税クレジット裁定の計算

➢　所得金額及び人的状況の変化を斟酌しての、裁定の計算

➢　裁定が児童養育コストの変化によってどのような影響を受けるかについ

---

[809]　本設例では、2007／08 年度に合同所得金額が 65,000 ポンドとなり、前年度のそれに比べ、50,500 ポンドも急上昇している。請求人が受け取る租税クレジットの金額は、その者の所得金額に依存している。

[810]　2,868,988 円（21,095.50 × 136 ＝ 2,868,988）.

[811]　Tax Bulletin, December 2004, p 1164（Lee(2008), para 51. より引用）.

[812]　Lee (2008), para 51.42.

[813]　income support。参照、橋本(2002) 3。

[814]　The Jobseekers allowance. 求職者手当について、参照、樫原(2005) 519 頁。

301

第 2 部　第 5 章　英国の所得税法における家族課税と租税クレジット

て、理解

➤ 裁定が過大支給の回収によってどのような影響を受けるかについて、理
解

　基本計算法は、要因額の近似測定をする。それは、請求人が 1 年全体につい
て受給権の推定額を求めるときには、有用である。しかし、請求が年度の途中
で行われる場合または状況が変化する場合に、要因額を計算し又は正確に受給
権を算出するためには、請求人は、租税クレジット要因額の日割り料率、所得
金額及び所得区分を算出するため、完全計算法[815] を必要とする[816]。

4. 2. 1.　基本計算法：近似計算

基本計算法は次の手順を踏む[817]。

ステップ 1：租税クレジットの最大額を算出する。すなわち、

- 年料率（年額）を用いて就労租税クレジットと児童租税クレジットの要因
額を合計する。
- 請求人が度の要因額を受給する権利を有するかをチェックする。
- 請求人が所得補給、求職者手当、雇用支援手当又は年金クレジットを取得
していれば、受給権は、租税クレジットの最大額（ステップ 1）に等しい。

ステップ 2：所得金額を算出する。

- いかなる所得が斟酌され、どの所得が無視されるかをチェックする。
- 前課税年度の所得金額と当課税年度の所得金額を比較する。
- 当課税年度の所得金額が小であれば、当年度を用いる。
- 当課税年度の所得金額が同一であるか、または大であるが 25,000 ポンド
を超えない程度に大である場合、前年度を用いる。
- 当課税年度の所得金額が 25,000 ポンドを超えて大である場合、当年度を
用いる。当年度の所得金額マイナス 25,000 ポンドを計算の基礎とする。

ステップ 3：所得金額と所得支援分岐水準を比較する。

- どの所得支援分岐水準を用いるかをチェックする。
- 請求人が就労租税クレジット要因額だけ又は就労租税クレジットと児童租

---

[815]　a full calculation.
[816]　Paterson(2009), p.8.
[817]　Paterson(2009), p.8.

第4節　事例研究

税クレジットの双方の要因額を有する場合、低いほうの所得支援分岐水準6,420 ポンドを用いる。

◆ 請求人が児童租税クレジットの要因額だけを有する場合、高いほうの所得支援分岐水準 16,040 ポンドを用いる。

ステップ4：受給権を算出する。

◆ 請求人の所得金額が当該所得支援分岐水準以下である場合、受給権は、租税クレジットの最大額（ステップ1）に等しい。

◆ 請求人の所得金額が当該所得支援分岐水準を超えている場合、受給権は、租税クレジットの最大額（ステップ1）マイナスその超過所得金額の 39 ％（この百分率は消去率を指す。）に等しい。

表 5-32　所得補給、求職者手当、雇用支援手当または年金クレジットを取得

(CTC/WTC の最大額)

所得金額≦所得支援分岐水準	≧	CTC/WTC の最大額
所得金額＞所得支援分岐水準	≧	最大額−差額の 39 ％

【設例 18】基本計算法──近似計算

John は、2010 年 3 月まで就労している。かれは今や失業しており、かつ、所得関連型求職手当を請求している。かれはパートナーと一緒に生活している。彼女は、賃金労働に就いておらず、かつ、3 歳と 8 歳の子供を育てている。かれは、2010 年 4 月 6 日から 2011 年 4 月までについて租税クレジットを請求する[818]。参照、表 5-40。

表 5-33　租税クレジットの最大額

児童租税クレジット	家族要因額	545
	児童要因額	2,300
	児童要因額	2,300
租税クレジット受給権		5,145

【設例 19】基本計算法──近似計算

Philip と Monica は、10 歳のこどもがいる。Philip は週 35 時間就労している。

---

[818] 設例について、参照、Paterson(2009), p.9.

303

前年度 2009/10 年には、彼は、14,500 ポンドを稼いでいる。当年度 2010/11 年には、彼は 18,750 ポンドの稼得を期待している。Monica は所得がない[819]。

表 5-34　租税クレジットの最大額

就労租税クレジット	基礎要因額	1,920
	夫婦要因額	1,890
	30 時間要因額	790
児童租税クレジット	家族要因額	545
	児童要因額	2,300
租税クレジットの最大額		7,445
所得金額（2009/10 年）		14,500
所得支援分岐水準		6,420
所得支援削減消去額	£8,080 × 39% =	3,151
租税クレジット受給権		4,294

4. 2. 2.　完全計算法

■　関係の期間

完全計算法を始める前に、「関係の期間」とは何かについて検討する必要がある。「関係の期間」とは、1 課税年度において、請求人が受給権を有する、租税クレジット要因額が同一のままである日数をいう。課税年度における最初の関係の期間は、受給権が進行し始めるときに開始する。関係の期間は常に、もし請求人が児童租税クレジットと就労租税クレジットの双方について適格を有するなら、双方について同一である。いずれか一つの要因額が増加または減少するなら、あたらしい関係の期間が両方について開始する。あたらしい関係の期間は、次に掲げる要件のいずれかに該当するときに、開始する[820]。

- ◆ 請求人が単独請求人でなくなる、
- ◆ 請求人が、合同請求を行っていたパートナーとのカップルを解消する、
- ◆ 請求人の週当たり児童養育コストがかからなくなるか、または、4 週間のあいだ週 10 ポンド以上低下する、
- ◆ 請求人が連合王国を恒久的にまたは 8 週間（請求人が疾病若しくは近親者の

---

[819]　設例について、参照、Paterson(2009), p.9.
[820]　Paterson(2009), p.10.

304

死亡を理由に出国する場合は 12 週間）を超えて出国する

・請求人が（児童租税クレジットについて）居住権[821]を喪失する

新たな関係の期間が開始するとき、租税クレジット受給権のあたらしい計算が必要となる。課税年度全期間についてのひとつの裁定が、複数の関係の期間から成ることもある。この場合、請求人は、それぞれの関係の期間を独立して計算し、それらを合計しなければならない。他方、諸要因額が 1 課税期間のあいだずっと同一であり続け、そして、前記の変化のいずれもが起きない場合は、その関係の期間は当該年度全体である。これは 365 日（または、うるう年では366 日）である。

【設例 20】[822]　関係の期間

1　Ann は、13 歳と 16 歳の 2 人の被扶養児童を育て、そしてフルタイムで就労している。彼女は、児童養育コストを負担していない。彼女は 2010 年 4月 6 日から 2011 年 4 月 5 日までの児童租税クレジットと就労租税クレジットを請求した。この関係の期間は 2010 年 4 月 6 日から 2011 年 4 月 5 日までの365 日である。

2　Ann は、2010 年 4 月 6 日から児童租税クレジットと就労租税クレジットを更新する。彼女の 1 番目の児童が今や 17 歳になり、学校を卒業し、2010 年6 月 20 日からフルタイムの労働を始める。新たな関係の期間が開始する。なぜなら、児童租税クレジットは、もはや当該児童についての児童要因額を含まないからである。関係の期間は、1 に、2010 年 4 月 6 日から 2010 年 6 月 19 日まで（75 日）と、2 に、2010 年 6 月 20 日から 2011 年 4 月 5 日まで（290 日）とである。

3　Ann は、2011 年 3 月 10 日に 2,800 ポンドの賃上げがあった。彼女の所得金額が今や高すぎるので就労租税クレジットを得ることができないが、他方、彼女は依然として児童租税クレジットを受給している。しかし、所得金額の変化は、少額であるので、租税クレジットの要因額に影響を及ぼさないので、当該関係の期間は引き続き不変のままである。

完全計算法は次の 6 つの手順を踏んで行われる[823]。

---

[821]　the right to reside.
[822]　設例は、Paterson(2009), p.10 に依拠する。
[823]　Paterson(2009), p.11.

第2部　第5章　英国の所得税法における家族課税と租税クレジット

ステップ1：租税クレジットの最大額を算出

- 日割り料率による就労租税クレジットと児童租税クレジットの各要因額を算出する。日割り料率は、年次金額を、当課税年度における日数で除して求める。ペンス未満を切り上げる。
- 各要因額の日割料率に、関係の期間における日数を乗じる。
  その諸要因額を合計する。

ステップ2：所得金額を算出

- 前課税年度の所得金額と当課税年度のそれを比較する。
- もし当課税年度の所得金額が小であるなら、これを用いる。
- もし当課税年度の所得金額が同一であるか、又は、前年度のそれより25,000 ポンドを超えない範囲で大である場合、前年度のそれを用いる。
- もし当課税年度の所得金額が前年度のそれより 25,000 ポンドを越えて大である場合、当年度のそれを用いる。ただし、当年の所得金額マイナス25,000 ポンドの金額が計算の基礎とされる。
- 年次金額はポンド未満を切り捨てる。年次金額を課税年度における日数（365 日 /365 日）で割り算して、日割り料率を算出し、そして、関係の期間における日数をその日割り料率に乗じる。ペンス未満を切り捨てる。

ステップ3：所得支援分岐額 [824] を算出

- 所得支援分岐水準は、請求人が児童租税クレジットだけの受給権が有るケースでは 16,190 ポンドであり、そして、請求人が就労租税クレジットのみ又は就労租税クレジットと児童租税クレジットの双方の受給権を有するケースでは、6,420 ポンドである。
- 所得支援分岐水準を課税年度における日数（365 日）で除して日割り料率を算出し、そして、これに関係の期間における日数を乗じて、所得支援分岐額を算出する）。
  ペンス未満を切り上げる。

ステップ4：所得金額と所得支援分岐額を比較

- 関係の期間についての所得金額がその関係の期間についての所得支援分岐額以下である場合、租税クレジットの裁定は、租税クレジットの最大額（ステップ1）に等しい。

---

[824]　threshold.

第 4 節　事例研究

- 関係の期間についての所得金額がその所得支援分岐額を超えている場合、ステップ 5 に移る。

ステップ 5：関係の期間についての受給権を算出

- 租税クレジットの受給権は、ステップ 1 の租税クレジット最大額マイナスその超過所得金額の 39% である（超過所得金額＝所得金額－所得支援分岐額）。

ステップ 6：課税年度全期間についての裁定を算出

- それぞれの関係の期間についてステップから 5 までを繰り返す。当該年度についての租税クレジット受給権の全額を求めるため、各独立の裁定額を合計する。

各ステップについて詳述する。

ステップ 1：租税クレジットの最大額

- 日割り料率

完全計算は各要因額についてそれぞれ個別に日割り料率を算出しなければならない。歳入庁は、日割り料率を、当該関係の期間における日数（すなわち、この完全計算の対象とされる裁定の期間）を乗じるに先立って、各要因額について個別に日割り料率をペンス未満を切り上げるように指示している。1 つの要因額の日割り料率は、その料率が引き上げられるまでは当課税年度について固定しているから、日割り料率を計算しなおす必要はない（すなわち、365 日で割り算したり、366 日で割り算して、切り上げたりする必要はない）。この計算を素早く行うためには、本章の表 5-40 に掲げている各要因額の日割り料率を用いるのがよい[825]。

【設例 21】[826]

Sandra は、賃金労働を週 12 時間始める。彼女は 3 歳児を育てている。彼女は 2010 年 6 月 20 日に児童租税クレジットを請求する。2010 年 6 月 20 日から 2011 年 4 月 5 日までは 290 日である。

---

[825]　Paterson(2009), p.12.
[826]　設例は、Paterson(2009), p.12 に依拠する。

第2部　第5章　英国の所得税法における家族課税と租税クレジット

表5-35　租税クレジットの最大額

児童租税クレジット	家族要因額	£545÷365＝1.4931506	
		日割り料率＝1.50	
		1.50×290日	435.00
	児童要因額	£2300÷365＝6.30136986	
		日割り料率＝6.31	
		6.31×290日	1,829.90
租税クレジットの最大額			2,264.90

● 所得補給、所得ベース型求職者手当、所得関連型雇用支援手当または年金
クレジットを受給する権利

　請求人が所得補給、所得ベース型求職者手当、所得関連型雇用支援手当また
は年金クレジットを受給する権利を有する場合、その者は、租税クレジットの
最大額を受給する権利を有する。その租税クレジットの裁定は、通常、関係の
期間を通して算出されるが、しかし、最大料率[827] で支給される[828]。

ステップ2：所得金額
● いずれの所得金額が数え入れられるか？

　大まかに述べると、租税クレジットの査定は、年次の課税所得を斟酌して、
非課税所得を無視する。多くの人々にとって、彼彼女の所得は、次に掲げる種
類の所得から成る[829]。

　◆課税しうる稼得所得：税額および国民保険料が差し引かれる前の、総稼得
　　所得金額[830]

　◆課税しうる社会給付

　◆その他の所得金額：たとえば、預貯金に基づく（課税しうる）利子または
　　年金所得（年300ポンド超）

● いずれの年度が数え入れられか？

---

[827] at the maximum rate.
[828] Paterson(2009), p.12.
[829] 詳細は、CPAG(2010), p1302ff. (ch.51 Income: tax credits)
[830] gross earnings before tax and NI are deducted.

第4節　事例研究

　当初の請求については、歳入庁は、前課税年度の所得金額に基づいて裁定を行う。この最初の裁定を行う決定を当初決定という。

　年度末における最終の決定（これを最終決定という）においては、歳入庁は、当該裁定の当年度における所得金額と、前課税年度の所得金額を比較する[831]。

- ◆所得金額が減額してしまった場合、当年度の所得金額が用いられる。
- ◆所得金額が同じままである場合、最終決定もまた、前課税年度の所得金額を基礎とする。
- ◆所得金額が 25,000 ポンド未満増額した場合、最終決定もまた、前課税年度の所得金額を基礎とする。
- ◆所得金額が 25,000 ポンドを超えて増額した場合、最終決定は計算しなおされる。当課税年度の所得金額マイナス 25,000 ポンドが計算の基礎とされる。

【設例 22】[832]

　Susana は、しばらくのあいだ所得補給の給付を受けている。2009/10 年には彼女の所得は、所得補給、児童給付及び児童生活維持手当[833] だけであった。彼女は 2010/11 年の租税クレジットを請求している。彼女は、2010 年 10 月 6 日に就労を始めており、彼女の総稼得所得は月 1,000 ポンドだと期待している。

　前課税年度（2009/10 年）の所得金額＝ゼロ（所得補給、児童給付及び児童生活維持手当はすべて無視される。）
当課税年度（2010/11 年）の所得金額＝ £60,000（月額 1,000 ポンドで 6 月）
本計算で用いられる所得金額＝ゼロ

　請求人は、当年度の所得金額が前年度と異なっている場合、裁定を調整してもらうため、当年度の末日を待つ必要はない。請求人は、当年度の所得金額が前年度のそれより少なくなると予期する場合、または、当年度の所得金額が前年度のそれより 25,000 ポンドを超えて増加すると予期する場合、その旨を歳入庁に直接躊躇せずに届け出ることができる[834]。

　所得金額が増えても、緩衝値 25,000 ポンドの範囲内で増えているにすぎない場合、その事実を歳入庁に届け出るにつき年次審査をまたないことが重要で

831　Paterson(2009), p.13.
832　設例は、Paterson(2009), p.13 に依拠する。
833　child maintenance.
834　Paterson(2009), p.13

あり、あたらしい課税年度の初日前に歳入庁に届け出ることが大事である。さもなければ、歳入庁は、所得について過去のものになってしまった情報に基づいて、数ヶ月のあいだ請求人に過大支給を行いうるであろう[835]。

　人々が入職して社会給付を取得しなくなる場合には、所得金額不算入ルール[836]は、とくに重要である。これは、人々が労働を始める最初の課税年度において約 31,000 ポンドを稼ぐことができること（1 年を超えて社会給付を受けていた後）、および、同時に租税クレジットをすべてまだ享受できることを意味する[837]。

- 関係の期間を通じて所得金額を算出

　年次所得金額を 365 日（又はうるう年では 366 日）で除して、所得金額の日割り料率を算出する。この日割り料率を切り上げも切り捨てもしない。この日割り料率に、関係の期間における日数を乗じる。ついで、ペンス未満を切り捨てる[838]。

【設例 23】[839]

　Petra は、しばらくのあいだ所得補給の給付を受けている。2009 年/10 年には彼女の所得は、所得補給、児童給付及び児童生活維持手当だけであった。彼女は 2010 年 4 月 6 日にフルタイム労働を始め、そして、彼女の総稼得所得金額が 34,000 ポンドだと期待している。彼女の前年度の所得金額は、租税クレジットの目的との関連では、ゼロである。

　当課税年度の途中、2010 年 11 月 10 日に、彼女の息子が、障害生活手当を受給する権利を有するこことなる。これによって、あたらしい関係の期間が始まる。（なぜなら、障害要因額が児童租税クレジットに含められることとなるからである。）

　最初の関係の期間は、2010 年 4 月 6 日から 2010 年 11 月 9 日まで、は 218 日である。第 2 の関係の期間は、2010 年 11 月 10 日から 2011 年 4 月 5 日まで、147 日である。

---

[835] Paterson(2009), p.13.
[836] the income disregard.
[837] Paterson(2009), p.13f.
[838] Paterson(2009), p.14.
[839] 設例について、参照、Paterson(2009), p.14.

第4節　事例研究

　Petra の当年度の所得金額は前年度の所得金額に比べ 25,000 ポンドを超えて増加している。したがって、当年度の所得金額 34,000 ポンド　マイナス 25,000 ポンド、すなわち 9,000 ポンドを用いる。

　最初の関係の期間、218 日についてのは、Petra の所得金額は、次のように計算して求める。

$$£9,000 ÷ 365 × 218 = £5,375.3424$$

これをペンス未満を切り捨てると、5,375.34 ポンドである。
第 2 の関係の期間、147 日についてのは、Petra の所得金額は、次のように計算して求める。

$$£9,000 ÷ 365 × 147 = £3,624.6574$$

これをペンス未満を切り捨てると、3,624.65 ポンドである。

ステップ 3：所得支援分岐額

　年次の所得支援分岐水準は、請求人が児童租税クレジットだけの適格を有する場合には、16,190 ポンドである。請求人が就労租税クレジットのみ又は就労租税クレジットと児童租税クレジットの適格を有する場合には、年次の所得支援分岐水準は 6,420 ポンドである。これは、所得支援分岐額の計算が 1 年全体のうち関係の期間をその対象とする場合に、用いられる数字である。もうひとつの関係の期間について、所得支援分岐額は、日割り料率を求めて算出し、続いて、関係の期間における日数をその日割り料率に乗じ、その解をペンス未満で切り上げて、算出する[840]。

【設例 24】[841]

　Bob は学生である。彼は、所得補給を受給しておらず、かつ、就労していない。彼は 11 歳の児童をかかえている。彼は、2010 年 10 月 4 日の学期の初日から租税クレジットを請求する。2010 年 10 月 4 日から 2011 年 4 月 5 日までは 184 日である。

840　Paterson(2009), p.14.
841　設例は、Paterson(2009), p.15 に依拠する。

311

第 2 部　第 5 章　英国の所得税法における家族課税と租税クレジット

所得支援分岐額：£16,190 ÷ 365 × 184 ＝ £8,161.534247 ＝ £8,161.54

【設例 25】[842]

David は、フルタイムで就労しており、11ヶ月の乳児と 3 歳の児童を育てている。彼は、児童租税クレジットと就労租税クレジットの受給権を有している。その乳児は、2011 年 2 月 9 日に満 1 歳の誕生日を迎えた。あたらしい関係の期間が始まる。なぜなら、彼は、児童租税クレジットの乳児要因額を喪失するからである。2011 年 2 月 9 日から 2011 年 4 月 5 日までは 56 日である。第 2 の関係の期間について、所得支援分岐額は次の計算により求める。

所得支援分岐額：£6420 ÷ 365 × 56 ＝ £984.9863014 ＝ £984.99

ステップ 4：所得金額を所得支援分岐額と比較

関係の期間について算出された所得金額が、当該関係の期間について算出された所得支援分岐額以下である場合、請求人は、ステップ 1 で算出された租税クレジットの最大額を受給する。

関係の期間について算出された所得金額が、当該関係の期間について算出された所得支援分岐額より大である場合、請求人は、ステップ 1 で算出された租税クレジットの最大額から、その所得支援分岐額を超える所得金額（いわゆる超過所得金額）の 39％を削減消去した金額を受給する[843]。

ステップ 5：受給権を算出

所得金額が所得支援分岐額以下である場合、年次の裁定は、ステップ 1 で算出された租税クレジットの最大額である[844]。

【設例 26】前年度の裁定についてチェック[845]

Francisca は、フルタイムで週 16 時間就労している。彼女は、一人親であり、

---

[842]　設例は、Paterson(2009), p.15 に依拠する。
[843]　Paterson(2009), p.15.
[844]　Paterson(2009), p.16.
[845]　Paterson(2009), p.16.

312

第4節　事例研究

かつ6歳の児童を育てているが、その児童は気管支喘息を患っている。彼女は2009年/2010年に4,500ポンドを稼得し、そして2010年/2011年にも同額を稼ぐだろうと期待していた。彼女は、彼女の子どもについて障害生活手当を請求し、そして、養育コンポの裁定率で2011年1月11日からその障害生活手当の裁定を受けている。児童養育コストはないとする。

2011年1月11日から2011年4月5日までは85日である。

表5-36　租税クレジットの最大額（2011年1月11日から2011年4月5日まで）

就労租税クレジット	基本要因額	£5.27×85	£447.95	
	一人親要因額	£5.18×85	£440.30	£888.25
児童租税クレジット	家族要因額	£1.50×85	£127.50	
	児童要因額	£6.31×85	£536.35	
	障害要因額	£7.44×85	£632.40	£1,296.25
租税クレジットの最大額				£2,184.50
所得金額（2009/10年における第2の関係期間の所得）		£4,500÷365×85	£1,047.94	
所得支援分岐額		£6,420÷365×86	£1,495.07	
関係の期間についての所得金額は、当該関係の期間についての所得支援分岐額より小である。したがって、2011年1月11日から11年4月5日までの租税クレジット受給権				£2,184.50

- 資産テストの結果、削減消去される順序

所得金額が所得支援分岐額を超えている場合、受給権は、その所得支援分岐額を超過する所得金額の39%だけ削減消去される。その解はペンス未満を切り捨てる。2008年4月までは消去率[846]は37%であった。租税クレジットは、

---

[846]　the taper.

次の順序で、削減消去される[847]。

1　児童養育要因額を除く、就労租税クレジット
2　就労租税クレジットの児童養育要因額
3　家族要因額を除く、児童租税クレジットの要因額
4　児童租税クレジットの家族要因額（ただし、これは、第2の消去率によってのみ削減消去されうる。そして、所得金額が50,000ポンドを超える場合に限って、第2の消去率が適用される）

【設例27】2010/2011 年裁定[848]

Moris は週16時間就労し、そして Monika は週35時間就労する。彼らの稼得所得は2009/2010年前課税年度には16,500ポンドであり、2010年/2011年当課税年度には23,000ポンドを稼得しうると期待している。かれらは2歳の児童を育てている。2010年9月10日から保育所経費として週120ポンドを支払い始める（2010年9月10日から2011年4月5日まで208日）。

いったん受給権が、前記の削減の順序に従い、児童租税クレジットの家族要因額まで削減されと、（所得金額が第2の所得支援分岐水準50,000ポンドに達するまで、）もはやそれ以上に削減されることはない。ついで、所得金額が第2の所得支援分岐水準50,000ポンドを超えるならば、50,000ポンドを超える超過所得は15分の1の消去率で削減される。これは消去率6.67%で算出される[849]。

設例27における児童養育要因額 £2,844.76 は、次のように計算して求められる。

関係の児童養育料が週120ポンドと仮定されている。

関係の期間についての実際の料金：£120 × 52 ÷ 365 × 208 = £3,555.945205

関係の期間についての最大料率：£175 ÷ 7（切り上げ）× 208 = £5,200

---

[847]　Paterson(2009), p.16.
[848]　設例は Paterson(2009), p.17 に依拠する。
[849]　Paterson(2009), p.17.

第4節 事例研究

表5-37 租税クレジットの最大額 （2010年9月10日から2011年4月5日まで）

就労租税クレジット	基本要因額	£5.27×208	£1,096.16	
	夫婦要因額	£5.18×208	£1,077.44	
	30時間要因額	£2.17×208	£451.36	£2,624.96
	児童養育要因額	£2,844.76		£2,844.76
児童租税クレジット	家族要因額	£1.50×208	£312.00	
	児童要因額	£6.31×208	£1,312.48	£1624.48
租税クレジットの最大額				£7,094.20
所得金額（2009年/10年における第2の関係期間の所得）		£16,500÷365×208	£9,402.73	
所得支援分岐額		£6,420÷365×208	£3,658.53	
			£5744.20	
所得支援削減消去			39%×£5744.20	£2,240.23
2011年1月11日から11年4月5日までの租税クレジット受給権				£4,772.85

= £7,094.20 − £2,240.23

= £4,772.85 − (£2,844.76 + £1,624.48)

この裁定は、次の要素から構成されている。			
	就労租税クレジットの諸要因額	£341.05	
	就労租税クレジットの児童養育要因額	£2,844.76	
	児童租税クレジットの諸要因額	£1,624.48	

　実際の料金が当該関係期間についての最大料率より小である場合は、当該児童養育要因額は、実際の料金の80％とし、ペンス未満を切り上げる。

　　児童養育要因額　　80%×£3,555.945205 = £2,844.756164 = £2,844.76

ステップ6：課税年度全期間についての裁定
　課税年度全期間についての裁定を算出するには、各関係期間の裁定を合計する[850]。

850　Paterson(2009), p.17.

第 2 部　第 5 章　英国の所得税法における家族課税と租税クレジット

● 児童養育コスト

関係の児童養育にかかる金額は、就労租税クレジットに含まれている。「関係の」として列挙されている児童養育だけが、算入されうる。請求人が、次の要件のいずれかに該当する場合、その者は、「関係の児童養育」のコストを補填[851] するため児童養育要因額を受給する権利を有する[852]。

- ◆ 一人親で、有償の適格労働についている者；または
- ◆ カップルの両当事者が有償の適格労働に従事している場合、または一方当事者が有償の適格労働に従事し、他方当事者が就業不能である（すなわち、身障もしくは就業不能に起因する社会給付を受給している）かまたは入院中若しくは収監中である場合における、カップルの当事者

● 関係の児童養育料を算出

関係の児童養育料は、つぎのようにして算出される週平均経費[853] である[854]。

- ◆ 週固定料率で毎週支払われる料金については、（請求の直前又は新たな関係の期間の直前）4 週間の料金を合計し、ついで、これを 4 で除する。
- ◆ 変動する金額で毎週支払われる料金については、（請求の直前又は新たな関係の期間の直前）52 週間のあいだに支払われた料金を合計し、ついで、これを 52 で除する。
- ◆ 月固定料率で毎週支払われる料金については、12 をその料金に乗じ、ついで、これを 52 で除する。
- ◆ 変動する金額で毎月支払われる料金については、（請求の直前又は新たな関係の期間の直前）12ヶ月のあいだに支払われた料金を合計し、ついで、これを 52 で除する。
- ◆ その他の場合には、請求人によって提供された情報に基づいて合理的方法を使って、歳入庁によって推計される。
- ◆ 請求人が児童養育の対価を支払う合意をしている場合には、その者は、週平均経費の金額を推定できる。

その解は、ポンド未満を切り上げる。

---

[851]　cover
[852]　Paterson(2009), p.18.
[853]　the average weekly charge.
[854]　Paterson(2009), p.18.

第4節 事例研究

【設例 28】[855]

Daniel の息子 Alvin は、最近 2 年のあいだ学期中に毎週放課後のクラブに通っている。Daniel は、学期のあいだ（36 週）週 30 ポンドを支払い、学校休暇中は児童養育コストを負担していない。週平均経費は、つぎのとおりである。

直近 52 週＝ 36 × £30 ＝ £1,080

これを 52 で除す（ポンド未満を切り上げる）と、関係の児童養育料が 21 ポンドと算出される。

- 就労租税クレジットの児童養育要因額を算出するため、関係の週児童養育経費に 52 を乗じて、年次額を求める。日割り料率を求めるため、その年度の日数（365 日または 366 日）でその年次額を除す。ついで、関係の期間における日数をその日割り料率に乗じる。
- この金額を、関係の期間についての児童養育料の最大額と比較する。後者は、児童一人については週 175 ポンドであり、または、児童 2 人以上については週 300 ポンドである。175 ポンド（又は 300 ポンド）を 7 で除して、日割り料率を求める。ペンス未満を切り上げる。ついで、この日割り料率に、関係の期間における日数を乗じる。
- 実際の料金が当該関係期間についての最大料率より小である場合は、当該児童養育要因額は、実際の料金の 80％とし、ペンス未満を切り上げる。
- 実際の料金が当該関係期間についての最大料率より大である場合は、当該児童養育要因額は、最大料率の 80％とし、ペンス未満を切り上げる[856]。

【設例 29】[857]

Daniel の関係の週児童養育料は、21 ポンドである。かれは、近頃 2010 年 7 月 19 日以降、就労時間を週 16 時間から週 30 時間に増やしている。
2010 年 7 月 19 日から 2011 年 4 月 5 日までは 261 日である。

---

[855] 設例は、Paterson(2009), p.19 に依拠する。
[856] Paterson(2009), p.19.
[857] 設例は、Paterson(2009), p.19 に依拠する。

317

第 2 部　第 5 章　英国の所得税法における家族課税と租税クレジット

表 5-38　週児童養育量

関係の期間についての実際の料金	£21 × 52 ÷ 365 × 261 ＝ £780.8547
関係の期間についての最大料率	£175 ÷ 7（切り上げ）× 261 ＝ £6,525

　実際の料金が当該関係期間についての最大料率より大である場合は、当該児童養育要因額は、最大料率の 80％とし、ペンス未満を切り上げる。

児童養育要因額　　　　　　　　　80％× £780.8547 ＝ £624.6838 ＝ £624.69

4.2.3.　児童養育料の変化

　児童養育料が変化すれば、請求人は、その児童養育料がつぎに掲げる要件をみたす場合、歳入庁にその事実を届け出なければならない[858]。

- 児童養育料が週 10 ポンド以上 4 週以上連続して下落する場合、
- 児童養育料が完全にストップする場合

　児童養育料がストップするかまたは下落した 4 週間目の末日から 1 月以内に、その児童養育料の変化について、請求人が歳入庁に届け出ない場合、歳入庁はその者に過料 300 ポンドを課すことができる。

　その料金が週 10 ポンド以上変化しているかどうかを確認するためには、あたらしい週平均児童養育料を次のようにして算出する[859]。

- 週固定料率で毎週支払われる料金については、（変化の日から）4 週連続の料金を合計し、ついで、これを 4 で除する。
- 変動する金額で毎週支払われる料金については、（変化の始まった日から）52 週間のあいだに支払われた料金を合計し、ついで、これを 52 で除する。
- 月固定料率で毎週支払われる料金については、12 をその料金に乗じ、ついで、これを 52 で除する。
- 変動する金額で毎月支払われる料金については、（変化の始まった日から）12 カ月のあいだに支払われた料金を合計し、ついで、これを 52 で除する。
- その他の場合には、請求人によって提供された情報に基づいて合理的方法を使って、歳入庁によって推計される。

　児童養育料が週 10 ポンド以上変化している場合、新たな関係の期間が開始

---

[858]　Paterson(2009), p.19.
[859]　Paterson(2009), p.19f.

第4節　事例研究

し、そして、児童養育要因額が計算しなおされなければならない。児童養育コ
ストが下がっている場合には、その変化が起きた週（週は日曜から土曜日までと
する。）4回連続後の最初の日曜日から、その効果が生じるものとして扱われる。
4週間後の最初の日曜日から、新たに関係の期間が開始する。

【設例 30】[860]

児童養育料が 2010 年 6 月 9 日に週 100 ポンドから週 70 ポンドに下落する。

表 5-39　児童養育料の期間開始日

日	月	火	水	木	金	土
6	7	8	9	10	11	12
13	14	15	16	17	18	19
20	21	22	23	24	25	26
27	28	29	30	1	2	3
4	5	6	7	8	9	10

変化が起きた週は、6 月 6 日（日）に始まる週である。
つづく第 2 週は、6 月 13 日に始まる週である。
つづく第 3 週は、6 月 20 日に始まる週である。
つづく第 4 週は、6 月 27 日に始まる週である。
　4 週連続した後の最初の日曜日は、7 月 4 日である。これが、週 70 ポンド
への変化が効力を有する時であって、新しい関連の期間が進行しはじめる日で
ある。

4.3.　支給、過少支給、過大支給

4.3.1.　支給

4.3.1.1.　歳入庁による支給

　就労租税クレジットの支給額、就労租税クレジットの養育要因額、および自
営業者のための就労家族租税クレジットの支給額は、直接に歳入庁から受け取
る[861]。将来のあるときに、支給先は、その支給がなされる銀行口座又はその

860　設例は、Paterson(2009), p.20 に依拠する。

861　Tax Credits Act 2002, ss 24, 25; The Tax Credit (Payment by the Board) Regulations
　　2002 (S.I.2002 No.2173).

第2部 第5章 英国の所得税法における家族課税と租税クレジット

他の口座に左右される[862]。租税クレジットの支給は、当該裁定の宛先である者に対してなされなければならない[863]。ただし、就労租税クレジットおよび就労家族租税クレジットのなかの養育要因額のケースでは、それらは、当該家族のなかの児童又は適格青年の（カップルのうち）主たる後見人である者に対し支給されなければならない。カップルは、当事者間で、誰が主たる後見人であるかについて、合意できる[864]。しかし、合意できない場合は、歳入庁がそれを決する。支給は、毎週又は4週毎になされる。1週毎か4週毎かは、支給の名宛人が決定するものとする[865]。（養育要因額を除く）就労租税クレジットおよびカップルに関しては、それは、有償の労働に就いている（カップルの）当事者に支給される。両当事者が週16間時間以上就労している場合、彼女らは、いずれの者が当該支給額を受け取るかについて一緒に決定できる。そして、もし彼女らが決定できない場合、当該支給がなされるべき者が誰であるかについて、歳入庁は決定をゆだねられている[866]。

4.3.1.2. 歳入・関税庁による支給（2005年改正前後）

就労租税クレジットの支給方法は雇用者の事務負担を理由に2005年に改正されている。すなわち、雇用者は、被用者への租税クレジットの支給についてもはや責任を負っていない。歳入・関税庁が、すべての租税クレジットの支給について単独で責任を負っている。これは、2005年租税クレジット（雇用者等による支給）（改正）省令[867]をその根拠とする。この改正の主たる効果は、就労租税クレジットの新規請求人のすべては2005年11月7日から、そして、就労租税クレジットの既存請求人のすべては2006年4月1日から、雇用者経由でなく、内国歳入庁の委員会[868]によって直接に支給される。

この法改正前においては、就労家族租税クレジットの支給額は、賃金パケッ

---

862 The Tax Credit (Payment by the Board) Regulations 2002 (S.I.2002 No.2173) reg 12.
863 Tax Credits Act 2002, s 24(1).
864 The Tax Credit (Payment by the Board) Regulations 2002 (S.I.2002 No.2173) reg 3.
865 The Tax Credit (Payment by the Board) Regulations 2002 (S.I.2002 No.2173) reg 7.
866 The Tax Credit (Payment by the Board) Regulations 2002 (S.I.2002 No.2173) reg4.
867 The Tax Credit (Payment by Employers etc) (Amendment) Regulation 2005 (2005/2200). さらに、EXPLANATORY MEMORANDUM TO THE SOCIAL SECURITY (CONTRIBUTIONS) (AMENDMENT NO. 2) REGULATIONS 2006 (2006 No. 576).
868 the Commissioners for Her Majesty's revenue and Customs.

第4節　事例研究

ト（給料袋）[869] を通して、雇用者からその被用者に支給された[870]。これを要約すると、

「給料袋を通して就労家族租税クレジットおよび身障者租税クレジットを支給する方式は、「就労する方が得になる」（働いた方が得になる"make work pay"）約束を達成するに当たって、核心となる。政府はこの行動方針を約束している。この2002年法の就労租税クレジットが給料袋を通して被用者に支給される、理由は、ここにある[871]。」

しかし、このシステムの簡素化により雇用者は年間約1100万ポンドを節約できる、と指摘されている[872]。これは、後に、2002年法の租税クレジットの評価において考察しよう。

4. 3. 2.　過少支給額と過大支給額

状況の変化または所得金額の変化を歳入庁に届け出る文書を提出すると、その結果、租税クレジットの過少支給額又は過大支給額が生じることとなる。

4. 3. 2. 1.　過少支給額

過少支給のケースでは、歳入庁は、負債を負っている租税クレジット額[873] を一括して支給する[874]。租税クレジット法第30条（過少支給）は次のように定める。

(a)　当課税年度について受給権者に支給した租税クレジットの金額が、その者が実際に受給権を有するとおり決定されたとしたときの租税クレジットの金額よりも少なかった場合、または、

(b)　当課税年度について受給権者に租税クレジットの金額がまったく支給されなかった場合、その者の受給権についての差額は、その者に支給されなければならない（第1項）。租税クレジットの請求が第三者のためにある者によって行われた場合、当該支給はそのうちのいずれかの者に対してなされな

---

[869]　The wage packet. Tax Credits Act 2002, s 25.

[870]　HM Treasury, the Modernisation of Britain's Tax and Benefit System-The Chile and working Tax Credits, Report No. 10, A pril 2002 p10, para B.8.

[871]　HM Treasury, the Modernispion of Britain's Tax and Benefit System-The Chile and working Tax Credits, Report No. 10, A pril 2002 p10, para B.9.

[872]　Lee (2003 B), p 36.

[873]　Any outstanding credits owed.

[874]　Tax Credits Act 2002, s 30.

第2部　第5章　英国の所得税法における家族課税と租税クレジット

ければならない（第2項）。

4. 3. 2. 2.　過大支給額

2002年租税クレジット法第28条（過大支給）は次のように規定する。

「ある課税年度についてある者に支給した租税クレジットの金額が、その者が実際に受給権を有するとおり決定されたとしたときの租税クレジットの金額よりも大であった場合、委員会は、その超過額（又はその一部分）を当委員会に返済すべきことを決定することができる（第1項）。本章では、この超過額を過大支給額という（第2項）。裁定に基づいてなされた過大支給額については、当該租税クレジットの裁定を受けた者は、委員会の決定が返済すべきであるとする金額を、返済すべき義務を負う（第3項）。」

さらに、過大支給額の回収手続きは次のように行われる[875]。

「ある金額が第28条に基づき或る者によって返済されるべき義務を負っている場合、委員会は、その者に対し、その金額を特定する通知書を交付しなければならない（第1項）。」

2種類の過大支給がある（参照、本章第2節5）。

第5節　2002年租税クレジット法の評価

2002年租税クレジット法について、詳しく考察するリー・ナタリィ教授の見解[876]を紹介する。執筆者は、彼女の見解を足がかりに今後の分析の礎石としたい。また、彼女が税法兼社会保障法学者であり、社会保障に関する経済学者でない事実を、明らかにしておく。経済学の視点からの分析はここで期待しないでいただきたい。

5. 1.　就労租税クレジットに関する諸問題

就労租税クレジットは、子どものいる家族の支援に的を絞ったよりよいシステムとして提供されている、と賞賛を受けている。さらに、それは、家族が支援を必要とするときに支援を確実に受けて、家族の状況の変化に即応するより

---

[875]　TCA2002 s.29.
[876]　2002年租税クレジット法の評価について、参照、Lee(2003), 39 ff.；所(2007) 94-96頁。

第5節　2002年租税クレジット法の評価

柔軟なシステムとして賞賛を受けてきた[877]。そのような支援は、児童手当に横並びで，全日制教育を受けている青年のいる家族及び19歳以下の青年のいる家族にまで拡張されることは、歓迎されるべきことである[878]。そのような拡張は、政府の目標が高等教育の拡大にあるとすれば、期待されなければならないだろう。

それは、仕事に就かない家族にとって朗報であろう。このような仕事に就かない家族は、2002年改正前には、子ども税額控除も就労家族租税クレジットもいずれも請求できなかった。

そのうえ、その当時、就労家族租税クレジットを受けている家族で、子ども税額控除を享受できなかった家族にとっても、朗報であろう。なぜなら、その家族が当該租税クレジットを全額享受するのに十分な所得税債務（納税義務）を負っていないか、あるいは、税法上の救済（人的所得控除）を相殺するため就労家族租税クレジットの削減消去をうける人びとが、就労家族租税クレジットの廃止により就労租税クレジットに向きを変えたかいずれかの理由である。

これらの家族は、就労租税クレジットによって週10ポンド以下の利益を得ると推定されている[879]。

就労租税クレジットが主たる後見人に支給されなければならないという事実によって、確実に、子ども支援が、その子どもの面倒をみる責任を主に負っている者に実際に支給されるであろう。このようにすれば、就労租税クレジットは無条件で受け容れられるはずであるかのように思われる。しかし、そうではない。就労租税クレジットの詳細をみてみれば、就労租税クレジットの受給権についての決定が家族の所得（すなわち合同申告[880]）をその基礎としているということが、明らかになる。

合同申告はそれ自体まったく本質的な批判をうけなければならない。まず、合同申告は、租税システムと所得支援給付システムの統合の原則から派生して

---

[877]　参照、とくに、*The New Tax Credits: A Regulatory Impact Assessment,* Inland Revenue, November 2001. しかしながら、このシステムがどのように即応しうるかについての問題に対して批判が既に行われている。

[878]　この拡張が持続するかどうかは、政府がこのパイロット・スキームに続いて高等教育奨学金スキーム（the educational maintenance grants scheme）について将来どのように向き合うかによって左右される。

[879]　Dilnot, A. /C. Emmerson/ H. Simpson (2002) 87, para 5.2.

[880]　joint assessment.

いる。子ども租税クレジットについての単独申告から就労租税クレジットの合同申告への移行がある。第2に、請求人にとってより利害のあることであるが、2002年改政前に子ども租税クレジットを請求していた140万カップルが、2002年後にはより悪い状態に陥るであろうと予想された50万カップルはその子ども租税クレジットの一部を失い、90万カップルはその全部を失い何も受け取れなくなる。とりわけ、このような合同申告への移行は、二人の成人が稼得するが、いずれもが年42,000ポンド未満しか稼得していない、カップルに影響を与えるだろう。その結果、彼ら彼女らは週10ポンド以下を失いうるであろう。議会と専門家からの批判にかかわらず、政府は、子どものいる多くの中所得家族が2002年就労租税クレジット制度のもとで事態が悪化するのではないかという懸念を一掃するのに失敗した。それにもかかわらず、夫婦税額控除の廃止当時に大蔵大臣によってなされた説明は、そうした家族が子ども租税クレジットの導入によって埋め合わされるであろうというものであった。これが、2年の短命に終わった埋め合わせのパッケージであったようである。

5.2. 就労租税クレジットに関する諸問題

就労租税クレジットに関する主要問題は、まず、それがもっとも必要とする人びとに的が絞られているかどうかである。2に、雇用者に係る負担である。他の手段によって達成しうるであろう、就労の誘因の問題とは別に、次の声明を紹介しよう。

「生活保護給付よりむしろ租税クレジットとして、就労租税クレジットは就労を支援してもらうに当たっての請求と関連したスティグマを減らすはずであり、そして　就労を奨励するはずである。」[881]

しかしながら、この声明はそれを支えることのできない、明白な証拠がある。まず、このよう支給がスティグマを減らすという証拠はない[882]。」

租税クレジットの的を絞ることに関する問題は、あらたに就労租税クレジットについても起きてくる。なぜなら、それを請求しうる人びとで、就労家族租税クレジットの受給権を有しなかった、新たな範疇は、とくに子どものいない

---

[881] HM Treasury (2000) para 2.8.
[882] Brewer, M. /T. Clark /M. Myck (2001).pp 34-35.

第 5 節　2002 年租税クレジット法の評価

人びとである。常識に照らしても、研究成果が示しているとおり、子どものいない労働者は、子どものいる家族よりも貧困であることが少ない。もちろんこのことは次を意味しない。子供のいない就労家族がなお貧困であり続けることはなく、したがって、資産テストを受ける支援の類を求めることはない、と。本当の問題は、その就労租税クレジットがこの支援を与えるに正しい方法であるかどうかである。貧困から逃れる必要のある人びとに的を絞るのに失敗するならば、その場合、その方法が正しくなかったというのが明らかな答えである。つまり、そのような的の絞り方が間違っているということが、その示唆である。就労租税クレジットは、就労している人びとにとって一種の所得下限値[883]を設定している。

　しかし、就労している人びとのうち、低所得を有するであろうともっとも思われる 2 グループを排除している。すなわち、25 歳未満の人びと及び（週当たり必要労働時間未満の労働時間の）パート・タイマーがそれである。その除外理由は次のとおりである。政府は、「25 歳以上の人びとは、執拗な貧困に苦しみまたは就労のための財政的重大障害により一層直面していそうである」[884]と確信している。しかし、そのような言明を支えるデータをしめす証拠は存在しない。実際には、貧困は 25 歳未満の個人のあいだで異常に高いか、又は、両親が 25 歳未満であるカップルのあいだで異常に高いと、推定されていた。貧困全体に比べ、2 倍以上である。さらに、就労租税クレジットの受給権に関して、単身者たる請求人は週 30 時間以上労働しなければならないという要件がある[885]。これにより、実質的に、パート・タイム労働者は当該租税クレジットから排除されるであろう。しかし、研究成果は、次を明らかにしている。貧困は、子どものいないパート・タイム労働者に比べ、フル・タイム労働者についてはるかに少ない。子どものいない 25 歳未満の人びとの 21.4％は貧困線の下に属し、これと比較して、25 歳以上のフル・タイムグループの人びとの 2.5％だけが貧困線の下に属する。

　次に、就労租税クレジットを子供のいない就労カップルへ拡張しても、貧困に対し直接のインパクトがあるようには思われない。しかし、就労の奨励を改善することによって間接的なインパクトがあるかもしれない。実際には、就労

883　a kind of income floor.

884　*Per* Dawn Primarolo, Paymaster General, *Hansard*, H.C.Debs., col 328.

885　The Working Tax Credit (Entitlement and Maximum Rate) Regulations 2002 (S.I. 2002 No 2005) reg4.

325

第2部　第5章　英国の所得税法における家族課税と租税クレジット

租税クレジットの導入の背後にある政府の考えは、一部、次のように述べられている。

政府は「すべての低所得家族のために労働のインセンティブを増そうとしている。新しい租税クレジットは、貧困の罠に取り組むのに役立つであろうし、その貧困の罠は既に就労している人びとと又は就労パートナーのいる人びとがもっと長い時間労働することをディスカレッジし、あるいは、より賃金のよい仕事に移ったり若しくは仕事に就いたりすることをディスカレッジする。」[886]

しかしながら、そもそも、当該租税クレジットが就労のインセンティブに対してもっているだろうインパックトについて疑問が表明されている。まず、子供のいない人びとにとってのインセンティブのための必要度は、明らかでない。なぜなら、所得支援給付は、潜在的稼得所得との関係ではより低いであろう。就労租税クレジットは、実際に、子どものいない請求人にとって貧困の罠をさらに悪くするであろうと、論証されている。推計によれば、約50万人が、彼ら彼女らの実効税率の上昇をみるであろう。他方、約5万人は実効税率の下降をみるであろう。限界税額控除率50％と60％の間に属する成人の数は約25万人だけ増えるという正味の効果を有する[887]。第2に、就労租税クレジットは、当該クレジットを請求する人のパートナーにとって就労のディスインセンティブを生み出すかもしれない。なぜなら、そのクレジットは、家族所得が増えるにつれて減少するからである。純粋な社会保障給付[888]と対照的に、子供のいない低所得の人の就労しないパートナーが、求職すべき要件はない[889]。それで、結論としては、就労租税クレジットが予想外に対象とされ、政府の目的に資することなく、そしておそらくは「非常にお節介な社会保障給付」[890]とでも言い

---

[886] *The New Tax Credits: A Regulatory Impact Assessment,* Inland Revenue (November 2001), para 2.5.

[887] *The IFS Green Budget,* Institute for Fiscal Studies (January 2002) p 79. *Ibid.* See also M. Brewer, T. Clark and M. Myck, *Credit Where it's Due? An Assessment of the New Tax Credits,* Commentary no. 86, Institute for Fiscal Studies (October 2001), ch 3.

[888] pure social security benefits.

[889] *The New Tax Credits Consultation Response,* Joseph Rowntree Foundation, October 2001.

[890] "a very curious benefit"

うる正義[891]にも資することはないであろう。

　就労租税クレジットに関するもう一つの主要な問題は、賃金パケット[892]を通して当該租税クレジットを支給する問題であった。これにより生ずる負担は、雇用者にかかってくる。しかし、政府は、就労家族租税クレジットの文脈で厳しい批判を受けていた政策を採ることを選択した理由は、何であろうか？政府は次のように述べている。

　それは「雇傭租税クレジット（現在は就労租税クレジット給と名称変更されている。）と雇用関係にあることとの関連性を示して有償で就労しているメッセージを補強する重要な要素である[893]。」

　財政研究所[894]は、賃金パケットを通しての支給が就労インセンティブを改善することについて、疑問を持っていた。そして、被用者が賃金パケットを通しての支給のために直面している難点を指摘していた。社会保障の受給率がかなり低いと予想されるという点が、確認された。

　これと対照的に、賃金パケットを通して租税クレジットを受け取る個人の総数は、変化しないと推定されていた。租税クレジットを支給する雇用者の総数は、1年あたり約300,000で推移する。さらに、不当解雇から被用者を保護するためそして被用者の被るかもしれないその他の損害を防止するための規定が立法府に上程されていることも、記憶にとどめておくべきである[895]。

　雇用者に関して、就労租税クレジット給を支給するに当たり雇用者に係る事務負担について余り語るべきことは多くない。述べられていることは、次のとおりである。

　「就労家族租税クレジット及び障害者租税クレジットの経験に照らし、賃金パケットを通しての支給は、就労租税クレジット給についても類似して運営されうるであろう。総じて、この[2003年]租税クレジットは、1年当たり1100万ポンドほどビジネスの負担を軽減すると期待される。」[896]

---

[891]　Justifies.

[892]　the wage packet.

[893]　*New Tax Credits: Supporting families, making work pay and tackling poverty,* Consultation Document, Inland Revenue (July 2001) para 60.

[894]　The Institute for Fiscal Studies.

[895]　Tax Credits Act 2002, s. 27 and Schedule 1.

[896]　HM Treasury, *The Modernisation of Britain's tax and Benefit System - The Child and Working Tax Credits,* report No 10 (April 2002), para 2.29.

327

第2部 第5章 英国の所得税法における家族課税と租税クレジット

　この声明の解説は、規制評価書 にみることができる。一般的に述べると、この2003年租税クレジット・システムのデザインは、不必要なコンプライアンス及びその他のコストを取りのけようと試みており、そして、雇用者にとって追加の仕事を最少にしようと試みていた。どのようにそのような事務負担を省こうとしていたかについて、詳述しよう。

　まず、年次裁定に変更したことである。この変更は、「6ヶ月ごとにストップして、続いて、就労家族租税クレジット及び障害者租税クレジットの裁定を更新すること」によって増えていた仕事を減らすと期待される。

　第2に、就労租税クレジットの受給権は、その受給者が仕事をやめれば、自動的に喪失する。そのため、2002年改正前には支給調書の発行のために必要としていた事務負担はなくなる。これによって、雇用者は年推定400,000ポンドを節約できる。

　第3に、2002年租税クレジットの請求人は、税法の目的で既に交付されている情報、P45, P60, 自己査定申告書の情報 [898] を利用するであろう。したがって、雇用者は、定期的に給与支払い調書を記載することを求められないだろう。これにより、雇用者は年90万ないし110万ポンドを節約できる。

　最後に、歳入庁は、税金、国民保険拠出金及び学生ローン受取金と租税クレジットの支給との間における予想不足金 [899] を補填するため雇用者に支給われる融通歳入基金 [900] は、当該年度末まで続くだろう。そして、雇用者は6ヶ月ごとではなく1年に一度だけそれを用いるであろう。雇用者が支給されなければならないであろう、租税クレジット金額の増加をもたらすだろう状況の変化を計算に入れて、融通歳入基金は自動的に調整される。

　2005年には省令の改正によって、就労租税クレジットについて支給方法は変更された。

5. 3.　請求人の範囲

　租税制度と所得支援給付制度の統合の文脈において、就労家族租税クレジッ

---

[897]　the Regulatory Impact Assessment.
[898]　P45, P60, Self-Assessment Returns and P14/P60 information
[899]　an anticipated shortfall.
[900]　advance Revenue funding. 雇用者は、法定の支払金を補填するために必要であれば、歳入庁の融通基金経理課（Accounts Office for funding）に申し込むことができる。 その事務所では、雇用者は、同じ課税月間において雇用者が利用できるだろう金額を超えて払い出す必要のある金額を、融通するよう申し込むことができる。

第5節　2002年租税クレジット法の評価

ト制度は批判を向けられていた。なぜなら、最高税率の適用を受ける所得階級に属する人びとが、同時に、租税クレジットを請求できたからである[901]。すでに見たように、就労租税クレジットの受取人は、稼得所得が 50,000 ポンドに達したときに限って、当該クレジットのうち家族要因額（当該就労租税クレジットの最終額）が削減消去される。平均稼得所得額[902] を遥かに超える所得を取得する家族が、なぜ、租税クレジットを受給する権利を与えられてもよいのだろうか[903]。資産テストを受ける所得支援給付を構想するとき、一方で、社会的セーフティネットの的を広くとり[904]、かつ、限界税率を高くするか、他方で、社会的セーフティネットの的を狭く絞り込み、かつ、限界税率を低くして、しかも、高い割合の人口をその対象とするかバランスがとられなければならない。後者のアプローチがとられるなら、その結果、所得層のより広いより多くの人びとが租税クレジットのシステムに取り込まれることとなり、その帰結として、過酷度[905] は一層低くなるとしても、税金・社会保障給付の罠に陥るだろう[906]。

　政府が所得移転消去率の2階層システム[907] を選択し、それによって、所得規模のより大きい人びとが、所得の少ない人びとに比べ、より一層高い限界税率に苦しむであろうという、指摘はそれ自体問題を含んでおり、かつ、混乱して訳がわからなくてっている。しかし、重要なことは、就労租税クレジットの消去率が、住宅手当および・地方税給付金[908] に適用されている消去率から切り離して、考えられないことである。今日まで、この問題について税府は積極的なアクションをほとんどとっていない。

---

[901]　Lee (2000), pp.159-184.

[902]　1999-2000 年について、ほぼ 25,000 ポンド。

[903]　Lee (2003 B), p 41.

[904]　Atkinson (1996), Part C.

[905]　Severe rate

[906]　Lee(2003 B), p 41.

[907]　two-tier system of withdrawal rates.

[908]　Housing Benefit and Council Tax Benefit. the Child Support, Pensions and Social Security Act 2000; the Contributions and Benefits Act 1992 ;the Council Tax Benefit (General) Regulations 1992; the Housing Benefit (General) Regulations 1987;The Housing Benefit and Council Tax Benefit (Decisions and Appeals) (Transitional and Savings) Regulations 2001(S.I. 2001 No. 1264)

5. 4. 即応性と複雑さ

この 2002 年システムの傾向のひとつは、それが柔軟であるべきだということである。すなわち、租税クレジットの裁定額は、家族状況の変化に即応する。支援が必要なとき支援の手をさしのべる。これは、これは、1 年間について裁定額の支給を通して達成される。請求人は、状況の変化のうち、この裁定額の料率に影響を及ぼしうる変化について歳入庁に届け出ることができる。たとえば、世帯構成員は新生児の誕生により変化する。また、児童養育費の増額があれば、租税クレジットの裁定は、その時点でその変化に即応できる。旧就労家族租税クレジット法に基づくような、6ヶ月の期間の終了時まで待つ必要はない。

しかしながら、或る家族の所得の構成は他の理由で変化するかもしれない。そして、これは、不可避的に、次を意味する。請求人は、児童養育費に加えて、毎年の所得と平均労働時間をモニターする必要があろう。もし適切であるとしても、これは、家族にとって、確実でもなくかつより複雑なシステムをもたらすであろう。しかも、法令遵守がなされないというリスクが伴う。

さらに、当該年度内における即応の原則 [909] は、人びとが状況の変化及び所得の変化の属する年度内に歳入庁に届け出るかどうかに依存している。そして、当然に、それが故意であれ偶然であれ、法令不遵守のリスクがそれに伴うであろう。そして、立法府が、特定の変化についてのそのような届出がなされるべき状況を明らかにする一方 [910]、その他の変化についての届出は必要でなく、資産テストを控えめにする目標を堅持できるであろう。

これらの事柄に加えて、このような柔軟性について一般に承認された便益に係る成文法上の規定は複雑である [911]。ある年と翌年のあいだの所得が変化する、所得支援分岐水準の上限値を扱う部分は、もとの受給権に変更をもたらさない、そうした例外規定が示唆されてさえいる [912]。

さらに、「当年度」所得と「前年度」所得の概念の相互関係は、理解するに容易でない。実際、政府もそのことを自認していた。そして、それはこの 1 条だけでない。システム全体は複雑なので謎をかけられているようである。しか

---

[909] the principle of responsiveness within the year.
[910] Tax Credits Act 2002, s. 6.
[911] Tax Credits Act 2002, s. 7.
[912] Tax Credits Act 2002, s. 7(3).

し、むしろ、2002年租税クレジット法の第1条は、「児童租税クレジットとして知られている租税クレジット」および「就労租税クレジットとして知られている租税クレジット」に関する規定をしている。その後は、簡単な規定は途絶える。多くの存在する所得支援給付（又は一部の所得支援給付）は、廃止されている。以前の所得支援給付制度のいくつかの側面はまだ残っているとしても、これらの給付の受取人にとっては将来その受給権について不確定にされている。

さらに、議会において指摘されたように、児童租税クレジット及び就労租税クレジットに関する条文規定において、受給権を確定する諸要素又は計算規定が大量にある。それらは、子どもの年齢、家族内の子供の人数、身障者の存否、重度身障者の存否、子どもが一定年齢を超えているか、彼らの労働時間に依存している。また、租税クレジットが削減消去されだす稼得所得の境界値がふたつの租税クレジット間で異なっている。

明らかに、就労租税クレジットがもっともそれを必要とする人びとに確実に支給され続けられるべきであるが、しかし、たやすく理解できるかといえば決して容易ではないことは、疑いがない。さらに、47ページの別表を含め、請求様式の長さため、家族が請求を思いとどまるだろう、との批判がある[913]。確かに、租税システムは年々ますます複雑になってきていることは事実であり、法令の多くは、法令を使わなければならない公衆がそれにアクセスしうるように書き直されつつある。（ただし、書き直しの主旨は、内在的に複雑であるシステムを簡素にしようとするものではない、といわれている。）

5.5. 租税システムと所得支援給付システムの統合

政府が、児童の貧困を追放[914]しそして「就労する方が得になる」[915]目的を達成する手段は、「租税システムと所得支援給付システムの統合」[916]である。

しかし、「租税クレジットは租税システムの不可欠な部分をなす」[917]という

---

[913] News Release, The Chartered Institute of Taxation, 20 September 2002.

[914] 参照、樫原（2005）626頁。貧困の中でも、児童の貧困に焦点が合わせられる理由は、社会的ケイパビリティ（Amartya Sen）よりむしろ機会の平等に求められるであろう。参照、樫原（2005）654頁。

[915] 「働いた方が得になる」、「労働を引き合うものにする」"make work pay"。参照、樫原（2005）522頁。

[916] The integration of the tax and benefit systems.

[917] The New Tax Credits: Supporting Families, making work pay and tackling poverty, Consultation Document, Inland Revenue, July 2001 para 9.

第2部　第5章　英国の所得税法における家族課税と租税クレジット

声明にもかかわらず、その新システムの詳細がその主張を支援しうるかどうか
は、問い質さなければならない。確かに、そして、就労家族租税クレジット・
システムと対照的に、事業所得 [918] はおおむね申告納税のための事業利益 [919]
にならっており、そして、資産テストを受ける所得支援給付のための資産限度
額 [920] は、社会保障システムで重宝がられていたところ、資本からの所得（譲
渡所得）が査定上算入 [921] されることとなったので、廃止される [922]。しかし、
この最後のファクターは、2つのシステム間の緊張関係を示している。これを
財務省は、「『資産テスト』から『所得テスト』と呼んでいる [923]。

　統合への第2ステップは、年単位賦課への移行によって行われた。この年単
位賦課は、現存する自己査定（納税申告）制度と年末調整を含む源泉徴収制度
を通して、報告する過程を容易にし、そして、雇用者にかかる負担を軽くする
であろう。一方で、請求人の法令遵守と管理行政の簡素化と、他方で、状況変
化への即応性とのあいだに緊張関係がある。しかしながら、請求人は、頻繁な
変化に即応して請求人による頻繁な報告を求めるシステムよりも、即応性の劣
るシステムを選好するであろうことが、示されている [924]。

　このように統合が進んでいく限り、物事は好転しているように見える。

　しかし、進むべき道がまだ残っていることを示唆する問題が数多くあるよう
に思われる。税の賦課単位は個人である。これは、1990/91 年以来である。こ
れと対照的に、2002 年租税クレジットの受給権は、所得支援給付と軌を一に
して、世帯所得をベースとしている。カップルの場合、彼ら彼女らの合同所得
がベースである。これは、就労租税クレジット請求人（複数）にとって本質的
な関わりがある [925]。

　第2に、例外は少しばかりあるとしても、一般的に、現物給付は、被用者の
もとで課税を受けるが、特定の現物給付だけが租税クレジットのため所得金額

---

[918] Self-employed income.

[919] Profits for self-assessment.

[920] Capital limits for means-tested benefits. The Social Security Amendment (Capital Limits and Earnings Disregards) Regulations (S.I.2000 No.2545).

[921] 譲渡所得は税法の目的上免除されない範囲において、譲渡所得は算入される。

[922] 個人貯蓄口座 Individual Savings Account (ISAs).

[923] 参照、諸富（2009 A）219 頁以下及びそこに掲げられた文献。

[924] Mendelson (1998).

[925] Supra, pp 32-33.

第5節 2002年租税クレジット法の評価

を賦課する目的で計算に入れられる[926]。先に説明したように、ほかの現物給付を社会保険料賦課の対象から除外する意思決定は、複雑さを最小限にとどめるために下された。とくに、大多数の現物給付の価額が少額に限られていることにも留意されていた。

最後に、しかし、非常に重要なことは、税の即応性[927]と所得支援給付の即応性は、以前は、歳入庁と社会保障庁との関係で分かれていたという事実である。両省庁はそれぞれ独自の文化を有し、異なる、非互換のコンピュータシステムを用いていたことは事実である。嘗て、所得支援給付を管理行政していた、部門は、現在では、歳入庁に移譲されているけれども、旧社会保障庁職員の根深い文化をなくすことは、たしかに難しいといわなければならない。さらに、そのシステムを円滑に運用できるかどうかは、歳入庁と労働年金局がそれぞれの情報を共有するかどうかにかかっている。とくに職業センターとの関連において、コンピュータシステム装置の置き換えも重要な問題である[928]。

英国の所得税法が基礎控除を依然として温存している。基礎控除に代えて基礎租税クレジットが導入されなければ、人的所得控除制度の内蔵する逆進効果は、除去されないであろう。

5.6. 2002年改正の積極的評価

いくつかの改正点は積極的に評価されるべきである。家族クレジットや就労家族租税クレジットと異なり、2002年租税クレジットの請求人受給権を阻却する、資産の制限はない。これは、たとえば個人預貯金口座を通して、人びとに貯蓄するよう奨励する政府の政策に明らかに適っている。第2は、2002年システムが、2002年改正前に排除されていた推定50万の請求人を支援すべく拡張されるであろうことである。

これらは、(1)彼ら彼女らが子どもを持たないという事実にもかかわらず、就労租税クレジット給付を請求できるであろう25歳超の人びと、及び、(2)子どものいる家族で、いずれの成人も有償の労働につき雇用関係を結んでいないものを含んでいる。あらゆる就労条件を就労租税クレジットの受給要件から取り

---

[926] これらの現物給付は、被用者の利用のため雇用者によって供される自動車であり、そして、雇用者によって代金を支払われる燃料である。

[927] The responsibility.

[928] Rt. Hon. David Blunkett, Minutes of evidence taken before the Social Security Committee and the Education and Employment Committee, 3 July 2000, Q 30. See also, K. Deacon and r. Williamson, (2001) The Tax Journal, Issue 613, 5-6; Issue 616, 16-18.

除く政策決定は、すべての家族が児童手当[929]に加えて、その子どもたちのための支援を受給しうるということを意味する。この改正により、子どものいる親、主として子どものいる学生（学生看護士など）は児童租税クレジット及び就労租税クレジット給付を請求できるように変わっている。最後に、租税クレジットの受給権は、純所得金額（課税総所得金額）ではなく、粗所得金額（総所得金額）の数値を計算の基礎とすることに変わったので、受給者は、各種所得控除[930]を全額受益できるであろう。

第6節　結　論

英国2002年租税クレジット法の多くの規定は、行政の枠組みを創設している。租税クレジットを受給する権利は、わずか2ヶ条9項の条項に法定されている。その具体的内容は多く省令に授権されている。租税クレジットを受給する権利に関する主たる法規命令[931]は、就労租税クレジット（受給権及び最大料率）省令[932]、児童租税クレジット省令[933]および租税クレジット（所得支援分岐水準及び料率の決定）省令[934]がそれである。これに加えて、多くの省令規定がある。すでに多くが修正されている[935]。

この2つの租税クレジットの導入は、子ども税額控除法[936]の廃止を意味する。児童手当[937]として知られている普遍的福祉給付[938]は、依然として残っている[939]。普遍的福祉給付は、子供を有するカップルおよび所得補助源[940]を

---

[929]　child benefit.

[930]　人的所得控除（personal allowances）は2003/04年から凍結されている。

[931]　the principal statutory instruments.

[932]　the Working Tax Creddit (Entitlement and Maximum Rate) Regulations [2002] SI 2002/2005.

[933]　the Child Credits (Definition and Calculation of Income) Regulations [2002] SI 2002/2006.

[934]　the Tax Credits (Income Thresholds and Dertermination of Rates) Regulations [2002] SI 2002/2008.

[935]　Tiley(2008), para 9.4.1.

[936]　the Children's Tax Credit (TA 1998, s. 257AA. これはFA 1999によって導入された。

[937]　child benefit.

[938]　the universal welfare benefit. 普遍主義的な給付について、参照、トニー・フィッツパトリック・前掲注(47)v頁（訳者まえがき）

[939]　Tiley: Tax Revenue 5th. ed., p11.5.

[940]　1は、児童給付、これは所得金額に制限がない。2は、児童租税クレジット、そして、3は、就労家族租税クレジットである。

第6節　結　論

もつ一人親[941]に残されている。しかし、就労租税クレジットは、旧ルールより有意に幅広い。子どものいないカップルおよび単身者[942]———彼ら彼女らが 25 歳以上であることを要する。———からなる世帯もまたこれを利用できる。広い要件のもとでは、子どものいる一人親およびカップルは週 16 時間労働しなければならず、子供のいない世帯は週 30 時間労働しなければならない[943]。

　就労家族租税クレジット及び障害者租税クレジット[944]については、その給付の価値は、所得が上昇するにつれて、減少しやがて消滅する。2002 年租税クレジット・システムはまた、租税クレジット受給請求人[945]の必要度に即応しようと試みている。その結果、ある課税年度の最初の査定額[946]———しばしば「当初査定額[947]」と呼ばれている。———は、まず、前年度の所得の金額に基づいて算定される。しかし、つづいて、その課税年度の当初査定額は、(1)租税クレジット受給請求人が当年度の所得の金額の推定値を申し出るとき、または(2)その当初査定額が当課税年度の終了後に最終的に確定されるときのいずれかのときに、当該年度の所得の金額に改定される。これと同様に、当該査定額の算定の基礎にされていた、個人の状況が当課税年度のそれであり、そして、当課税年度の個人事情を反映するため、その当初査定額が年度の途中に改定され、又は年度末後に改定される。これらすべてのことが、租税クレジット・システムをきわめて複雑にしており、租税クレジット受給請求人がその者の個人状況の変化について歳入・関税庁[948]の助言にしたがっているかどうか

---

[941]　single parents.

[942]　single people.

[943]　Tiley(2008), para 9.4.1.

[944]　参照、衣笠（2006）207 頁。

[945]　社会保障受給者 claimant.

[946]　the first award.

[947]　the initial award. 当初裁定という用語は、租税クレジット法において用いられていないが、同法 14 条（同条によって委員会は最初の裁定を行う。これは「当初決定（initial decisions)」と呼ばれている。）から派生する。新年の冒頭に毎年に歳入・関税庁は、丁度終わったばかりの課税年度についての最終の受給権 (the last known entitlement) に基づいて租税クレジットの「暫定支払 (provisional payments)」を行う。これにより、確実に、なんびともその租税クレジット額が改定されるまで、その支給を待つ必要がなくなる。Tiley & Collison (2008), para.6.51, p 311, Fn. 8.

[948]　Her Majesty's Revenue and Customs (HMRC) これは、英国政府の大臣のいない省庁 (a non-ministerial department of the British Government) であり、租税の徴収といくつかの形態の国家補助金の支給 (the payment of some forms of state support) を所轄する。

335

第 2 部　第 5 章　英国の所得税法における家族課税と租税クレジット

によって左右される[949]。

　しかし、租税クレジット・システムは、基本的に、租税システムと異なっている点は、請求の単位[950]である。お互いに婚姻している男と女、または夫と妻として同棲している男と女のケースでは、その請求は当該カップルによってなされなければならない[951]。これと類似して、登録同性結婚[952]を含め、同性カップルもまた、合同請求[953]を行う必要がある[954]。この合同請求は、両者の所得の金額が合算されることを意味し、そして、租税クレジット・システムにくっついている資産テスト[955]を経由して、租税クレジット査定額[956]を減額するために使われた。一人親を含め、単身者は、彼ら彼女1人の所得の範囲で、その者の査定額を減額されるであろう。一夫多妻の婚姻のケースでは、当該婚姻の当事者すべての所得が合算される[957]。所得金額は世帯単位で決定される[958]。

　しかし、租税クレジット受給請求の単位は、立法政策として、家族である必要はない。日本の所得税法は、個人単位課税方式を採用しつつ、同時に、家族の諸事情をも考慮に入れて、納付税額を計算する仕組みを設定している。

　次に、歳入庁は下院の公共会計委員会第 2003/04 年期第 14 報告書によって厳しく批判を受けた。問題は、同委員会によれば、IT システムの欠陥に大部分帰せられるということである。さらに、歳入庁 2003/04 年報告書に歳入庁のコメントおよび会計検査院のコメントがある[959]。

　もう1つの当該システムの特徴は、実務が非常に重要なことである。これは、

　　HMRC は、内国歳入庁と関税庁（the Inland Revenue and Her Majesty's Customs and
　　Excise）の合併により設立され、そして 2005 年 4 月 18 日の正式に発足した。

[949]　Tiley & Collison(2008), para.6.51, p 310.

[950]　the unit of claim.

[951]　TCA 2002, s . 3 (3) (a).

[952]　registered civil partners.

[953]　a joint claim.

[954]　Civil Partnership Act 2004 (Tax Credits, etc) (Consequential amendments) Order, SI
　　2005/2919,; *Simons Weekly Tax Intelligence* 2005, p 1779.

[955]　the means test.

[956]　the tax credits award.

[957]　TCA 2002, s 3(3)(aa). こ れ は The Tax Credits (Polygamous Marriages) Regulations
　　2003 SI 2003/742, reg 4(b) により挿入。

[958]　Tiley(2008), para 9.4.1.

[959]　Tiley(2008), para 9.4.1.

第6節 結 論

裁定がすべて暫定的性質[960]であることを意味する。これは次を意味する。歳入庁が裁定をチェックし、そしてたとえば租税クレジットを過大に支給していたことに気づいた場合には、歳入庁が、過大払いを受けた者からその過誤金額を回収するにあたって法的障害はない[961]。

最後に、児童租税クレジット制度及び低所得の就労者に対する就労租税クレジット制度の導入は、少子化社会における養育問題と児童の貧困問題を解決するため、そして、生活保護法の下での就労回避問題[962]を解決するため、大いに考慮に値するものと考える。

日本の所得税法において、生存権を保障する趣旨の所得控除規定の不合理を排除するため、そして、「機会の平等[963]および就労を魅力あるものにする」ため、租税クレジット制度が導入すべきである。この方向に即して、どのように具体的に制度設計すべきかについて、さらに研究を続ける必要がある[964]。

租税クレジットの計算のためのチェック・ボックスは次の4枚のシート（表5-41乃至表5-44）に示されている。

---

[960]　the provisional nature of all awards.

[961]　Tiley(2008), para 9.4.1.

[962]　負の所得税コンセプトと租税クレジットの経済的意義について、参照、木村（2007）431頁；橋本（2002）2図3、4についての説明（明快な解説）。負の所得税について、参照、トニー・フィッツパトリック・前掲注(47)104頁以下、18頁、43頁、50頁、87頁。

[963]　社会保障と機会の平等について、参照、深井(2003) 367頁。

[964]　諸富(2009 A) 203頁以下（給付付き税額控除 [本書でいう「租税クレジット」] とは、所得税の課税最低限以下の低所得層に対して、彼らの就労意欲を促すよう労働時間の増加とともに手取り所得（勤労所得＋給付額）が増加するよう設計された給付制度だ）。ただし、同教授は児童租税クレジットについても解説されている（210頁以下）。現在の連合王国における租税クレジット法における定義は、2種類の租税クレジット、就労租税クレジットと児童租税クレジットからなる（参照、2002年租税クレジット法1条1項）。もっとも、次の指摘は適切である。就労「給付付き税額控除が国際的な広がりをもつようになってきた主要な要因は、先進国がグローバル化の進行とともに共通して構造的失業と貧困問題に悩まされてきた点にある。もちろんこの問題に対して従来の福祉国家は失業給付、生活保護、児童手当など、さまざまな形でセーフィーネットを張ってきた。しかし他方で1980年代から顕在化したのは、これらのセーフティーネットがかえって低所得者層の福祉依存を生みだし、彼らの就労意欲を減退させてきたのではないかという懸念であった。これに加えて、先進国を同様に悩ませた財政制約がこのワークフェア改革の推進力となった。つまりこの改革は、社会保障制度のもとで給付対象となっている人々の数を就労支援で削減し、給付支出を減らすことで財政健全化を果たしたいという政府側の動機によっても推進されている。」（諸富・204頁）

第 2 部　第 5 章　英国の所得税法における家族課税と租税クレジット

表 5-40　2009/10 年度および 2010/11 年度租税クレジットの料率表

租税クレジットの料率		2010/2011 現在		2009/2010 現在	
		日割り料率 ポンド	年料率 ポンド	日割り料率 ポンド	年料率 ポンド
①児童租税クレジット					
家族要因額					
	基本要因額	1.50	545	1.50	545
	乳児要因額	1.50	545	1.50	545
児童要因額		6.31	2,300	6.13	2,235
身障要因額		7.44	2,715	7.32	2,670
重度身障要因額		3.00	1,095	2.95	1,075
②就労租税クレジット					
基本要因額		5.27	1,920	5.18	1,890
夫婦要因額		5.18	1,890	5.10	1,860
一人親要因額		5.18	1,890	5.10	1,860
30 時間要因額		2.17	790	2.13	775
身障要因額		7.05	2,570	6.94	2,530
重度身障要因額		3.00	1,095	2.95	1,075
50 時間プラス　16-29 時間就労時間 要因額		3.62	1,320	3.57	1,300
就労 30 時間以上要因額		5.39	1,960	5.31	1,935
児童養育要因額（次の人数の児童について週最大値に認められる 80% 児童養育コスト）					
一人児童		週最大値：	175	週最大値：	175
2 人以上の児童		週最大値：	300	週最大値：	300
所得支援分岐水準					
第 1 の所得支援分岐水準					
就労租税クレジットのみまたは就労租税クレジット & 児童租税クレジット			6,420		6,420
児童租税クレジットのみ			16,190		16,040
第 1 の所得移転消去率			39%		39%
第 2 の所得支援分岐水準		下限値	50,000	下限値	50,000
第 2 の所得移転消去率			6.67%		6.67%
所得の不算入額			25,000		25,000

第6節 結 論

表5-41 租税クレジット計算チェック・ボックス[965]

2010年/2011年租税クレジット計算シート		
ステップ1	関係の期間（裁定が関係している日数）を算出する	
「関係の期間」における日数＝		Box 1
ステップ2	クレジット受給権の年次最大料率を求める	
児童租税クレジット	計算	年次要因額の最高料率
	年次要因額*×関係期間の日数	
	1年の日数	
	*（ペンス未満切り上げ）	
家族要因額	1.50×Box 1	
乳児要因額	1.50×Box 1	
家族要因額の最高料率：		Box 2
児童要因額	6.31×Box 1×児童の人数	
障害児童要因額	7.44×Box 1×児童の人数	
重度障害児童要因額	3.00×Box 3×児童の人数	
児童要因額の最大料率		Box 3
児童租税クレジットの最大料率（Box 2＋Box 3）＝		Box 4
就労租税クレジット（児童養育要因額を除く）	計算	年次要因額の最高料率
	年次要因額*×関係期間の日数	
	1年の日数	
	*（ペンス未満切り上げ）	
基本要因額	5.27×Box 1	
夫婦要因額	5.18×Box 1	
一人親要因額	5.18×Box 1	
30時間要因額	2.17×Box 1	
障害要因額	7.05×Box 1×身障労働者の人数	
重度障害要因	3.00×Box 1×重度身障労働者の人数	
50時間要因額（16-29時間）	3.62×Box 1×適格成人の人数	
50時間要因額（30時間超）	5.39×Box 1×適格成人の人数	

---

[965] Tax credits calculation sheet 2009/10,in: Child Poverty Action Group, Trainig materials,November 2009 に基づき、2010/11 年度用に作成。

339

就労租税クレジットの最大料率（児童養育要因額を除く）＝	Box 5

表 5-42

児童養育要因額			
実際の週児童養育コスト(直前丸4週間の平均値)	（週コスト）	関係期間を通じての実際の児童養育コスト： $$\dfrac{週コスト \times 52 \times Box\ 1}{365}$$	＝ （関係期間における実際コスト）
児童1人なら	週児童養育要因額の最大料率は175ポンド	$2.50^* \times Box\ 1$	＝
		$\dfrac{{}^*\pounds 175}{7}$ 　切り上げ	（関係期間におけるコストの最大料率）
児童2人以上なら	週児童養育要因額の最大料率は300ポンド	$42.86^* \times Box\ 1$	＝
		$\dfrac{{}^*\pounds 300}{7}$ 　切り上げ	（関係期間におけるコストの最大料率）

児童養育要因額の最大料率	Box 6
いずれか小さいほうの数値：実際のコスト又はコストの最大料率？	
小さいほうの数値の80%（ペンス未満切り上げ）	

租税クレジット受給権の最大料率の総計	
児童租税クレジット（Box 4）＋就労租税クレジット（Box 5）＋児童養育要因額（Box 6）＝	Box 7

ステップ　3	関係の所得金額を算出

「関係の所得金額」を算出するためには、当年度の所得金額と前年度のそれとを比較する必要がある

当年度所得金額を算出する

総稼得所得金額（請求人とパートナー）	ポンド未満切り捨て
不算入とされない社会給付	ポンド未満切り捨て
年300ポンドを超える、その他の所得金額（年金所得、預貯金所得、その他の所得）	ポンド未満切り捨て

当年度所得金額の総計	Box 8

前年度所得金額を算出する

総稼得所得金額（請求人とパートナー）	ポンド未満切り捨て
不算入とされない社会給付	ポンド未満切り捨て

第6節 結 論

年300ポンドを超える、その他の所得金額（年金所得、預貯金所得、その他の所得）	ポンド未満切り捨て
前年度所得金額の総計	Box 9

表 5-43

当年度の所得金額と前年度のそれのいずれが関係の所得金額であるかについて、決定する	
「関係の所得金額」とは	
・当年度所得金額が前年度所得金額より小であるなら、当年度所得金額	
・当年度所得金額が前年度所得金額をより大であり、25,000ポンドを超えているなら、当年度所得金額マイナス25,000ポンド	
・その他のケースなら、前年度所得金額	
関係の所得金額	Box 10

ステップ 4	関係の期間についての関係の所得金額を算出

関係の所得金額(Box 10)を365日で除し、関係期間の日数(Box 11)を乗じる

Box 10	×	Box 1	
365			

関係期間についての関係の所得金額 （ペンス未満を切り捨て）	Box 11

ステップ 5	関係期間についての所得支援分岐額を求める

請求人が就労租税クレジットの受給権を有する場合、第1の所得支援分岐水準は6,420ポンドであり、彼彼女が児童租税クレジットだけの受給権を有する場合、16,190ポンドである。

この所得支援分岐水準は、365で除し、そして、その解に関係期間の日数を乗じる

年次の所得支援分岐水準(£6,420 or £16,190) × 365	Box 1	

=	関係期間についての所得支援分岐額 （ペンス未満を切り上げる）	Box 12

ステップ 6	関係期間についての実際の租税クレジット受給権を計算する

所得金額が所得支援分岐額より小である場合の、受給権

所得金額を所得支援分岐額と比較する。関係期間についての所得金額（Box 11）が関係期間についての所得支援分岐額（Box 12）未満である場合、租税クレジットの最大料（Box 7）を求める。

第2部　第5章　英国の所得税法における家族課税と租税クレジット

租税クレジット受給権	Box 13
所得金額が所得支援分岐額より大である場合の、受給権	
関係期間についての所得金額（Box 11）が関係期間についての所得支援分岐額（Box 12）を超過している場合、その超過額の39%を算出する。	

Box 11		−	Box 12		=	Box 14
Box 14		×39%		=		Box 15 ペンス未満切り捨て

表 5-44

超過所得（Box 15）の39%を租税クレジット受給額の最大料率（Box 7）から控除する					
Box 7		−	Box 15		=

関係期間についての租税クレジット受給権：	Box 16
Box 16 が児童租税クレジットの家族要因額（Box 2）の受給権より大である場合、Box 16 が、関係期間の受給権である。	
Box 16 がその家族要因額（Box 2）より小である場合、年次受給権は、稼得所得が50,000ポンドに達するまでは、その家族要因額（Box 2）になる。ただし、その分岐点を超えると、受給権は消去率6.67%で削減消去される。	

（追記）

　本章は、租税クレジット法の2010年省令改正に伴い、校正の段階で加筆を行った。また、児童貧困アクション・グループ（編）タックス・クレジット2010年・11年度ハンドブックに依拠して、説明を施している。連合王国（英国）における租税クレジット制度の実務が理解できるであろう。なお、オランダにおける租税クレジットについて、次のサイトが英語版の情報を提供している[966]。

---

[966]　オランダにおける租税クレジットとその他の社会保障・社会給付の大枠について、Petra van Marwijk (LL.M Junior-Researcher Faculty of Law - Tax Law, Maarstricht University) 氏は次のように説明して下さった。引用の許諾を得ている。

　　We have three levels through which you can get a credit/benefit:

第6節　結　　論

http://www.belastingdienst.nl/variabel/buitenland/en/private_taxpayers/private_tax-payers-31.html.

http://www.belastingdienst.nl/variabel/buitenland/en/private_taxpayers/private_tax-payers-32.html#P400_44387

---

1. tax system
2. allowances and subsidies
3. social security benefits

Our tax system only covers family credits and work related tax credits and tax credits for the elderly people. One can only get the family tax credits if the family has a child who is younger than 12 years old. Through our allowances system, you can get an allowance for child day care, renting a house or health care. All allowances can only be obtained if the person earns less than a certain level. All families also get a separate child allowance for every child they have (social security). This in order to support the family for all the expenses they have to make, like clothing, education etc. Once the child goes to college or university, the child him or herself gets an allowance so that they are able to pay for college/university. In our social security system we have two layers: 1) national insurances (every citizen is entitled to them and it covers, state pension, child allowance, special health care, widowers pension); 2) employees insurances (only if you're an employee you are covered for these insurances. they include, unemployment benefit, disability benefits, supplementary work pension etc)

343

第1節　問題提起

第6章　政府からの移転所得に対する課税モデル：
税率適用の留保ルールと所得移転消滅率ルールを併用

第1節　問題提起

1　所得移転に対する課税非課税の判定基準

　経済学の観点から、政府からの金銭給付は、稼得所得と並んで、その受給者のもとに流入し、その者の貨幣所得を増加させる。しかしながら、日本の社会保障法は、人々が取得する政府からの金銭給付について、従来区々に所得税に服させたり非課税にしたりしている。

　一方で、政府からの金銭給付（すなわち政府からの所得移転）は、典型的には、所得移転非課税の原則[1]に基づいている。それは、所得税に服さない（所得税法9条3号）。生活保護法57条（保護金品）、雇用保険法12条（失業等給付として支給を受けた金銭）、児童手当法16条（児童手当として支給を受けた金銭）、児童扶養手当法25条（手当として支給を受けた金銭）はその旨を明記する（公課禁止）[2]。

　他方で、政府からの所得移転について、その所得移転が受給者への流入によりその者の純財産を増加する場合に、この所得移転に対する課税は、憲法の規定によって禁止されているわけではないから、事情によっては、一定の要件のもとで許容されうる。たとえば、雇用保険法は、3種の求職者給付[3]を列記し

1　移転所得非課税の原則と対照的に、政府からの金銭給付（移転所得）がその受給者のもとで課税に服し、その税額が政府に還流される、という仕組みもまた構想されうる。これを移転所得課税の原則と呼ぶ。

2　社会保険法の領域においては、保険掛金の拠出時に掛金が事業者側で所得の計算上損金に算入されず、そして被用者側で所得の計算上所得控除されない場合には、公的年金受給資格をみたす者は、その受け取る年金について、課税を免れる（所得税法9条3号イないしハ）。ただし、政府からの所得移転のうち、恩給、年金その他これらに準ずる給付は本稿の対象から除外する。

3　雇用保険法は、第10条第3項において、高年齢求職者給付金（高年齢継続被保険者に係る求職者給付）、特例一時金（短期雇用特例被保険者に係る求職者給付）及び日雇労働求職者給付金（日雇労働被保険者に係る求職者給付）を3種の求職者給付として列記する。

345

（同法 10 条 3 項）、失業等給付に該当しない所得移転としてこれら求職者給付を課税に服させている。

本章は、社会保障法[4]における政府からの金銭給付の判定基準について批判的に考察し、その判定基準を所得税法上の応能負担原則に適合するように改める必要があるかどうかについて考察する[5]。

2　政府からの隠れた所得移転と逆進効果

所得税法の枠内において、政府は個人の経済的給付能力を、次のように 2 段階で計算する。まず、納税義務者は経済的所得を計算して客観的課税標準（総所得金額）を算定する。つぎに、納税義務者はその者の個人的事情を考慮に入れることができるように、主観的課税標準（課税所得）を算定する。この第 2 の段階[6]において、政府は、納税義務者の最低生活費を賄うため必要不可欠な所得に対して課税しないでおく（人的所得控除）。

しかし、人的所得控除（基礎控除、配偶者控除、扶養控除など）にかかる、政府からの隠れた所得移転の金額は、超過累進課税制度のもとでは、高所得者ほど大きく、中低所得者ほど小さくなる。これが所得控除の逆進効果である。

所得税法に定める人的所得控除について、総所得金額から減額される「人的所得控除金額」に平均税率を乗じて算出される金額は、その政府からの隠れた所得移転を意味する。基礎控除制度が逆進効果を現わし、合理的でもなく公正でもないことを、次の簡単な設例から、説明する。

平成 20 年度所得税法のもとで、1 年当たり総所得金額が 300 万円余を取得する弁護士 A に、適用される平均税率が 7 ％だとし、他方、3300 万円を取得する弁護士 B に、適用される平均税率が 32％だと仮定するとき、彼彼女らは、その基礎控除額 38 万円に起因して、政府から隠れた所得移転を受け取る。もし基礎控除額制度がない場合と比べるなら、弁護士 A は 2.66 万円（＝ 380,000 × 7 ％）を受け取り、これと対照的に、弁護士 B は 12.16 万円（＝ 380,000 × 32％）を受け取ることができる。さらに、年当たり総所得金額を 24 万円だけ

---

[4]　参照、佐藤進（2005）349〜368 頁。

[5]　坂井・藤中・若山（2008）4 頁、13 頁。

[6]　ドイツ、連合王国及びフランスなどの所得税法は、第三の段階（ゼロ税率ゾーン）で、納税義務者の最低生活費を課税所得から控除する仕組みを講じている。しかし、日本の所得税法は、第 2 段階で、納税義務者の最低生活費を課税所得から控除する仕組みを講じている。

第1節　問題提起

取得するパートタイマーＣは、基礎控除額を利用できるとしても、1.2万円（＝240,000 × 5 ％）だけを、政府からの所得移転として享受できる。

このような基礎控除額制度は、人びとの生存権を保障し、最低生活費を保障する目的で、所得税法に設けられている。しかし、設例から見てとれるように、3つの不合理な結果を指摘せざるをえない。1に、3300万円の高所得者Ｂに対し、政府は隠れた所得補足（設例では12.16万円）をする必要があるだろうか。高所得者Ｂは、みずから貧困線（180万円とする。）をはるかに超えて稼得しているのであるから、政府が高所得者Ｂに所得を補足するまでもないであろう。そして、24万円の低所得者Ｃに対し、政府は基礎控除の形で取るに足りない所得補足（1.2万円）を給付するにすぎないから、はたして低所得者Ｃは、適切な水準（たとえば相対的貧困水準[7]）で生存権保障や最低生活費保障を政府から受けているだろうか。2に、所得税法が累進税率制度を採用している現行法のもとでは、基礎控除制度は、それから生じる政府からの隠れたる所得移転によって、論理必然的に逆進的に、隠れた社会給付を人々に与える。ここでは、隠れた「所得の再分配」が不公正であると評価できる。所得税法が、複数の累進税率を用いれば、その結果、思わぬ不合理に直面することとなる。3に、低所得者Ｃは1年に1.2万円だけを、中所得者Ａは1年に3.8万円を最低生活費として所得補足されているから、その金額と税引き後所得の合計額[8]でもってそれぞれ生存するように、と政府および所得税法が命じているに等しい。低所得者Ｃの可処分所得（経済学の定義）は所得税法上、25.2万（＝24万＋1.2万）円で生活するよう強いられている。そのうえ、基礎控除の金額は、消費者物価

---

[7]　最低生活(貧困基準) の定義について、参照、阿部(2008) 26 頁以下；橘木・浦川(2007) 7-8 頁（相対的貧困線は、世帯人数の違いを調整した等価可処分所得（e = 0.5）の中央値の50%に設定する）。

[8]　中所得者Ａについて、税引き後の可処分所得額は 288.62 万円 {300 万－（300 万－ 38 万）× 10%＋ 14.82 万＝ 288.62 万円 } と算出される。これは、中所得者Ａのもとで最低生活費（相対的貧困水準に相当する金額）が残余していることを示している。

　　次に、低所得者Ｃについて、税引き後の可処分所得額は、25.2 万円 {24 万－(24 万－ 24 万)× 5%＋ 1.2 万円＝ 25.2 万 } と算出される。

　　その結果、低所得者Ｃの可処分所得 25．2 万円は、相対的貧困線 180 万円を大きく下回っており、所得税法は最低生活費を低所得者に保障しているとは、評価しがたい。これは、低所得者Ｃのもとで最低生活費が残余していないことをしめす。橘木俊詔・浦川邦夫(2007) 8 頁（2001 年において、単身所得では可処分所得 131.1 万円、2 人世帯では 185.4 万円、3 人世帯では 227.1 万円が貧困ラインとなっている）。税引き前の貨幣所得又は課税所得で貧困線を表現するなら、それらの数値は調整して引き上げられるべきであろう。

347

指数と連動していないから、長年にわたって上昇しない。

なお、この基礎控除は、労働に要する必要経費を意味していない。雇用契約に基づく役務の提供（労務）に要する必要経費は、(1)給与所得控除（＝給与所得の金額－給与の収入金額）及び(2)交通費にかかる非課税[9]によって賄われている。したがって、基礎控除の金額のなかに、給与所得控除額を紛れ込ませる主張は、所得税法上の必要経費に関する基礎理論を理解していない証左と言わざるをえない[10]。

同様のことは、配偶者控除や扶養控除にも当てはまる。いずれの制度も、配偶者や子どもの生存権を保障し、かつ、最低生活費を保障することをその目的としている。しかしながら、現行所得税法が超過累進税率制度のもとで定めている、配偶者控除制度や扶養控除制度は、基礎控除制度について指摘したと類似の理由で、逆進効果を示し、合理的でも公正でもない。

このように、基礎控除制度、配偶者控除制度や扶養控除制度は、設例により簡単に例解したとおり、いずれも逆進効果を示し、不合理であり、公正でもない[11]。

したがって、最低生活を維持するに要する必要額が、所得控除の枠内（日本所得税法）で取り扱われるか、課税所得後のゼロ税率ブラケットの枠内（たとえばドイツ所得税法32条a第一項1号）で取り扱われるかを問わず、そうした制度は、政府からの隠れた所得移転の逆進効果に着眼する限り、平等原則の観点から、また、租税正義の観点からも社会正義の観点からも正当化されえない。

3 所得移転に対する課税モデル

すべての国民が最低生活の維持に必要不可欠な所得を自らとその家族のため費消できるように保障するためには（生存権保障）、所得税法は前記2つの制度

---

[9]　所得税法9条1項5号。

[10]　ちなみに、吉村（2007）32頁（人的所得控除を包括的所得概念からの逸脱と位置づける立場から、障害者のもとでの特別な出費の考慮は、所得概念に含まれるべき消費（にかかる生活費）を課税所得から除外することを認めるに等しい）。しかし、所論は、所得税法上の課税所得計算メカニズムが客観的課税所得と主観的課税所得とから構成されていることを、看過しているのではなかろうか。人的所得控除は、二つの課税所得を計算する過程において、そのはざまで取り扱われている（参照、木村（1999）334-340頁）。

[11]　金子（2003）16頁（逓減消滅控除方式（vanishing exemption method）の採用によりこの逆進効果を食い止めることができる）。もっとも、日税研論集52号では、同方式を具体的に展開する論考は見当たらない。

以外の第三の選択肢を考案しなければならないだろう。Tax Credits 制度[12] が
そのひとつであるかもしれない[13]。

税制による所得移転モデル、すなわち、政府からの所得移転について所得支
援給付法（国民所得支援給付法)[14] を包括的に創設し個別の公的扶助法を整理統
合するモデルを提言したい。

第2節　経済学にいう可処分所得と最低生活費残余方式

1　経済学にいう可処分所得

経済学の観点から考察すれば、所得とは、「個人または家計が所与の期間
（通常は1年間）に受けとる貨幣［所得］の合計量を指して言う。所得は、賃
金すなわち労働による稼ぎ、レントや利子および配当のような財産所得、それ
に社会保障または失業保険のような政府から受けとる移転支払いから成る[15]。」
このような貨幣所得は、要素稼得（賃金、利子、レントおよび利潤）額と所得移
転額から成る。

さらに、経済学にいう可処分所得 (DI)[16] は、貨幣所得から個人税を差し引
くと得られる。したがって、可処分所得 (DI) は税引き後の所得である[17]。い
わば、可処分所得は、家計の手許に実際に流入して、その思うままの処分にゆ
だねられる金銭である。可処分所得は、人々が(1)利子支払いを含めての消費支
出と(2)個人純貯蓄とに分けるそのもとになる金額である点で、重要である[18]。
敷衍すると、可処分所得 (DI) は、すべての税金を支払い、未分配利潤の形の

---

[12]　参照、木村(2008) 37-88 頁。

[13]　日本の所得税法が従前、所得控除方式と税額控除方式のいずれかを交互に採用してき
た沿革小史について、参照、谷口(2007) 23-24 頁。所得控除制度の沿革について、参照、
田中(2005) 16 頁以下。

[14]　参照、木村(2006) 21-60 頁。

[15]　サムエルソン／ノードハウス(1993) 635 頁。

[16]　個人可処分所得ともいう。その概念について、参照、福岡(2000) 317 頁；マンキュー
(2001) 133 頁（個人可処分所得は、家計や非法人企業が政府に対する義務を履行した後
に残った所得であり、したがって、個人所得から税および何らかの税外支払い（道路通
行料）を差し引いたものに等しい）。個人可処分所得は家計のみの可処分所得の合計で
あるが、他方、国民可処分所得 (NDI, DI) は、すべての「国民」が自由に処分できる
所得という概念である（福岡（2000）318 頁）。

[17]　スティグリッツ(2001) 116 頁。政府が増税を行うと可処分所得は減少する。

[18]　サムエルソン／ノードハウス (1992) 113 頁。

349

第2部　第6章　政府からの移転所得に対する課税モデル

法人貯蓄と移転関係の調整を行ったのちに、人々が消費か貯蓄かいずれに実際に利用しうる金額である。

貨幣所得は可処分所得（DI）に個人税を加えたものである[19]。貨幣所得は、典型的には、家計や非法人企業が受け取る所得であり、さらに、家計が国債を保有することによって受け取る利子所得や、福祉手当・社会保障のような政府による所得移転プログラムから受け取る取得をも含んでいる。ただし、法人が稼いでいながら、配当の形でその所有者に支払われていないいわゆる留保所得は貨幣所得に含まれない[20]。立法論として、貨幣所得は、個人所得税法上も、経済的所得として適格である。

ところが、所得税法学は、可処分所得の概念[21]を、「最低生活に要する所得」を所得税の課税対象から除外するため、貨幣所得（より法的に表現すれば、総所得金額、主観的課税標準）から「最低生活に要する所得」を控除した所得として定義する。納税義務者は、この意味での可処分所得を自由に処分しうる。議会もまた、この意味の可処分所得に対し遠慮なく課税しうる法律を定めることができる。

このように、可処分所得は、経済学上のそれと所得税法学上のそれとのあいだで、大きく食い違っている。本章では、特に断らない限り、経済学上のそれを用いることとする。

2　所得税法上の最低生活費残余方式

所得税法は、納税義務者がその取得する貨幣所得[22]のうち、所得税引き後[23]に、最低生活費（ここでは所得支援基準給付額）を下回らない金額を残すことができるように規定すればそれでよい（最低生活費残余方式）[24]。そうすれば、納税義務者も所得支援受給者もともに、最低生活費の確保について政府から等しく保障されるからである（参照、表6-4セルG20-22と表6-1セルG21な

---

[19]　サムエルソンノードハウス（1992）117頁；さらに、参照、マンキュー（1996）42頁。

[20]　マンキュー（2001）133頁。

[21]　租税法学にいう可処分所得概念について、参照、木村（1999）336頁；吉村（2007）19-20頁。もっとも、金子（2009）6頁は、経済学の意味で可処分所得の概念を用いる。

[22]　これは、経済学にいう個人所得を家計レベルで把握したものを指す。

[23]　経済学にいう可処分所得を家計レベルで把握した所得を指す。社会保障給付金（socila security benefits）は、ヘイグ・サイモンの定義による所得に該当する。Simons (1938), 61-62,206; see Bittker (1967), 932; Bittker (1968), at 247 Fn.8.

[24]　Beschluß vom 25.9.1992 BVerfG, BStBl 1993 II 413. 参照、木村（2010 A）、（2010 B）。

表6-1　個人所得と所得移転を統合したモデル1：最低生活費残余型

前提要件	個人所得	基礎所得支援給付(最大料率)：非課税	就労所得支援給付(最大料率)：非課税	新規就労等給付(最大料率)：課税	一律税率	基礎所得支援基準給付
	0	1800000	0	0	33%	1800000
	500,000	=(1-0%)×G4			=$E$4×E21	
	1,000,000					
	1,500,000					
	2,000,000	=(B22-$B$21)/($B$32-$B$21)			=D21-F21	=F21/D21
	2,500,000					
	3,000,000	=G4×3			=B22+($D$4+$E$4)×(1-C22)	=F21/E21
	3,500,000	=B22+($C$4+$D$4+$E$4)×(1-C21)				
	4,000,000					
	4,500,000	=MIN((B33-$B$21)/($B$32-$B$21),100%)				
	5,400,000				=B22+($C$4+$D$4+$E$4)×(1-C22)	
	5,000,000					
	5,500,000					
	6,000,000					

ランク	個人所得(下限値)	所得移転消去率	経済所得金額(貨幣所得)	課税所得金額	算出税額	経済学にいう可処分所得	総所得対税負担率	平均税率
0	0	0	1,800,000	0	0	1,800,000	0%	—
1			1,800,000			1,800,000	0%	-
2	500,000	9.26%	2,133,333	500,000	166667	1,966,667	8%	33%
3	1,000,000	18.52%	2,466,667	1,000,000	333333	2,133,333	14%	33%
4	1,500,000	27.78%	2,800,000	1,500,000	500000	2,300,000	18%	33%
5	2,000,000	37.04%	3,133,333	2,000,000	666667	2,466,667	21%	33%
6	2,500,000	46.30%	3,466,667	2,500,000	833333	2,633,333	24%	33%
7	3,000,000	55.56%	3,800,000	3,000,000	1000000	2,800,000	26%	33%
8	3,500,000	64.81%	4,133,333	3,500,000	1166667	2,966,667	28%	33%
9	4,000,000	74.07%	4,466,667	4,000,000	1333333	3,133,333	30%	33%
10	4,500,000	83.33%	4,800,000	4,500,000	1500000	3,300,000	31%	33%
11	5,000,000	92.59%	5,133,333	5,000,000	1666667	3,466,667	32%	33%
12	5,400,000	100.00%	5,400,000	5,400,000	1800000	3,600,000	33%	33%
13	5,500,000	100.00%	5,500,000	5,500,000	1833333	3,666,667	33%	33%
14	6,000,000	100.00%	6,000,000	6,000,000	2000000	4,000,000	33%	33%
A	B	C	D	E	F	G	H	I

いし表6-3セルG21および表6-5セルG20と表6-8セルG20とを比較せよ）。所得支援受給者以外の納税義務者もまた、政府からその財産権を保障され雇用の機会を保障されるなど、政府から生活維持の配慮を受けており、そうした環境のもとで自立的に生存権の保障を受けており、その意味において、最低生活費の確保について政府から保障されている。

　ここで表6-1から表6-9について説明しておく。

　表6-1（個人所得と所得移転を統合したモデル1：最低生活費残余型）では、所得支援給付金は、基礎所得支援給付であるか就労所得支援給付であるかを問わず、いずれも非課税とする。新規就労等給付金は、所得課税を受けるものとする。所得税率は一律税率33.3％（1/3％）とする。基礎所得支援基準給付額は、貧困線が180万円だと仮定して、その金額とする。所得支援の支援を受けうる上限値（これを所得支援分岐点という。）は、貧困線に税率の逆数を乗じて計算される数値とする。したがって、540万円がそれである。さらに、所得移転消

第2部 第6章 政府からの移転所得に対する課税モデル

去率を用いて、所得支援基準給付額から所得支援給付額を算出する。すなわち、中低所得者は、貧困線と個人所得とのギャップ（又はその一定割合）を所得補足してもらえば足り、貧困線に相当する全額を受給しうるわけではない。中低所得者が現実に政府から受給しうる給付額が、所得支援給付額である。

表6-1における所得移転消去率は、ランク0からランク12に至るまでのあいだ、0％から100％に漸増する。所得がランク12（所得支援分岐点）を越えると、所得移転消去率はつねに100％である。

$$所得移転消去率 = \frac{個人所得金額}{所得支援分岐点}\ ；所得支援分岐点 > 0 \qquad 〈数式1〉$$

個人所得が所得支援分岐点以上である場合には、所得移転消去率は100％。

$$所得支援分岐点 = \frac{1}{一律税率} \times 所得保障基準給付額 \qquad 〈数式2〉$$

所得支援基準給付額は、典型的には、貧困線の数値に等値とする。

所得金額が所得支援分岐点以上である場合には、所得移転消去率は100％。

ランク0及びランク1に区分される者は、個人所得がないので、基礎所得支援給付（基礎租税クレジット）を満額受ける（表6-1セルD20と21）。ここでは、所得移転消去率は0％である（表6-1セルC20と21）。所得支援給付は、非課税だとすれば、その者の課税の対象となる所得（以下これを「課税所得金額」という。）は、0円である（表6-1セルE20と21）。したがって、算出税額は0円となる。経済学にいう可処分所得は、基礎所得支援給付金額に等しい。平均税率は、ランク0と1のケースでは、0％といえよう。

ランク2に区分される者は、個人所得が50万円であるから、所得移転合計額に（1マイナス所得移転消去率）（参照、表6-1セルC22のコメント）を乗じて算出される所得支援給付額を受ける。この所得支援給付額の合計と個人所得の総計が、総所得金額（貨幣所得）を指す（表6-1セルD22）。ここでは、所得移転消去率は9.26％である。所得支援給付が、非課税だとすれば、その者の課税対象所得は、個人所得50万円である（表6-1セルE22）。したがって、算出税額は、一律税率33.3％を課税所得金額に掛け算すると16.7万円と算出される。経済学にいう可処分所得は、総所得金額から算出税額を差し引いた金額である（表6-1セルG22）。平均税率は、ランク2のケースでは、33％である（表6-1セルI22）。総所得対税負担率は、総所得金額に占める算出税額の比率であ

352

第2節　経済学にいう可処分所得と最低生活費残余方式

表6-1の1　個人所得と所得移転を統合したモデル1：最低生活費残余型

前提要件	個人所得	基礎所得支援給付(最大料率)：非課税	就労所得支援給付(最大料率)：課税	新規就労等給付(最大料率)：課税	一律税率	基礎所得支援基準給付
	0	1,140,000	0	0	33%	1,140,000
	500,000					
	1,000,000					相対的貧困率を114万円と仮定
	1,500,000					
	2,000,000					
	2,500,000					
	3,000,000					
	3,500,000					
	4,000,000					
	4,500,000					
	3,420,000					
	5,000,000					
	5,500,000					
	6,000,000					

就労所得支援給付欄：$=(1-0\%)\times G4$

注記の数式ボックス：
- $=B22+(\$C\$4+\$D\$4+\$E\$4)\times(1-C21)$
- $=\$E\$4*E21$
- $=B22+(\$C\$4+\$D\$4+\$E\$4)\times(1-C22)$
- $=D21-F21$
- $=B22+(\$D\$4+\$E\$4)\times(1-C22)$
- $=F21/D21$
- $=(B22-\$B21)/(\$B\$32-\$B21)$
- $=G4\times3$
- $=MIN((B33-\$B21)/(\$B\$32-\$B21),100\%)$
- $=F21/E21$

ランク	個人所得(下限値)	所得移転消去率	総所得金額(貨幣所得)	課税所得金額	算出税額	経済学にいう可処分所得	総所得対税負担率	平均税率
0	0		1,140,000	0	0	1,140,000	0%	—
1	0	0.00%	1,140,000	0	0	1,140,000	0%	
2	500,000	14.62%	1,473,333	500,000	166667	1,306,667	11%	33%
3	1,000,000	29.24%	1,806,667	1,000,000	333333	1,473,333	18%	33%
4	1,500,000	43.86%	2,140,000	1,500,000	500000	1,640,000	23%	33%
5	2,000,000	58.48%	2,473,333	2,000,000	666667	1,806,667	27%	33%
6	2,500,000	73.10%	2,806,667	2,500,000	833333	1,973,333	30%	33%
7	3,000,000	87.72%	3,140,000	3,000,000	1000000	2,140,000	32%	33%
8	3,420,000	100.00%	3,420,000	3,420,000	1140000	2,280,000	33%	33%
9	3,500,000	100.00%	3,500,000	3,500,000	1166667	2,333,333	33%	33%
10	4,000,000	100.00%	4,000,000	4,000,000	1333333	2,666,667	33%	33%
11	4,500,000	100.00%	4,500,000	4,500,000	1500000	3,000,000	33%	33%
12	5,000,000	100.00%	5,000,000	5,000,000	1666667	3,333,333	33%	33%
13	5,500,000	100.00%	5,500,000	5,500,000	1833333	3,666,667	33%	33%
14	6,000,000	100.00%	6,000,000	6,000,000	2000000	4,000,000	33%	33%
A	B	C	D	E	F	G	H	I

り、ランク23のケースでは、8％である（表6-1セルH22）。

　類似のことは、ランク12のケースにも当てはまる。ランク12に区分される者は、個人所得が540万円であるから、所得支援をもはや受けることができない（所得移転消去率100％、表6-1セルC32）。総所得金額（貨幣所得）及び課税所得金額はもっぱら個人所得からなる（表6-1セルD32とE32）。したがって、算出税額は、一律税率33.3％を課税所得金額に掛け算すると18万円と算出される（セルF32）。経済学にいう可処分所得は、総所得金額から算出税額を差し引いた金額36万円である（表6-1セルG32）。平均税率は、ランク12のケースでも、33％である（表6-1セルI32）。総所得対税負担率は、ランク12のケースでは、33％である（表6-1セルH32）。総所得対税負担率は、所得支援分岐点に至るまで漸増し33％（一律税率）で天井となる（表6-1セルH列）。

　表6-1の1では、貧困線を114万円と仮定して、基礎所得支援基準額は114万円に設定されている（表6-1の1セルG4）。所得支援分岐点は、それに応じて、

353

第 2 部　第 6 章　政府からの移転所得に対する課税モデル

表6-2　個人所得と所得移転を統合したモデル 2 ：　最低生活費残余型

前提要件	個人所得	基礎所得支援給付(最大料率):非課税	就労所得支援給付(最大料率):非課税	新規就労等給付(最大料率):課税	一律税率	基礎所得支援基準給付		
	0	1,800,000	0	500,000	33%	1,800,000		
	500,000							
	1,000,000							
	1,500,000							
	2,000,000							
	2,500,000							
	3,000,000							
	3,500,000							
	4,000,000			=B22+($C$4+$E$4)×(1-C22)				
	4,500,000							
	5,400,000			=B 22+$E $4×(1-C 22)				
	5,000,000							
	5,500,000							
	6,000,000							

ランク	個人所得(下限値)	所得移転消去率	総所得金額(貨幣所得)	課税所得金額	算出税額	経済学にいう可処分所得	総所得対税負担率	平均税率
0	0		1,800,000	0		1,800,000	0%	−
1	0	0.00%	2,300,000	500,000	166667	2,133,333	7%	33%
2	500,000	9.26%	2,587,037	953,704	317901	2,269,136	12%	33%
3	1,000,000	18.52%	2,874,074	1,407,407	469136	2,404,938	16%	33%
4	1,500,000	27.78%	3,161,111	1,861,111	620370	2,540,741	20%	33%
5	2,000,000	37.04%	3,448,148	2,314,815	771605	2,676,543	22%	33%
6	2,500,000	46.30%	3,735,185	2,768,519	922840	2,812,346	25%	33%
7	3,000,000	55.56%	4,022,222	3,222,222	1074074	2,948,148	27%	33%
8	3,500,000	64.81%	4,309,259	3,675,926	1225309	3,083,951	28%	33%
9	4,000,000	74.07%	4,596,296	4,129,630	1376543	3,219,753	30%	33%
10	4,500,000	83.33%	4,883,333	4,583,333	1527778	3,355,556	31%	33%
11	5,000,000	92.59%	5,170,370	5,037,037	1679012	3,491,358	32%	33%
12	5,400,000	100.00%	5,400,000	5,400,000	1800000	3,600,000	33%	33%
13	5,500,000	100.00%	5,500,000	5,500,000	1833333	3,666,667	33%	33%
14	6,000,000	100.00%	6,000,000	6,000,000	2000000	4,000,000	33%	33%
A	B	C	D	E	F	G	H	I

114 万円の 3 倍（税率の逆数）である 342 万円に設定される（表 6-1 の 1 セル B28）。

　課税所得金額は、それがたとえ少額（たとえば 50 万円）であろうとも、所得課税に服する。

　次に、表 6-2 について、検討する。表 6-1 と表 6-2 はその前提要件を同一とする。ただし、表 6-1 の場合と異なり、表 6-2 では、新規就労等給付が所得税の課税対象となると仮定する。

　ランク 1 に区分される者は、個人所得がないので、基礎所得支援給付と新規就労等給付を満額受ける（表 6-2 セル D21）。ここでは、所得移転消去率は 0 ％である（表 6-2 セル C21）。基礎所得支援給付は非課税であるけれども、新規就労等給付金は課税を受けるから、その者の課税所得金額は、50 万円である（表 6-2 セル E21）。したがって、算出税額は 16.7 円となる。経済学にいう可処分所得は、総所得金額から算出税額を控除した差額に等しい（表 6-2 セル G21）。平

354

第2節　経済学にいう可処分所得と最低生活費残余方式

均税率は、ランク１のケースでは、33％であり、総所得対税負担率は７％となる（表6-2セルI21，H21）。

　新規就労等給付金額を課税の対象とする場合、一方で、就労所得給付金が非課税であるから、追加して受け取りうる新規就労等給付金は課税に服してもよいとの理由があげられようが、他方で、それの課税は、就労意欲をなえさせる因子になりうる。総所得対税負担率は7%にとどまっている。

　表6-2における総所得対税負担率は、ランク１から12に至るまで、新規就労等給付金の課税のため、表6-1に比べ、ランク７までのあいだ多少上回っている。その格差は、７％、４％、２％、１％と次第に縮小するが、それは、新規就労等給付金の課税によって低所得者ほど影響を受けることを表現している。

　しかし、表6-1および表6-2において、いずれのランクに区分される者も、貧困線に相当する180万円以上の可処分所得を取得している。表6-2における可処分所得は表6-1のそれと比べて、ランク１からランク12（所得支援分岐点）に至るまで、常に大きいが、その格差は逓減しやがて分岐点で零（ゼロ）になる。

　表6-2は、たとえ新規就労等給付金が課税をうけるとしても、最低生活費がその基礎所得支援給付金の支払いをうける者に残されていることを示している（最低生活費残余ドクトリン）。したがって、新規就労等給付金の課税は、憲法の保障する生存権保障を損なっていない。

　所得移転消去率は、表6-1と２とのあいだで同一である。数式１が、その理由を説明しうる。所得支援基準給付額と所得支援分岐点との比率が一定であり（たとえば３倍）、かつ、所得階級（表6-1と２のセルB列）が同一であれば、所得移転消去率は同じになる。

　可処分所得は、所得階級が所得支援分岐点に至るまでの区間（表6-2セルB20から32まで）では、表6-1に比べ表6-2のほうが、常に多額である（表6-2セルG20から32まで）。新規就労等給付は、所得支援分岐点に至るまでの所得階級に区分される中低所得者にとって、働きがいのある支払（work to pay）をもたらしている。

　表6-3において、ランク１に区分される者が、基礎所得支援給付と就労所得支援給付を受給し、そして、これらの給付金は所得課税に服さない、表6-3の基礎所得支援給付と総所得金額は表6-2のそれらとそれぞれ同一である。しかし、新規就労等給付金は所得課税に服する（表6-2）一方、就労所得支援給付金は所得課税に服さないので（表6-3）課税所得金額は異なってくる。その結

355

第2部　第6章　政府からの移転所得に対する課税モデル

表6-3　個人所得と所得移転を統合したモデル3　　最低生活費残余型

前提要件	個人所得	基礎所得支援給付(最大料率):非課税	就労所得支援給付(最大料率):非課税	新規就労等給付(最大料率):課税	一律税率	基礎所得支援基準給付
	0	1,800,000	500,000	0	33%	1,800,000
	500,000					
	1,000,000					
	1,500,000					
	2,000,000					
	2,500,000					
	3,000,000					
	3,500,000					
	4,000,000					
	4,500,000			=B22+($C$4+$D$4)×(1-C22)		
	5,400,000					
	5,000,000			=B22		
	5,500,000					
	6,000,000					

ランク	個人所得(下限値)	所得移転消去率	総所得金額(貨幣所得)	課税所得金額	算出税額	経済学にいう可処分所得	総所得対税負担率	平均税率
0	0		1,800,000	0	0	1,800,000	0%	—
1	0	0.00%	2,300,000	0	0	2,300,000	0%	-
2	500,000	9.26%	2,587,037	500,000	166,667	2,420,370	6%	33%
3	1,000,000	18.52%	2,874,074	1,000,000	333,333	2,540,741	12%	33%
4	1,500,000	27.78%	3,161,111	1,500,000	500,000	2,661,111	16%	33%
5	2,000,000	37.04%	3,448,148	2,000,000	666,667	2,781,481	19%	33%
6	2,500,000	46.30%	3,735,185	2,500,000		3,735,185	0%	—
7	3,000,000	55.56%	4,022,222	3,000,000	1,000,000	3,022,222	25%	33%
8	3,500,000	64.81%	4,309,259	3,500,000	1,166,667	3,142,593	27%	33%
9	4,000,000	74.07%	4,596,296	4,000,000	1,333,333	3,262,963	29%	33%
10	4,500,000	83.33%	4,883,333	4,500,000	1,500,000	3,383,333	31%	33%
11	5,000,000	92.59%	5,170,370	5,000,000	1,666,667	3,503,704	32%	33%
12	5,400,000	100.00%	5,400,000	5,400,000	1,800,000	3,600,000	33%	33%
13	5,500,000	100.00%	5,500,000	5,500,000	1,833,333	3,666,667	33%	33%
14	6,000,000	100.00%	6,000,000	6,000,000	2,000,000	4,000,000	33%	33%
A	B	C	D	E	F	G	H	I

果、可処分所得は、所得支援分岐点に至るまでは、表6-2と表6-3とのあいだで、就労所得支援給付を受けるほうが大である。

　表6-2の場合と表6-3の場合とを比較すると、課税の新規就労等給付と非課税の就労所得支援給付はその金額については同一であるとしても、課税所得金額、算出税額、可処分所得及び総所得対税負担率はいずれも、就労所得支援給付（就労租税クレジット）（表6-3）のほうが有利である。就労所得支援給付は非課税であり、他方、新規就労等給付は課税を受けるからである。そうだとすれば、課税の新規就労等給付は、就労インセンティブの効果の点では、非課税の就労所得支援給付に劣っているであろう。

　表6-4の場合の特徴を述べると、所得支援分岐点は、基礎所得支援基準給付の2倍に設定し（表6-4セルB30）、そして、基礎所得支援給付金額は、1－1／税率を基礎所得支援基準給付に乗じて計算される数値とする（表6-4セルC4）。

　表6-4のランク2について検討すると、課税所得金額は個人所得50万円か

356

表6-4　個人所得と所得移転を統合したモデル4　最低生活費残余の不足型

前提要件	個人所得	基礎所得支援給付(最大料率):非課税	就労所得支援給付(最大料率):非課税	新規就労等給付(最大料率):課税	一律税率	基礎所得支援基準給付		
	0	1,200,000	500,000	0	33%	1,800,000		
	500,000							
	1,000,000		=(1-(1/3))×G4					
	1,500,000							
	2,000,000							
	2,500,000							
	3,000,000							
	3,500,000		=B21+($C$4+$D$4+$E$4)×(1-C21)					
	3,600,000							
	4,000,000							
	4,500,000	=G4×2						
	5,000,000							
	5,500,000							
	6,000,000							

ランク	個人所得(下限値)	所得移転消去率	総所得金額(貨幣所得)	課税所得金額	算出税額	経済学にいう可処分所得	総所得対税負担率	平均税率
0	0		1,200,000	0	0	1,200,000	0%	―
1	0	0.00%	1,700,000	0	0	1,700,000	0%	
2	500,000	13.89%	1,963,889	500,000	166,667	1,797,222	8%	33%
3	1,000,000	27.78%	2,227,778	1,000,000	333,333	1,894,444	15%	33%
4	1,200,000	33.33%	2,333,333	1,200,000	400,000	1,933,333	17%	33%
5	1,500,000	41.67%	2,491,667	1,500,000	500,000	1,991,667	20%	33%
6	2,000,000	55.56%	2,755,556	2,000,000	666,667	2,088,889	24%	33%
7	2,500,000	69.44%	3,019,444	2,500,000	833,333	2,186,111	28%	33%
8	3,000,000	83.33%	3,283,333	3,000,000	1,000,000	2,283,333	30%	33%
9	3,500,000	97.22%	3,547,222	3,500,000	1,166,667	2,380,556	33%	33%
10	3,600,000	100.00%	3,600,000	3,600,000	1,200,000	2,400,000	33%	33%
11	4,000,000	100.00%	4,000,000	4,000,000	1,333,333	2,666,667	33%	33%
12	4,500,000	100.00%	4,500,000	4,500,000	1,500,000	3,000,000	33%	33%
13	5,000,000	100.00%	5,000,000	5,000,000	1,666,667	3,333,333	33%	33%
14	5,500,000	100.00%	5,500,000	5,500,000	1,833,333	3,666,667	33%	33%
15	6,000,000	100.00%	6,000,000	6,000,000	2,000,000	4,000,000	33%	33%

A	B	C	D	E	F	G	H	I

らなっており、算出税額は、表6-1と3の場合と同様に、16.7万円である。しかし、基礎所得支援給付が、基礎所得支援基準給付額の3分の2に相当する金額であるから、それに応じて、可処分所得は、表6-1と6-3の場合に比し、縮減されている。

　表6-4のランク1から3にまでに区分される低所得者は、いずれも、貧困線(基礎所得支援基準給付額)を下回る可処分所得を取得するにとどまる(表6-4セルG20から23まで)。非課税の基礎所得支援給付と非課税の就労所得支援給付の合計額が170万円になっても(表6-4セルD21, D22)、その合計額がなお貧困線を下回っていることが、問題である。

　さらに、所得支援分岐点(表6-4セルB30)が、表6-1などに比べ、小さいので、所得移転消去率は、所得0円から3,600,000円の区間で0%から100%に連続して急激に変化されるから、所得階級の応じてその変化率は急勾配となる。たとえば、表6-4セルC22の数値は13.9%であり、表6-1セルC22の数

357

表6-5　個人所得と所得移転を統合したモデル5　緊縮予算型

前提要件	個人所得	基礎所得支援給付(最大料率):非課税	就労所得支援給付(最大料率):非課税	新規就労等給付(最大料率):課税	一律税率	基礎所得支援基準給付		
	0	1,800,000	0	0	33%	1800000		
	500,000							
	1,000,000							
	1,500,000							
	2,000,000							
	2,500,000							
	3,000,000							
	3,500,000							
	4,000,000							
	4,500,000							
	5,000,000							
	5,500,000							
	6,000,000							

ランク	個人所得(下限値)	所得移転消去率	総所得金額(貨幣所得)	課税所得金額	算出税額	経済学にいう可処分所得	総所得対税負担率	平均税率
0	0	0	1,800,000	0	0	1,800,000	0%	—
1	0	0	1,800,000	0	0	1,800,000	0%	-
2	500,000	16.67%	2,000,000	500,000	166,667	1,833,333	8%	33%
3	1,000,000	33.33%	2,200,000	1,000,000	333,333	1,866,667	15%	33%
4	1,500,000	50.00%	2,400,000	1,500,000	500,000	1,900,000	21%	33%
5	1,800,000	60.00%	2,520,000	1,800,000	600,000	1,920,000	24%	33%
6	2,000,000	66.67%	2,600,000	2,000,000	666,667	1,933,333	26%	33%
7	2,500,000	83.33%	2,800,000	2,500,000	833,333	1,966,667	30%	33%
8	3,000,000	100.00%	3,000,000	3,000,000	1,000,000	2,000,000	33%	33%
9	3,500,000	100.00%	3,500,000	3,500,000	1,166,667	2,333,333	33%	33%
10	3,600,000	100.00%	3,600,000	3,600,000	1,200,000	2,400,000	33%	33%
11	4,000,000	100.00%	4,000,000	4,000,000	1,333,333	2,666,667	33%	33%
12	4,500,000	100.00%	4,500,000	4,500,000	1,500,000	3,000,000	33%	33%
13	5,000,000	100.00%	5,000,000	5,000,000	1,666,667	3,333,333	33%	33%
14	5,500,000	100.00%	5,500,000	5,500,000	1,833,333	3,666,667	33%	33%
15	6,000,000	100.00%	6,000,000	6,000,000	2,000,000	4,000,000	33%	33%
A	B	C	D	E	F	G	H	I

値は9.3％であるから、基礎所得支援給付と就労所得支援給付の合計額（最大料率）に（1－13.9％）を掛け算して算出される数値が、受給できる所得支援給付額となる（表6-4セルD22）。

　所得支援給付を抑制して国家予算の膨張を防止するため、2に、生活手当の金額を、生活保護基準（国レベル）の3分の2とする場合、たとえ受給者が非課税の失業等給付を受けるとしても、なお最低生活費は生活困窮者及び低所得者に残らない（参照、表6-4セルG20-22）。したがって、生活手当の金額（満額）を生活保護基準（国レベル）より引き下げるアプローチは最高裁判例に適合しない。

　表6-5では、緊縮予算政策のもとで、所得支援分岐点が引き下げられている。所得支援分岐額は、貧困線の1.7倍（1＋2/3）の300万円に設定されている（表6-5セルB27）。表6-5は、基礎所得支援給付だけが支給されるという基本形を示している。

　所得支援分岐点が、300万円と設定される場合、その分岐点の属する所得階

第2節　経済学にいう可処分所得と最低生活費残余方式

表6-6　個人所得と所得移転を統合したモデル6　緊縮予算型

前提要件	個人所得	基礎所得支援給付（最大料率）：非課税	就労所得支援給付(最大料率)：非課税	新規就労等給付(最大料率)：課税	一律税率	基礎所得支援基準給付		
	0	1,800,000	0	100,000	33%	1,800,000		4
	500,000							5
	1,000,000							6
	1,500,000							7
	2,000,000							8
	2,500,000							9
	3,000,000							10
	3,500,000							11
	4,000,000							12
	4,500,000							13
	5,000,000							14
	5,500,000							15
	6,000,000							16

ランク	個人所得（下限値）	所得移転消去率	総所得金額（貨幣所得）	課税所得金額	算出税額	経済学にいう可処分所得	総所得対税負担率	平均税率	
0	0	0	1,800,000	0	0	1,800,000	0%	—	19
1	0	0.00%	1,900,000	100,000	33333	1,866,667	2%	33%	20
2	500,000	16.67%	2,083,333	583,333	194444	1,888,889	9%	33%	21
3	1,000,000	33.33%	2,266,667	1,066,667	355556	1,911,111	16%	33%	22
4	1,500,000	50.00%	2,450,000	1,550,000	516667	1,933,333	21%	33%	23
5	2,000,000	66.67%	2,633,333	2,033,333	677778	1,955,556	26%	33%	24
6	2,500,000	83.33%	2,816,667	2,516,667	838889	1,977,778	30%	33%	25
7	3,000,000	100.00%	3,000,000	3,000,000	1000000	2,000,000	33%	33%	26
8	3,500,000	100.00%	3,500,000	3,500,000	1166667	2,333,333	33%	33%	27
9	4,000,000	100.00%	4,000,000	4,000,000	1333333	2,666,667	33%	33%	29
10	4,500,000	100.00%	4,500,000	4,500,000	1500000	3,000,000	33%	33%	30
11	5,000,000	100.00%	5,000,000	5,000,000	1666667	3,333,333	33%	33%	30
12	5,500,000	100.00%	5,500,000	5,500,000	1833333	3,666,667	33%	33%	31
13	6,000,000	100.00%	6,000,000	6,000,000	2000000	4,000,000	33%	33%	32
A	B	C	D	E	F	G	H	I	

級では、可処分所得が200万円となる。その分岐点では、基礎所得支援給付金はゼロであり、そして、総所得対税負担率は33％となる。このように、所得支援分岐点が引き下げられる場合、その分岐点で総所得対税負担率ははやくも一律税率（および平均税率）と等値になる。

　表6-5が示しているとおり、平均税率、総所得対税負担率、可処分所得、算出税額、課税所得金額、総所得金額（貨幣所得）および所得移転消去率は、正規に合理的に分布している。

　表6-6は、表6-5と同一である。ただし、課税を受ける新規就労等給付金が10万円だけ支給されると仮定する。表6-2では、課税を受ける新規就労等給付金が50万円も支給されるところ、表6-6は緊縮予算政策のなかで、新規就労等給付金額が減額されている。基礎所得支援給付（最大料率）は、基礎所得支援基準給付額（貧困線に相当）に等値とする（表6-6セルC4）。

　所得支援分岐点に至るまでの所得階級（表6-6セルB20から26まで）では、総所得金額は、表6-2よりも表6-6のほうが常に小である。その理由は、新規

359

表6-7　個人所得と所得移転を統合したモデル7　緊縮予算型

前提要件	個人所得	基礎所得支援給付(最大料率):非課税	就労所得支援給付(最大料率):非課税	新規就労等給付(最大料率):課税	一律税率	基礎所得支援基準給付		
	0	1,800,000	100,000	0	33%	1,800,000		
	500,000							
	1,000,000		ただし、					
	1,500,000		D4の数値<200.000					
	2,000,000							
	2,500,000							
	3,000,000							
	3,500,000							
	4,000,000							
	4,500,000							
	5,000,000							
	5,500,000							
	6,000,000							

ランク	個人所得(下限値)	所得移転消去率	総所得金額(貨幣所得)	課税所得金額	算出税額	経済学にいう可処分所得	総所得対税負担率	平均税率
0	0	0	1,800,000	0	0	1,800,000	0%	—
1	0	0	1,900,000	0	0	1,900,000.0	0.0%	-
2	500,000	16.67%	2,083,333	500,000	166667	1,916,666.7	8.0%	33%
3	1,000,000	33.33%	2,266,667	1,000,000	333333	1,933,333.3	14.7%	33%
4	1,500,000	50.00%	2,450,000	1,500,000	500000	1,950,000.0	20.4%	33%
5	2,000,000	66.67%	2,633,333	2,000,000	666667	1,966,666.7	25.3%	33%
6	2,500,000	83.33%	2,816,667	2,500,000	833333	1,983,333.3	29.6%	33%
7	3,000,000	100.00%	3,000,000	3,000,000	1000000	2,000,000.0	33.3%	33%
8	3,500,000	100.00%	3,500,000	3,500,000	1166667	2,333,333	33%	33%
9	4,000,000	100.00%	4,000,000	4,000,000	1333333	2,666,667	33%	33%
10	4,500,000	100.00%	4,500,000	4,500,000	1500000	3,000,000	33%	33%
11	5,000,000	100.00%	5,000,000	5,000,000	1666667	3,333,333	33%	33%
12	5,500,000	100.00%	5,500,000	5,500,000	1833333	3,666,667	33%	33%
13	6,000,000	100.00%	6,000,000	6,000,000	2000000	4,000,000	33%	33%
A	B	C	D	E	F	G	H	I

就労等給付金額の些少のみならず、所得移転消去率の急激な変化に求められる。

　可処分所得は、所得階級が所得支援分岐点に至るまでの区間（セル B20 から26 まで）では、表 6-6 のほうが表 6-5 に比べ、常に多額である（表 6-6 セルG20 から 26 まで）。この文脈において、新規就労等給付は、所得支援分岐点に至るまでの所得階級に区分される低所得者にとって、働きがいのある支払（work to pay）をもたらしている。新規就労等給付金が課税を受けるとしても、そうである。所得支援分岐点に至るまで、総所得対税負担率は 33.3％未満であり、就労意欲の高揚は強められるであろう。

　表 6-6 では、新規就労等給付金は課税を受けるので、課税所得金額の一部を構成する（表 6-6 セル E20，E21）。したがって、政府から移転する所得（すなわち新規就労等給付）もまた、関係の法律規定が課税を許容している場合には、課税を受ける（表 6-6 セル F20，F21）。

　表 6-6 でもまた、平均税率、総所得対税負担率、可処分所得、算出税額、課税所得金額、総所得金額（貨幣所得）および所得移転消去率は、正規に合理的に分布している。

第2節　経済学にいう可処分所得と最低生活費残余方式

表6-7の1　個人所得と所得移転を統合したモデル7　緊縮予算型

前提要件	個人所得	基礎所得支援給付(最大料率):非課税	就労所得支援給付(最大料率):非課税	新規就労等給付(最大料率):課税	一律税率	基礎所得支援基準給付	
	0	1,800,000	200,001	0	33%	1,800,000	4
	500,000						5
	1,000,000		ただし、				6
	1,500,000		D4の数値>200,000				7
	2,000,000						8
	2,500,000						9
	3,000,000						10
	3,500,000						11
	4,000,000						12
	4,500,000						13
	5,000,000						14
	5,500,000						15
	6,000,000						16
							17

ランク	個人所得(下限値)	所得移転消去率	総所得金額(貨幣所得)	課税所得金額	算出税額	経済学にいう可処分所得	総所得対税負担率	平均税率	
0	0	0	1,800,000	0	0	1,800,000	0%	—	19
1	0	0	2,000,001	0	0	2,000,001.0	0.0%	-	20
2	500,000	16.67%	2,166,668	500,000	166667	2,000,000.8	7.7%	33%	21
3	1,000,000	33.33%	2,333,334	1,000,000	333333	2,000,000.7	14.3%	33%	22
4	1,500,000	50.00%	2,500,001	1,500,000	500000	2,000,000.5	20.0%	33%	23
5	2,000,000	66.67%	2,666,667	2,000,000	666667	2,000,000.2	25.0%	33%	24
6	2,500,000	83.33%	2,833,334	2,500,000	833333	2,000,000.2	29.4%	33%	25
7	3,000,000	100.00%	3,000,000	3,000,000	1000000	2,000,000.0	33.3%	33%	26
8	3,500,000	100.00%	3,500,000	3,500,000	1166667	2,333,333	33%	33%	27
9	4,000,000	100.00%	4,000,000	4,000,000	1333333	2,666,667	33%	33%	28
10	4,500,000	100.00%	4,500,000	4,500,000	1500000	3,000,000	33%	33%	29
11	5,000,000	100.00%	5,000,000	5,000,000	1666667	3,333,333	33%	33%	30
12	5,500,000	100.00%	5,500,000	5,500,000	1833333	3,666,667	33%	33%	31
13	6,000,000	100.00%	6,000,000	6,000,000	2000000	4,000,000	33%	33%	32
A	B	C	D	E	F	G	H	I	

　所得支援給付を抑制して国家予算の膨張を防止するため、3に、生活手当の金額を生活保護基準（国レベル）の水準に即応させたうえで、打ち止め上限額を、総所得金額300万円の数値とする場合（参照、表6-5セルC27；表6-6セルC26；表6-7セルC26）、最低生活費残余方式はすべての所得層に保障されており（参照、表6-6セルG19-26）、かつ、所得支援受給者が就労して所得を取得するときの平均税率はなだらかに漸増する（参照、表6-6セルG19-26）。

　表6-7の事実関係は、表6-6と基本的に同一であると仮定する。ただし、表6-7での就労所得支援給付は、所得課税に服さない。就労所得支援給付の金額は20万円未満とする。表6-7の1の前提要件のもとでは、就労所得支援給付の金額が20万円以上に設定されるならば、可処分所得は、所得支援分岐点に至るまで、漸減する（表6-7の1セルG20からG27まで）ので、低所得者は働きがいのある支払を受け取れなくなる。「働きがいのある支払（work to pay）」は、所得支援分岐点の数値と所得支援給付の数値に依存している。所得支援給付スケジュールの制度設計はこの従属関数を見逃すべきではないであろう。なお、表6-7の1におけるその区間の総所得対税負担率は、表6-7の場合に比べ、

361

第2部　第6章　政府からの移転所得に対する課税モデル

表6-8　個人所得と所得移転を統合したモデル8：所得支援分岐点の長い統合型

前提要件	個人所得	基礎所得支援給付(最大料率):非課税	就労所得等給付(最大料率):非課税	新規就労等給付(最大料率):課税	一律税率	基礎所得支援基準給付		
	0	1800000	500,000	500,000	33%	1800000		
	500,000							
	1,000,000							
	1,500,000	=(1-0%)×G4						
	2,000,000							
	2,500,000				=$F$4×E21			
	3,000,000	=(B22-$B$21)/($B$32-$B$21)						
	3,500,000				=D21-F21			
	4,000,000	=MIN((B33-$B21)/($B$32-$B21),100%)						
	4,500,000	=G4×3				=F21/D21		
	5,400,000	=B20+($C$4+$D$4)×(1-C21)+$E$4				=F21/E21		
	5,000,000			=B22+$D$4				
	5,500,000							
	6,000,000							

ランク	個人所得(下限値)	所得移転消去率	総所得金額(貨幣所得)	課税所得金額	算出税額	経済学にいう可処分所得	総所得対税負担率	平均税率
0	0	0	1,800,000	0	0	1,800,000	0%	—
1	0	0	2,800,000	500,000	166,667	2,633,333	6%	33%
2	500,000	9.26%	3,087,037	1,000,000	333,333	2,753,704	11%	33%
3	1,000,000	18.52%	3,374,074	1,500,000	500,000	2,874,074	15%	33%
4	1,500,000	27.78%	3,661,111	2,000,000	666,667	2,994,444	18%	33%
5	2,000,000	37.04%	3,948,148	2,500,000	833,333	3,114,815	21%	33%
6	2,500,000	46.30%	4,235,185	3,000,000	1,000,000	3,235,185	24%	33%
7	3,000,000	55.56%	4,522,222	3,500,000	1,166,667	3,355,556	26%	33%
8	3,500,000	64.81%	4,809,259	4,000,000	1,333,333	3,475,926	28%	33%
9	4,000,000	74.07%	5,096,296	4,500,000	1,500,000	3,596,296	29%	33%
10	4,500,000	83.33%	5,383,333	5,000,000	1,666,667	3,716,667	31%	33%
11	5,000,000	92.59%	5,670,370	5,500,000	1,833,333	3,837,037	32%	33%
12	5,400,000	100.00%	5,900,000	5,900,000	1,966,667	3,933,333	33%	33%
13	5,500,000	100.00%	6,000,000	6,000,000	2,000,000	4,000,000	33%	33%
14	6,000,000	100.00%	6,500,000	6,500,000	2,166,667	4,333,333	33%	33%
A	B	C	D	E	F	G	H	I

わずかに軽くなっている（表6-7の1セルH21からH25まで）。受給される非課税の就労所得支援給付金は、総所得金額を加増する一方、算出税額を増減しないからである。

　表6-7と表6-6の相違点は、支給される就労所得支援給付が課税されず、他方、支給される新規就労等給付が課税される点にある。給付金額は同一と仮定する。言うまでもなく、国民の立場からすれば、非課税の受給金は、所得支援分岐点に至るまでは、可処分所得と総所得対税負担率にとって有利である（比較参照、表6-7と表6-6におけるセルG列とH列）。

　表6-8は、所得支援分岐点の長いモデルを統合したモデルで表わしている。所得支援分岐点は、貧困線に一律税率の逆数を乗じて得られる積とする。ここでは、540万円がその分岐点である。

　ランク1に区分される個人所得がない無所得者は、新規就労の努力をしない限り、税引き後の正味所得移転の合計額として180万円を受け取り（表6-8セルG20）、そしてランク12に区分される中所得者は、可処分所得として3,600,000円を受給しうる（表6-8セルG32）。

362

第2節　経済学にいう可処分所得と最低生活費残余方式

表6-9　個人所得と所得移転を統合したモデル9：所得支援分岐点の短い緊縮統合型

前提要件	個人所得	基礎所得支援給付（最大料率）：非課税	就労所得支援給付（最大料率）：非課税	新規就労等給付（最大料率）：課税	一律税率	基礎所得支援基準給付		
	0	1800000	500,000	100000	33%	1800000		
	500,000			ただし、				
	1,000,000			セルE4の値<20,000				
	1,500,000			=B20+$E$4				
	2,000,000							
	2,500,000							
	3,000,000	=B20+($C$4+$D$4)×(1-C20)+$E$4						
	3,500,000							
	4,000,000							
	4,500,000							
	5,000,000							
	5,500,000							
	6,000,000							

ランク	個人所得（下限値）	所得移転消去率	総所得金額（貨幣所得）	課税所得金額	算出税額	経済学にいう可処分所得	総所得対税負担率	平均税率
0	0	0	1,800,000	0	0	1,800,000	0%	—
1	0	0	2,400,000	100,000	33,333	2,366,667	1%	-
2	500,000	16.67%	2,516,667	600,000	200,000	2,316,667	8%	33%
3	1,000,000	33.33%	2,633,333	1,100,000	366,667	2,266,667	14%	33%
4	1,500,000	50.00%	2,750,000	1,600,000	533,333	2,216,667	19%	33%
5	2,000,000	66.67%	2,866,667	2,100,000	700,000	2,166,667	24%	33%
6	2,500,000	83.33%	2,983,333	2,600,000	866,667	2,116,667	29%	33%
7	3,000,000	100.00%	3,100,000	3,100,000	1,033,333	2,066,667	33%	33%
8	3,500,000	100.00%	3,600,000	3,600,000	1,200,000	2,400,000	33%	33%
9	4,000,000	100.00%	4,100,000	4,100,000	1,366,667	2,733,333	33%	33%
10	4,500,000	100.00%	4,600,000	4,600,000	1,533,333	3,066,667	33%	33%
11	5,000,000	100.00%	5,100,000	5,100,000	1,700,000	3,400,000	33%	33%
12	5,500,000	100.00%	5,600,000	5,600,000	1,866,667	3,733,333	33%	33%
13	6,000,000	100.00%	6,100,000	6,100,000	2,033,333	4,066,667	33%	33%
A	B	C	D	E	F	G	H	I

　ランク2に区分される、新規就労等給付を受け取る者は、可処分所得の金額を2,663,333円受け取りうる（表6-8セルG21）。失業状態にある者が、一定の要件のもとで、新規に就労する努力をすれば、新規就労等給付を受けることができ、そのような努力をしない者に比べ、税引き後の手取り受給額として863,330円多く取得しうる。そのような者が500万円の個人所得を取得する場合であっても、彼女は税引後の可処分所得2,722,840円を取得しうる（表6-8セルG22）。これは、低所得者から中所得者の人々が幅広く政治的に表6-8プランを当持するであろうことを示唆している。

　表6-9は、所得支援分岐点の短い予算緊縮型を統合したモデルで表わしている。所得支援分岐点は300万円に設定する。

　ランク1に区分される個人所得がない無所得者は、新規に就労の努力をしない限り、可処分所得として180万円を受け取り（表6-9セルG19）、そしてランク6に区分される低所得者は、可処分所得として2,116,667円を受給しうる（表6-9セルG25）。

　ランク1にある者で、就労所得支援給付と新規就労等給付を受け取るものは、可処分所得の金額を2,366,667円を受け取りうる（表6-9セルG20）。失業状態

363

第2部　第6章　政府からの移転所得に対する課税モデル

にある者が、一定の要件のもとで、新規に就労する努力をすれば、新規就労等
給付を受けることができ、そのような努力をしない者に比べ、税引き後の手取
り受給額として 56.7 万円多く取得しうる。他方、ランク 6 に区分されるその
ような者が 250 万円の個人所得を取得する場合であっても、彼女の可処分所得
は、ランク 1 のものより、かえって小さくなる。所得支援分岐点が小さく設定
されたためである。これでは、低中所得者は働きがいを覚えないであろう。

　ランク 7 に属する者が 300 万円の所得支援分岐点を上回る個人所得を取得す
る場合、彼女は、所得支援給付金を受給しえない。なぜなら、彼女は、自立し
て生活を営みうる能力を有しているからである。とはいえ、彼女の可処分所得
はランク 2 からランク 7 までの稼得者よりも小さい。

　表 6-8 および表 6-9 が示すように、すべての者は、本モデルのもとにおいて、
貧困線を上回る可処分所得を取得しており、これは憲法の保障する生存権を満
たしている。ただし、所得支援分岐点の設定は、就労インセンティブにとって
極めて有意である。

　最後に、所得支援分岐点を越える課税所得は、一律税率制度のもとで、いず
れの場合（表 6-1、表 6-2、表 6-3 の各セル H32 から 34 まで）にも同一の総所得
対税負担率で課税を受けている。

　平均税率は、所得のある所得階級ではすべて、同一である（表 6-1、表 6-2、
表 6-3 の各セル I22 から 34 まで）。

　表 6-1 から表 6-9 にかかる数式はつぎのように一般化できる。

$$\text{所得移転総額} = \sum_{i=0}^{14} (\text{基礎所得保障給付} + \text{就労所得給付} + \text{新規就労等給付})$$
$$\times (1 - \text{所得移転消去率}_i) \times \text{人数}_i \qquad \langle\text{数式}3\rangle$$

より一般的に表現しなおすと、

$$\text{所得支援給付総額} = \sum_{i=0}^{14} (\text{基礎所得支援給付} + \text{配偶者所得支援給付}$$
$$+ \text{就労所得支援給付} + \text{児童所得支援給付})$$
$$\times (1 - \text{所得移転消去率}_i) \times \text{人数}_i \qquad \langle\text{数式}4\rangle$$

$$\text{政府負担額} = \Sigma \text{所得支援給付} \times \frac{1 - \text{所得階級}i \times \text{税率}}{\text{所得支援給付}} \times \text{人数} \qquad \langle\text{数式}5\rangle$$

364

$$政府負担額 = \Sigma(所得支援給付 + 給付金 +) \times \frac{1 - 所得階級\, i \times 税率}{所得支援給付} \times 人数$$

〈数式6〉

　政府からの所得移転は、国民総生産に含まれないけれども、租税法学の視点からは、納税義務者の純財産を増加しているから、所得の金額を計算するうえで除外すべき理由はなく、所得税法の基本原則である応能負担原則の観点からは、むしろ、政府からの所得移転は、経済的所得を意味する総所得金額の計算上算入されてしかるべきである。

　基礎所得支援給付金を受給する者が、稼得所得を得る場合に、その者の貨幣所得(=基礎所得支援給付金＋稼得所得)を所得課税に服させるならば、第2章で説明した飛躍問題は生じない。また、生活保護を受けている者が、少しばかりの稼得所得を取得すれば、生活保護給付金の大半を受給できなくなるといった、隠れた負の税率問題は、貨幣所得(=移転所得＋稼得所得)を所得課税に服させるならば、解消しうる。表6-8にみられるように、所得支援給付金(移転所得)に対する課税は、可処分所得金額が生存に要する所得額を超えている限り、飛躍問題や負の税率問題をはじめなんら問題を生じない。

　ところが、政府からの所得移転の或るグループは所得課税に服するのに対し、その他のグループは所得課税に服さない。たとえば、新規就労等給付金は所得課税を受ける。他方、典型的には、租税クレジット(所得支援給付金、給付つき税額控除)は所得課税の対象とされていない。新規就労等給付金の取得者に対する所得課税は、就労インセンティブにとってブレーキをかける。就労租税クレジット(就労所得支援給付金)は、実証研究によれば、就労インセンティブを向上させている。

　はたして、政府からの所得移転に対する所得非課税はどのような理由で正当化されるのであろう。

第3節　政府からの所得移転を課税しないでおく理由は、政府からの金銭給付を補完

　政府からの所得移転を課税しないでおく理由のひとつは、政府からの所得移転に所得課税を行うとすれば生じるであろう税額分を(その税引き後の)所得移転額に上乗せするという補完の効果をもたせるためである。このような行政

第2部　第6章　政府からの移転所得に対する課税モデル

便宜を斟酌すると、政府からの所得移転は典型的には所得移転非課税の原則に基づくこととなる[25]。

　しかし、政府からの所得移転（政府からの金銭給付）が受給者の経済的所得を増加させ、実際に経済的給付能力を増大する。それにもかかわらず、この所得移転が客観的課税標準（総所得金額）に算入されないならば、その結果、納税義務者個人の経済的給付能力（担税力）を表現しえなくなる。

　そこで、政府からの金銭給付について、経済的給付能力の有無を判定する基準を考察するため、政府からの所得移転の法的性格（たとえば生存権保障の有無）に着眼して[26]、さらに、就労意欲の向上に対する税負担のあり方に着眼して[27]、分析することとする。

第4節　政府からの金銭給付に対する課税

　生存権保障の性格をもたない政府からの金銭給付は、所得移転課税の原則の下で、所得税に服し、その所得移転について課される税金は、政府に還流される。このため、受給者は、政府からの金銭給付を経済的に最適に有効に消費または投資して、稼得所得を最大限に取得しなければ、稼得所得を得ないまま税金をみすみす支払うだけとなる（参照、表 6-2 セル F21、表 6-5 セル F21）。

1　就労意欲の向上のためのインセンティブ

　たとえば、雇用保険法は、第 10 条第 3 項において求職者給付を列記し、これらを課税に服させている。これらは生存権の保障を直接の目的としていない[28]。

　これらの規定は、高年齢求職者、短期雇用特例被保険者及び日雇労働被保険者が求職していることなどを要件として給付される所得移転に対し、所得税を

---

[25]　Giloy(1982), 129..

[26]　Cf. Giloy(1982), 129..

[27]　木村（2007）431-495 頁。

[28]　これと類似して、母子家庭自立支援給付金（常用雇用転換奨励給付金、自立支援教育訓練給付金、高等職業訓練促進給付金及び高等職業訓練修了支援給付金。母子及び寡婦福祉法 31 条）は、生存権の保障を目的としておらず、所得課税に服し、求職者給付金と同様に、所得補足の機能をもっている。生存権保障の性格が欠けていることは、このような政府からの金銭給付の金額が職業訓練の奨励と就労意欲の向上を目的としていることから明らかであり、そして、その個人の最低生活費の保障にとっての必要度が問題でないことからも明らかになる。

366

課すことを定めている。このような求職者が入職し稼働所得を取得したとき、求職者給付金と稼働所得との合計が、所得税に服する。

生存権保障の性格が欠けていることは、このような政府からの金銭給付の金額が職業訓練の奨励と就労意欲の向上を目的としていることから明らかであり、そして、その個人の最低生活費の保障にとっての即応の必要性が問題でないことからも明らかになる。

就労意欲のインセンティブを斟酌して、われわれは、体系上、求職者給付金を就職支援給付のグループに位置付けるべきだと思料する。

ただし、稼働所得がある水準の金額を超えると、求職者給付金が全額支給されなくなるのは、問題である。就労意欲にインセンティブを与えるため[29]、求職者給付金の金額は、稼得所得が増えるに従って徐々に消去しやがては打ち止めにする（所得移転消去率。参照、表6-1ないし表6-9各セルC列）。1つのモデルとして、求職者給付金の打ち止め上限額を、所得支援分岐額（所得支援基準給付額に税率分の1を乗じた数値）に等しくする方式が考えられる（表6-1セルB32、表6-2セルB32、表6-3セルB32）。この場合、理論上は整合的なモデルが築かれる。ただし、求職者給付基準額が多額であれば、平均税率がスムースに上昇せず、でこぼこになるうえ（表6-7の1）、国家予算が所得支援給付のために膨大となり、現実に即した正義を実現しえない。

さらに、求職者給付金および失業等給付が就労意欲を程よく刺激する効果を有することは、表6-6セルG20-25および表6-7セルG20-25にみる数値（経済学上の可処分所得）が稼得所得300万円の場合の可処分所得の金額へと徐々に増加しており、また、総所得対税負担率もスムースに上昇していることから、首肯できるであろう。

2 貧困児童の撲滅と新生児誕生のためのインセンティブ

子ども手当給付法は、その16条において、子ども手当として支給を受けた金銭を標準として、租税その他の公課を課することができないと規定する（公課禁止）。子ども手当を受給する者（子ども手当法4条1項各号）の受給資格には、受給者の所得制限が定められていない（子ども手当給付法5条、子ども手当給付法施行令1条）。

---

[29] 参照、雇用保険法10条の2（就職への努力）。就職への努力は、雇用保険法自体が就労意欲のインセンティブを与えるような給付金の給与のあり方を工夫する措置を講ずることによって、より確実に制度保障できる。

児童扶養手当についてもこれと類似している（児童扶養手当法25条（公課禁止）、9条・同法施行令2条の4（所得制限））。

とくに少子化社会において、前述の児童手当に加えて、新生児の誕生と保育についてインセンティブを強めるため[30]、新生児の誕生4ヶ月前から満7歳に至るまでのあいだ実質的に児童を養育する母親、および、1997年改正児童福祉法改正による児童養護施設の長らに給付する幼少児童手当に関する法制度が恒久的に法定されるべきであろう。幼少児童手当は、少子化対策の実効性を担保するため、特定額を給付し、2名以上の新生児には割り増して支給する。

これと類似して、知識産業社会及び産業構造転換のもとにおける教育・職業訓練の重要性に鑑み、満16歳を超え満30歳未満の適格な青年については、高度な専門教育や職業訓練についてインセンティブを強めるため、その適格青年に給付する青年教育訓練手当に関する法制度が恒久的に法定されるべきであろう。

しかしながら、これらの子ども手当及び児童扶養手当及びならびに幼少児童手当及び青年教育訓練手当や特別育成費[31]は、生存権保障のためではない、政府から給付される所得移転であるから、原則として、課税に服すべきであろう。

これらの子ども手当等は、スタートの平等及び機会均等（平等原則）の実現を目的とする。

これらの子ども手当等に対する課税が行われ、かつ所得移転消去率が適用されるべきである（参照、表6-2セルC21ないし34よりむしろ、国家予算の負担を斟酌して、表6-6セルC20ないし32）。このような要件のもとで、こども手当等にかかる受給者の所得制限要件は撤廃してしかるべきこととなろう。

第5節　政府からの金銭給付に対する非課税： 所得移転消去率の併用

1　就労インセンティブの性格をもつ、政府からの金銭給付

失業等給付金に対する課税は禁じられている（雇用保険法12条）。失業等給付金は、⑴求職者等給付（その給付基準は以前の報酬の一定割合など）、⑵就職促進給付（その給付基準は以前の報酬の一定割合など）、⑶教育訓練給付（その給付

---

[30] 参照、少子化社会対策基本法16条（経済的負担の軽減）。
[31] 1973年以降、特別育成費の支給によって児童養護施設入所児童の公立高校などへの進学を可能とする。

第5節　政府からの金銭給付に対する非課税：所得移転消去率の併用

基準は実費の一定割合）、(4)雇用継続給付（その給付基準は以前の報酬の一定割合
など[32]）からなっている。

　これと類似して、職業転換給付金（雇用対策法 18 条）は譲渡等を禁止され
（同法 21 条）、公課も禁止されている（同法 22 条)[33]。

　失業等給付金の多くのケースでは、確かに、失業手当金の譲渡性が欠けてい
る（同法 11 条）ので、失業等給付金の取得はその者の最低生活費にとっての即
応の必要性を前提としていると解する余地がある。しかし、方法論的には、就
職の機会を支援する機能が前面にある。失業等給付金に対する課税が現行法上
禁止されているが、しかし、課税を受けてしかるべきであろう。

　職業転換給付金について、産業構造転換に呼応する就労意欲のインセンティ
ブを看過できず、技能習得の一身専属性や個人の尊厳（人格権の自由な発展）
の要素を斟酌しても、なお生存権保障の性格を欠いているので、われわれは、
体系上、職業転換給付金を就職支援給付のグループに位置付けるべきであり、
課税に服させるべきだと思料する。

　このような就労インセンティブの性格をもつ、政府からの金銭給付について
も、所得移転消去率が適用されるべきである（参照、表 6-4 セル C2 1 ないし 35
よりむしろ、表 6-6 セル C20 ないし 32）から、これら所得移転にかかる受給者の
所得制限要件は撤廃してしかるべきである。

2　生存権保障の性格をもつ、政府からの金銭給付

　生活保護法は、保護金品を給与し、又は貸与される権利（生活保護法 6 条 3
項）など保護を受ける権利の譲渡を禁止し（同法 59 条）、公課も禁止している
（同法 57 条）。

　政府からの金銭給付のうち、もっぱら生存権保障を目的とする所得移転につ
いては、その取得はその者の最低生活費にとっての即応の必要性を前提として
いる（必要即応の原則）。

　しかし、これらの公課禁止は、深刻な問題を引き起こしている。公課禁止と

---

[32]　もっとも、育児休業給付について、出生率の向上のためその給付割合を引き上げる必
　要がある。

[33]　とくに職業転換給付金について、産業構造転換に呼応する就労意欲のインセンティブ
　を看過できず、習得技能の一身専属性や個人の尊厳（人格権の自由な発展）の要素を斟
　酌しても、なお生存権保障の性格を欠いているので、われわれは、体系上、職業転換給
　付金を所得補足給付のグループに位置付けるべきであり、課税に服させるべきだと思料
　する。

第2部 第6章 政府からの移転所得に対する課税モデル

引き換えに、生活保護給付金の受給資格が入職し所得をいくばくか取得すると
たちまち、生活保護給付金の受給資格（生活保護法8条1項、2項（基準及び程
度の原則））を喪失する。これは、就労に対するディスインセンティブとなる。

　この貧困の罠から抜け出る解決方法は、生存権の保障に要する政府からの金
銭給付（生活保護基礎給付に照応する金額[34]の生活手当[35]）について、所得移転
消去率ルールを採用する手法である（参照、表6-1セルC, D, E列、表6-5セル
C, D, E列）。すなわち、生存権の保障に要する政府からの金銭給付を算出す
るため、所得移転給付基準額に所得移転消去率を適用して計算する（参照、表
6-5セルC20ないし35）。その結果、平均税率は逓増するが（参照、表6-5セル
H19-26、表6-6セルH19-26、表6-7セルH19ないし26）、しかし、平均税率[36]は
一律税率構造構造のもとでつねになだらかに上昇カーブを描き、限界税率はつ
ねに一定である（表6-5セルI21-35、表6-6セルI20-32、表6-7セルI21-32）。

　納税義務のある稼働所得や新規就労給付と課税を受けない基礎社会支援給付
とが併存する結果、就労していなかった人々が入職し所得を取得しはじめる場
合、その者は、所得移転消去率ルールのもとで、所得支援分岐点に至るまで所
得支援給付金を受給しうるうえ（垂直的平等）、このような受給者もまた、所得
支援の区間が長ければ長いほど、就労意欲を向上しうるのみならず、個人所得
について納税義務を果たすこととなるだろう（表6-7セルH19ないし26と表
6-6セルH19ないし26と比較せよ）。失業の罠はかくして解決する。

　所得移転消去率の制度は、受給資格要件（とくに所得制限）の緩和撤廃と就
労意欲の高度インセンティブと納税義務の覚醒のため、さらに、生存権保障の
ための政府からの金銭給付に対する逆進性の目的を実現するため導入されるべ
きであろう。

第6節　展　　望

　税制を用いた所得移転給付モデルは、1に、基礎控除など人的所得控除に代
えて、政府からの所得移転（基礎所得支援給付金など）を支給し、その受給者の

---

[34]　生活保護法上貧困基準をとりあえず採用してよい根拠について、参照、A.B. Atkinson,
　　The Economics of Inequality, Oxford: Clarendon 1975, p. 190; アトキンソン（1981）226-
　　228頁（公的貧困基準）。
[35]　生活保護給付金そのものは廃止される。
[36]　参照、井手(1986) 202頁以下。

第6節 展 望

個人所得の金額が増大するにつれて累進の所得移転消去率を適用して、移転所得の金額（所得支援給付金）を削減しやがてゼロ（零）に消去すること、2に、最低生存権の保障に要する政府からの金銭給付（すべての低所得者に対する生活手当）については、当該金銭給付の金額を総所得金額に算入しないこと、3に、最低生存権の保障に関係のうすい、就職の機会などを支援する目的を持つ、政府からの金銭給付については、稼得所得と同様に、当該金銭給付の金額を総所得金額に算入すること、4に、税率構造は1本の一律税率（たとえば33.3％）にとどめること[37]、5に、以上に叙述した政府からの所得移転について租税クレジット法（所得支援給付法）を包括的に創設し個別の所得保障法（生活保護法を含む）を統廃合すること、6に、所得税法は生存権保障を目的とする人的所得控除規定を削除することに特色を有する。

所得税法および所得支援給付法は、納税義務者がその取得する貨幣所得のうち、所得税引き後に、最低生活費（ここでは貧困線に相当する所得支援基準給付）を下回らない金額を残すことができるように規定すればそれでよい（最低生活費残余方式）[38]。そうすれば、納税義務者も所得支援受給者もともに、最低生活費の確保について政府から等しく保障されるからである。この最低生活費残余方式は、最低生活を保障する所得に対し課税を避けるべきであるという命題と必ずしも矛盾しない[39]。所得税引き後の所得が、なお最低生活の維持のために必要不可欠な必要額を賄うことができるからである。また、最低生活費残余方式は応能負担原則に矛盾するわけではない。一律税率税制が本モデルに内蔵されているから、高所得者ほどにより多額の税額を支払うべきである。

現行の所得税法は、生存権保障に要する必要不可欠な所得を人的所得控除（基礎控除、配偶者控除及び扶養控除など）の形で所得課税に服させないように規定する。この措置によって、その人的所得控除にかかる政府からの隠れた所得移転は、超過累進税制のもとでは、中低所得者に比べ高所得者の側により大きくもたらされる。これは人的所得控除制度の逆進効果として理解されている。しかも、その所得移転は、国民の目から見れば透明性に欠け、政府の側で説明責任を果たしていない。このアポリアは、最低生活の維持に要する必要不可欠

37　木村陽(2003) 2頁；岩城(2000) 65頁；野口(1985) 24頁。
38　Beschluß vom 25.9.1992 BVerfG, BStBl 1993 II 413. 参照、本書第15章。
39　この命題を実現するための租税法上のテクニックとしては、ゼロ税率ブラケット制度、人的所得控除制度、各種支援手当の賦与制度、または、所得移転に対する所得税を課した後に最低生活費を確保する最低生活費残余制度がその例である。

な金額が、法律の規定に基づいて、政府から明示的に所得移転の形態で納税義務者に支給されるならば、解決しうる。

本書で提示する所得支援給付モデルは、一方で1本のフラット税率（比例税率）により所得の多寡に比例して所得税を徴収し（応能負担原則の実現）、他方で、所得支援給付によってそのニーズに応じて低所得者にはより多くの公的給付金を支給する（必要即応の原則の実現）こととし、このような2本柱を統合して税＋社会保障システムを構築する。一方で、比例税率の適用は、死荷重をなくし、その結果、就労のインセンティブが円滑に推し進められる。他方、必要即応の原則のもとで、政府から給付される所得支援の金額は、当事者の稼得所得の多寡に応じて、削減消去される。このような削減消去は、政府予算の節約のみならず、当事者の経済的自立を促すうえでも必要である。

所得税法の要請する応能負担原則と社会保障法の要請する必要即応の原則とを実現するため、本モデルは、租税クレジット法（国民所得支援法）の法律要件に基づいて、政府からの所得移転（金銭給付）として所得支援給付（基礎控除、配偶者控除及び扶養控除などに取って代わる租税クレジット）を納税義務者及びその家族に支給することを提言する生存権保障のための政府からの移転給付は、所得支援分岐点ルールと所得移転消去率ルールのもとで高所得者に比べ低中所得者により有利に作用し、所得の再分配効果が（就労租税クレジット、児童租税クレジット、基礎租税クレジット、配偶者租税クレジットからなる）所得支援給付を通して働くこととなる。

以上を要約すれば、次のとおりである。

本メカニズムデザインは、所得格差と就労機会格差、教育格差の著しい社会において、生存権保障を実現するため、所得税引き後の可処分所得が、（生活保護給付基準に相当する）最低生活費に要する水準を確実に上回るように目指して描かれている。

本章で提示するモデルは、所得税法上の人的所得控除および生活保護法上の生活保護給付を撤廃し、「負の所得税」理論から誕生しているアイデアを所得支援給付法の形に換骨奪胎して、相対的貧困線（又はその一定割合）の3倍の金額（所得支援分岐点）を下回るすべての生活困窮者や低所得者にその者の個人所得の多寡を斟酌して、所得支援給付金を賦与しようとするものである。本モデルは、所得移転消去率は個人所得の多寡に比例して決定され（0％から所得支援分岐点で100％まで）、各人の受給しうる所得支援給付額が所得支援基準給付額に所得移転消去率を乗じて計算される、という基本メカニズムをデザイ

第6節 展 望

ンしている。このメカニズムでは、中高所得者は所得移転消去率の漸増のため、受給しうる所得支援給付額を削減消去されていく（所得移転消去率ルール）。このようにして所得支援基準給付額はこの消去率を適用をされていわば相殺税を控除され、所得支援給付金額が査定される。

このような所得支援給付メカニズムとは別に、受給者及び非受給者は、個人所得について一本の比例税率により所得税を算定しそして納税する。

中低所得者が受給しうる所得支援給付額と所得税と比べて相殺し、前者が大であれば、彼彼女らは正味に所得支援給付金を受領し、そして、後者が大であれば、正の所得税を支払う義務を負う。

本モデルの効用は、(i)就労意欲の向上のためのインセンティブおよび(ii)貧困児童の撲滅と新生児誕生のためのインセンティブを与えるとともに、(iii)生活保護給付を受けるための資産テストを削減でき、(iv)人的所得控除にかかる政府からの隠れた所得移転がもつ逆進効果も消滅し、(v)総所得対税負担率は累進的であるので垂直的平等の要請を満たし、かつ、所得支援受給者とそうでない納税義務者とのあいだにおいて平均税率はつねに一定であるので水平的平等の要請を満たしうる点にもあらわれる。そして、何よりも、すべての人々は、実質的に生存に必要な所得（最低生活費用に要する所得）を可処分所得に見出すことができる。

ベーシック・インカムの観念は、本モデルと無関係である。ベーシック・インカムの思想によれば、その所得は、富裕者を含めすべての国民に対し政府から一律に普遍的に給付される[40]。

---

[40] ヴェルナー(2007) 10-11頁；ヴェルナー(2009)。参照、小沢(2002)；フィッツパトリック(2005) 3-6頁、104頁（負の所得税とベーシック・インカムが同じでない理由を説明）。ベーシック・インカム構想の系譜について、参照、小沢(2002) 101-1頁（ジュリエット・リーズ・ウィリアムズ女史による新契約論構想が今日のベーシック・インカム構想に直接につながる。彼女と親交のあったM. フリードマンによって負の所得税構想としてデザインしなおされて提案された）。

第7章　所得税引き後の所得金額が最低生活必要額を保障すればよいとする、最低生活費残余説

第1節　問題提起

　生存権を保障するため、最低生活費に要する所得に対して所得税を課税すべきでないという要請は、日本の租税法学においてひろく合意されているといってよいだろう [1,2]。

　この要請は、1992年ドイツ連邦憲法裁判所決定（以下「1992年決定」という。）[3] によってもドイツ租税法学者によっても首肯されている。

　しかし、1992年決定は、この要請について、2様に説示されており、1に、前記の原則論であり、2に、現実に即した指針を明示する。すなわち、所得税債務の履行後に、社会保障給付額に相当する最低生活必要額が納税者のもとに

---

[1] 　金子(2009) 173-174頁（所得のうち本人及びその家族の最低限度の生活を維持するのに必要な部分［いわゆる生存保障所得控除］は、担税力をもたず、課税総所得金額から除外される）。ただし、シャウプ勧告は、基礎控除額及び扶養控除額を設定するにあたり、それらが納税者の最低生活費をカバーすることを念頭に置いていたわけではない（シャウプ使節団(1949) 4章B）。

[2] 　たとえば、吉村(2007) 17-18頁（納税者が、「みずからおよびその家族の生存を保障するため必要不可避な支出」を課税から免れうるべきか、または、稼得した所得を所得税の納税に優先的に充当させることを求めるかについて、個人の尊厳が最大限に尊重されなければならないとすれば、前者がより重要である）。

　　参照、Schanz(1923-1929), S 911（最低生活費を課税しないとする説は、Justi(1766),Sonnenfels(1787), Bentham(1795), Sismondi(1819)にさかのぼる。異論を主張する者として、Cohen, Finanzwissenchaft, S.272ff., 1889が紹介されている。SS.911-912）。

[3] 　同決定の紹介として、参照、清永(1996) 229頁以下；谷口(2007) 24-25頁；三木(2007) 31頁以下。これらはいずれも1992年決定についてのドイツの議論を考慮していない。ゼロ税率ブラケット方式と所得控除方式の対立、税額控除方式の当否、社会扶助法上の所得と所得税法上の所得との相違などがその議論の例である。

　　さらに、それら紹介記事は、ドイツ所得税法の採用する多段階累進税制を前提としてゼロ税率ブラケットについて議論せず、超過累進税制を前提として「人的控除」について議論されていた。しかし、これら二つの累進税制の異同が、ゼロ税率ブラケットの意義と機能に大きな相違をもたらすことは、後に論証する。

　　ドイツ所得税法上の最低生活費に関する、確立した判例は、参照、Beschluß v. 31.05.1988 BVerfG, 1 BvR 520-83, BVerfGE 78, 232。

第2部　第7章　最低生活費残余方式

残っていればよい（これを以下「最低生活費残余方式」と略称する）。

　日本所得税法に定める人的所得控除について、総所得金額[4]から人的所得控除額[5]を減額して計算される課税所得金額[6]に限界税率[7]というよりむしろ平均税率（参照、本書第1章）を乗じて算出される金額は、政府からの隠れた所得移転を意味する[8]。その所得移転が逆進性を有すること、生存権を保障する基礎控除等の金額[9]が世帯単位でみるなら生活保護法上の給付基準に比べて低いこと、および、その基礎控除等の金額を増大すれば課税ベースが縮小し、その結果、所得税による税収が減少することは、日本では周知の事実である。他方、ドイツ所得税法に定めるゼロ税率ブラケット規定は、最低の所得階級に属する課税所得金額に対して税率を適用するに際し、その税率をゼロ（0）％と定める。しかも、ドイツ所得税法は、多段階累進税制を採用している。多段階累進税率のもとでは、各所得階級に属する納税者は、その階級（ブラケット）に定められた税率[10]だけを課税所得の全額に適用して税額を算出する。

　このような特徴をもつドイツ所得税法のもとで、まず、人的所得控除制度と

---

[4]　これを以下「客観的課税標準」ともいう。

[5]　これを以下「人的控除額」とも略称する。

[6]　これを以下「主観的課税標準」ともいう。主観的課税標準について、参照、木村（1999）335-338頁。

[7]　限界税率とは、課税対象となる追加的所得に比例する。限界税率35パーセントの者が追加的な1円を稼ぐと、35銭を税として支払う。扶養控除により課税所得は減少するが、節税される税額（いいかえると租税支出額）は控除額の35パーセントとなる説明されることがある。参照、アトキンソン（1981）279頁注(1)及びこれに対応する本文。

　　限界税率：$\varDelta T／\varDelta Y$

　　ここで、$\varDelta T$：個人の所得税負担額増分

　　　$\varDelta Y$：個人の課税ベース増分

　　平均税率は、個人の課税ベースにしめる所得税負担額の割合をいう。つまり、所得が課税に服する百分率をいう。平均税率とは、課税所得全体に占める税額の比率をいう。租税債務が15,000DMであり、課税所得金額が45,000DMであるとき、平均税率は33 1/3％である。日本の所得税法についても、同様の概念（「平均税率」）が用いられる。河野（2,004）245頁。

　　平均税率：$T／Y$

　　ここで、T：個人の所得税負担額

　　　Y：個人の課税ベース

[8]　Cf. Halperin (1986). p.506 (disguised loans); 木村（2004）29-53頁。

[9]　給与所得者のみならず、その他事業所得者や山林所得者等もまた、生存権保障のための基礎控除権等を行使できる。基礎控除等の金額に給与所得控除額を含める統計数値は、誤解を招く。

[10]　これを税額算出数式または数式税率という。

376

ゼロ税率ブラケット制度との機能の異同がドイツ学説において議論されたが、その行方はどうか。2に、1992年決定およびドイツ学説はゼロ税率ブラケット額にかかわる逆進性を認識しているかどうか。1992年決定および学説はその所得移転の逆進性を改めるシステムについてどのような発言を行っているか。3に、1992年決定と学説はゼロ税率ブラケット額と公的扶助給付額（日本流に表現すれば、生活保護給付基準額）との同一水準またはそれ以上を要請しているが、その要請は、何を意味しているのか。4に、ゼロ税率ブラケット額（基礎控除等の合計額）が、世帯単位で観察するとして、公的扶助給付額（生活保護給付基準額）と等値であれば、政府は、納税者と生活保護受給者とをどのような意味で水平的平等に取り扱うことになるであろうか。ゼロ税率ブラケット額は、先に説明したように、日本の基礎控除等と同様に、政府からの隠れた所得移転として機能し、同様に、生活保護給付もまた、政府からの明示的な所得移転として機能する。所得移転の絶対額は、基礎控除額等と生活保護給付額とを比較するとき、税率に照らし、前者のほうがつねに小であることは明白である。5に、ふたつの種類の所得移転の金額が納税者と生活保護受給者とのあいだで等しくあるべきだろうか。

これらの難問を解決するため、1992年決定をめぐる議論からどのような教訓を学ぶことができるかについて、考察する。考察の前提として、ドイツ所得税法の定める累進税率構造と税額の計算過程を略説しておきたい。

第2節　所得税法32条a（税率）の税率構造と税額の計算過程

ドイツ所得税法における総所得金額マイナス所得控除額イコール課税所得金額という計算過程は、日本の場合と基本的に類似する。ドイツ所得税の累進税率制度は、納税者の課税所得がいずれの所得階級に属するかに応じて、その属する所得階級の数式税率[11]を課税所得全額に適用して税額を算出する（数式累

11　数式税率（数式を用いる税率）。数式税率の本質は、平均税率、租税債務および限界税率の曲線が数式で表現される点にある。その際、階段がなくそしてジャンプがなく屈折の生じない、税負担の曲線を得ることができる。

　　ただし、このような数式税率の長所は、次によって、少しばかり減じられる。実務で適用するとき一般にたいていは、所得階級を用いた所得税率表によって税額が計算されている。納税者は所得の僅かな増加によって次の上の所得階級に入り込む場合、具体のケースでは、当該税額の増加が当該所得の増加を上回ることもありうる。

　　所得金額の全領域にわたって統一的な数式税率を見つけ出すことは大変難しいので、

進税制 [12]、多段階累進税制 [13])。フラット税率と数式税率を併用する多段階累進税制は、ふたつのブラケット（所得階級）をまたぐ限界税率や平均税率の推移がほとんどスムースであり、この点で、日本の超過累進税制 [14] と異なる。

1 1985年所得税法

最低生活費に要する必要額をゼロ税率ブラケットにおいて保障するのが所得税法の体系上適切であるという説（以下「ゼロ税率ブラケット方式」という）が公表された、当時の1985年ドイツ所得税法32条a（税率）の規定について、税率構造と税額の計算過程を説明する（参照、表7-2）。ただし、その税率の構造は1990年税制改正法 [15] によって各所得層に対する税率の累進度に影響を及ぼす態様で変更された [16]。

課税所得金額に税率を適用する過程は、次のとおりである。

第1所得階級において累進税率が課税所得に直接に適用される（これを直接累進課税方式 [17] という）のではなく、ドイツ所得税法32条aの規定は、第1所

税率構造は、所得金額の全区間を複数に区分して階級づけ、そして、その各所得階級に一つの特別な数式を適用するのが、ドイツ所得税法上習わしになっている（参照、表2および表3）。

　各所得階級の数式を接合するとき、税率構造はとくに慎重に築かれなければならない。さもなければ、多段階累進税率について先に指摘したような、平均税率曲線上にジャンプと屈折が表れうる。ジャンプが一般に認識されていないときでも、これは、さらに、平均税率曲線におけるジャンプと屈折として表れる。数式が選択されると、税率構造は自由である。その数式が確定されると、税率構造は、累進のカーブに依存する。数式の選択および、どのよう態様で累進を描くべきかについての決定は、数学から引き出せない。したがって、一定の数式の数学上の法則がたとえば課税の平等の要請にとってとくに適しているといったことを引き出すことは、誤っている（この点について、参照、1954年政府提案に関する理由書（Bundestagsdrucks, II/ 481, SS. 63 u. 102）の中で連邦政府の詳述、並びに、それに対する批判（Bräuer(1954), S. 65))。

　数式税率は、ドイツ所得税法では1954年以来見られる（Schelle(1972), SS. 13-14.）。

12　参照、Bräuer(1927), S.41ff.；Kirchhof(2008), §32a Rn 10, S.1365.

13　数式税率（Formeltarif）について、参照、Kipke(1931), SS.41-47(41). なお、超過累進税制（Teilmengenstaffelung）について、参照、Kipke(1931), SS.25-40(25f.), S.53, S.195f.

14　参照、金子(2009) 138頁。

15　Steuerrefomgesetz 1990 v. 25.7.1988, BGBl. I 1988, 1093.

16　Seidl/Kaletha(1987).S.379-384；Seidl/Traub(1997), 861. Kussmann/Martin/Niedenführ/ Rick(1997), Anm.2119, S.710（税率の構造は1990年税制改正法によっていわゆる線形累進税率を導入して本質的に変更された）。

17　直接累進課税方式（direkte Progression）について、参照、Lieb(1992)；Homburg(2007), S. 65f. ただし、Homburgは、ゼロ税率ブラケット（ZBA）でなく人的控除（Freibetrag）を識別の基準としているが、通常は、ZBAを識別基準とする。

第 2 節 　所得税法 32 条 a（税率）の税率構造と税額の計算過程

得階級に、ゼロ税率ブラケットを挟み込んで、このブラケットに属する課税所得に税率 0 を適用する（これを間接累進課税方式[18]という）。すべての課税所得が初めから税負担を課せられるのではない。少なくとも、納税者にとって生活に必要不可欠な所得は、課税の対象から除いておかなければならない。この公準は、1958 年以来ゼロ税率ブラケットによって斟酌されている。ゼロ税率ブラケットの導入にあたって、それが最低生活費を賄うことが前提とされている[19]。したがって、課税所得がゼロ税率ブラケット（の全部またはその一部）に属している部分については、ゼロ税率の適用を受けるだけである（ゼロ税率ブラケット額、税額 0）。ドイツ所得税法にいう課税所得金額にゼロ税率ブラケット額を加えた合計額が、日本所得税法にいう課税所得金額（主観的課税標準）にほぼ相当する。

　第 2 所得階級における税額を算出する数式（以下これ「税額算出数式」または「数式税率」と略称することもある。）は、課税所得全額に税額算出数式を適用している（参照、表 7-2 セル F20 ないし F27）。ただし、ゼロ税率ブラケット額の数値と関係なく、第 2 所得階級の税額算出数式が適用されるといっても、限界税率[20]および平均税率は、各ブラケットの境界点でジャンプが生じないように配慮されているから（参照、表 7-2 セル G19 から G27 まで）、各所得階級の幅（すなわち、ゼロ税率ブラケット額、第 2 所得ブラケット額）および数式税率に従属している。したがって、ゼロ税率ブラケット額の多寡は税額算出数式の適用に基づく算出税額にとって有意である。

　第 3 所得階級ないし第 4 所得階級の各税額は表 7-2 セル C12 と C15 に記載されている数式税率を適用して算出される。また、各所得階級についての税額および算出税額の計算過程は、表 7-2 セル F23 ないし F26 から理解できる。第 3 所得階級および第 4 所得階級における税額算出数式は、ゼロ税率ブラケット額の数値と関係なく、課税所得全額に数式税率を適用している（参照、F23 ないし F26）。ただし、ここでも、第 2 ブラケットの場合と類似して、ゼロ税率ブラケット額の数値と関係なく、税額算出数式が適用されるといっても、限界税率および平均税率は、各ブラケットの境界点でジャンプが生じないように配

---

[18]　間接累進課税方式（indirekte Progression）について、参照、Homburg(2007), S. 63ff. ただし、Homburg は、ゼロ税率ブラケット（ZBA）でなく人的控除（Freibetrag）を識別の基準としているが、通常は、ZBA を識別基準とする。

[19]　ゼロ税率ブラケットの沿革について、参照、Tipke/Lang(2008), S.258 に掲げる文献；Bals(1974), 455.

慮されているかぎり、各所得階級の幅（すなわち、ゼロ税率ブラケット額、第2
所得ブラケット額ないし第4ブラケット額）および数式税率に従属している。し
たがって、ゼロ税率ブラケット額の多寡は税額算出数式の適用に基づく算出税
額にとって有意である。

　もっとも、第3所得階級ないし第4所得階級の納税者IIIおよびIVは、納税者
IIの場合と異なり、ゼロ税率ブラケット額（4,212DM）に税率22％を乗じて算
出される金額を、非課税とされるわけではない。ここでは、ゼロ税率ブラケッ
トは前述したとおり、税額算出数式ならびに限界税率と平均税率に間接的に影
響を及ぼしているだけである。

　第5所得階級の比例税率ブラケットIIには、高額課税所得の階級が属する。
比例税率ブラッケットIIおける税額算出数式[21]は、$0.56x - 14,837 = 0.56 \times (x - 26,495)$ として表わすことができる。第2所得階級における税額算出数式
についての解釈とアナロジーに推論するならば、第5所得階級の高所得者はあ
たかも 26,495 マルクの非課税所得を享受しうる。政府からの所得移転は
14,837 マルクとなろう。ただし、ゼロ税率ブラケット額の数値と関係なく、
第5所得階級の税額算出数式が適用されるといっても、限界税率および平均税
率は、各ブラケットの境界点でジャンプが生じないように配慮されているかぎ
り、各所得階級の幅（すなわち、ゼロ税率ブラケット額、第2ないし第4所得ブラ
ケット額）および数式税率に従属している。したがって、ゼロ税率ブラケット
額の多寡は税額算出数式の適用に基づく算出税額にとって有意である。

　ドイツ累進税制度のもう一つの特色は、各ブラケットの数式税率が或る納税

---

[20]　平均税率から区別されるべきものに、限界税率がある。限界税率は、課税ベースが一
　単位増えるときに増える納税額の比率をいう。限界税率はしばしば最高の段階税率
　（Spitzensatz）とも呼ばれている。しかし、最高の段階税率によって、最高の限界税率
　（der höchste Grenzsteuersatz）が表現されることもしばしばあることを明らかにしてお
　かなければならない。）、（河野(1987) 130-133 頁。経済学にいう限界税率の定義は次の
　ように表されている。

$$限界税率 = \frac{分母への税額}{順序づけられた1単位の課税所得}$$

　この限界税率は、所得税法で広く用いられている定義と明らかに異なっている。経済
　学にいう、「限界」の意味を強調するなら、税法学にいう「限界税率」は、超過累進
　率枠組みのもとにおいて、最高の段階税率を指していることとなる。
[21]　So　Kipke(1931), S.46（等式 y = ax － b の解釈。ここでaは線形税率を、xは課税標
　準を、yは算出税額を示す）。

第2節　所得税法32条a（税率）の税率構造と税額の計算過程

義務者の課税所得金額の全額に適用される点にある（多段階累進税制度）。この
ことは、表7-2 セル 6,9,12,15 と 18 にみる税額算出数式がそれぞれ課税所得全
額をその因子に含んでいることから判明する。したがって、ドイツ多段階累進
税制度は、課税所得が統一されており、税率が一律税率（線形関数（一次関数）
を用いた税率をいう。）[22] と曲線税率（非線形関数を用いた税率をいう。）[23] とを組み
合わせた、コンビネーション税率（数式累進税率）を用いている[24]。

　平均税率は課税所得に占める税額の比率をいう。ドイツ所得税法が最低生活
に要する金額をゼロ税率ブラケットの枠内に位置付けるので、その平均税率は、
表7-2 セル G19 ないし 27 に見るとおり、累進的になる。これと類似して、最
低生活に要する金額が人的所得控除枠に位置付けられる場合に、換算されるで
あろう補正平均税率は、表7-2 セル H19 ないし 27 にみるような累進になる。
ここで平均税率は、補正平均税率と比べその数値がつねに小であることを認識
できる。比例税率ブラケット I に区分される課税所得金額の下限値にかかる補
正平均税率（参照、表7-2 セル H20）は、異常に高いけれども、税額が小数点
以下で切り捨てられると、0％になる。ここで補正平均税率は、税額が間接累
進税方式で算出されると、前提している。

　限界税率は、各所得階級ごとに次のように表わされる（参照、表7-1）。

表 7-1　所得階級別限界税率

区分	1985年所得税法	
	所得段階	限界税率
1	$Y \leqq 4,212$	0
2	$4,213 \leqq Y \leqq 18,000$	$22 - (x - 4213) \times 0.00000000535$
3	$18,001 \leqq Y \leqq 59,999$	$21.9999262 + (y - 18001) \times 0.00067623$
4	$60.000 \leqq Y \leqq 129.999$	$50.4000881 + (z - 60000) \times 0.00007200$
5	$130.000 \leqq Y$	$56 + (x - 130000) \times 0$

---

[22]　線形税率は、定義により、$y = ax + b : 0 < a < 1$、導関数 $\dfrac{dy}{dx} = a$ を示しており（参照、
　　表5 セル D11）、ドイツ税率論および所得税法学において慣用的に用いられている用語で
　　ある。線形関数について、参照、アーチボルド／リプシー (1982) 23頁、30頁；チャン
　　(1995) 30頁、38頁。

[23]　曲線税率 (Kurvenformeltarif) について、参照、Kipke (1931), S.46f.（曲線数式税率は、
　　課税標準に対する税率の従属関数が一次方程式によって定立されていないときに、見ら
　　れる）。

[24]　Kipke (1931), SS.70-95。

表7-2 1985年ドイツ所得税法 第32条a第1項（所得税率）

1		4212マルク以下の課税所得について（ゼロ率ブラケット）：
2		0%；
3		
4		4213マルク以上18000マルク以下の課税所得について：
5		0.22x－926：0.22×(x－4212)
6		
7		18.001マルク以上59.999マルク以下の課税所得について：
8		$(((3.05y－73.76)y＋695)y＋2.200)y＋3.034$；
9		
10		60.000マルク以上129.999マルク以下の課税所得について
11		$(((0.09z－5.45)z＋88.13)z＋5.040)z＋20.018$；
12		
13		130.000マルク以上の課税所得について
14		$0.56x－14.837.$

第92条a 第1項による税率構造と税額の計算過程

税率構造	納税者	課税所得	y.z.x（32条a 第1項第3文）	算出税額	間接累進課税の計算	平均税率＝ドイツ課税所得に占める税額の比率	補正平均税率＝ドイツ課税所得に占める税額の比率	補正平均負担率の計算
A	B	C	D	E	F	G	H	I
ゼロ税率ブラケット	納税者 I_1	0	y.z.x	0		－	0.00000%	
	納税者 I_2	4.212		0	$=4212×0$	0.00000%	－	
比例税率ブラケット I	納税者 II_1	4.213	$x=4213$	0.86	$=0.22×4213－926$	0.02041%	86.00000%	$=E25/(C25－4212)$
	納税者 II_2	18.000	$x=18.000$	3.034.00	$=0.22×18000－926$	16.85556%	22.00464%	$=E26/(C26－4212)$
累進税率ブラケット I	納税者 III_1	18.001	$y=(18001－18000)/10000=0.0001$	3.034.22	$=(((3.05×0.0001－73.76)×0.0001＋695)×0.0001＋2200)×0.0001＋$	16.85584%	22.00464%	$=E27/(C27－4212)$
	納税者 III_2	59.999	$y=(59999－18000)/10000=4.1999$	20.017.63	$=(((3.05×4.1999－73.76)×4.1999＋695)×4.1999＋2200)×4.1999＋$	33.36328%	35.88225%	$=E28/(C28－4212)$
累進税率ブラケット IV	納税者 IV_1	60.000	$z=(60000－60000)/10000=0$	20.018.00	$=(((0.09×0－5.45)×0＋88.13)×0＋5040)×0＋20018$	33.36333%	35.88227%	$=E29/(C29－4212)$
	納税者 IV_2	129.999	$z=(129999－60000)/10000=$	45.131.43	$=(((0.09×6.9999－5.45)×6.9999＋88.13)×6.9999＋5040)×6.9999$	34.71675%	35.87925%	$=E30/(C30－4212)$
比例税率ブラケット II	納税者 V_1	130.000	$x=130000$	57.963.00	$=0.56×130000－14837$	44.58692%	46.07991%	$=E31/(C31－4212)$
	納税者 V_2	144.837	$x=144837$	66.271.72	$=0.45×265976－15576$	45.75607%	47.12656%	$=E32/(C32－4213)$

"x" は、当該ブラケットに区分される課税所得をさす。"y" は、当該ブラケットに区分される課税所得のうち、18,000DMを超える部分の10,000分の1をさす。"z" は、当該ブラケットに区分される課税所得のうち、60,000DMを超える部分の10,000分の1をさす。

第2節　所得税法32条a（税率）の税率構造と税額の計算過程

2　2009年所得税法

ドイツ所得税率の累進税率構造は、2009年現在、表7-3にみるごとく、改正されている。比例ブラケットと累進ブラケットの配置の仕方が、以前のもの（表7-2）と異なっている。1985年ドイツ所得税32条a第1項2号（参照、表7-2セルC6，セルD6）に規定されていた税額算出数式は、Lehner教授の論文公表と1985年ドイツ法曹家大会との数年後に改訂をうけ、1990年税制改正法[25]は、現在の32条a第1項2号（参照、表7-3セルC6）にみるように、ゼロ税率ブラケットと第2および第3ブラケットの税額算出税率（曲線税率）を用い、かつ、第4および第5ブラケットの税額算出数式については、曲線税率ではなく一律税率に改訂している。この改訂に伴い、Lehner教授の用いられた論拠はまったく消えうせたのではなかろうか。

　第2所得階級と第3所得階級の各税額は表7-3セルC6とC9に記載されている数式税率を適用して算出される。また、各所得階級についての税額および算出税額の計算過程は、表7-3セルF22からF25までの記載から理解できる。第2所得階級および第3所得階級における税額算出数式は、ゼロ税率ブラケット額の数値と関係なく、課税所得全額に数式税率を適用している（参照、表7-3セルD22からD25）ことに、ドイツ所得税法の特色がある。ただし、ここで、ゼロ税率ブラケット額の数値と関係なく、税額算出数式が適用されるといっても、限界税率および平均税率は、各ブラケットの境界点でジャンプが生じないように配慮されているかぎり、各所得階級の幅（すなわち、ゼロ税率ブラケット額、第2所得ブラケット額ないし第3ブラケット額）および数式税率に従属している。したがって、ゼロ税率ブラケット額の多寡は税額算出数式の適用に基づく算出税額にとって有意である。ここでは、ゼロ税率ブラケットは、税額算出数式ならびに限界税率と平均税率に間接的に影響を及ぼしている。

　各納税者（IないしV）は、それぞれ自己の属する所得ブラケットの税額算出数式（数式税率）を用いて、多段階累進方式により、税額を算出する。言うまでもなく、第2所得階級ないし第3所得階級の納税者IIおよびIIIは、1985年所得税法下における納税者IIの場合と異なり、ゼロ税率ブラケット額（4,212DM）に税率22％を乗じて算出される金額を、非課税とされるわけではない。

　限界税率は、表7-5にみるように、第2ブラケットから第5ブラケットまで

25　参照、前掲注(15)。

第2部　第7章　最低生活費残余方式

表7-3　2009年ドイツ所得税法　第32条a第1項（所得税率）

（所得税率）

	課税所得の区分	税率の計算式
1	7,834ユーロ以下の課税所得について（ゼロ税率ブラケット）：	
	0%；	
2	7,835ユーロ以上13,139ユーロ以下の課税所得について：	
	$(939.68 \times y + 1{,}4000) \times y$；	$T^{29}(Y) = (0.093969Y^2 - 72.3063Y)/10000 - 520.058$
3	13,140ユーロ以上52,561ユーロマルク以下の課税所得について：	$T^{29}(Y) = (0.093969Y^2 - 72.3063Y - 5.20058 \times 10^6)/10000$
	$(228.74 \times z + 2{,}397) \times z + 1{,}007$；	
4	52,552ユーロ以上250,400ユーロ以下の課税所得について：	$T^{29}(Y) = (0.022874Y^2 + 1795.92Y)/10000 - 1747.54$
	$0.42 \times x - 8{,}064$；	$T^{29}(Y) = (0.022874Y^2 + 1795.92Y - 2.754538794 \times 10^7)/10000 + 1007$ 註1）
5	250,401ユーロ以上の課税所得について：	$T^{29}(Y) = 0.42 \times Y - 8064$
	$0.45 \times x - 15{,}576$；	$T^{29}(Y) = 0.45 \times Y - 15576$

第32条a第1項による税率構造と税額の計算過程

税率の構造 (A)	納税者 (B)	課税所得 (C)	y, z, x（32条a第1項3文）(D)	算出税額 (E)	間接累進課税の計算 (F)	平均税率＝ドイツ課税所得に占める税額の比率 (G)	補正平均税率＝ドイツ課税所得に占める税額の比率 (H)	補正平均負担率の計算 (I)
ゼロ税率ブラケット	納税者II_1	0	0	0	$0 = 7834 \times 0$	—	—	
	納税者I_2	7,834	7,834	0	$0 = 7834 \times 0$	0.00%	—	
累進税率ブラケット I	納税者II_2	7,835	$y=(7835-7834)/10{,}000=0.0001$	0.14	$0.14=(939.68 \times 0.0001+1400) \times 0.0001$	0.002%	14.00094%	=E22/(C22−7834)
	納税者II_3	13,139	$y=(13139-7834)/10{,}000=0.5305$	1,007.15	$1{,}007.15=(939.68 \times 0.5305+1400) \times 0.5305$	7.67%	18.98500%	=E23/(C23−7834)
累進税率ブラケット II	納税者III_2	13,140	$z=(13140-13139)/10{,}000=$	1,007.24	$1{,}007.24=(228.74 \times 0.0001+2397) \times 0.0001+$	7.67%	18.98303%	=E24/(C24−7834)
	納税者III_3	52,551	$z=(52551-13139)/10{,}000=$	14,007.09	$14{,}007.09=(228.74 \times 3.9412+2397) \times 3.9412+$	26.65%	31.32385%	=E25/(C25−7834)
比例税率ブラケット I	納税者IV_2	52,552	$x=52552$	14,007.84	$14{,}007.84=0.42 \times 52552-8064$	26.66%	31.32484%	=E26/(C26−7834)
	納税者IV_3	60,000	$x=60000$	17,136.00	$17{,}136.00=0.42 \times 60000-8064$	28.56%	32.84898%	=E27/(C27−7834)
		250,400	$x=250400$	97,104.00	$97{,}104.00=0.42 \times 250400-8064$	38.78%	40.03199%	=E28/(C28−7834)
比例税率ブラケット II	納税者V_2	250,401	$x=250401$	97,104.45	$97{,}104.45=0.45 \times 250401-15576$	38.78%	40.03201%	=E29/(C29−7834)
	納税者V_3	347,505	$x=347505$	140,801.25	$140{,}801.25=0.45 \times 347505-15576$	40.52%	41.45224%	=E30/(C30−7834)
		2,504,010	$x=2504010$	1,111,228.5	$1{,}111{,}228.5=0.45 \times 2504010-15576$	44.38%	44.51723%	=E31/(C31−7834)

$T(Y) = [0.02275Y^2 + 1799.18Y - 3927378.5]/10000 + 1007$ この数式はSeidl教授による。

註1）"z"は、当該ブラケットに区分される課税所得全額のうち、7,834ユーロを超える部分の10,000分の1をyです。当該ブラケットに区分される課税所得全額のうち、13,139ユーロを超える部分の10,000分の1をzです。"x"は、当該ブラケットに区分される課税所得全額をyです。算出された税額は、もっとも近いユーロ税額に切り捨てる。

第2節 所得税法32条a（税率）の税率構造と税額の計算過程

にみる各税額算出数式（数式税率）の右辺第1項係数と各ブラケットの幅（ゼロ税率ブラケット額ならびに第2所得階級ないし第4所得階級のブラケット額）に従属している。納税者ⅡないしⅤの限界税率にとって、ゼロ税率ブラケット額は直接重要ではなく、むしろ自己の属する各所得ブラケットの下限値のほうが有意である（表7-5にみる限界税率の計算式）。その下限値が大であればあるほど、限界税率の上昇値は引き下がるからである。しかしながら、他方、第2ブラケットから第5ブラケットまでにみる各税額算出数式（数式税率）のパラメータを設定するに当たって、直前ブラケットとの接続と無ジャンプは考慮されているし、かつ考慮されるべきであるから、その限りにおいて、第1ブラケットの上限値（すなわちゼロ税率ブラケット額）は、累進税率構造のすべてのパラメータの設定に間接的に有意である。

平均税率は、ドイツの多段階累進税制度が、中所得者と高所得者とのあいだで垂直的平等をもたらしていることを示している（参照、表7-3セルG21ないし31）。表7-2セルH19ないし27と表7-3セルH21ないし31に列記された補正平均税率は、1985年から2009年のあいだに、ドイツ所得税負担がいずれの所得層にとっても相対的に軽くなるように変化している。その補正平均税率が、日本所得税法上の平均税率と、多少なりとも、比較しうる数値である[26]。

限界税率は、各所得階級ごとに次のように表わされる（参照、表7-4）。

表7-4 2009年所得税法

区分	所得階級	限界税率
1	$Y \le 7,834$	0
2	$7,835 \le Y \le 13,139$	$14.0009397 + (y - 7,835) \times 0.0018796$
3	$13140 \le Y \le 52551$	$23.97 + (z - 13140) \times 0.00045748$
4	$52,552 \le Y \le 250,400$	$42 + (x - 52552) \times 0.00001516$
5	$250,401 \le Y$	$45 + (x - 250401) \times 0$

以上の考察から、ドイツ現行所得税法は多段階累進税制を採用しており、各所得階級に適用される税額算出数式は、ゼロ税率ブラケット額に関係なく、納税者ⅡないしⅤの各所得ブラケットに属する課税所得全額に適用されるけれども、限界税率および平均税率はゼロ税率ブラケット額に間接的に従属する。

---

[26] 平均値の算出数式における定義域は、ドイツでは各所得ブラケットの上下限界値であるところ、日本では下限値は課税所得（主観的課税標準）であり、そのため、両国における平均税率を比較するには、補正が必要である。

385

そうだとすると、最低生活費を確保するに要する必要額は、人的所得控除方式によるかゼロ税率ブラケット方式によるかは、重要でない（同一機能説）。

深刻な残された問題は、（ゼロ税率ブラケット方式によるにせよ人的所得控除方式によるにせよ）その「必要額」の引き上げが上述の態様で限界税率に中高所得者にとって好ましい影響を与えるのみならず、政府からの所得移転にも中高所得者にとって好ましい影響を与えることにある。

第3節　1985年ドイツ法曹家大会とその決議

ドイツ所得税法は、可処分所得に関するルールのもとで、納税者自身およびその家族のための最低生活費を保障するために要する所得に対して課税を行わないテクニックとして、ゼロ税率ブラケットとゼロ税率ブラケット額[27]（Grundfreibetrag）の道具概念を用いている。

このゼロ税率ブラケット額の体系上の位置づけについて、議論がある。日本の税法学者は、ゼロ税率ブラケット方式と人的所得控除方式との関係について同一機能説（後述）を暗黙の前提とされているのかもしれない[28,29,30]。しかし、ドイツ所得税法は、日本のような直接累進課税方式をとらないから、同一機能説が妥当するかどうかについて再検討しなければならないうえ、ドイツではゼロ税率ブラケット方式と人的所得控除方式との関係をめぐって論争がみられる。1985年ドイツ法曹家大会決議に賛成票を投じた税法学者と一石を投じたLeh-

---

[27]　ゼロ税率ブラケットは、夫婦が2分2乗方式をとるケースでは、配偶者のそれも課税を免れる。

[28]　清永（1996）229-230頁（Grundfreibetrag を基礎控除額と翻訳され、これは日本所得税法上の基礎控除額に相当するものと考えることができる）；239頁注1（正当にも、総所得金額から課税所得金額の計算過程において右の基礎控除額を位置付けられていない）。同教授は、ゼロ税率ブラケットを税額控除として機能するのではなく、所得控除として機能することを前提とされている。同様のことは、前掲注(2)に掲げた文献にも当てはまる。しかし、ドイツ所得税法における Grundfreibetrag の体系上の位置づけおよびその意義については、本章において考察するように論争がみられる。

[29]　金子（2003）6頁（基礎的人的控除制度は、今日では大部分の国の所得税制度において採用されている）。異説、Roch（1999）（ドイツ、連合王国およびフランスの所得税法は、少なくとも1999年当時、日本流の基礎控除制度を採用していなかった）。

[30]　課税最低限について、参照、岡村（1999）24-25頁（課税最低限は、本人および配偶者や扶養親族の最低生活費とは無関係であるべきだと考えられる。基礎控除は形式をゼロ税率ブラケットとした方が、好ましい）；佐々木（1997 A）36頁（控除により所得税の課せられない一定の所得が課税最低限である。）、38-41頁（日本の課税最低限）；阿部（1987）56頁。「課税最低限」概念は本章で取り扱わない。

第 3 節　1985 年ドイツ法曹家大会とその決議

ner 教授とが対峙する。

1　税額控除方式

Lehner 教授（ミュンヘン大学）は、ドイツ 1985 年所得税法のもとで、ゼロ
税率ブラケットが税額控除として機能するという説（以下これを「税額控除方
式」という。）を主張される[31]。その見解は現在も堅持されている[32]。ドイツ所
得税法の定めるゼロ税率ブラケット規定を次のように擁護する。

最低生活費を保障する金額はドイツ所得税法上ゼロ税率ブラケットにおいて
正当に位置づけられている。稼得所得を得るに要する経費に関係するすべての
人および所得は課税標準を算定するときに斟酌されているし、また斟酌される
べきである[33]。他方、最低生活費を賄うための必要額は、経費でないから、主
観的課税標準を算定するステップではなく、税率を適用するステップ（すなわ
ちゼロ税率ブラケット）において斟酌されているし、また斟酌されるべきである。
これがゼロ税率ブラケット方式であろう。

さらに、Lehner 教授は、1985 年所得税法 32 条 a 第 1 項 2 号を根拠として、
ゼロ税率ブラケット（すなわち第 1 所得階級）が税額控除として機能する、と
「証明」を試み[34]、そして、次の 2 つの結論に達していた。「ゼロ税率ブラケッ
ト額は常に租税債務からの控除としての効果を有する。その税負担軽減効果は
累進率に依存していない。」[35]。さらに、第 3 に、前述のように、ゼロ税率ブラ

---

[31]　Lehner(1986), 59-63.

[32]　2009 年 5 月 19 日 Prof. Moris Leher 私信。同私信の引用は許可されている。

[33]　So 2009 年 5 月 11 日 Prof.M. Lehner 私信 (my opinion is based on systematic reasons.
All personal and income related expenses are and should be taken into account by deter-
mining the tax base and not by determining the tax rate. This is very general and syste-
matic.)。同私信は 5 月 13 日私信によって引用してよいとされている。ゼロ税率ブラケッ
トがその税負担軽減効果について逆進性を有するかどうかにかかわる Lehner 説について、
参照、2009 年 5 月 15 日 Prof. Ch. Seidl 私信 (Lehner's view would only be correct if the
marginal tax schedule after the　change of the Grundfreibetrag from G to G* remains the
same for incomes exceeding G*. However, if the income tax schedule starts now at G* as
it had started formerly at G, then my view is correct and Lehner is wrong.)。同私信の引
用は許可されている。

[34]　Lehner(1986), 62f. 同論文は、1988 年第 57 回ドイツ法曹家大会（後掲注 (50)）の前々
年に公表され、同趣旨の論考はその後も、Giloy (1986), 56, 58；Homburg (1993), 460
(Text und FN4)；Homburg(1995), 182, FN3 によって繰り返されている。それら証明は
ともに、誤謬であるとされている (so Seidl(1997), S.143 Fn.2.)。

[35]　Lehner(1986), 63 (Der Grundfreibetrag wirk daher immer als Abzug von der Steuer-
schuld)..

387

ケットは所得税法上正当に位置づけられていると主張される。

第2所得階級の比例税率[36]ブラケットⅠについて、同32条a第1項第2号にみる税額を算出する数式 $(0,22x - 926)$ は、等式 $0.22x - 926 \fallingdotseq 0.22 \times (x - 4212)$ （参照、表7-2セルD6）からの変形にすぎず、右辺の括弧内の4,212DMはゼロ税率ブラケットの上限値に等しい。そして、その等式の右辺括弧内の差額は、比例税率ブラケットⅠに属する部分の課税所得金額をさしている。比例税率ブラケットⅠにおける税額は、この差額である課税所得金額に一律税率[37] 22％を乗じて算出される。したがって、等式の左辺にみる定数 (926) は、22％ × 4212をさしている $(926 \fallingdotseq 0.22 \times 4212)$。第2所得階級の納税者Ⅱは、課税所得全額に税率22％を乗じて算出された仮の税額を仮払いした後に、あたかも4212マルクについて非課税としてもらっているかのようにみえる。Lehenr教授はこの計算過程を租税債務からの控除（税額控除）と表現する。

しかし、第2所得階級についての等式右辺第1項 $(0.22 \times x)$ を租税債務と名付けるのは、租税法学の述語とかけ離れている。むしろ、ゼロ税率ブラケット額 $(4,212DM)$ に税率22％を乗じて算出される金額は、政府からの隠れた所得移転として機能するといいえよう[38]。さらに、第1所得階級では、そもそも税額は0であるから、納税者Ⅰはドイツ所得税法32条a第1項のもとで税額控除を享受しうる余地を有しない。

このように、引用した2つの前記結論は、ドイツ所得税法のもとで、いずれも理論上疑問である[39,40,41]。しかも、その論拠とされた条項について、1995年10月21日から施行されたドイツ所得税法32条a第1項2号は、第2の所得

36　所得金額が増加するときにも、平均税率が引き続き同一である料率は、比例税率（Proportionaltarif）であるという。

37　Linientarife について基本文献として、参照、Bräuer(1927), S.41ff. (45); Kipke(1931), S.42f. (Linienformeltarife)。

38　So Kipke(1931), S.46（等式 $y = ax - b$ の解釈。ここでaは線形税率を、xは課税標準を、yは算出税額を示す）。

39　たとえば、1992年連邦憲法裁判所は、ゼロ税率ブラケット額の税負担効果が、累進税率に左右されることを説示している。

40　「ゼロ税率ブラケットはつねに租税債務からの控除としてはたらく」という命題を、当時の1985年所得税法32条a（参照、表7-2）のもとで、どのように理解できるかが問題である。私信によれば、レーナ教授は同説を堅持されてる。そのため、今日でも、前掲命題にいう租税債務は何を指しているかについて、検討するに値するであろう。
　　課税所得金額を18000DM、そしてゼロ税率ブラケットの金額を4212DMだと仮定する。選択肢1として、ゼロ税率ブラケットの規定がないと仮定して、（第2所得階級である）

第3節　1985年ドイツ法曹家大会とその決議

階級における「税額を算出する数式」を「$(86.63 \times y + 2,590) \times y$」[42] へと改正して、その税額算出数式は基本的に今日まで用いられている。Lehner 説は 1995 年法改正後の税額算出数式にその論拠を求めえなくなっている。税額控除方式論者は、ドイツの（多段階累進税制をとる）現行所得税法のもとで、その論拠を示されておられるであろうか[43]。税額控除方式を支持される論者（た

比例税率ブラケット I の 22% を課税所得金額の総額に乗じて算出される金額が、租税債務として扱われる。

　　租税債務（税額）＝ 22%×18000DM ＝ 3960DM　　　　　　　　　　　(1)

　選択肢 2 として、当時の所得税法の規定する比例税率ブラケット I の税額が、租税債務として扱われる。

　　租税債務＝ 22%×(18000 − 4212)＝ 22%×18000 − 926 ＝ 3034DM　　　(2)

　いずれの租税債務（選択肢 1 または 2）が理解されているのであろうか。まず、もし租税債務のもとで選択肢 1 が理解されているとすれば、その租税債務から控除される金額は次のような数値をさす、と憶測される。

　　4212 × 22% ＝ 926DM

　もしそうだとすれば、先の命題は、次のように解される。

　「ゼロ税率ブラケット（すなわち 4212DM）はつねに租税債務（3960DM）からの控除（926DM）として働く。」（同旨の批判を示すものとして、参照、Seidl(1997), S.143.）

　つぎに、もし租税債務のもとで選択肢 2 が理解されているとすれば、その租税債務から控除される金額は、926 マルクであろうかまたは 4212 マルクであろうか。

　ドイツ所得税法の規定によれば、課税所得金額が 18000 マルクであるときの租税債務は 3034 マルクと算出されるから、選択肢 2 は当時の所得税法に適合しない。選択肢 1 にいう租税債務は、ドイツ所得税法の用語である租税債務に一致しないが、同命題では租税債務だということであろう。Prof. Moris Lehner 私信（I did not abandon my opinion according to which zero bracket amount works always as the deduction from tax liability）; 19 May 2009 Prof. M. Lehner 私信（前記 18 May 私信を引用してもよいとする。）

　Cf. Bittker, B. I. (1968). at 252（ゼロ税率ブラケット額が "tax reduction" から導き出される租税支出（tax expenditures）と機能する）。もちろん、Tax reduction と deduction from tax liability とは同一の用語でない。したがって、Lehner 税額控除説を租税支出説と読み替えることも、難しいのではなかろうか。

　租税債務と人的基礎控除との関係について、異説、Kirichhof, Paul, 57. DJT Gutachten F, München 1988, 57（本人が最低生活に必要とする額をみたすに必要不可欠な所得は、租税債務からではなく、課税標準から控除しなければならない）。

[41]　Seidl(1997), SS.142-146（Seidl 教授は、ゼロ税率ブラケットを用いたゼロ税率ブラケットを税額控除と解する点、およびゼロ税率ブラケットにかかる租税軽減効果が非線形税率のもとで累進効果をもたないとする点で、レーナ説を誤謬だと批判）。その平均税率に照らし、ゼロ税率ブラケットにかかる租税軽減効果は逆進的に生じる。

[42]　ここでの y は、第 2 所得階級に属する課税所得のうち 12,042 マルクを超える金額の 1 万分の 1 を指す（同法 32 条 a 第 1 項 3 文）。

[43]　2009 年 4 月 20 日 Seidl 私信（Lehner's view would only be correct if the marginal tax schedule after the change of the Grundfreibetrag from G to G* remains the same for

389

とえば Lehner 教授）がおられるので、あえて税額控除方式について記録しておくこととする。

納税者Ⅰ（参照、表7-2および表7-3セルA 19）は、ゼロ税率ブラケットの規定に基づいて、その課税所得に対する課税を免れる。したがって、納税者ⅠおよびⅡが、ドイツ現行所得税法のもとで、税額控除を受ける余地はない。なお、税額控除は、「負の所得税」制度を前提としない限り、政府からの隠れた所得移転と異なる概念であることは、周知のとおりである。そして、ドイツ所得税法は現在まで、「負の所得税」制度を採用していない。

したがって、税額控除方式は、ドイツ所得税法のもとにおいても、さらに、一般的な状況においても成立しえない。特殊な条件のもとに限って税額控除方式は成立しうるだけである。Seidl 教授による証明は脚注に示す [44]。

---

incomes exceeding G*. However, if the income tax schedule starts now at G* as it had started formerly at G, then my view is correct and Lehner is wrong.）。

[44] Seidl 教授（キール大学　財政学）は、同一機能説を以下に示す数式と命題を図によって論証する。

命題1：非線形税率について、所与のゼロ税率ブラケットに等値の税額控除額は存在しない。

証明：ゼロ税率ブラケット額がGであるゼロ税率ブラケットに等値な税額控除額Aが、最低生活費を非課税にしておかなければならないとする（以下に示す数式とグラフは、Seidl(1997), S.142-145. による）。すなわち、

(1) $A = \int_0^G \tau(y)\, dlx$

最低生活費についての2つの辺が等値であるとするなら、明らかに次が成立しなければならない。

(2) $A = \int_0^Y \tau(y)\, dlx - A = \int_0^{Y+G} \tau(x)\, dlx - A \fallingdotseq \int_0^Y \tau(x)\, dlx$

真ん中の式は、変数を変換して導出される。右側2つの式から次が明らかになる。

(3) $A = \int_0^G \tau(y)\, dly \fallingdotseq const. \,\forall Y \geqq 0.$

しかし、これは、限界税率が定数値である線形税率 (ein linearer Steuertarif mit konstantem Marginalsteuersatz) だけについてみたされる。

命題3　所与の税率について、ゼロ税率ブラケット額 G のあるゼロ税率ブラケットすべてについて、これに等値の所得控除額Fが存在する。$G = F$ がここで成立する（$F = G$ を前提とすれば、$F \times 0\% = G \times \%$ この等式は次を意味する。客観的課税標準（経済的所得）のうち所得控除金額以下の部分の金額について、または、課税所得の金額のうちゼロ税率ブラケット額以下の部分の金額について、税額は等しくゼロとなる。）。

証明：ゼロ税率ブラケット額のあるゼロ税率ブラケットのケースでは、税額 $T(Y)$ は次の等式で表される。Y は課税所得 (主観的課税標準) を意味する。

(6)　$T(Y) = \int_G^Y \tau(y)dlx$

変数を変換して $(x = y - G)$、次の等式が成立する。

(7)　$T(Y) = \int_0^{Y+G} \tau(y)\,dlx$

これは、ゼロ税率ブラケット額Gのあるゼロ税率ブラケットと所得控除額Fとの間の等値が調製されることを示している。税率が等値であれば、次の等式が成立する。$G = F$

命題3と命題1から、非線形税率について、人的所得控除額に等値の税額控除額 (Steuerabsetzbetrag) もまた、存在しない。

帰結の命題4：非線形の税率について、所与の所得控除額Fに等値の税額控除額は存在しない。

証明：等値は次を意味する。

(8)　$T(Y - F) = T(Y) - A \,\forall Y \geqq F.$

これを変形して、

(9)　$T(Y) - T(Y - F) = A.$

Aは定数値であるから、(9)からYに関する導関数を導き出すと0に等しい。

(10)　$T'(Y) - T'(Y - F) = \tau(Y) - \tau(Y - F) \equiv 0 \,\forall Y \geqq F.$

これは、もっとも単純なケースについて、$F = A = 0$ または、限界税率が定数値である線形税率についてのみ成立する。

よりよく理解するため、この事象を図7-1においてグラフでもう一度説明しておく。

〔図7-1〕　間接累進課税と直接累進課税方式の相互関係

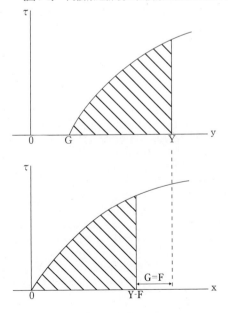

第2部　第7章　最低生活費残余方式

　ゼロ税率ブラケットの存在意義のひとつは、平均税率を押し下げる点に見られる（表7-2および表7-3セルG列とH列を比較せよ）。人びとは、人的所得控除方式の場合の補正平均税率に比べ、ゼロ税率ブラケット方式の場合の平均税率の数値を好むであろう。両者の数値は、実質的に同一であるにもかかわらずにある。

　ゼロ税率ブラケットの存在意義のふたつは、逆進効果[45]をもたらさないが、これに対し、ゼロ税率ブラケットを挟まない人的所得控除方式の場合には、税率曲線[46]が強い凸型を示すとき、税負担を軽減する人的控除は逆進効果を生み出すと主張されることがある[47]。しかし、この見解は、表7-2および表7-3セルの各G列とH列を比較すれば、疑問である。

　ゼロ税率ブラケットの存在意義は次の点にあるかのようにみえるかもしれない。ドイツ多段階累進税制のもとにおいて、ゼロ税率ブラケット上限値を超える納税者IIないしVについて、課税所得全額に適用される税額算出数式（参照、表7-2セルC6, 9, 12と15および表7-3セルC6, 9, 12と15）は、直接にゼロ税率ブラケットの数値にかかわりなく、税額を算出する。したがって、最低生活に要する必要額は、人的所得控除方式の場合と異なり、ゼロ税率ブラケット方式の場合、すべての納税者に対する課税ベース（ゼロ税率ブラケットを含む。）を縮小するわけではない。その限りにおいて、所得税の歳入は、より多

　　図7-1の上段グラフは、等式(6)に相当する。下段のグラフは、等式(7)に相当する。税額は、斜線の平面で表現されている。その面積は、G＝Fが成立する限り、両方のグラフで同一である。下段のグラフでは、課税所得は、最低生活費のため所得控除額を所得控除した後の課税標準額に変形することから得られる。図7-1がグラフで示しているとおり、最低生活費を斟酌するためのゼロ税率ブラケットのあるケースでも、最低生活費を斟酌するための（金額の点では同一の）所得控除額のケースでも、次の事実を避けることはできない。税額の軽減額が納税義務者の最高限界税率によって（mit dem höchsten Marginalsteuersatz.）常に測定されるという事実は、避けられない（Seidl(1997), S.144. しかし、この最高限界税率の主張は、税法が線形累進税率（言い換えると一律税率）のみに妥当するが、間接累進税率をとるとき、妥当しない。なぜなら、所得控除にかかる税の減額は、累進税率を前提とするとき、平均税率によって測定されるべきだからである。）。最低生活費が大きければ大きいほど、このようにして、金額の点では、下位の所得層よりも上位の所得層により有利になる（Seidl(1997), S.144. この結論は正当である。この点が、所得控除方式および税率ゼロ・ブラケット方式の短所の一つである。）。

[45]　Degressionswirkung.

[46]　曲線数式税率の定立の仕方について、参照、Kipke(1931), S.46f. ここで数式税率と呼んでいる税率46　Tarif）は、独立変数の関数（Funktion von einer unabhängigen Veränderlichen）である。

[47]　Homburg, (2007), S. 67.

第3節　1985年ドイツ法曹家大会とその決議

く確保することができるかのようである。

　しかしながら、第2所得階級から第5所得階級までの限界税率は、前述の通り、各ブラケットの上限値（ゼロ税率ブラケット額を含む。）のみならず、各ブラケットの幅に従属している。このため、存在意義の第3もまた説得力を持ちえない。

　平均税率は、ゼロ税率ブラケットにより保障されている必要額を人的所得控除の枠組みに移動する場合、補正平均税率によって表現される。補正平均税率もまた、累進的である。平均税率の観点からも、ゼロ税率ブラケットの介在の必要性は正当化されえない。

　ゼロ税率ブラケット額が倍増されるべきだとする場合において、それによって生じうる税収の不足を一定限度に防ぐには、倍増後の第2所得階級から最高の所得階級までの限界税率[48]はより急勾配に構成すべきであろう。そうするならば、最高所得ブラケットの下限値では、再び以前同様の税額が集められるだろう。その結果、最高所得については、限界税率は不変とすることができるだろう。最高所得ブラケットの下限値を超える納税者Vの課税所得金額については、同一の税額が歳入となるように工夫できる。他方、ゼロ税率ブラケット額に相当する金額の所得控除が倍増すれば、次の推定が成り立ちうるであろうか。下位の所得層と並んで上位の所得層（したがって納税者IないしV）も亦、利することになるだろうか。なぜなら、最低生活費およびこれと等値の人的控除額は2倍以上になるからである[49]。しかし、そうではないという見解が示されている[50]。

　最後に、2009年ドイツ所得税法におけるゼロ税率ブラケットは、他の所得ブラケットの税額算出の計算に直接に影響を及ぼさない。各所得階級に属する納税者IないしVの算出税額は、税額算出数式[51]に基づき、それぞれに計算されるのであって、相互に依存していない。したがって、ゼロ税率ブラケットの金額の多寡は、納税者Iにとっては、直接に影響を及ぼすけれども、その他の所得階級に区分される人々（納税者IIないしV）に直接には影響を及ぼさな

48　Marginalsteuertarif.
49　この問題提起は、Seidl(1997), S.145 による。
50　Seidl(1997), S.145.
51　税額算出数式について、表7-2 セル C3，6，9,12 と 15 から表7-2 セル D と F の各 18 ないし 27 が導き出される。そして表7-3 セル C3，6，9,12 と 1 5 から表7-3 セル D と F の各 20 ないし 31 が導き出される。

393

い（多段階累進税制）。

　しかしながら、ドイツ所得税法の立法者は、各ブラケットの境界点において、平均税率および限界税率がジャンプしないように、累進税率曲線を定立している。その意味では、ゼロ税率ブラケットの金額の多寡は、すべての納税者にとって、間接的にせよ有意であるといえよう。表7-3 セル G7 および G10 にみる等式右辺の括弧内のマイナス符号のついた数値（－5.20058×10^6および－2.754538794×10^7）は控除を意味し、そのなかには、人的所得控除（最低生活に要する必要額）が含まれている、と Seidl 教授は解釈されている。そうであるなら、さらに、表7-3 セル G6，9，12，15 にみる等式右辺のマイナス符号のついた数値もまた、控除を意味し、そのなかに最低生活に要する必要額が含まれているとも解しえないわけではない。

　以上の考察から判明するように、ゼロ税率ブラケットで保障しようとする、最低生活費に要する必要額は、多段階累進税制のもとにおいて、「ゼロ税率ブラケット」自体によって直接に、すべての納税者（納税者Ⅰを除く。）に保障されているわけではない。しかし、すべての納税者の限界税率は、各ブラケット上限値（ゼロ税率ブラケットの金額を含む。）にも従属している。したがって、ゼロ税率ブラケット額の多寡は、すべての納税者の限界税率に影響を及ぼす。限界税率の観点から、高所得者の限界税率をゼロ税率ブラケット額に乗じて算出される「隠れた所得移転」は、低中所得者に比べて高所得者に一般的に有利であり、しかも、ゼロ税率ブラケット額が年々増額されるごとに、その有利さは増幅されている。これが、深刻な残された課題である。

2　人的所得控除方式

　第57回ドイツ法曹家大会においてドイツ租税法学者は1992年決定に先立ち、1988年に次の見解を決議した。所得税法は、稼得所得のうち、納税者が自由に処分できる部分だけに課税する。したがって、本人の生存を保障するに必要不可欠な費用と家族の生計に必要不可欠な費用は、課税を免れなければならない。その除外後に明らかになる課税所得に対して初めて、税率が適用されるべきである[52]。

---

[52]　Tipke(1993), Bd. II, 688；57. DJT, Sitzungsbericht N, München 1988, 214, 214（ゼロ税率ブラケットは課税標準から控除されるべきである。採択（賛成 47：反対 0：留保 0））.;Tipke/Lang(2008), § 9 Rz.69.

第3節　1985年ドイツ法曹家大会とその決議

　この決議に続いて、同法曹家大会は、ゼロ税率ブラケット額［に相当する金額］は課税標準から控除されるべきだと、全会一致で決議する[53]。納税者の最低生活を保障する「必要額」を総所得金額から所得控除して、課税所得を算出し、これに税率を適用すべきであるから、そのようにドイツ所得税法を改正すべきだ、というものである（日本でいう人的所得控除の枠内における基礎控除）。ゼロ税率ブラケット（すなわち前記の必要額）がいわゆる人的所得控除制における基礎控除と同じ機能を有するから、「ゼロ税率ブラケット額［に相当する金額］」を「総所得金額から課税所得金額を算出する過程」に挟みこみ直し、それを人的所得控除の枠内における「基礎控除」として位置付けるべきである[54]。

　人的所得控除の形式により最低生活費を斟酌することについて、まず体系上の理由がある。一方で（納税者の）最低生活費をゼロ税率ブラケットの形で斟酌し、他方で（納税者以外の家族成員の）最低生活費を人的所得控除の形式で斟酌することは、さまざまな所得水準に陽に陰に影響を及ぼす。税率を統一したい場合には、他の家族成員の最低生活費は所得控除の形式により斟酌されなければならないので、納税者自身の最低生活費もまた、同一の形式（すなわち人的所得控除の形式）で斟酌する方が、良さそうである。このことは体系上も直截に適切なものとして考えられる[55,56]。

---

[53]　57. DJT, Sitzungsbericht N, München 1988, 215. なお、ここでいう課税標準は、Prof. Birk 私信によれば、客観的課税標準を指す。

[54]　アメリカ税法に関連して、参照、Andrews(1972), 309-331; Kanh (1960)). 所得控除に関する租税支出の問題について、参照、Surrey(1957), 1145-1182; Surrey(1968), 811-830；Bittker, B. L. (1969), 244-262（租税歳出に対する批判）. 公共経済学の観点から、参照、Lindsay (1972), 43-52.

[55]　Tipke(1993), Bd. II, S.692（納税義務者自身の生計のため生存に必要な費用について十分な金額を斟酌するため、課税標準から所得控除することを許容するのが、実質的に正義に適っている）。

[56]　1986 年アメリカ税制改革法は、ゼロ税率ブラケット方式から所得控除方式（standard deduction and personal exemption）へと改訂した。まず、zero bracket amount の定義は、the level of income below which no tax should be imposed. と定立されている (Graetz/Schenk(2001),at 418)。このアメリカでのゼロ税率ブラケットの定義は、ドイツ所得税法にいうゼロ税率ブラケットの定義と同一である。つぎに、所得控除方式（とくに標準所得控除 standard deduction）は嘗てしばらくのあいだゼロ税率ブラケットと呼ばれていた (Graetz/Schenk(2001), at 418)。なぜなら、数式で表現すれば、所得控除方式（とくに standard deduction）とゼロ税率ブラケットは税負担の軽減との関連では同一の機能を果たすからであって、標準所得控除が現在もゼロ税率ブラケットと呼ばれているわけではない (also Klein/Bankman/Shaviro, (2003), pp.335 f.; Lehman/Phelps(ed.),(2005)(The

395

第2部　第7章　最低生活費残余方式

　ドイツ所得税法の採用する多段階累進税制度におけるゼロ税率ブラケット方式は、最低生活に要する必要額をすべての納税者に保障する機能を必ずしも担っていない。納税者ⅡないしⅤに適用される税額算出数式（参照、前掲表7-3C6，9，12および15に示す数式）は、ゼロ税率ブラケット額をその数式の因子に含めていないからである。

　しかしながら、それぞれの税額算出数式は、最低生活に要する必要額を計算に入れるため、独自に数式税率を定立することができるであろうし、またそのようにしている。（この文脈において、最低生活費残余方式がなりたちうる。）

　多段階累進税制度が、最低生活に要する必要額をすべての納税者に保障する機能を一般的に果たすには、人的所得控除方式がより明快であろう。

　ちなみに、超過累進税制度をとる日本所得税法は、納税者自身の生計のため生存に必要な費用を保障するため「基礎控除」を人的所得控除方式の枠組みのなかに位置づけている[57]。

---

zero-bracket amount was so named because a zero rate of taxation was applied to it. Its financial value was determined by the filing status of the taxpayer. If a taxpayer had more deductions that qualified as itemized deductions than the zero-bracket amount, she could itemize deductions, but the itemized deductions were reduced by the zero bracket amount. That figure was subtracted from the taxpayer's adjusted gross income to find her taxable income, upon which the income tax liability was computed.).)。このように、アメリカ連邦議会は、1986年税制改正によって、1977年に導入されたゼロ税率ブラケットを廃止して、これに代えて、それ以前の旧式の標準所得控除メカニズムを選好し、いくつかの点で修正したうえでそれを再導入したのである（Graetz (1988), at 507; TAX REFORM ACT of 1986. 100 Stat. 2085, 26 U.S.C.A. §§ 47, 1042）。このようにゼロ税率ブラケットは、標準所得控除の前身である（同旨、Westin(2002), at 867.zero bracket amount (ZBA) の項；標準所得控除とゼロ税率ブラケットに関する、1986年税制改革前の沿革と政策について、参照、Bittker/Lokken(1981), ♯ 30.5.1, pp.30-38 ff.; 標準所得控除に関する、2005年現在における沿革と政策について、参照、Bittker/Lokken(2005), ♯ 30.5. 1, at S30-30）。

　勿論、所得控除が税額控除として機能する、という主張はアメリカ税法学者によって通常なされていない。

[57]　Seidl/Topritzhofer/Grafendorfer(1970)241頁、256頁（可処分所得だけが所得税の課税に服する可処分所得課税の原則は応能負担原則から直接に演繹される。）、261頁（応能負担原則は、その水平的平等の側面において、納税義務者が担税力を超える税負担を負うことを防ぐ力（保護原則）として考えられる。）；吉村(2007) 16頁、19頁（必要経費控除もまた累進税制のもとでは逆進効果を有する、と抗弁する）。もっとも、本書で提案する租税クレジット法は、一律の税率構造をとる。しかし、参照、岡村(1999) 17頁（税額控除の長所）；藤岡(1994) 28頁（所得控除のもつ高額所得者に対する優遇効果が、税額控除に比べ、短所である。）；佐藤(2002) 60頁、63-64頁（生存保障所得控除の税額控除化をめぐる議論）；三木(1994)、49頁。本章での関心事は、経済的に租税を政府

第3節　1985年ドイツ法曹家大会とその決議

3　同一機能説

所得税法上ゼロ税率ブラケットは所得控除と同じ効果を有するといわれている。一方は他方によって表現できるだろう。実定法がそれをどのように構築するかが、問題であるといわれている。ただし、この見解は、日本所得税法やアメリカ連邦内国歳入法典の超過累進税制のもとにおいて妥当しうるとしても、ドイツの多段階累進税制のもとでは即断しがたい。

多くの著者は、その論争の数学的単純さにかかわらず人的所得控除額とゼロ税率ブラケット額との等値について彼ら彼女らが認知していないことを、はっきりと知るべきである[58]。他の著者たちは、彼らが一方か他方かについて熱心に議論しているのは、彼らがその等値について知覚してしないことを自ら白状しているようなものである。さらに、その他の著者は、ゼロ税率ブラケットと人的所得控除との等値を確かに意識しているが、しかし $G = F$ の関数を明示的に言及していない。ときには、$G \neq F$ が前提とされている[59]。ここでGはゼロ税率ブラケット額を、そしてFは所得控除額をさす[60]。

この指摘[61]があるからこそ、そして、先に指摘したように、最低生活費を人的所得控除の枠組みで取り扱う直接累進課税方式の場合の補正平均税率にくらべ、最低生活費をゼロ税率ブラケッの枠組みで取り扱う間接累進課税方式の場合の平均税率の方が常に小であるから、議会は、前述のドイツ法曹家大会決議に反して、ゼロ税率ブラケット方式を所得税法から駆逐しないで済ましてい

に支払う能力を欠くかまたは乏しい者に対し、応能負担原則を適用しても、問題の解決にはならないことにある。それらの者に対しては、社会扶助法上の必要即応の原則が適用されなければならないであろう。応能負担原則の一翼を担う保護原則が課税からの侵食を防止される困窮者は、社会法上の必要即応の原則（Bedürftigkeisprinzip）にその救いを求めなければならない。必要即応の原則について、参照、Brandis(2006), S.94 FN.4

[58]　批判の対象として、参照、Bals(1974)455; Giloy(1986), 58; Lehner(1986), 59 f.; Siegel/Schneider(1994), 601.

[59]　Homburg(1995), 188.

[60]　同一機能説を主張するものとして、Seidl(1997) S.145；2009年5月11日 Prof. John McNulty 私信 (The zero-bracket amount does not act as a credit (something deducted from tax liability) but as an exemption from the tax base, much the same as a deduction reduces the tax base, not dollar-for-dollar the tax liability itself. Do you see the difference? You mention both, but they are not the same. A deduction from income (or an exemption) is different from a subtraction from tax liability (such as a credit))。同私信の引用は許可されている。ただし、超過累進税制を前提とする。

[61]　累進所得税関数の基礎理論について、参照、Seidl/Topritzhofer/Grafendorfer(1970), pp. 407-429。

る。

　しかし、ドイツのような多段階累進税制のもとにおいて、納税者 II ないし V は、表7-3 にみるごとく、ゼロ税率ブラケットの恩恵を直接に受けないとしても、間接的に享受している。そのため、Seidl 教授は、最低生活に要する必要額は高所得者ほど多く保障されていると論証される[62]。

　1992 年決定および Seild 教授が指摘するとおり、政府からの隠れた所得移転にかかる逆進効果は、ゼロ税率ブラケット方式について、依然として生じており、税率改正のたびに高所得者に一層有利となっているから、その問題は未解決である[63]。政府からの隠れた所得移転にかかる逆進効果は、単一の一律税率の制度のもとでなら、防止可能である。

---

[62]　2009 年 5 月 29 日 Prof.Seidl 私信（As to your question, consider $(228.74 \times z + 2,397) \times z + 1,007$. This shows you that the tax schedule is quadratic in z. Now transform z to taxable income y, i.e., insert

$$z = (y - 13139)/10000 \quad [\text{Cf. s.32a I S.3 EStG 2009}]$$

into the above formula. After trivial transforms you get for the tax $T(y)$ of taxable income

$$T(y) = [0.02275y2 + 1799.18y - 3927378.5]/10000 + 1007$$

This shows you that for $y = 50000$ you get $T(50000) = 15,297.68$. Due to small rounding errors this may very slightly differ from the real tax, but you should work generally with formulae like this one. The personal allowance is included in the amount 3927378.5. When the limits of the tax zones are changed in consequence of a change in the personal allowance (as was usually done in Germany), then this would be reflected in an increase in 3927378.5.）私信の引用は同教授から許可を得ている。

[63]　2009 年 4 月 20 日 Seidl 私信（In Germany there were changes in the income tax schedule of different types. The most recent change of the Grundfreibetrag in Germany from EURO 7664 to EURO 7834 was accompanied by a reduction of the initial marginal tax rate from 15% to 14%. Moreover, the tax brackets were accordingly adapted [first bracket from (7664, 12739) to (7835, 13139); second bracket from (12740, 52151) to (13140, 52551); third bracket from (52152, 250000) to (52552,250400); fourth bracket from (250001 and more) to (250401 and more)]. This means that recipients of higher incomes profit more from the increase of the Grundfreibetrag than recipients of lower incomes as they profit from lower marginal tax rates which extend now to higher incomes. In the debate on this most recent reform of the tax schedule in Germany, this was not seen by most commentators. Many of them argued as if all taxpayers had only a gain of EURO 25.50 per person [51.00 per couple] (EURO 170 multiplied by 15%). This is wrong, but it seems that most commentators are not able to see through the mechanism of tax computation.）本章は Grundfreibetrag をゼロ税率ブラケットと翻訳している。

4 最低生活費残余方式

ドイツ所得税法は、多段階累進税制を採用し、各ブラケットの境界点で平均税率や限界税率にジャンプが起きないように配慮して、数式税率を構築している。このような高度な数学を駆使して構築されている累進税制が、最低生活費に要する必要額をすべての納税者について確保しうるようにデザインされていないとは、考えにくい[64]。この点について、1992年決定を手がかりに、考察しよう。

第4節　1992年ドイツ連邦憲法裁判所決定

可処分所得に関するルールは、1982年2分2乗方式判決（the splitting decision）[65]による応能負担原則に関する基本ルールとして憲法上有効とされている。この決定において、ドイツ連邦憲法裁判所は、納税者にとって「避けることのできない」個人消費のための必要額は税を支払う能力（担税力）を減じることを指摘している[66]。このようにして、連邦憲法裁判所は課税しうる所得[67]を

---

[64] 2009年5月30日 Seidl 私信（3948814［参照、本注第2段(3)］has a negative sign; hence it is a deduction. It doe not MEAN the personal allowance (Grundfreibetrag); it just means that it CONTAINES the personal allowance (Grundfreibetrag). If the personal allowance (Grundfreibetrag) increases and everything else remains the same, then 3948814 increases, too, and the tax burden decreases [Lehner case]. If the tax schedule and/or the tax brackets, too, are adapted, then the tax schedule changes as well [i.e. the other para meters in this formula]; hence also the average tax rate changes and for some amounts of taxable income also the marginal tax rate. If the change in the tax schedule establishes a tax reduction, which is the rule, then the decrease in the tax burden exceeds the Lehner case; then the Seidl case holds.）。私信の引用は同教授から許可を得ている。

2009年所得税法32条a1項3文は、次を意味する。

$$(228.74 \times z + 2397) \times z + 1007 \tag{1}$$

$$= (228.74 \times (y - 13139)/10000 + 2397) \times (y - 13139)/10000 + 1007 \tag{2}$$

$$= (0.022874 \times y^2 - 601.083y - 3948814.584554)/10000 + 1007 \tag{3}$$

$$= (0.022874y^2 - 601.083y)/10000 - 1747.54 \tag{4}$$

T(50000) = 12950.6
T(52551) = 14007.1
ただし、y ＝課税所得金額

[65] Urteil vom 3.11.1982 BVerfG, BVerfGE 61,319,347.

[66] Urteil vom 3.11.1982 BVerfG, BVerfGE 61,319,344.

[67] 課税所得 taxable income.

第 2 部　第 7 章　最低生活費残余方式

可処分所得として定義する、ドイツ租税法学の前記アプローチを確認したのである。

1990 年に連邦憲法裁判所は次のルールを説示した。「所得課税の場合、家族の最低生活維持のための金額は課税の対象としないでおかなければならない。その金額を超える所得金額だけが課税に服しうる。」[68,69] その後、1992 年決定は、納税者と社会保障受給者とのあいだの差別扱いに反対する判示を行った[70,71]。同決定は、所得税法 32 条 a 第 1 項 2 文の規定（ゼロ税率ブラケット）について、「所得税上の最低生活費が憲法上の保障に適合しない」と判断した。その理由は、すでに紹介[72] されているので、省略する。

「ゼロ税率ブラケットおよび一般税率表控除額に関する規定は、最低生活費を所得税の課税から除外すべしとの憲法上の要請に適合していない。その規定は憲法違反である。」（BStBl 1993 II　S.420.）

「ゼロ税率ブラケットおよび一般税率表控除額に関する憲法違反は、所得税法 32 条 8 項（一般税率表控除額）と並んで、同法 32 条 a1 項 2 文全体をその対象とする。もし、違憲性が、租税債務の履行後にその最低生活費をまかなう所得が残らない所得税納税者だけに対して法効果を生ずるとすれば、平等に適合した負担の増加ではなく、平等に適合しない累進性の急激な増大を招

68　Beschluß vom 29.5.1990 BVerfG, BVerfGE 82, 60, Ruling no.2. 本決定は、課税所得を算出するに先立っての所得控除の枠組みにおいて、家族所得控除の金額は、最低生活費を保障するため、課税の対象から除外しておくべきことを説示している。これとは別に、納税者自身の最低生活費を課税の対象から除外するドイツ所得税法上のテクニックは、後述するように、ゼロ税率ブラケットの制度である。

69　同決定の紹介として、参照、清永(1996) 241-242 頁；吉村 (1991) 255 頁。

70　参照、Lehne(1993).

71　Beschluß vom 25.9.1992 BVerfG, BStBl 1993 II 413. 判例評釈として、参照、Sangmeister(1992), 2341；Arndt(1993), 977-980（同決定に対する、連邦大蔵省の経過措置の憲法問題について詳細。税負担が累進的に高まる制度のもとで，所得金額が高くなるにつれて、ゼロ税率ブラケットの税負担軽減効果が次第に及んでいくように、立法者は税率曲線を描くことができるであろうに、新規定はこのような同決定の要請を十分にこたえていない。同決定が過去数年についてゼロ税率ブラケット額の違憲性を確認したにもかかわらず、新しい規定は遡及効をもっていない。979 頁）；Schemmel(1993), 76（同決定によって、税法上の最低生活費をめぐる議論が決着したわけではなく、始まったばかりであり、同決定は多くの疑問を残している。）。

72　同決定の理由を詳細に紹介するものとして、参照、清永(1996) 233 頁以下；三木(2007) 34 頁以下。

400

第 4 節　1992 年ドイツ連邦憲法裁判所決定

来するであろうし、かつ、その限りにおいて、立法者の望まない、不完全な
法律が成立することになろう。ゼロ税率ブラケット額の不十分さは、した
がって、そのすべての効果に関して所得税法 32 条 a1 項 2 文を完全に違憲と
する。」[73]（a.a.O. S.420.）

「違憲だと判断されたこの規定は、改正されるまでは、その後も適用されう
る。しかし、立法者は、1996 課税年度から違憲規定を合憲規定に改正すべ
き義務を負う。」（a.a.O. S.421）

　以上、1992 年連邦憲法裁判所の判示事項は、平均的社会扶助給付または平
均的社会扶助必要額と、ゼロ税率ブラケット額（一般税率表控除額を含む）とを
比較していることに特色を有する。「立法者が社会扶助法上、（国が社会的国家
の配慮行政の枠内で、資力のない市民に国家からの給付によって［所得を］補足し
なければならない）最低必要額[74] を特定しているとき[75]、所得税を免れる最低
生活費[76] は、その最低必要額を下回ってはならない。」[77]（a.a.O.S.418.）そして、
所得税を免れる最低生活費は所得税法上ゼロ税率ブラケットの金額としてあら
われる。この 1992 年決定によれば、最低限の文化的生活水準の金額[78] は、課
税されないままにしておかなければならない。
　つぎに、1992 年決定が納税者と社会保障受給者とのあいだの差別扱い禁止
を判示している意味が、重要である。ゼロ税率ブラケット額（ゼロ税率ブラケッ
トの上限値）が社会保障受給額（日本の生活保護受給額に相当）と同額であれば、
差別扱いがないといえるかどうかが、ここでの問題である[79]。
　ゼロ税率ブラケットの金額を社会保障必要額と比較する前提は、納税者と社

73　清永教授は 4 つの興味深い設例をあげられる。参照、清永（1996）247 頁注（4）、（5）と
　　（6）。
74　Mindestbedarf.
75　参照、BVerfGE 40,121[133].
76　das von der Einkkommensteuer zu vershonende Existenzminimum.
77　57. DJT, Sitzungsbericht N, München 1988,215（税法上の最低生活費は、憲法上の理由
　　から社会法上のそれを下回ってはならないのではなく、基本権の理由から明らかにそれ
　　を上回らなければならない。採択（賛成 42：反対 1：留保 4））
78　the minimum civilised standard of living . So Lang(1999), 55 ff. (61).
79　1992 年決定は、日本の所得税法上基礎控除に相当する「ゼロ税率ブラケット」概念に
　　ついて、所得税法上の関係規定その他の法律の関係規定から切り離して、最低生活費の
　　保障を説示する（結論類旨、北野（1994）84 頁）。

401

会保障受給者との平等取扱原則の要請のもとで、両者が政府から受給する所得移転に求められるのであろうか。そのような主張は、国家予算の規模を斟酌すれば、説得力を持ちえず、実行不可能であろう。

1992 年決定は、社会保障受給額がゼロ税率ブラケット額と同様に、所得税から免れている、という前提を明示的に採用する。そして、同決定は、社会保障受給額とゼロ税率ブラケット額のあいだにおける所得移転の等値不等値に言及していないにもかかわらず、ゼロ税率ブラケットの絶対額と社会保障必要額の絶対額を比較し、前者が後者を下回ってはならないと、説示する。しかも、次のように説示する。

「以上の考察から判明するように、所得税に服する納税者には、その者の貨幣所得（Erworbenen）のうち、彼が、自分の必要不可避な生計費および——憲法 6 条 1 項を斟酌すると——その者の家族のそれを賄うために必要である範囲で、その必要不可避な生計費の金額が所得税債務の履行後に残っていなければならない（最低生活費）。」[80] (a.a.O. S.418)

その限りで、納税後に残っている所得について、社会保障受給額とゼロ税率ブラケット額とにそれぞれ相当する金額が等値であれば、納税者と社会保障給付金の受給者とのあいだの差別扱い禁止の要請が満たされている、と同決定は判示していると解しうる。

所得税制は、納税者が最低生活費を賄いうる所得を税引き後に保障しなければならない（最低生活費残余方式[81]）。この最低生活費残余方式は、生存権を保障するため、最低生活費に要する所得に対して所得税を課税すべきでないという要請よりむしろ、所得税債務の履行後に、最低生活費に要する「必要額」が納税者のもとに残っていればよいことに重点をおいている。この要請は、1996 課税年度以降、ゼロ税率ブラケット額を 5616DM から 12095DM に引き上げる

---

80 同趣旨の翻訳について、参照、三木 (2007) 35 頁。
81 主観的純所得課税の原則の領域について、納税義務者およびその被扶養権を有する家族の最低生活費を税法上傷つけないで残しておくという憲法上の要請（最低生活費残余方式）は、その後、連邦憲法裁判所で繰り返されている。2002 年 12 月 4 日決定（BverfGE 107, 27, 48）および 2004 年 6 月 8 日決定（BverfGE 110, 412, 433）において、最低生活費残余方式は尊重されなければならないと強調されている。Cf. Tipke/Lang (2009), § 9 Rz.72.

第 4 節　1992 年ドイツ連邦憲法裁判所決定

ことによって計算に入れられている。その後も、1996 年度の税率が基礎にされて、徐々に引き上げられている[82]。

多段階累進税制をとる 2009 年ドイツ所得税制のもとにおいて、納税者 II ないし V に適用される税額算出数式（数式税率）は、ゼロ税率ブラケットとは独立して築かれている。しかしながら、平均税率は最大で 45％を超えず（参照、表 7-3 セル F25 および G25）、限界税率は納税者 II について $[14.0009397 + (y - 7,835) \times 0.0018796]$％であり、納税者 IV について $[42 + (x - 52552) \times 0.00001516]$％に、そして納税者 V について 45％に抑えられているから、その限りにおいて、納税後に残る所得は、最低生活に要する必要額を超えていると解しうる。さらに、平均税率もまた、表 7-3 セル G21 ないし G31 にみるごとく、0 ％から 45％未満に抑えられている。したがって、最低生活費残余方式は空論でなく、実に重要な意義を有する。

たとえば、中高所得者に対する所得課税が、基礎控除などまたはゼロ税率ブラケットを斟酌しないで、税額算出数式を適用して行われる場合であっても、彼ら彼女らは、所得税債務の履行後に最低生活費に要する所得を取り置いておくことができればよい、といった選択肢が最低生活費残余方式から導き出される。最低生活費残余方式は、所得税法が、生存権保障に要する「基礎控除」や「ゼロ税率ブラケット」などを明示的に中高所得者に賦与しなくてよいことを意味する。なぜなら、中高所得者が、限界税率や平均税率に鑑み、所得税の納税後に「必要額」を確保していればよいからである。

しかも、そのように取り置いておく方法は、いろいろありうると、1992 年決定は説示する。

「最低生活費に不可欠な必要額は、憲法上の理由から、所得税の課税が始まる下限値をなしている。ただし、これは、次を意味しない。あらゆる納税者が、最低生活費に従って測定される控除額の金額で、あらかじめ［課税を］まぬかれなければならないことを意味しない。立法者が、いかなる方法で、この憲法上の宿題を考慮に入れるかは、立法者に委ねられている。」(a.a.O. S.418)

ドイツ連邦憲法裁判所は、多段階累進税制のもとですべての納税者がゼロ税

---

[82]　Kussmann/Martin/Niedenführ/Rick(1997), Anm.2119,S.710.

率ブラケット（ゼロ税率）の恩恵を受けるというよりむしろ、課税所得の金額に応じた税額算出数式（数式税率）の適用を受けうることを認識しているのではなかろうか。それだからこそ、ゼロ税率ブラケットの方式かまたは人的所得控除の方式かまたはその他の方式が採用されるかは、立法者にゆだねられていると説示したのである。それらの方式のうち、いずれがより合理的で実行可能性を有するかが、問題である。この点では、同決定は、前述の法曹家大会決議と異なるし、また、ゼロ税率ブラケット方式を排斥しているわけでもない。

　さきにドイツ所得税法上の多段階累進税制を分析した結果、現行法は、最低生活費に要する必要額を、低所得者（納税者Ⅰ）についてはゼロ税率ブラケット方式で保障しているが、その他の納税者（ⅡないしⅣ）については最低生活費残余方式に基づいて生存権を保障していると判断できよう。最低生活費残余方式は、ゼロ税率ブラケット方式または人的所得控除方式がいずれも中高所得者にとって必要でないこと示唆している。そうだとすれば、この最低生活費残余方式によって、政府は、低所得者に対して、最低生活に必要な所得を補足する選択肢（所得移転）を獲得するであろう。1992 年決定はこの点に大きな意義を有する。

　さらに、社会法と所得税法にまたがる人的所得控除の問題をめぐる、ドイツ連邦憲法裁判所決定は、両法における所得概念の調製の必要性を浮き彫りにしている[83]。

　最後に、1992 年決定は、1996 年までに、最低生活費を課税しない合憲な規定を制定すべき宿題を立法者に課している。解決策の一つとして、最低生活費を「客観的」課税標準からの人的控除として扱うならば、不合理な結論が生じる。なぜなら、租税法上承認された最低生活費の税負担軽減（すなわち政府からの隠れた所得移転）は、ゼロ税率ブラケット方式を用いない直接累進課税方式のもとで、所得金額が増えれば増えるほど、平均税率に照らし上昇するから

---

[83] 1992 年決定についての判例評釈の中で、Hackmann(1994) 1-27（同決定を消極的に評価。その他の税法規定と社会扶助法規定との調整こそが問題であり、ゼロ税率ブラケットの金額は違憲でないとする。税法上捕捉されない所得について、税法上の所得概念の拡張をして（純財産増加説）、社会扶助法規定と租税法規定の統合を主張。26-27 頁）。さらに、社会法と税法における所得概念の異同について、詳細は、Franz(1988), 17-38; Arndt(1993), 977-980. 社会法は貨幣所得（Erwerbsbezüg）を用い、他方、ドイツ所得税法は所得概念について基本的に市場所得説を採用しており、社会法上政府からの隠れた所得移転および政府からの明示的な所得移転の取り扱い方について、所得税法でも明確に認識され議論されだしている。

である（逆進効果）。したがって、最低生活費を満たすため人的所得控除方式は、「生活困窮者」よりも高所得者のために有意に強力に効いてくるだろう[84,85]。このため、必要不可欠な個人支出（最低生活費を満たすためのそれを含む。）を総所得金額から人的控除することは不合理だというべきであり、これに代えて、税額控除（又は所得補足）方式が推奨される、との見解が経済学者によって有力に主張されている[86]。

このような1992年決定および学説状況のもとに、議会は、1992年決定の指摘した逆進効果を改めることもできずに、現在に至るも依然として所得税法にゼロ税率ブラケット方式をとりいれている。

公知のとおり、ドイツ議会は、国家予算の制約のもとで、同決定の内容に即して、社会保障基準額に相当する水準のゼロ税率ブラケット額（7,834Euro, 2009年3月6日以降）を定めているわけではない[87]。

第5節 教 訓

納税者と社会保障受給者の差別扱いの禁止はどのように達成できるか？

先に考察した事情のもとで、1992年ドイツ連邦憲法裁判所決定が要請した所得税法の改革は、租税法学者と経済学者とのあいだでかわされている人的所得控除方式（もしくはゼロ税率ブラケット方式）とTAX CREDITS方式[88]、所得支援給付方式[89]をめぐって、決着していない。

納税者自身のための最低生活費を保障するテクニックは、ゼロ税率ブラケット方式または人的所得控除方式に求めなければならないわけではない。いずれかに優劣があるわけでもない[90]。

納税者自身のための最低生活費を保障するテクニックは、ゼロ税率ブラケッ

---

84 Siegel/Schneider(1994), 601.
85 参照、前掲注(15)。
86 Siegel/Schneider(1994), 603；木村(2006) 21-60頁；木村(2005) 7-29頁 .
87 1992年決定の判例研究の中で、参照、Balke(1995), 762-763（国家財政の逼迫を理由に、納税額が原審原告に払い戻されない、とする同決定を紹介するとともに、これを批判。訴訟費用の負担についてのニーダザクセン財政裁判所決定を紹介。）
88 Siegel/Schneider (1994), 603.
89 木村(2006) 21-60頁；木村(2005) 7-29頁。
90 参照、前掲注56と前掲注57およびそれら脚注に対応する本文。

ト方式に求めなければならないわけではない[91]。ドイツ所得税法は、低所得者に対してはゼロ税率ブラケット方式により最低生活に要する必要額を保障するが、その他の中低所得者には、限界税率の設定に当たって、納税後に最低生活費を残すように制度設計している（最低生活費残余方式）。

ゼロ税率ブラケット制度（間接累進課税方式）または人的所得控除制度（直接累進課税方式）は、累進税制度のもとにおいて、その非課税額または人的控除額に平均税率を乗じて算出される「政府からの所得移転」の多寡に鑑み、低中所得者にとって一方的に不利である。しかも、ゼロ税率ブラケットの階級値に相当する課税所得を有する極貧所得者（または所得控除額の階級値しか稼得所得を取得しない極貧所得者）は、ゼロ税率ブラケット額（または人的所得控除額）の一部を利用できるにすぎず、それに応じて政府からの隠れた所得移転も半減する。したがって、ゼロ税率ブラケット方式（または人的所得控除方式）は、著しい低所得者や無所得者に対し生活必要額に相当する金額を所得補足しえない、という致命的短所を有する。この短所を治癒するため、社会法と所得税法とを統合する社会システムが必要となろう。

財政学者が指摘する通り、累進税率制のもとでのゼロ税率ブラケット方式（または、人的所得控除方式）は、政府からの隠れた所得移転について逆進効果

---

[91] 日本の人的所得控除制度の問題点について、参照、水野(2003) 32-33 頁。大阪地判昭和 55 年 9 月 17 日行集 31 巻 9 号 1838 頁→大阪高判昭和 56 年 6 月 26 日行集 32 巻 6 号 949 頁（原審支持）（人的控除制度の趣旨は、最低生計費、基準生計費ないしは標準生計費に対応する部分を課税対象外におき、担税力のない者には、課税最低額を設定することによって納税義務を免除しようとすることにある）→最判昭和 60 年 12 月 17 日判例時報 1187 号 59 頁（上告棄却）。東京地判昭和 61 年 11 月 27 日行集 37 巻 10=11 合併号 1382 頁（29 万円の基礎控除を定める旧所得税法 86 条は、憲法 25 条 1 項、14 条 1 項に違反しない。原告の総所得金額 839 万円 4,300 円がのうち、可処分所得は、原告主張の最低生活費である生活扶助金額（標準 4 人世帯で 162 万円）を大幅に上回っており、原告の健康で文化的な最低限度の生活が侵害されるということのないのは明らかである）。この東京地判は最低生活費残余方式と軌を一にする。
　課税最低額とゼロ税率ブラケットとの関係について、概説しておく。租税制限の理由および実行可能性の理由から、所得階級の最低階級は、所得税および賃金税に服さない。課税は一定の金額の所得金額のところではじめてはじまる。これが課税最低額 (Besteuerungsbeginn) である。この金額をときに最低生活費 (Exisitenzminimum) とも呼んでいる。なぜなら、課税最低額は、本来、最低生活費の都合に合わせるべきだからである。しかし、これは、いつでもその通りであるわけではない。これらの概念はドイツ連邦政府においても詳細に議論されてきた。ゼロ税率ブラケット額 (Grundfreibetrag) は、納税義務者自身のための所得控除額 (Freibetrag für den Steuerpflichtigen selbst) としても解釈される (Schelle (1972), S. 15.)。

第5節 教　訓

を生じさせるから、それを防ぐ必要がある。

　納税者自身のための最低生活費は、社会給付（政府からの所得移転）によっても保障できるだろう。そのテクニックの一つとして負の所得税（Tax Credits など）が構想されている（本書第2章）。政府は、最低生活に必要不可欠な所得を、金銭給付の形式で直接に生活困窮者や低所得者に補足し、同時に、それらは、所得移転消去率ルール[92]に服して低所得者から中所得者へ次第に削減しやがては所得保障支援分岐点で消滅する（本書第6章）。このような租税政策は考慮に値するであろう。国家予算を無視した租税政策や労働意欲を阻害する租税政策は、社会システムの変革に適しないといわなければならないからである。

　あたらしい所得税法は、所得控除を全廃したうえで、所得保障制度にもとづき政府からの所得移転（基礎所得保障給付額など）を原則非課税として、特定の社会給付（新規就労給付など）と個人所得からなる総所得金額を課税の対象とする。新しい所得税法はこの総所得金額に対し課税を行う。所得税法のタームで表現すれば、税額は総所得金額に税率を適用して計算される。

　最後に、最低生活に必要不可欠な所得が、すべての納税者および社会保障受給者の側に、所得税引き後の個人所得に残っていればよい（最低生活費残余方式）。最低生活費残余方式は、可処分所得概念について、税法学上のそれから経済学上のそれ（ただし家計レベル）へと変更してよいことを意味する。憲法に定める生存権は最低生活費残余方式によっても実質的に保障されうるからである。そのためにどのようなメカニズムデザインが描けるかが、宿題として残されている。正当にも、岡村忠生教授らは、高所得者に対する基礎控除の要不要、所得金額の増大につれて控除額を次第に少なくしていき終にはなくしてしまうなどの、問題解決法を示めされている[93,94]。現行所得税法上の基礎控除制度の廃止は、ワーキングプア[95]を見捨てることを意味しないことは、これま

---

[92]　withdrawing rate in a tapering system.

[93]　岡村（1999）22頁；石島（1982）50頁。

[94]　高所得者が、税引き後の所得でもって、生存権とその自由権を享受できないほどに、重課税される場合（絞め殺し税の禁止違反）を除いて、僅かばかりの基礎控除38万円にかかる隠れた所得移転の金額が、高所得者の自由権に影響を及ぼすであろうか。異説、谷口（2007）24-25頁。生存権が国家の課税権に優先することは勿論である。しかし、生存に要する費用は確実に、必要な困窮者に政府から所得移転すればよい。社会法と租税法は1枚のコインの裏表の関係にあることは、看過すべきではない。健全な社会システムは、高所得者に一方的に利する人的所得控除制度およびゼロ税率ブラケット制度などを許容し得ないであろう。

[95]　参照、NHKスペシャル「ワーキングプア」取材班（2007）。

での論説からご理解いただけるであろう。

「低所得者に対しては最低生活費に対する所得控除を認めるが、高額所得者について最低生活費に対する所得控除を認めないというのは、課税標準の持つこの公平の判断尺度としての機能を著しく阻害し、結果的に租税公平主義が貫徹されない結果を招来する危険性をもたらすものと言える。水平的公平及び垂直的公平を判断する尺度の統一性と単一性を保障するためには、すべての納税者に対し、最低生活費に対する所得控除を保障する必要があるといわざるを得ない[96]。」

引用した言明は、Tax Credits との優劣を検討した後に、行われている。しかし、的外れである。吉村典久教授は負の所得税や Tax Credits の構想を視野に入れられないままに、陳述されている。

自由権（幸福追求権）を援用し、「納税義務者の最低生活費が、彼の個人の自由な生活の自律的形成・発展の前提となる経済的基盤をなしている以上、国家は課税を通じてもこの経済的基盤をうばってはならないことは、まさにこの個人の自由な生活の自律的形成・発展を保障する憲法 13 条から演繹できよう[97]。」

最低生活費残余方式は、すべての人々の生存権を保障し、とくに低所得者に対する所得保障給付を手厚くする。他方で、本書で示す（とくに最低生活費残余方式を取り入れた）所得保障給付法案は、中高所得者に対して、所得保障給付の形での所得保障基準給付額を所得移転消去率を乗じて所得保障給付額を算定し、この給付額を逓減しゼロにまで消去する（本書第 6 章）。所得保障給付法案はこのような最低生活費残余方式と所得移転消去率のメカニズムを採用することによって、人々ができる限り自立して生活を形成することを促し、就労意欲を高め、家族や児童の貧困を撲滅するようにデザインしている。したがって、憲法 13 条の保障する自由権（幸福追求権）の憲法価値は、最低生活費残余方式によって十分に実現されうるであろう。

---

[96]　吉村（2007）19 頁。
[97]　吉村（1991）130 頁。

第5節 教　訓

生存権の自由権的機能に着眼し、「もし現行税法の課税最低限が憲法25条の意図する最低生活費を下回ることによって、人びとの『生存的自由』を侵害する場合には、課税最低限に関する現行法の諸規定は違憲無効となろう。ことが自由権機能のレベルに関する限り、論理上、議会の自由な裁量的判断にゆだねられる立法政策論ないしは立法裁量論が妥当する余地はない[98]。」

本書で提案する所得支援分岐点は、生存権を保障し、日本における最低生活を維持できるように相対的貧困の水準に一律税率の逆数を乗じた数値を指している。たとえば、貧困水準が180万円だとし、一律税率が33 1/3%であるとすれば、所得支援分岐点は、540万円となる。所得支援分岐点未満の個人所得を取得する者は、すべてなにがしかの所得保障給付を受給しうる。その受給額は、個人所得が小さいほど、大となる。本所得保障給付法案は、すべての中低所得者に対し、税引き後の手取り所得がその相対的貧困水準を上回るように設計している。したがって、本法案は、北野教授の提言される判定基準を充足している。しかも、国家予算に照らしても、現行所得税法に基づく租税支出の全額は不要となり、新たな所得税収入は、拡大した課税ベース（客観的課税標準、総所得金額）に33.3%の一律税率を乗じて算出されるので、格段に増大する。生活保護を受けていないが、極めて低所得者の人数が、2010年現在、急増し続けている[99]なかで、本書で提案する所得税歳入の増大は、所得保障給付に要する財源を確保しうると推測される。

1992年決定の示唆した最低生活費残余方式からの教訓は、本書で示す所得保障給付法案にとって非常に有意義であり、学ぶに値するだろう。

98　北野(2003) 150頁。
99　岩井・村上(2007) 1-20頁（Working Poor の失業・就労貧困者、失業・就労貧困率の指標は、就労貧困者の増大と失業者の増大との連動を表示している。求職失業者は長期不況と合理化により急増しており、男性の失業貧困率が著しく高くなっている。パートタイム、派遣労働等の非正規雇用の失業・就労貧困率は、正規貧困率と比べて、著しく格差が拡大している。正規雇用の貧困率も増加している。男女別賃金格差と女性の不安定就業の増大等により、女性の失業・就労貧困率が高く表示されている。フリーター、ニート等が問題となっている若年層の失業・就労貧困率が著しく高く表示されている。17頁）；駒村(2002) 24頁（生活保護制度が捕捉する貧困世帯の割合は多くて20%とする）。貧困世帯の暗数は、生活保護受給世帯の4倍となる。

第8章　イギリス議会における省令承認手続き：保険料率を中心として

第1節　はじめに

　日本の国民健康保険法における賦課要件をはじめとする、社会保険料等の賦課要件が、制定法律で明確に定められていないばかりか、限りなく白紙委任に近い政省令又は組合規約によって定められていることが見うけられる[1]。したがって、社会保険料等の賦課要件は、国会によるコントロールから遠く離れていることがある。その限りにおいて、そのような限りなく白紙委任に近い法令は、憲法84条の規定の趣旨[2]に反しているばかりでなく、同規定に違背しているのではなかろうか。日本の社会保障法学は、もっぱら給付行政の側面から、その権利について理論構築してきているように見受けられる[3]。しかし、社会保障法は、給付行政の側面[4]とならんで、国民から保険料を強制的に拠出させるという侵害行政の側面[5]および保険基金を投資管理するというコーポレー

---

[1]　たとえば、国民健康保険法第81条（条例又は規約への委任）「この章［第5章　費用等］に規定するもののほか、賦課額、料率、納期、減額賦課その他保険料の賦課及び徴収等に関する事項は、政令で定める基準に従つて条例又は［その条例により授権された地方公共団体の長が定める規約もしくはその条例により授権された国民健康保険組合の合議機関が定める］規約で定める。」

[2]　最判平成18年3月1日旭川国民健康保険条例事件（「<u>市町村が行う国民健康保険は，保険料を徴収する方式のものであっても，強制加入とされ，保険料が強制徴収され，賦課徴収の強制の度合いにおいては租税に類似する性質を有するものであるから，これについても憲法84条の趣旨が及ぶと解すべきである</u>が，他方において，保険料の使途は，国民健康保険事業に要する費用に限定されているのであって，<u>法81条の委任に基づき条例において賦課要件がどの程度明確に定められるべきかは，賦課徴収の強制の度合いのほか，社会保険としての国民健康保険の目的，特質等をも総合考慮して判断する必要がある。</u>」（補足意見がある））。

[3]　たとえば、菊池（2001）56頁以下；荒木（1993）80頁以下、88頁以下、91頁（社会保障法ともっとも密接な関連をもつのは労働法である。）；窪田（1976）53頁以下；西村（2008）12頁以下；ただし、参照、同所285頁以下（憲法29条1項、94条にも言及）；佐藤（2005）55頁以下；角田・佐藤（1994）75頁（給付種類別社会保障体系）。

[4]　田中（1980）33頁。

[5]　たとえ保険料が租税と異なる側面を有する（岩村（2001）115頁）としても、なお保険

ト・ファイナンス行政の側面を有する。本稿は、侵害行政の側面に焦点を合わせて、税法規定と比較しつつ、社会保障法の問題点[6]を抽出し、それを解決しようとするものである。

さらには、本稿は、憲法 41 条との関連において、財産権の侵害を規定する授権法律の下位法令が、議会によるコントロールを受けない現状について、疑問を呈し、その解決策を提案したい。

ところで、税金を支払うに先立ち、議会の同意を求めるルールを史上初めて規定した[7]イギリスの人びとが、社会保障制度の領域で保険料拠出金の賦課要件について議会の承認を要求しない、と考えられるであろうか。連合王国の社会保障制度に基づく基金が、現在、いわゆる賦課方式[8]により管理運営されており、かつ、所轄省庁が、保険料率等について専門的・技術的な知識と社会経済の変化に関する迅速な情報を収集保有しうる地位にあるところ、議会が、保険料率等の改定について所轄省庁から説明を受け、関係法令の改訂について（少なくても）承認を与える『仕組み』は、果たして、連合王国に存在さえしないであろうか。

連合王国における社会保険料拠出金は、省令に基づいて具体的に算定される[9]。このためかどうか分からないけれども、イギリス議会は関係省令の制定過程に関与できず、所轄省庁が排他的に保険料率等を制定できる、との誤った情報が日本で流布されている。しかし、実際には、連合王国 1992 年社会保障管理法[10] 141 条（保険料率の改訂）および 143 条（調整率)[11] に基づく関係の大

　料は、国民の財産権を侵害する点では、租税と異ならない（参照、同 127 頁以下及び 128 頁脚注 3 に掲げる文献）。

[6]　参照、小山(1975) 20 頁以下）；北野(2001) 88 頁。

[7]　1215 年マグナ・カルタ 12 条、38 条（参照、甲斐(2002 A) 40 頁（この削除された大憲章の規定［12 条および 14 条］こそが、今日に至るまで財政憲法の中核規定として生き続けてきた))。

[8]　日本の公的年金制度のもとにおける賦課方式について、参照、駒村(2003 B) 110 頁；貝塚(2002) 18 頁、21 頁（「賦課方式は政府のみが行えるネズミ講である。」）、井堀(2002 B) 24 頁以下、橘木(2002) 44 頁に掲げられた文献。

[9]　The amounts and rates of contributions shall be subject to regulations under sections 19(4) and 116 to 120 below (s.1(3) Social Security Contributions and Benefits Act 1992)..

[10]　the Social Security Administration Act 1992 ("SSAA")

[11]　社会保障管理法 143 条 1 項は、当該年度の中途においても、大蔵省が国民保険基金の水準を微調整すべきだという見解を付して、保険料拠出金を微調整する小さな権限を同省に賦与している。大蔵省がそのように考える場合には、所定の数値を改変する命令を制定できる。これもまた、議会のコントロールを受ける。

蔵省令は議会によるコントロールをうけるのである（1946年法規命令承認法）。
この点を明らかにしたい[12]。

　本稿はまず、連合王国における国民保険基金制度と賦課方式を概説した後、
先の誤報を糺すため、法規命令承認手続法と議会における命令承認手続を紹介
し、最後に、社会保険に関する賦課要件は明確に法定できるために、２つの選
択肢を提示することとする。

第2節　連合王国における国民保険基金

　連合王国の国民保険制度[13]は、コミュニティの構成員がコミュニティ全域
ベースでリスクを保険するという、構想に基づいて資金提供されているので、
その本質的特徴は、保険料拠出金はすべて独立分離したファンド（基金）で保
管されていること、及び、保険給付又はその請求は当該ファンド（基金）から
賄われるべきことにある。この独立分離したファンドは、国民保険基金であり、
これは最初1948年に設立された。当初、そのほかに、二つの別の独立のファ
ンド（基金）があった。国民保険（準備金）基金と労災基金がそれである。し
かし、これらの基金は、1975年に国民保険基金[14]に吸収された。

　次の収支内訳表は2007年／08年の当該基金の推定収入支出を示している[15]。

表8-1　国民保険基金収支内訳表

	（単位　百万ポンド）
収入	
前期繰越金	38,475
保険料拠出金	92,986
国庫連結基金[16]	1,397

12　照会に対する回答（email dated 23 March 2008 by Judith Freedman(Professor of Taxation Law, Worcester College Oxford Univ.)）同教授に謝意を表する。

13　イギリスの社会保険および社会保障制度について、たとえば、参照、武川(1999)　8頁以下；堀勝(1999)　136頁以下；近藤(1977)　19-25頁。

14　the National Insurance Fund.

15　Tiley & Collison(2008),　48.06, at 1808 ff.（ここに掲げる推定値は、2007年に公表された、年金数理庁報告書から作成）。

16　Consolidated fund 訳語について、参照、甲斐(2002 C)　375頁（総合国庫資金、統合国庫資金）。国庫連結基金はイングランド銀行（the Bank of England）における政府の一般

413

国営スキーム・プレミアム	118
投資所得	1,799
大蔵省交付金	0
その他の純受取金	36
	134,811
支出	
給付	65,744
国民保健サービス[17]への配賦	19,834
北アイルランドへの移転	452
行政管理	1,470
SSP[18] & SMP[19] 弁償と報償	1,405
個人年金不加入[20]割り戻し	2,363
基金払込剰余金[21]	251
翌期繰越金	43,292
	134,811

　ご覧の通り、収入の主たる源泉は、保険料拠出金である。2003／04 年以降、より多くの配賦が国民医療サービスに行われている。その理由は次にある。2003 年 4 月から課される 1 ％特別付加金からの歳入全額が国民保健サービスに配賦され、そして国民保険基金には内部留保されない。保険料拠出金収入の大部分は、第 1 種保険料拠出金から入ってくる。このことは次の分析で示されている[22]。

「銀行口座」である（Silk(1987), at 170）。このような国庫連結基金勘定を開設した 1787 年法によって、国のあらゆる歳入（all revenue）が一つの基金勘定（fund）に寄せ集められ、そしてすべての歳出はその基金勘定から払い出される（Taylor(1979), at 136）。参照、甲斐(2002 B) 27 頁以下（収入面における統合国庫資金への統合過程を紹介）、第 2 編第六章（支出面における統合国庫資金への統合過程を紹介）、第 4 編一㈠4（統合国庫資金法）。

[17] 樫原（2005）55 頁以下、125 頁以下。

[18] STATUTORY SICK PAY（法定医療給付金）

[19] STATUTORY MATERNITY PAY（法定出産給付金）

[20] contract out を適用除外と訳すことが多い。参照、樫原（1988）178 頁以下；堀勝（1999）132 頁、135 頁(武川)。

[21] 余剰受領金 (extra receipt) について、参照、甲斐(2002 C) 397 頁。

[22] Tiley & Collison (2008), 48.06, at 1807.

第 2 節　連合王国における国民保険基金

表 8-2　保険料拠出金

(単位　百万ポンド)

種類		
第 1 種—被用者	35,892	
第 2 種—雇用者	53,140	
		89,032
第 1 種 A 及び第 1 種 B		1,059
第 2 種		248
第 3 種		128
第 4 種		2,519
		92,986

　主たる支出は、当該基金から賄われる、拠出制給付である。これらは次の分
析で示されている[23]。

表 8-3　保険給付

(単位　百万ポンド)

退職年金[24]	57,330
寡婦・寡夫手当[25]（旧　未亡人手当）	738
拠出制求職者手当[26]	502
就労不能手当[27]（旧　障害者・疾病手当）	6,829
出産手当[28]	215
保護者手当	2
年金受給者へのクリスマス手当	128
	65,744

　表 8-1 ないし表 8-3 から判明するように、連合王国の保険料拠出方式[29] は、
保険原理[30] に基づいてその基金を積み立てるのではない。すなわち、保険数
理学の観点から将来の債務に保険料拠出金を関係づけようとするものではなく、

23　Tiley & Collison (2008), 48.06, at 1808.

24　退職年金について、参照、堀勝(1999) 144 頁以下。

25　寡婦・寡夫手当について、参照、堀勝(1999) 150 頁。

26　拠出制求職者手当について、参照、堀勝(1999) 153 頁以下。

27　就労不能手当について、参照、堀勝(1999) 15 1 頁。

28　出産手当について、参照、堀勝 (1999)152 頁以下。

29　the contributory system.

30　insurance principles.

また、適切な範囲で保険料拠出金を投資するわけでもない。当該将来の債務が履行期になるとき当該債務を完全に履行するため、投資所得及び資本評価益を生み出すわけでもない。そうではなくて、国民保険基金は「賦課方式[31]」により運営される。すなわち、国民年金基金は、受取高を、年々ある程度のゆとりを残して支出に当てる義務を負っている[32]。

当該国民保険基金は年間収支均衡ベース[33]で運営されているから、労働・年金大臣[34]（旧社会保障大臣）および大蔵大臣は、表8-4[35]に一覧するように、翌課税年度について保険料率及び稼得所得の上下限値[36]及び稼得所得の適用料率区分[37]について必要な改正を行うために、稼得所得の一般的水準、その他の考慮事項を毎年審査[38]しなければならない[39]。

表 8-4　国民保険料拠出料率 2007 年—2008 年

週当たり 稼得所得金額	国民保険料拠出金		
	被傭者の 料率（％）	雇用者の料率（％）	自営業者の料率（％）
£ 0 －£ 100	0	0	0
£ 100 －£ 670	11 被用者稼得所得の 適用料率第 1 区分	12.8 雇用者稼得所得の 適用料率第 1 区分	8 自営業者所得の適用 料率第 1 区分
£ 670 －境界値	1 被用者稼得所得の 適用料率第 2 区分	12.8 雇用者稼得所得の 適用料率第 2 区分	1 自営業者所得の適用 料率第 2 区分

---

[31]　pay as you go.

[32]　Tiley & Collison (2008), 48.06, at 1808.

[33]　a finely balanced basis.

[34]　Secretary of State for Work and Pensions.

[35]　Cf. Adam / Reed (2003); Tiley / Collison (2008), 49.02, at1814.

[36]　earnings limits.　それらは国民保険料拠出金にかかる稼得所得金額の下限値（the lower earnings limit, LEL）と国民保険料拠出金にかかる稼得所得金額の上限値（UEL）を指している。その概念について、参照、堀勝(1999) 138 頁。

[37]　earnings thresholds.

[38]　review.

[39]　SSAA 1992, s.141. 適切にも、年次審査の目的は、2 種、3 種及び 4 種保険料拠出金についてのありうる見直しを熟慮するだけであるが、しかし、1 種保険料拠出金料率及び稼得所得の適用料率区分を熟慮できることが、普通、年次審査の利点でもある。

第 2 節　連合王国における国民保険基金

　このような改正は、法規命令承認手続き[40]にしたがって行わなければなら
ない。所轄大臣が、内閣の承認を受けた、省令案を議会に提出するとしても、
保険料拠出金の料率は議会によって決定されなければならない。省令案は、政
府でなく議会で評決に付される[41]。

　議会[42]に提出された命令案[43]は年金数理庁長官（または年金数理庁副長官）
からの当該基金の情勢及び改正案の効果に関する報告によってその理由を説明
されていなければならない[44]。

　そのような改正は、通常は、11 月又は 12 月に公示され、そして、翌年 4 月
6 日から効力を生じる。又は、受益のケースではその直後に効力を生じる[45]。
もっとも、政府は、現在多数を占めている状況では、いつもその案を成功裡に
通過させている。

　年金数理庁長官[46]はまた、1975 年 4 月 6 日以後 5 年ごとに当該基金の情勢
に関して審査報告する義務を負っている。 5 年審査の目的は、当該基金を信頼
しやすいように、当該基金が年々需要を満たしうるかどうかについてアクセス
しうるためである。人びとは、現在の保険料率と予想保険料率その他の考慮事
項、たとえば、人口動態、失業数の予想水準、稼得所得水準の動向などに注目
する[47]。

---

[40]　statutory order procedure.1992 年社会保障官理法 141 条では、料率を毎年見直すこと
　　に関する省令承認手続きを定めている。すべての改正は、たとえそれらが制定法律でな
　　く下位法令の形によるとしても、議会に提出されなければならない。年度途中のわずか
　　な調整率については、同法 143 条に小さな権限が定められている（参照、前掲注 10 お
　　よびそれに対応する本文）。政治的には、料率は、政府を制約するように働く非常に反
　　応の大きな問題である。もっとも、政府は、現在多数を占めている状況では、いつもそ
　　の案を成功裡に通過させている。

[41]　照会に対する回答（email dated 21 Mar 2008 by Judith Freedman）。さらに、1992 年社
　　会保障管理法 141 条に関する命令制定手続き（The order making procedure for section
　　141）は、法規命令承認続き（the statutory instrument procedure）と異ならない。その
　　141 条に関する命令は法規命令に関する積極的承認手続き（the affirmative statutory ins-
　　trument procedure）（詳細は、後述）に基づいて制定される。So, 私信に対する回答
　　（House of Commons Information Office dated 18.Aug. 2008）。

[42]　Parliament.

[43]　the draft order ここでは、省令案。

[44]　SSAA 1992, s 142.

[45]　Tiley/ Collison(2007), at 1808.

[46]　Government Actuary's Department.

[47]　Tiley/ Collison(2007),, at 1808.

417

第2部　第8章　イギリス議会における省令承認手続き

第3節　1946年法規命令承認手続法 [48]

1　はじめに

法規命令 [49] の定義及びそれと関連のある議会手続き（国会手続き）を紹介する [50]。

2　法規命令とは何か

連合王国（UK）における主要な法は、法案（bills）の形式で議会を通過する。法案はすべての段階を踏んで通過すれば、その法案は制定法律 [51] になる。制定法律はしばしば、おもに所轄大臣（しかしまた地方当局もしくは国営企業のような権限ある者）に対し、法規命令を用いて、より詳細な命令、ルール又は規則を作る権限を授与する [52]。

この権限の範囲は、技術的なものから、制定法律の規定から漏れた広範な権限まで、非常に幅広い。制定法律は、しばしば、幅広い枠組みだけを定めており、そして、法規命令は、あまりに複雑すぎて制定法律の本体のなかに含めることのできないような、詳細な必要事項を規定するために、使われている。議会は、下位法令で対象となるような諸問題について長時間にわたって討議しても、そのような時間の使い方を意味あることだとほとんど考えないであろう。そして、多くの人びとは、このレベルで詳細な法を創造するのは執行府の専門家の手にゆだねるのが最善だと考えている [53]。

法規命令は、現行の制定法律を修正し、アップデートし又は執行するためにも用いられている。

法規命令は法であり、法令の一形式 [54] であり、制定法律の授権規定に基づいて制定される。命令や規則 [55] が法規命令である。法規命令は下位法令 [56] と

---

[48]　Statutory Instruments Act 1946 (c.36)

[49]　Statutory Instruments (SIs).

[50]　参照　McKay (ed.)(2003), Ch. 23, at 664ff.（初版は May, Erskine, Parllamentary Practice）

[51]　議会法　Acts of Parliament.

[52]　Silk/ Walters(1987), at 149 ff.；Hanson/Wiseman(1962/ 75), at 203.

[53]　Silk/ Walters(1987), at 150.

[54]　a form of legislation.

[55]　orders and regulations.

[56]　委任立法　a secondary, delegated or subordinate legislation.

も呼ばれている。なぜなら、それを制定する権限は、究極的には、制定法律——第一法令[57]（親法）から派生しているからである[58]。

裁判所は、大臣が、省令を発令するとき、彼又は彼女が授権法律[59]によって実際に賦与された権限を用いているかどうかについて問題とすることができるが、しかし、他の理由で当該法規命令の有効性[60]を糾問できない。

(イ)　草　　案

法規命令は通常、所轄省庁の法規課によって起案される。法規課はその法規命令について、起案中に、しばしば利益団体や政党と相談する。

法規命令は、それから、授権法律によって授権された者（通常は大臣）の署名により「制定"made"[61]」される。各法規命令は政省令の連続番号を付番される。それらは、暦年毎に1番から始まる。毎年、省令は約3500ある。1ページから数百ページに及ぶものがある。制定法律と同じように、多数の法規命令は、連合王国全域で適用され、そしてその他は各国内でだけ適用される。

また、法規命令は、草案の形で2つの議会に提出[62]され、2つの議会の承認を必要とする。法規命令の草案は、この承認が得られるまでは、法令番号を得られない。

(ロ)　前　　文

各命令は、制定には、法規命令を制定する「権限」又はその権限を賦与する「制定法律」を表示する前文[63]を必要とする。

(ハ)　解釈通達

すべての一般的法規命令は解釈通達[64]を有している。解釈通達は法的効

---

[57]　The primary legistlation.
[58]　Silk/ Walters(1987), at 149.
[59]　親法律　the parent Act.
[60]　the validity.
[61]　法規命令は、大臣（又は法律により授権された者）によって署名されたとき、制定される。言い換えると、その法規命令は、署名後は、草案ではない。
[62]　法規命令の提出にかかわる手続きは、下院規則159（House of Commons SO 159.）に規定されている。基本的に、1つの法規命令を下院に提出するには、当該法規命令のコピーは、上院と下院の議場におかれているテーブルのうえに「提出」されなければならない。これは実際には当該法規命令のコピーを議事録室の評決・手続きデスク（the Votes and Proceedings desk）に提出することを意味する。たいていの法規命令は両方の議院に提出され、そして、類似の手続きが上院に適用される (see also Appendix on page 14)。
[63]　Preamble.
[64]　Explanatory Notes.

力[65]を持っていない。これと対照的に、法規命令は、正統性の根拠[66]がある。正統性の根拠は、法規命令を制定する権限を賦与する「制定法律」のなかで規定されている（委任条項[67]）。

(二) 概 要 書

議会手続きに服する法規命令はすべて、今日では、概要書[68]を付けなければならない。概要書これは、当該法規命令が何をしようとしているか、その理由は何かについて、平明な国語で説明すべきである。

以上に紹介したように、連合王国の法規命令は、現在では、その内容を平易にかつ理解しやすいように国民に説明するため、解釈通達および概要書を公表しなければならない。何人も法令について下院情報室に照会すれば、下院情報室から10日以内に回答を得る[69]。

3　法規命令承認に関する議会手続き

ある法規命令が議会手続き[70]に服するかどうかは、授権法律によって決まる。

非常に多数の法規命令は、議会におけるコントロールを受けていない。すなわち、その親法が、その下位法令が議会に提出するように規定しうるけれども、その手続きが確実に行うべきことを定めていないこともありうる。また、下位法令が議会に提出するように求められていないこともありうるし、また、その性質上地域性のもの[71]であることもありうる[72]。

法規命令に対する議会コントロールの第1段階は、その文書を2つの議会に公式に「提出」することである。ただし、その内容が意義の低いものである場合には、授権法律はこのステップにこだわる必要はなく、したがって、それ以上のことを求めない[73]。少数の法規命令は、情報提供のためだけに議会に提出

---

[65]　no legal force.
[66]　legitimacy rests.
[67]　the citation clause.
[68]　Explanatory Memoranda.
[69]　私人による照会に対し次の通知が即時に発信される。Thank you for writing to the House of Commons Information Office. The Office will reply to your query within 10 working days. If you require an immediate response then please call our enquiry service on 020 7219 xxxx.
[70]　parliamentary procedure.
[71]　local.
[72]　McKay(2003), at 669.
[73]　詳細は、McKay(2003), at 671.

第 3 節　1946 年法規命令承認手続法 48

されるが、それ以上にはそれ自体は議会手続きに服さずに、単純に、それに定められた年月日に法になる。所轄大臣が制定法律に効力を生じさせる命令[74]がその典型例である[75]。このような法規命令は、一般には、論議されていない。

「法規命令を制定する条件および法規命令に対する議会のコントロールの程度は、」メイ、エスキン（Eskine May）とその後継者たちの指摘するように、「各ケースについて、授権している制定法律の該当規定[76]に依存する[77]」。

議会によるコントロールの観点からは、法規命令は 2 つの種類に大別できる。(1)は、議会が明白にその法規命令を承認しない限り、効力を生じず、又は継続的な効力を持たないものである（解除条件付きの効力の失効）。したがって、それは議決により議会の積極的承認を必要とするものである。そして(2)は、一定の時間内に、いずれか一方の議会がその不承認を記録にとどめる場合、廃案となりうるものである[78]。この 2 つの手続きは、積極的承認手続きと消極的承認手続きと呼ばれうるものである。さらに、近年、1994 年 the Deregulation and contracting Out Act により最初に規定されたモデルに基づいて、「事前承認[79]」手続きが導入されている。

多くの法規命令は議会によるコントロールに服する。これらの法規命令は、1946 年法規命令承認手続き法に規定された（2 類型の）手続きの一つに従う。議会によるコントロールの類型は、通常、授権法律（親法）の規定に予め定められている。ある法規命令は、草案の形で議会に提出するか、又はその法規命令が制定された後に議会に提出される。

もっとも重要な法規命令は、積極的承認手続きに服し、両方の議会の積極的承認を必要とする（あるいは、財政に関する法規命令のケースでは、下院だけのそれを必要とする）。しかし、大多数の法規命令は、1 つの議院又は 2 つの議院が廃案動議を承認する場合[80]を除いて、法の効力を生じる。前者は積極的承認

---

[74]　commencement orders.
[75]　Silk/ Walters(1987), at 149, 151.
[76]　the particular statute.
[77]　McKay(2003), at 669.
[78]　McKay(2003), at 669f.
[79]　A supper-affirmative procedure. 事前承認手続きについて、詳細は、McKay(2003), at 670, 676f.　社会保障法の下位法令は、通常の承認手続きを受けるので、本稿では、事前承認手続きを紹介しない。
[80]　議会によるそのような廃案動議の承認の効果は、その法規命令案が廃案になることである。しかし、このことは、類似の効果のある新しい法規命令を制定することを妨げない。しかし、議会は、法規命令の修正を行う権利を持っていない（Hanson/Wiseman

421

手続きとして、そして、後者は消極的承認手続きとして知られている[81]。

　法規命令に適用される手続きに従えば、たいていの法規命令は、下記の種類のひとつに該当する。

（イ）　積極的承認手続き[82]に服する法規命令[83]

　法規命令案が2つの議会に提出され、そして、両議院よって明示的に承認された後にはじめて、その法規命令は法的効力を生じて法になる[84]。

（i）　草案が2つの議会によって承認される場合を除いて、草案の形で提出された法規命令は制定されない（ただし、下院[85]だけが財政にかかる法規命令[86]の提出を受ける[87]。）。

（ii）　法規命令が承認される場合を除いて、かつそれまでの間、制定後の提出された法規命令は、効力を生じない。

（iii）　制定された後に提出された法規命令は、直ちに効力を生じるが、しかし、法定期間（通常28日ないし40日）内に承認される場合を除いて、まだ効力をとどめている。

　下院において、このような法規命令のうち最重要なものは、下院の議場で討議され、通常は、夕刻遅く1時間半にわたって討議されるが、場合によっては、営業日の日中に行われる。しかし、次第に、このような討議は常設委員会[88]

　　(1962/ 75), at 203）。

[81]　Silk/ Walters(1987), at 151.

[82]　積極的承認手続き（Affirmative Procedure）について、参照、Statutory Instruments House of Commons Information Office Factsheet L7, at 5; McKay(2003), at 674f.

[83]　affirmative instruments.

[84]　McKay(2003), at 674ff.；Silk/ Walters(1987), at 152.

[85]　訳語について、参照、T・E・メイ『英國議院典例　上』日本立法資料全集　別巻421（2006年10月）復刻版3頁。「庶民院」とも訳されることもある（たとえば、甲斐(2002 C) 369頁）。

[86]　Financial Sis.

[87]　参照、甲斐(2002 C) 391頁（1946年議会法は金銭法案（「歳入・歳出に関する法案」）について上院の権限を大幅に制約した。）なお、「金銭法案」と「歳入・歳出に関する法案」との異同について、参照、同書406頁注13に掲げる文献。財政に関する法令に対する議会手続きについて、最新の説明は、参照、McKay(2003), Ch.20 to 33 (the Government Resources and accounts Act 2000 は、政府の会計処理および予算システムを現金主義から発生主義（the absis of resources, accruals）に変更した）; ix..

[88]　Cf. Taylor(1979), at 122f.

で（消極的承認手続きに服する法規命令について）討議をせず評決だけで行われることが、多くなってきている。常設委員会がその評決を行った後に、下院がその議場で当該法規命令を手続きにかける[89]。

(ロ)　消極的承認手続き[90]に服する法規命令[91]

いずれか１つの議会が廃案動議を承認する場合を除いて、その法規命令は法になる[92]。

(i)　法規命令を廃案とする動議が40日以内に承認される場合を除いて、草案の形で提案された法規命令は効力を生じる（不承認をうける法規命令案は、わずかである[93]）。

(ii)　廃案にする動議（いわゆる廃案動議[97]）が40日以内に通過するならば、制定後に議会に提出された法規命令は、廃案に服する。

(ハ)　その他の手続き

(i)　法規命令は、制定された後に議会に提出しなければならないが、しかし、議会による審査[95]を必要としない。

(ii)　法規命令は、議会に提出しなくてよい（したがって、議会手続に服さない）。

4　積極的承認手続き[96]についての詳論

これは、消極的承認手続きほどには普通ではなく、現在、議会手続きに服する法規命令の約10％である。しかし、積極的承認手続きは、より一層厳格な議会によるコントロールを提供する。なぜなら、法規命令は効力を生じる前に又は効力を残すために、議会の承認を受けなければならないからである。

89　Silk/ Walters(1987), at 152.

90　消極的承認手続き（Negative Procedure）について、参照、Statutory Instruments House of Commons Information Office Factsheet L7, at 5；McKay(2003), at 677f.

91　Negative instruments.

92　McKay(2003), at 677; Silk/ Walters(1987), at 151.

93　few and far between. その例について、参照、Silk/ Walters(1987), at 151 f.

94　'prayer'.

95　parliamentary scrutiny.

96　参照、Statutory Instruments House of Commons Information Office Factsheet L7, at 5；Silk/ Walters(1987), at 151（1974年か1984年までの統計数値）。

積極的承認手続きに服するたいていの法規命令は、命令案の形で提出される。その命令案は、両方の議院によって承認されたときに、後日印刷され、そして、法規命令の付番を書き足される。このような命令は、その命令案が議会によって承認される場合を除いて、制定されない。これをするためには、命令案を承認する動議は、2つの議会を通過しなければならない（財政事項を扱う場合には、下院だけの承認）。責任は、承認動議を発議するため、その法規命令を提出した、大臣にある。

いくつかの法規命令は制定された後に議会に提出され、そして、直ちに効力を生じるが、しかし、効力をとどめるためには、法定期間（普通は 28 日又は場合によっては 40 日）内に承認を必要とする。これは、議会が解散しているか、閉会するか、または 4 日以上のあいだ休会するとき、その期間を除外する。さらに、動議は、一般的に、所轄大臣によって準備される。同大臣は、必要な時間内でその動議が確実に議論されるよう責任を負っている。

積極的承認手続きに服する法規命令案が下院の決議で承認されなかった最後は、1969 年 12 月 12 日であった [97]。

法規命令は、授権法律が別段の定めをおいている、きわめてまれな例を除いて、いずれかの議会によって修正又は改変されないということは、重要である。各議院が、法規命令を廃案にするか又は通過させて法にするかという、意思を単純に表明するだけである。親法（ときに授権法律 [98] という。）は、前記手続きのいずれが法規命令に適用されるかについて、明記している。

5　法規命令の否決

既述のように、下院が法規命令を廃案にした最後の機会は 1969 年であったし、そして、上院は 2000 年に大ロンドン市議会議員および市長の選挙ルール法規命令を否決した。

上院によって否決された下位法令は、たとえ下院がそれを承認した場合でさえ、効力を持ちえない。

---

[97] 議会は、1969 年命令案（the draft Parliamentary Constituencies (England) Order 1969, the draft Parliamentary Constituencies (Wales) Order 1969, the Parliamentary Constituencies (Scotland) Order 1969 and the Parliamentary Constituencies (Northern Ireland) Order,）を承認しないという動議に同意した。

[98] enabling Act.

第4節 結 語

6 法規命令に関する合同委員会[99]

議会に提出される法規命令はすべてもう一つの形態のコントロールに服する。すなわち、法規命令についての議会による審理のほかに、議会に提出される法規命令は、法規命令に関する両議会の合同委員会（ときに法規命令審査委員会[100]といわれる。）として知られている委員会によって審議を受ける[101]。同委員会委員は、他の特別委員会[102]と同様に、委員が検討している法規命令について、所轄省庁から証言を求めまたは書面により証拠を提出させることができる。ただし、（国会に提出されない地方公共団体の命令などの）法規命令は、同委員会によって評価を受けない。

同委員会は、法規命令の政策評価を審議しない。委員会は、ある大臣の権限が授権法律の規定に即して行使されていることを確認する責務を負っている。同委員会は、当該法律の授権が踰越されている事例、その権限が『異常にまたは期待に反して』行使されていることが明らかになった事例、または、不備に起案されている事例、あるいは、当該法規命令がさらに説明を必要とする事例を国会に報告する。これらの報告は下院および上院の報告書として印刷され、その刊行物は週官報[103]に記録にとどめておく。

7 法規命令の政策評価に関する上院委員会

この委員会は2003年12月17日に初めて設置されそしてその委員は11名である。その職務は、法規命令に関する合同委員会のそれを補完する。同合同委員会は命令案の合法性について技術的事項を検討するのに対し、後者の上院委員会の責務は、法規命令の政策を検討することである。

第4節 結 語

連合王国では1946年法規命令承認手続法のもとで、所轄大臣が内閣の承認を経た省令案をイギリスの国会に提出する。国会がその省令案について所定の議会手続を踏んだうえで明示的に承認して通過させると、その省令案は効力を

99　Cf. McKay(2003), at 686ff. ; Taylor(1979), at 132f.
100　the Scrutiny Committee.
101　Silk/ Walters(1987), at 153 f.
102　Cf. Taylor(1979), at 124 ff.
103　the *Weekly Information　Bulletin.*

生じ、法になる。社会保障法の領域では、1992年社会保障管理法141条は、保険料率の改訂について、下位法令に授権しており、議会による法規命令承認手続に服させている。141条については承認手続きが実施されている。

このような議会による一定の手続を経て承認を得た、省令がここでの問題である。そのように規定された保険料率等に関する省令が、社会保障制度にかかわる国民に適用されている。

日本において、保険料率等の改訂に対し議会のコントロールを直接に及ぼすべく改正するには、選択肢は2つあろう。1は、議会による法規命令承認手続を定める法律を制定するか、2は、保険料率等に関する省令を法律に格上げするかのいずれかである。

保険料率等について専門的・技術的な知識と社会経済の変化に関する迅速な情報を収集保有しうる地位の確保を前提として、社会保険に関する賦課要件は明確に法定できる。議会がみずからそのような前提要件をみたしうる場合その限りにおいて、第2の選択肢をとることができるであろう。たとえば、議会が、たとえ賦課方式の下であっても、確定給付型の社会保障制度ではなく確定拠出型の社会保障制度を採用し、そして、制度とその運営について予測可能性を高めることができれば、社会保険に関する重要な賦課要件を明確に法律によって規定できるであろう。もっとも、そのような法律もまた、施行のためには、下位法令を必要とせざるをえないであろう。

第1の選択肢が、連合王国1946年法規命令承認手続法およびドイツ憲法85条2項（連邦政府は連邦参議院の同意を得て一般的行政命令を発令できる。）に照らし、適切であろう。法規命令もまた法（law）であり、法的効力を有する。法規命令はこのような法の1種である以上、国会が法律と同様に法規命令に承認を与えるべしとする法律規定（参照、連合王国1946年法規命令承認手続法）は、日本国憲法に違反するわけではないであろう。「国会は、……国の唯一の立法機関である」（憲法41条）。政省令が法の一形態である以上、国会が政省令の立法に関与しない現状は、かえって、憲法41条に違反するのではないだろうか。親法（授権法律）が内閣又は所轄省庁の長に下位法令の制定を授権しているとしても、その機関が当該授権の範囲内で適法にその権限を行使して下位法令（政省令）を制定しているかどうかについて国会が審査して承認をするシステム、さらに、その国会が下位法令の内容を修正したうえでそれを承認するシステムは、むしろ『国の唯一の立法機関』の趣旨に適合していると考えられる。規則制定手続は、行政手続法の改正ではなくむしろ国会法の改正（または単独

第4節　結　語

の法規命令承認手続法）に求められる。行政手続法における規則制定手続きの対象は、行政法規（通達など）であるべきであろう。法の1種である法規命令案が、国会ではなく行政手続きにおいて公衆から（その改廃を含む）コメントを求め審理されるという手続きは、憲法41条の趣旨に適合しているとは即断しがたいのではないだろうか。

　これら選択肢二つの併用が、日本の社会保障制度を議会によるコントロールのもとにおく最善の解決策[104]である。授権法律は、その授権の範囲、程度、およびその趣旨を明示すべきであり、白紙委任を許されるわけではない。しかも、そのような法規命令は、説明責任を果たすため、授権法律の条項を明示するのみならず、その解釈通達および概要書を必要とすべきであろう。法規命令は法であり法的拘束力を有するが、解釈通達および概要書は法ではない。

---

[104]　社会保険料率及び農業共済料率を省令よりも下位規範で定立することを憲法上許容した裁判例として、参照、最大判平成18年3月1日判タ1205号76頁（「憲法84条は、課税要件及び租税の賦課徴収の手続が法律で明確に定められるべきことを規定するものであり，直接的には，租税について法律による規律の在り方を定めるものであるが，同条は，国民に対して義務を課し又は権利を制限するには法律の根拠を要するという法原則を租税について厳格化した形で明文化したものというべきである。」と判示することによって、憲法84条は、「国民に対して義務を課し又は権利を制限するには法律の根拠を要するという法原則」を租税法律主義の前提として位置づけられている。）；最判平成17年4月26日集民216号661頁（農業共済組合への強制加入制を合憲と判示）；最判平成18年3月28日集民219号981頁＝判時1930号83頁（農業共済組合による共済掛金等の賦課徴収と憲法84条）［評釈］木村(2009 B) 118頁。

427

第 2 節 要　綱

第 9 章　所得支援給付法案の要綱

第 1 節　立 法 理 由

　この要綱は、2010 年所得支援給付法に関するものである。所得支援給付法案の構成は末尾に掲載の通りである。

1.　この立法理由書は、2010 年 00 月 00 日に国会の承認をうけた、2010 年所得支援給付法に関するものである。この立法理由書は、本法[1]を理解するうえで読者を手助けするために、財務省歳入庁によって準備されている。立法理由書は、本法の一部をなしていない。

2.　この理由書は本法と連携して読む必要がある。立法理由書は、本法の包括的説明ではなく、そのようなものであることを意図しない。たとえば 1 つの条文または 1 つの条文の一部が説明や解説を必要とするように思われない場合には、なにも附言されていない。

第 2 節　要　　綱

　以下に所得支援給付法の要綱を示す。

　第一章　総則

（この法律の目的）

1　この法律は、日本国憲法第 25 条に規定する理念に基き、国が貧困水準を下回る所得を有するすべての国民に対し、その貧困の程度に応じ、必要な所得を補足し、その最低限度の生活を保障するとともに、その自立を助長して就労の意欲を向上し、貧困な児童に対し等しく養育を受け教育を受ける機会を確保することを目的とする。

（無差別平等）

---

[1]　the Act.

429

2　すべて国民は、この法律による所得支援給付（これを以下「所得保障給付」ともいう。）を、無差別平等に受けることができる。

（最低生活）

3　この法律により保障される最低限度の生活は、健康で文化的な生活水準を維持することができるものでなければならない。

（資力調査の廃止と所得調査）

4　1　第18条に定める調整貧困基準に一定の係数（すなわち一律税率の逆数）を乗じて計算される所得支援分岐点を下る個人所得を有する単身者または世帯（以下「低所得者」という。）は、その有する財産をその最低限度の生活の維持のために活用できるか否かを問わず、所得支援給付の受給を求める権利（これを以下「基礎所得保障受給権」という）を有する。

2　この法律は、法律婚または事実婚の当事者の一方（これを「配偶者」という。）が家庭内においてもっぱら無償の労働に就いている場合、この配偶者の生存権を保障するため、所得支援給付を支給することができる（これを以下「配偶者所得支援給付」という）。

3　すべての児童にスタートの平等を確保するため、この法律は、所定の要件を満たす児童のために、所得支援給付を支給ことができる（これを以下「児童所得支援給付」という）。

4　就労意欲を高めるため、この法律は、所定の要件を満たす低所得者のために、所得支援給付を支給することができる（これを以下「就労所得支援給付」という）。

（この法律の解釈及び運用）

5　**1**から**4**までに規定するところは、この法律の基本原理であつて、この法律の解釈及び運用は、すべてこの原理に基づいてなされなければならない。

（用語の定義）

6　1　この法律において「被保護者」とは、現に所得支援給付を受けている者をいう。

2　この法律において「要所得支援者」とは、現に保護を受けていると否とにかかわらず、所得支援給付を必要とする状態にある者をいう。

3　この法律において「所得支援給付」とは、所得保障として給付される金銭、または、場合によって、税額控除をいう。

4　この法律において「金銭給付」とは、金銭の給付によつて、所得支援給付を行うことをいう。

第2節 要　綱

5　この法律において「税額控除」とは、その居住者のその前年分の所得税額
（前款（税率）の規定による所得税の額をいう。以下この条において同じ。）から、
この法律の関係条項に掲げる場合の区分に応じ当該条項に定める金額を控除
する方法により、所得支援給付を行うことをいう。

6　この法律において「所轄局」とは、歳入庁の所轄局をいう。

7　この法律において「修正」とは、変更、追加及び削除を含む。そして、
「修正する」とは、相応に解釈するものとする。

8　この法律において「記載された」とは、政令によって記載されたことを意
味する。

9　この法律において「所得支援給付」とは、11 によって与えられた意味を
有する。

第二章　保護の原則

（申請不要の原則）

7　1　所得支援給付は、給与所得にかかる源泉徴収制度のもとで、雇用者を
通して、賃金、給与その他の報酬の支払い時に、金銭給付を被用者に支払い、
場合によって、税額控除を被用者のもとで行うものとする。

2　所得支援給付は、事業所得、不動産所得及び山林所得（以下、「事業所得等」
という。）については、その事業者が、事業所得等を受領するときに、歳入
庁が金銭給付を事業者に支払い、場合によって、税額控除を事業者のもとで
行うものとする。

3　雇用者は、第1項に掲げる金銭給付に要する金銭を、源泉徴収票を所轄歳
入庁に提出するときに、受領し、これを低所得者に支給するものとする。

4　事業者は、第2項に掲げる金銭給付に要する金銭を、事業所得等の支払調
書を所轄歳入庁に提出するときに、受領するものとする。

5　被用者及び事業者を除く失業者及び就労不能者は、この法律所定の金銭給
付を、所定の郵便局にて、受領する。

（基準及び程度の原則）

8　(1)　所得支援給付は、厚生労働大臣の定める相対的貧困基準を消費者物価
指数により調整した数値を基準（これを「調整貧困基準」という。）とし、そ
の調整貧困基準を満たすことのできない不足分を補う程度において行うもの
とする。

431

(2) 前項の基準は、地方公共団体は、その条例の別段の定めによって、要所得支援者の年齢別、性別、世帯構成別、所在地域別その他保護の種類に応じて必要な事情を考慮し、所得支援給付を加増することができる。

（必要即応の原則）

9 所得支援給付は、この法律の別段の定めによって、要所得支援者の年齢別、性別、健康状態等その個人又は世帯の実際の必要の相違を考慮して、有効且つ適切に規定するものとする。

（世帯単位の原則）

10 所得支援給付は、世帯を単位としてその要否及び程度を定めるものとする。但し、これによりがたいときは、個人を単位として定めることができる。

第3章（所得支援給付の種類及び範囲）についての要約

11 本法は、4つの所得支援給付について規定している。すべての稼得所得者の生存権と最低生活費を保障するための基礎所得支援給付、配偶者控除にかわる配偶者所得支援給付、並びに、児童のための児童所得支援給付と低所得に直面している就労者（又は就労の意欲のある者）のための就労所得支援給付——労働者が心身障害を患っている世帯を含む。——がそれである。所得支援給付は、財務省歳入庁によって行政管理される。本法は、4つの所得支援給付のための行政管理フレームワークを設定し、そして、これら所得支援給付に関する権利の要件と所得支援給付の要因額を表示している。

12 本法は、生活保護給付、子ども手当給付その他社会保障給付金（公的年金を除く。）の行政責任を厚生労働省から財務省歳入庁へ委譲することについて規定する。

13 本法の概要は、パラ22から39までに表示されている。

背景

14 本法は、子どものいる家族と職を得るに不利な立場にある就労家族[2]——心身障害を患っている労働者を含む家族を含む。——とすべての家族——心身障害をもつ労働者を含む家族を含む。——の成員の生存権の支援にかかわっている。

15 本法は、低所得の労働者、無報酬の労働に携わっている配偶者、貧困な

---

[2] working households facing disadvantage.

子ども、及び心身障害の労働者を支援するため、次に掲げる所得支援給付を規定する。

㈠　基礎所得支援給付として表示する所得支援給付、

㈡　配偶者所得支援給付として表示する所得支援給付

㈢　児童所得支援給付として表示する所得支援給付、及び

㈣　就労所得支援給付として表示する所得支援給付

16　複数の所得支援給付によって取り替えられる、次に掲げる事項は、削除する。

(a)　所得税第2編第第2章第4節（所得控除）に規定する所得控除

(b)　租税特別措置法に規定する自然人にかかわる所得控除

すべての各種人的所得控除は削除する。4種類の所得控除規定を廃止する。その1は、生存権保障のための生存保障所得控除[3]である。すなわち、(i)所得税第86条に基づく基礎控除、(ii)所得税第83条に基づく配偶者控除（所得税法83条1項かっこ書きに基づく老人配偶者控除、租税特別措置法41条の16第1項に基づく同居特別障害配偶者控除、租税特別措置法41条の16第1項に基づく同居特別障害老人配偶者控除、所得税法第83条の2に基づく配偶者特別控除を含む。）、及び(iii)所得税第84条1項に基づく一般扶養控除（所得税法84条1項かっこ書きに基づく特定扶養控除、所得税法84条1項かっこ書きに基づく老人扶養控除、租税特別措置法41条の16第2項に基づく同居老人扶養控除、租税特別措置法41条の16第3項に基づく同居特別障害特定扶養控除と同居障害者扶養控除、租税特別措置法41条の16第1項に基づく同居特別障害扶養控除、所得税法87条1項に基づく非同居障害者扶養控除を含む[4]。）である。

その2は、追加的負担のための追加的負担所得控除である。(i)所得税79条に基づく障害者控除[5]（特別障害者控除を含む。）、(ii)所得税法73条に基づく医療費控除[6]、(iii)所得税81条に基づく寡婦（寡夫）控除（租税特別措置法41条の

---

[3]　参照、田中(2005) 25頁。

[4]　配偶者間での協力扶助義務(広義の扶養義務)、親の児童に対する生活保持義務（扶養義務)、親族間の扶養義務(民法877条以下)は、民法上それぞれ相違する。参照、床谷(2004)738 − 741頁。社会保障法が彼らをその対象として取り扱う場合に、立法者は、民法の考え方のみならず、個人の尊厳、生存権の保障等の憲法価値をも斟酌して、社会保障政策を立案すべきであろう。

[5]　地方公共団体による心身障害者に対する税制措置について、参照、吉村政(2007) 32頁及び注14（障害者控除)。

[6]　医療費控除について、参照、吉村政(2007) 33頁及び注31（シャープ勧告が障害者控除

17 に基づく特別寡婦控除を含む。)、及び(iv)所得税 82 条に基づく勤労学生控除を廃止する（カッコ内は、さしあたって、いずれも基本形のバリエイションと把握することとする[7]。)。このことによって、課税ベースを拡大し、租税支出総額[8] を削減し、そのうえで、一律税率（33 1/3％）を導入する。さらに、国レベルの生活保護総額（＝扶助額)[9] もまた、削減される。超過累進税率の所得税制や多段階税率の所得税制[10] によって富裕者から税金を搾り取るという政策は、取っていない。

これとは別に、社会保険制度を見直し、保険料拠出時には所得控除をせず、保険金の受領時にその受取金を課税に服させないシステムに改変する[11]。

その 3 は、保険金非課税システムとセットにした、社会保険料のための保険所得控除[12] の廃止である。すなわち、(i)社会保険料控除（所得税法 74 条）、(ii)小規模企業共済等掛金控除（所得税法 75 条）、(iii)生命保険料控除（所得税法 76 条）及び地震保険料控除（所得税法 77 条）は、廃止される。この廃止もまた、課税ベースを拡大する。

その 4 は、偶発所得控除である。現行の所得税法は、偶発的に生じる支出又は払出のうち、一定の要件に適合する支出を所得控除として控除を許容してきた。この偶発所得控除の好例は、雑損控除[13]（所得税法 72 条）及び寄付金控

と医療費控除の連続性を認識していた)；佐藤(2007) 38-39 頁。後者の文献は、医療費控除を公的医療保険の補完として性格決定せず、「消費」の観点から議論を展開する。

[7] 参照、吉村(2007) 30-31 頁（シャープ税制以降における制度の説明。特別人的控除制度が、当初より社会保障制度との補完性を意識していた。その結果、社会保障制度が整備されようとするとき、社会給付に類似する特別人的控除が再検討されるべきであろう。特別人的控除の長所として、請求手続きや支給制限、スティグマがないうえ、行政コストも低い。その短所も列挙。)。ただし、所得税法上の特別人的控除を享受するには、隠れた支給制限（すなわち、一定額以上の課税所得の存在）がある。この隠れた支給制限が、深刻な問題のひとつである。

[8] 平成 19 年度 94518.05 億円。ただし、給与所得控除額を所得控除に含めない。この統計数値は、塩津ゆりか女史（大阪商業大学）にご教示いただいた。

[9] H19 年 96,789,119,680 円。この統計数値は、塩津ゆりか（大阪商業大学）女史にご教示いただいた。

[10] 多段階累進税制について、参照、本書第 7 章。

[11] 異説、上村(2008) 13 頁。

[12] 保険料控除について、参照、松原（2007) 44-47 頁。

[13] 佐藤(2007) 40-41 頁。論者は、包括的所得概念の呪縛から逃れられないまま、議論を繰り返している。しかし、雑損控除は、「経済的所得」のステップから、個人的事情を考慮に入れる「法的所得」のステップに移行する過程において、災害又は盗難若しくは横領に起因する損失の一部をカバーするため、政府から隠れた所得移転を許容する。したがって、雑損控除の制度は、所得補足を目的とする制度でなく、むしろ公的損害保険

第 2 節　要　綱

除 [14]（所得税法 78 条）である。偶発控除もまた、控除の上下限額を定めるなどの要件のもとで、税額控除の対象とすることができるであろう。この廃止もまた、課税ベースを拡大する [15]。

16　現在の子ども手当給付法、及び、生活保護法を、廃止する。

　・所得支援のうち、資力調査を受ける生活保護給付

　・資力調査を受けずに、支払われる児童扶養付加金

17　基礎所得支援給付は社会保障給付であり、これは、一定の要件を満たす請求人に最低所得を給付する。或る者が受給権を有する基礎所得支援給付の金額は、彼彼女の個人所得（または合算所得）に対応する所得移転消去率を所得保障基準給付額に乗じて計算される金額である。その額は、請求人が扶養家族（配偶者を除く。）を有するかどうか、扶養児童を有するかどうか又は障害者であるかどうかに応じて、定められている。

　或る者が、もし彼彼女の資本が所定の金額を超えている場合、基礎所得支援給付金を受給する権利を有しない。

18　基礎所得支援給付は、その構成要因として各種の要因額を含めて給付される。資力調査を受けない給付は、次に掲げる給付をいう。

　・所得税第 84 条 1 項に基づく一般扶養控除に代わる一般扶養要因額（ただし、子ども手当給付法による目的のものを除く。）

　・所得税法 84 条 1 項かっこ書きに基づく特定扶養控除に代わる特定扶養要因額、

　・所得税法 84 条 1 項かっこ書きに基づく老人扶養控除に代わる老人扶養要因額、

　・租税特別措置法 41 条の 16 第 2 項に基づく同居老人扶養控除に代わる同居老人扶養要因額、

　・租税特別措置法 41 条の 16 第 3 項に基づく同居特別障害特定扶養控除および同居障害者扶養控除に代わる同居特別障害特定扶養要因額と同居障害特定扶養要因額

　として性格づけられる。本書で提案する所得支援給付法は、雑損控除をも削除する。

[14]　松原（2007）43 頁（寄付金について税額控除への移行が望ましい。47-49 頁）；増井（2005）38 頁；成道（1991）125 頁。寄付金控除制度もまた、本書が扱う所得保障法案の対象から外すこととする。所得税法は、税額の計算上寄付金を控除することを許容するのがよさそうである。

[15]　谷口（2007）22-29 頁。

・租税特別措置法 41 条の 16 第 1 項に基づく同居特別障害扶養控除に代わる
同居特別障害扶養要因額、

・所得税法 87 条 1 項に基づく非同居障害者扶養控除に代わる非同居障害者
扶養要因額

・所得税第 79 条に基づく障害者控除[16]（特別障害者控除を含む。）に代わる障
害者要因額と特別障害者要因額、

・所得税法 73 条に基づく医療費控除に代わる医療費要因額、

・所得税第 81 条に基づく寡婦（寡夫）控除に代わる寡婦（寡夫）要因額

・租税特別措置法 41 条の 17 に基づく特別寡婦控除に代わる特別寡婦要因額、
及び

・所得税第 82 条に基づく勤労学生控除に代わる勤労学生要因額

・12　就労所得支援給付は、求職者がフルタイムまたはパートタイムの労働
に就くようにするため、求職者に――彼らの所得の水準に応じて、――非
課税の所得保障金を支給する。自営業を営む人々もまた、これらを利用で
きる。

19　就労所得支援給付は、その構成要因として各種の要因額を含めて給付さ
れる。資力調査を受けない給付は、次に掲げる給付をいう。

・求職者基礎要因額

・職業訓練実習要因額

20　児童所得支援給付は、被扶養児童又は適格青年について責任を負ってい
る人々に支払われる社会保障である。児童所得支援給付は、その両親が死亡
している児童、又は両親の一方が死亡しかつ他方が入獄しているそうした児
童、又はかれらの行方が不明である児童を監護している人々にも支払われる、
社会保障給付を含む。いずれの社会給付も資力調査はない。

　　児童所得支援給付は、次に掲げる要因額から成る（第 2 の要因額は、心身
障害児童又は重度障害児童についてはより高額になろう。）。

・基礎家族要因額及び

・各児童又は青年についての要因額

21　配偶者所得支援給付は、法律婚または事実婚の当事者のうち、家族内で
もっぱら無償労働についている一方当事者（これを配偶者という。）が受給し

---

[16]　地方公共団体による心身障害者に対する税制措置について、参照、吉村政(2007) 32
頁及び注 14（障害者控除）。

うる資格を有する。

配偶者所得支援給付額は、その配偶者が実質的に次に掲げる者を監護している場合には、次に掲げる各種の要因額を含めて支給される。この場合、他の当事者は、それら要因額を請求できないものとする。

- 所得税第84条1項に基づく一般扶養控除に代わる一般扶養要因額（ただし、子ども手当給付法による目的のものを除く。）
- 所得税法84条1項かっこ書きに基づく特定扶養控除に代わる特定扶養要因額、
- 所得税法84条1項かっこ書きに基づく老人扶養控除に代わる老人扶養要因額、
- 租税特別措置法41条の16第2項に基づく同居老人扶養控除に代わる同居老人扶養要因額、
- 租税特別措置法41条の16第3項に基づく同居特別障害特定扶養控除および同居障害者扶養控除に代わる同居特別障害特定扶養要因額と同居障害特定扶養要因額
- 租税特別措置法41条の16第1項に基づく同居特別障害扶養控除に代わる同居特別障害扶養要因額、
- 所得税法87条1項に基づく非同居障害者扶養控除に代わる非同居障害者扶養要因額

本法の概要

22　本法の主たる要素は、次に掲げるとおりである。

- 第1章（第1条から第16条まで）。これは、所得支援給付に関する基本原則を明確にし、本法の解釈を指針している。
- 第2章（第7条から第10条まで）。これは、所得支援給付の原則を規定する。
- 第3章（第11条から第63条まで）。これは、あたらしい所得支援給付に関する行政枠組みを設定し、そして、その所得支援給付を受給する権利の要件及び所得支援給付の要因額を示している。
- 第4章（第64条から第69条まで）。これはその他規定及び追加規定を定めている。
- 補則（第70から第72条まで）。これは、政令、命令及びスキーム並びに法規命令についての議会等によるコントロールを定めている。
- 所得支援給付の金額を算定する技術的規定は、政令にゆだねる。他方、本

法は、所轄行政庁と国民との法律関係を明確にすることにその目的を限定する。このような法律と法規命令との役割分担により、国民は、法律を理解しやすくなり、そして、社労士らは、専門的知識を持っているから、政令や政令の計算規定や技術的規定を理解することができるであろう。

・政令は、たとえば、所得移転給付率を数式利率でもって表現する。数式の内容を記述する表現方法は、一読して理解しやすいわけではないからである。

$$所得移転消去率 = \frac{個人所得金額}{所得支援分岐点}$$

$$所得支援分岐点 = \frac{1}{一律税率} \times 所得保障基準給付額$$

本法における措置

所得支援給付

23 新しい所得支援給付についての規定は第2章（第11条から第63条まで、及び附則1, 2と3）に置かれている。

24 第11条から第17条までの規定は、新しい所得支援給付に関する一般枠組みを示している。とくに、

・所得税法に定めるすべての所得控除及び租税特別措置法に規定する自然人にかかわる所得控除の廃止。そして、基礎所得支援給付、配偶者所得支援給付、児童所得支援給付及び就労所得支援給付による置き換え（第11条）。

・生活保護法及び子ども手当給付法の廃止。基礎所得支援給付、配偶者所得支援給付、児童所得支援給付及び就労所得支援給付による置き換え（第11条）。

・新しい所得支援給付についての財務省歳入庁の事務（第12条）；

・所定の態様でなされるべき新しい所得支援給付を請求する必要（第13条及び第14条）；

・裁定の期間（第15条）

・状況に特定の変化があるとき請求人が財務省歳入庁に届け出る必要（第16条）、及び、

・新所得支援給付の目的のための「所得」の定義（第17条）。

25 第18条から第20条までの規定は、基礎所得支援給付を受給する権利の

第2節　要　綱

要件及び基礎所得支援給付の構造を記述している。

26　第21条から第23条までの規定は、配偶者所得支援給付を受給する権利の要件及び配偶者所得支援給付の構造を記述している。もっぱら無報酬で労働に就いている配偶者の生存権を保障することが、配偶者所得支援給付の目的である。

27　第24条及び第25条は、児童所得支援給付を受給する権利の要件及び児童所得支援給付の構造を記述している。概して、児童所得支援給付は、被扶養児童又は適格青年のいる家族を支援するための現在の扶養控除のほかに、中学卒業まで支給される子ども手当給付などを一つの支払い請求できる所得支援給付に一緒にまとめる。それを、被扶養児童又は適格青年が一人以上いる世帯が利用できる。ただし、その世帯の中の誰かが働いているかどうかを問わない。

26　第26条から第28条までの規定は、就労所得支援給付を受給する権利の要件及び就労所得支援給付の構造を記述している。就労所得支援給付は、職を得るうえで不利な立場に置かれている就労成人を支援するように規定する。なぜなら、その就労成人が心身障害を患っているか又は低所得の世帯のなかにいるからである。就労所得支援給付は、いくつかの要因額からなるであろう。

- 基礎要因額；
- ひとり親要因額又は夫婦要因額
- 週当たり一定の時間数のあいだ就労する人々についての更なる要因額
- 心身障害を患っている労働者のための追加要因額
- 重度障害のある請求人のための追加要因額
- 就労（これは時間に制限があるだろう。）に復帰する、所定の年齢を超える人びとについての追加の要因額、及び、
- 児童養育経費を保育所への支払いを支援するための要因

27　第29条（料率）は、請求人の所得又は請求人の合算所得が政令によって設定される所得支援分岐点に至るまでの区間で、所得支援給付の支払い額が所得移転消去率に基づき次第に消去されるであろう仕組みを規定している。

28　第30条から第39条までの規定は、あたらしい所得支援給付の裁定及びその受給権並びに情報及び証拠の提出を求めかつ質問検査する財務省歳入庁の権能について、意思決定過程を述べている。

29　第40条から第46条までの規定は、あたらしい所得支援給付の支払いの

ための取り決めを明確に法定している。この取り決めの詳細事項のいくつか
は、政令で定められるであろう。

しかし、一般には、児童所得支援給付は、ひとり又は複数の児童の主たる
後見人または監護人に直接に、請求人の選択する1週間又は4週間遅れの間
隔をおいて、支払われるものとする。

就労所得支援給付は、歳入庁が被用者又は自営業者に直接に支払う。

基礎所得支援給付又は配偶者所得支援給付は、歳入庁が被用者若しくは自
営業者又はその配偶者に直接に支払う。

財務省歳入庁は、あたらしい所得支援給付の過大払いを回収する権能を有
する。

30 第47条から第50条までの規定は、一定のケースに課されている罰則、
及び、所得支援給付との関係において詐欺の嫌疑のあるケースにおける情報
提供要求権について定めている。これらのケースは、次に掲げるいずれかの
場合を含んでいる。

・不正な陳述又は宣言が請求の中で行われたか、若しくは、不正な情報が請
求の理由書の中で提出された場合

・要求された情報若しくは証拠を提供するのが失敗した場合、

・本社会保障給付を受給する権利に影響するかもしれない状況にかかる所定
の変化（たとえば、児童養育経費の変化）について財務省歳入庁に届け出る
のに失敗した場合、又は

・或る者が所得支援給付を獲得する考えをもって、故意に詐欺行為にかか
わった場合。

31 罰則は、雇用者が正確な情報を保管しかつ提供しなかったことを理由に、
財務省歳入庁がひとつまたは複数の所得支援給付の支払いを行いえなかった
場合に、雇用者に課することができる。

32 第51条は、所得支援給付の過大支払いが請求人側の詐欺又は懈怠に帰し
うる場合、その過大支払いに対し課される利子について規定している。第
47条から第50条までの規定に基づいて課される罰則もまた、第53条は利
子を付加される。利子の利率は政令によって設定される。

33 第54条及び第55条は不服申立の仕組みを明らかにしている。第54条は、
裁定が行われるべきかどうか、いずれの料率で裁定が行われるべきか、裁定
が修正若しくは終了されるべきかどうかについての、財務省歳入庁対する請

440

求人の不服申立権、受給権に関する最終決定及びこれら決定の改訂並びに罰則の決定を述べている。

34 第56条から63条までの規定は、雑則である。第56条は、所得支援給付に関する特定の事項について年次報告を財務省に行う義務を、財務省長官に課している。第57条は、一定の所定の金額が消費者物価と関係においてその価値を維持しているかどうかについて決定するため、一定の所定の金額を毎年審査する義務及びその各審査報告書を作成する義務を財務省に課している。第58条は、入国管理に服する人々のケースに所得支援給付がどのように適用されるかについて、政令を作成する権能を規定している。第60条は、租税回避の疑いのあるケースについて、雇用者としての行為能力のある国に適用することを明確にしている。第61条は、譲渡できないものとして扱われる所得保障受給権について規定している。第62条は、財務省歳入庁が相当と考える様式と態様で所得支援給付との関係において、財務省歳入庁が通知を行う権限を創設している。最後に、第63条は本法第3章に関係のある定義を列挙している。

39 第4章は、補則規定を設けている。とくに、

・第64条は厚生労働省労働が、財務省歳入庁のために、あたらしい所得支援給付の請求と関係する事務を遂行できる権限を与えている。

・第71条は本法に基づいて政令を作成する財務省と財務省歳入庁の権能を列記している。そして、第72条は、政省令に対する議会のコントロールについて規定している。

第3節　所得支援給付法　案

第1章　総則
第1条　この法律の目的
第2条　無差別平等
第3条　最低生活維持保障
第4条　資産調査の廃止
第5条　この法律の解釈及び運用
第6条　用語の定義
第2章　所得支援給付の原則
第7条　申請不要の原則
第8条　基準及び程度の原則

第2部　第9章　所得支援給付法案の要綱

第9条　必要即応の原則
第10条　世帯単位の原則
第3章　所得支援給付の種類及び範囲
第1節　所得支援給付
［第1款］　総則
第11条　種類
第12条　長官の職務
第13条　請求人
第14条　請求人　（承前）
第15条　裁定の期間
第16条　状況の変化についての届出
第17条　所得調査
［第2款］　基礎所得支援給付
第18条　受給権
第19条　最大料率
第20条　児童養育要因額
［第3款］　配偶者所得支援給付
第21条　受給権
第22条　最大料率
第23条　児童養育要因額
［第4款］　児童所得支援給付
第24条　受給権
第25条　最大料率
［第5款］　就労所得支援給付
第26条　受給権
第27条　最大料率
第28条　児童養育要因額
［第6款］　料率
第29条　料率
第2節　裁定の手続き
［第1款］　決定
第30条　当初決定
第31条　通知後の改定決定
第32条　その他改定決定
第33条　最終通知
第34条　最終通知後の決定
第35条　質問検査権
第36条　新事実の発見に基づく決定

442

第3節　所得支援給付法　案

第37条　瑕疵ある決定
第38条　情報等提供義務要件：補足
第39条　決定の通知
　［第2款］　支払い
第40条　支払い
第41条　長官による就労所得支援給付の支給
第42条　長官の責務
第43条　被用者の権利
第44条　過大支払い
第45条　過大支払いの回収
第46条　過少支払い
　［第3款］　罰則
第47条　不正な陳述などに対する罰金
第48条　情報提供義務違反
第49条　雇用者が正しい支払をしない不履行
第50条　承前
　［第4款］　仮装隠ぺい
第51条　詐欺行為の有罪
第52条　記録と関係のある権限
　［第5款］　加算利子
第53条　利子
　第3節　不服申立て
第54条　不服申立て
第55条　不服申立て権の行使
　第4節　雑則
第56条　年次報告
第57条　年次審査
第58条　入国審査に服する者
第59条　一夫多妻婚姻
第60条　公務員の不平等取り扱いの禁止
第61条　譲渡禁止
第62条　歳入庁の所轄局による通知書の付与
第63条　解釈条項
第4章　補則
　第1節　児童手当及び子ども手当
第64条　財務省へ移譲される事務
　(略)
　第2節　補則

第2部　第9章　所得支援給付法案の要綱

　［第1款］　情報提供等
第70条　行政協定
　［第2款］　その他の補足規定
第71条　政令、命令及びスキーム
第72条　法規命令についての議会等によるコントロール

逐条解説　　（略）

第3部 税率論とその歳入予測

第10章 所得税額表の立法技術
──超過累進税制に代わる、線形累進税モデル──

第1節 問 題 提 起

葛克昌教授祝寿論文集に寄稿した拙稿「2006年と11年の日本所得税額シェジュール比較分析：所得課税の局所逆進性について」（本第3部第11章）において、日本所得税額シェジュールの設計が、同一の所得区間内における局所逆進性（参照、本章グラフ8の11年線）および所得区間の境界における垂直跳躍（参照、本章グラフ6の11年線）の問題を不可避的に蔵していることを明らかにした[1]。

本章は、この二つの問題を可能な限り合理的に解決するため、税額シェジュールの設計方法を考察することとする。ドイツ1990年所得税法は、所得区間内における逆進性及び所得区間境界における垂直跳躍の問題をほとんど引き起こさない、税額シェジュールを規定している（32条a）。一つのモデルとして、これを考察する。

本章では、インフレ・デフレによる税負担の変化を調整するための消費物価指数を所得税法が斟酌し得るインデックス方式については、深く立ち入らない[2]。しかし、その一般式は本第3部第13章第4節3において示しておきたい。

---

[1] 最上位所得区分のはじめの所得額においてさえ、平均税率が20％に満たないことをも明らかにした。歳入不足が、このモデルによって、幾分解消されるであろう。所得控除など、課税所得金額および所得税額の多寡に影響を及ぼすパラメータは、さわらないこととする。

[2] 河野（1987）11頁（「所得区分の刻み数が多」かろうと少なかろうと、又「限界税率［の変化］が急激」であろうと無かろうと、インフレが起きれば、その度毎に、「税負担のインフレ調整が」必ず「必要とされる」のである）。

445

さらに、インフレ調整の必要性が、所得税率のフラット化を正当化し得ない[3]。

最後に、このような局所測度[4]による結果は、集中効果及び所得分布効果など[5]を斟酌して討議されるべきであろうが、それらの諸問題は、ミクロデータの取得及び分析方法の習得後に、考察したい。

第2節　ドイツ連邦における1986年と1990年所得税額シェジュール

1　多項式による税額シェジュールの作成方法

大連立審議会は、1990年度の所得税額シェジュールの分野で、驚くほどに具体的で詳細な合意に達した。その結果、このシェジュールは完全に計算可能であり、かつ、1986年来妥当しているシェジュールと比較することが可能である。1988年度に計画されたシェジュールとの比較は、今のところあまり意味はないであろう。なぜなら、1990年租税改革の一部をすでに1988年のそれに優先している議論が当時なされていたからである。それゆえ、1988年度の税額シェジュールは1990年度のそれに比べ遙かに不確かである[6]。われわれはここでは基本シェジュールの比較に限定する。夫婦分離税額シェジュールについては、本章は考察の対象外とする。

1986年ドイツ所得税額シェジュールは、表1にみるような、所得区間ごとの多項式税額シェジュールである。

---

[3]　河野（1987）12頁。

[4]　累進の測度について、例えば、参照、R.A. Musgrave/ Thin（1948）, pp.498-514（本論文以来、今日では、累進の程度についての議論のための理論枠組みとして、伝統的な衡平理論に代わって所得再分配を選ばれている）；Dalton（2003）, pp.146-154（租税制度における「累進」は複数の定義および測定の手法（測度 means of measurement）も複数あり得るそうした概念である）。

[5]　例えば、参照、Kakwani（1980）.

[6]　本節の分析とその方法は、Seidl/ Kaletha（1987）, S.379-384. におおきく依拠する。

第2節　ドイツ連邦における1986年と1990年所得税額シェジュール

表1　1986年ドイツ所得税額シェジュール

Y	T86(Y)
$0 \leq Y \leq 4,536$	0
$4,537 \leq Y \leq 18,035$	$0.22\,Y - 998$
$18,036 \leq Y \leq 80,027$	$2.1\,(10^{-4}\,Y - 1.8)^4$ $-56.02\,(10^{-4}\,Y - 1.8)^3$ $+600\,(10^{-4}\,Y - 1.8)^2$ $+2200\,(10^{-4}\,Y - 1.8)$ $+2962$
$80,028 \leq Y \leq 130,031$	$41\,(10^{-4}\,Y - 8)^2$ $+5180\,(10^{-4}\,Y - 8)$ $+29417$
$130,032 \leq Y$	$0.56\,Y - 16433$

1990年税額シェジュールは、表2にみるように、ゼロ税率ゾーン[7]を5,616DMに引き上げる。それから、8,100DMまで、19％の限界税率[8]を入口税率[9]として定めている。続いて、120,000DMまでの区間について19％から53％までの、線形累進ししていく限界税率シェジュールを、そして120,000DMを超過する所得区間について定数の限界税率53％を一つ定めている。8,100DMから120,000DMまでの課税所得区間、したがって合計111,900DMの所得区間における税額は、次の数式1により算出される。その区間では、（最上位税率53％と第2位税率19％との間の）限界税率の開差は、34％ポイントである。

---

[7]　Grundfreibetrag. 基礎非課税額（基礎控除額に相当）ともいう。

[8]　限界税率の定義について、参照、本書376頁脚注7、380頁脚注21。Dalton（2003），p.148（限界税率は租税シェジュール上の局所（at a particular point on the tax scale）における累進に関係しているだけである。）. 本章における累進はいずれも局所における累進度を測定することに関係しており、租税シェジュール全体の累進度に焦点を合わせるものではない。なぜなら、本章は所得税法制度における税率の作成技法を開発することを目指しているからである。

[9]　Eingangssteuersatz.

第 3 部　第 10 章　所得税額表の立法技術

$$T_{90}(Y) = 0.19 \, (8100 - 5616)$$

$$+ \int_{8100}^{Y} \left[0.19 + 0.34 \, \frac{(\tilde{Y} - 8100)}{111900} \right] d\tilde{Y}$$

$$= 0.17 \, \frac{Y^2}{111900} + 0.1653887 \, Y - 967.3644$$

$$= 1.51921 \, 10^{-6} x^2 + 0.165389 \cdot x - 967364 \qquad \text{数式 1}$$

したがって [10]、1990 年税額シェジュールは、表 2 のとおりである。

$$\int_{8100}^{Y} \left(0.19 + 0.34 * \frac{(\tilde{y} - 8100)}{111900} \right) d\tilde{y}$$

$$= \int_{8100}^{Y} \left(0.19 + \frac{0.34 * \tilde{y}}{111900} - \frac{0.34 * 8100}{111900} \right) d\tilde{y}$$

$$= \int_{8100}^{Y} \left(0.19 - 0.024611260 + \frac{0.34 * \tilde{y}}{111900} \right) d\tilde{y}$$

$$= \int_{8100}^{Y} \left(0.165388740 + \frac{0.34 * \tilde{y}}{111900} \right) d\tilde{y}$$

$$= \left[0.16538874 * \tilde{y} + \frac{1}{2} * \frac{0.34 * \tilde{y}^2}{111900} \right]_{8100}^{Y}$$

$$= 0.16538874 * y + 0.17 * \frac{\tilde{y}^2}{111900} - 0.16538874 * 8100 -$$

$$\frac{1}{2} * \frac{0.34 * 8100^2}{111900}$$

$$= 0.17 * \frac{\tilde{y}^2}{111900} + 0.16538874 * y -$$

$$(1339.648794 + 99.67560322)$$

[10]
$$T_{90}(Y) = 471.96 + 0.17 * \frac{\tilde{y}^2}{111900} + 0.16538874 * y -$$

$$1439.324397$$

$$= 0.17 * \frac{\tilde{y}^2}{111900} + 0.16538874 * y - 967.3643972$$

第2節　ドイツ連邦における1986年と1990年所得税額シェジュール

表2　1990年ドイツ所得税額シェジュール

Y	T90(Y)
$0 \leq Y \leq 5616$	0
$5617 \leq Y \leq 8100$	$0.19 (Y - 5616)$
$8101 \leq Y \leq 120000$	$0.17 \dfrac{Y^2}{111900}$ $+ 0.1653887 \, Y$ $- 967.3644$
$120001 \leq Y$	$0.53 (Y - 120000)$ $+ 40755.96$

　この表の値を求めるとき、所得税法で予定されている四捨五入などは無視した。税額シェジュールは当該所得区間において微分できるので、われわれは限界税率シェジュールと平均税率[11]シェジュールを容易に計算できることを、直ちに認識する。さらに、われわれは、歳入弾性と残余所得弾性[12]についての関数の推移を直接に利用できる。

　税額シェジュールを考察すると次のことが明らかになる。最上位の所得区間[13]、すなわち、130,000DMないし120,000DM以上の区間では、単純な税額シェジュール形式が理解しやすい推移の効果をもっていることが、明らかであ

---

[11]　平均税率の定義について、参照、本書376頁脚注7。平均税率累進とは、税引き前所得について、税率の導関数derivativeを指す（Jakobsson (1976), p.161）。

[12]　残余所得弾性（または残余所得累進）とは、所得税引き前について、税引き後所得の弾性を指す（Jakobsson (1976), p.161）。参照、本書375頁以下（最低生活残余説）。

[13]　所得区間について、2011年日本所得税法に鑑み、本章は次の名称を付けることとする。

	表3:　2011年日本所得税の課税所得区間	
	所得区間	課税標準（Y）単位円
1	最下位所得区間	0<Y≤1,950,000
2	下位所得区間	1,950,000<Y≤3,300,000
3	中下位所得区間	3,300,000<Y≤6,950,000
4	中位所得区間	6,950,000<Y≤9,000,000
5	上位所得区間	9,000,000<Y≤18,000,000
6	最上位所得区間	18,000,000<Y
A	B	C

449

第3部　第10章　所得税額表の立法技術

る。これに対し、下位の所得区間における税額シェジュールはその効果を見通すことが難しいような推移をたどっている。したがって、横座標を通常対数でそして縦座標を等間隔で表した、片対数グラフ（semilog graph）で叙述を行うのが好ましい。そこでは、横軸上の所得区間では 1,000DM ないし 10,000DM、10,000DM ないし 100,000DM、および 100,000DM ないし 1,000,000DM が、それぞれ対数尺度の長さで現れている。縦軸では、値が対数に変形されずに現れている。グラフ1ないし4は、限界税率シェジュール、平均税率シェジュール、歳入弾性及び残余所得弾性の推移を示している。（1990 年限界税率シェジュールの線形区間は片対数パネルでは凹型に [14] 現れている。これに対し、1986 年限界税率シェジュールの凸型区間は方対数パネルで線形区間よりも広い範囲に現れている。

---

[14]　Concave（konkave）は従来凸型と和訳されているが、凹型と訳する方が、適切である（同旨、横田（1987）143 頁）。他方、convex（konvex）は従来凹型と和訳されているが、凸型と訳するほうが、適切である。

　　f が或る区間で定義された単一の変数の関数であるとするとき、その f は、そのグラフ上の2点を結ぶ線の内側（セグメント）がそのグラフの上部に決してない場合、凹型 concave であり、そして、そのグラフ上の2点を結ぶ線の内側がそのグラフの下部に決してない場合、凸型 convex である。

450

第2節　ドイツ連邦における1986年と1990年所得税額シェジュール

グラフ1　限界税率シェジュール

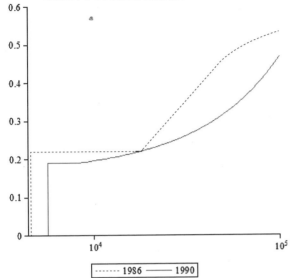

グラフ2　平均税率シェジュール

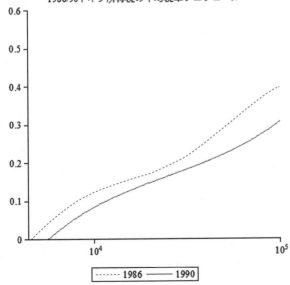

グラフ3　歳入弾性

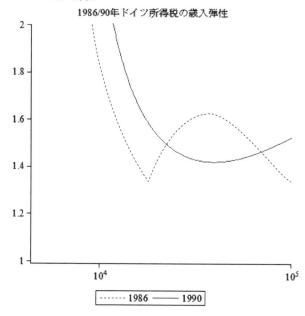

グラフ4　残余所得弾性

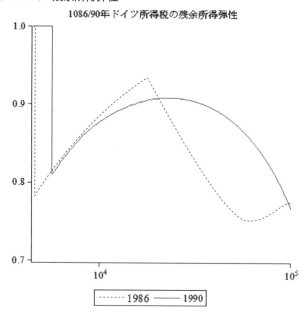

第2節　ドイツ連邦における 1986 年と 1990 年所得税額シェジュール

2　税額シェジュールの分析

税額シェジュールの分析は、限界税率負担及び平均税率負担に関して、1990
年税額シェジュールが 1986 年税額シェジュールに比べ少なからず負担軽減の
効果を有することを示している（グラフ 1 と 2）。われわれは、最下位所得区間
において、限界税率負担の相対的引き下げに比べ、平均税率負担のより強い相
対的引き下げを直接に認識する。最下位所得区間では、とりわけゼロ税率ゾー
ンの引き上げの重要性は、つよく現れている。それゆえ、われわれは、この最
下位所得区間において、税額シェジュールの累進性の上昇を期待するだろう。
このことを二つの累進測度もまた確認している。これには、平均税率の相対的
低下に比べて限界税率の一層強い相対的低下がすぐ後に続いている。ここでは
1990 年税額シェジュールの累進度[15]は、たとえそれが二つの累進測度によって
完全には統一的に表現されていないとしても、明らかに 1986 年税額シェジュー
ルのそれより下にある。

さらに、限界税率と平均税率[16]の推移はなんら直接的な直観を仲立ちしない。
両累進測度の推移[17]は、上位の所得層にかかる 1990 年税額シェジュールが
1986 年税額シェジュールに比べ一部で 相当に一層累進[18]しているという事実
を表現していることを示している。このことは、上位の所得層が、下位の所得
層の限界税率の低下及びゼロ税率ゾーンの引き上げの影響を直接に受けている
ことに、基因する。ただし、1990 年税額シェジュールによるその限界税率負
担に関しては、少なくとも 1986 年税額シェジュールの累進度[19]が保持される
ようには、適切に負担軽減されていない。反対に、限界税率負担の不十分な相
対的引き下げが、上位の所得層において、1990 年税額シェジュールの累進度
の明白な先鋭化を引き起こしている。累進度の先鋭化は、120,000DM[20]の所得

---

[15]　die Progressivität.

[16]　ドイツ所得税法における平均税率と日本所得税法におけるそれを比較する場合、ドイ
ツの平均税率を補正する必要がある。なぜなら、ゼロ税率ゾーンは、稼得者らの生存権
保護のための所得控除（基礎控除、配偶者控除）と同一の機能を果たすから、ドイツ所
得税法におけるゼロ税率ゾーンに引き続く第 2 所得区間が、日本所得税法における第 1
所得区間に相当するからである。補正平均負担率について、参照、本書 382 頁表 7-2（セ
ル I 17 ないし I 27）、383-386 頁。

[17]　die Verläufe der Progressionsmaße.

[18]　erheblich progressiver.

[19]　der Progressionsgrad.

[20]　$1.560508026, \{[\{x = 1.20000\,10^5\}, 1.560508026]\}.$

453

のところで、両方の累進測度によっても、その最大値[21] に達しており、その後に次第に減退している。そこでは、累進度の開差は 1,000,000DM の所得の場合でさえも一層際だっている。

1986 年税額シェジュールによれば、両方の累進測度による累進度は 18,035DM の所得まで下がっていき、そして、その後は鋭利に引き上がっていく。歳入弾性 ε (Y) の累進性[22] についてみると、累進度はその局所最大値を所得 36,324DM のところで達している（グラフ 3）。残余所得弾性 η の累進についてみると、累進度はその局所最大値に所得 62,867DM のところで達している（グラフ 4）。このことは、二つの累進測度が不整合[23] であることを例解している。1986 年税額シェジュールの歳入弾性 ε の累進度は 36,324DM から 62,867DM までの区間において低下している。これに対し、1986 年税額シェジュールの残余所得弾性 η の累進度は、この同じ区間においてもなお一層上昇している。62,867DM を超えると、1986 年税額シェジュールの累進度は両方の累進測度によっても低下する。そこでは、このような展開は 130,000DM の所得の場合にまだ小さなとげであるにとどまっている。そのとげはこのような展開を本質的に害していない。

これに対し、1990 年税額シェジュールの場合、低下する累進度の最初の局面はもっと長い。そこでは、その低下する累進度は、残余所得弾性 η の累進度[24] についてみるに（グラフ 4）、1986 年税額シェジュールの所得 18,035DM[25] から 1990 年税額シェジュールの所得 23,022DM[26] への上昇に過ぎず、非本質

---

[21] Maximum.

[22] 税負担による累進度（liability progression）は、歳入弾性と同じ概念であり、前者は、税引き前の所得について、租税債務の弾性をさす（Jakobsson（1976））。R.A. Musgrave/ Thin（1948）, p.504; 横田（1987）137 頁（$\frac{T_1 - T_0}{T_0} * \frac{Y_0}{Y_1 - Y_0}$ $[\approx \frac{dT}{dY} \frac{Y}{T} = \frac{\tau(Y)}{t(Y)}]$）。

[23] eine Inkonsistenz.

[24] 或る租税制度が他の租税制度に比べ、当該測定に従えば、どこでも一層累進している場合、前者は、他のものに比べ一層再分配に寄与するはずである。この要請に適合する唯一の測度が、残余所得弾性（税引き前所得について、税引き後所得の弾性）である（Jakobsson（1976）, p.162）。マスクレイブらの基本文献では residual progression と呼ばれている。

[25] 0.9332529634, $\{ [\{ x = 18035. \}, 0.9332529634] \}$.

[26] 0.9085201703, $\{ [\{ x = 23022.10671 \}, 0.9085201703] \}$.

第2節　ドイツ連邦における 1986 年と 1990 年所得税額シェジュール

的である。歳入弾性 ε の累進度についてみると（グラフ 3）、低下する累進度の最初の局面は、本質的にもっと長い。そこでは、その低下する累進度は、1986 年税額シェジュールの所得 18,035DM から 1990 年税額シェジュールの 39,510DM に上昇する。39,510DM を超えると、1990 年税額シェジュールの累進度は、両方の累進測度によっても、120,000DM の所得に至るまで再び上昇する。120,000DM のところで、1990 年税額シェジュールの歳入弾性 ε の累進度は、1986 年のそれに比べ約 20% だけ上回っており、そして、残余所得弾性 η の累進度についてみるに、その開差は約 9% である。

累進測度の交点[27] もまた興味深い。残余所得弾性 η の累進度についてみるに、1990 年税額シェジュールは、20,535DM の所得に至るまでは、1986 年税額シェジュールのそれより一層累進している。22,397DM[28] の所得に至るまでは、1990 年税額シェジュールは、歳入弾性 ε の累進度についてみるに、1986 年税額シェジュールのそれに比べ一層累進している。その後は、1986 年税額シェジュールは、歳入弾性 ε の累進度についてみるに、69,678DM[29] に至るまで、1990 年税額シェジュールのそれに比べ一層累進している。これと類似して、1986 年税額シェジュールは、残余所得弾性 η の累進度についてみるに、97,289DM[30] に至るまで、1990 年税額シェジュールのそれに比べ一層累進している。97,289DM を超える所得については、1990 年税額シェジュールは、両方の累進測度によってもともに、1986 年税額シェジュールのそれに比べ一層累進している。そこでは、累進の開差は 97,289DM を超え 120,000DM の所得に至るまで広がっている。120,000DM のところで、累進の開差は , 両方の累進測

---

[27]　die Kreuzungspunkte der Progressionsmaße.

[28]　., 22396.64835, 69677.53572, 1.43468055710^5, -5008.528312, -2.2444977820^5

　　上の解の中から、x の範囲内のものは 22396.64835 と 69677.53572 である。そこで交点は先の 2 点であることがわかる。

[29]　0., 22396.64835, 69677.53572, 1.43468055710^5, -5008.528312, -2.2444977820^5

[30]　0., 97289.10891, -154234659210^5, $-1.1519413181 0^{15}$.

　　上の解では 97289.0891 のみが該当するので η^{86} か η^{90} に代入する

　　上のがそれぞれ交点である。つまり、

　　$x = 2.49048021210^5$ のときに $\eta^{86} = \eta^{90} = 0.8695939888$ また $x = 5.78758497610^5$ のときに $\eta^{86} = \eta^{90} = 0.9393810261$

　　そして、

　　$x = 97289.10891$ のときに $\eta^{86} = \eta^{90} = 0.7735977375$ であることがわかる。

度について局所最大値[31]をとっている。もっとも、1990年税額シェジュールも
また120,000DMを超えると、つねに一層累進の税額シェジュールである。わ
れわれはとくに69,678DMと97,289DMとの間の所得区間に注意を払うべきで
ある。そこでは,1990年税額シェジュールは、残余所得弾性ηの累進度につい
てみるに、1986年のそれよりも一層累進している。同時に、しかし、1986年
税額シェジュールは、歳入弾性εの累進度についてみるに、1990年税額シェ
ジュールのそれに比べ一層累進している。

　以上の考察によって、線形に累進する数式を用いた税額シェジュール（例え
ば、1990年ドイツ所得税法による税額シェジュール）は、回帰分析に基づく数式
を用いた税額シェジュール（例えば、1986年ドイツ所得税法による税額シェジュー
ル）に比べ、累進度のためのいくつか測度を用いた分析成果に照らし、より合
理的であることが判明した。所得区間の幅及び限界税率の大小は、いうまでも
なく、租税政策に依存する。本節では、租税政策というよりむしろ、線形で累
進する税額シェジュールの作成方法を明らかにできた。

第3節　日本所得税額シェジュールのためのモデルH

1　税額シェジュールの立法技術と累進の局所測度

　ドイツ所得税法が採用しているゼロ税率ブラケットは、稼得者らの生存権保
護のための人的所得控除とほぼ同様の機能を果たしていることは、すでに考察
したことがある[32]。他方、日本所得税法は、そのような生存権保護のための人
的所得控除を、課税所得の計算上斟酌している。このため、税額シェジュール
の設計に当たり、ゼロ税率ブラケットは、現行の日本所得税法の下で、斟酌す
る必要もない。日本所得税法は、ゼロ税率ブラケットを所得区間に挿入せずに、
直接累進課税方式[33]を採用している。

　日本所得税額シェジュールのためのモデルHは、1,000円以上から3,999,000

---

[31]　ein lokales Maximum.

[32]　参照、本書386-398頁。Steuerabzugのもとでは、Tax Creditではなく、ゼロ税率ゾー
ン（基礎非課税額）を指し、基礎控除（生存権を保障する人的所得控除のひとつ）と同
じ役割を果たすものと理解すべきことは、大多数のドイツ税法学者・財政学者の見解で
あろう。日本の税法学者でもそうである。田原（2016）、61頁。

[33]　本書378頁脚注17。

456

第3節　日本所得税額シェジュールのためのモデルH

円以下までの第1区間について、定数の限界税率15%を一つ定め、ついで、4,000,000円以上から24,000,000円以下までの第2区間について、15%の限界税率を入口の税率として定め、30%までの線形に伸長していく限界税率とする、2次関数による税額シェジュールを定めている。そして24,001,000円以上の第3所得区間について定数の限界税率45%を一つ定めている。

4,000,000円以上から24,000,000円以下までの第2所得区間、したがって差額20,000,000円の所得区間における税額シェジュールは、次の数式2によって表現される。その区間では、（第2区間の最高税率30%と第1区間の税率15%との間の）限界税率の開差は、15%ポイントである[34]。

第2区間での税額は、

$$T_{KH} = 0.15 * 3999000 + \int_{3999000}^{\hat{Y}} \left(0.15 + 0.15 * \frac{\hat{Y} - 3999000}{20000000} \right) d\hat{Y}$$

$$= 3.750000000 * 10^{(-9)} * Y^2 + 0.1200075000 * Y + 59970.0038$$

$$\simeq \frac{3.75}{10^9} Y^2 + 0.12 Y + 59970 \qquad \text{数式2}$$

と表現する。

第3区間での税額は、

$$T_{KH} = 0.45 Y - 5.699999984 \times 10^6$$

$$\simeq 0.45 Y - 5.7 * 10^6$$

$$\simeq 0.45 * (Y - 24000000) + 5.1 10^6 \qquad \text{数式3}$$

と表現される。

したがって、所得税額シェジュールのモデルHは、表4にみるような、所得区間ごとの2次関数税額シェジュールである。

表4　第3区間の限界税率を45%とする所得税額シェジュール・モデルH

所得区間 ＼ スケジュール	出発税率	所得税額シェジュール・モデルH	簡易計算法
1000≦Y≦3,999,000	15%	=0.15x	0.15Y
4,000,000≦Y≦24,000,000	30%	=3.750000000 10^(-9) *Y^2+0.1499925000*Y-59940.0112	$\simeq \frac{3.75}{10^9} Y^2 + 0.12 Y + 59970$
24,001,000≦Y	45%	=0.45*Y-5.699999984*10^6	$\simeq 0.45 * (Y - 24000000) + 5.1 10^6$

---

[34]　Cf. Seidl/ Kaletha (1987), p.380f.

第3部　第10章　所得税額表の立法技術

　この表の値を求めるとき、所得税法で予定されているとおり、課税所得金額1000円未満を切り捨てた[35]。税額シェジュールは当該所得区間において微分できるので、われわれは限界税率シェジュールと平均税率シェジュールを容易に計算できることを、直ちに認識する。さらに、われわれは、歳入弾性と残余所得弾性の関数推移[36]を直接に利用できる。

　モデルHの税額シェジュールを考察すると次が明らかになる。最上位の所得区間、すわわち、18,000,000円超の所得区間では、定率の限界税率1本だけが予定されているから、単純な税額シェジュール形式が理解しやすい推移の効果をもっていることが、あきらかである。

　これに対し、下位の所得区間における税額シェジュールはその効果を見通すことが難しいような推移をたどっている。したがって、横座標を通常対数で、そして縦座標を等間隔で表した、片対数グラフで叙述を行うのが好ましい。そこでは、横軸上の所得区間は 3,000,000 円ないし 100,000,000 円及び 3,000,000円ないし 27,000,000 円が、それぞれ対数尺度の長さで現れている。縦軸では、値が対数に変形されずに現れている。グラフ6ないし11は、限界税率シェジュール、平均税率シェジュール、歳入弾性及び残余所得弾性の推移を示している。モデルHの限界税率シェジュールの線形区間は片対数パネルでは凹型に[37]現れている。これに対し、モデルHの平均税率シェジュールの片対数パネルではより平坦な凹型に現れている。第2所得区間の幅が 20,000,000 円と広く、かつ、その所得区間における最初の税率と最後の税率との格差もまた 30 ポイントと広いから、中下位所得区間から上位所得区間を経て一部の最上位所得区間に属する納税者にとって、平均税率負担はなだらかに累進している。

---

[35]　国税通則法第118条（国税の課税標準の端数計算等）1項（国税（印紙税及び附帯税を除く。以下この条において同じ）の課税標準（その税率の適用上課税標準から控除する金額があるときは、これを控除した金額。以下この条において同じ）を計算する場合において、その額に 1,000 円未満の端数があるとき、又はその全額が 1,000 円未満であるときは、その端数金額又はその全額を切り捨てる）。

[36]　den funktionalen Verlauf der Aufkommens- und Residualeinkommenselastizitäten.

[37]　konvex, convex は凸型と和訳し、他方、Konkave, Concave は凹型と和訳する。

第３節　日本所得税額シェジュールのためのモデルＨ

グラフ５：所得税額シェジュール

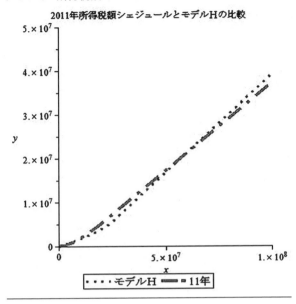

グラフ６：　限界税率負担シェジュール

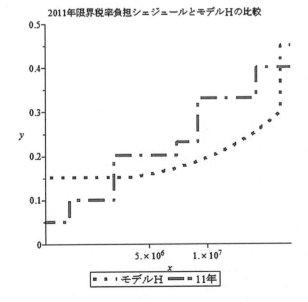

グラフ7:平均税率負担シェジュール

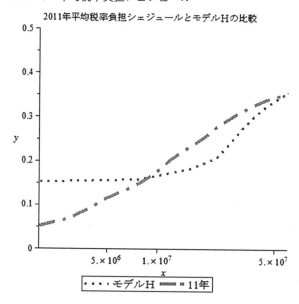

グラフ8:歳入弾性

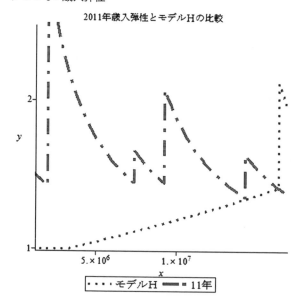

第3節 日本所得税額シェジュールのためのモデルH

グラフ9: 残余所得弾性

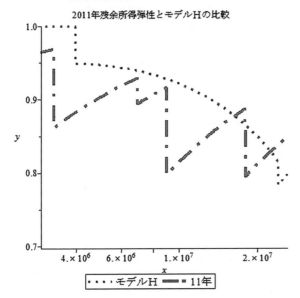

グラフ10：限界税率と平均税率の比較

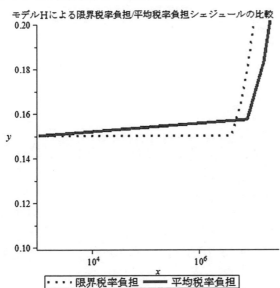

グラフ11　モデル2つについて残余所得弾性の比較

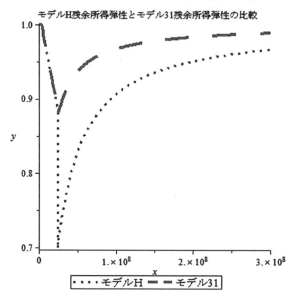

表5　第3区間の限界税率を31%とする所得税額シェジュール：モデル31

所得区分 スケジュール	出発税率	高レベル税額シェジュールH	簡易計算法
1,000≦Y≦3,999,000	15%	=0.15Y	0.15Y
4,000,000≦Y≦24,000,000	30%	=3.750000000 10^(-9)*Y^2+0.1499925000*Y-59940.0112	$= \frac{3.75}{10^9} Y^2 + 0.12 Y + 59970$
24,001,000≦Y	45%	=.45*Y-5.699999984*10^6	$\approx 0.45 Y - 5.7*10^6$

2　税額シェジュールの分析

　税額シェジュールの分析は、限界税率負担および平均税率負担に関して、所得税額シェジュールのモデルHが2011年度日本所得税法に基づく税額シェジュール[38]に比べ少なからず負担軽減の効果を有することを示している。われわれは、最下位・下位所得区間（0＜Y≦3,999,000）において、限界税率負担の比例（横ばい）に比べ（グラフ6）、平均税率負担のより強い相対的引き上げを直接に認識する（グラフ7）。最下位・下位所得区間では、とりわけ所得区間の

---

[38] 参照、木村弘之亮「2006年と11年の日本所得税シェジュール比較分析：所得課税の局所逆進性について」本第3部第11章。

462

第3節　日本所得税額シェジュールのためのモデルH

拡幅の重要性は、つよく現れている。平均税率負担が限界税率負担を下回るのは、3,999,000 円の箇所である。限界税率負担の曲線がグラフ 10 において下方から平均税率負担の曲線に交差するのは、3,999,000 円の箇所である。

　それゆえ、われわれは、この中下位所得区間（4,000,000 円の箇所）において、平均税率負担シェジュールの累進性の上昇を期待するだろう。このことをその累進測度もまた確認している。

　この所得区間のすぐ後に続いて、モデルHシェジュールにおいては、平均税率負担の相対的低下に比べて限界税率負担の一層強い相対的上昇がみられる（グラフ 10）。

　こ の 中 下 位・中 位・上 位 区 間 及 び 最 上 位 所 得 区 間 の 一 部（4,000,000 ≤ Y ≤ 24,000,000）では、2011 年税額シェジュールの累進度[39]は、たとえそれが二つの累進測度によって完全には統一的に表現されていないとしても、明らかにモデルH税額シェジュールのそれより上にある（グラフ 5, グラフ 6）。

　さらに、限界税率と平均税率の推移はなんら直接的な直観を仲立ちしない。両累進測度の推移は、中下位・中位・上位所得区間および最上位所得区間の一部にかかる 2011 年税額シェジュールがモデル H 税額シェジュールに比べ一部で相当に一層累進的である事実を示している（グラフ 6 とグラフ 7）。このことは、上位の所得層が、最下位・下位所得区間の限界税率の低さ（15％）及びその区間の拡張（3,999 千円）の影響を直接に受けていることに、基因する（参照、数式 2）。ただし、モデル H 税額シェジュールによるその限界税率負担は、少なくとも 2011 年税額シェジュールの累進度に比べ、跳躍することなく平坦に滑らかに負担軽減されている（グラフ 6）。反対に、このようなモデルH税額シェジュールの限界税率負担の相対的引き下げが、（歳入確保のため）最上位所得区間において、累進度の明白な先鋭化を引き起こしている。モデルHシェジュール（最高限界税率 45％）は 2011 年限界税率負担シェジュール（最高限界税率 40％）を 24,001,000 円の箇所ではじめて上回る。さらに、モデルHの平均税率負担シェジュールは、906 万 8 千円（= 9.0688124681 10^6）の箇所ではじめて 2011 年のそれを下回り、そして、5,808 万円の箇所ではじめて 2011 年のそれを上回る。その後に次第に漸増していく。最上位所得区間のうち 5,808 万円以上において、平均税率負担の累進度の開差は鋭利に大きくなる（参照、グラフ 7）。グラフ 7 における左側交点における 9,068,000 円の課税所得に対する平均

---

[39]　die Progressivität.

463

第3部　第10章　所得税額表の立法技術

税率は 16%（0.1606283203）であり、右側交点における 5,808 万円の課税所得に対する平均税率は 35%（0.3518595038）である。言い換えると、5,808 万円以上の課税所得を稼得する富裕者層が、2011 年所得税法に比べ、モデルＨによって重い平均税率を受けることとなる（いわば surtax payers）。

　モデルＨ税額シェジュールによれば、歳入弾性 ε（Y）の累進性についてみると、その弾性値は第 1 所得区間で比例しており（表 6 セルＣ 1、セルＤ 1）、そして、弾性値は第 2 所得区間の下限値（400 万円）から上限値（2,400 万円）の所得まで累進（累進度 1 から 1.4 まで）していき（表 6 セルＤ 2，セルＣ 2）、そして、その弾性値は第 3 所得区間の下限値（2,400 万 1 千円）から上限値（無限大）の所得までなだらかに逆進（弾性度 2.1 から 1 まで）している（表 6 セルＣ 3、セルＤ 3）。つぎに、残余所得弾性 η の累進についてみると、弾性度は、第 1 所得区間で比例しており（表 7 セルＣ 1、セルＤ 1）[40]、そして、弾性値は第 2 所得区間の下限値（400 万円）から上限値（2,400 万円）の所得まで累進（累進度 1 から 0.89 まで）していき（表 7 セルＣ 2，セルＤ 2）、そして、その弾性値は第 3 所得区間の下限値（2,400 万 1 千円）から上限値（無限大）の所得までなだらかに逆進（弾性度 0.7 から 1 まで）している（表 7 セルＤ 3、セルＣ 3）。

　このことは、二つの累進測度が縦座標軸の 1 を基準としてほぼ対照的であることを示している。第 2 区間では、モデルＨ所得税額シェジュールは、2011 年所得税額シェジュールと異なり、両測度（すなわち歳入弾性及び残余所得弾性）について、滑らかに累進している（グラフ 8，グラフ 9）。モデルＨ所得税額シェジュールの両弾性度は第 1 区間で比例しており、そして第 3 区間ではむしろ逆進している。第 3 所得区間に属する最上位所得層の人々は税額を多額に政府に支払うとはいえ、かれらの残余所得弾性と歳入弾性は逆進しているのである。

---

[40]　一般的には、租税制度の再分配効果は、税引き前の所得分布の変化によって影響を受ける。実証的研究によれば、名目所得の一般的水準が時とともに上昇する一方で、個人所得の相対的分布はかなり安定している。したがって、税引き前所得分布という観点から再分配効果を考察することは興味のつきないことである。残余所得弾性が一定である税額シェジュールについて、租税による再分配は、所得分布の比例的変化によって影響を受けない（Jakobsson（1976），p.162）。このことは、モデルＨ税額シェジュールにおける第 1 所得区間に現れている（グラフ 5）。第 1 区間は幅が広いから、その区間（399 万9 千円以下）に属する所得層の人々は、働きがいを感得する。なぜなら、かれらは、その所得について残余所得弾性が 1 であり、局所的には累進課税を免れているからである。

第3節　日本所得税額シェジュールのためのモデルH

表6　モデルH歳入弾性の所得区間における最大値と最小値

スケジュール	入口/出口税率	歳入弾性の最大値	歳入弾性の最小値
1 1,000≦Y≦3,999,000	15%	[[Y = 1,000], 1.], [[Y = 3.999000*10^6], 1.]	[[Y = 1,000], 1.], [[Y = 3.999000*10^6], 1.]
2 4,000,000≦Y≦24,000,000	30%	[[Y = 2.4000000*10^7], 1.411758477]	[[Y = 4.000000*10^6], 1.000049994]
3 24,001,000≦Y	45%	[[Y = 2.4001000*10^7], 2.117548445]	[[Y = ∞], 1.]
A	B	C	D

表7　モデルH残余所得弾性の所得区間における最大値と最小値

スケジュール	入口/出口税率	残余所得弾性の最大値	残余所得弾性の最小値
1 1,000≦Y≦3,999,000	15%	[[x = 1,000], 1.], [[x = 3.999000*10^6], 1.]	[[x = 1,000], 1.]
2 4,000,000≦Y≦24,000,000	30%	[[x = 4.000000*10^6], 0.9999911776]	[[x = 2.4000000*10^7], 0.8888864199]
3 24,001,000≦Y	45%	[[x = ∞], 1.]	0.6984214751, [[x = 2.4001000*10^7], 0.6984214751]]
A	B	C	D

3　租税政策の反映

　租税政策の目標は、財政再建を目指し、税額シェジュールの累進を相対的に平坦にすることにある、と仮定する。この目標は、第2所得区間（400万円から2,400万円）において、疑いもなく相当程度にうまく果たされている。なぜなら、この所得層については、モデルH税額シェジュールによる限界税率負担は、2011年税額シェジュールのそれに比べ、平均税率負担より相当大きく低下しているのみならず、滑らかに累進している（グラフ6）。9,069,000円以下の所得区間では、モデルH税額シェジュールの累進は、2011年税額シェジュールのそれにくらべ、たしかに視覚上もより高いが、しかし、その理由は、その平均税率負担が比例しているからであって、累進しているからではないのである。最下位所得区間から中下位所得区間に属する所得層の人々（参照、表3）は、社会保障制度による金銭給付を受給し得るようにはかることができよう。他方、課税所得5,808万円を超える富裕層は、いわば surtax payers として振る舞うことを期待されている。この富裕層に属する人口は、極めて少数である（本第3部第3章、第7章）。

　税額シェジュール・モデルHが所得分布効果[41]をどの程度持っているか？単純化をはかるため、税額シェジュールの残余所得弾性 η がすべての所得について引き上がる、そうした税額シェジュール・モデルHを考えるとする（参照、グラフ9）。すなわち、

41　Verteilungswirkungen.

第3部　第10章　所得税額表の立法技術

すべてのYについてY＞0であるとして，$\eta_2(Y) > \eta_1(Y)$

（この数式は、税額シェジュール T_2 が、残余所得弾性 η の累進度について、税額シェジュール T_1 に比べ小であることを意味する。このことは、この例において、税額シェジュール T_2 についての税収が、税額シェジュール T_1 に比べ一層大であり得ることを排除するものではない。）このことは、所得が増大するにつれて、残余所得が相対的により大きく引き上がることを意味する。換言すると、当該除算の商 $\dfrac{\eta_2(Y)}{\eta_1(Y)}$ が上昇し、そして、純所得が比例して増大するとのフィクションを基準として測定すると、純所得が実際に増大する開差は相対的に低くなる。残余所得の現実的展開と残余所得の比例的展開との間の開差[42]は閉じて無くなる[43]。しかし、このことは、粗所得の相対的分布の原型[44]が純所得の相対的分布[45]に対してより強い波及効果があるということ以上に何も意味しない。したがって、すべてのYについてY＞0だとすると $\eta_2(Y) > \eta_1(Y)$ が成立する場合、税額シェジュール T_2 から帰結する純所得分布[46]は、税額シェジュール T_1 から帰結する純所得分布にくらべ、粗所得分布[47]に一層類似している[48]。

しかし、累進税額シェジュールについて、粗所得分布は純所得分布に比べ一層不平等であるから、すべてのYについてY＞0だとすると $\eta_2(Y) > \eta_1(Y)$ が成立する場合の、T_1 から T_2 への移行は、純所得の不平等な分布の実現を意味する（参照、グラフ9、グラフ11）。言い換えると、T_2 から帰結する純所得分布[49]のローレンツ曲線は、T_1 から帰結する純所得分布すべての下に位置する。この自明の理[50]は、遺憾なことに、いつも繰り返し看過されている。その結果、所得税額シェジュールの累進度の全般的引き下げを求める要請が、純所得の平等

---

[42]　die Schere zwischen tatsächlicher und proportionaler Residualeinkommensentwicklung.

[43]　Seidl/Kaletha (1987), S.383.

[44]　Muster der relativen Primäreinkommensverteilung.

[45]　die relative Sekundäreinkommensverteilung.

[46]　Sekundäreinkommensverteilung, allocation of second income.

[47]　Primäreinkommensverteilung.

[48]　Seidl/Kaletha (1987), S.382.

[49]　Sekundäreinkommensverteilung, allocation of second income.

[50]　精確な証明について、vgl. Kakwani (1977B), pp.719-727; Kakwani (1977A); Jakobsson (1976); Kakwani (1980).

第3節 日本所得税額シェジュールのためのモデルH

な分布を求める要請に結びついていることに、同意が欠けている[51]。

　所得の平等な再分配を経済政策の目標とする見解に対する批判は、しばしばまさに異端と思われている。しかし、所得分布に関する財政学、福祉経済、及び倫理のベースは、泥沼以上である。モダンな最適課税理論に至るまで、所得再分配を求める要請は、（移転所得受給者の効用利益が納税者の効用損失を上回っているという）福祉論を論拠としている。われわれはここでは、人々のあいだでの効用の比較の可能性に疑問を呈するのではなく、別な問題を提起したい。現在は高齢で、慎重すぎかつ近視眼的な、高速の自家用車（例えば Ferrari）の所有者が、同車の売り渡しにより効用を失う場合に比べ、所得と財産の少ない若者が、同種の高級車からより高い効用の利益を得るであろう事例を取り上げてみよう。これが、（高齢者から彼の車を取り上げ、そして、資力のない若者に与えるという、）行政庁の意思決定を正当化するだろうか。これによって、例えば国民経済の福祉が当該経済主体を経て築かれる効用の合計として理解される場合、国民経済の福祉は高まるとしても、である。この問題は Ferrari については否定し、そして、金銭については賛成するのは、首尾一貫していないと、われわれには思われる。それゆえ、労働所得に対する課税は強制労働と同じ結果になる、という Nozick の確認[52]は、沈思黙考のきっかけを与えることとなるとわれわれは考える。

　モデルH税額シェジュールに関して、グラフ9は、400万円から2,400万円までの第2所得区間において、残余所得弾性の上昇を示している（表7セルD2、セルC2、並びにグラフ9）。これにより、所得分布についての正確な知識（参照、注4に掲げる最後の文献）がなければ、所得分布についての正確な発言をすることはできない。この所得区間にある家計の多くが移住しているといった誤った方向に歩み出さないように考えなければならない。傾向として、したがって、中上位所得区間において、粗所得分布と純所得分布が相対的により一層乖離することとなる。すなわち、所得分布はより平等になる。これに対し、モデルH税額シェジュールによる最上位所得層は、例えばモデル31（参照、表5）に比べれば、傾向として、その相対的分布ポジションを失う（表7セルD3、セルC3、並びにグラフ11）。

---

[51] So Seidl/Kaletha (1987), S.382.
[52] Nozick (1974), Chapter 7（配分的正義）.

少なくとも中下位・中位・上位・最上位所得層の第2所得区分では、残余所得弾性が滑らかに推移して累進している。

第4節　結　　語

　所得税率を超過累進制によって構築する限り、その税額シェジュールは、所得区間（課税所得段階）内における逆進及び隣り合わせの所得区間の境界における垂直跳躍といった短所を必ず内蔵する。この短所を克服する立法技法について、本章は考察した。日本では、超過累進税制に内在するアポリアを解決する手法について、租税法律家はいまだ研究しておらず、立法技術はそのような水準にとどまっていた。本章は、その突破口を開くものである。

　数式による税額表の立法技術は、次の多項式により一般的に表現できる。

$$T_G := piecewise\left(1 \leq x \leq m, \alpha \cdot x, m + 1 \leq x \leq n, \alpha \cdot m + \int_m^x \left(\alpha + (\beta - \alpha) \cdot \frac{x - m}{n - m}\right) dx, x \geq n + 1, \beta \cdot (x - n) + a\right)$$

$$T_G := \begin{cases} \alpha \cdot x & 1 \leq x \text{ and } x \leq m \\ \alpha \cdot m + \frac{1}{2} \frac{(\beta - \alpha)(x^2 - m^2)}{n - m} + \alpha(x - m) - \frac{(\beta - \alpha) m (x - m)}{n - m} & m + 1 \leq x \text{ and } x \leq n \\ \beta(x - n) + a & n + 1 \leq x \end{cases}$$

数式4

ここで

$\alpha \leq \beta$ が成立するものとすると、

α は、第1所得区間における税率を指し、

β は、第3所得間における入口の税率を指し、

x は、所与の課税所得金額とする。

第 4 節　結　語

$$a = \frac{1}{2} \cdot \big((\alpha - \beta) m + (\alpha + \beta) \cdot n \big)$$ 　　　　　**数式 5**[53]

第 3 区間の数式は次のように表現し直し得る。

$$g \coloneqq \beta \cdot (x - n) + \frac{1}{2} \cdot \big((\alpha - \beta) m + (\alpha + \beta) \cdot n \big)$$ 　　　**数式 6**

第 1 所得区間（1 ≦ x ≦ m）において、課税所得金額 x について、税額の算定式は、数式 4 の 1 段目（これを数式 4-1 と表す。）に示されている。

第 2 所得区間（m + 1 ≦ x ≦ n）において、課税所得金額 x について、税額の算定式は、数式 4 の 2 段目（これを数式 4-2 と表す。）に示されている。

第 3 所得区間（n + 1 ≦ x）において、課税所得金額 x について、税額の算定式は、数式 4 の 3 段目（これを数式 4-3 と表す。）又は数式 6 に示されている。

所得税法 89 条（税額の計算式）はその第 1 項において次のように改正される。

居住者に対して課する所得税の額は、その年分の課税総所得金額又は課税退職所得金額についてそれぞれ次の表の上欄に掲げる金額に応じて同表の下欄に掲げる数式によって計算した金額と、その年分の課税山林所得金額の五分の一に相当する金額について同表の上欄に掲げる金額に応じて同表の下欄に掲げる数式によって計算した金額に五を乗じて計算した金額との合計額とする。

53　数式 5 の証明は次の手順で行う。β x - 数式（4-2）の数式は、両曲線の開差を意味するので、その開差の数値を求めるために、第 2 所得区間の上限値 n を代入する。その解

p は $-\frac{1}{2} \frac{(\beta - \alpha) n^2}{n - m} + \Big(\beta + \frac{(\beta - \alpha) m}{n - m} - \alpha \Big) n - \frac{1}{2} \frac{(\beta - \alpha) m^2}{n - m}$ となる。さらに、$g(x) \coloneqq \beta \cdot x - p$

（参照、数式 6）、最後に、$a \coloneqq g(x) - \beta \cdot (x - n)$（参照、数式 5）を算出する。

469

第3部　第10章　所得税額表の立法技術

上欄	下欄
課税所得の金額	税額の計算式
3,999,000円以下の金額	0.15Y
4,000,000円以上、24,000,000円以下の金額	$\dfrac{3.75}{10^9}\,Y^2 + 0.12\,Y + 59970$
24,001,000円以上の金額	$0.45\,(Y-24000000) + 5100000$

　税額の計算式におけるYとは、課税総所得金額若しくは課税退職所得金額又は課税山林所得金額をいう。

　立法技術の開発とその分析の結果、本章において取り上げた局所測度、すなわち、限界税率、平均税率、歳入弾性及び残余所得弾性によって測定される累進性は、いずれも、数式を用いた線形累進税額表方式（モデルH税額シェジュール）のほうが複数税率を用いた超過累進税率方式（2011年度所得税額スケジュール）よりも、なだらかに推移することを示している。第3区間を除いて、1つの所得区間内における逆進はモデルHにおいて現れない。

　しかしながら、どの程度所得税は累進にすべきかといった、問題[54]は考察の対象外とする。本章が採用した税率（各所得区間における入口税率）及び所得区間の幅は、例示である。そのため、その税率の構造があまりに累進に過ぎるかどうか、又は不十分であるかについて、本章はたちいって議論するものではない。

　公的年金制度における保険料（掛金）を算出する過程においても、類似の問題が山積したままである[55]。これは、近い日に、解決すべき課題である。

　以上を要約すると次の通りである。

　税額シェジュールの累進を滑らかに漸増する目的で、本章は、多項式を用いて線形累進所得税額表（所得税額シェジュール）を具体的にモデル化する。そ

---

[54]　Cf. Atkinson（1973）, pp.90-109.
[55]　木村（2009C）111-130頁〔本第3部第15章〕；木村（2009D）3号172-183頁、4号106-112頁。

第4節 結 語

のため、それは、1990年度ドイツ所得税額シェジュールの作成方法を応用して、簡素化し一般化する。税額シェジュールの累進上昇が中上位所得区間において首尾良くなされている、ことが明らかにされる。歳入弾性及び残余所得弾性の分析結果、とくに中上位所得層では、税額シェジュール・モデルHは、現行のシェジュールに比べ明らかに一層平坦かつなだらかに累進して推移している。税額シェジュールの累進度は下位最下位所得区間においてゼロ（零）であり、所得額に対する税負担の関係は比例して推移している。

その結果、数式を用いた線形累進税額表方式[56]は、超過累進税率方式に比べ、より優れた立法技術であることが判明する。

（謝辞） Alexander von Humboldt Stiftung さんは、2011年2月1日から同年3月15日までのあいだ、キール大学経済学部における「Integration of Tax and Benefits System」研究のための財政支援をしてくださった。本章はその研究の小さな成果である。Maple 15 を使用。同財団および同教授には厚く謝意を表します。

補遺1：
　線形累進税額表に係る一般モデル木村を以下に提示する。Wolfram Mathematica 10.3 を用いている。ここで開示する数式、グラフ及びそのプログラムを手がかりとして、線形代数を用いた税率論が日本で発達し、さらに、局所逆進税の現れない線形累進税シェジュールが所得税法等に導入されることを期する。本章末尾に補遺1を付録する。

---

[56] 数式を用いた税額シェジュールの特質について、参照、本書377頁脚注11。本章は、Formeltarif を、数式を用いた税額シェジュールと意訳する。本書378頁脚注13では、その語彙を数式税率と訳出していた。

471

```
In[1]:= m = 2.4;
       n = 14;
       α = 0.15;
       β = 0.45    (*m は第1課税所得区間の上限値、nは第2所得区間の上限値を指す。
        α は入口税率、βは出口税率を指す。0.45単位は百万円*)
       Print["線形累進所得税額表の一般モデル木村     "]
       Manipulate[
        Show[
         Plot[{α*x}, {x, 0, m},
          PlotStyle → {, Dotted, DotDashed}, AxesLabel → {"所得 ", "税額 "},
          PlotRange → All],
         Plot[{α*m - m*α + x*α + ((m-x)^2 (α-β))/(2*(m-n))}, {x, m, n},
          PlotStyle → {, Dashing[Tiny], Thickness[0.015]}, PlotRange → All],
         Plot[β*(x - n) + (1/2){(α-β)*m + (α+β)*n},
          {x, n, n+1.},
          PlotStyle → {, Dashing[Large], Thickness[0.02]}, PlotRange → All]
        ], {n, 3.5, 50}]
       Print["グラフ１ 線形累進税額表 レバー１つ"]
Out[1]= 0.45
```

線形累進所得税額表の一般モデル木村

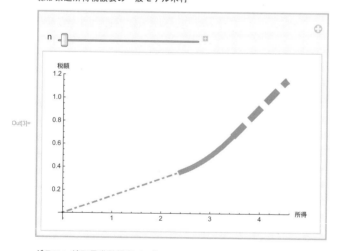

グラフ１ 線形累進税額表 レバー１つ

472

第4節　補　遺

```
In[5]:=
    m = 2.4;
    n = 14;
    α = 0.15;
    β = 0.45▩(*m▩は第1課税所得区間の上限値、nは第2所得区間の上限値を指す。
     α▩は入口税率、βは出口税率を指す。0.45単位は百万円*)
    Print["線形累進所得税額表の一般モデル木村 "]
    Manipulate[
     Show[
      Plot[{α*x}, {x, 0, m},
       PlotStyle → {, Dotted, DotDashed}, AxesLabel → {"所得 ", "税額 "},
       PlotRange → All],
      Plot[{α*m - m*α + x*α + ((m-x)^2 (α-β))/(2.*(m-n))}, {x, m, n}],
       PlotStyle → {, Dashing[Tiny], Thickness[0.015]}, PlotRange → All],
      Plot[β*(x-n) + (1/2) {(α-β)*m + (α+β)*n},
       {x, n, n+1.},
       PlotStyle → {, Dashing[Large], Thickness[0.02]}, PlotRange → All]
     ], {{m, 2.4}, 1, 5}, {n, 3.5, 50}]
    Print["グラフ2 線形累進税額表 レバー2つ "]

Out[5]= 0.45
```

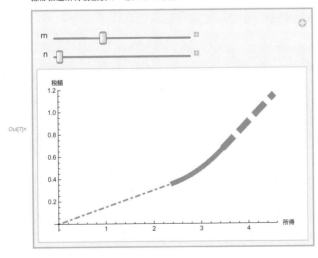

グラフ2　線形累進税額表　レバー2つ

473

第3部　第10章　所得税額表の立法技術

```
In[9]:= Clear[xy1, xy2, xy3, xyall]; (*mは第1課税所得区間の上限値、
      nは第2所得区間の上限値を指す。αは入口税率、βは出口税率を指す。0.45単位は百万円*)
      m = 4; n = 24; α = 0.15; β = 0.45;
      step1 = IntegerPart[1 + (n - m) / 20];
      step2 = IntegerPart[(10 n - n) / 20];
      Print["線形累進所得税額表の一般モデル木村 "]
      Manipulate[
       xy1 = Table[{x, α * x}, {x, 0, m}];
       xy2 = Table[{x, α * m - m * α + x * α + (m - x)^2 (α - β) / (2. (m - n))}, {x, m, n, step1 }];
       xy3 = Table[{x, First[1.0 * β * (x - n) + (1. / 2) * {(α - β) * m + (α + β) * n}]},
          {x, n, n * 10, step2}];
       xyall = Join[xy1, xy2, xy3];
       Show[
        ListLogLinearPlot[xyall,
         AxesLabel → {"所得", "税額"}, PlotRange → All, PlotStyle → Pink],
        ListLogLinearPlot[xy1, PlotRange → All, PlotStyle → Orang],
        ListLogLinearPlot[xy2, PlotRange → All, PlotStyle → Brown],
        ListLogLinearPlot[xy3, PlotRange → All, PlotStyle → Blue]

        (*,
        LogLinearPlot[{α*x, α*m-m *α+x *α+ (m-x)^2 (α-β) / (2 (m-n)),
         β*(x-n) + (1/2) *{(α-β) *m+(α+β) *n}}, {x,1,n*10}, PlotRange→{0,10^4}] *)
        ],
       {{m, 2.4}, 1, 20}, {{n, 24}, 20, 200}]
      Print["グラフ3線形累進税額表 レバー3つ片対数パネル "]
```

線形累進所得税額表の一般モデル木村

第4節 補 遺

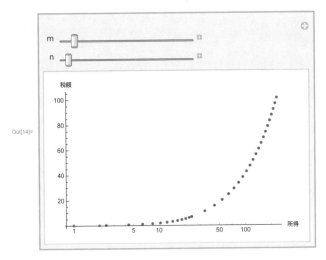

グラフ3 線形累進税額表 レバー3つ 片対数パネル

In[16]:= 第1所得区間　0 < x ≤ 2.4
　　　　0.15 x

Out[16]= 0 < x ≤ 2.4
Out[17]= 0.15 x

In[18]:= 0 < x ≤ 2.4`
Out[18]= 0 < x ≤ 2.4

In[19]:= 第2所得区間　2.4 < x ≤ 14
Out[19]= 2.4 第2所得区間 < x ≤ 14

In[20]:= $0.15 * 2.4 - 2.4 * 0.15 + x * 0.15 + \frac{(2.4-x)^2 (0.15 - 0.45)}{2(2.4-14)}$

Out[20]= $0. + 0.012931 (2.4-x)^2 + 0.15 x$

In[21]:= Simplify[%]
Out[21]= $0.0744828 + 0.087931 x + 0.012931 x^2$

　　　　第3所得区間　x > 14

Out[22]= 第3所得区間　x>14

In[23]:= $0.45 * (x - 14) + \left(\frac{1}{2}\right) * \{\{0.15 - 0.45\} * 2.4 + \{0.15 + 0.45\} * 14\}$

Out[23]= {{3.84 + 0.45 (-14 + x)}}

第3部　第10章　所得税額表の立法技術

In[24]:= $\left\{\left\{0.45\left(x-14\right)+3.825\right\}\right\}$
Simplify[%]

Out[24]= $\{\{3.825 + 0.45 \ (-14 + x)\}\}$

Out[25]= $\{\{-2.475 + 0.45 \ x\}\}$

第4節　結　　語

```
m = 2.4;
n = 14;
α = 0.15;
β = 0.45  (*m は第1課税所得区間の上限値、nは第2所得区間の上限値を指す。
  α は入口税率、βは出口税率を指す。0.45単位は百万円*)
Print["線形累進税額表　線形累進所得税額表のモデル木村 "]
Manipulate[
 Show[
  Plot[{0.15*x}, {x, 0, 2.4},
   PlotStyle → {, Dotted, DotDashed}, AxesLabel → {"所得 ", "税額 "},
   PlotRange → All],
  Plot[{0.07448275862068968` + 0.0879310344827586` x + 0.012931034482758624` x^2},
   {x, 2.4, 14}, PlotStyle → {, Dashing[Tiny], Thickness[0.015]},
   PlotRange → All],
  Plot[{-2.4749999999999996` + 0.45` x},
   {x, 14, 14 + 1.},
   PlotStyle → {, Dashing[Large], Thickness[0.02]}, PlotRange → All]
  ], {{m, 2.4}, 1, 5}, {n, 3.5, 50}]
Print["グラフ3　線形累進税額表　レバー2つ　　"]
```

Out[26]= 0.45

線形累進税額表　線形累進所得税額表のモデル木村

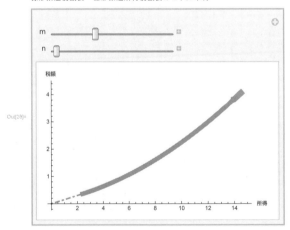

グラフ3　線形累進税額表　レバー2つ

477

第4節 補 遺

In[38]:= 第2所得区間の限界税律

Out[38]= 第2所得区間の限界税律

In[39]:= **Clear[x]**

In[40]:= $\mathbf{f_M[x]}$ **= 0.08152173913043478` + 0.08478260869565216` x + 0.013043478260869566` x^2**

∂_x **(0.08152173913043478` + 0.08478260869565216` x + 0.013043478260869566` x^2)**

Out[40]= $0.0815217 + 0.0847826\,x + 0.0130435\,x^2$

Out[41]= $0.0847826 + 0.026087\,x$

In[42]:= 第3所得区間の限界税率

Out[42]= 第3所得区間の限界税率

In[43]:= **Clear[x]**

In[44]:= $\mathbf{f_M[x]}$ **= $\left\{ 0.45\,(x - 14) + 3.825 \right\}$**

Out[44]= $\{3.825 + 0.45\,(-14 + x)\}$

In[45]:= ∂_x **$\left(0.45\,(x - 14) + 3.825 \right)$**

Out[45]= 0.45

第4節 結 語

```
In[46]:= "所得区間ごとの限界税率     "
    m = 2.4;
    n = 14;
    α = 0.15;
    β = 0.45  (*m は第1課税所得区間の上限値、nは第2所得区間の上限値を指す。
    α は入口税率、βは出口税率を指す。0.45単位は百万円*)
    Print["限界税率表 線形累進所得税額表のモデル木村 "]
    Show[
     Plot[{0.15}, {x, 0, 2.4},
      PlotStyle → {, Dotted, DotDashed}, AxesLabel → {"所得 ", "限界税率 "},
      PlotRange → All],
     Plot[{0.08478260869565216` + 0.026086956521739132` x}, {x, 2.4, 14},
      PlotStyle → {, Dashing[Tiny], Thickness[0.015]}, PlotRange → All],
     Plot[{0.45},
      {x, 14, 14 + 3.5},
      PlotStyle → {, Dashing[Large], Thickness[0.02]}, PlotRange → All]
    ]
    Print["グラフ5 限界税率表    "]

Out[46]= 所得区間ごとの限界税率

Out[47]= 0.45
```

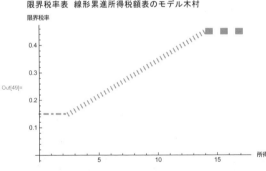

グラフ5 限界税率表

In[51]:= 第1所得区間の平均税率

Out[51]= 第1所得区間の平均税率

In[52]:= **Clear[x]**

$$f_A = \frac{0.15`x}{x}$$

Out[53]= $\dfrac{0.15\,x}{x}$

479

第4節 補 遺

In[54]:= **0.15**

Out[54]= 0.15

In[55]:= **第2所得区間の平均税率**

Out[55]= 第2所得区間の平均税率

Clear[x]

In[57]:= $f_A = \dfrac{1}{x} \left(0.08152173913043478` + 0.08478260869565216` x + 0.013043478260869566` x^2\right)$

Out[57]= $\dfrac{1}{x} \left(0.0815217 + 0.0847826 x + 0.0130435 x^2\right)$

In[58]:= **第3所得区間の平均税率**

Out[58]= 第3所得区間の平均税率

In[59]:= **Clear[x]**

In[60]:= $f_A = \dfrac{\left\{0.45 \left(x - 14\right) + 3.825\right\}}{x}$

Out[80]= $\left\{\dfrac{3.825 + 0.45 \left(-14 + x\right)}{x}\right\}$

In[61]:= **所得区間ごとの平均税率**

Out[61]= 所得区間ごとの平均税率

480

第4節　結　語

```
m = 2.4;
n = 14;
α = 0.15;
β = 0.45  (*m は第1課税所得区間の上限値、nは第2所得区間の上限値を指す。
    α は入口税率、βは出口税率を指す。0.45単位は百万円*)
Print["平均税率表　線形累進所得税額表のモデル木村　"]
Show[
  Plot[{0.15}, {x, 0, 2.4},
    PlotStyle → {, Dotted, DotDashed}, AxesLabel → {"所得 ", "平均税率 "},
    PlotRange → All],
  Plot[
    {1/x (0.08152173913043478` + 0.08478260869565216` x + 0.013043478260869566` x²)},
    {x, 2.4, 14}, PlotStyle → {, Dashing[Tiny], Thickness[0.015]},
    PlotRange → All],
  Plot[{0.45` - 2.4749999999999996`/x},
    {x, 14, 14 + 15},
    PlotStyle → {, Dashing[Large], Thickness[0.02]}, PlotRange → All]
]
Print["グラフ6　平均税率表　　"]
```

Out[62]= 0.45

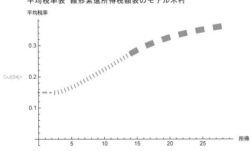

グラフ6　平均税率表

In[86]:= 所得区間ごとの歳入弾性

Out[86]= 所得区間ごとの歳入弾性

In[67]:= 歳入弾性 = 限界税率/平均税率

Out[67]= 限界税率/平均税率

481

第4節　補　遺

```
In[68]:= "歳入弾性　　線形累進所得税額表のモデル木村　　"
        m = 2.4;
        n = 14;
        α = 0.15;
        β = 0.45  (*m は第1課税所得区間の上限値、nは第2所得区間の上限値を指す。
          α は入口税率、βは出口税率を指す。0.45単位は百万円*)
        Print["歳入弾性表 線形累進所得税額表のモデル木村 "]
        Show[
          Plot[{ 0.15/0.15 }, {x, 0, 2.4},
            PlotStyle → {, Dotted, DotDashed}, AxesLabel → {"所得 ", "歳入弾性 "},
            PlotRange → All],
          Plot[
            {(0.08478260869565216` + 0.026086956521739132` x) / ( 1/x (0.08152173913043478` +
                0.08478260869565216` x + 0.013043478260869566` x²))},
            {x, 2.4, 14}, PlotStyle → {, Dashing[Tiny], Thickness[0.015]},
            PlotRange → All],
          Plot[{ 0.45/(0.45` - 2.4749999999999996`/x) },
            {x, 14, 14 + 15},
            PlotStyle → {, Dashing[Large], Thickness[0.02]}, PlotRange → All]
        ]
        Print["グラフ7　歳入弾性表　　　"]

Out[68]= 歳入弾性　　線形累進所得税額表のモデル木村

Out[89]= 0.45
```

歳入弾性表 線形累進所得税額表のモデル木村

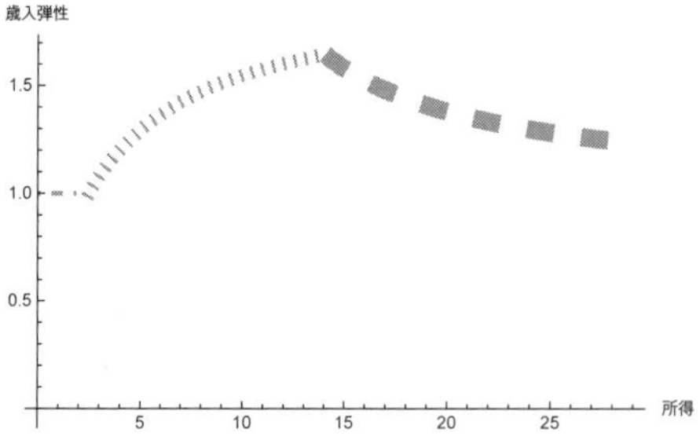

グラフ7　歳入弾性表

482

第 4 節　結　　語

In[73]:= 所得区間ごとの残余所得弾性

$$\text{残余所得弾性} = \frac{1 - \text{限界税率}}{1 - \text{平均税率}}$$

Out[73]= 所得区間ごとの残余所得弾性

Out[74]= $\dfrac{1 - \text{限界税率}}{1 - \text{平均税率}}$

第4節　補　遺

In[75]:= "所得区間ごとの残余所得弾性　　　"

m = 2.4;

n = 14;

α = 0.15;

β = 0.45　(*m は第1課税所得区間の上限値、nは第2所得区間の上限値を指す。

　α は入口税率、βは出口税率を指す。0.45単位は百万円*)

Print["残余所得弾性　線形累進所得税額表のモデル木村　"]

Show[

Plot[{$\frac{1 - 0.15}{1 - 0.15}$}, {x, 0, 2.4},

PlotStyle → {, Dotted, DotDashed}, AxesLabel → {"所得　", "残余所得弾性　"},

PlotRange → All],

Plot[{$\left(1 - \left(0.08478260869565216\grave{} + 0.026086956521739132\grave{}\ x\right)\right) \Big/$

$\left(1 - \frac{1}{x}\left(0.08152173913043478\grave{} +\right.$

$\left.\left. 0.08478260869565216\grave{}\ x + 0.013043478260869566\grave{}\ x^2\right)\right)$},

{x, 2.4, 14}, PlotStyle → {, Dashing[Tiny], Thickness[0.015]},

PlotRange → All],

Plot[{$\frac{1 - 0.45}{1 - \left(0.45\grave{} - \frac{2.4749999999999996\grave{}}{x}\right)}$},

{x, 14, 14 + 15},

PlotStyle → {, Dashing[Large], Thickness[0.02]}, PlotRange → All]

]

Print["グラフ8　残余所得弾性　　　"]

Out[75]= 所得区間ごとの残余所得弾性

Out[76]= 0.45

残余所得弾性　線形累進所得税額表のモデル木村

Out[78]=

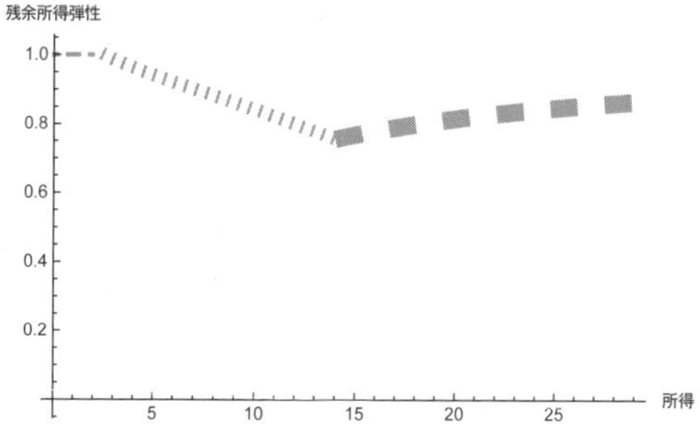

グラフ8　残余所得弾性

In[80]:= (*Piecewiseを用いた、解法を示す。*)

484

第 4 節　結　　語

In[81]:= 所得区間ごとの税額表

Out[81]= 所得区間ごとの税額表

In[82]:= $f[x_] = \text{Piecewise}\big[\{\{0.15\,x, 0 < x \le 2.4\},$
$\{0.08152173913043478` + 0.08478260869565216`\,x + 0.013043478260869566`\,x^2,$
$2.4 < x \le 14\}, \{\{0.45\,(x - 14) + 3.825\}\}, 14 < x\}\}\big]$

Out[82]= $\begin{cases} 0.15\,x & 0 < x \le 2.4 \\ 0.0815217 + 0.0847826\,x + 0.0130435\,x^2 & 2.4 < x \le 14 \\ \{\{3.825 + 0.45\,(-14 + x)\}\} & 14 < x \\ 0 & \text{True} \end{cases}$

In[83]:= $\text{Print}\big["所得税額表:　線形累進所得税額表のモデル木村　　　"\big]$
$\text{Plot}\big[f[x], \{x, 0, 20\}, \text{AxesLabel} \to \{"所得 ", "税額　　"\}, \text{ImageSize} \to \text{Medium}\big]$
$\text{Print}\big["グラフ 1-1　線形累進税額表 "\big]$

所得税額表:　線形累進所得税額表のモデル木村

Out[84]=

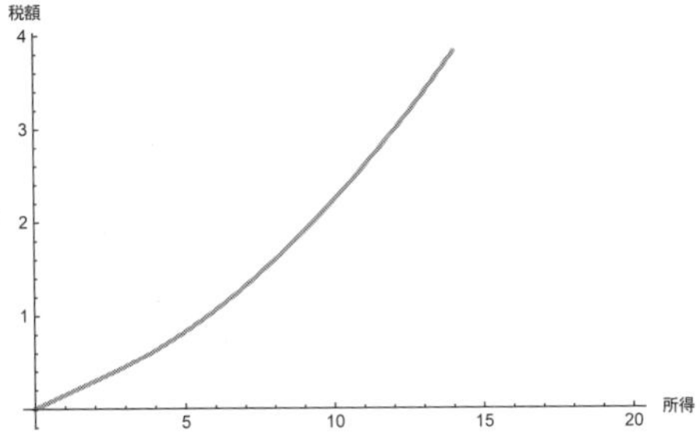

グラフ 1-1　線形累進税額表

In[86]:= $(*\text{Piecewise}を用いた、解法を示す。*)$

In[87]:= $m = 2.4; n = 14; \alpha = 0.15; \beta = 0.45$

Out[87]= 0.45

In[88]:= $(*\text{Piecewise}を用いた、解法を示す。*)$

In[89]:= 所得区間ごとの限界税率

Out[89]= 所得区間ごとの限界税率

In[90]:= $\text{Clear}[x]$

In[91]:= $f_M[x_] = \text{Piecewise}[\{\{0.15, 2.4 \ge x > 0\},$
$\{0.08478260869565216` + 0.026086956521739132`\,x, 14 \ge x > 2.4\}, \{0.45, x > 14\}\}]$

Out[91]= $\begin{cases} 0.15 & 2.4 \ge x > 0 \\ 0.0847826 + 0.026087\,x & 14 \ge x > 2.4 \\ 0.45 & x > 14 \\ 0 & \text{True} \end{cases}$

In[92]:= $\text{Print}\big["限界税率:　線形累進所得税モデル木村　　　"\big]$
$\text{Plot}\big[f_M[x], \{x, 0, 20\}, \text{AxesLabel} \to \{"所得 ", "限界税率　　"\}, \text{ImageSize} \to \text{Medium}\big]$
$\text{Print}\big["グラフ5-1　限界税率表"\big]$

第3部 第10章 所得税額表の立法技術

グラフ5-1 限界税率表

限界税率： 線形累進所得税モデル木村

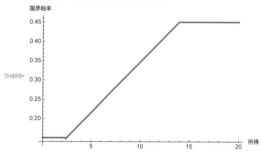

グラフ5-1 限界税率表

グラフ5-1 限界税率表

In[95]:=

In[96]:= 所得区間ごとの平均税率
Out[96]= 所得区間ごとの平均税率

In[97]:= (*Piecewiseを用いた、解法を示す。*)

In[98]:= **Clear[x];**

In[99]:= f_A = **Piecewise**[
　　{{0.15, 2.4 ≥ x > 0}, {$\frac{1}{x}$ (0.0815217 + 0.0847826 x + 0.0130435 x^2), 14 ≥ x > 2.4},
　　{0.45` - $\frac{2.475}{x}$, 29 ≥ x > 14}}]

Out[99]= $\begin{cases} 0.15 & 2.4 \geq x > 0 \\ \frac{1}{x}(0.0815217 + 0.0847826\,x + 0.0130435\,x^2) & 14 \geq x > 2.4 \\ 0.45 - \frac{2.475}{x} & 29 \geq x > 14 \\ 0 & \text{True} \end{cases}$

In[100]:= **Print**["平均税率： 線形累進所得税モデル木村　　　"]
　　　　Plot[f_A, {x, 0, 30}, **AxesLabel** → {"所得 ", "平均税率　"}, **ImageSize** → **Medium**]
　　　　Print["グラフ6-1 平均税率表　　"]

486

第4節 結　語

グラフ6-1 平均税率表

平均税率： 線形累進所得税モデル木村

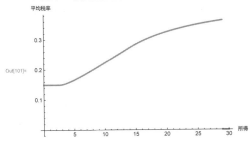
Out[101]=

グラフ6-1 平均税率表

グラフ5 平均税率表

In[103]:=

In[104]:= `Clear[x]`

In[105]:= 歳入弾性 = $\dfrac{限界税率}{平均税率}$

Out[105]= $\dfrac{限界税率}{平均税率}$

In[106]:= (*Piecewiseを用いた、解法を示す。*)

In[107]:= 所得区間ごとの歳入弾性

Out[107]= 所得区間ごとの歳入弾性

In[108]:= $f_E[\text{x\_}] = \text{Piecewise}\left[\left\{\left\{\dfrac{0.15}{0.15},\ 2.4 \geq x > 0\right\},\right.\right.$
$\left\{\left(0.08478260869565216` + 0.026086956521739132` x\right) \Big/ \left(\dfrac{1}{x}\left(0.08152173913043478` + 0.08478260869565216` x + 0.013043478260869566` x^2\right)\right),\right.$
$\left.14 \geq x > 2.4\right\}, \left\{\dfrac{0.45}{0.45` - \frac{2.4749999999999996`}{x}},\ x > 14\right\}\Bigg\}\Bigg]$

Out[108]= $\begin{cases} 1. & 2.4 \geq x > 0 \\ ((0.0847826 + 0.026087 x)\, x) \big/ (0.0815217 + 0.0847826 x + 0.0130435 x^2) & 14 \geq x > 2.4 \\ \dfrac{0.45}{0.45 - \frac{2.475}{x}} & x > 14 \\ 0 & \text{True} \end{cases}$

第 3 部　第 10 章　所得税額表の立法技術

In[109]:= `Print["歳入弾性： 線形累進所得税モデル木村　　"]`
`Plot[f_E[x], {x, 0, 20}, AxesLabel → {"所得 ", "歳入弾性 "}, ImageSize → Medium]`
`Print["グラフ7-1　歳入弾性表 "]`

歳入弾性：　線形累進所得税モデル木村

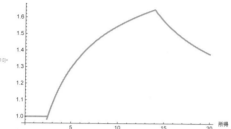

グラフ7-1　歳入弾性表

In[112]:= 所得区間ごとの残余所得弾性

$$残余所得弾性 = \frac{1 - 限界税率}{1 - 平均税率}$$

Out[112]= 所得区間ごとの残余所得弾性

Out[113]= $\frac{1 - 限界税率}{1 - 平均税率}$

In[114]:= `(*Piecewiseを用いた、解法を示す。*)`

In[115]:= $f_R[x\_]$ = Piecewise[
　　{{$\frac{1-0.15}{1-0.15}$, 2.4 ≥ x > 0}, {(1 - (0.08478260869565216` + 0.026086956521739132` x))/
　　　(1 - $\frac{1}{x}$ (0.08152173913043478` +
　　　　0.08478260869565216` x + 0.013043478260869566` x^2)),
　　14 ≥ x > 2.4}, {$\frac{1-0.45}{1-(0.45` - \frac{2.474999999999996`}{x})}$, x > 14}}]

Out[115]= $\begin{cases} 1. & 2.4 \geq x > 0 \\ (0.915217 - 0.026087 x) / \left(1 - \frac{1}{x}(0.0815217 + 0.0847826 x + 0.0130435 x^2)\right) & 14 \geq x > 2.4 \\ \frac{0.55}{0.55 + \frac{2.475}{x}} & x > 14 \\ 0 & \text{True} \end{cases}$

第4節　結　　語

In[116]:= `Print["残余所得弾性：　線形累進所得税額表のモデル木村　　　　"]`
`Plot[f_R[x], {x, 0, 20}, AxesLabel → {"所得 ", "残余所得弾性　"}, ImageSize → Medium]`
`Print["グラフ8-1　残余所得弾性"]`

残余所得弾性：　線形累進所得税額表のモデル木村

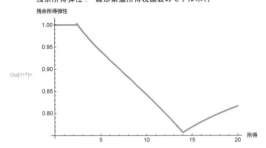

グラフ8-1　残余所得弾性

489

第11章 2006年と2011年の日本所得税額シェジュール比較分析——所得課税の局所逆進性について——

第1節 問題提起

累進租税制度は、税引き前所得の増加するにつれて課税の平均税率負担が加重する場合の比率として定義されるべきことは、一般に合意が成立している。しかし、累進の程度は、それにまつわる不正確な意味をもって、政治家や経済評論家によってしばしば言及されている。

後者のコンセプトの曖昧さは、R.A.Musgrave/Thin (1948)[1] の「1929年ないし1948年の所得税累進」という基本文献で議論された。かれらは、累進について4つの局所測度[2] を示唆した。

(1) 平均率による累進（税引き前所得について、税率の導関数）

(2) 限界率による累進（税引き前所得について、限界税率の導関数）

(3) 租税債務による累進（税引き前所得について、租税債務の弾性）

(4) 残余所得による累進（税引き前所得について、税引き後所得の弾性）

これらの測度は、すべて累進租税制度の基本的定義と互換性を有している。どの累進税も、いずれの測度によっても、比例税に比べ、「一層累進」していると考えられている。

Musgrave/ Thin (1948) の論文以来、今日では、累進の程度についての議論のための理論枠組みとして、伝統的な衡平理論[3] に代わって所得再分配を選ぶことが、自然なように考えられてきている。所得不平等の測定に関する業績は、所得不平等について所得分布を順序づけるとき、ローレンツ曲線の判定基準を用いる正当性を強く主張されている[4]。所得分布が所与だとする場合、或る租税

---

[1] R.A. Musgrave/ Thin (1948), pp.498-514.

[2] local measures of progression.

[3] equity theory.

[4] Atkinson (1970); Kolm (1969); Rotschild/ Stiglitz (1973).

第3部 第11章 2006年と2011年の日本所得税額シェジュール比較分析

制度が他の租税制度に比べより一層再分配し得るかどうかを決定するために、この判定基準は用いられうる。二つの税額シェジュールがローレンツ曲線を交差することなく税引き後の所得分布を引き上げると仮定する場合、その優位なローレンツ曲線[5]に関係する税額シェジュールは、他の税額シェジュールに比べ一層再分配に寄与すると考えられる[6]。

Musgrave/Thin (1948) の基本文献以来、とりわけ税額シェジュール[7]に関する累進の判断について、4つの局所測度[8]、すなわち、1つに**歳入弾性**[9] ε と2つに**残余所得弾性**[10]、3つに限界税率累進、そして、4つに平均税率累進が支配的である[11]。そのうち、残余所得弾性がとりわけ重要視されている[12]。

ところが、日本の所得税法の規定する所得税率表に基づく残余所得弾性は、管見の限り、問題点を指摘されることもなく、放置されたままである[13]。本章は、その問題点を明確にするにとどめるが、別稿「所得税額表の立法技術——超過累進税制に代わる、線形累進モデル」水野記念論集（本第3部第1章）において、問題点を解決し、残余所得弾性を合理的に推移するモデルを呈示したい。

---

[5] the dominated Lorenz-curve. 2次元座標軸に描かれたローレンツ曲線のうち、上方に位置する曲線を指す。

[6] Jakobsson (1976), p.162.

[7] Steuerbetragstarif, tax schedule.

[8] lokale Maße, pointwise or local progressivity index. 学説について、詳細は、横田 (1987) 136-138頁。

[9] Aufkommenselastizität. 本章にいう歳入弾性をタリフ弾性 Tarifelastiztiät と表現する論者もいる。Boss/ Boss/ Boss (2006), S.2.Boss らの論証によれば、歳入弾性 Aufkommenselastizität ＝課税標準弾性 x シェジュール弾性が成立し、課税標準弾性＝課税標準変化率/粗給与所得変化率が成立する。

[10] Residualeinkommenselastizität, residual income progression.

[11] 累進の測度について、参照、Dalton (2003), pp.146-154.

[12] 或る租税制度が他の租税制度に比べ、当該測定に従えば、どこでも一層累進している場合、前者は、他のものに比べ一層再分配に寄与するはずである。この要請に適合する唯一の測度が、残余所得弾性（税引き前所得について、税引き後所得の弾性）である (Jakobsson (1976), p.162)。マスクレイブらの基本文献では residual progression と呼ばれている。

[13] 参照、林 (1995) 20頁表1.1.（所得税の累進度を計測し、その結果を説明する）。

492

第2節　累進測度 [14]

歳入弾性 ε は、課税標準が1%だけ上昇することによって、その税負担が変化する率を示す。一般的には、歳入弾性 ε は、課税標準の様々な水準について様々な高さである。税負担が、課税標準より大きい百分率分だけ相対的に上昇する場合、その税額シェジュールはその数値上その箇所で**累進的**であり、税額シェジュールが課税標準より小さい百分率分だけ小さく相対的に上昇する場合、その税額シェジュールは数値上その箇所で**逆進的**である。税額シェジュールが課税標準と同じ程度に変化する場合、その税額シェジュールはその箇所で**比例的**である。そうすると、税額シェジュールがより累進的である場合、税額の相対的な増大は、課税標準の相対的増大に比べ、より大である。

　歳入弾性 ε は、一定水準の課税標準で評価して、限界税率 [15] と平均税率 [16] との除法 [17] に同等なものとして表現される。歳入弾性 ε は、別の測定の仕方として、外挿法による推定値 [18] を用いて租税を比例的に変化させるフィクションで測定することにより、実際の租税の限界変化として表現されることもある。税額シェジュールは、或る箇所で税負担が課税標準に対し比例を超えて（比例を下回って、比例して）上昇する場合、税額シェジュールは、その数値上、その箇所において累進（逆進、比例）している。

　これをより精確に数式で説明する。Yは課税標準を、$T : IR_+ \rightarrow IR_+$ [19] は税額シェジュールを、$\tau(Y) := T'(Y)$ は限界税率シェジュール [20] を、$t(Y) := \dfrac{T(Y)}{Y}$ は平均税率シェジュールを、そして、$\varepsilon(Y)$（エプシロン）

---

[14]　Progressionsmaße.

[15]　Marginalsteuersatz, marginal tax rate.

[16]　Durchschnitssteuersatz, average tax rate.

[17]　Quotient, $\dfrac{限界税率}{平均税率}$

[18]　Extrapolation.

[19]　IR_+ は positive real numbers を示す。

[20]　Marginalsteuertarif.

は歳入弾性[21]を示すとする。そうすると、次が成立する。

(1)

$$\varepsilon(Y) = \frac{dT/T}{dY/Y} = \frac{dT/dY}{T/Y} = \frac{dT}{dY}\frac{Y}{T} = \frac{\tau(Y)}{t(Y)}$$

$\varepsilon(\bar{Y}) > 1$ である場合、税額シェジュールは（$\bar{Y}$）の箇所で歳入弾性・(Y) が累進しており、$\varepsilon(\bar{Y}) < 1$ である場合、税額シェジュールは（$\bar{Y}$）の箇所で歳入弾性 (Y) が逆進しており、$\varepsilon(\bar{Y}) = 1$ である場合、税額シェジュールは（$\bar{Y}$）の箇所で歳入弾性・(Y) が比例している[22]。二つの税額シェジュールを T_1 と T_2 とする場合、

$$\varepsilon_1(\bar{Y}) > \varepsilon_2(\bar{Y}) \quad \left[\varepsilon_1(\bar{Y}) < \varepsilon_2(\bar{Y})\right]$$

この不等式が成立するとき、T_1 は歳入弾性 ε (Y) についてみるに、$\bar{Y}$ の箇所で T_2 に比べ一層累進的（逆進的）である。

簡単な微分によって次が認識できる。

$$\frac{d}{dY}\frac{T_1(Y)}{T_2(Y)} > 0 \ [< 0]$$

この不等式が $\bar{Y}$ の箇所で成立する場合、すなわち、T_1 が $\bar{Y}$ において T_2 に比べ一層強く（弱く）増加するとき、T_1 の歳入弾性 ε (Y) は、$\bar{Y}$ の箇所で T_2 のそれに比べ一層累進的（逆進的）である。

これに対し、**残余所得弾性** η (Y) は、課税標準が1％だけ上昇するとき、課税標準マイナス税額（すなわち、残余所得[23]）が何パーセント変化するかを表す。残余所得が課税標準に比べ相対的に少しだけ上昇する場合、当該税額シェ

---

[21]　税負担による累進度（liability progression）は、歳入弾性に同じ概念であり、前者は、税引き前の所得について、租税債務の弾性を指す（Jakobsson (1976), p.161）。R.A. Musgrave/ Thin (1948), p.504；横田 (1987) 137 頁 ($\frac{T_1 - T_0}{T_0} : \frac{Y_0}{Y_1 - Y_0}$ $\left[= \frac{\sigma T}{\sigma Y}\frac{Y}{T} = \frac{\tau(Y)}{t(Y)}\right]$)

[22]　参照、R.A. Musgrave/ Thin (1948), p.504.

[23]　das Residualeinkommen.

第2節　累進測度

ジュールはその数値をみると、この箇所で**累進的**である。残余所得が課税標準に比べ相対的により大きく上昇する場合、その税額シェジュールはこの箇所で**逆進的**である。残余所得が課税標準と同じ程度に変化する場合、その税額シェジュールはこの箇所で**比例的**である。残余財産の相対的な増大が課税標準の相対的増大に比べ一層小であればあるほど、その税額シェジュールはそれだけ一層累進的である。

　残余所得弾性 $\eta(Y)$ は、1マイナス限界税率と1マイナス平均税率との除法[24] に同値である、とも表現できる。

　或る箇所での残余所得が、課税標準の増加に比べ、比例未満（比例超、比例）で上昇する場合、税額シェジュールは、その数値をみると、その箇所で累進（逆進、比例）している。

　正確に記述すると、残余所得弾性 $\eta(Y)$ について次の数式が成立する（エータ）。

$$\eta(Y) : = \frac{d[Y - T(Y)] / [Y - T(Y)]}{dY / Y}$$
$$= \frac{d[Y - T(Y)] / dY}{[Y - T(Y)] / Y}$$
$$= \frac{1 - \tau(Y)}{1 - t(Y)}$$

　$\eta(\bar{Y}) < 1$ が $\bar{Y}$ の箇所で成立する場合、税額シェジュールの残余所得弾性 $\eta(Y)$ は $\bar{Y}$ の箇所で累進となり、$\eta(\bar{Y}) > 1$ が $\bar{Y}$ の箇所で成立する場合、税額シェジュールの残余所得弾性 $\eta(Y)$ は $\bar{Y}$ の箇所で逆進となり、そして、$\eta(\bar{Y}) = 1$ が $\bar{Y}$ の箇所で成立する場合、税額シェジュールの残余所得弾性 $\eta(Y)$ は $\bar{Y}$ の箇所で比例となる[25]。T_1 と T_2 が二つの税額シェジュールである場合、$\eta_1(\bar{Y}) < \eta_2(\bar{Y})$ $[\eta_1(\bar{Y}) > \eta_2(\bar{Y})]$ が成立するとき、T_1 の残余所得弾性 $\eta(Y)$ は、$\bar{Y}$ の箇所でT$_2$のそれよりも累進（逆進）となる。単純に微分すると、次が認識できる。

---

[24] 　$\dfrac{1- 限界税率}{1- 平均税率}$

[25] 　参照、R.A. Musgrave/ Thin (1948), p.507.

$$\frac{d}{dY} \frac{Y - T_1(Y)}{Y - T_2(Y)} < 0 \, [> 0]$$

が $\bar{Y}$ の箇所で成立する場合、すなわち、T_1 の残余所得が $\bar{Y}$ の箇所で T_2 の残余所得に比べ一層強く（弱く）に増加する場合、T_1 の残余所得弾性 $\eta(Y)$ は $\bar{Y}$ の箇所で T_2 のそれに比べ一層累進（逆進）となる。

このような二つの累進測度は、つぎの意味で、整合している。一方の累進測度によれば $\bar{Y}$ の箇所で累進（逆進、比例）として分類される税額シェジュールが、常に、他方の一方の累進測度によっても $\bar{Y}$ の箇所で累進（逆進、比例）として分類されるという意味において、整合的である。これは、（二つの定義から帰結する）次の関係から導き出される。

$$\eta(Y) = \frac{1 - \varepsilon(Y) \, t(Y)}{1 - t(Y)} \, ;$$

$$\varepsilon(Y) = \frac{1 - \eta(Y)}{t(Y)} + \eta(Y) .$$

これは、$0 < t(Y) < 1$ について、

$$\varepsilon(\bar{Y}) > 1 \Leftrightarrow \eta(\bar{Y}) < 1$$

及び

$$\varepsilon(\bar{Y}) < 1 \Leftrightarrow \eta(\bar{Y}) > 1$$

が成立することを意味する。

しかしながら、二つの累進測度は一般的には、「T_1 は T_2 に比べ、その歳入弾性 $\varepsilon(Y)$ が一層累進（または、その歳入弾性 $\varepsilon(Y)$ が一層逆進）となる。」という意味において整合しないことに注意しなければならないし、さらに、「T_1 は T_2 に比べ、その残余所得弾性 $\eta(Y)$ が一層累進（または、その残余所得弾性 $\eta(Y)$ が一層逆進）となる。」ということを必ずしも意味する必要はない。すなわち、

$$\varepsilon_1(\bar{Y}) > \varepsilon_2(\bar{Y}) <\neq> \eta_1(\bar{Y}) > \eta_2(\bar{Y}),$$

$\varepsilon_1(\overline{Y}) > \varepsilon_2(\overline{Y}) <\neq> \eta_1(\overline{Y}) > \eta_2(\overline{Y}).$

ある税額シェジュールが、別な税額シェジュールに比べ、その歳入弾性 ε（Y）が特定の箇所で一層累進し、かつ、後者の税額シェジュールに比べ、その残余所得弾性 η（Y）が同じ箇所で一層逆進する、ということはあり得る。第3節が示すように、このことは日本の所得税額シェジュールの比較にとっても当たっている[26]。したがって、一般的には「T_1 は T_2 に比べ一層累進する。」という言明に注意しなければならない。通常は、「に比べ一層累進する。」がいかなる意味で語られているかが、附言されなければならない（この意味においても、例えばすべての値Yについて ϵ_1 (Y) $>$ ϵ_2 (Y) 又は η_1 (Y) $<$ η_2 (Y) が成立するとき、整合性の十分条件は、歳入中立的な税額シェジュールについて満たされる）。その次に、これとは別の類似の関係についても妥当する[27]。

第3節　日本における 2006 年と 2011 年所得税額シェジュール

日本の所得税法は、次の表1と2にみるように、所得税額シェジュールとして超過累進税額シェジュールを採用しており（参照、表1セルC列、表2セルC列）、1次関数により所得区間ごとの税額を計算することを可能にしている（参照、表1セルD列、表2セルD列）。

2006 年税額シェジュールは、課税所得の区間を4つに区分し、その第1区間を 330 万円以下に設定する。10％の限界税率を最低税率として定めている。続いて、330 万円超 900 万円以下の区間について定数 20％の限界税率シェジュールを、そして 900 万円超 1800 万円以下の所得区間について定数の限界税率 30％を一つ定めている。最後に、1800 万円超の区間における課税所得は、定数 37％の限界税率を適用される。ゼロ税率ゾーンは設定されておらず、所得区間の領域は、ほぼ 1：3：6：∞ の割合である（330 万：900 万：1800 万：∞）。

2006 年所得税額シェジュールは、次のとおりである。

---

[26]　ドイツ連邦共和国について、参照、Seidl/ Kaletha (1987), S.379-384.

[27]　Cf. Kakwani (1977B), p.720 and 723.

第3部　第11章　2006年と2011年の日本所得税額シェジュール比較分析

			表1:	2006年日本所得税シェジュール	
所得区間	課税標準(Y)　単位円	複数税率	税額シェジュール		(速算)税額シェジュール
1	0<Y≤3,300,000	10%	=0.10*Y		=0.1*Y
2	3,300,000<Y≤9,000,000	20%	=0.20(Y-3,300,000)+0.10*3,300,000		=0.20*Y-3.3000000*10^5
3	9,000,000<Y≤18,000,000	30%	=0.30*(Y-9,000,000)+0.20*(9,000,000-3,300,000)+0.10*3,300,000		=0.30*Y-1.23000000*10^6
4	18,000,000<Y	37%	=0.37*(Y-18,000,000)+0.30*(18,000,000-9,000,000)+0.20*(9,000,000-3,300,000)+0.10*3,300,000		=0.37*Y-2.49000000*10^6
	A	B	C		D

　続いて、2011年改正の所得税法89条1項に規定する税額シェジュールを表2にて示す。課税所得区間は、左側欄（表1セルA列）に表されている。6つの区間が設定されている。同規定は、その第1区間を195万円以下に設定する。5%の限界税率を最低税率として定めている。続いて、330万円超900万円以下の区間について定数20%の限界税率シェジュールを、そして900万円超1800万円以下の所得区間について定数の限界税率30%を一つ定めている。最後に、1800万円超の区間における課税所得は、定数37%の限界税率が適用される。ゼロ税率ゾーンは設定されておらず、所得区間の領域は、2006年第1区間をほぼ2：1に細分し、その第2区間をほぼ2：1に細分することによって、6区分に設定されている（195万：330万：695万：900万：1800万：∞）。

　第1区間は、その限界税率は5%と設定されており、第2区間は、その限界税率は20%と設定されており、第3区間の税率は23%に設定されている。第5区間は、その限界税率を33%と設定されており、第6区間の税率は40%に設定されている。

　前叙のとおり、11年所得税額シェジュールでは、所得区間の数が増加し、その区間の幅が縮小し、さらに、段階税率が小刻みとはいえ上昇している。その結果、「課税所得の増加に伴い、限界税率の高い所得区分へ這い上がる（ブラケット・クリープ）スピードが加速することとなる[28]。

　その数値は、所得税法89条1項上欄にみる税率から得ることができる。しかし、日本の所得税額シェジュールは、所得区間の幅相互及び限界税率の数値相互間に数学上の関係は全くないことにその特色を有する。

---

[28]　同旨、横田（1987）156頁。

第3節　日本における2006年と2011年所得税額シェジュール

表2:　2011年日本所得税シェジュール

所得区間	課税標準(Y) 単位円	複数税率	税額シェジュール	(連算)税額シェジュール
1	0<Y≤1,950,000	5%	=0.05*Y	=0.05*Y
2	1,950,000<Y≤3,300,000	10%	=0.10(Y-1,950,000)+0.05*1,950,000	=0.10*Y-97500.00
3	3,300,000<Y≤6,950,000	20%	=0.20*(Y-3,300,000)+0.10*(3,300,000-1,950,000)+0.05*1,950,000	=0.20*Y-4.2750000*10^5
4	6,950,000<Y≤9,000,000	23%	=0.23*(Y-6,950,000)+0.20*(6,950,000-3,300,000)+0.10*(3,300,000-1,950,000)+0.05*1,950,000	=0.23*Y-6.3600000*10^5
5	9,000,000<Y≤18,000,000	33%	=0.33*(Y-9,000,000)+0.23*(9,000,000-6,950,000)+0.20*(6,950,000-3,3000,000)+0.10*(3,300,000-1,950,000)+0.05*1,950,000	=0.33*Y-1.53600000*10^6
6	18,000,000<Y	40%	=0.40*(Y-18,000,000)+0.33*(18,000,000-9,000,000)+0.23*(9,000,000-6,950,000)+0.20*(6,950,000-3,300,000)+0.10*(3,300,000-1,950,000)+0.05*1,950,000	=0.40*Y-2.79600000*10^6
	A	B	C	D

所得区間の幅及び限界税率の大小は、いうまでもなく、租税政策に依存する。

グラフ1

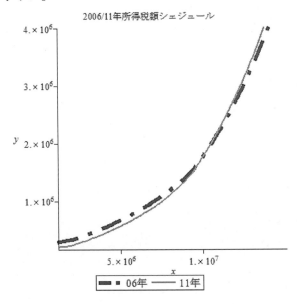

第 3 部　第 11 章　2006 年と 2011 年の日本所得税額シェジュール比較分析

グラフ 2

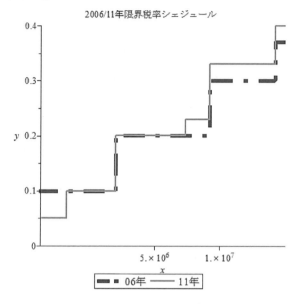

グラフ 3

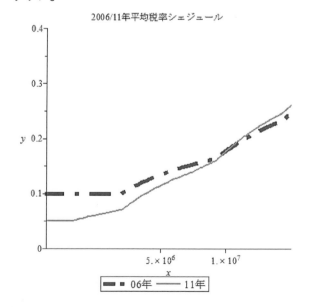

第3節　日本における 2006 年と 2011 年所得税額シェジュール

グラフ 4

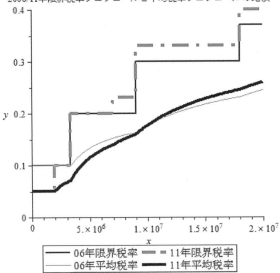

グラフ 5

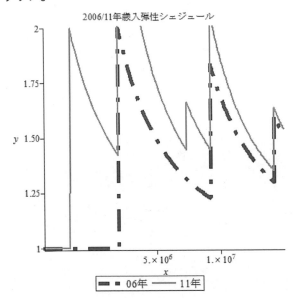

第3部 第11章 2006年と2011年の日本所得税額シェジュール比較分析

グラフ6

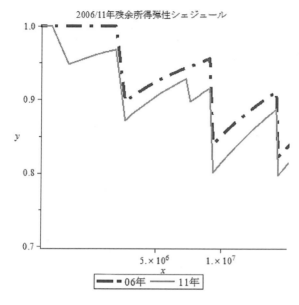

グラフ7

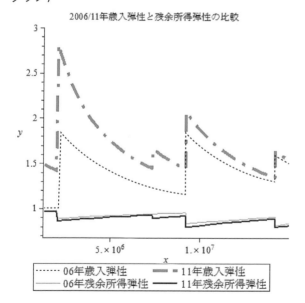

税額シェジュールは当該所得区間ごとに[29]1次関数で算出できるので、われわれは限界税率シェジュール（参照、グラフ2）と平均税率シェジュール（参照、グラフ3）を容易に計算できる。さらに、ひとびとは、歳入弾性（参照、グラフ5）と残余所得弾性（参照、グラフ6）の関数推移を直接に利用できる。

06年度の税額シェジュールを考察すると次が明らかになる。所得区間における税額シェジュールはその効果を見通すことが難しいような推移をたどっている（参照、グラフ1）。したがって、横座標を通常対数でそして縦座標を等間隔で表した、片対数グラフで叙述を行うのが好ましい。そこでは、横軸には所得区間は150万円ないし500万円、500万円ないし1000万円、及び1000万円ないし2000円が、それぞれ対数尺度の長さで現れている。縦軸では、値が対数に変形されずに現れている。グラフ1ないし7は、税額シェジュール、限界税率シェジュール、平均税率シェジュール、歳入弾性及び残余所得弾性の推移を示している。歳入弾性及び残余所得弾性は、所得区間の境界箇所において、著しく垂直に変動する。これは、歳入弾性及び残余所得弾性が隣接する課税所得区間の間でなだらかに推移しておらず、治療の必要性を強く示している[30]。すなわち、これは、前区間の上限箇所における残余所得が、後区間の下限箇所における残余所得に比べ、小であることを意味するからである。

第4節　税額シェジュールの分析

税額シェジュールの分析は、平均税率負担に関して、2011年税額シェジュールが2006年税額シェジュールに比べ、最下位・下位所得区間（0<Y≦3,300,000）ないし中下位所得区間（3,300,000<Y≦9,000,000）において少なからず負担軽減の効果を有することを示している（グラフ3）。ひとびとは、最下位所得区間（0<Y≦1,950,000）及び下位所得区間（1,950,00<Y≦3,300,000）において、限界税率負担の相対的引き下げに比べ、平均税率負担のより強い相対的引き下げを直接に認識する。最下位所得区間では、最低税率の引き下げの意義は、つよく現れている。それゆえ、ひとびとは、この最下位所得区間において、税額シェジュールの累進性の上昇を期待するだろう。このことを二つの累進測度（すなわち、限界税率及び平均税率）もまた確認している。11年税額シェジュールは、

29　piecewise.
30　ドイツ所得税額シェジュールにおける関数推移について、参照、Seidl/ Kaletha（1987），S.381.

第3部　第11章　2006年と2011年の日本所得税額シェジュール比較分析

06年税額シェジュールに比べ、限界税率が上位所得区間（9,000,000<Y≦
18,000,000）ないし最上位区間[31]（18,000,000<Y）において上回っているが、これ
には、平均税率の相対的上昇に比べて限界税率の一層強い相対的上昇を示して
いる。ここでは06年税額シェジュールの累進度[32]は、たとえそれが二つの累
進測度によって完全には統一的に表現されていないとしても、明らかに11年
税額シェジュールのそれより下にある[33]。

　さらに、限界税率と平均税率の推移はなんら直接的な直観を仲立ちしない[34]。
両累進測度の推移は、上位の所得層にかかる11年税額シェジュールが06年税
額シェジュールに比べ相当に一層累進的である事実を表現していることを示し
ている。このことは、上位の所得層が、最下位所得区間の限界税率の引き下げ
の影響を直接に受けていることに、基因する。ただし、11年税額シェジュー
ルによるその限界税率負担に関しては、少なくとも06年税額シェジュールの
累進度が保持されるようには、適切に負担軽減されていない。反対に、中位所
得区間（6,950,000<Y≦9,000,000）ないし最上位区間（18,000,000<Y）における
限界税率負担の相対的引き上げが、上位の所得層において、2011年税額シェ
ジュールの累進の明白な先鋭化を引き起こしている。累進度の先鋭化は、所
得1800万円の箇所で、両方の累進測度によっても、その局所最大値（平均税

---

[31]　所得区間について、2011年日本所得税法に鑑み、本章は次の名称を用いることとする。

表3：		2011年日本所得税の課税所得区間
	所得区間	課税標準（Y）　単位円
1	最下位所得区間	0<Y≦1,950,000
2	下位所得区間	1,950,000<Y≦3,300,000
3	中下位所得区間	3,300,000<Y≦6,950,000
4	中位所得区間	6,950,000<Y≦9,000,000
5	上位所得区間	9,000,000<Y≦18,000,000
6	最上位所得区間	18,000,000<Y
A	B	C

[32]　die Progressivität, progression.

[33]　具体の所得税法に基づく所得税額シェジュールを離れて、一般的に平均税率の累進度
　　を論じるものに、参照、横田（1987）139頁（平均税率による累進度の値は、最低所得
　　階層が最も大きく、所得階層を上がるにつれて小さくなり、税率構造の累進性の減退を
　　示している。中所得階層で累進性が最も低くなり、そこから高所得階層に向かうにつれ
　　てやや累進性をとり戻すようになる。しかし、最高所得階層では累進性がそれまでより
　　弱まる傾向がみられる）。

[34]　限界税率シェジュールが平均税率シェジュールを常に上回ること（グラフ4）を論証
　　するものに、たとえば、参照、河野（1987）48-49頁。

率 24.46666667%、限界税率 33%）に達している。しかし、両累進測度の最大値は所得の最大値に近づくにつれて、ともに 40%に漸近する。

　2006 年税額シェジュールによれば、累進測度による累進度は各所得区間の下限値に相当する所得の箇所で 3 回（所得区間の数マイナス 1）垂直に跳躍し、そして、その後は当該所得区間の上限値まで鋭利に一途に引き下がっていくかまたは引き上がっていく。その垂直跳躍度は、隣接する所得区間に適用される両税率の格差に比例する。各所得区間における累進度の傾きは、所得区間の高さと幅に応じて、緩急になる。高さが大きければ大きいほど、そして幅が広ければ広いほど、累進度の傾きは緩やかになる。歳入弾性 ε (Y) の累進性についてみると、累進度の局所最大値は所得 900 万円超のところに達している。

　残余所得弾性 η の累進についてみると、累進度の局所最大値は所得 900 万円超のところで達している。このことは、二つの累進測度が不整合であるとともに縦座標軸の 1 を基線として（矮小化されているとはいえ）ほぼ対称的であることを例解している（グラフ 7）。

　2006 年税額シェジュールの歳入弾性 ε の累進度[35]は所得区間（3,300,000<Y≦9,000,000）において低下している。歳入弾性が 1 を超える範囲において、その数値がその所得区間の下限箇所から上限箇所に向けて下降していることは、その所得区間において相対的に逆進していることを意味すると同時に、その下降の急勾配は逆進の激しさをも示している。これに対し、2006 年税額シェジュールの残余所得弾性 η の累進度[36]は、この同じ区間においてもなお一層上昇して

---

[35]　異説、横田（1987）139 頁（税負担による累進度（歳入弾性）も増減分や変化の方向に若干の違いはあるものの、傾向的には平均税率による累進度とほぼ同じ動きを示している）。しかし、グラフ 1 とグラフ 5 を比較参照。歳入弾性について、$\varepsilon(Y) = \frac{\tau'(Y)}{\tau(Y)} = \frac{限界税率}{平均税率}$ の数式が成立しているから、歳入弾性が平均税率による累進度と同じ動きを示すことは、あり得ない。

[36]　異説、横田（1987）139 頁（残余所得について、「最低所得階層から中所得階層まではわずかに累進性を示しているが、中所得階層から上がるにつれて累進度が高まり、最高所得階層で最も累進度が高くなっている。」）；同、140 頁（「残余所得による累進度を一定に保つ場合は、段階税率は所得階層を上がるにつれて上昇率を低下させていく。この場合、低所得階層は［残余所得弾性の］累進不変性を平等税率による累進度で解釈したいと思うであろう」）。横田論文では、段階税率を限界税率と読み替えることができるであろう。残余所得弾性について、$\eta(Y) = \frac{1 - \tau'(Y)}{1 - \tau(Y)} = \frac{1 - 限界税率}{1 - 平均税率}$ が成立しているから、引用した横田言明は理解に苦しむ。さらに、参照、グラフ 6。

いる。残余弾性が1未満の範囲において数値が上昇していることは、その所得区間において相対的に逆進していることを意味すると同時に、その上昇の急勾配は逆進の激しさをも示している。

これと類似したことは、900万円を超えても、2006年税額シェジュールの累進度は両方の累進測度についても、当てはまる。所得区間（18,000,000<Y）では、2006年税額シェジュールの残余所得弾性 η の累進度は、その下限値（18,001,000）[37] の箇所で局所最小値を示し、その後は（18,001,000<Y）数値1に漸近するように逓増する。この漸増は、同じ区間においてその所得区間において相対的に累進していることを意味する。歳入弾性 ε（Y）の累進性は、その下限値（18,001,000）の箇所で局所最大値として、数値1に漸近するように逓減する。すなわち、1への漸近は、その最上位所得区間における所得税が相対的に逆進していることを意味する（本章第2節）[38]。

これに対し、2011年税額シェジュールの場合、06年シェジュールに比べて所得区間の数を2つ増やしている。それに応じて、所得区間の幅がほぼ半減したこともあり、第1区間（最低位所得区間）に係る限界税率が5％から出発し、第6区間（最上位所得区間）に係る限界税率は、3％だけ引き上げられ40％に達している。

2011年税額シェジュールによれば、両方の累進測度による累進度は各所得区間の下限値に相当する所得の箇所で垂直跳躍（下落）する回数が2回増え、そのため、隣接する所得区間に適用される両税率の格差は縮小していることがある。その垂直飛躍度（垂直下落度）は、隣接する所得区間に適用される両税率の格差であるから、両税率の格差が縮小している区間では06年のそれに比べ低下している。

その累進度は、歳入弾性 ε の累進度についてみるに、2011年税額シェジュー

---

[37] 国税通則法第118条（国税の課税標準の端数計算等）1項（国税（印紙税及び附帯税を除く。以下この条において同じ）の課税標準（その税率の適用上課税標準から控除する金額があるときは、これを控除した金額。以下この条において同じ）を計算する場合において、その額に1,000円未満の端数があるとき、又はその全額が1,000円未満であるときは、その端数金額又はその全額を切り捨てる）。

[38] 参照、河野（1987）53-54頁（超過累進税率性のもとでは課税による所得の大小関係の逆転は絶対に生じ得ない）。その言明それ自体はその通りである（本章グラフ1並びに本第3部第3章グラフ1、6及び7）。ただし、所論は、残余所得弾性にみる累進度を考察の対象に入れていない。

ルの所得 330 万千円の箇所で、数値は 2 を遙かに超えて 2.838708096 に達しており、したがって、その累進度は著しく高い。同じ中低位の第 2 所得区間（3,300,000<Y≦6,950,000）の上限箇所において、その数値は 1.444155844 に急降下する。第 1 区間ないし第 6 区間の下限箇所における累進度は、それぞれ局所最大値 1.999998974、2.838708096、1.660779063、2.071129461、1.634877327 をとる。他方、第 1 区間ないし第 6 区間の上限箇所における累進度は、それぞれ局所最小値 1.419354839、1.444155844、1.443514644、1.348773842、1 をとる。傾きは各区間の高さと幅との比率に対応している。

　残余所得弾性 η の累進度についてみると、11 年税額シェジュールは 06 年税額シェジュールに比べ総じて一層累進的である（参照、グラフ 6）。とはいえ、各所得区間の下限箇所における残余所得弾性は、その上限箇所におけるそれに比べ、常に低く、したがって、同一所得区間内において明らかに不平等（垂直的平等違反）を示している。第 1 区間ないし第 6 区間の上限箇所における累進度及び下限箇所における累進度は、それぞれ表 4 セル E 列にみられるとおりである。

表4:		2011 年日本所得税の残余所得弾性		
	所得区間	課税標準（Y）　単位円	区間下限値	区間極大値
			区間上限値	区間極小値
1	最下位所得区間	0<Y≦1,950,000	1	1
			1950000	1
2	下位所得区間	1,950,000<Y≦3,300,000	1950001	0.94736845
			3300000	0.96821516
3	中下位所得区間	3,300,000<Y≦6,950,000	3300001	0.86063573
			6950000	0.92860125
4	中位所得区間	6,950,000<Y≦9,000,000	6950001	0.89377872
			9000000	0.91593973
5	上位所得区間	9,000,000<Y≦18,000,000	9000001	0.79698654
			18000000	0.8870256
6	最上位所得区間	18,000,000<Y	18000001	0.79435129
			∞	1
A	B	C	D	E

　このことは、超過累進制度の不可避的短所である。所得区間の数が多ければ多いほど、残余所得弾性にみる不可避的短所が頻発することとなる。

　900 万 1 千円（上位所得区間の下限値）のところで、2011 年税額シェジュールの歳入弾性 ε の累進度（2.071129461）は、2006 年のそれ（1.836734523）に比

507

第3部　第11章　2006年と2011年の日本所得税額シェジュール比較分析

べ0.07113ポイントだけ上回っており、そして、残余所得弾性ηの累進度について みるに、その開差（0.7969865366-0.8366534016）は-0.03967である。11年 残余所得弾性が06年のそれに比べ所得900万1千円のところで0.0397ポイント だけ低下している。上位所得区間の下限値における逆進度はそれだけ上昇し たこととなる（参照、グラフ6右端山頂）。

　ところが、900万円（中位所得区間の上限値）のところで、2011年税額シェ ジュールの歳入弾性εの累進度（1.443514644）は、2006年のそれ（1.224489796） に比べ0.21902だけ上回っており、したがって、の箇所における累進度は高 まっており（参照、グラフ5右から2つめの谷底）そして、残余所得弾性ηの累 進度についてみるに、その開差（0.9159397304-0.9561752988）は-0.04024であ る。11年残余所得弾性が06年のそれに比べ所得900万円のところで0.04024 ポイントだけ低下している。これは、その箇所における逆進度がそれだけ上昇 したことを意味する。

　さらに、隣接する所得区間の境界値における11年残余所得弾性の累進度を 観察すると、前所得間の上限値（たとえば中位所得区間の上限値900万円）にお ける残余所得弾性（0.9159397304）は、後所得区間の下限値（たとえば上位所得 区間の下限値900万1千円）におけるそれ（0.7969865366）に比べ、急激な累進 である。残余所得は、その境界を越えると、急激に減少する。

　以上のことは、同一の中位所得区分において下限箇所よりも上限箇所におけ るほうが、残余所得弾性が高かい。このことは、超過累進税制度のもとでは、 つねに同一の所得区分における上限値に近接する所得は、下限値に近傍する所 得に比べ、残余所得弾性の累進が逆進していることを示している。

第5節　租税政策の反映

　菅直人政権の租税政策の目標は、最低位の第1所得区間の税率を半減するこ とによって、2011年平均税率シェジュールは、2006年平均税率シェジュール を平均税率17.94117647％の箇所でそして所得額1,020万円のところで、下方 から右方向へ交差して乗り越える。したがって、2011年平均税率シェジュー ルは、1,020万円未満の課税所得層にとって、総じて税負担を軽減する。しか し、そのシェジュールの政策目標は税率の累進を平坦にすることにあったので はなく、超過累進税制のもとで、各所得区間内における累進性は、不可避的に 逆進しており、その不平等さを正当化することはできない。

508

このことは、最低位所得区分から中位所得区分を経て上位所得区分の一部について疑いもなく相当程度にうまく果たされている。なぜなら、この所得層については、2011年税額シェジュールは、2006年税額シェジュールに比べ、その最低位所得区分に係る限界税率負担が半減して5％になったため、平均税率負担で比較的大きく低下しているからである。下位所得区間では、1990年税額シェジュールによる累進はたしかに視覚上もより高いが、しかし、このことは、平均税率負担の強力な引き下げからの帰結に過ぎない。平均税率が非常に小である場合、わずかな限界税率負担が、当該累進測度の値[39]に非常に大きな影響を及ぼす。相対的に見ると、上位所得区分及び最上位所得区分に属する所得層、具体的には1,020万円以上の所得層が、例えば、2011年税額シェジュールの尻ぬぐいをしている。最上位所得区分に属する所得額が無限大（∞）に接近すればするほど、平均税率は40％になる。とはいえ、最上位所得区分に属する所得額が無限大（∞）に接近する稼得者の人数は、極めて少ないであろうから、その結果、歳入は十分に得られない。

このターニングポイントの平均税率が、17.94％であることは、特筆に値する。限界税率がその箇所で30％であるにも拘わらず、そうである。その理由は、最下位区間から中下位区間までの所得層（0<Y<6,900,000）の幅が広いうえに、それぞれの区間における限界税率が5％、10％、20％と比較的低く、2011年税額シェジュールの累進度が緩やかだからである（グラフ1、2、3及び4）。

第6節　残された課題

以上を要約するに、税制改革を研究の対象とする場合は，累進税制の変化が分析と評価の対象となる[40]だけではなく、累進税制度の構造そのものを分析の対象とすることもありうる。

2011年改正所得税法は、税額シェジュールの課税所得区間を、2006年の4区間から11年の6区間に変更し、その区間の幅をそれぞれ変更したのみなら

---

[39]　sehr erhebliche Werte der Progressionsmaße.

[40]　上村（2008）15頁。さらに、「[所得課税の既存の実証的] 研究によると，高度成長期には高い負担率により，高い累進度と高い再分配がなされてきたが，安定成長期にはいると負担率が低下し，累進度や再分配機能が抑制されてきたことが指摘されている。その背景には，所得税の課税ベースの拡大と税率構造のフラット化の進展がある。」（同16頁）本章は、それらと視点を異にする。

第 3 部　第 11 章　2006 年と 2011 年の日本所得税額シェジュール比較分析

ず、超過累進税率をも変更している。それらに伴って、税額シェジュール[41] も
また、大きく変更されている。

　日本の所得税額シェジュールの累進は、超過累進制をとり、1 次関数で表現
される。本章は、2006 年と 11 年の日本所得税額シェジュールを、限界税率[42]、
平均税率[43]、歳入弾性及び残余所得弾性[44] について、考察の対象とする[45]。歳入
弾性及び残余所得弾性は、著しく上下変動する。これは、歳入弾性及び残余所
得弾性が隣接する課税所得区間の間、及び同一の所得区間内でなだらかに推移
しておらず、改善すべき必要性を強く示している。

　超過累進税額シェジュールは、1 次関数で簡素に表現できる、利点はあろう。
しかし、とりわけ、超過累進税額シェジュールは、同一の所得区間内における
所得課税の逆進と、隣接する所得区間における上限下限の箇所における残余所
得弾性及び歳入弾性の垂直跳躍とを不可避的にもたらし、それらによる所得課
税の区間内逆進は合理的に正当化し得ない。

　超過累進税額シェジュールはそのような 2 大短所を不可避的に内蔵している
ところ、多項式の数式を用いた税額シェジュールは、そのような短所を払拭し
得る。多項式を用いた線形累進税額シェジュールは、すでに、ドイツ及びオー
ストリアの所得税法において規定されている。別稿「所得税率表の立法技術：
超過累進税制に代わる、線形累進モデル」[46] では、残余所得弾性が合理的に推
移する税額シェジュールの立法技術を考察し、提言する。

---

[41]　Steuertariffe, tax schedule.

[42]　限界税率の定義について、参照、本書 376 頁脚注 7。限界税率累進とは、税引き前所
　　得について、限界税率の導関数を指す（Jakobsson (1976), p.161）。

[43]　平均税率の定義について、参照、本書 376 頁脚注 7。平均税率累進とは、税引き前所
　　得について、税率の導関数 derivative を指す（Jakobsson (1976), p.161）。

[44]　残余所得弾性（または残余所得累進）とは、所得税引き前について、税引き後所得の
　　弾性を指す（Jakobsson (1976), p.161）。参照、本書 375 頁以下（最低生活残余説）。

[45]　参照、河野（1987）52 頁（法定税率表のあり方の論議は、それ自体で完結するのでは
　　なく、平均税率又は租税負担率との関連で行われなければならない）。

[46]　木村（2011）：本第 3 部第 1 章。

第 6 節　残された課題

　（謝辞）Alexander von Humboldt Stiftung さんは、2011 年 2 月 1 日から同年
3 月 15 日までのあいだ、キール大学経済学部における「Integration of Tax
and Benefits System」研究のため財政支援をしてくださった。本章はその研究
の遅まきながらの、小さな成果である。
　同財団及び同教授に厚く謝意を表します。
　Maple 15（数式処理システム・ソフト）を使用。

第12章 2015年と2013年所得税法の定める 超過累進税額表と歳入予測——見て楽しい税率——

第1節 問題提起——超過累進税制の特徴——

1 基礎控除額

日本の所得税法は、税率を適用する課税標準（これを「主観的課税標準」という。）を算出する過程において、人的所得控除の一つとして、「基礎控除額」を位置づけている。他方、欧米諸国の所得税法では通常、主観的課税標準の算出後において、基礎控除額が位置づけられている。主観的課税標準でもって表現されている「所得」のうち、最低生活費に充てる必要があるので、納税のために用い得ない部分（これを租税法学上「不可処分所得」という。）には課税しないこととされている。これが「基礎控除額」であり「ゼロ税率ゾーン」である。所得税負担率を国際的に比較する際には、両方式の差異に注意を払うべきである。

2015年と2013年所得税法による超過累進所得税額表（シェジュール）は、後掲のグラフ6とグラフ7で表現されている。第1分位は、ゼロ税率ゾーンでなく、5%税率ゾーンに属しているから、その税額が表示されている。

2 多段階の超過累進税率

2015年所得税法89条1項は、7段階の超過累進税額表を定める。プログラムは次のように表現できる。

```
"2015年所得税法による超過累進税額表        "
第1所得区分   1.95 ≧ x>0          5%      単位：100万円
0.05 x
0.05 x
第2所得区分   3.30 ≧ x>1.95        10%
0.05 * 1.95 + 0.10 * {x-1.95}
shiki2 = Expand[0.05 * 1.95 + 0.10 * {x-1.95}]
{-0.0975 + 0.1 x}
```

513

第3部　第12章　2015年と2013年所得税法の定める超過累進税額表と歳入予測

第3所得区間　　　6.95 ≧ x>3.30　　　　　　20%

shiki3＝Expand[0.05*1.95＋0.10*(3.30-1.95)＋0.20*(x-3.30)]

-0.4275＋0.2 x

第4所得区間　　　9.00 ≧ x>6.95　　　　　　23%

shiki4＝Expand[0.05*1.95＋0.10*(3.30-1.95)＋0.20*(6.95-3.30)＋0.23*(x-6.95)]

-0.636＋0.23 x

第5所得区間　　　18.00 ≧ x>9.00　　　　　　33%

shiki5＝Expand[0.05*1.95＋0.10*(3.30-1.95)＋0.20*(6.95-3.30)＋0.23*(9.00-6.95)＋0.33*(x-9.00)]

-1.536＋0.33 x

第6所得区間　　　40.00 ≧ x>18.00　　　　　40%

shiki6＝Expand[0.05*1.95＋0.10*(3.30-1.95)＋0.20*(6.95-3.30)＋0.23*(9.00-6.95)＋0.33*(18.00-9.00)＋0.40*(x-18.0)]

-2.796＋0.4 x

第7所得区分　　　x>40.00　　　　　　　　　45%

0.05*1.95＋0.10*(3.30-1.95)＋0.20*(6.95-3.30)＋0.23*(9.00-6.95)＋0.33*(18.00-9.00)＋0.40*(40.00-18.0)＋0.45*(x-40.0)

shiki7＝Expand[0.05*1.95＋0.10*(3.30-1.95)＋0.20*(6.95-3.30)＋0.23*(9.00-6.95)＋0.33*(18.00-9.00)＋0.40*(40.00-18.0)＋0.45*(x-40.0)]

-4.796＋0.45 x

その超過累進税額表のグラフとそのプログラム[1]は脚注1に表示している。

---

[1]　　Print [″　2015年所得税法による　超過累進税額表″]
　　Show [
　　Plot [{0.05` x},{x,0,1.95},AxesLabel->{″所得″, ″税額″},
　　　PlotRange->All,PlotStyle->{Red,Thickness[0.01]},ImageSize->Large],
　　Plot [{-0.0975`+0.1` x},{x,1.95,3.30},
　　　PlotRange->All,PlotStyle->{Red,Thickness[0.01]}],
　　Plot [{-0.4275`+0.2` x},{x,3.30,6.95},
　　　PlotRange->All,PlotStyle->{Red,Thickness[0.01]}],
　　Plot [{-0.6359999999999999`+0.23` x},{x,6.95,9.00},
　　　PlotRange->All,PlotStyle->{Red,Thickness[0.01]}],
　　Plot [{-1.5360000000000003`+0.33` x},{x,9.00,18.00},
　　　PlotRange->All,PlotStyle->{Red,Thickness[0.01]}],
　　Plot [{-2.7960000000000003`+0.4` x},{x,18.00,40.00},
　　　PlotRange->All,PlotStyle->{Red,Thickness[0.01]}],

第1節　問題提起―超過累進税制の特徴―

グラフ1　2015年所得税法による　超過累進税額表

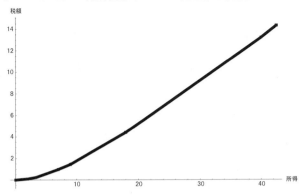

　所得区間の分位が1段階上がるごとに、その累進税額も遞増する。もっとも、各所得区間ごとに累進係数（言い換えると、限界税率）が異なっていることは、前出のプログラムから明らかである。

3　最高限界税率

　超過累進税額表は所得区間の各分位ごとに限界税率を定めている（所得税法89条1項下欄に掲げられた税率をそれぞれ「限界税率」という。）。式は脚注[2]のよ

```
Plot [{-4.795999999999999`+0.45` x},{x,40.00,40.00+2.5},
    PlotRange->All,PlotStyle->{Red,Thickness[0.01]}]
]
Print["グラフ1　2015年所得税法による　超過累進税額表"]
```
[2] $f_M[x]$0.05 x
∂ ∂x (0.05x)
0.05 x $f_M[x]$
0.05 ∂

$f_M[x]$=-0.0975`+0.1` x
∂x (-0.0975`+0.1` x)
-0.0975+0.1 x
0.1
以下同様……

$f_M[x]$=-4.795999999999999`+0.45` x
-4.796+0.45 x
∂x (-4.795999999999999`+0.45` x)
0.45

515

うに表現できる。

　2015 年限界税率表はグラフ 8 で示し得る。所得区間 4,000 万円を超える領域において最高限界税率 45％が適用されている。限界税率は、時の政権が策定する租税政策によって変動する。

　各所得区間において 1 つの限界税率が適用され、水平に右進していく（グラフ 8 と 9）。それぞれの分位の横幅は、いかにもランダムであって合理的に区切られているとは考えられない。

　また、各限界税率の跳躍幅もまた恣意的であり合理的に根拠づけられているとは考えられない。「不合理のなかに正義なし」については、後に、さらに分析して説明することとする。

　2015 年と 2013 年所得税法による限界税率の比較は、グラフ 8 及びグラフ 9 で表現されている。

4　平均税率

　平均税率の内容は、前叙の基礎控除と主観的課税標準との関係づけの相違に応じて、日本型と欧米型とで異なっている。この相違を乗り越えるには、客観的課税標準（これはいわゆる合計所得金額[3]にほぼ相当する。）に対する納付税額の比率を計算すべきであろう。しかし、便宜、主観的課税標準が分母として用いられている。欧米型の主観的課税標準は基礎控除の控除前ゆえ、日本型のそれよりも大であるから、論理必然的に、欧米型の平均税率は相対的に小となる。客観的課税標準に対する納付税額の比率を所得税負担率として表現する場合には、主観的課税標準を分母とする場合に比べて、所得税負担率（平均税率）は相対的に著しく低くなる[4]。平均税率を国際比較する際には、そのような相違に

---

[3]　大和市「総所得金額、総所得金額等、合計所得金額の違いについて」http://www.city.
yamato.lg.jp/web/shizei/shizei01211371.html

[4]　「申告納税者の所得税負担率（平成 22 年度）」グラフの典拠は、https://www.mof.
go.jp/tax_policy/tax_reform/outline/fy2010/zei001e.htm および志賀（2013）3 頁　図序 -1。
合計所得金額 100 億円超の所得階級者（9 名）は、合計所得金額 296,346（百万）円、課
税所得金額 296,346（百万）円、源泉徴収額 2,650（百万）円を、申告納税額 39,352（百
万）円を納付している。したがって、納付税額は 42,001（百万）円である（国税庁（編）
『第 136 回　国税庁統計年報　平成 22 年度版』「申告所得税標本調査結果（抜粋）」第 1
表　総括表）。納付税額÷合計所得金額＝所得税負担率（0.1417）。特別税率 20％に相当
する平均税率 20％の適用される課税所得金額は 1,150 万円であり、独墺所得税法上の特

第1節　問題提起―超過累進税制の特徴―

注意すべきである。平均税率のプログラムは脚注[5]のように表現できる。

別税率 25% に相当する平均税率 25% の適用される課税所得金額は 1,800 万円であることについて、参照、木村（2015）：本章にみる平均税率のグラフ。

高額所得者の所得税負担率が 26.5%（合計所得金額 1 億円）から 14.2%（合計所得金額 100 億円超）に逓減している。合計所得金額と課税所得金額の差額（参照、脚注 1）は、合計所得金額 100 億円超の所得階級について納税者数 9 名で、19（百万）円にすぎない。分母が合計所得金額とはいえ、不思議である。

一律源泉分離税率 20% が配当所得に適用されるとしても、最上位高額所得階級の所得税負担率が 14.2% に下落する理由は、なお不明である。

憶測し得る理由は、下記のように、株式の譲渡所得に対する所得税 7% に求められ得るかもしれない。

特別軽減譲渡の種類	平成 21 年分〜平成 25 年分	平成 26 年分〜平成 27 年分
金融商品取引業者等を通じた上場株式等の譲渡	10%	20%
	（所得税 7%、住民税 3%）	（所得税 15%、住民税 5%）
上記以外の譲渡	20%	20%
	（所得税 15%、住民税 5%）	（所得税 15%、住民税 5%）

（注）　平成 25 年から平成 49 年までは、復興特別所得税として各年分の基準所得税額の 2.1% を所得税と併せて申告・納付することになります。

その上、分離課税の譲渡所得は合計所得金額から除外されていくから、それに応じて、申告納付税額 / 合計所得金額の比率は、分離譲渡所得課税の多い高額所得者において低下していくのであろうか。

グラフ作成の典拠として用いられている、国税庁「平成 19 年分申告所得税標本調査（税務統計から見た申告所得税の実態）」にみる実証データにかかる根拠についてご教示を願いたい。

[5]　第 1 所得区間　平均税率　　　$1.95 \geq x > 0$　　　5%

$$\frac{0.05x}{x}$$

$$\frac{0.05x}{x}$$

第 2 所得区間　平均税率　　　$3.30 \geq x > 1.95$　　　10%

$$0.05 * 1.95 + 0.10 * \{x - 1.95\}$$

$$\frac{-0.0975 + 0.1x}{x}$$

$$\frac{-0.0975 + 0.1x}{x}$$

以下同様……

第 7 所得区間　平均税率　　　$x > 40.00$　　　45%

$$\frac{-4.795999999999999 + 0.45x}{x}$$

$$\frac{-4.795999999999999 + 0.45x}{x}$$

2015 年と 13 年所得税法による平均税率表はグラフ 10 で表現されている。課税所得金額 4,000 万円を境に、2015 年の平均税率は 45％に接近するが、決して 45％には達しない。同様に、2013 年の平均税率は決して最高限界税率 40％に等しくなることなく、それ未満である。

第 2 節　超過累進税制とその可視化

1　納税者の分布

　課税所得区間ごとの納税者数の課税所得ごとの分布は、公表されている。後掲グラフ 2 およびグラフ 3 がそのグラフと数式である。グラフはセミ対数を横軸にとっている。所得階級の分位 4 万円から所得階級の分位 279 億 9,594 万円までをプロットするには、片対数グラフを用いるのが便宜だからである。第 1 分位所得階級に属する納税者数は 183,582 人であり、最上位の第 25 分位所得階級に属する納税者数は 18 人である（参照、グラフ 1 の数式）。その統計数値は、片対数グラフであってさえも、典型的なロングテールの現象を示し、一部の少数者が多くを独占するといった極度に偏った分布を表現している（パレートの法則[6]）。グラフ 2 及びグラフ 3 の右半分はそれぞれ、正規分布から大きく外れて、むしろ裾野がずっと長いべき分布を示している。べき分布とは分布関数がべき乗則に従うような分布をいう。べき乗則によれば、多くの富がほんの少数の富裕層に集中している[7]。したがって、最上位の所得階級の納税者数と所得金額を捨象したり、例えば、最上位―5 の所得階級にまとめて集計した納税者数と所得金額を標本データとする、所得分布の分析は、所得再分配政策の立案にとって深刻な問題をはらむこととなる。そのため、正規分布を想定している相対的貧困概念および相対的貧困線は、中産階級に厚みがなくなり、最高位の所得金額が広がりすぎている（グラフ 2）日本の現状（いわゆる著しい所得格差）を直視するとき、修正を必要とする。さらには、現実を直視するならば、事実を歪めて正規分布を示そうとする論説に代えて、専門家の人々は、中心極限定理を統計データに適用して作成する、正規分布に代えて、最上位所得区間に属する所得階級のなかでも、とりわけ上位 1％程度の人々がべき分布を示す（グ

---

[6]　パレートについて、例えば、参照、マンデルブロ / ハドソン（2008）208-214 頁
[7]　マンデルブロ / ハドソン（2008）32 頁、179 頁。

ラフ 3、$10^4 \times 1000$ 円以上の所得階級）から、これを除いて、その他の所得階級について対数正規分布を示す所得階級を対象として（高安（2004）188-189 頁）、正規分布を作り直す工夫をし、相対的貧困線を算出してくだされぱと、筆者は願っている（べき分布。$y=Cx^{-a}$（C は定数、a>0, x>0）本第 3 部第 7 章注 13）。

　もう一つ、過去の納税者数及び所得税歳入額は未来のそれらに影響を及ぼさないということも重要である。仮に所得税法の規定が変更されないとしても、納税者数は年々変化するからである。短期の依存性は存しない[8]。

　所得格差の現象に照らし、憲法の要請する福祉国家の原則（社会国家の原則）は、（配分的平等を目指した）所得の再分配政策及び不平等をもたらす種々の特別軽減税率（例えば、20％以下の源泉分離税率及び譲渡所得の 7％特別軽減税率並びにデリバティブ所得に係る租税法律要件の不備）の改廃政策を強く求めるであろう（参照、脚注 4）。

2　所得階級

　近頃の国税庁「申告所得税標本調査（税務統計から見た申告所得税の実態）」は 25 の所得階級を示している（グラフ 5 縦軸）。所得区間（及び所得階級）の分位設定は次の 5 点に特徴を有する。1 に、所得税法の目的との関連において、等分でも等比でもなく、恣意的に見えること、2 に、所得階級の分位数を 25 から 70 万（＝ 279 億 9594 万円÷ 4 万円）[9] に増やせば、4 万円の倍数で所得階級を設定できるから、より正確に統計値を算出できること、3 に、所得階級の分位数が増加しても、税額の統計的推計方法は複雑にならないこと、4 に、公的年金（厚生年金、国民年金、共済組合などの）の目的との関連で設定されている所得区間の分位数とその領域（幅）は、所得税法のそれと全く異なるから、税と社会保障の統合のためには不向きであること、5,　両者の統合のためには、所得区間（および所得階級）の分位を統一的に設定すべきであるにもかかわらず、それがなされていないこと、がその特徴である。これらは改善すべき点である。

3　所得階級ごとの算出所得税歳入

　所得階級の分位ごとの課税所得と所得税額表（計算式）と納税者数を与件とすることができる場合、算出所得税の歳入総額は、容易に計算できる。グラフ

---

[8]　同旨、青山・相馬・藤原（2002）44 頁（46 頁）；参照、マンデルブロ／ハドソン（2008）145-146 頁、265 頁（資産に関するべき乗則に従う分布）。

[9]　参照、グラフ 2 の数式。

第3部　第12章　2015年と2013年所得税法の定める超過累進税額表と歳入予測

4がグラフとその計算式（脚注17）である。税額控除額の総額は、諸事情によって年々異なるであろうが、算出所得税歳入額と税額控除総額との比率を、所得階級の分位ごとに、統計的に実証すれば、税額控除総額及び納付所得税歳入額の未知数は既知の算出所得税歳入額から容易に推計することができる。

　ただし、本稿は、時間的制約とマンパワーの制約のため、未知の税額控除総額及び納付所得税歳入額を推計していない。

4　所得階級ごとの納税者数と算出所得税歳入分布

　所得階級の分位ごとの納税者数は、統計資料により既知である。所得税額表（計算式）もまた既知である。そのため、所得階級の分位ごとの算出税歳入の分布は容易に計算できる。グラフ4がグラフとその式（脚注14）である。納税者一人当たりの算出所得税には大差があるとしても、低位所得階級からの算出所得税歳入の合計額は、グループとして観察するなら、高位所得階級からの算出所得税歳入の合計額に比して、決して見劣りしていない。第1分位所得階級の課税所得に対する最高分位の課税所得の比率は70万倍（＝2799594/4）であるにも拘わらずにである。

　日本社会における所得格差の現状を考慮すると、低所得階級に属する納税者に対する所得課税及び所得税率シェジュール（所得税額表）のみならず、中高所得階級のそれをも、全面的に再構成すべきであろう。所得の再分配政策が急務である。

　もし低所得分位に適用する所得税率を引き下げるならば、高所得分位（場合によっては中所得分位）に適用する所得税率シェジュールを引き上げなければ、必要とする歳入は確保されないであろう。他方、脚注4において指摘したように、一律源泉分離税の特別税率20％及び上場株式等の譲渡に対する特別軽減税率7％が、高所得階級に属する申告所得者の所得税負担率に強い影響を及ぼしている[10]とすれば、それらの見直しは必要であろう。

　所得階級の各分位に属する納税者数に応じた課税所得額と算出税額（歳入額）

10　森信茂樹「公平性と効率性の両立を」日本経済新聞2015年7月31日朝刊29面・グラフ　申告納税者の所得税負担率（2013年分）。

520

第2節　超過累進税制とその可視化

の式[11]とグラフ2は、次に示されている[12]。高位所得階級の人数が低位所得階級の人数に比べ、極端に少なく裾野の広いべき分布を示しており、正規分布を示していない。このことは、相対的貧困線の前提要件を大きく損なわせている。

グラフ2　2015年所得税法による　　一人当たり所得額と所得階級当たり納税者数

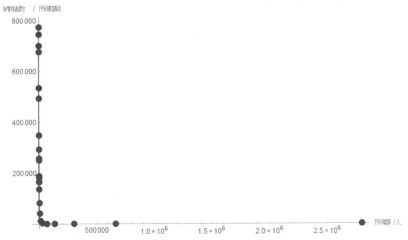

所得階級の各分位に属する納税者数に応じた課税所得額と算出税額（歳入額）の式[13]とグラフ3は、片対数グラフにより次に示されている。片対数（片対数）

---

[11] shotoku={4,26,47,77,112,150,211,298,386,475,568,705,901,1137,1512,2198,3559,6476,13118,29110,68313,136448,302490,663903,2799594
};(* 課税所得　全所得階級　2015年所得税法　典拠：国税庁（編）『平成24年度版国税庁統計年報』177頁*)
dist={183582,294152,701552,774198,676694,535574,746245,494307,348474,257968,188853,251369,164249,165904,166651,136718,83064,41435,11168,3698,860,324,174,39,18};
pairdata=Table[{shotoku[[i]],dist[[i]]},{i,Length[shotoku]}]
{{4,183582},{26,294152}, 中略 {2799594,18}}
Print[",2015年所得税法による　　一人当たり所得額と所得階級当たり納税者数"]
ListPlot[pairdata,AxesLabel->{" 所得額/人　　"," 納税者数　/　所得階級 "},Filling->Axis,PlotRange->All, PlotStyle->Blue,ImageSize->Large]
Print[" グラフ2 "]

[12] ミクロ・データの出典は国税庁（2013）177頁による。但し、所得税法は2015年度による。

[13] Print[" 2015年所得税法による　　一人当たり所得額と所得階級当たり納税者数"]
ListLogLinearPlot[pairdata,AxesLabel->{" 所得額/人　　"," 納税者数 /　所得階級 "},Filling->Axis,PlotRange->All, PlotStyle->Blue,ImageSize->Large]

521

によって、低所得階層の分布が明瞭に描画される。

グラフ3　2015年所得税法による　　一人当たり所得額と所得階級当たり納税者数

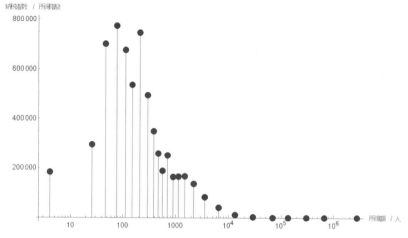

2015年所得税法による所得階級納税者数と算出所得税歳入分布は次の式[14]と

　　Print[„グラフ2"]
[14]　Print[„2015年所得税法による　所得階級納税者数と算出所得税歳入分布"]
　　zeishuunyuuDist1＝
　　　Table[{shotoku[[i]],dist[[i]]*f1[shotoku[[i]]]},{i,classNum1}];
　　zeishuunyuuDist2＝
　　　Table[{shotoku[[i]],dist[[i]]*f2[shotoku[[i]]]},{i,classNum1+1,classNum2}];
　　中略
　　zeishuunyuuDist7＝
　　　Table[{shotoku[[i]],dist[[i]]*f7[shotoku[[i]]]},{i,classNum6+1,classNum7}];
　　zeishuunyuuDist＝Join[zeishuunyuuDist1,zeishuunyuuDist2,zeishuunyuuDist3,zeishuunyuuDist4,zeishuunyuuDist5,zeishuunyuuDist6,zeishuunyuuDist7]
　　ListLinePlot[zeishuunyuuDist,AxesLabel->{„所得階級　　万円","算出所得税歳入分布"},PlotRange->All]
　　Print[„グラフ4"]
　　2015年所得税法による　所得階層納税者数と　算出所得税歳入分布
　　{{4,36716.4},{26,382398.},{47,1.64865*10^6},{77,2.98066*10^6},{112,3.78949*10^6},{150,4.01681*10^6},{211,3.11725*10^7},{298,2.92494*10^7},{386,3.07159*10^7},{475,2.80189*10^7},{568,2.45516*10^7},{705,5.80949*10^7},{901,5.87361*10^7},{1137,7.49893*10^7},{1512,1.00325*10^8},{2198,1.34572*10^8},{3559,1.32633*10^8},{6476,1.20551*10^8},{13118,6.58723*10^7},{29110,4.84242*10^7},{68313,2.6433*10^7},{136448,1.98926*10^7},{302490,2.36841*10^7},{663903,1.16513*10^7},{2799594,2.26766*10^7}}

グラフ4により表現されている。正規分布しているならば、平均程度の課税所得者がたくさんの所得税歳入に寄与し、もっと平等に所得税歳入が分布しているはずであるが、現実はそうなっていない。高位所得階級に属する納税者の負う所得税率が2015年現在、決して高すぎるわけではなく、むしろ引き上げるべきことが、グラフ4により強く示唆されている。

グラフ4

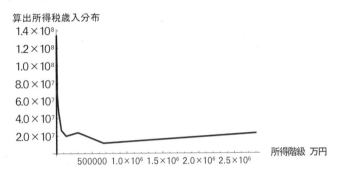

5 所得階級に応じた課税所得額と算出税額——開差は残余所得額——

課税所得金額が3000万円を超える領域においては、課税所得金額（納税者数を乗じた数値）と算出税額（納税者数を乗じた数値）との差額である残余所得金額が急激に増加し、そしてその後逓減する。課税所得金額が3,000万円を超える領域では、納税者数は減少しているから、納税者一人当たりの残余所得額が減少するわけではない（後述）。

納税者一人当たりの残余所得金額が相対的貧困線[15]（112万円。厚生労働省・平成22年調査 http://www.mhlw.go.jp/toukei/saikin/hw/k-tyosa/k-tyosa10/2-7.html）を上回っているかどうかの判定が、焦眉の問題である。下回っている、所得分位に属する人々（及び世帯）は、憲法25条が保障する最低生存権の保障の観

---

[15] 相対的貧困の定義は「等価可処分所得（世帯の可処分所得を世帯人員の平方根で割って調整した所得）の中央値の半分に満たない世帯員」であり、この割合を示すものが相対的貧困率とされている。そこでの前提は、所得金額と所得者数の関係が正規分布（釣鐘型）である。しかし現実には、課税所得と申告納税者数は正規分布でなく、裾野の広がっているべき分布である。このため、相対的貧困線の値は、著しく上方に偏っている。べき乗則の特徴について、参照、ブキャナン（2009）361-362頁（増田直紀「解説」）この事情のため、本第3部は、夫婦世帯単位の相対的貧困線の値を180万円と仮定している。

第3部　第12章　2015年と2013年所得税法の定める超過累進税額表と歳入予測

点から、政府からの移転所得を例えば Tax Credits の形で求める権利を有し得てしかるべきだからである。

　グラフ5とその式[16]は2015年所得税法による所得階級に応じた課税所得額（上部の曲線）と算出所得税額（下部の曲線）を描画しており、その開差は残余所得額を意味していると解釈できる。所得金額の曲線（上部）と所得税額の曲線（下部）とに挟まれたゾーンが、残余所得金額を示している。ただし、各所得階級の申告納税者全員分の残余所得金額がグラフ5で示されている。したがって、グラフ5に示す残余所得額は、各所得階級に属する申告納税者総数で割り算すれば、一人当たりの残余所得額が算出される。

　最高限界税率の5%引き上げと所得区分の1増という改正前後により、残余所得金額は、課税所得金額1億円超のゾーンにおいて、その厚みを薄くしている（参照、グラフ5）。他方、低位所得階級に属する納税者は、一人当たり残余所得金額をわずかだけ有することは、グラフ5の左隅を観察すれば、読み取れる。

---

[16]　Print[,, 2015年所得税法による　所得階級に応じた　課税所得額　と　算出税額：開差は残余所得額 "]

pairdate2=

　　Table[{shotoku[[i]],dist[[i]]*shotoku[[i]]},{i,Length[shotoku]}];

　　(*m1=195;m2=330;m3=695;m4=900;m5=1800;m6=4000;n=4801; α 1=0.05; α 2=0.10; α 3=0.20; α 4=0.23; α 5=0.33; α 6=0.40; β =0.45*)

　　Show[ListLinePlot[{pairdate2,zeishuunyuuDist},Filling->Axis,AxesLabel->{,, 所得階級万円 "," 算出税額 "}]]

　　Print[,, グラフ5 "]

第 2 節　超過累進税制とその可視化

グラフ 5　2015 年所得税法による　所得階級に応じた　課税所得額　と　算出税額：　開差は残余所得額

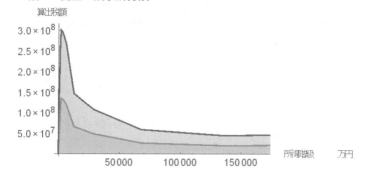

6　課税所得合計と算出所得税額歳入

算出所得税額の歳入額を算出するには 3 ステップを踏む。そのプログラムは脚注 [17] でしめす。

最高限界税率引き上げと所得区分数 1 増の改正前後により、算出所得税歳入の金額は、ほぼ倍増し、ことに、課税所得金額 4,000 万円超のゾーンにおいて、約 5 兆円余り増額することとなる（参照、次の「課税所得合計と算出所得税歳入」）。ただし、2015 年分について、所得階級の分位、納税者数、課税所得金額は未

---

[17]　第 1 ステップ
Show[DiscretePlot[Sin[t],{t,0,2 Pi,Pi/6},ExtentSize->Full],Plot[Sin[t],{t,0,2 Pi}]]
shotokuSum=Table[dist[[i]]*shotoku[[i]],{i,Length[shotoku]}]
zeishuunyuuSum=Table[zeishuunyuuDist[[i,2]],{i,Length[shotoku]}]
グラフ等を略す（上記の数式の末尾で、クリックすれば、グラフが直ちに描画される。）
第 2 ステップ
Fold[（#1+#2）&,0,shotokuSum]　（*　2015 年分　課税所得合計　30.4 兆円。但し、申告納税者に限る。*）
3042473506
ScientificForm[N[3042473506,10]]
3.042473506*10⁹
第 3 ステップ
Fold[（#1+#2）&,0,zeishuunyuuSum]　（*　2015 年分　算出所得税額歳入合計 10.6. 兆円。但し、申告納税者に限る。*）
1.0551*10⁹

525

第3部 第12章 2015年と2013年所得税法の定める超過累進税額表と歳入予測

公表であるから、2012年分のデータを利用している[18]。

課税所得合計と算出所得税歳入

2015年 課税所得合計	2013年 課税所得合計
Fold[(#1 + #2) &, 0, shotokuSum]	Fold[(#1 + #2) &, 0, shotokuSum]
"3.042473506" × 10"⁹"	3.042473506×10^9
算出所得税歳入	算出所得税歳入
Fold[(#1 + #2)&, 0, zeishuunyuuSum]	Fold[(#1 + #2)&, 0, zeishuunyuuSum]
$1.055098040664 \times 10^9$	4.72839×10^8

第3節　局所累進性にみる不平等
　　—2015年所得税法を手がかりとして—

1　超過累進税額表

グラフ6　2015年度所得税法による　超過累進税額表

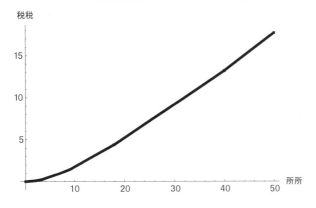

18　国税庁（2013）176頁、177頁。

526

グラフ 6 のプログラム[19] は、次のとおりである。

同様に、平成 25 年度のグラフも表示し得る。その式は脚注 16 と同様に示され得る。

グラフ 7　2013 年度所得税法による超過累進税額表

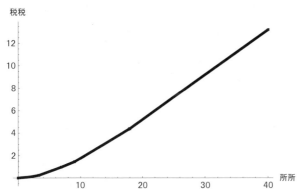

所得区間の分位数が 1 つ増え、かつ、最高限界税率が 45％へと引き上げられたので、高位の所得階級では算出税額が増加する。

2　限界税率表

限界率による累進（税引き前所得について、限界税率の導関数）

---

[19] Show[
　Plot[{0.05` x}, {x, 0, 1.95}, AxesLabel -> {„所得 ", „税額 "},
　　PlotRange -> All, PlotStyle -> {Red, Thickness[0.01]}],
　Plot[{-0.0975` + 0.1` x}, {x, 1.95, 3.30},
　　PlotRange -> All, PlotStyle -> {Red, Thickness[0.01]}],
　以下同様,
　Plot[{-4.795999999999999` + 0.45` x}, {x, 40.00, 40.00 + 10},
　　PlotRange -> All, PlotStyle -> {Red, Thickness[0.01]}
　　]]

グラフ8　2015年度所得税法による限界税率表

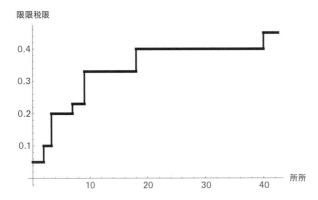

　グラフ8のプログラムは脚注[20]にて示される。これと類似して、グラフ9のプログラムも示され得る。

---

[20]　Print[„限界税率表"]
Show[
　Plot[{0.05}, {x, 0, 1.95}, AxesLabel -> {„所得", „限界税率"},
　　PlotRange -> All, PlotStyle -> {Red, Thickness[0.01]}],
　Graphics[{Red, Thick, Line[{{1.95, 0.05}, {1.95, 0.1}}]}],
　Plot[{0.1}, {x, 1.95, 3.30},
　　PlotRange -> All, PlotStyle -> {Red, Thickness[0.01]}],
　Graphics[{Red, Thick, Line[{{3.30, 0.1}, {3.30, 0.2}}]}],
　以下同様，
　Plot[{0.45}, {x, 40.00, 40.00 + 2.5},
　　PlotRange -> All, PlotStyle -> {Red, Thickness[0.01]}]
　]

第3節　局所累進性にみる不平等―2015年所得税法を手がかりとして―

グラフ9　2013年度所得税法による限界税率表

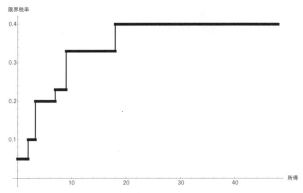

　所得区間の領域（幅）は何らかの比率に従って設定されているわけではなく、4,000万円超の課税所得について、2015年度から所得区間が一つ増え、最高限界税率が45％に引き上げられている。それに応じて、算出所得税額の歳入額は増加する。最高位の所得区間の入口の数値が小であればあるほど、最高限界税率が大であればあるほど、最高位の所得区分に属する納税者の算出所得税額は大となる。ただし、その所得区間の申告納税者の大半が一律20％の源泉分離課税に服する場合など、軽減所得税率を享受する場合、所得税負担率（＝納税額の合計/合計所得税額）は、最高位の所得区間に属する申告納税者について、低下する（参照、脚注4）。

　限界税率と所得税負担率は異なっている。

3　平均税率表

平均率による累進（税引き前所得について、税率の導関数）

　2015年所得税法と2013年所得税法による平均税率表を次のグラフ10とプログラム[21]で表示する。

21　Print[„平均税率表　2015年所得税法と2013年所得税法"]
　　Show[
　　Plot[{（0.05` x）/x},{x,0,1.95},AxesLabel->{„所得",„平均税率"},
　　　PlotRange->All,PlotStyle->{Red,Thickness[0.01]},ImageSize->Large],
　　Plot[{（-0.0975`+0.1` x）/x},{x,1.95,3.30},
　　　PlotRange->All,PlotStyle->{Red,Thickness[0.01]}],
　　Plot[{（-0.4275`+0.2` x）/x},{x,3.30,6.95},
　　　PlotRange->All,PlotStyle->{Red,Thickness[0.01]}],

グラフ 10　平均税率表　2015 年所得税法と 2013 年所得税法
平均税率表　2015 年所得税法と 2013 年所得税法

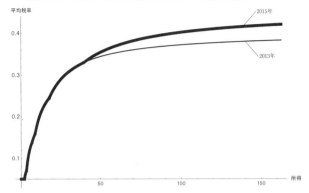

所得区間ごとの平均税率が表現されている。その平均税率は所得区間ごとの限界税率と異なっていることは、グラフ 10 の二つの曲線を比較すれば歴然としている。

```
Plot[{ (-0.6359999999999999` +0.23` x) /x},{x,6.95,9.00},
  PlotRange->All,PlotStyle->{Red,Thickness[0.01]}],
Plot[{ (-1.5360000000000003` +0.33` x) /x},{x,9.00,18.00},
  PlotRange->All,PlotStyle->{Red,Thickness[0.01]}],
Plot[{ (-2.7960000000000003` +0.4` x) /x},{x,18.00,40.00},
  PlotRange->All,PlotStyle->{Red,Thickness[0.01]}],
Plot[{ (-4.795999999999999` +0.45` x) /x},{x,40.00,160.00+2.5},
  PlotRange->All,PlotStyle->{Red,Thickness[0.01]}],
Plot[{ (0.05` x) /x},{x,0,1.95},
  PlotRange->All,PlotStyle->{Blue,Thickness[0.005]}],
Plot[{ (-0.0975` +0.1` x) /x},{x,1.95,3.30},
  PlotRange->All,PlotStyle->{Blue,Thickness[0.005]}],
Plot[{ (-0.4275` +0.2` x) /x},{x,3.30,6.95},
  PlotRange->All,PlotStyle->{Blue,Thickness[0.005]}],
Plot[{ (-0.6359999999999999` +0.23` x) /x},{x,6.95,9.00},
  PlotRange->All,PlotStyle->{Blue,Thickness[0.005]}],
Plot[{ (-1.5360000000000003` +0.33` x) /x},{x,9.00,18.00},
  PlotRange->All,PlotStyle->{Blue,Thickness[0.005]}],
Plot[{ (-2.7960000000000003` +0.4` x) /x},{x,18.00,160.00+2.5},
  PlotRange->{{0,160},{0,0.45}},PlotStyle->{Blue,Thickness[0.005]}]
]
Print[„グラフ 10　平均税率表　2015 年所得税法と 2013 年所得税法"]
```

脚注4にて注解した所得税負担率は、最高位の課税所得階級において、14%に下落する。その一因は、金融資本所得に適用される源泉分離税の特別税率20%及び一定要件下の株式譲渡益に適用される超特別税率7%並びにデリバティブ所得に対する個人所得課税規定の不備にあると推測される。

4　歳入弾性

租税債務による累進（税引き前所得について、租税債務の弾性）。これを歳入弾性ともいう。

歳入弾性εは、課税標準が1%だけ上昇することによって、その税負担が変化する率を示す。一般的には、歳入弾性εは、課税標準の様々な水準について様々な高さである。税負担が、課税標準より大きい百分率分だけ相対的に上昇する場合、その税額シェジュールはその数値上その箇所で累進的であり、税額シェジュールが課税標準より小さい百分率分だけ小さく相対的に上昇する場合、その税額シェジュールは数値上その箇所で逆進的である。税額シェジュールが課税標準と同じ程度に変化する場合、その税額シェジュールはその箇所で**比例的**である。そうすると、税額シェジュールがより累進的である場合、税額の相対的な増大は、課税標準の相対的増大に比べ、より大である。

歳入弾性εは、一定水準の課税標準で評価して、限界税率と平均税率との除法に同等なものとして表現される。歳入弾性εは、別の測定の仕方として、外挿法による推定値を用いて租税を比例的に変化させるフィクションで測定することにより、実際の租税の限界変化として表現されることもある。税額シェジュールは、或る箇所で税負担が課税標準に対し比例を超えて（比例を下回って、比例して）上昇する場合、税額シェジュールは、その数値上、その箇所において累進（逆進、比例）している。参照、グラフ11と12。

531

第 3 部　第 12 章　2015 年と 2013 年所得税法の定める超過累進税額表と歳入予測

グラフ 11　2015 年所得税法による歳入弾性

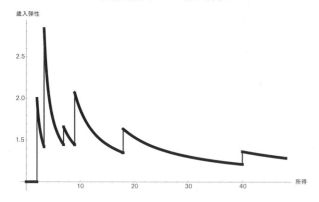

上記グラフのプログラムは脚注 [22] のとおりである。

続いて、2013 年所得税法による歳入弾性のグラフを示す。

---

[22]　Show[
　Plot[{0.05/ ((0.05` x) /x) }, {x, 0, 1.95},
　　AxesLabel -> {„所得", „歳入弾性"},
　　PlotRange -> All, PlotStyle -> {Red, Thickness[0.01]},
　　ImageSize -> Large],
　Graphics[{Red, Thick,
　　　Line[{{1.95, 0.05/ ((0.05` 1.95) /1.95) }, {1.95,
　　　　0.1/ ((-0.0975` + 0.1` 1.95) /1.95) }}]}],
　Plot[{0.1/ ((-0.0975` + 0.1` x) /x) }, {x, 1.95, 3.30},
　　PlotRange -> All, PlotStyle -> {Red, Thickness[0.01]}],
　Graphics[{Red, Thick,
　　　Line[{{3.30, 0.1/ ((-0.0975` + 0.1` 3.30) /3.30) }, {3.30,
　　　　0.2/ ((-0.4275` + 0.2` 3.30) /3.30) }}]}],
　以下同様、
　Plot[{0.45/ ((-4.795999999999999` + 0.45` x) /x) }, {x, 40.00,
　　40.00 + 8.00},
　　PlotRange -> All, PlotStyle -> {Red, Thickness[0.01]}]
　]

第3節 局所累進性にみる不平等―2015年所得税法を手がかりとして―

グラフ12 2013年度所得税法による歳入弾性

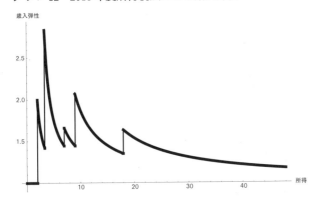

　所得区間の数が1つ少ないから、最高位所得区間は長くなるので、そこにおける歳入弾性はなだらかな右下がりとなる。
　歳入弾性の数値は所得区間において入口では大であり、出口では小である（局所逆進性）。所得区間の切り替え時に、局所的に跳躍する。超過累進税制に係る歳入弾性のグラフは、常に、所得区間の領域内において、局所的に逆進性を示し、不平等が起きていることを示している。

5　残余所得弾性

　残余所得による累進（税引き前所得について、税引き後所得の弾性）
　残余所得弾性 $\eta(Y)$ は、課税標準が1％だけ上昇するとき、課税標準マイナス税額（すなわち、残余所得）がいかほどの百分率にて変化するかを表す。残余所得が課税標準にくらべ相対的に少しだけ上昇する場合、当該税額シェジュールはその数値をみると、この箇所で累進的である。残余所得が課税標準にくらべ相対的により大きく上昇する場合、その税額シェジュールはこの箇所で逆進的である。残余所得が課税標準と同じ程度に変化する場合、その税額シェジュールはこの箇所で比例的である。残余財産の相対的な増大が課税標準の相対的増大にくらべ一層小であればあるほど、その税額シェジュールはそれだけ一層累進的である。

　残余所得弾性 $\eta(Y)$ は、「1マイナス限界税率」を「1マイナス平均税率」で割り算して得られる数値と同値である（脚注23のプログラム参照）。

グラフ 13　2015 年所得税法による残余所得弾性

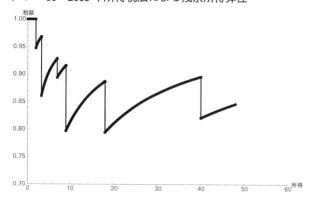

その式は脚注 [23] のように表し得る。

続いて、2013 年度のグラフを示す。

---

[23]　Show[
　Plot[{ (1 - 0.05) / (1 - (0.05` x) /x) }, {x, 0, 1.95},
　　AxesLabel -> {„所得 ",„ 税額 "}, PlotRange -> {{0, 60.0}, {0.7, 1.0}},
　　PlotStyle -> {Red, Thickness[0.01]}, ImageSize -> Large],
　Graphics[{Red, Thick,
　　Line[{{1.95, (1 - 0.05) / (1 - (0.05` 1.95) /1.95) }, {1.95, (
　　　1 - 0.1) / (1 - (-0.0975` + 0.1` 1.95) /1.96) }}]}],
　Plot[{ (1 - 0.1) / (1 - (-0.0975` + 0.1` x) /x) }, {x, 1.95, 3.30},
　　PlotRange -> {{0, 60.0}, {0.7, 1.0}},
　　PlotStyle -> {Red, Thickness[0.01]}],
　Graphics[{Red, Thick,
　　Line[{{3.30, (1 - 0.1) / (1 - (-0.0975` + 0.1` 3.30) /3.30) }, {3.30, (
　　　1 - 0.2) / (1 - (-0.4275` + 0.2` 3.30) /3.30) }}]}],
　以下同様,
　Plot[{ (1 - 0.45) / (1 - (-4.795999999999999` + 0.45` x) /x) }, {x, 40.00,
　　40.00 + 8.00}, PlotRange -> {{0, 60.0}, {0.7, 1.0}},
　　PlotStyle -> {Red, Thickness[0.01]}]
　]

第4節　改正の必要性

グラフ14　2013年所得税法による残余所得弾性

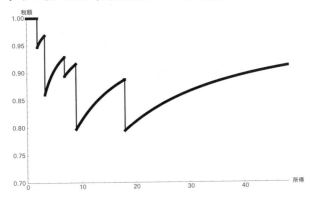

　残余所得弾性の数値は所得区間において入口では大であり、出口では小である（局所逆進性）。1と0.75の間で上下に変動し、所得区間の切り替え時に、局所的に滑落し、その後、登攀する。残余所得弾性のグラフは、常に、所得区間の領域内において、局所的に逆進性を示し、不平等が起きていることを示している。

第4節　改正の必要性

1　パネルデータの制約

　国税庁（編）『国税庁統計年報』が毎年公表されている。所得階級の分位数及びその幅は、等分でも等比級数・幾何級数でも指数でもなく、恣意的な不等分による分位と分位数からなっている。したがって、そのミクロ・データは標本データであるとしても、その標本データから得られる分析には大きな制約が課せられている。

　所得について等分による分位と可及的最大限の分位数とそれに基づくミクロ・データ及びビッグ・データが公表されるならば、実証研究と実証的租税政策が飛躍的に改善されるであろう。そうすれば、分析や政策提言を実施する者が、その目的に応じて、所得について等分による所得階級分位などを数学的に処理加工して、その成果を発表することができるであろう。内閣府（又は新設の統計省）が各省庁の所轄するデータすべてを包括的に収集・取得し統一的にデータ処理をなし得る権限を付与されるべきであろう。

2 超過累進税制の改廃

(1) 局所累進性に見る不平等

超過累進税制の下において、一つの所得区分の始点と終点の間における歳入弾性及び残余所得弾性は、局所的に見ると、不可避的に逆進性を示している。或るn分位の終点における限界税率と次のn+1分位の始点における限界税率との間には必ず跳躍が見られる。n+1分位の始点にあたる課税所得の取得者は、n分位の終点にあたる課税所得の取得者に比べ、平均税率の点で必ず不利である。

このように、超過累進税率シェジュールは、局所累進の観点から、不可避的に不平等をもたらす。したがって、超過累進税制度は改廃すべきである。

(2) 線形累進税制への移行

超過累進税制度の改廃後、所得税法は一律税率であるフラット税制を導入するか、又は、局所逆進性を排除し得る線形累進税制へ移行するかといった選択肢が考えられる。

これと類似して、公的年金制度の保険料率は、積立方式でなく賦課方式（pay-as-you-go program）のもとでなら、フラット料率又は線形累進保険料表を用いて、所得の再分配を図かるべきであろう。けだし、現行の公的年金保険料率制度は、超過累進税制と同様に、局所逆進性を内蔵しているからである。しかも、その頻度はきわめて多数に上っている[24]。

(3) 個人単位から世帯単位へ

所得税法は、課税単位について、個人単位から世帯単位へ切り替えて、世界標準に近づくべきである。そうすれば、所得税法と社会保障法との統合が、課税所得と標準報酬との共有化によって、所得ベースから可能になるであろう。所得区間の分位が著しく異なるので、両者は統合しにくいのである。

最後に、統計学・財政学に造形の深い皆様が、本章を契機に、より優れた数式や統計手法を開発し公表してくださることを願っている。本章で示したプログラムについてご批判・ご質問をお寄せいただければ、幸甚である。

2つの数学ソフトの対照表を次に紹介する。本章はWolfram Mathematica10

---

[24] 木村（2009C）111-130頁〔本第3部第15章〕；木村（2009D）3号172-183頁、4号106-112頁。

第4節　改正の必要性

を使用しているが、Maple にても同一のグラフと数値が得られるであろう。

- ● Mathematica 10
- ● Maple - Mathematica 対照表
  - ・ ■ How Maple Compares to Mathematica（r）
  - ・ <http://www.maplesoft.com/compare/mathematica_analysis/>
  - ・ <http://www.maplesoft.com/products/maple/compare/HowMapleCompares-toMathematica.pdf>
  - ・ ■ Mathematica Translator（オンラインヘルプ）
  - ・ <http://www.maplesoft.com/support/help/category.aspx?CID=1408>
  - ・ ■ Maple-Mathematica コマンド対照表
  - ・ <http://www.cybernet.co.jp/maple/documents/pdf/welcome/Mathematica-Maple_command.pdf>
  - ・ ■書籍
  - ・ 雪江明彦『線形代数学概説』（培風館　2006 年）199 頁　8 章　補足

第13章　所得税額表の立法技術
──政策即応型累進税モデルの紹介──

第1節　課題の設定

　累進所得税額表シェジュールは、ドイツ法律学によって一般に、社会的正義に適ったものとして考えられている[1]。ドイツ連邦憲法裁判所は、「比例的平等の意味で経済的給付能力のより高いものがその所得から、経済的弱者に比べより一層高い百分率の租税を支払わなければならないという」正義を求める判例を説示する[2]。連邦憲法裁判所は累進税制を応能負担原則（Leistungsfähigkeitsprinzip）からの派生として考察するのに対し、Tipke 教授は社会的法治国原則（Sozialstaatsprinzip）のなかにその理由付けを見いだしている[3]。税額表シェジュールの社会的要素と応能負担原則の概念は、明らかに一体として考察されている[4]。

　Eckart Bomsdorf 教授と Ulrich Peter Hermani 氏の開発した政策即応型累進税額シェジュール・モデルに基づいて[5]、納税者連合会カール・ブロイア研究所（編）R.Borell/V.Stern（執筆）は、政策即応型累進税額表モデル T133 を提案する[6]。納税者連合会カール・ブロイア研究所及び R.Borell/V.Stern は、税額シェジュールの改革について緊要の課題を次の点に見ている。すべての所得税

---

[1]　Tipke (1985), S.150; Birk (1983), S.56; Vogel (1975), S.411.; Gutachten der Steuerreformkommission 1971, BdF, Heft 17, Bonn 1971, S.30; 異説、Hayek (1952), S.508ff.

[2]　Urteil- BVerfG vom 24.6.1958 BVerfGE 8 S.51 (68f.), BB 1958 S.656.

[3]　Tipke (1985), S.150; Birk (1983), S.36f, S.55.

[4]　Dziadkowski (1985), S.5.
　　社会的法治国家の観点から、累進性を正当化する立場に立つとき、租税法だけをその考察対象とする（例えば、Tipke 説）か、租税法と社会保障法を統合してその考察対象とする（木村説）かは、重要な岐路である。ここでは、この問題に立ち入らない。

[5]　So Stern, Volker（原執筆者）発私信 E-mail dated 23.02.2012 (we took this type of formula, because it seems to be simple. Bomsdorf/ Hermani (Modelle zur Reform des Einkommensteuertarifs, Institut der Deutschen Wirtschaft, 1978) used such formulas before.).

[6]　税額表の構造を改善するための諸提案について、参照、Dziadkowski (1985), S.10.

納税者（給与所得税納税者を含む。）にできるかぎり税負担の軽減を図ることである。この必要性は、納税者が各所得区間において、インフレによる隠れた増税によって、不当に負担をどの程度加重されているかについて、具体的に認識する[7]なら、とくに明瞭になる。本章はこれらの提案を紹介する。

第2節　税額シェジュールのドイツ経済研究所提案

Eckart Bomsdorf 教授と Ulrich Peter Hermani 氏は、ドイツ経済研究所経済・社会学部の指揮の下で、べき乗関数を用いた政策即応型累進税額表シュジュールを研究・開発した[8,9,10]。

---

[7]　Borell/ Stern (1984), S.20 ff., S.39, S.41 Tabelle 2.

[8]　Bomsdorf/ Hermani (1978), S.18.

[9]　税率論の基本文献として、参照、Genser, Wien (1980). 文献案内は、Bomsdorf 教授による。感謝の意を表する。

[10]　Bomsdorf (1996)/XII, S.623f.（所得税の急激な軽減が行われようとしている。所得税関数が時の経過とともに繰り返し微調整されなければならないので、所得税額表シュジュールに係わる法律家が果たすべきパラメータを彼の関数タイプはその内容として含んでいる。）.
最低生活費：13000DM
最低生活庇護の、最初の課税所得金額1000DM に対する所得税：81DM（8.1％）
最高限界税率：40％
100000DM 以上の所得に最高限界税率を適用。
指数1.30 は累進速度を意味する。
この目標を達成するには、次のモデル T130 を用いる。

税額関数（所得税額表シェジュール）

$> \quad T_{130} := piecewise\big(x \leqq 130000, 0, 13000 < x < 100000, 0.010145 \cdot (x$
$\quad - 13000)^{1.30}, x \geqq 100000, 0.40 \cdot x - 13231\big)$

$$T_{130} := \begin{cases} 0 & x \leqq 130000 \\ 0.010145\,(x-13000)^{1.30} & 13000 < x < 100000 \\ 0.40\,x - 13231 & 100000 \leqq x \end{cases}$$

限界税率関数

$$MT_{130} := \begin{cases} 0. & x \leqq 13000. \\ 0.01318850000\,(x-13000.)^{3/10} & x < 100000. \\ \text{Float(undefined)} & x = 100000. \\ 0.4000000000 & 100000. < x \end{cases}$$

540

第2節　税額シェジュールのドイツ経済研究所提案

インフレーションと累進税制度のもとで、名目所得が高くなれば、それに応じて、高くなった所得金額に適用される平均税負担率も高くなる。これをインフレによる隠れた増税と呼び、その累進を冷たい累進（カルト・プログレシオン）といっている。この減少に対応するには、減税を果たしうる累進税額表シェジュールが必要となり、かつ、多くの国民に受け入れられるには中産階級の所得区間に適用される平均税率負担の引き下げが必要となる。

1　要　　請
前記の設定目標を達成する数式を用いた税額表シェジュールは、次のように構築されている。

(ⅰ)　税額表シェジュールは、累進であるべきである。

(ⅱ)　税額関数と限界税率は、跳躍を示すべきでない。

(ⅲ)　限界税率は（その最高限界税率の適用を受ける）課税所得 X_G から一定不変であるべきである。

(ⅳ)　課税所得Ｘでの限界税率は、累進税率ゾーン内部では、課税所得Ｘでの（或る定数 α で算出された）平均税率に同じであるべきである。

(ⅴ)　所得税歳入弾性（die Elastizität der Einkommensteuer）は、課税所得との関連では、累進税率ゾーン内部では、一定不変であるべきである。

(ⅵ)　経済状況が変化し発展しても、当該関数タイプを基本的に変更しなくても、パラメータを少しばかり微調整すれば、首尾よく機能すべきである。これによって、納税義務者が名目所得の増加により一つうえの所得区間に分類され高い累進税を課せられることは、回避されるべきである。

(a)　これらの要請の解釈

要請

(ⅰ)　税額表シェジュールの累進度についての要請は、上記の設定目標を計算に入れる。

(ⅱ)と(ⅲ)　限界税率での跳躍は避けられるべきであり、かつ、限界税率に上限を設定すべきである。

(ⅳ)と(ⅴ)　これらの要請によって平等な累進性が達成されるべきである。限界税率は、平均税率を指向すべきである。平均税率は、課税所得が増加するにつれて、上昇する。

541

第 3 部　第 13 章　所得税額表の立法技術

(vi)　以上によって、国家が名目所得の隠れた増額に過剰に課税することは、避けられるべきである。税額表の調整は、とりわけ、税額関数のタイプを変更せずに、可能である。

次に掲げる記号を用いることとする。

Y	課税所得（基礎免除額を含め、所得控除額を考慮した後の数値）
T（Y）	税額関数（所得金額 Y で支払われるべき所得税）
$T'(Y) = \dfrac{dT}{dY}$	所得金額 Y での限界税率
$\dfrac{T(Y)}{Y}$	所得金額 Y での平均税率
S	最高限界税率
X_G	限界税率が一定不変となる、所得金額（すなわち、最高限界税率の適用されはじめる、所得金額）
α	累進速度パラメータ（Progressionsparameter）
ε	所得税歳入弾性
η	残余所得弾性

(b)　要請を数式に変形

要請

(i)　$T(Y) > 0$ 限界税率は正であるべきである。

$$T'(Y) = \frac{dT(Y)}{dX} > 0 \quad \text{for} \quad 0 < Y < Y_G \qquad \text{数式 1}$$

限界税率は所得金額の増大につれて、増大すべきである（直接累進課税方式）

(ii)　T(Y), T'(Y) は、連続関数である。

(iii)　$T(Y) = T(Y_G) + s(Y - Y_G) \quad \text{for } Y > Y_G$ 　　　　数式 2

(iv)　$T'(Y) = \dfrac{dT(Y)}{dY} = \alpha \cdot \dfrac{T(Y)}{Y} \quad \alpha \neq 0$ 　　　数式 3

(v)　$\dfrac{dT(Y)}{dY} \times \dfrac{Y}{T(Y)} = \varepsilon \quad \varepsilon \neq 0$ 　　　　数式 4

所得税の歳入弾性は次の計算式による。

第2節　税額シェジュールのドイツ経済研究所提案

$$\frac{限界税率}{平均税率} = \frac{T'(Y)}{\frac{T(Y)}{X}} = \frac{\frac{dT(Y)}{dY}}{\frac{T(Y)}{Y}} = \frac{dT(Y)}{dY} \cdot \frac{Y}{T(Y)} = \varepsilon.$$

この後半の等式はつぎを含意する。

$$\varepsilon = \alpha \qquad\qquad\qquad \textbf{数式5}$$

なぜなら、

$$T'(Y) = \frac{dT(Y)}{dy} = \alpha \frac{T(Y)}{Y}$$

及び

$$\varepsilon = \frac{dT(Y)}{dY} \cdot \frac{Y}{T(Y)}$$

両式から次が得られる。

$$\alpha = \frac{dT(Y)}{dY} \cdot \frac{Y}{T(Y)}$$

　Bomsddorf 教授の見解によれば、本(iv)（数式3）を変形すると本(v)（数式4）が得られるから、基本的に(iv)と(v)の両者は同じ数式をその内容とする。αは累進速度パラメータとして呼ばれている。それは、累進の速度を測るための測度（ein Maß für die Beschleunigung der Progression）である。同時に、同教授によれば、数式4は、εが、歳入弾性であるとともに、累進速度αの数値と等しいことを示している。等式 ε = α の証明は上記の通りである [11,12]。

11　証明は Bomsdorf 教授のご指導による。(iv)を変形して得られるのは、$\frac{dt(Y)}{dY} \cdot \frac{Y}{T(Y)} = \alpha$ であり、さらに、$\frac{dT}{dY} \cdot \frac{Y}{T} = \alpha$ と書き直せる。かくして、$\alpha = \varepsilon$ は成立する。

　詳細な証明は、参照、Bomsdorf (1981), S. 315-324 (317f.). この論文（S.321 FN.13）は、Bomsdorf/ Hermani (1978), S.25ff. を発展／改良する。
Homburg (2010), S.68 FN91 が、Iso-aufkommenselastischer Tarif：ε (y)= a for all y について証明を試みている。ε (Y)= ε すなわち、$\frac{dT}{dY} \cdot \frac{Y}{T} = \varepsilon$ Homburg 教授の論証は証明力がある。

12　歳入弾性は次の数式で示されている。

$$\varepsilon(Y) = \frac{dT/T}{dY/Y} = \frac{dT/dY}{T/Y} = \frac{dT}{dY}\frac{Y}{T} = \frac{\tau(Y)}{t(Y)}$$

ここで、

$\tau\ (\mathbf{Y})\ :\ =\mathbf{T}'\ (\mathbf{Y})$ は限界税率シェジュール Marginalsteuertarif を、

第3部　第13章　所得税額表の立法技術

(vi)　最後の要請は正確には数式に表現し直されていない。同教授はより鋭く公式を作っている。

Tは元の税額表関数であり、$\tilde{T}$は微調整され得る税額関数である。

$$\tilde{T}(Y + aY) = (1 + a + \gamma) \cdot T(Y) < T(Y + aY) \qquad (0<Y<Y_G)$$

数式6

$$a, \ \gamma \geqq 0$$

直接累進の所得区間では、税額関数は、できるだけ単純な態様で微調整されうるべきであるから、所得金額がa・100％ずつ平均的に上昇するとき、税額は $(a+\gamma)$・100％だけ上昇する。この百分率で表示された税額の増加は、税額関数 T(Y) によるよりも一層低い。すなわち、累進効果は緩和される。税額の増加率が、所得金額の増額率と同じ水準に必ずしも限定しなくてよい。ここで定数γは、同一の水準に保つためのパラメータである。

したがって、税額表関数$\tilde{T}$とTとは、せいぜいこのパラメータの相違だけである。

2　税額表関数

これらの要請をみたす税額表関数を見いだすため、数理上の数式を導きださねばならない。

$t(Y) := \dfrac{T(Y)}{Y}$ は平均税率シェジュールを、そして、$\varepsilon(Y)$ は歳入弾性を示すとする。

$\varepsilon(\bar{Y}) > 1$ である場合、税額シェジュールは（Ŷ）の箇所で歳入弾性・(Y) が累進しており、$\varepsilon(\bar{Y}) < 1$ である場合、税額シェジュールは（Ŷ）の箇所で歳入弾性・(Y) が逆進しており、$\varepsilon(\bar{Y}) = 1$ である場合、税額シェジュールは（Ŷ）の箇所で歳入弾性・(Y) が比例している（参照、Musgrave/ Thin (1948), p.504.）。

第2節　税額シェジュールのドイツ経済研究所提案

数式4と数式5から、

$$\frac{dT(Y)}{dY} \times \frac{Y}{T(Y)} = \alpha \qquad \text{数式7}$$

これから一義的に、次が導かれる[13]。

$$T(Y) = cY^{\alpha} \qquad \text{数式8}$$

すべてのYについて $Y \geqq Y_G$ であるなら、T は(ii)と(v)の条件を満たす。
cとαの選択のため数式1をもう一度招致して微分、偏微分をする[14]。
$T(Y) = cY^{\alpha}$ から次が導かれる。

$$T'(Y) = c\,(Y)^{\alpha-1} \qquad \text{数式9}$$

$$T''(Y) = c\,\alpha\,(\alpha-1)\,(Y)^{\alpha-2} \qquad (0 < Y \leqq Y_G) \qquad \text{数式10}$$

要請(1)と(2)は、上記関数が、$\alpha > 1$ でかつ c>0 である場合に成立する。

かくして、最後の要請から眺めてみると、望ましい特性を有する、税額関数が見いだされた[15]。

(a)　税額表関数の解釈

限界税率が一定不変となる所得区間を含めて考えると、完全な税額関数 T(Y) は次のとおりである。

$$T(Y) = \begin{cases} c \cdot Y^{\alpha} & \text{for } 0 \leqq Y \leqq Y_G \\[2ex] c \cdot Y_G^{\alpha} + s\left(Y - Y_G\right) & \text{for } Y \geqq Y_G \end{cases} \qquad \text{数式11}$$

$\alpha > 1$, c>0 の場合、s は最高限界税率とする。

これを微分すると、限界税率が求められる。

---

[13]　微分方程式の解として、一つの定数を用いたべき乗関数（eine mit einer Konstanten multiplizierte Potenzfunktion）が明らかになる。

[14]　$\alpha = 1$ の場合、$T''(Y) = 0$ となるから、したがって、まず、この場合は除外される。

[15]　(vi)の箇所で定式化した条件は、T によって充足され得る。これにより、パラメータ c を変化し得る。これの変化（Änderung）は非常に重要なものであり、課税所得金額の多寡に依存しない。その数値はモデルパラメータであり続ける。Bomsdorf/ Hermani (1978), S.18-21 及び脚注 34 に対応する本文を参照。

第3部　第13章　所得税額表の立法技術

$$
T'(Y) = \begin{cases} c \cdot \alpha \cdot Y^{\alpha - 1} & \text{for } 0 \leqq Y \leqq Y_G \\ s & \text{for } \quad\quad Y \geqq Y_G \end{cases}
$$

数式12

平均税率を求めるには、数式11の両辺ともに、各項をYで割り算すればよい。

$$
\frac{T(Y)}{Y} = \begin{cases} cY^{\alpha - 1} & \text{for } 0 \leqq Y \leqq Y_G \\ s + \dfrac{c \cdot Y_G^{\alpha} - s \cdot Y_G}{Y} & \text{for } Y \geqq Y_G \end{cases}
$$

数式13

所得区間が $0 \leqq Y \leqq Y_G$ にある領域では、歳入弾性 [16,17] は、課税所得との関係では次を意味する。歳入弾性 α が大きければ大きいほど、税額はより一層早く上昇する。すなわち、累進効果はより一層大きくなる。α は累進速度のための尺度である。したがって、累進定数（Progressionskonstante）とも呼び得る。掛け算の定数 c は、税額の絶対額だけを規定する。c は、入口税率と呼ばれている。なぜなら、c は、課税所得が1（単位）であるとき、支払うべき税額を

---

[16]　die Elastizität der Steuer, Aufkommenselastiziät. 本章にいう歳入弾性をタリフ弾性 Tarifelastiztiät と表現する論者もいる。Boss/ Boss/ Boss（2006）, S.2.

[17]　Homburg（2010）, S.68. は次のように歳入弾性を説明する。
もうひとつの累進測度は、租税の歳入弾性 die Aufkommenselastizität α（alpha）der Steuer である。

歳入弾性 : $\alpha\,(y) = \dfrac{dT}{dy}\dfrac{y}{T} \fallingdotseq \dfrac{\Delta T / T}{\Delta y / y}$

歳入弾性とは、課税標準が1%だけ増加する場合に、租税歳入が何%だけ上昇するかを、示すものである。歳入弾性の理解にとって、課税標準の値に応じて相異なりうる、局所的数値（eine locale Maßzahl）が問題だということは、重要である。累進税額シェジュール（ein progressiver Tarif）の限界税率は常に、平均税率を上回っている $\left(\dfrac{dT}{dy} > \dfrac{T}{Y}\right)$ から　両辺に $\dfrac{Y}{T}$ をかけ算すると直接に $\alpha\,(Y) > 1$ が得られる。したがって、累進税額シェジュールは、歳入弾性を有する。歳入弾性は1より大である。逆進税額シェジュールは歳入非弾性 aufkommensunelastisch である。歳入弾性が1より小である。一般に、或る税の歳入弾性は変化する。しかし、それが一定不変 konstant である場合、その税額シェジュールは一定不変の歳入弾性 iso-aufkommenselastisch だという。
Prof. Bomsdorf はケルン大学経済・社会学部の教授であり、Prof. Homburug は同大学を首席で卒業後に現在同学部で教授の職にある。

546

示すからである（T(X=1)=c)。

　税額関数は、4つのパラメータによって規定されている。すなわち、c, α, s, Y_G これらの数値の間には、次の関係が成立している。

$$c \cdot \alpha \cdot Y_G^{\alpha-1} = S \qquad \text{数式14}$$

　これら3つの数値が所与だとすれば、第4の数値は自動的に算出される。
　これらすべてのパラメータが政策パラメータと呼ばれている。すなわち、それらパラメータは、それぞれの社会及び国民経済の目標に依存して選択される。そのさい、累進速度αは、その所得分配、景気政策及び経済成長政策の及ぼす効果の理由から、最も大きな意義をもっているが、それでも、勿論すべてのパラメータが相互に調整しあっている。
　入口税率cは、$Y_G>1$ である限り、いつも1より小である。さらに、通常は、本質的に小である。要請(4)と(5)から見られるように、入口税率cは、基礎免除額（ゼロ税率ゾーン）を差し引いた後の課税標準額に適用され得る。しかし、この基礎免除額（ゼロ税率ゾーン）は容易に組み込み得る。税額表関数は、次の内容となる。

$$T(Y) = c(Y-F)^{\alpha} \qquad \text{数式15}$$

ここで
Yは、基礎免除額Fを控除する前の課税所得金額をいう。

(b)　関数の微調整可能性
　上記の税額関数は、一つのパラメータを変更することによって、容易に累進効果を緩和するために、微調整できるかどうかについて、考察を加えなければならない。課税所得金額XがX(1+a)へと平均的に上昇する場合、すなわち、所得区間 $0<X<X_G$ において a・100%（a>0）だけ増える場合、このタイプの関数を維持したまま、パラメータを変更して、税額関数を次のように維持することができる。

$$\tilde{T}(Y+aY) = (1+a+\gamma) \cdot T(Y) < T \cdot (Y+aY) \qquad \gamma \geqq 0^{18} \quad \text{数式16}$$

_____

18　$\varepsilon<0$, a<0 のケースが考えられ得る。このケースはここでは取り扱わない。ε がその

ここで、$(1 + \alpha + \gamma)$ 100％は、所得金額が $a \times 100$％だけ増加するとき、従前の税額に比べ新たな税額表シェジュールに基づく税額の増加を示している。$\gamma > 0$ は、次のような態様での税額表シェジュールの変更を意味する。当該平均的所得金額に $\tilde{T}$ を適用する場合の税額の増加は、所得金額の平均的上昇を超えているが、しかし、（Ｔの適用から算出される）税額の増加より低い、といった態様である。$\gamma > 0$ は、国家の責務が追加された場合、又は消費税の増長が比例していない場合に、正当化されうる。

Ｔから $\tilde{T}$ を求めるには、パラメータ ｃ、α、ｓ の一つを微調整できるであろう。最高限界税率ｓの変更は、望ましい効果を持たない。なぜなら、最高限界税率ｓは X_G より大きな所得金額にとってのみ意義をもっているからである。α の微調整も又、条件付きでのみ可能である。その場合には、「新たな」パラメータ $\tilde{\alpha}$ は所得金額Ｘに従属している。

$$\tilde{T}(Y) = cY^{\tilde{\alpha}(Y)}$$ 数式 17

すなわち、税額表関数のタイプは変更されている。

望まれた税額表シェジュールを首尾よく微調整するには、唯一の可能性として、入口税率ｃの変更が残されている[19]。

$$\tilde{T}(Y + aY) = \tilde{c}(Y + aY)^{\alpha} \qquad \text{for} \quad 0 < Y < Y$$ 数式 18

これを変形すると

$$\tilde{T}(Y + aY) = \tilde{c}Y^{\alpha}(1 + a)^{\alpha}$$ 数式 19

先の数式 6

$$\tilde{T}(Y + aY) = (1 + a + \gamma) \cdot T(Y)$$ 数式 20

から次が導かれる。

　ように選択されるなら、その累進効果は緩和される。けだし、$1 + a + \alpha < (1 + \alpha)$。
[19]　自動的に X_G もまた調整される。

第 2 節　税額シェジュールのドイツ経済研究所提案

$$\frac{\widetilde{T}(Y + aY)}{T(Y)} = \left(1 + a + \gamma\right) \qquad \text{数式 21}$$

$T(Y) = cY^{\alpha}$ を考慮に入れると、数式 19 と数式 21 の式から、次が得られる。

$$\widetilde{c} = \frac{1 + a + \gamma}{(1 + a)^{\alpha}} \cdot c \qquad \text{数式 22}$$

累進効果が微調整メカニズムによって緩和されるはずであるから $(1 + a + \gamma < (1 + a)^{\alpha})$、次が成立する。

$$\widetilde{c} < c \qquad \text{数式 23}$$

累進速度の定数が α であり、そして、最高限界税率の定数が s であるとき、その最高限界税率が適用される所得金額について、新たな値が導きだされる。

$$\widetilde{Y}_G = \sqrt[\alpha - 1]{\frac{s}{\alpha \cdot \widetilde{c}}} \qquad \text{数式 24}$$

ここで、

$$\widetilde{Y}_G > Y_G \quad \text{けだし、} \ \widetilde{c} < c$$

新しい税額関数は次のように表現される。

$$\widetilde{T}(\text{Y}; \ \widetilde{c}, \alpha, s) = \begin{cases} \widetilde{c} \cdot Y^{\alpha} & \text{for} \quad 0 \leqq Y \leqq \widetilde{Y}_G \\ \widetilde{c} \cdot \widetilde{Y}_G^{\alpha} + s \cdot \left(Y - \widetilde{Y}_G\right) & \text{for} \quad Y \geqq \widetilde{Y}_G \end{cases} \qquad \text{数式 25}$$

また、望ましい効果を入口税率 c の微調整によって達成することも可能である。その際、同時に、最高限界税率が適用される、所得区間を上方にずらすことも可能である。

　一人の所得稼得者のもとで、課税所得金額 Y（0<Y<Y_G）が Y+dY（ただし、d<a, or d>a）へと上昇する場合、同時に、T が $\widetilde{Y}$ に移行するとき、算出税額は、Y+dY<Y_G であるかぎり、T(X) の $(1 + \alpha + \gamma)$ 倍よりも大きい（または小さい）

549

第3部　第13章　所得税額表の立法技術

数値に増額する [20]。

　導関数が示しているように、ひとつの簡単なパラメータの変更によって、一般的な税負担の軽減が可能となる。税額関数の抜本的な変更は必要でない。一定の期間内で平均的所得金額が a 100%だけ上昇するときに、累進効果を緩和したければ、この税額関数は簡単な態様で修正できる。その際、パラメータ γ によって、政策上の判断余地はまだ残されている。これはまた、インデックス化や強いルールの拘束を受けない。

3　モデル税額表シェジュール

　Bomsdorf 教授らは、3つの相異なるパラメータの数値を使って、或る所得金額について税額関数と税額表——限界税率と平均税率を含む——を確認する。

(a)　説　　明

　モデル T1 は、累進定数 α =1.34、入口税率 c=0.0805 ——すなわち、最初の課税所得 1000DM に対し 8.05％の税金を支払う。そして、最高限界税率 c=56％は課税所得 X_G ——基礎免除額の控除後——127,000DM 以上の金額に適用される。あとの2つのパラメータ—— s と X_G ——は当時の税額表シェジュールによってあらかじめ定められているものとする。そうすると、累進定数と入口税率だけが変化しうる。すべての4つのパラメータが相互に従属しあっていることによって、α または c は自由に変数となり得る。

　この税額表モデルは次のとおり。

$$
T1(Y;0.0805, 1.34, 0.56) =
\begin{cases}
0.0805 \cdot Y^{1.34} & \text{for} \quad Y \leqq 127 \\
53.075 + 0.56 \cdot (Y - 127) & \text{for} \quad Y \geqq 127
\end{cases}
$$

数式 26

　税額表モデル T2 は、モデル T1 に比べ、より低い累進速度（α = 1.32）とより高い入口税率（9％）とを使っている。これに対し、最高限界税率と（これの適用される）課税所得の水準は、変更しないままとする。

---

[20]　So Bomsdorf / Hermani (1978), SS.22-24、F N 44 に対応する本文参照。

第2節　税額シェジュールのドイツ経済研究所提案

この税額表モデルは次のとおり。

$$T2\,(Y;0.09003,\,1.32,\,0.56) = \begin{cases} 0.09003\cdot Y^{1.32} & \text{for} \quad Y \leqq 127 \\ 53.878 + 0.56\cdot(Y-127) & \text{for} \quad Y \geqq 127 \end{cases}$$

数式 27

上記の税額関数に基づく2つの税額表シェジュールを直接比較するため、$T_a\,(X; c_a,\ \alpha_a, s)$ 及び $T_b\,(X; c_b,\ \alpha_b, s)$ は、2つのケースで s を除いて X_G が同じである限り、$c_a < c_b$ から直ちに、$\alpha_a > \alpha_b$ を導き出す。これは次のように表現できる。

$$T_a\,(X; c_a,\ \alpha_a, s) < T_b\,(X; c_b,\ \alpha_b, s)$$

数式 28

すべてのXについて、2つの税額関数は交差しない。

　税額表モデルT1とT2を比較すると（参照　グラフ1、2）、限界税率は31,000DM の課税所得金額――基礎免除額の控除後――に至るまで、T2 に比べ、T1 の場合1%だけいつも低いことがわかる。同様に、平均税率は、57,000DMの課税所得に至るまで2%だけ低い。Domsdorf 教授のこの主張は、グラフ2に見る限り、正当である。

　国庫歳入の理由から、すなわち、税収不足の程度をできる限り縮減したいという理由から、第三の税額表モデルを構築してみよう。税額表モデルT3は、累進の定数 α を 1.32、最高限界税率 s を課税所得 X_G （127,000DM）のところに設定する。入口税率を9.16%とし、そして最高限界税率 s を57%とする。

　税額関数は次のとおりである。

$$T3\,(Y;0.0916,\,1.32,\,0.57) = \begin{cases} 0.0916\cdot Y^{1.32} & \text{for} \quad Y \leqq 127 \\ 54.817 + 0.57\cdot(Y-127) & \text{for} \quad Y \geqq 127 \end{cases}$$

数式 29

　最高限界税率がより高いのは、入口税率がより高いことからの帰結である。税額表モデルT2と比べて累進速度（$\alpha = 1.32$）は変わらない。課税所得金額が127,000DM のところで最高限界税率が56%であるようするには、累進速度 α をより低い値に設定することによってのみ、可能となる。しかし、これでは、

租税歳入が再び大きく不足する結果となる。所得区間の低い領域でもそうである[21]。

(b) 微調整措置のとりかた

最初の税額表モデル T1 について、Bomsdorf 教授らは要請(vi)に適合するように、簡単な微調整が行われるべきだとする。税額表シェジュール T1 の導入以来、平均的所得金額が 40％上昇してきた（a=0.4）と仮定すると、微調整措置は、完全な累進効果が現れないようになされるべきであろう。しかし、税額が平均的所得金額よりも一層高く上昇するので、Bomsdorf 教授らは 0.1＝ γ を代入する。この γ ＝0.1 は、同時に、累進効果の（望ましい）緩和をも確実にする。新しい税額関数は次のとおりである。

$$\gamma = \frac{\tilde{T}(Y+aY)}{T(Y)} - (1+a) \qquad \text{数式 30}$$

税額節減率[22] は次のように計算される。

$$税額節減率 = \left(100 - \frac{\tilde{c}}{c} \cdot 100\right)\% \qquad \text{数式 31}$$

税額表シェジュール T1 は、α ＝1.34, c=0.0805, s=0.56 をとると仮定し、さらに a=0.4 と γ ＝0.1 を用いて微調整を受けるものとする。

そうすると、$\tilde{c}$ は次の計算の解として直接に求められる[23]。

$$\tilde{c} = \frac{1+a+\varepsilon}{(1+a)^{\alpha}} \cdot c = \frac{1+0.4+0.1}{(1+0.4)^{1.34}} \cdot 0.0805 = 0.07692642885 \qquad \text{数式 32}$$

つづいて、

$$\tilde{X}_G = \sqrt[\alpha-1]{\frac{s}{\alpha \cdot \tilde{c}}} = \sqrt[0.34]{\frac{0.56}{1.34 \cdot 0.076926}} = 145.1424159 \qquad \text{数式 33}$$

---

[21] So Bomsdorf/ Hermani (1978), S.25-29.

[22] Steuerersparnis.

[23] Bomsdorf/ Hermani (1978), S.24. Prof. Dr. Bomsdorf 発 2012 年 2 月 29 日付け私信により、本文に掲げた具体の数式を確認している。ご教示につき、ここに謝意を表する。

第 2 節　税額シェジュールのドイツ経済研究所提案

$$税額節減率 = \left(100 - \frac{\tilde{c}}{c} \cdot 100 \right)\%$$

$$= 100 - \frac{0.07692642885}{0.0805} \cdot 100 = 4.43921882\%$$ **数式 34**

　実際、精確に 4.4 になるように、税額節減率の数値を求める逆のアプローチをとれば、パラメータ $\hat{c}$ の値は少しばかり異なってくるし、その結果、$\tilde{X}_G$ の数値も少しばかり異なってくる[24]。

　前の税額シェジュールを累進区間内における当該増額した所得金額に適用し、そして、もとの累進区間内の所得金額すべてについて税額節減率を 4.4% にしておくとき、直前の税額表モデル T4 が得られる。限界税率及び平均税率の上昇もまた、均一に緩和される[25]。

(c)　モデルの拡張

　前述の税額関数は、累進速度の尺度として α をその内容としている。様々な累進速度をもつ所得区間をその内容とする税額表シェジュールを構築しようとするなら、それは、はじめに説明した要請を若干削除するか、または、様々な所得区間の間を移行する際に限界税率に跳躍が起きることを受け入れるかしてのみ、可能となる。

　比例ゾーンを前に置くことも考えられよう。しかし、その場合、当初のコンセプトの削減が必要である。とくに（後記証明）、比例ゾーンから累進ゾーンへの移行に際し算出税額と限界税負担が同じであるべきだと要請したくても、

---

[24]　Cf.

$> 4.4 = \left(100 - \frac{i}{0.0805} \cdot 100 \right)$

$> solve(4.4 = 100 - 100 * i/(0.805e\text{-}1), i)$

$$0.07695799999$$

$> 0.07695799999 = \frac{1 + 0.4 + b}{(1 + 0.4)^{1.34}} \cdot 0.0805$

$> solve(0.7695799999e\text{-}1 = 0.805e\text{-}1*(1 + .4 + b)/(1 + .4)^{1.34}, b)$

$$0.1006156104$$

[25]　So Bomsdorf/Hermani (1978), S.29–31.

553

それは不可能である。α_1 が 1 より大であるべきである限り、比例ゾーンに続けてもとの数式 $\left(c_1 X^{\alpha_1} \right)$ のなかで、前記の税額関数をもって累進ゾーンを築くことはできない。

証明

$$
T\ (Y) = \begin{cases}
c \cdot Y & Y \leqq Y_1 \\
c_1\, Y^{\alpha_1} & Y_1 \leqq Y \leqq Y_G, \\
c_1 \cdot Y_G^{\alpha_1} + s \cdot \left(Y - Y_G \right) & Y \geqq Y_G
\end{cases}
\qquad \text{数式 35}
$$

そして、$_1 = c_1\, Y^{\alpha_1}$ 並びに、$\alpha_1 \cdot Y_1^{\alpha_1 - 1}$ から、$\alpha_1 = 1$

さらに、次のような修正モデルも考えられる。

$$
T\ (Y) = \begin{cases}
c \cdot Y & Y \leqq Y_1 \\
c_1\, Y + c_1 \left(Y - Y_1 \right)^{\alpha_1} & Y_1 \leqq Y \leqq Y_G, \\
c_1 \cdot Y_1 + c_1 \cdot \left(Y_G - Y_1 \right)^{\alpha_1} + s \cdot \left(Y - Y_G \right) & Y \geqq Y_G
\end{cases}
\qquad \text{数式 36}
$$

若干の要請がこの税額表シェジュールで準備されている限り、パラメータは再び相互に独立している[26]。

様々な累進速度をもつゾーンに関してモデルの拡張の詳述ならびに比例ゾーンの導入の詳述は、本章の枠を超えている。

---

[26] So Bomsdorf/ Hermani (1978), S .32 Fr.N49 に及び脚注に対応する本文。

第2節　税額シェジュールのドイツ経済研究所提案

4　当モデルの効果

(1)　以下において、負担軽減効果を分析する[27]。これらは、税額表シェジュールモデル T1,T2, と T3 をドイツ所得税法に導入するときに起き得るであろう。その際、通常のパラメータの定数から出発することとする。基礎免除額3,300DM[28]並びに課税所得金額の計算に際しての所得控除額とゼロ税率ゾーン額の定数から出発する。これらの控除額の調整を行うべき必要性は、ここでは、無視することとする。ここでは専ら税額表シェジュール Tarif に集中したい。

(2)　負担軽減

グラフ 2, 3 と 4 は、Bomsdorf 教授らによる税額表モデルの場合、限界税負担と平均税負担 Grenz- und Durchschnittsbelastungen が等しく上昇することを示している。さらに、限界税率 Grenzsteuersatz について跳躍の除去も明らかに果たされている。税額表モデル T1 についてみると、限界税率が、現行税額表シェジュールに比べて、27,000DM と 48,000DM の所得区間において平均9％以上も本質的に低下している。現行税額表シェジュールの場合における16,000DM と 48,000DM との間の課税所得についての急激な累進速度は、応能負担原則の観点、所得分配政策又はその他の経済政策の設定目標によってほとんど正当化し得ないので、排除される。限界税率と平均税率との比率（すなわち、歳入弾性）は、27,000DM と 30,000DM との間の課税所得金額についてみると、税額表モデル T1 の場合 1.52 ないし 1.50 であり、現行税額表シェジュールの場合 1.61 ないし 1.59 である。したがって、この所得区間については、歳入弾性がより低くなっている。

現行税額表に比べ 11,500DM と 16,000DM との間の所得区間において限界税率がより高くなっているのは、比例ゾーンの排除によって条件付けられている。高位所得区間についての限界税率の定数に基づいて、累進速度が定数である指数累進額表を導入するとき、この新しい限界税率が最後の所得区間において従来より高くなることはほぼ避けがたい。ただし、最高限界税率 s が 56％であり、この最高限界税率が適用されはじめる所得金額 Y_G が 127,000DM であるとすれば、ひとびとは極めて低い入口税率と急激な累進速度 α を選択するかもしれない。そうするなら、非常に著しい歳入削減が起きてしまうであろう。そこで、入口税率を c=5.6％に、累進速度を $\alpha = 1.4054$ に設定すれば、それらは、

---

[27]　歳入減収について、Bomsdorf 教授は分析する。しかし、本章は取り扱わないこととする。

[28]　本章では、夫婦の選択しうる二分二乗方式には言及しないこととする。

現行の比例ゾーンの右端における限界税率22%と等しくなる。

最後に、将来より高い限界税率に服するであろう人々も、より低い入口税率から受益する。すなわち、その者の平均税負担は現行税額表に比べて明らかに低くなる。

税額表モデルT2の場合の入口税率がより高いので、限界税率と平均税率の曲線は、T1に比べて、上方に軽くずれることとなる。税額表モデルT3については、このずれはなお一層強く表れる[29]。

(3) 残余所得弾性

歳入削減に立ち入る[30]ことなく、ドイツ経済研究所の提案に係る残余所得弾性について、考察を加える。所得税額表シェジュールの残余所得弾性が所得区間全体について一定不変である場合に限って、動態的なローレンツ正義（dynamische Lorenzgerechtigkeit）が保障される（参照、グラフ5)[31]。

残余所得弾性 η (Y) は、課税標準が1%だけ上昇するとき、課税標準マイナス税額（すなわち、残余所得弾性[32]）が何%変化するかを表す。残余所得弾性が課税標準にくらべ相対的に少しだけ上昇する場合、当該税額シェジュールはその数値をみると、この箇所で**累進的**である。残余所得弾性が課税標準に比べ相対的により大きく上昇する場合、その税額シェジュールはこの箇所で**逆進的**である。残余所得が課税標準と同じ程度に変化する場合、その税額シェジュールはこの箇所で**比例的**である。残余財産の相対的な増大が課税標準の相対的増大にくらべ一層小であればあるほど、その税額シェジュールはそれだけ一層累進的である。

残余所得弾性 η (Y) は、1マイナス限界税率と1マイナス平均税率との除法[33]に同値としても表現できる。

或る箇所での残余所得が、課税標準の増加に比べ、比例未満（比例超、比例）で上昇する場合、税額シェジュールは、その数値をみると、その箇所で累進

---

[29] So Bomsdorf/ Hermani (1978), S.33-38.

[30] Bomsdorf/ Hermani (1978), S.56.

[31] Genser (1980), S.8f., 67ff., 119, 120f.

[32] Residualelastizität

[33] $\dfrac{1-限界税率}{1-平均税率}$

第2節　税額シェジュールのドイツ経済研究所提案

（逆進、比例）している。

正確に記述すると、残余所得弾性 η（Y）について次の数式が成立する。

$$\eta\,(Y)\;:=\;\frac{d[Y-T(Y)]/[Y-T(Y)]}{dY/Y}$$

$$=\frac{d[Y-T(Y)]/dY}{[Y-T(Y)]/Y} \qquad\qquad \text{数式37}$$

$$=\frac{1-\tau(Y)}{1-t(Y)}$$

$\eta(\bar{Y})<1$ が $\bar{Y}$ の箇所で成立する場合、税額シェジュールの残余所得弾性 η（Y）は $\bar{Y}$ の箇所で累進となり、$\eta(\bar{Y})>1$ が $\bar{Y}$ の箇所で成立する場合、税額シェジュールの残余所得弾性 η（Y）は $\bar{Y}$ の箇所で逆進となり、そして、$\eta(\bar{Y})<1$ が $\bar{Y}$ の箇所で成立する場合、税額シェジュールの残余所得弾性 η（Y）は $\bar{Y}$ の箇所で比例となる[34]。T_1 と T_2 が二つの税額シェジュールである場合、$\eta_1(\bar{Y})<\eta_2(\bar{Y})[\eta_1(\bar{Y})>\eta_2(\bar{Y})]$ が成立するとき、T_1 の残余所得弾性 η（Y）は、$\bar{Y}$ の箇所で T_2 のそれよりも累進（逆進）となる。単純に微分すると、次が認識できる。

$$\frac{d}{dY}\;\frac{Y-T_1(Y)}{Y-T_2(Y)}\;<\;0\;[\;>\;0] \qquad\qquad \text{数式38}$$

数式38 が $\bar{Y}$ の箇所で成立する場合、すなわち、T_1 の残余所得が $\bar{Y}$ の箇所で T_2 の残余所得に比べ一層強く（弱く）増加する場合、T_1 の残余所得弾性 η（Y）は $\bar{Y}$ の箇所で T_2 のそれに比べ一層累進（逆進）となる。

このような二つの累進測度は、つぎの意味で、整合している。一方の累進測度によれば $\bar{Y}$ の箇所で累進（逆進、比例）として分類される税額シェジュールが、常に、他方の一方の累進測度によっても $\bar{Y}$ の箇所で累進（逆進、比例）として分類されるという意味において、整合的である。これは、（二つの定義から帰結する）次の関係から導き出される。

$$\eta(Y)=\frac{1-\varepsilon(Y)\,t(Y)}{1-t(Y)}\;; \qquad\qquad \text{数式39}$$

---

[34]　参照、Musgrave/ Thin (1948), p.507.

第3部　第13章　所得税額表の立法技術

$$\varepsilon(Y) = \frac{1 - \eta(Y)}{t(Y)} + \eta(Y) \qquad\qquad \text{数式 40}$$

これは、0<t(Y)<1 について、

$$\varepsilon\left(\bar{Y}\right) > 1 \Leftrightarrow \eta\left(\bar{Y}\right) < 1 \qquad\qquad \text{数式 41}$$

及び

$$\varepsilon\left(\bar{Y}\right) < 1 \Leftrightarrow \eta\left(\bar{Y}\right) > 1 \qquad\qquad \text{数式 42}$$

が成立することを意味する。

　しかしながら、二つの累進測度は一般的には、「T_1 は T_2 に比べ、その歳入弾性 $\varepsilon(Y)$ が一層累進（または、その歳入弾性 $\varepsilon(Y)$ が一層逆進）となる。」という意味において整合しないことに注意しなければならないし、さらに、「T_1 は T_2 に比べ、その残余所得弾性 $\eta(Y)$ が一層累進（または、その残余所得弾性 $\eta(Y)$ が一層逆進）となる。」ということを必ずしも意味する必要はない。すなわち、

$$\varepsilon_1(\bar{Y}) > \varepsilon_2(\bar{Y}) < \neq > \eta_1(\bar{Y}) > \eta_2(\bar{Y}) \qquad\qquad \text{数式 43}$$

$$\varepsilon_1(\bar{Y}) > \varepsilon_2(\bar{Y}) < \neq > \eta_1(\bar{Y}) > \eta_2(\bar{Y}) \qquad\qquad \text{数式 44}$$

　ある税額シェジュールが、別な税額シェジュールに比べ、その歳入弾性 $\varepsilon(Y)$ が特定の箇所で一層累進し、かつ、後者の税額シェジュールに比べ、その残余所得弾性 $\eta(Y)$ が同じ箇所で一層逆進する、ということはあり得る。このことは日本の所得税額シェジュールの比較にとっても当たっている[35]。したがって、一般的には「T_1 は T_2 に比べ一層累進する。」という言明に注意しなければならない。通常は、「に比べ一層累進する。」がいかなる意味で語られているかが、附言されなければならない（この意味においても、たとえばすべての値 Y について $\varepsilon_1(Y) > \varepsilon_2(Y)$ または $\eta_1(Y) < \eta_2(Y)$ が成立するとき、整合性の十分条件は、歳入中立的な税額シェジュールについて満たされる）。その次に、これとは別の類似の関係についても妥当する[36]。

---

[35]　ドイツ連邦共和国について、参照、Seidl/ Kaletha (1987), S.379-384.

[36]　Cf. Kakwani (1977b), p.720 and 723.

第2節　税額シェジュールのドイツ経済研究所提案

グラフ5からみて取れるように、直接累進課税方式[37]のもとでは、残余所得弾性は、最高限界税率の適用され始める課税所得金額 Y_G を超えるまでの間の所得区間では、逓減し続ける。これは、課税所得金額が増加するにつれて、税引き（保険料拠出を含む。）後の貨幣所得（これを残余所得という。）に対する累進度が高くなることを意味する。その間に、局所的累進について跳躍はみられない。

しかし、課税所得金額 Y_G を超える箇所からは、残余所得弾性はV字型に上昇し続ける。これは、課税所得金額が増加するにつれて、税引き（保険料拠出を含む。）後の貨幣所得（これを残余所得という。）に対する累進度が低くなることを意味する。課税所得金額 Y_G を超える所得区間について、残余所得弾性を変更するには、1に、たとえば、モデルT1（参照、数式45）における所得区間を区分せずに、上限のない所得金額にべき関数を適用する方式をとるか、または、2に、課税所得金額 Y_G を超える所得区間について、富裕税を課す方式を採用する。いくつかの先進国は、後者の富裕税方式を導入しているか、またはその検討をおこなっている。

5　小　括

(1)　1975年・77年における賃金税負担の激増のため、所得税の税額表改革が必要になった。そのうえ、貨幣価値の下落が続いたので、名目所得の増額が高い限界税率に服するようになった。さらに、1975年所得税額表シェジュールでは限界税率が0%から22%へと跳躍し、そして22%から30.77%へと跳躍したり、また、16,000DM を超える所得区間について累進速度が急激であり、これら2つの要因は大きな欠点だと指摘されている[38]。

(2)　政策即応型累進税額表シェジュールは、まず、給付能力に基づく課税ないしはその背後にある所得の限界効用説の受容によって根拠づけられている。しかし、給付能力を客観的に確認することは可能でない。類似のことは、所得分配にも当てはまる。かくして、税額表シェジュールの形成については、政策判断が最後に行われなければならない。そのさい、所得税の税額表シェジュールが経済政策上の設定目標に及ぼす効果をも十二分に斟酌されなければならない。

37　本書378頁脚注17。
38　So Bomsdorf/ Hermani (1978), S.56.

第 3 部　第 13 章　所得税額表の立法技術

(3)　低位の比例ゾーンを維持するためには、行政技術上の側面と並んで、典型的な労働者の収入が所得の分配に回されるべきでないということを指摘しておく。しかし、所得の分配が始められるべき、所得金額の限界を確定することは、科学的根拠をもって行うのは困難である。さらに、比例ゾーンを除去するなら、極めて低い入口税率を選択し、そして平均税負担を等しく上昇するようにすることができる。

(4)　Bomsdorf 教授らは、とりわけ、次の要請に適合するように新たな所得税額シェジュールをたてている。すなわち、税額表シェジュールは、当時の累進ゾーンの最後まで一貫して円滑に累進すべきである。限界税率は決して跳躍を示すべきでなく、累進速度は恒常的であり定数であるべきである。税額表シェジュールは、当該関数タイプを根底から改正しなくても、経済状況の変化に応じて微調整できるべきである。

(5)　税額関数 $T(Y)=cY^{\alpha}$ は累進ゾーンにおいてこれらの要請を満たしている。ここでは、c は入口税率を、α は累進速度の尺度である。さらに、税額関数は、最高限界税率と（最高限界税率が適用される）所得金額によって規定される。入口税率の簡単な微調整によって、累進効果を緩和することが可能である。

(6)　3 つの税額表モデル T1,T2 および T3 について、それぞれ入口税率 c が 8.05％、9.0％および 9.16％であり、累進速度 α が 1.34 ないし 1.32 であり、そして、最高限界税率が 56％ないし 57％であるとして、ここではすべて計算している。税額表モデル T1 はそのように調整されているので、税額節減率は、もとの累進ゾーン内部においてすべての所得金額について 4.4％となる。

(7)　すべての上記モデルは、限界税負担と平均税負担が等しく上昇するようにしている。モデル T1 の場合、27,000DM と 48,000DM との間の課税所得区間における限界税率は当時の税額表シェジュールに比べ、平均して 9％だけ上回っている。中位所得区間における累進もまた、本質的に鋭さをなくしている。

(8)　税額表シェジュールモデル T1 の場合の入口税率 8.05％は、低位所得において著しい税負担軽減をもたらしている。比例ゾーンの排除が 11,500DM と 16,000DM との間の所得区間におけるより高い限界税率に影響を及ぼしているにも拘わらず、この所得区間においても、平均的な税負担が最低 13.3％引き下がっている[39]。

(9)　比例ゾーンを排除して直接累進課税方式が採用されるタイプの政策即応

---

[39]　So Bomsdorf/ Hermani (1978), S. 56-58.

560

第2節　税額シェジュールのドイツ経済研究所提案

型累進税額表シェジュールにおいては、残余所得弾性が約 0.97 から約 0.75 にまで下降する。4 つのパラメータのいずれか 1 つを変化させて微調整すれば、意のままに残余所得弾性は変動する。

⑽　所得区間を増やすことも可能ではあるが（参照、数式 36）、増やす必要はない。

⑾　数式自体は簡単である（参照、数式 45 など）から、行政実行可能性は健全であろう。

たとえば、モデル T1 について

> T1（Y; 0.0805, 1.34, 0.56）

$$= \begin{cases} 0.0805 \cdot Y^{1.34} & \text{for} \quad Y \leq 127 \\ 53.075 + 0.56 \cdot (Y - 127) & \text{for} \quad Y \geq 127 \end{cases}$$
　数式 45

$$> Y = \frac{x}{1000}$$
　数式 46[40]

税額表シェジュールについて

$$> T_1 := piecewise\left(x \leq 127, 0.0805 \cdot (x)^{1.34}, x > 127, 53.075 + 0.56 \cdot (x - 127)\right)$$

$$T_1 := \begin{cases} 0.0805\, x^{1.34} & x \leq 127 \\ -18.045 + 0.56\, x & 127 < x \end{cases}$$
　数式 47

40　単位をもと（1000）に戻すには、次のように数式を操作する。

$$> T_{1000} := piecewise\left(x \leq 127000, 80.5 \cdot \left(\frac{x}{1000}\right)^{1.34}, x > 127000, 53075 + 560 \cdot \left(\frac{x}{1000} - 127\right)\right)$$

$$T_{1000} := \begin{cases} 0.007687690317\, x^{1.34} & x \leq 127000 \\ -18045 + \dfrac{14\, x}{25} & 127000 < x \end{cases}$$

この操作により、日本円とユーロ（DM など）との間の比較が容易になる。

第3部　第13章　所得税額表の立法技術

> $T_2 := piecewise\big(x \leqq 127, 0.09003 \cdot (x)^{1.32}, x > 127, 53.878 + 0.56 \cdot (x$
$- 127)\big)$

$$T_2 := \begin{cases} 0.09003\,x^{1.32} & x \leqq 127 \\ -17.242 + 0.56\,x & 127 < x \end{cases}$$ **数式 48**

> $T_3 := piecewise\big(x \leqq 127, 0.0916 \cdot (x)^{1.32}, x > 127, 54.817 + 0.56 \cdot (x$
$- 127)\big)$

$$T_3 := \begin{cases} 0.0916\,x^{1.32} & x \leqq 127 \\ -16.303 + 0.56\,x & 127 < x \end{cases}$$ **数式 49**

> $T_4 := piecewise\big(x \leqq 145.14, 0.0769264 \cdot x^{1.34}, x > 145.14, 60.665$
$+ 0.56 \cdot (x - 145.14)\big)$

$$T_4 := \begin{cases} 0.0769264\,x^{1.34} & x \leqq 145.14 \\ -20.6134 + 0.56\,x & 145.14 < x \end{cases}$$ **数式 50**

4つのグラフの統合

> $Titel100 := title$
$= $ "T1所得税額表、T2所得税額表、T3所得税額表とT4所得税
額表" :

> $plot\big(\left[\, T_1, T_2, T_3, T_4\right], x = 0..300, legend = [\,$"T1所得税額", "T2所得税額",
"T3所得税額", "T4所得税額"$\,], Titel100\big);$

第2節 税額シェジュールのドイツ経済研究所提案

グラフ1

T1所得税額表、T2所得税額表、T3所得税額表とT4所得税額表

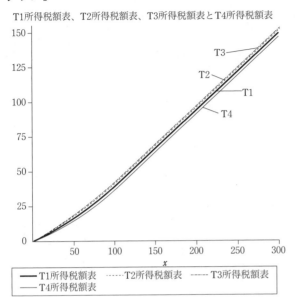

限界税負担シェジュールについて

> $MT_1 := \text{diff}(T_1, x)$

$$MT_1 := \begin{cases} 0.1078700000\, x^{17/50} & x < 127 \\ \text{Float(undefined)} & x = 127 \\ 0.5600000000 & 127. < x \end{cases} \quad \textbf{数式51}$$

4つのグラフの統合

> $plot([MT_1, MT_2, MT_3, MT_4], x = 0..300, legend = [\text{"T1限界負担率"},$
    $\text{"T2限界負担率"}, \text{"T3限界負担率"}, \text{"T4限界負担率"}], Titel200);$

第3部 第13章 所得税額表の立法技術

グラフ2

T1限界負担表、T2限界負担表、T3限界負担表とT4限界負担表

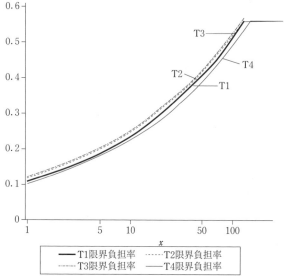

平均税負担シェジュールについて

> $AT_1 := piecewise\left(x \leqq 127, \dfrac{0.0805 \cdot (x)^{1.34}}{x}, x > 127, \dfrac{53.075 + 0.56 \cdot (x - 127)}{x} \right)$

$$AT_1 := \begin{cases} 0.0805\, x^{0.34} & x \leqq 127 \\ \dfrac{-18.045 + 0.56\, x}{x} & 127 < x \end{cases}$$ 数式52

4つのグラフの統合

> $plot\big([AT_1, AT_2, AT_3, AT_4], x = 0..300, legend = [$ "T1平均負担率", "T2平均負担率", "T3平均負担率", "T4平均負担率"$], Titel300 \big);$

第2節　税額シェジュールのドイツ経済研究所提案

グラフ3

T1限界負担表、T2限界負担表、T3限界負担表とT4限界負担表

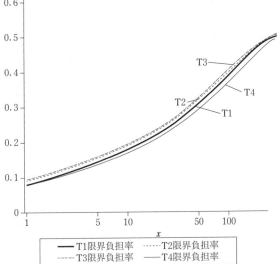

歳入弾性シェジュールについて

> $\varepsilon_1 := \dfrac{MT_1}{AT_1}$

$$\varepsilon_1 := \dfrac{\begin{cases} 0.1078700000\, x^{17/50} & x < 127. \\ \text{Float(undefined)} & x = 127. \\ 0.5600000000 & 127. < x \end{cases}}{\begin{cases} 0.0805\, x^{0.34} & x \leqq 127 \\ \dfrac{-18.045 + 0.56x}{x} & 127 < x \end{cases}}$$ **数式53**

>

4つのグラフの統合

> $plot\Big(\big[\varepsilon_1, \varepsilon_2, \varepsilon_3, \varepsilon_4\big], x = 0..300, legend = [$ "T1歳入弾性", "T2歳入弾性", "T3歳入弾性", "T4歳入弾性"$], Titel400\Big);$

グラフ4

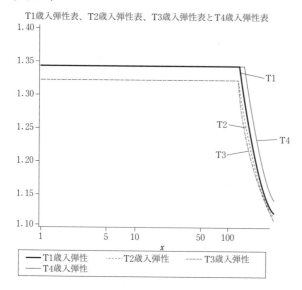

残余所得弾性シェジュールについて

> $\eta_1 := \dfrac{(1 - MT_1)}{(1 - AT_1)}$

$$\eta_1 := \dfrac{1 - \begin{cases} 0.1078700000\, x^{17/50} & x < 127. \\ \text{Float(undefined)} & x = 127. \\ 0.5600000000 & 127. < x \end{cases}}{1 - \begin{cases} 0.0805\, x^{0.34} & x \leqq 127 \\ \dfrac{-18.045 + 0.56\, x}{x} & 127 < x \end{cases}}$$ 　数式54

4つのグラフの統合

> $plot\big([\eta_1, \eta_2, \eta_3, \eta_4], x = 0..300, legend = [$"T1残余所得弾性", "T2残余所得弾性", "T3残余所得弾性", "T4残余所得弾性"$], Titel500\big);$

第3節 税額シェジュールのカール・ブロイア研究所提案

グラフ5

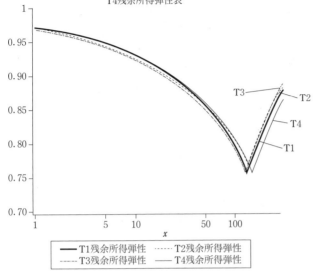

T1残余所得弾性表、T2残余所得弾性表、T3残余所得弾性表とT4残余所得弾性表

第3節 税額シェジュールのカール・ブロイア研究所提案

　納税者連合会カール・ブロイア研究所は、1984年当時の所得税額表シェジュールに対する批判を考慮に入れて、かつ、前述の基本的要請を所得税額表の改革によって満たそうとする、税額表モデルを議論しようとする[41]。このモデルは、第2節で紹介したタイプの税額表シェジュールモデルを基礎として、構築されている[42]。

---

[41] Karl-Bräuer-Institut des Bundes der Steuerzahler (1971), S. 135ff.; Karl-Bräuer-Institut des Bundes der Steuerzahler (1972), S.26 ff.; Karl-Bräuer-Institut des Bundes der Steuerzahler (1984), S.48 ff.

[42] "we took this type of formula, because it seems to be simple. Bomsdorf/Hermani (Modelle zur Reform des Einkommensteuertarifs, Institut der Deutschen Wirtschaft, 1978) used such formulas before." „We found 1.335 by testing. We testeDMany different formulas and elected ＾1.335. This formula creates tax-burden, we thought to be suitable for German taxpayers in the year 1986. Electing this formal, we accepted the top marginal tax-rate of 56％, which was common in Germany since 1975.

　"52434" is the tax-burden on taxable income 130.000 DM (130.000-5.000=125.000 <> X).

567

第3部　第13章　所得税額表の立法技術

1　計算式の構築について

以下に説明する税額表シェジュールは、T133 と略称される[43]。

租税債務（すなわち税額）は、T133（基本税額表シェジュール）の場合、次のプログラムによって計算される。

y:= 課税所得金額

x:= 課税所得金額から 5000DM を差し引いた金額の 1000 分の 1

> $x := \dfrac{y - 5000}{1000}$　　　　　　　　　　　　　　**数式 55**

> $T_{133} := piecewise\left(0 < y < 130000, 83.2227 \cdot \left(\dfrac{y - 5000}{1000} \right)^{1.335}, y \right.$

$\left. \geqq 130000, 52434 + 560 \cdot \left(\dfrac{y - 5000}{1000} - 125 \right) \right)$

560/1000 creates the marginal tax-rate of 56%. "5000" (5000 DM) was the minimum income needed to exist in 1986, we suggested to be "tax-free".

"52434" is the tax-burden on taxable income 130.000 DM (130.000-5.000＝125.000 <> X).

560/1000 creates the marginal tax-rate of 56% . "5000" (5000 DM) was the minimum income needed to exist in 1986, we suggested to be "tax-free".

Volker Stern 発 2012 年 2 月 23 日付け電子メール私信。

[43] T_{133} の略称は、税額表シェジュールで用いられている数式の指数にちなんで選択されている。

A	B	C	D	
Formula T₁₃₃				1
				2
For X<125				3
T(X)=83,227*X^1,335				4
				5
Y = taxable income in DM				6
X=(Y-5000)/1000				7
				8
insert Y (taxable income) into yellow cell (cell B11)				9
Y in DM:	20000			10
X:	15	=(B11-5000)/1000		11
				12
Tax in DM T(X):	3093	=83,2227*POWER(B12;1,335)		13

you can see the formulas in the background of the green cells

568

第3節　税額シェジュールのカール・ブロイア研究所提案

$$T_{133} := \begin{cases} 83.2227\left(\dfrac{y}{1000} - 5\right)^{1.335} & 0 < y < 130000 \\ -20366 + \dfrac{14y}{25} & 130000 \leqq y \end{cases}$$

数式 56

グラフ 6　T133 モデルの税額表シェジュール

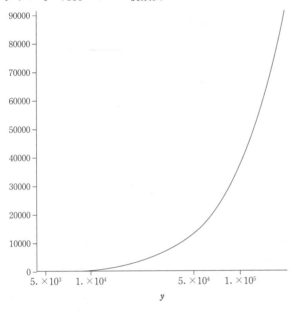

注記：縦軸は税額を、横軸は課税所得を表す。

ここで T(y) は税額であり、そして、X は、5,000DM を減額した課税所得 y の 1,000 分の 1 を表す（数式 55）。5,000DM の控除額（der Abzugsbetrag）は、その機能上、ゼロ税率ゾーンの金額（基礎免除額 Grundfreibeitrag）に照応する。ゼロ税率ゾーン（基礎免除額）の金額は、当時の税額表シェジュールでは 4,212DM であり、そして、最低生活費 das Existenzminimum を確実に非課税にしておくためのものであった。4,212DM から 5,000DM へと引き上げることによって、基礎免除額（T 133 モデルはゼロ税率ゾーンを設定しないが、数式 56 に内蔵されている。）の金額がインフレ率による目減りすることに対し調整がな

569

第3部 第13章 所得税額表の立法技術

されている[44]。

2 限界税率

限界税率曲線は、当該税額表シュエジュールを微分すれば得られ、課税所得額5,000DMで0%から始まり、課税所得額130,000DMで最高限界税率（Spitzensteuersatz）56%まで連続して逓増する[45]。

T 133 モデルのように、限界税率が連続して最高限界税率に到達するまで上昇するとき、この政策即応型累進税額表シェジュールは貫累進税額表シェジュール（ein durchgehend progressiue Einkommenstarif）と通常呼ばれている[46]。

しかし、財政学における狭義の「累進」は、平均税率の上昇として理解されているので、限界税率と結びつけた呼称は正しくない[47]。しかしながら、この呼称は、本章においても引き続き用いられる。超過累進税率は適用されていない。T 133 モデルの限界税率は 130,000DM を超えてからは定数で上昇し56%で高止まりである（グラフ7）[48]。

$$> MT_{133} := diff\left(T_{133}, y\right)$$

MT_{133}

$$:= \begin{cases} 0. & y < 0. \\ \text{Float(undefined)} & y = 0. \\ 0.1111023045\,(0.001000000000\,y - 5.)^{\frac{67}{200}} & y < 130000. \\ \text{Float(undefined)} & y = 130000. \\ 0.5600000000 & 130000. < y \end{cases}$$

数式 57

$> Titel2 := title = \text{"T133限界税率シェジュール"} :$

$> plot((2), y = 0 .. 200000, legend = [\text{"限界税率"}], Titel2);$

---

[44] Karl-Bräuer-Institut des Bundes der Steuerzahler (1984), S.50.
[45] Karl-Bräuer-Institut des Bundes der Steuerzahler (1984), S.50.
[46] Karl-Bräuer-Institut des Bundes der Steuerzahler (1984), S.50, Fn. 94.
[47] 財政学における「累進 Progression」概念の定義について、たとえば、参照、Musgrave/ Musgrave/ Kullmer (1975), S.133.
[48] Karl-Bräuer-Institut des Bundes der Steuerzahler (1984), S.50.

第3節　税額シェジュールのカール・ブロイア研究所提案

グラフ7

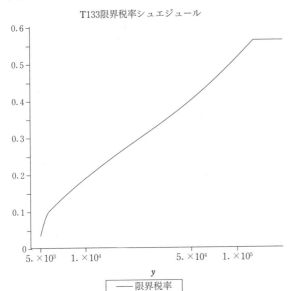

T133限界税率シュエジュール

―― 限界税率

3　平均税率

平均税率曲線は、同様に、T 133 モデルの場合、課税所得金額 5,000DM の箇所で始まる。これに引き続いて、平均税率曲線は、連続して上昇する。T 133 モデルの平均税率曲線は、当時妥当していた所得税法に基づく平均税率曲線に比べ、すべての課税所得金額について、下回っている[49]。平均税率曲線は、常に限界税率曲線を下回る。

$$AT_{133} := piecewise\left(y < 130000, \frac{83.2227 \cdot \left(\frac{y-5000}{1000}\right)^{1.335}}{y}, y \geqq 130000, \frac{52434 + 560 \cdot \left(\frac{y-5000}{1000} - 125\right)}{y}\right)$$

---

[49] Karl-Bräuer-Institut des Bundes der Steuerzahler (1984), S.52, S.53.

$$AT_{133} := \begin{cases} \dfrac{83.2227\left(\dfrac{y}{1000}-5\right)^{1.335}}{y} & y < 130000 \\ \dfrac{-20366+\dfrac{14y}{25}}{y} & 130000 \leqq y \end{cases}$$ 数式58

グラフ8

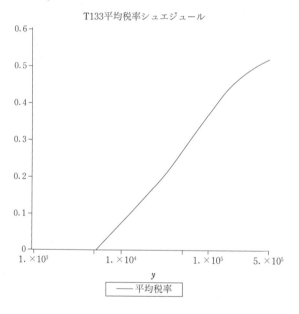

T133平均税率シュエジュール

―― 平均税率

4 歳入弾性

歳入弾性については、モデルT133では、課税を受け始める箇所で歳入弾性が27を超え異常である。

$$> \varepsilon_{133} := \frac{MT_{133}}{AT_{133}};$$

第 3 節　税額シェジュールのカール・ブロイア研究所提案

$$\begin{cases} 0. & y < 0. \\ \text{Float(undefined)} & y = 0. \\ \dfrac{1.335000000\,y}{y - 5000.} & y < 130000. \\ \text{Float(undefined)} & y = 130000. \\ \dfrac{7.y}{-254575. + 7.y} & 130000. < y \end{cases} \quad \text{数式 59}$$

グラフ 9

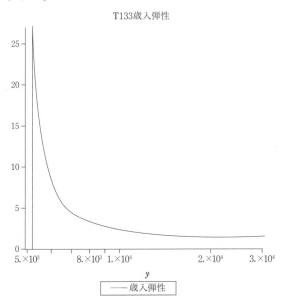

5　残余所得弾性

残余所得弾性[50]の観点から、T133 モデルの合理性を検討しておきたい。グラフ 10 が示すように、130,000DM 以上の所得区間に属する納税者にとって、残余所得累進度は、その数値が上昇するにつれ、逆に軽くなる。限界税率曲線及び平均税率曲線が頭打ち（参照、グラフ 7、グラフ 8）になっている事実は、

---

[50]　残余所得弾性の概念について、参照、木村（2011）　注 13 及びそれに対応する本文；本第 3 部第 10 章。

573

残余所得累進度から、明確に確認できる。

　課税所得金額が5,000DM未満の所得区間に属する納税者にとって、残余所得累進度は、明らかに有利である（参照、グラフ10）。なぜなら、かれらは税額を支払わないからである（社会保険料の支払いをここでは無視する）。

　モデルT133については、数式が基礎控除額を内蔵しており、その所得区間では残余所得弾性は高く、そして、課税所得金額が基礎控除額を超え最高限界税額負担率の適用される課税所得金額（すなわち130,000）以下の所得区間においては、残余所得弾性は下降する。最後に、課税所得金額が130,000の箇所以上の所得区間においては、残余所得弾性に数値が上昇する。

　残余所得弾性は、次の等式により求められる。

$$\eta_{133} := \frac{1 - MT_{133}}{1 - AT_{133}} \qquad \text{数式 60}$$

グラフ10

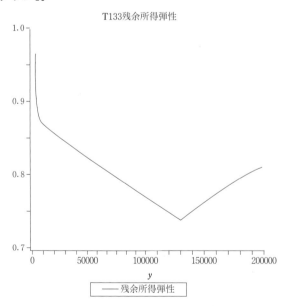

第 4 節　T133 モデルの長所短所

第 4 節　T133 モデルの長所短所

1　税負担の均衡のとれた流れ

本節で紹介するモデル T133 は、モデル T1 ないし T4 と異なり、ゼロ税率ゾーン（基礎控除額に相当。これを以下「基礎非課税」ともいう）を斟酌している。日本では、前節で紹介・検討したモデル T1 ないし T4 の方が使いやすいとは言えよう。

納税者連合会カール・ブロイア研究所は、当時妥当していた所得税額表と比較して、その T133 モデルの長所を強調する[51]。両者の相違点は、本質的に、モデル T133 の場合に税負担の流れが、均衡していることにある。モデル T133 の場合に所得区間の両端で跳躍することはない。このことは、限界税率曲線についても平均税率曲線についても当てはまる（参照、グラフ 7, グラフ 8）。例えば、限界税率曲線は T133 モデルの場合、税額 0 から連続して上昇するのであって、たとえば課税の開始時に 0 から 22 税率に跳躍することがない。局所累進の跳躍[52] は除去される。このようにして、低所得に対する負担軽減は明らかに果たし得る。

さらに、限界税率曲線が幅広い所得区間において、当時の税額表シェジュールに比べて、本質的により均一に上昇する。このことは、とりわけ中間所得区間に当てはまる。限界税率が例えば 22％から 50％へ追加して上昇するのは、T 133 モデルの場合、約 80,000DM のながい所得区間においてである。これにより、当時の限界税率曲線における中間所得層のビール腹が明らかに引っ込むであろう[53]。

T 133 モデルの平均税率曲線もまた、調和のとれた流れである。平均税率曲線は不均一さもなく連続して上昇する。当時の所得税額表では中間所得区間において加速的上昇が見られたが、このような加速的上昇は T 133 モデルでは回避されている[54]。

---

[51]　Karl-Bräuer-Institut des Bundes der Steuerzahler (1984), SS.52-55.
[52]　der Belastungssprung.
[53]　Karl-Bräuer-Institut des Bundes der Steuerzahler (1984), S.55.
[54]　So Karl-Bräuer-Institut des Bundes der Steuerzahler (1984), S.55.

第3部　第13章　所得税額表の立法技術

　確かに、T133 モデルは、当時のドイツ所得税額表シェジュールに比べて、限界税率曲線と平均税率曲線について、均衡がとれ連続して上昇する。これは長所として評価できる。

　しかし、ドイツ 1990 年所得税法の採用した、積分数式を用いた税額表シェジュールについて或る所得区間の間の所得税額表シェジュールは、T 133 モデルに比べ、より一層線形で累進していく。敷延すると、課税所得の増加に比例して税負担が連続して逓増するという意味で、線形代数を用いた税額表シェジュールは、中間所得層の人々にとって異議を挟む余地なく衡平である。中間所得層のビール腹はまったく見られない。

2　簡単な数式を用いた税額表シェジュール

　T133 モデルのもう一つの長所として、T133 モデルは、実に簡単な税額表シェジュールの数式を使っている。T133 の数式をドイツの税額表シェジュールと比較してみると、その簡単さが明らかになる。当時の税額表シェジュールは、比較的複雑であり、かつ、概観しにくい数理構成で示されていた。一つの税額表シェジュールが複数の所得区間に分けられ、かつ、各所得区間ごとに一つの特別な数理計算式が必要である[55]。

　T133 モデルは、一つの単純な税額表シェジュール計算式によって表現されるので、平均税率曲線もまた難なく可能となる。平均税率曲線は課税所得に係る税額（租税債務）自体を計算しうる。かくして、T133 モデルは税負担の透明性を高めるのに寄与し得る[56]。

　類似のことは、線形代数を用いた税額表シェジュール[57]についても、当てはまる。電子納税申告の時代において、税理士のみならず、納税者にとっても、簡易税額速算表を用いて難なく税額を計算し得る。

　T133 モデルの長所はその透明性にある、と主張されている。しかし、T133 モデルの数式は、ゼロ税率ゾーン（基礎非課税額）の存在を明示せず、かえって数式上では容易にその存在及びその金額を認識しがたくなっている。これと対照的に、線形代数を用いた税額表シェジュールは、ゼロ税率ゾーンの存在及びその金額を明示して認識しやすくしている。

---

[55]　So Karl-Bräuer-Institut des Bundes der Steuerzahler (1984), S.56.

[56]　So Karl-Bräuer-Institut des Bundes der Steuerzahler (1984), S.56f.

[57]　参照、木村（2011：本第3部第10章）。

576

3 貨幣価値の変動に容易に対応

T133 モデルは、貨幣価値の変動に容易に対応して調整し得る、という長所が挙げられる[58]。

インフレによる隠れた増税額の計算について、納税者連合会カール・ブロイア研究所の研究を紹介する。同連合会はすでに 1960 年に、議会の決議を要せずに完全に有効になる、増税の仕方があることを見いだした。「隠れた増税 die heimliche Steuererhöhungen」がそれである。累進性とインフレーションと基礎免除額が相まって、この隠れた増税が巨額になっている。納税者は、その隠れた増税額を徴収され、しかも、議会はこれに同意をしていないのである[59]。

インフレーションと累進所得税額表シェジュールとの共同作業から、インフレによる隠れた増税が生じる。それは、税額表に条件付けられた実際の税負担と、(貨幣価値の下落により増額した所得金額について税額表により適用されて明らかになる税率でもってその所得が負担するときの) 税負担との差額として定義されている[60]。

一定の所得にかかるインフレによる隠れた増税を確認する計算手続は、次のように説明されている[61]。

(i) 定 義

E_b は税額表導入の基礎時点における所得金額である。

$T(x, S_0)$ は、所得金額 x について税額表 S_0 の適用により明らかになる税額である。

$T_{neuetr.}$ は、インフレーションに中立な税負担である。すなわち、インフレによる隠れた増税がないとした場合の税負担を指す。

Wn は、(その計算が行われる当該年度に至るまでに所得金額 E_B が名目で変動してきた) 成長率である。

Wr は、貨幣価値の下落を修正する成長率 W_n である。

(ii) 検討の対象年度について、名目所得金額 E_n の計算は、次のとおり。

---

[58] T133 モデルの税額表シェジュール計算式の変形について、参照、Bomsdorf/ Hermani (1978), S.22.

[59] Karl-Bräuer-Institut des Bundes der Steuerzahler (1984), S.6.

[60] Karl-Bräuer-Institut des Bundes der Steuerzahler (1984), S87.

[61] So Karl-Bräuer-Institut des Bundes der Steuerzahler (1984), SS. 87-89.

第3部　第13章　所得税額表の立法技術

$$E_n = E_B \times W_n \qquad\qquad \text{数式 61}$$

(iii)　検討の対象年度について、所得の本当の価額 Er の計算は、次のとおり。

$$E_r = E_B \times W_r \qquad\qquad \text{数式 62}$$

(iv)　インフレの影響をなくして、所得の本当の価額について、適用し得る税率 t_r の計算は、次のとおり。

$$t_r = \frac{T(E_r, S_0)}{E_r} \qquad\qquad \text{数式 63}$$

(v)　名目所得 E_n について、インフレに中立的な税負担額の計算は、次のとおり。

$$T_{neutr.} = E_n \times t_r \qquad\qquad \text{数式 64}$$

(vi)　検討している年度において E_n にかかる、インフレによる隠れた増税額の計算は、次のとおり。

$$T_{infl.} = T(E_n, S_0) - T_{neutr.} \qquad\qquad \text{数式 65}$$

この計算手続を次の設例によって例解する。この目的のため、或る特定の所得金額を選択する。1984 年度におけるインフレで条件付けられた追加の税負担を計算する。

最後の税額表シェジュールの改正時点、1981 年 1 月 1 日時点で、所得金額 (E_B) は 30,000DM であるとする。当該計算が行われる、1984 年度に至るまで、この所得金額は、名目で 20％ (W_n=1.20)、そして実際には 2％ (W_r=1.02) だけ増額するとする。

そうすると、1984 年度の名目所得金額は、次のように計算される。

$$E_n = E_B \times W_n = 30000 \times 1.20 = 36000 \qquad\qquad \text{数式 66}$$

その所得の本当の価額は、次のように計算される。

$$E_r = E_B \times W_r = 30000 \times 1.02 = 30600 \qquad\qquad \text{数式 67}$$

578

この本当の所得価額（30600）について税額表シェジュールを適用するときの、税率は、次のように適用される。

$$t_r = \frac{T(30600, 1981\,年度\,税額表シェジュール)}{E_r} = \frac{6756}{30600} = 0.221.$$

数式68

名目所得金額36000についてインフレ中立的な税負担額は、したがって、次のとおりである。

$$T_{neutr.} = E_n \times t_r = 36000 \times 0.221 = 7956.$$

数式69

1984年度に当該名目所得金額に係るインフレによる隠れた増税額は、実際の税負担額T（36000, 1981年度税額表シェジュール）と、インフレ中立的な税負担額 $T_{neutr.}$ との差額である。

$$T_{infl.} = T(30600, 1981\,年度税額表シェジュール) - T_{neutr.}$$
$$= 8833 - 7956 = 877$$

数式70

当該検討された所得金額について1984年度における、インフレによる隠れた増税額は、877DM である。

以上、納税者連合会カール・ブロイア研究所（編）R.Borell/ V.Stern（執筆）はインフレによる隠れた増税の概念とその計算方法を説明する。

かれらは、同一の税額表シェジュールと、検討の対象とされた名目所得金額とインフレ率とを前提として、数年後のインフレーションによる影響を受けた隠れた増税額を算出する。これらの前提のもとでは、彼らの説明は正当である。

しかし、その数年の間に、税額表シェジュールが改変される場合、前叙の計算手続は少しばかり複雑になるであろう。

第5節　結　　語

2011年11月に出版された、Houben/ Baumgarten, Haushalts- und Verteilungswirkungen einer Tarifreform, IFSt-Schrift Nr. 476（2011）S.26ff. によれば、

第 3 部　第 13 章　所得税額表の立法技術

税額表シェジュールの改革目標について、ある者は中低所得の税負担の軽減を
その課題に設定し、他の者は最高限界税率の引き上げをその課題に設定する。
設定される課題は租税政策の相違に依存する。本章は、そのような租税政策に
立ち入るのではなく、税額表シェジュールの立法技術を紹介し考察している。

　近年、所得税改革を提案している、ドイツ租税法学者は、数式を用いた税額
表シェジュールにかえて、Stufentarif の導入を主張する[62]。主たる理由は、Stu-
fentarif の透明性を挙げる。しかし、提案に係る Stufentarif は、残余所得弾性
の観点から、弾性（累進度）の跳躍問題（または滑落問題）を不可避的に抱えて
おり、推奨できない[63]。

　線形代数を用いた線形累進税額表シェジュールは、その透明性を欠いている
わけではなく、租税法学者がこれまで残余所得弾性等の分析についてよく理解
していないに過ぎない。また、ドイツ所得税法が定める「数式を用いた税額表
シェジュール」は、政治的思惑の組み込みを目的としているためか、「線形代
数を用いた線形累進税額表シェジュール」（本第 3 部第 10 章）にくらべ、簡素
さを欠いている嫌いがある。

　税額表シェジュールには、次の税額表シェジュールの形態（表 1）を少なく
とも用いることができる[64]。ドイツの所得税額表シェジュールは最初、段階税
額表シェジュールとして形成されたが、1920 年から 1954 年まではドント方式
税額表シェジュールが、そして、1955 年以降は数式を用いた税額表シェジュー
ルが用いられている。とりわけ、1990 年以降は線形累進税額表シェジュール
(ein linear progressiver Tarif) が妥当している[65]。

　Bomsdorf/Hermani ならびに R.Borell/V.Stern らが研究開発したモデルは、
本章で紹介したとおりである。連邦政府は、1977 年所得税額表シェジュール
報告書（1978 年 1 月 1 日付け）の結章において、政策即応型累進所得税額表シェ

---

[62] 　Vgl., Bareis (1996), S.1466ff.; Houben/ Baumgarten (2011), S.64ff. 跳躍問題に直面す
る段階税額シェジュール（Stufentarif）が本当にほかのアプローチに比べより簡単かど
うか、問題である。段階税額シェジュールに係わるその他の問題についても、参照、
Bomsdorf (1996), S.624 Fn.4 に対応する本文。

[63] 　超過累進税率制度における累進度の跳躍問題について、参照、木村弘之亮「2006 年と
11 年の日本所得税額シェジュール比較分析：所得課税の局所逆進性について」所収：本
書第 3 部第 2 章。Stufentarif の提案に疑問を呈するものとして、参照、Houben/ Baum-
garten (2011), S.67f.

[64] 　See, Siegle in Herrmann/ Heuer/ Raupach, §32a Anm.5, E13, Lfg.248 Oktober 2011 及
びそこに掲げられた文献.

[65] 　HHR/ Siegle, §32a Anm. 2, E9.

580

第5節 結　語

ジュール（いわゆる一貫累進所得税額表シュジュール）の導入は技術的には実現可能であろうとの結論に至っている。しかし、租税政策の理由と予算経済の理由から、同シェジュールは擁護し得ないとされた。［当時の］現行の比例課税の除去を本質的に制限する解決法は、一つに、9,000DM と 16,000DM と課税所得区間についての限界税率22％の引き上げをもたらすが、この引き上げは望ましくない。限界税率の引き上げを回避する、もう一つの解決法は、予算上耐え難い。所得税額表シェジュールの変更に代えて、連邦政府は、政府声明ですでに明らかにした税法改正を行い、多くのケースで税負担の緩和を行うこととする[66]。このような租税政策及び予算確保の理由から、政府は Bomsdorf 教授の提案にかかる政策即応型累進税額表シェジュール案を採用しないこととした。しかし、連邦政府は、技術的には実現可能な提案だと評価したのである。Bomsdorf/ Hermani はパラメータを工夫しており、微調整を講じうるようにその理論を構築している。また、累進速度という概念が考案されている。

　以上の理由から、線形累進税額表シェジュールが現在までドイツ所得税法で用いられている。パラメータの数値はその時々の経済政策や社会政策に応じて微調整され続けている。

　租税法学者は次のように見解を表明する。応能負担原則は、給付能力の高いものが、給付能力の低いものに比べ、相対的により多くを支払うということを要請するが、しかし、累進的により多くを支払うことを要請しない。社会的法治国原則は、元々の富の分布が正義に適っていないことを前提としており、（より多くの）正義を導くために再分配が必要であることを前提とする。再分配は、たとえば線形累進税額表シェジュールによって行われ得る。これによって、元の所得分布は矯正され、そして、困窮者のスタートのチャンスが改善される。どの程度「再分配」されるべきかは、最終的には、立法者が決断しなければならない[67]。租税法が応能負担原則を最上位の原則の一つだと位置づけるとき、その税額表シェジュールは、比例税率を用いることも一つの選択肢であり、そして、社会的法治国原則の下で、租税法と社会保障法を統合して、所得再分配を実現するアプローチが浮上する。これが、本第 1 部及び第 2 部に表れている。他方、租税法を社会法から分離して孤立的に考察するとき、租税法の世界だけで、所得再分配を実現するとすれば、本章が扱った政策即応型累進税額表シェ

---

[66]　Bundesministerium der Finanzen (Hrg.) (1977), S.7.

[67]　Tipke (1985), S.150.

ジュールや、本第3部第10章で扱った線形累進税額表シェジュールがクローズアップされる。

　政策即応型累進税額表シェジュールや線形累進税額表シェジュールの立法技術が、公的年金制度における保険料の賦課に応用できるであろう。この技術は重要である。

　以下の理由から、本章は、ドイツ所得税法の定める夫婦所得合算制度における税額表シェジュールについて、その研究の対象から除いている。

　世帯を課税単位とし、かつ、税額表シェジュールが累進だとすると、いずれにせよ、結婚（婚姻）に対する税法上の制裁が加わるであろう。これを避けるために、ひとは、1に、個人及び結婚カップルについて分離税額表シェジュール（separate tax schedules for individuals and married couples）を導入する（アメリカ合衆国、スイスなど）か、又は、2に、二分二乗方式など（something like splitting）を導入し得る（ドイツ、フランス）。第三の方式は、結婚カップルに対し Tax Credits を付与（grant tax credits for married couples）している（連合王国、オランダ）。

　ドイツで制度化されている夫婦合算二分二乗方式は、すべての所得レベル，税額表シェジュール全体に適用されている（連邦憲法裁判所判決）のに対し、フランスでとられている家族ｎ分ｎ乗方式は、家族を救済する目的と歳入減少の限定から、所得上限を設けて適用されているので、その効果はドイツにおけるほどには大きくない。

　フランスの出生率が、日本やドイツに比べ高いことは、周知の事実である。これは、しかし、世帯課税のフランス方式に依存しているとは必ずしもいえない。出生率の高さは、幼児に対するよりよい配慮（例えば幼稚園など、より高額のこども手当など）に依存する。フランスのみならず、二分二乗方式やｎ分ｎ乗方式を採用していない、スカンジナビア諸国も又、出生率が高い。さらに、二分二乗方式やｎ分ｎ乗方式は、歳入をより多額に減少させるように思われる。なぜなら、出生に関わりのないすべての納税義務者もまた、二分二乗方式などの適用を受けうるからである。出生率を高めるには、前述した他の諸措置がより直接に目的に適うであろう。二分二乗方式やｎ分ｎ乗方式は、結婚を直接に促進することはあっても、出生率を高めることはないであろう。

　なお、ドイツの二分二乗方式が夫婦によって選択されることは多くない[68]。

---

[68]　*See* Seidl (2002), SSp.241-260.

第5節 結　語

表

税額表シェジュールの形態	一定所得区間にある課税所得金額（Y）の税額（T）
段階税額表シェジュール	或る所得区間については一定の税額
(Stufenbetragstarif)	T＝100　　　　　　for 10000＜Y＜11000
段階税率表シェジュール	或る所得区間については比例税率
(Stufensatztarif)	T＝0.1・Y　　　　for 10000＜Y＜11000
ドント方式税額表シェジュール	或る所得区間にある課税標準額については比例税率、プラス、その他の所得区間については税額
(Anstoßentarif, Teilmengenstaffelltarif)	T＝1200＋0.1・(y-10000)＝0.1・Y＋200　　　　　　　for 10000 ＜Y ＜1100
数式を用いた税額表シェジュール	各所得区間に応じた多項式を、課税標準額の全額に適用して算出する税額
(Formeltarif)	$0.000002287 \cdot Y^2 + 0.178082019 \cdot Y - 1775.553$　　for 13470＜Y＜52881

　以上を要約すると次のとおりである。Institut der deutschen Wirtschaft（ドイツ経済研究所）と Eckard Bomsdorf/ Ulrich Peter Hermani は、経済・社会政策のため、1978 年に税額表シェジュールの改革モデルを提案した。この研究を基礎にして、Karl-Bräuer-Institut des Bundes der Steuerzahler（納税者連合会カール・ブロイア研究所）は 1984 年 3 月に中産所得階層の所得税負担を軽くする目的から、べき関数を用いて所得税額表（所得税額シェジュール）を具体的にモデル化した。本章はこれらのモデルを政策即応型累進税額表シェジュール・モデルと呼ぶこととする。

　まずは、ドイツ経済研究所と Eckard Bomsdorf 教授らが提案する、政策即応型を用いた累進税額表シェジュールを紹介し、その数式の作り方を説明する。

　つぎに、納税者連合会カール・ブロイア研究所が提案する政策即応型累進税額表シェジュール・モデルを紹介した。

　その長短を考察した後[69]、なぜ、ドイツは、1990 年度ドイツ所得税額シェ

---

[69]　本章は、人的所得控除の問題について言及しないこととする。人的所得控除を考察する際、ティプケ教授は、所得金額が少なくなるにつれての累退効果を、所得金額が多くなるにつれての累進効果の反射だと考える（Tipke (1985), S.153）ところ、Dieter Schneider 教授は、（客観的）課税標準から人的所得控除を認める規定について、憲法上

ジュールとして、政策即応型累進税モデルではなく線形累進税[70]モデルを導入したかを、比較検討した。

最後に、インフレによる隠れた税負担増の計算について、紹介し考察を加えていた。

その結果、政策即応型累進税額方式[71]は、数式を用いた線形累進税額方式[72]くらべても、4つのパラメータを微調整すれば初期の政策目的を達成しうる点、簡単な数式を適用すればよい点で、評価に値する優れた立法技術であることが判明する。

（謝辞）　Alexander von Humboldt Stiftung さんは、2012 年 2 月 1 日から同年 3 月 31 日までの間、ケルン大学法学部租税法研究所における「Comparative Tax Law of Financial Instruments」研究のため財政支援してくださった。本稿はその研究の小さな成果である。同研究所所長 Prof. Dr. Johanna Hey さんには、文献案内をはじめ、ご指導ご厚誼をいただいた。また、同大学経済・社会学部の Prof. Dr. Eckard Bomsdorf さんには税率論のご指導をいただいた。納税者連合会カール・ブロイア研究所の Volker Stern さんにもご教示いただいた。サイバネットシステム株式会社さんから Maple15 を貸与していただき、本章はこれを活用した。同財団及び同教授、同社の皆様には御厚意に心から謝意を表します。

設定されている所得分配の目標に矛盾すると主張する（Schneider (1984), S.356ff. (367)）。課税所得金額に応じた平均税負担を斟酌すれば、後説が経済的には適切である。

[70]　Tipke (1985), S.153（正義の観点から、私見によれば、線形累進税額表シェジュール ein linear progressiver Tarif のみが正当化され得る。）。

[71]　Dziadkowski (1985), S.10（後述の T 133 の呼称は、数式の指数に起因する。）。

[72]　数式を用いた税額シェジュールの特質について、参照、本書 377 頁脚注 11。本章は、Formeltarif を、数式を用いた税額表シェジュールと意訳する。本書 378 頁脚注 13 では、その語彙を数式税率と訳出していた。

第14章　所得税と社会保障の統合システム
──残余所得説と最低生活費保障──

第1節　問　題　提　起

1　移転所得に対する課税非課税の判定基準

　経済学の観点から、政府からの金銭給付は、稼得所得と並んで、その受給者のもとに流入し、その者の貨幣所得を増加させる。しかしながら、日本の社会保障法は、人々が取得する政府からの金銭給付について、従来区々に所得税に服させたり非課税にしたりしている。

　一方で、政府からの金銭給付（すなわち政府からの移転所得）は、典型的には、移転所得非課税の原則[1]に基づいている。それは、所得税に服さない（所得税法9条3号）。生活保護法57条（保護金品）、雇用保険法12条（失業等給付として支給を受けた金銭）、児童手当法16条（児童手当として支給を受けた金銭）、児童扶養手当法25条（手当として支給を受けた金銭）はその旨を明記する（公課禁止）[2]。

　他方で、政府からの移転所得について、その移転所得が受給者への流入によりその者の純財産を増加する場合に、この移転所得に対する課税は、憲法の規定によって禁止されているわけではないから、事情によっては、一定の要件のもとで許容され得る。例えば、雇用保険法は、3種の求職者給付[3]を列記し（同

---

[1]　移転所得非課税の原則と対照的に、政府からの金銭給付（移転所得）がその受給者のもとで課税に服し、その税額が政府に還流される、という仕組みもまた構想されうる。これを移転所得課税の原則と呼ぶ。

[2]　社会保険法の領域においては、保険掛金の拠出時に掛金が事業者側で所得の計算上損金に算入されず、そして被用者側で所得の計算上所得控除されない場合には、公的年金受給資格をみたす者は、その受け取る年金について、課税を免れる（所得税法9条3号イないしハ）。ただし、政府からの所得移転のうち、恩給、年金その他これらに準ずる給付は本章の対象から除外する。

[3]　雇用保険法は、第10条第3項において、高年齢求職者給付金（高年齢継続被保険者に係る求職者給付）、特例一時金（短期雇用特例被保険者に係る求職者給付）及び日雇労働求職者給付金（日雇労働被保険者に係る求職者給付）を3種の求職者給付として列記する。

法10条3項)、失業等給付に該当しない移転所得としてこれら求職者給付を課税に服させている。

本章は、社会保障法[4]における政府からの金銭給付の判定基準について批判的に考察し、その判定基準を所得税法上の応能負担原則に適合するように改める必要があるかどうかについて考察する[5]。

2 政府からの隠れた移転所得と逆進効果

所得課税の枠内において、政府は個人の経済的給付能力を、次のように2段階で計算する。まず、納税義務者は経済的所得を計算して客観的課税標準(総所得金額など)を算定する。つぎに、納税義務者はその者の個人的事情を考慮に入れることができるように、主観的課税標準(課税所得)を算定する。この第2の段階[6]において、政府は、納税義務者の最低生活費を賄うため必要不可欠な所得に対して課税しないでおく(人的所得控除)。

しかし、人的所得控除(基礎控除、配偶者控除、扶養控除など)にかかる、政府からの隠れた移転所得は、高所得者ほど大きく、中低所得者ほど小さくなる。これが所得控除の逆進効果である。

したがって、最低生活を維持するに要する必要額が、所得控除の枠内(日本所得税法)で取り扱われるか、課税所得後のゼロ税率ブラケットの枠内(たとえばドイツ所得税法32条a第1項1号)で取り扱われるかを問わず、そうした制度は、政府からの隠れた移転所得の逆進効果に着眼する限り、租税正義の観点からも社会正義の観点からも正当化され得ない。

3 移転所得に対する課税モデル

すべての国民が最低生活の維持に必要不可欠な所得を自らとその家族のため費消できるように保障するためには(生存権保障)、所得税法は前記2つの制度以外の第三の選択肢を考案しなければならないだろう。Tax Credits 制度[7]がそのひとつである。

---

[4] 参照、佐藤(2005)349-368頁。

[5] 坂井・藤中・若山(2008)4頁、13頁。

[6] ドイツ、連合王国及びフランスなどの所得税法は、第三の段階(ゼロ税率ゾーン)で、納税義務者の最低生活費を課税対象から除外する仕組みを講じている。しかし、日本の所得税法は、第2段階で、納税義務者の最低生活費を課税所得から控除する仕組みを講じている。

[7] 参照、木村(2008)37-88頁。

移転所得に対する課税モデル、すなわち、政府からの移転所得について所得支給付法[8]を包括的に創設し個別の社会扶助法を整理統合するモデルを提言したい。

第2節 経済学にいう個人所得と最低生活費残余説

1 経済学にいう個人所得

経済学の観点から考察すれば、所得とは、「個人又は家計が所与の期間（通常は1年間）に受けとる貨幣［所得］の合計量を指して言う。所得は、賃金すなわち労働による稼ぎ、レントや利子及び配当のような財産所得、それに社会保障又は失業保険のような政府から受けとる移転支払いから成る[9]。」このような貨幣所得は、要素稼得（賃金、利子、不動産賃貸料及び利潤）額と移転所得額から成る。

さらに、経済学にいう可処分所得（*DI*）[10]は、個人所得から個人税を差し引くと得られる。したがって、可処分所得（*DI*）は税支払い後の所得である[11]。いわば、可処分所得は、家計の手許に実際に流入して、その思うままの処分にゆだねられる金銭である。可処分所得は、人々が(1)利子支払いを含めての消費支出と(2)個人純貯蓄とに分けるそのもとになる金額である点で、重要である[12]。敷衍すると、可処分所得（*DI*）は、すべての税金を支払い、未分配利潤の形の法人貯蓄と移転関係の調整を行ったのちに、人々が消費か貯蓄かいずれに実際に利用しうる金額である。

個人所得は可処分所得（*DI*）に個人税を加えたものである[13]。個人所得は、典型的には、家計や非法人企業が受け取る所得であり、さらに、家計が国債を保有することによって受け取る利子所得や、福祉手当・社会保障のような政府

---

8 参照、木村（2006）21-60頁。

9 サムエルソン・ノードハウス（1993）635頁。

10 個人可処分所得ともいう。その概念について、参照、福岡（2000）317頁；マンキュー（2001）133頁（個人可処分所得は、家計や非法人企業が政府に対する義務を履行した後に残った所得であり、したがって、個人所得から税および何らかの税外支払い（道路通行料）を差し引いたものに等しい）。個人可処分所得は家計のみの可処分所得の合計であるが、他方、国民可処分所得（*NDI, DI*）は、すべての「国民」が自由に処分できる所得という概念である（福岡・前掲書318頁）。

11 スティグリッツ（2001）116頁。政府が増税を行うと可処分所得は減少する。

12 サムエルソン・ノードハウス（1993）113頁。

13 サムエルソン・ノードハウス（1993）117頁；さらに、参照、マンキュー（1996）42頁。

による移転所得プログラムから受け取る取得をも含んでいる。ただし、法人が稼いでいながら、配当の形でその所有者に支払っていないいわゆる留保所得は個人所得に含まれない[14]。立法論として、個人所得（*PI*）が個人所得税法上も、経済的所得として適格である。

2　所得税法上の最低生活費残余説

所得税法は、納税義務者がその取得する貨幣所得[15]のうち、所得税引き後[16]に、最低生活費（ここでは社会扶助給付基準）を下回らない金額を残すことができるように規定すればそれでよい（最低生活費残余説)[17]。

$$t = i* \ (a + b)$$
$$M \geqq (a + b) - t$$
$$b \geqq M/(1 - i) - a$$

ここで：
　a = 個人所得
　b = 移転所得
　i = 税率
　t = 所得税額
　M = 最低生活額

そうすれば、納税義務者も社会扶助受給者もともに、最低生活費の確保について政府から等しく保障されるからである（参照、表4セルG20-22と表1セルG21ないし表3セルG21及び表5セルG20と表8セルG20を比較せよ。）。

政府からの移転所得は、国民総生産に含まれないけれども、租税法学の視点からは、納税義務者の純財産を増加しているから、所得の金額を計算するうえで除外すべき理由はなく、所得税法の基本原則である応能負担原則の観点からは、むしろ、政府からの移転所得は、経済的所得を意味する総所得金額の計算

14　マンキュー（2001）133頁。
15　これは、経済学にいう個人所得を家計レベルで把握したものを指す。
16　経済学にいう可処分所得を家計レベルで把握した所得を指す。社会保障給付金（socila securitz benefits）は、ヘイグ・サイモンの定義による所得に該当する。Simons (1938), pp.61~62, 206; see Bittker (1967), p.932; Bittker (1968), p.247 Fn.8.
17　Beschluß vom 25.9.1992 BVerfG, BStBl 1993 II 413.

上算入されてしかるべきであるとも考えられる（立法論としての純財産増加説、包括的所得説）。

第3節　政府からの移転所得に課税しないでおく理由は、政府からの金銭給付を補完

政府からの移転所得を課税しないでおく理由の一つは、政府からの移転所得に所得課税を行うとすれば生じるであろう税額分を（その税引き後の）所得移転額に上乗せするという補完の効果をもたせるためである。このような行政便宜を斟酌すると、政府からの移転所得は典型的には移転所得非課税の原則に基づくこととなる[18]。

しかし、政府からの移転所得（政府からの金銭給付）が受給者の経済的所得を増加させ、実際に経済的給付能力を増大する。それにもかかわらず、この移転所得が客観的課税標準（総所得金額）に算入されないならば、その結果、主観的課税標準（課税所得金額）もまた納税義務者個人の経済的給付能力（担税力）を表現しえなくなる。

そこで、政府からの金銭給付について、経済的給付能力の有無を判定する基準を考察するため、政府からの移転所得の法的性格（たとえば生存権保障の有無）に着眼して[19]、さらに、就労意欲の向上に対する税負担のあり方に着眼して[20]、分析することとする。

第4節　政府からの金銭給付に対する課税

生存権保障の性格を有する政府からの金銭給付は、生活保障の性格をもたない政府からの移転所得と同様に（参照、第5節2）、移転所得課税の原則の下で、所得税に服し、その移転所得について課される税金は、政府に還流される。このため、受給者は、政府からの金銭給付を経済的に最適に有効に消費又は投資して、稼得所得を最大限に活用しなければ、貨幣所得から最大の効用を得ないまま税金をみすみす支払うだけとなる（参照、表2セルF21、表5セルF21）。

---

[18]　Giloy（1982), S.129.
[19]　Cf. Giloy（1982), S.129.
[20]　木村（2007) 431-495頁。

第 3 部　第 14 章　所得税と社会保障の統合システム

1　就労意欲の向上のためのインセンティブ

　例えば、雇用保険法は、第 10 条第 3 項において求職者給付を列記し、これらを課税に服させている。これらは生存権の保障を直接の目的としていない[21]。

　これらの規定は、高年齢求職者、短期雇用特例被保険者及び日雇労働被保険者が求職していることなどを要件として給付される移転所得に対し、所得税を課すことを定めている。このような求職者が入職し稼働所得を取得したとき、求職者給付金と稼働所得との合計が、所得税に服する。

　生存権保障の性格が欠けていることは、このような政府からの金銭給付の金額が職業訓練の奨励と就労意欲の向上を目的としていることから明らかであり、そして、その個人の最低生活費の保障にとっての即応の必要性が問題でないことからも明らかになる。

　就労意欲のインセンティブを斟酌して、われわれは、体系上、求職者給付金を所得支援給付のグループに位置付けるべきだと思料する。

　ただし、稼働所得がある水準の金額を超えると、求職者給付金が全額支給されなくなるのは、問題である。就労意欲にインセンティブを与えるため[22]、求職者給付金の金額は、稼得所得が増えるに従って徐々に削減しやがては打ち止めにする（所得移転消去率。参照、表 1 ないし表 7 各セル C 列）。

　ひとつのモデルとして、生活手当の金額を生活保護基準（国レベル）の水準に即応させたうえで、その打ち止め上限額を、社会扶助給付額（生活保護給付基準額）に税率分の 1 を乗じた数値に等しくする方式（フラット税率のケース）が考えられる（表 1 セル B32、表 2 セル B32、表 3 セル B32）。この場合、理論上は整合的なモデルが築かれるが、しかし、国家予算が社会扶助給付のために膨大となり、現実に即した正義を実現し得ない。

　社会扶助給付を抑制して国家予算の膨張を防止するため、2 つに、生活手当の金額を、生活保護基準（国レベル）の 3 分の 2 とする場合、たとえ受給者が

---

[21]　これと類似して、母子家庭自立支援給付金（常用雇用転換奨励給付金、自立支援教育訓練給付金、高等職業訓練促進給付金及び高等職業訓練修了支援給付金。母子及び寡婦福祉法 31 条）は、生存権の保障を目的としておらず、所得課税に服し、求職者給付金と同様に、所得補足の機能をもっている。生存権保障の性格が欠けていることは、このような政府からの金銭給付の金額が職業訓練の奨励と就労意欲の向上を目的としていることから明らかであり、そして、その個人の最低生活費の保障にとっての必要度が問題でないことからも明らかになる。

[22]　参照、雇用保険法 10 条の 2（就職への努力）。就職への努力は、雇用保険法自体が就労意欲のインセンティブを与えるような給付金の給与のあり方を工夫する措置を講ずることによって、より確実に制度保障できる。

第4節　政府からの金銭給付に対する課税

非課税の失業等給付を受けるとしても、なお最低生活費は生活困窮者及び低所得者に残らない（参照、表4セルG20-22）。したがって、生活手当の金額（満額）を生活保護基準（国レベル）より引き下げるアプローチは最高裁判例に適合しない。

　社会扶助給付を抑制して国家予算の膨張を防止するため、3つに、生活手当の金額を生活保護基準（国レベル）の水準に即応させたうえで、打ち止め上限額を、総所得金額300万円の数値とする場合（参照、表5セルC27；表6セルC26；表7セルC26）、最低生活費残余説はすべての所得層に保障されており（参照、表6セルG19-26）、かつ、社会扶助受給者が就労して所得を取得するときの租税負担率はなだらかに漸増する（参照、表6セルG19-26）。さらに、求職者給付金及び失業等給付が就労意欲を著しく刺激する効果を有することは、表6セルG20-25及び表7セルG20-25にみる数値（経済学上の可処分所得）が稼得所得300万円の場合の可処分所得より大であることから、首肯できるであろう。

2　貧困児童の撲滅と新生児誕生のためのインセンティブ

　児童手当法は、その16条において、児童手当として支給を受けた金銭を標準として、租税その他の公課を課することができないと規定する（公課禁止）。児童手当を受給する者（児童手当法4条1項各号）の受給資格には、受給者の所得制限（460万円＋38万円＊児童など人数）が定められている（児童手当法5条、児童手当法施行令1条）。

　児童扶養手当についてもこれと類似している（児童扶養手当法25条（公課禁止）、9条・同法施行令2条の4（所得制限））。

　とくに少子化社会において、前述の児童手当に加えて、新生児の誕生と保育についてインセンティブを強めるため[23]、新生児の誕生4ヶ月前から満7歳に至るまでのあいだ監護者（母親ら）に給付する乳幼児童手当に関する法制度が恒久的に法定されるべきであろう。乳幼児童手当は、少子化対策の実効性を担保するため、特定額を給付し、2名以上の新生児には割り増して支給する。

　これと類似して、知識産業社会及び産業構造転換のもとにおける教育・職業訓練の重要性に鑑み、満7歳を越える児童及び青年については、児童及び青年の教育や職業訓練についてインセンティブを強めるため、扶養義務者に給付す

23　参照、少子化社会対策基本法16条（経済的負担の軽減）。

591

る就学児童手当に関する法制度が恒久的に法定されるべきであろう。

　これらの児童手当及び児童扶養手当並びに乳幼児童手当及び就学児童手当は、政府から給付される移転所得であり、純財産を増加する経済的利益であるから、原則として、課税に服すべきであろう。これらの児童手当等に対する課税が行われ、かつ所得移転消去率が適用されるべきである（参照、表2セルC21ないし34よりむしろ、国家予算の負担を斟酌して、表6セルC20ないし32）。そうすれば、児童手当等にかかる受給者の所得制限要件は撤廃してしかるべきこととなろう。

　これらの児童手当等は、生存権保障のためではなく、スタートの平等及び教育機会均等（平等原則）の実現を目的とする。

第5節　政府からの金銭給付に対する課税と所得移転消去率適用のルールの併用

1　就労インセンティブの性格をもつ、政府からの金銭給付

　失業等給付金に対する課税は禁じられている（雇用保険法12条）。失業等給付金は、(1)求職者等給付（その給付基準は以前の報酬の一定割合など）、(2)就職促進給付（その給付基準は以前の報酬の一定割合など）、(3)教育訓練給付（その給付基準は実費の一定割合）、(4)雇用継続給付（その給付基準は以前の報酬の一定割合など[24]）からなっている。

　これと類似して、職業転換給付金（雇用対策法18条）は譲渡等を禁止され（同法21条）、公課も禁止されている（同法22条）[25]。

　失業等給付金の多くのケースでは、確かに、失業手当金の譲渡性が欠けている（同法11条）ので、失業等給付金の取得はその者の最低生活費にとっての即応の必要性を前提としていると解する余地がある。

　しかし、失業等給付金の多くのケースには、所得を支援する機能が前面にある。なぜなら、生活配慮に関する社会保険の料率は労働対価を指向しているか

---

[24]　もっとも、育児休業給付について、出生率の向上のためその給付割合を引き上げる必要がある。

[25]　とくに職業転換給付金について、産業構造転換に呼応する就労意欲のインセンティブを看過できず、習得技能の一身専属性や個人の尊厳（人格権の自由な発展）の要素を斟酌しても、なお生存権保障の性格を欠いているので、われわれは、体系上、職業転換給付金を所得補足給付のグループに位置付けるべきであり、課税に服させるべきだと思料する。

第5節　政府からの金銭給付に対する課税と所得移転消去率適用のルールの併用

らである。失業等給付金に対する課税が現行法上禁止されているとしても、課税を受けてしかるべきであろう。

職業転換給付金について、産業構造転換に呼応する就労意欲のインセンティブを看過できず、技能習得の一身専属性や個人の尊厳（人格権の自由な発展）の要素を斟酌しても、われわれは、体系上、職業転換給付金を所得支援給付のグループに位置付けるべきであり、課税に服させるべきだと思料する。

このような就労インセンティブの性格をもつ、政府からの金銭給付についても、所得移転消去率が適用されるべきである（参照、表4セルC21ないし35よりむしろ、表6セルC20ないし32）から、これら移転所得にかかる受給者の所得制限要件は撤廃してしかるべきである。

2　生存権保障の性格をもつ、政府からの金銭給付

生活保護法は、保護金品を給与し、又は貸与される権利（生活保護法6条3項）など保護を受ける権利の譲渡を禁止し（同法59条）、公課も禁止している（同法57条）。

政府からの金銭給付のうち、もっぱら生存権保障を目的とする移転所得については、その取得はその者の最低生活費にとっての即応の必要性を前提としている（必要即応の原則）。

しかし、これらの公課禁止は、深刻な問題を引き起こしている。公課禁止と引き換えに、生活保護給付金の受給資格者が入職し所得をいくばくか取得するとたちまち、生活保護給付金の受給資格（生活保護法8条1項、2項（基準及び程度の原則））を喪失する。これは、就労に対するディスインセンティブとなる。

この貧困の罠から抜け出る解決方法は、生存権の保障に要する政府からの金銭給付（生活保護給付基準に照応する金額の生活手当[26]）について、課税の対象とし、かつ線形累進税率シェジュール（又はフラット税率）適用のルールと所得移転消去率ルールを採用する手法である（参照、表1セルC,D,E列、表5セルC,D,E列）。すなわち、一方で、納税者に適用するための税率を決めるに当たっては、受給者が市場においてみずから稼得する所得（稼得所得a）並びに生存権保障の性格をもたない、政府からの金銭給付（失業手当など）と生存権保障の性格をもつ、政府からの金銭給付（生活手当など）の合計額から課税所得を算出して、この課税所得に受給者に適用すべき所得税率（i）を決定する。租

26　生活保護給付金そのものは廃止される。

第 3 部　第 14 章　所得税と社会保障の統合システム

税負担率は、線形累進税額表モデルのもとで、規律される。

　他方、社会保障法は生活保護給付金等の受給資格制限要件を撤廃し、かつ、政府からの金銭給付(b)について所得移転消去率を適用する（参照、表 5 セル C20 ないし 35）。その結果、租税負担率は , 線形累進税率モデルのもとでは逓増する（参照、表 5 セル H19-26、表 6 セル H19-26、表 7 セル H19 ないし 26）、しかし、平均税率[27]は線形累進税率構造のもとでつねに一定である（参照、表 5 セル I21-34、表 6 セル I20-32、表 7 セル I21-32）。

　稼働所得も生活手当や失業等給付もともに課税に服する結果、就労していなかった人々が入職し所得を取得しはじめる場合、その者は、失業等給付について、所得税率適用と所得移転消去率適用ルールのもとで —— 日雇労働求職者等が納税義務のある求職者給付を受ける場合に比べて —— 租税負担率の点で等しい地位に立つ。このような受給者もまた、貧困線をいくらか上回っても直ちに所得税を納付する必要がないように制度設計されているから、就労意欲を向上しうるのみならず、経済的に豊かになれば、その限りで、納税義務を相応に果たすこととなるだろう（表 7 セル H19 ないし 26 と表 6 セル H19 ないし 26 とを比較せよ）。失業の罠はかくして解決する。

　稼得所得と移転所得（tax credits など）に対する課税と前叙の所得移転消去率の制度は、受給資格要件（とくに所得制限）の緩和撤廃と就労意欲の高度インセンティブと納税義務の覚醒のため、さらに、生存権保障のための政府からの金銭給付に対する累進課税（そして公正な課税）の目的を実現するため導入されるべきであろう。

第 6 節　結　　語

　移転所得に対する課税モデルは、1 に、基礎控除など人的所得控除に代えて、政府からの移転所得（所得支援給付金など）を給付し、その移転所得については所得の金額が増大するにつれて累進消去率を適用して、移転所得の金額を漸次消去すること、2 に、最低生存権の保障に要する政府からの金銭給付（すべての低所得者に対する生活手当）かその他の政府からの金銭給付かを問わず、すべての移転所得を、所得税に服させること、3 に、税率構造は線形累進税率シェジュール（又はフラット税率）を採用しうるが、本モデルの導入時には与

---

[27]　参照、井手（1986）202 頁以下。

594

第6節 結 語

党政権が選択肢の一つを選定すること[28]、4に、以上に叙述した政府からの移転
所得について所得支援給付法を包括的に創設し個別の社会保障法を統廃合する
こと、5に、所得税法は人的所得控除規定を原則削減することにその特色を有
する。

　所得税法は、納税義務者がその取得する貨幣所得のうち、所得税引き後に、
最低生活費（ここでは社会扶助給付基準）を下回らない金額を残すことができる
ように規定すればそれでよい（最低生活費残余説）[29]。ただし、そうすれば、本来
の納税義務者も社会扶助受給者もともに、最低生活費の確保について政府から
等しく保障されるからである。この最低生活費残余説は、最低生活を保障する
所得に対し課税を避けるべきであるという命題と必ずしも矛盾しない[30]。所得
税引き後の所得が、なお最低生活の維持のために必要不可欠な必要額を賄うこ
とができるからである。また、最低生活費残余説は応能負担原則に矛盾するわ
けではない。線形累進税制が本モデルに内蔵されているからである。

　現行の所得税法は、生存権保障に要する必要不可欠な所得を人的所得控除
（基礎控除、配偶者控除及び扶養控除など）の形で所得課税に服させないように規
定する。この措置によって、その人的所得控除にかかる政府からの隠れた移転
所得は、超過累進税制のもとでは、中低所得者に比べ高所得者の側により大き
く給付される。これは人的所得控除制度の逆進効果として理解されている。し
かも、その移転所得は、国民の目から見れば透明性に欠け、政府の側で説明責
任を果たしていない。このアポリアは、最低生活の維持に要する必要不可欠な
金額が、法律の規定に基づいて政府から移転所得の形態で、必要とする国民
（受給権者）に支給されるならば、解決しうる。

　所得税法の要請する応能負担原則と社会保障法の要請する必要即応の原則と
を実現するため、本モデルは、所得支援給付法の法律要件に基づいて、政府か
らの移転所得（金銭給付）として生活手当など所得支援給付金（基礎手当、配偶
者手当及び扶養手当などに取って代わるもの）を受給権者及びその家族に支給す
ることを提言する。このような生存権保障のための政府からの移転所得は、応
能負担原則と必要即応の原則の両者を斟酌して、所得移転消去率と線形累進

28　木村陽子（2003）2頁；岩城（2000）65頁；野口（1985）24頁。
29　Beschluß vom 25.9.1992 BVerfG, BStBl 1993 II 413.
30　この命題を実現するための租税法上のテクニックとしては、ゼロ税率ブラケット制度、
　　人的所得控除制度、各種支援手当の賦与制度、または、所得移転に対する所得税を課し
　　た後に最低生活費を確保する最低生活費残余制度がその例である。

（又はフラット）税率の適用ルールのもとで、課税を受けるようにする。生存権保障のための政府からの移転給付は、所得移転消去率制度と線形累進税率制度のもとで高所得者に比べ低中所得者により有利に作用し、逆進効果が生活手当に働くこととなる。

　以上を要約すれば、次のとおりである。

　本メカニズムデザインは、所得格差と教育格差の著しい社会において、生存権保障を実現するため、所得税引き後の残余所得が、（生存権を具体的・実効的に保障する）所得支援給付額を、支援を要するすべての所得層に支給することを目指す。

　本章で提示するモデルは、所得税法上の人的所得控除及び生活保護法上の生活保護給付を撤廃し、負の所得税又は租税クレジット（租税債権、税額控除ともいう。）のアイデアを所得支援給付法の形に換骨奪胎して、貧困線を斟酌して、すべての生活困窮者や中低所得者に彼らの所得を支援しようとするものである。政府からの移転所得には消去率を逆進的に働かせることにより低中所得者には移転所得を漸次削減しやがて打ち止めにし（所得移転消去率ルール）、移転所得については貧困線をいくらか上回る（相対的貧困線の2倍以上の）部分について所得税率を適用するルールを用い、さらに、裁判例に従い最低生活費残余説を採用する。

　本モデルの効用は、(i)就労意欲の向上のためのインセンティブ及び(ii)貧困児童の撲滅と新生児誕生のためのインセンティブを与えるとともに、(iii)生活保護給付を受けるための資産テストを撤廃でき、(iv)人的所得控除に係る政府からの隠れた移転所得がもつ逆進効果も消滅し、(v)租税負担率は(i)一本の税率であるケースでは水平的平等の要請を満たし、または(ii)線形累進税率シェジュールのケースでは垂直的平等の要請を満たし、かつ、社会扶助受給者とそうでない納税義務者との間において平均税率はつねに一定であるので水平的平等の要請を満たしうる点にもあらわれる。老齢年金保険金など社会保障給付金もまた政府からの移転所得に含まれると解しうるから、年金等の問題は本モデルによって基本的に解決しうる。

　ベーシック・インカムの観念は、本モデルと無関係である。ベーシック・インカムの思想によれば、その所得は、富裕者を含めすべての国民に対し政府から一律に普遍的に一定額を給付される[31]。もっとも、ベーシック・インカムの

31　ヴェルナー（2009）100-101頁。

第6節 結 語

定義如何によっては、本モデルは、その変形されたベーシック・インカム議論に応用しうるであろう。

表1 稼働所得と所得移転を統合したモデル1最低生活費残余型

稼働所得	生活手当	失業等給付:非課税	求職者給付金:課税	線形税率	生活保護給付基準
0	1800000	0	0	33%	1800000
500,000					
1,000,000					
1,500,000					
2,000,000					
2,500,000					
3,000,000					
3,500,000					
4,000,000					
4,500,000					
5,400,000					
5,000,000					
5,500,000					
6,000,000					

=(1-0%)*生活保護給付基準

=B22+($D$4+$E$4)*(1-C22)

=(B22-$B$21)/($B$32-$B$21)

=$E$4*E21

=C4*3

=B22+($C$4+$D$4+$E$4)*(1-C21)

=D21-F21

=F21/D21

=MIN((B33-$B$21)/($B$32-$B$21),100%)

=F21/E21

ランク	所得(下限値)	所得移転消去率	総所得金額	課税所得金額	算出税額	経済学にいう可処分所得	租税負担率	平均税率
0	0	0	1,800,000	0	0	1,800,000	0%	–
1	0	0.00%	1,800,000	0	0	1,800,000	0%	–
2	500,000	9.26%	2,133,333	500,000	166667	1,966,667	8%	33%
3	1,000,000	18.52%	2,466,667	1,000,000	333333	2,133,333	14%	33%
4	1,500,000	27.78%	2,800,000	1,500,000	500000	2,300,000	18%	33%
5	2,000,000	37.04%	3,133,333	2,000,000	666667	2,466,667	21%	33%
6	2,500,000	46.30%	3,466,667	2,500,000	833333	2,633,333	24%	33%
7	3,000,000	55.56%	3,800,000	3,000,000	1000000	2,800,000	26%	33%
8	3,500,000	64.81%	4,133,333	3,500,000	1166667	2,966,667	28%	33%
9	4,000,000	74.07%	4,466,667	4,000,000	1333333	3,133,333	30%	33%
10	4,500,000	83.33%	4,800,000	4,500,000	1500000	3,300,000	31%	33%
11	5,000,000	92.59%	5,133,333	5,000,000	1666667	3,466,667	32%	33%
12	5,400,000	100.00%	5,400,000	5,400,000	1800000	3,600,000	33%	33%
13	5,500,000	100.00%	5,500,000	5,500,000	1833333	3,666,667	33%	33%
14	6,000,000	100.00%	6,000,000	6,000,000	2000000	4,000,000	33%	33%
A	B	C	D	E	F	G	H	I

第3部　第14章　所得税と社会保障の統合システム

表2　稼働所得と所得移転を統合したモデル2　最低生活費残余型

稼働所得	生活手当	失業等給付:非課税	求職者給付金:課税	線形税率	生活保護給付基準
0	1800000	0	500,000	33%	1800000
500,000					
1,000,000					
1,500,000					
2,000,000					
2,500,000					
3,000,000					
3,500,000					
4,000,000					
4,500,000					
5,400,000					
5,000,000					
5,500,000					
6,000,000					

ランク	所得(下限値)	所得移転消去率	総所得金額	課税所得金額	算出税額	経済学にいう可処分所得	租税負担率	平均税率
0	0	0	1,800,000	0	0	1,800,000	0%	ー
1	0	0.00%	2,300,000	500,000	166667	2,133,333	7%	33%
2	500,000	9.26%	2,587,037	953,704	317901	2,269,136	12%	33%
3	1,000,000	18.52%	2,874,074	1,407,407	469136	2,404,938	16%	33%
4	1,500,000	27.78%	3,161,111	1,861,111	620370	2,540,741	20%	33%
5	2,000,000	37.04%	3,448,148	2,314,815	771605	2,676,543	22%	33%
6	2,500,000	46.30%	3,735,185	2,768,519	922840	2,812,346	25%	33%
7	3,000,000	55.56%	4,022,222	3,222,222	1074074	2,948,148	27%	33%
8	3,500,000	64.81%	4,309,259	3,675,926	1225309	3,083,951	28%	33%
9	4,000,000	74.07%	4,596,296	4,129,630	1376543	3,219,753	30%	33%
10	4,500,000	83.33%	4,883,333	4,583,333	1527778	3,355,556	31%	33%
11	5,000,000	92.59%	5,170,370	5,037,037	1679012	3,491,358	32%	33%
12	5,400,000	100.00%	5,400,000	5,400,000	1800000	3,600,000	33%	33%
13	5,500,000	100.00%	5,500,000	5,500,000	1833333	3,666,667	33%	33%
14	6,000,000	100.00%	6,000,000	6,000,000	2000000	4,000,000	33%	33%

| A | B | C | D | E | F | G | H | I |

第6節 結 語

表3 稼働所得と所得移転を統合したモデル3 最低生活費残余型								1
								2
前提要件:	稼働所得	生活手当	失業等給付:非課税	求職者給付金:課税	線形税率	生活保護給付基準		3
	0	1800000	500,000	0	33%	1800000		4
	500,000							5
	1,000,000							6
	1,500,000							7
	2,000,000							8
	2,500,000							9
	3,000,000							10
	3,500,000							11
	4,000,000							12
	4,500,000							13
	5,400,000							14
	5,000,000							15
	5,500,000							16
	6,000,000							17
								18
ランク	所得(下限値)	所得移転消去率	総所得金額	課税所得金額	算出税額	経済学にいう可処分所得	租税負担率	平均税率	19
0	0	0	1,800,000	0	0	1,800,000	0%	－	20
1	0	0.00%	2,300,000	0	0	2,300,000	0%	－	21
2	500,000	9.26%	2,587,037	500,000	166,667	2,420,370	6%	33%	22
3	1,000,000	18.52%	2,874,074	1,000,000	333,333	2,540,741	12%	33%	23
4	1,500,000	27.78%	3,161,111	1,500,000	500,000	2,661,111	16%	33%	24
5	2,000,000	37.04%	3,448,148	2,000,000	666,667	2,781,481	19%	33%	25
6	2,500,000	46.30%	3,735,185	2,500,000	833,333	2,901,852	22%	33%	26
7	3,000,000	55.56%	4,022,222	3,000,000	1,000,000	3,022,222	25%	33%	27
8	3,500,000	64.81%	4,309,259	3,500,000	1,166,667	3,142,593	27%	33%	28
9	4,000,000	74.07%	4,596,296	4,000,000	1,333,333	3,262,963	29%	33%	29
10	4,500,000	83.33%	4,883,333	4,500,000	1,500,000	3,383,333	31%	33%	30
11	5,000,000	92.59%	5,170,370	5,000,000	1,666,667	3,503,704	32%	33%	31
12	5,400,000	100.00%	5,400,000	5,400,000	1,800,000	3,600,000	33%	33%	32
13	5,500,000	100.00%	5,500,000	5,500,000	1,833,333	3,666,667	33%	33%	33
14	6,000,000	100.00%	6,000,000	6,000,000	2,000,000	4,000,000	33%	33%	34
A	B	C	D	E	F	G	H	I

第3部　第14章　所得税と社会保障の統合システム

表4　稼働所得と所得移転を統合したモデル4 最低生活費残余の不足型

前提要件:	稼働所得	生活手当	失業等給付:非課税	求職者給付金:課税	線形税率	生活保護給付基準
	0	1,200,000	500,000	0	33%	1800000
	500,000					
	1,000,000	=(1-(1/3))*F4				
	1,500,000					
	2,000,000					
	2,500,000					
	3,000,000	=C4*3				
	3,500,000		=B21+($C$4+$D$4+$E$4)*(1-C21)				
	3,600,000					
	4,000,000					
	4,500,000					
	5,000,000					
	5,500,000					
	6,000,000					

ランク	所得(下限値)	所得移転消去率	総所得金額	課税所得金額	算出税額	経済学にいう可処分所得	租税負担率	平均税率
0	0	0	1,200,000	0	0	1,200,000	0%	−
1	0	0.00%	1,700,000	0	0	1,700,000	0%	−
2	500,000	13.89%	1,963,889	500,000	166,667	1,797,222	8%	33%
3	1,000,000	27.78%	2,227,778	1,000,000	333,333	1,894,444	15%	33%
4	1,200,000	33.33%	2,333,333	1,200,000	400,000	1,933,333	17%	33%
5	1,500,000	41.67%	2,491,667	1,500,000	500,000	1,991,667	20%	33%
6	2,000,000	55.56%	2,755,556	2,000,000	666,667	2,088,889	24%	33%
7	2,500,000	69.44%	3,019,444	2,500,000	833,333	2,186,111	28%	33%
8	3,000,000	83.33%	3,283,333	3,000,000	1,000,000	2,283,333	30%	33%
9	3,500,000	97.22%	3,547,222	3,500,000	1,166,667	2,380,556	33%	33%
10	3,600,000	100.00%	3,600,000	3,600,000	1,200,000	2,400,000	33%	33%
11	4,000,000	100.00%	4,000,000	4,000,000	1,333,333	2,666,667	33%	33%
12	4,500,000	100.00%	4,500,000	4,500,000	1,500,000	3,000,000	33%	33%
13	5,000,000	100.00%	5,000,000	5,000,000	1,666,667	3,333,333	33%	33%
14	5,500,000	100.00%	5,500,000	5,500,000	1,833,333	3,666,667	33%	33%
15	6,000,000	100.00%	6,000,000	6,000,000	2,000,000	4,000,000	33%	33%
A	B	C	D	E	F	G	H	I

第6節　結　語

表5　稼働所得と所得移転を統合したモデル5 緊縮予算型

前提要件:	稼働所得	生活手当	失業等給付:非課税	求職者給付金:課税	線形税率	生活保護給付基準
	0	1,800,000	0	0	33%	1800000
	500,000					
	1,000,000					
	1,500,000					
	2,000,000					
	2,500,000					
	3,000,000					
	3,500,000					
	4,000,000					
	4,500,000					
	5,000,000					
	5,500,000					
	6,000,000					

ランク	所得(下限値)	所得移転消去率	総所得金額	課税所得金額	算出税額	経済学にいう可処分所得	租税負担率	平均税率
0	0	0	1,800,000	0	0	1,800,000	0%	−
1	0	0	1,800,000	0	0	1,800,000	0%	−
2	500,000	16.67%	2,000,000	500,000	166,667	1,833,333	8%	33%
3	1,000,000	33.33%	2,200,000	1,000,000	333,333	1,866,667	15%	33%
4	1,500,000	50.00%	2,400,000	1,500,000	500,000	1,900,000	21%	33%
5	1,800,000	60.00%	2,520,000	1,800,000	600,000	1,920,000	24%	33%
6	2,000,000	66.67%	2,600,000	2,000,000	666,667	1,933,333	26%	33%
7	2,500,000	83.33%	2,800,000	2,500,000	833,333	1,966,667	30%	33%
8	3,000,000	100.00%	3,000,000	3,000,000	1,000,000	2,000,000	33%	33%
9	3,500,000	100.00%	3,500,000	3,500,000	1,166,667	2,333,333	33%	33%
10	3,600,000	100.00%	3,600,000	3,600,000	1,200,000	2,400,000	33%	33%
11	4,000,000	100.00%	4,000,000	4,000,000	1,333,333	2,666,667	33%	33%
12	4,500,000	100.00%	4,500,000	4,500,000	1,500,000	3,000,000	33%	33%
13	5,000,000	100.00%	5,000,000	5,000,000	1,666,667	3,333,333	33%	33%
14	5,500,000	100.00%	5,500,000	5,500,000	1,833,333	3,666,667	33%	33%
15	6,000,000	100.00%	6,000,000	6,000,000	2,000,000	4,000,000	33%	33%
A	B	C	D	E	F	G	H	I

第3部　第14章　所得税と社会保障の統合システム

表6　稼働所得と所得移転を統合したモデル6　緊縮予算型

前提要件:	稼働所得	生活手当	失業等給付:非課税	求職者給付金:課税	線形税率	生活保護給付基準
	0	1,800,000	0	500,000	33%	1800000
	500,000					
	1,000,000					
	1,500,000					
	2,000,000					
	2,500,000					
	3,000,000					
	3,500,000					
	4,000,000					
	4,500,000					
	5,000,000					
	5,500,000					
	6,000,000					

ランク	所得(下限値)	所得移転消去率	総所得金額	課税所得金額	算出税額	経済学にいう可処分所得	租税負担率	平均税率
0	0	0	1,800,000	0	0	1,800,000	0%	−
1	0	0.00%	2,300,000	500,000	166667	2,133,333	7%	33%
2	500,000	16.67%	2,416,667	916,667	305556	2,111,111	13%	33%
3	1,000,000	33.33%	2,533,333	1,333,333	444444	2,088,889	18%	33%
4	1,500,000	50.00%	2,650,000	1,750,000	583333	2,066,667	22%	33%
5	2,000,000	66.67%	2,766,667	2,166,667	722222	2,044,444	26%	33%
6	2,500,000	83.33%	2,883,333	2,583,333	861111	2,022,222	30%	33%
7	3,000,000	100.00%	3,000,000	3,000,000	1000000	2,000,000	33%	33%
8	3,500,000	100.00%	3,500,000	3,500,000	1166667	2,333,333	33%	33%
9	4,000,000	100.00%	4,000,000	4,000,000	1333333	2,666,667	33%	33%
10	4,500,000	100.00%	4,500,000	4,500,000	1500000	3,000,000	33%	33%
11	5,000,000	100.00%	5,000,000	5,000,000	1666667	3,333,333	33%	33%
12	5,500,000	100.00%	5,500,000	5,500,000	1833333	3,666,667	33%	33%
13	6,000,000	100.00%	6,000,000	6,000,000	2000000	4,000,000	33%	33%
A	B	C	D	E	F	G	H	I

第6節 結　語

表7 稼働所得と所得移転を統合したモデル7　緊縮予算型

前提要件:	稼働所得	生活手当	失業等給付:非課税	求職者給付金:課税	線形税率	生活保護給付基準
	0	1800000	500,000	0	33%	1800000
	500,000					
	1,000,000					
	1,500,000					
	2,000,000					
	2,500,000					
	3,000,000					
	3,500,000					
	4,000,000					
	4,500,000					
	5,000,000					
	5,500,000					
	6,000,000					

ランク	所得(下限値)	所得移転消去率	総所得金額	課税所得金額	算出税額	経済学にいう可処分所得	租税負担率	平均税率
0	0	0	1,800,000	0	0	1,800,000	0%	−
1	0	0	2,300,000	0	0	2,300,000	0%	−
2	500,000	16.67%	2,416,667	500,000	166667	2,250,000	7%	33%
3	1,000,000	33.33%	2,533,333	1,000,000	333333	2,200,000	13%	33%
4	1,500,000	50.00%	2,650,000	1,500,000	500000	2,150,000	19%	33%
5	2,000,000	66.67%	2,766,667	2,000,000	666667	2,100,000	24%	33%
6	2,500,000	83.33%	2,883,333	2,500,000	833333	2,050,000	29%	33%
7	3,000,000	100.00%	3,000,000	3,000,000	1000000	2,000,000	33%	33%
8	3,500,000	100.00%	3,500,000	3,500,000	1166667	2,333,333	33%	33%
9	4,000,000	100.00%	4,000,000	4,000,000	1333333	2,666,667	33%	33%
10	4,500,000	100.00%	4,500,000	4,500,000	1500000	3,000,000	33%	33%
11	5,000,000	100.00%	5,000,000	5,000,000	1666667	3,333,333	33%	33%
12	5,500,000	100.00%	5,500,000	5,500,000	1833333	3,666,667	33%	33%
13	6,000,000	100.00%	6,000,000	6,000,000	2000000	4,000,000	33%	33%
A	B	C	D	E	F	G	H	I

表8 稼働所得と所得移転を統合したモデル8 緊縮予算型

前提要件:	稼働所得	生活手当	失業等給付:非課税	求職者給付金:課税	線形税率	生活保護給付基準
	0	1800000	500000	500000	33%	1800000
	500,000					
	1,000,000					
	1,500,000					
	2,000,000					
	2,500,000					
	3,000,000					
	3,500,000					
	4,000,000					
	4,500,000					
	5,000,000					
	5,500,000					
	6,000,000					

=B20+$E$4*(1-C20)

=B20+($C$4+$D$4+$E$4)*(1-C20)

ランク	所得（下限値）	所得移転消去率	総所得金額	課税所得金額	算出税額	経済学にいう可処分所得	租税負担率	平均税率
0	0	0	1,800,000	0	0	1,800,000	0%	−
1	0	0	2,800,000	500,000	166,667	2,633,333	6%	−
2	500,000	16.67%	2,833,333	916,667	305,556	2,527,778	11%	33%
3	1,000,000	33.33%	2,866,667	1,333,333	444,444	2,422,222	16%	33%
4	1,500,000	50.00%	2,900,000	1,750,000	583,333	2,316,667	20%	33%
5	2,000,000	66.67%	2,933,333	2,166,667	722,222	2,211,111	25%	33%
6	2,500,000	83.33%	2,966,667	2,583,333	861,111	2,105,556	29%	33%
7	3,000,000	100.00%	3,000,000	3,000,000	1,000,000	2,000,000	33%	33%
8	3,500,000	100.00%	3,500,000	3,500,000	1,166,667	2,333,333	33%	33%
9	4,000,000	100.00%	4,000,000	4,000,000	1,333,333	2,666,667	33%	33%
10	4,500,000	100.00%	4,500,000	4,500,000	1,500,000	3,000,000	33%	33%
11	5,000,000	100.00%	5,000,000	5,000,000	1,666,667	3,333,333	33%	33%
12	5,500,000	100.00%	5,500,000	5,500,000	1,833,333	3,666,667	33%	33%
13	6,000,000	100.00%	6,000,000	6,000,000	2,000,000	4,000,000	33%	33%
A	B	C	D	E	F	G	H	I

謝辞：本章は、租税法務学会において報告させていただき、ご討議いただいたものに基づくものである。（財）日本学術振興会から「法と経済学によるタックス・エンジニアリングと社会保障：所得税法の近代化と立法学」について平成21年度科研費の助成をいただいた。その研究成果の一部が本章である。関係の団体様に謝意を表する。

第 6 節　結　　語

追記：

　本章は、本第 2 部第 6 章を一部改説したものである。2009 年当時の法状態の下における論説である。

補遺 2：

　フラット税シェジュールと Tax Credit 消去率に係る一般モデル木村を本章の末尾に補遺 2 として提示する。Wolfam Mathematica 10.3 を用いている。ここで開示するモデル、グラフおよびそのプログラムを手がかりとして、所得税と社会保障の統合理論が日本で発達し、さらには、(i)多くの皆様が Tax Credit 消去率を併用する Tax Credits（社会保障）と(ii)線形累進税シェジュールを用いた所得税との統合理論を理解し支持されることを期する。

第 3 部　第 14 章　所得税と社会保障の統合システム

```
rate = 1 / 3.;
soushotoku = x + 180 * (1 - x / 540); 所得支援給付金だけが支給されるケース。
 Plot[{x, soushotoku, soushotoku * (1 - rate), 180 * (1 - x / 540)}, {x, 0, 540},
   PlotStyle → {Thick, Dashed, DotDashed, Dashing[Tiny], Dashing[Large]},
   AxesOrigin → {0, 0}, AxesLabel → {"所得", "税"}, AspectRatio → 1, Prolog →
    {Inset[Panel[Style["嫁得所得", 7], Background -> LightBlue], {100, 100}],
      Inset[Panel[Style["貨幣所得", 7], Background → LightGreen], {400, 500}],
      Inset[Panel[Style["残余所得", 7], Background → LightRed], {500, 280}],
      Inset[Panel[Style["所得支援給付（負の所得税）", 7],
        Background → LightYellow], {450, 100}]}
   , Filling → {1 → {3}}]
```

第6節 補遺

```
rate = 1/3.;
soushotoku = x + Max[0, 180 * (1 + 1/3) * (1 - x/540)];
```
所得支援給付金にフラット税率３０％所得税額相当の金額が上乗せされて支給されるケース。
```
Plot[{x, soushotoku, soushotoku * (1 - rate),
    Max[0, 180 * (1 + 1/3) * (1 - x/540)]}, {x, 0, 700},
  PlotStyle → {Thick, Dashed, DotDashed, Dashing[Tiny], Dashing[Large]},
  Filling → {1 → {3}},
  AxesOrigin → {0, 0}, AxesLabel → {"所得", "税"}, AspectRatio → 1, Prolog →
   {Inset[Panel[Style["嫁得所得", 7], Background -> LightBlue], {100, 100}],
    Inset[Panel[Style["貨幣所得", 7], Background → LightGreen], {400, 500}],
    Inset[Panel[Style["残余所得", 7], Background → LightRed], {500, 280}],
    Inset[Panel[Style["所得支援給付（負の所得税）", 7],
      Background → LightYellow], {450, 100}]}
  , Filling → {1 → {3}}]
```

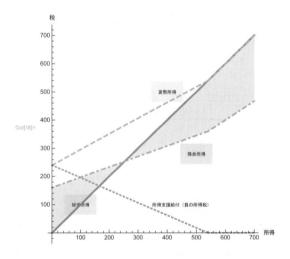

第 3 部　第 14 章　所得税と社会保障の統合システム

```
In[11]:= a = 180; rate = 1/3; BreakPoint = 540;
   Manipulate[
    Show[
     soushotoku = x + Max[0, 180 * (1 - x/BreakPoint)];
     Plot[{x, MoneyIncome, MoneyIncome * (1 - rate),
       Max[0, 180 * (1 - x/BreakPoint)]}, {x, 0, 700},
      PlotStyle → {Thick, Dashed, DotDashed, Dashing[Tiny], Dashing[Large]},
      Filling → {1 → {3}}],
     AxesOrigin → {0, 0}, AxesLabel → {"Income", "Tax"},
     AspectRatio → 1, PlotStyle →
      {{Thick, Red}, {Thick, Green}, {Thick, Orange}, {Thick, Black}}, Prolog →
      {Inset[Panel[Style["嫁得所得", 7], Background -> LightBlue], {100, 100}],
       Inset[Panel[Style["貨幣所得", 7], Background → LightGreen], {400, 500}],
       Inset[Panel[Style["残余所得", 7], Background → LightRed], {600, 300}],
       Inset[Panel[Style["所得支援給付金", 7],
         Background → Lighter[Gray, 0.5]], {500, 100}]},
     Filling → {1 → {3}}],
    {{rate, 0.33, "フラット税率"}, 0.1, 0.5},
    {{BreakPoint, 540, "分岐点"}, 200, 600, 10},
    SaveDefinitions -> True]
```

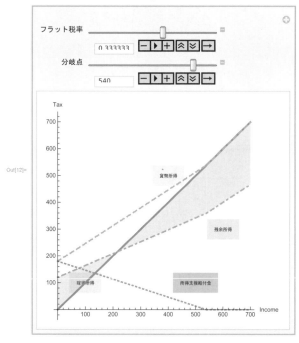

608

第6節 補　遺

```
In[13]:= BreakPoint = 180 * 3;
Manipulate[
 Show[
  MoneyIncome = x + Max[0, 180 * (1 - x / BreakPoint)];
  Plot[{x, MoneyIncome, MoneyIncome * (1 - rate),
    Max[0, 180 * (1 - x / BreakPoint)]}, {x, 0, 900},
   PlotStyle → {Thick, Dashed, DotDashed, Dashing[Tiny], Dashing[Large]},
   Filling → {1 → {3}}],
  AxesOrigin → {0, 0}, AxesLabel → {"Income", "Tax"},
  AspectRatio → 1, PlotStyle →
   {{Thick, Red}, {Thick, Green}, {Thick, Orange}, {Thick, Black}}, Prolog →
   {Inset[Panel[Style["嫁得所得", 7], Background -> LightBlue], {100, 100}],
    Inset[Panel[Style["貨幣所得", 7], Background → LightGreen], {400, 500}],
    Inset[Panel[Style["残余所得", 7], Background → LightRed], {600, 300}],
    Inset[Panel[Style["所得支援給付金", 7],
      Background → Lighter[Gray, 0.5]], {500, 100}]},
  Filling → {1 → {3}}
 ],
 {{rate, 1/3, "フラット税率"}, 0.1, 0.5},
 {{BreakPoint, 180 * 3, "分岐点"}, 200, 900, 10},
 SaveDefinitions -> True]
```

第3部 第14章 所得税と社会保障の統合システム

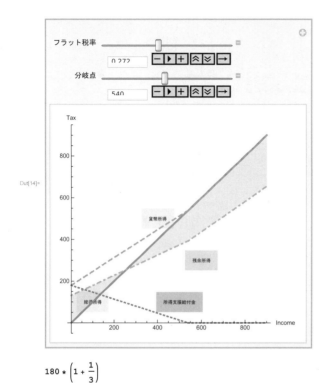

$$180 * \left(1 + \frac{1}{3}\right)$$

240

第6節 補　遺

```
BreakPoint = 180 * 3;
Manipulate[Show[MoneyIncome = x + Max[0, 180 * (1 - x / BreakPoint)],
   Plot[{x, MoneyIncome, MoneyIncome * (1 - rate),
      Max[0, 180 * (1 - x / BreakPoint)]}, {x, 0, 700},
    PlotStyle → {Thick, Dashed, DotDashed, Dashing[Tiny], Dashing[Large]},
    Filling → {1 → {3}}]], {{rate, 1/3, "フラット税率"}, 0.1, 0.5},
 {{BreakPoint, 540, "分岐点"}, 200, 600, 10}, SaveDefinitions → True] suusiki 7
```

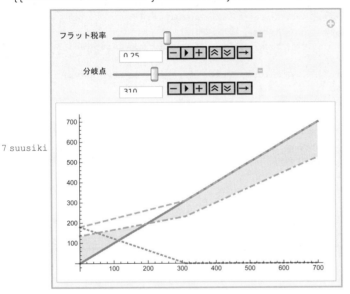

7 suusiki

170 ≤ povertyline ≤ 400

170 ≤ povertyline ≤ 400

第3部 第14章 所得税と社会保障の統合システム

```
BreakPoint = 180 * 1 / rate;
Manipulate[Show[MoneyIncome = x + Max[0, 180 * (1 - x / BreakPoint)];
  Plot[{x, MoneyIncome, MoneyIncome * (1 - rate),
     Max[0, 180 * (1 - x / BreakPoint)]}, {x, 0, 1000},
    PlotStyle → {Thick, Dashed, DotDashed, Dashing[Tiny], Dashing[Large]},
    AxesOrigin → {0, 0}, AxesLabel → {"Income", "Tax"},
    AspectRatio → 1,
    PlotStyle → {{Thick, Red}, {Thick, Green}, {Thick, Orange}, {Thick, Black}},
    Prolog → {Inset[Panel[Style["Earning Income", 7],
         Background -> LightBlue], {100, 100}],
       Inset[Panel[Style["Money Income", 7], Background → LightGreen],
         {400, 500}],
       Inset[Panel[Style["Residual Income", 7], Background → LightRed],
         {900, 550}],
       Inset[Panel[Style["Tax Credit", 7], Background → Lighter[Gray, 0.5]],
         {600, 100}]},
    Filling → {1 → {3}}]],
  {{rate, 1/3, "Flat Rate"}, 0.1, 0.5},
  {{BreakPoint, 180 * 1 / rate, "Break Point"}, 200, 1000, 10},
  SaveDefinitions → True]
```

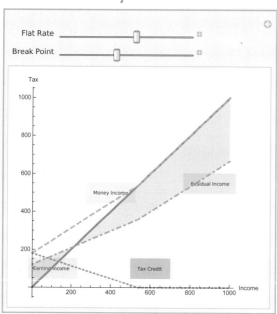

612

第6節 結　語

```
BreakPoint = 180 * 1 / rate;
Manipulate[Show[貨幣所得 = x + Max[0, 180 * (1 - x / 分岐点)];
  Plot[{x, 貨幣所得, 貨幣所得 (1 - rate), Max[0, 180 * (1 - x / 分岐点)]}, {x, 0, 1000},
    PlotStyle → {Thick, Dashed, DotDashed, Dashing[Tiny], Dashing[Large]},
    AxesOrigin → {0, 0}, AxesLabel → {"所得", "税"}, AspectRatio → 1, PlotStyle →
     {{Thick, Red}, {Thick, Green}, {Thick, Orange}, {Thick, Black}}, Prolog →
     {Inset[Panel[Style["嫁得所得", 7], Background -> LightBlue], {100, 100}],
      Inset[Panel[Style["貨幣所得", 7], Background → LightGreen], {400, 500}],
      Inset[Panel[Style["残余所得", 7], Background → LightRed], {900, 550}],
      Inset[Panel[Style["所得支援給付（負の所得税）", 7],
        Background → LightYellow], {600, 100}]}
   , Filling → {1 → {3}}]], {{rate, 1/3, "フラット税率"}, 0.1, 0.5},
 {{分岐点, 180 * 1 / rate, "分岐点"}, 200, 1000, 10}, SaveDefinitions → True]
```

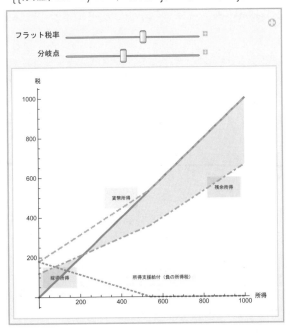

613

第1節　国民年金法、国家公務員共済組合法、私立学校教職員共済法などと税法の対比

第15章　社会保障制度と租税法
——憲法84条からみた社会保障と租税の統合——

第1節　国民年金法、国家公務員共済組合法、
私立学校教職員共済法などと税法の対比

　国民年金の被保険者は、昭和61年改正以降、基礎年金の導入に伴い、全国民に拡大された。国民年金の給付には、全国民に共通する基礎年金と、自営業者など第1号被保険者の独自給付がある。

　このうち基礎年金の給付に要する費用は、国民年金の被保険者全体で「公平に」[1]負担していこうという考え方を基本とし、独自給付に要する費用は第1号被保険者の保険料で賄うこととされている。

　基礎年金の給付に要する費用は、(1)第1号被保険者が負担する保険料と、(2)被用者年金制度がそれぞれの制度（各共済組合など）の(i)加入者（第2号被保険者）と(ii)その被扶養配偶者（第3号被保険者）にかかる拠出金として「国民年金」に対し拠出する額および(3)国庫負担金によって賄われる（国年87条、94条の2）。

　このように基礎年金の給付に要する費用は、国民年金の保険料、被用者年金制度からの拠出金及び国庫負担金から賄なわれると説明される[2]。第2号被保険者及び第3号被保険者は、保険料を納付しない（国年94条の6）。

　だとすれば、国民（自営業者を除く。）は基礎年金について何も負担していないのであろうか。

　このようなミスリーディングな説明とは別に[3]、第2号被保険者らは、共済組合の加入者[4]として年金保険者たる、法律によって組織された共済組合（以下

1　社会保険研究所（2008）29頁。
2　社会保険研究所（2008）29頁。
3　この問題に言及しないものとして、たとえば、社会保険研究所（2008）29頁。国民年金の保険料も、一旦、「基礎年金勘定」に流れ、それが基礎年金の給付に用いられるという点で、被用者年金（厚生年金・各種共済）と同じと考えられる。
　（http://www.sia.go.jp/infom/text/kokunen04.pdf）
4　第2号被保険者は厚生年金の加入者と共済組合の組合員の両者があるところ、本章で

第 3 部　第 15 章　社会保障制度と租税法

単に「共済組合」という。）、国家公務員共済組合連合会等又は私立学校教職員
共済法の規定により私立学校教職員共済制度を管掌することとされた日本私立
学校振興・共済事業団（以下「共済組合等」という。）に対して掛金を支払う（国
年 94 条の 3、国公共済 100 条 3 項、私学共済 27 条 3 項）。長期給付に要する費用
について、国家公務員共済組合連合会（以下「連合会」という。国公共済 21 条 1
項）が、毎年の拠出金を捻出し得るように、定款でもって当該掛金とその料率
を定立する（国家公務員共済組合連合会定款 33 条）。

　国民が国民年金に要する費用を直接に負担する負担金は、1 号被保険者の支
払う保険料及び 2 号被保険者[5]の支払う掛金からなっている。本章では、この
保険料と掛金を国民年金保険料と総称する。

　所得税と国民年金保険料は、伝統的に、租税制度においては全く別の独立の
役割を果たしていた。所得税は、明治 20 年（1887 年）に、政府の財政需要の
増大に対応して歳入をあげるために導入された（勅令 5 号）[6]。所得税制度の現在
の構造は、昭和 15 年（1940 年）[7]に取り入れられた。すなわち、納税義務者は
非課税の人的所得控除をうけ、その水準を超える所得は累進的に高くなる税率
で課税される。これと対照的に、国民年金保険料は、「給付反対給付均等の原
則[8]（保険料拠出に等しい給付の原則）[9]」に基づく社会保険スキームとして誕生し
た。「保険料拠出に等しい給付の原則」のもとでは、受益は、拠出した保険料
の以上でも以下でもない。被用者及びその雇用者は、稼得所得にかかわらず、
一律料率で（定額で）拠出金を支払った（その例は、自営業者に課される定額の

　　は、論点を限定するため、厚生年金の問題を捨象することとしたい。
[5]　第 3 号被保険者（厚生年金の加入者・共済組合の組合員の被扶養配偶者）は保険料負
　　担がない。
[6]　金子（2008）43 頁。
[7]　金子（2008）49 頁。ただし、超過累進税率構造は大正 2 年に、扶養控除制度は大正 9
　　年にそれぞれ所得税法に導入されていた（金子（2008）47 頁以下）。
[8]　ドイツ語文献からの用語として、参照、近藤（1963）69 頁。
[9]　保険料拠出に等しい給付の原則（contributory principle）に基づく社会保障スキーム
　　は、受益者が権利として給付（benefits as of right）を受け取れるものである。原則とし
　　て、その給付は保険料拠出（通常は拠出金）の支払いを理由に受け取られる。ただし、
　　疾病又は失業を理由に離職せざるを得ない者についての「みなし」保険料拠出（"attribu-
　　ted" contributions）の規定が定められ得る。確定給付制をとる、拠出制スキーム（a con-
　　tributory scheme）のもとでは、政府は「1 銭たりとも余分に支払わない（not a penny
　　more）」と言い、そして、受益者は「1 銭たりとも少なく受け取らない（and not a penny
　　less）」と主張する（Pete Alcock 教授）。そのスキームが絶対同等（絶対パリティ方式
　　absolute parity）で管理されるというのが、保険料拠出に等しい給付の原則の基本的認
　　識である。

第1節　国民年金法、国家公務員共済組合法、私立学校教職員共済法などと税法の対比

国民年金保険料。国年87条3項)。これの見返りとして、労働者は、さまざまな料率の給付を受け取る権利を保障された。その後、大きな改正があった。すなわち、国民年金保険料の拠出額が、初めて、給与所得の金額に関連づけられるに至ったが、他方で、受益は各被保険者の立場からみると彼ら彼女らの以前の給与所得及び拠出した保険料累積額とわずかしか関連づけなくなったので、この改正は、「保険料拠出に等しい給付の原則」の性格を弱め，さらに「賦課方式（pay as you go; generation system)」の性格を強め、その結果、国民年金保険料拠出金をより一層所得税に似たものにした。けだし、賦課方式の下では、現役就労者の拠出する保険料・掛金が、異世代の老齢年金受給者に提供され、自らの年金のために年金基金に積み立てられるわけではないからである。

　それ以来、2つのシステムはいくつか点で相互に一層密接に近づいてきた。しかし、国民年金保険料拠出制度は、所得税のように運営されていない。現行制度のもとでは、被用者にかかる国民年金保険料は、第0所得等級（表6セルA5）のうち、生存に要する費用など（生護法89条1号）を超える、被用者の所得の百分率と雇用者の労働コストの百分率として賦課される点では、所得税に近づいてきているが、所得税法上の人的所得控除額に相当する所得額ではなく、（生活保護法89条1号に基づき申請免除を行う）自営業者の稼得する事業所得が生活保護法上の最低基準額を上回る場合には、その自営業者の所得の一定割合に相当する金額について、一律に7.5125％で国民年金保険料（掛金）を課している点で異なっている。（ただし、生活保護費を申請しない被保険者は、その（第0所得等級に区分される）所得金額について全額一律に国民年金保険料を支払うであろう。）賦課徴収システムは、所得税と国民年金保険料との間では全く異なっている。さらに、課税ベースと保険掛金ベースが相異なっている。前者は原則として実額の所得であり、そして、後者は標準報酬（標準給与）制のもとでのみなし所得である。

　租税法は、国民の財産権を侵害して、その一部を政府に拠出してもらうための根拠法である。議会が租税法律要件（課税要件）を明確に法定すべきことが、憲法84条によって要請されている。

　これと対照的に、国家公務員及び私立学校教職員に係る国民年金制度の場合には、その連合会及び日本私立学校振興・共済事業団（以下「事業団」という。）が、それぞれ国民保険料率（掛金率）の定立を行っているのみならず、それらの公共組合が、国税庁及び税務署に類似して、国民年金保険料の賦課徴収手続にかかわっている。

第3部　第15章　社会保障制度と租税法

　国家公務員に係る国民年金に要する掛金及びその料率（本章では国民年金保険料率という。）は、法律[10]によっても政省令によっても法定されていないのではなかろうか。とりわけ、国家公務員についての連合会が、その決議機関の議を経て定款によって掛金率を定立できると、関係の政令は委任しているであろうか。国民年金法が直接に連合会に授権する。財務大臣が、掛金料率を変更する定款について許可するだけである。議会によるコントロールは国民年金保険料率の定立についてはなはだ稀薄であるといわざるをえない。

表1

法などの段階構造	料率規制に係る政省令の構造：国家公務員				
	根拠法令など	条項	親法	授権規定	議会コントロールなど
1　法律	国家公務員共済組合法	１００条3項	国民年金法	94条の3	国会の議決
2　政令	国家公務員共済組合施行令				
3　省令	国家公務員共済組合施行規則				
4　組合定款	国家公務員共済組合連合会定款	第33条；24条1項7号	国家公務員共済組合法	100条3項	財務大臣は、掛金料率について認可をしようとするときは、あらかじめ、総務大臣に協議する（国家公務員共済組合連合会定款24条3項）

10　事業団は、その共済規程をもって掛金に関する事項（私学共済4条4号）を定めなければならない。

第1節　国民年金法、国家公務員共済組合法、私立学校教職員共済法などと税法の対比

表2

		料率規制に係る政省令の構造：私立学校教職員			
	法の段階構造	根拠法令など	条項	授権規定	議会コントロールなど
1	法律	私立学校教職員共済法	27条3項（政令で定める範囲内において、共済規程で定める。）	94条の3	
2	政令	私立学校教職員共済法施行令	29条（法第27条第1項の規定による掛金の標準給与の月額及び標準賞与の額に対する割合は、1000分の110から1000分の230の範囲内とする。）	27条3項	
3	省令	私立学校教職員共済法施行規則			
4	組合定款	日本私立学校振興・共済事業団共済規定	26条2項、26条の2第1項3号、27条1項		理事長は、（共済規程の変更について）あらかじめ共済運営委員会の意見を聴かなければならない（3条1項）。文部大臣の認可（43条1項）。

　以下に、具体的にその政省令及び定款を確認する。国民年金法、国家公務員共済組合法、私立学校教職員共済法に限定して[11]、考察したい。厚生年金保険料については、最小限度に言及するに止めたい。

1　保険料率を定立する共済組合連合会定款

　政府は、国民年金事業に要する費用に充てるため、保険料を徴収する（国年87条1項）。

　まず、厚生年金保険及び共済組合等に加入していない、第1号被保険者（自営業者）だけが第1項に規定する保険料を負担する（国年94条の2及び94条の6から解釈）。つぎに、政府は、第2号被保険者（被用者）及び第3号被保険者（その被扶養配偶者）から保険料を徴収しないし、その被保険者は保険料を支払わなくてよい（国年94条の6）。それでは、同87条1項の規定は、自営業者以外に、誰から保険料を徴収すべきかについて、明文でもって規定していない。

　年金保険者たる共済組合等が、毎年、基礎年金拠出金を納付する義務を負う（国年94条の2）。

　共済組合等が政府に納付する基礎年金拠出金は、どこから調達すべきかは、国民年金法ではなく、国家公務員共済組合法に根拠規定を見いだす。「組合員

11　その他に、厚生年金保険法、地方公務員等共済組合法をも含めて、被用者年金各法という（国年5条）。

第3部 第15章 社会保障制度と租税法

の給与支払機関は、毎月、報酬その他の給与を支給する際、組合員の給与から掛金等に相当する金額を控除して、これを組合員に代わつて組合に払い込まなければならない。」(国公共済101条1項)

さらに、この掛金はどのように算出されるかは、掛金賦課ベース(これを「標準報酬[12]の月額及び標準期末手当等の額」という。)と掛金率(これを「割合」という。)を知る必要がある。「掛金は、組合員の標準報酬の月額及び標準期末手当等の額を標準として算定するものとし、その標準報酬の月額及び標準期末手当等の額と掛金との割合は、組合(第九十九条第二項第二号に規定する掛金[長期給付に要する費用]に係るものにあつては、連合会[13])の定款で定める。」(国

---

[12] 被用者がその使用者から受け取る報酬月額(国公共済42条2項)及び期末手当等(42条の2第1項)がそのまま掛金の算定の基礎となるわけではなく、標準報酬の月額に換算される。ある一人の被用者が、複数の報酬(又は給与)を相異なる報酬支払機関から受け取る場合、所得税法はそれら報酬(給与)の合計額を給与所得として扱うところ、国家公務員共済組合法は主たる報酬だけを掛け金算定のための「報酬月額」として用いている。

[13] 「連合会は、定款をもつて次に掲げる事項を定めなければならない。 七 長期給付(基礎年金拠出金を含む。)に係る標準報酬の月額及び標準期末手当等の額と掛金との割合に関する事項」(国家公務員共済組合連合会定款24条1項7号)

そして、この定款の変更について「財務大臣は、第一項第七号及び第八号に掲げる事項について、前項の規定により準用する第六条第二項の規定による認可をしようとするときは、あらかじめ、総務大臣に協議しなければならない。」(国家公務員共済組合連合会定款24条3項)

国家公務員共済組合連合会は、国家公務員共済組合法に基づき設立された法人であって、国家公務員共済組合連合会は、

「組合(法三条一項)の事業のうち、次に掲げる事業を共同して行うことを目的とする。

第一号 ロ 長期給付に要する費用(略)の計算」(国家公務員共済組合連合会定款2条一ロ)

年金は長期給付に該当する。その目的を達成するため、国家公務員共済組合連合会は、「組合員に係る長期給付に関し、次に掲げる業務を行う。

四 長期給付に関する掛金及び負担金の受入れに関する業務

五 長期給付に要する費用の計算に関する業務

十 長期給付に関する調査及び統計に関する業務」(国家公務員共済組合連合会定款29条)

その連合会は国家公務員共済組合連合会運営審議会を置く(国家公務員共済組合連合会定款18条)。そして、

「次に掲げる事項は、運営審議会の議を経なければならない。

一 定款の変更

2 運営審議会は、前項に定めるもののほか、理事長の諮問に応じて本会[=国家公務員共済組合連合会]の業務に関する重要事項を調査審議し、又は必要と認める事項につき理事長に建議することができる。」(国家公務員共済組合連合会定款21条1項1

第1節　国民年金法、国家公務員共済組合法、私立学校教職員共済法などと税法の対比

公共済100条3項)。

　国家公務員共済組合連合会定款第六章がその第33条[14]（掛金及び負担金）において明確に掛金率を規定している（表3）。

表3

国家公務員長期給付金にかかる掛金と掛金率		
上欄		下欄
期間		率(%)
1	平成16年10月 － 平成17年8月までの月分	7.2545%
2	平成17年9月 － 平成18年8月までの月分	7.3190%
3	平成18年9月 － 平成19年8月までの月分	7.3835%
4	平成19年9月 － 平成20年8月までの月分	7.4480%
5	平成20年9月以後の月分	7.5125%
国家公務員共済組合連合会定款33条1項		

　以上のように、現在の掛金率は7.5125％であり、これは国家公務員共済組合連合会定款33条によって規定されており、この定款は、運営審議会の議を経て、理事会の議に付し、決定される。しかし、指摘しておくべき重要なことは、財務大臣は、掛金料率について認可をしようとするときは、あらかじめ、総務大臣に協議する（国家公務員共済組合連合会定款24条3項）だけであり、議会によるコントロールは全く及んでいないことである。国家公務員共済組合法103条が、掛金率の定立について政省令を経由せずに、直接に国家公務員共済組合連合会定款に授権している。財務大臣は、掛金料率について認可しうる根拠規定を、国家公務員法100条3項から、政省令を飛び越して、国家公務員共済組合連合会定款に求めざるを得ない。

　　号、2項)。
　　連合会の理事長は、理事会を組織して（国家公務員共済組合連合会定款16条1項)、これを主催する（16条2項)。
　　「3　次に掲げる事項は、理事会の議に付さなければならない。
　　一　第21条第1項各号に掲げる事項」（国家公務員共済組合連合会定款16条3項)
[14]　「[国家公務員共済組合]法第99条第2項第2号の規定による掛金の額又は当該掛金に係る負担金の額は、組合員の標準報酬の月額（[国家公務員共済組合]法第42条第1項に規定する標準報酬の月額をいう。次項において同じ。）及び標準期末手当等の額（法第42条の2第1項に規定する標準期末手当等の額をいう。）に、次の表の上欄に掲げる期間の区分に応じて、それぞれ同表の下欄に掲げる率を乗じて得た金額とする。」

621

第3部　第15章　社会保障制度と租税法

　これと類似して、私立学校教職員長期給付金にかかる掛金率は、平成20年10月現在12.0760％であり、これは日本私立学校振興・共済事業団共済規程26条2項表によって規定されており、理事長は、この共済規程の変更についてあらかじめ共済運営委員会の意見を聴かなければならず（3条1項）、文部科学大臣の認可（43条1項）を必要とする。しかし、指摘しておくべき重要なことは、財務大臣は、掛金料率について認可をしようとするときは、議会によるコントロールは間接的にしか及んでいないことである。私立学校教職員共済法27条3項が、掛金率の定立について私立学校教職員共済法施行令29条を下位法令としておりして、これがさらに日本私立学校振興・共済事業団共済規程に授権している。事業団は議会のコントロールを直接に受けるわけではない。文部科学大臣は、掛金料率について認可しうる根拠規定を、自ら発令している私立学校教職員共済法施行令に求めざるを得ない。

表4

私立学校教職員長期給付金にかかる掛金と掛金率		
上欄　　　　甲種加入者		下欄
期間：その他の月		率(%)
1	－	
2	平成17年4月　－　平成18年3月までの月分	11.0140%
3	平成18年4月　－　平成19年3月までの月分	11.3680%
4	平成19年4月　－　平成20年3月までの月分	11.7220%
5	平成20年4月　－　平成21年3月まで	12.0760%
6	平成21年4月以降の月分	12.4300%
日本私立学校振興・共済事業団共済規程26条2項　表		

第2節　保険料率及び標準報酬は衡平か

1　自営業者の場合

(1)　標 準 報 酬

　国民年金法は、自営業者の国民年金保険料について、その保険料を算定するに当たり、標準報酬等の概念を用いることもなく、定額の保険料率を用いる。

したがって、国民年金法は、自営業者の保険料を算出するに当たって、その算定の基礎に所得税法上の総所得金額を用いるのか、不労所得を除く稼得所得を用いているかについて、問うていない。そこで、所得税法上の租税負担率と国民年金法上の保険料負担率を比較する目的では、総所得金額を算定の基礎として用いることとする。なぜなら、（生活保護法89条1号に基づき申請免除を行う）自営業者の稼得する事業所得が生活保護法上の最低基準額[15,16]を上回る場合には、その自営業者は定額の一部に相当する金額の保険料を支払う義務を負うからである。ただし、同条2号に定める法定免除の場合には、国民年金保険料は全額免除となる。

　自営業者に係る国民年金保険料の算定の基礎は、事業所得の全額を「所得金額」として取り扱うべきであろう。

(2) 保 険 料 率

　保険料率は定額であり、平成20年度は年172，920円である。被保険者が、平成20年度は、毎月保険料14，420円を政府に納付しなければならない（国年88条1項、87条1項、2項）。

　自営業者に限って、国民年金保険料率が、百分率でなく定額であり、政省令ではなく制定法律（国年）によって定立されている。この事実は、議会が国民年金保険料の料率を制定法律によって定立し得ることを証している。けだし、それが一種の確定拠出型保険料だからである。政府が国民年金事業を管掌する（国年3条）以上、議会が国民年金保険料の料率を制定法律によって定立すべきであり、少なくとも直接に国民年金保険料の割合を「1000分の110から1000分の230の範囲内とする。」（参照、私学共済令29条）等と明確に本則で法定すべきであろう（法律留保の原則）。

　所得税法は超過累進税率を課税総所得金額に適用して税額を算出するところ、国民年金法は自営業者の総所得金額（事業所得以外の各種所得を含む。）の多寡に拘わらず、定額である。そのため、自営業者に適用される保険料の平均負担

15　厚生労働事務次官通知別表について、参照、厚生労働省発社援題0331001号（平成15年3月31日）; 生活保護手帳委員会（編）(2005) 254-255頁。日本の生活保護法の問題点について、詳細は、木村 (2006) 22頁以下；アメリカにおける生活保護の問題点について、詳細は、木村 (2007) 431頁以下。

16　生活保護法上の保護基準について、その生活保護法自体はその附則又は別表にさえその金額を法定していない（阪田 (2008) 90頁）。

率は、表6セルF列のように、逆進構造となる。ただし、第0所得等級に属する
ような低所得を稼得する、自営業者が生活保護法89条1号により免除申請
を行なう場合には、その者の掛金負担率は引き下がる。しかし、そのような免
除申請をしない自営業者は、掛金負担率（表6セルH5ないしG11）を適用さ
れる。

　所得税の租税負担率と保険掛金の掛金負担率とを比較すれば、自営業者の負
担する保険料率の構造が、著しく逆進的であることが判明する（参照、表6セ
ルG5ないしH11）。

　この逆進構造を採用すべき論拠は、乏しいといわざるを得ないから、国民年
金法は、保険料率の適用する所得等級と国民年金保険料率をセットとして、導
入すべきである。その際、自営業者に係る国民年金保険料率が、国家公務員お
よび私立学校教職員に適用される掛金率（参照、表8セルK5ないしL36）とが
肩を並べるように定立されるべきであろう。ある特定の職域年金制度内の被保
険者間における衡平が国民年金法の理念であってしかるべきではなく、職域を
越えた被保険者間における衡平こそが同法の理念である。

表5

自営業者の保険料率　定額		
期間	料率(円/月)	料率(円/年)
1　平成20年度	14,410	172920
2　平成21年度	14,700	176400
3　平成22年度	14,980	179760
4　平成23年度	15,260	183120
5　平成24年度	15,540	186480
6　平成25年度	15,820	189840
7　平成26年度	16,100	193200
8　平成27年度	16,380	196560
9　平成28年度	16,660	199920
10　平成29年度以降	16,900	202800
国民年金法87条3項		

第2節　保険料率及び標準報酬は衡平か

表6

| | | 所得税 | | | 自営業者の場合の年掛金と掛金負担率 | | |
| | | 単身者 | | 4人家族 | 掛金率 | 掛金負担率 | 掛金負担率／単身者/4人家族 |
税率(%)	年所得金額	租税負担率：各所得等級の上限値又は同クラスの給与年額上限値	年当たり所得金額	租税負担率：各所得等級の上限値又は同クラスの給与年額上限値	14410/月	掛金負担率：報酬年額の下限値又は各所得等級の下限値	掛金負担率：報酬年額の上限値又は各所得等級の上限値
0 第0所得等級	¥0-¥380,000 人的所得控除	0.00%	¥0-¥380,000	0	172920	—	45.505%
5 第1所得等級	¥380,000-¥1,950,000 最低税率	4.03%	¥380,000-¥1,950,000	1.1026%	172920	45.505%	8.868%
10 第2所得等級	¥1,950,000-¥3,300,000 標準税率	6.47%	¥1,950,000-¥3,300,000	4.7424%	172920	8.868%	5.240%
20 第3所得等級	¥3,300,000-¥6,950,000 標準税率	13.58%	¥3,300,000-¥6,950,000	12.7554%	172920	5.240%	2.488%
23 第4所得等級	¥6,950,000-¥9,000,000 標準税率	15.72%	¥6,950,000-¥9,000,000	15.0889%	172920	2.488%	1.921%
33 第5所得等級	¥9,000,000-¥18,000,000 標準税率	24.36%	¥9,000,000-¥18,000,000	24.0444%	172920	1.921%	0.961%
40 第6所得等級	18000000-∞ say ¥144,100,000 最高税率	38.05%	¥18,000,000-∞ say ¥144,100,000	38.0069%	172920	0.961%	0.120%
A	B	C	D	E	F	G	H

稼得者は単身者又は4人家族と仮定。

注記：保険料負担率＝保険料年額／（所得等級の上限値）

租税負担率も、所得等級の下限値と上限値をそれぞれ用いている。

　自営業者の場合、掛金を支払うのは、その者自身だけである。個人企業自体が掛金を自営業者と折半して支払うわけではない。自営業者が税負担の軽減をはかってその事業所得の金額を所得の金額の計算上計上すれば、それは、国民年金法を経由して、年金受給額に反映することとなる。

2　公務員／私学教職員の場合

(1)　標 準 報 酬

(a)　公務員の場合

国家公務員共済組合法40条（標準報酬）1項によれば、「標準報酬の等級及

び月額は、組合員の報酬月額[17]に基づき」30等級に区分されて定められている。その区分は、表8中のセルF7からセルF36に示されている。

　論点のひとつは、第1所得等級に属する被保険者で、生活保護法89条1号による申請免除をうけうる者は、自営業者の場合のようには、掛金の一部免除を受けられないこと、及び所得税法上の人的所得控除額を斟酌しないで、保険掛金ベースが計算されることである。

　第2は、最高所得等級である第30級の下限値が年744万円であり、上限を設けていない。長期給付に係る掛金の最高等級は、所得税の第4税所得等級から第6所得等級までのクラス分けと比較して、合理的であるとは言い得ないのではなかろうか（表8セルB36ないしB38をみよ）。

　第3は、標準報酬制度の下における、保険掛金料ベースとなる所得金額は、被保険者が労働契約を締結している雇用者（複数ある場合にはその主たる者）から受け取る給与所得（3ヶ月平均値）に限定されており、その他の給与所得及びその他の各種所得の金額を算入しないことであろう。課税ベースと保険掛金ベースはこのように食い違っている。

　標準報酬システムは、次の節で分析するように、合理的であるわけでもなく衡平であるわけでもない。そのシステムを廃止し、掛金の基礎となる保険掛金ベースは、所得税法の所得等級の方式にならって、実額の所得金額をベースにすべきではなかろうか。

(b)　私学教職員の場合

　加入者及びその加入者を使用する学校法人等は、掛金を折半して、これを負担する（私学共済28条1項、日本私立学校振興・共済事業団共済規程27条1項）。学校法人等は、加入者の給与を支給するときは、その給与から当該加入者が負担すべき当該給与に係る月の前月の標準給与の月額に係る掛金に相当する金額を控除することができる（私学共済28条2項）。これと類似のことは、賞与の支給についても当てはまる（私学共済28条3項）。

　事業団は、学校法人等ごとに、当該学校法人等及びその使用する加入者の負担すべき毎月の掛金並びに児童手当法20条の規定に基づく当該学校法人等の負担すべき毎月の児童手当拠出金をあらかじめ算出するものとする（日本私立

---

[17]　第2項が報酬月額の計算方法を規定する。「組合は、毎年7月1日において、現に組合員である者の同日前3月間（中略）に受けた報酬の総額をその期間の月数で除して得た額を報酬月額として、標準報酬を決定する。」

第2節　保険料率及び標準報酬は衡平か

学校法人振興・共済事業団共済運営規則33条1項）。事業団は、掛金及び児童手当拠出金の額を掛金・児童手当拠出金納付通知書に記載して、毎月の納付期限の少なくとも10日前までに当該学校法人等に送付するものとする（同共済運営規則33条2項）。このように事業団は、掛金及び児童手当拠出金の額を算定し、これを学校法人等に通知する、といった事務負担を行っている。

　私立学校教職員共済法25条は、同法の用いる用語「標準給与」を「標準報酬」と読み替えて国家公務員共済組合法を準用するように指示している。

　私立学校教職員共済法22条1項（標準給与）によって、標準給与の等級及

表7

給与月額と標準給与 及び掛金			
私立学校教職員			
標準給与の等級	給与月額	標準給与の月額 単位円	標準給与の年額 単位円
第一級	101,000円未満	98,000	1,176,000
第二級	101,000円以上　107,000円未満	104,000	1,248,000
第三級	107,000円以上　114,000円未満	110,000	1,320,000
第四級	114,000円以上　122,000円未満	118,000	1,416,000
第五級	122,000円以上　130,000円未満	126,000	1,512,000
第六級	130,000円以上　138,000円未満	134,000	1,608,000
第七級	138,000円以上　146,000円未満	142,000	1,704,000
第八級	146,000円以上　155,000円未満	150,000	1,800,000
第九級	155,000円以上　165,000円未満	160,000	1,920,000
第一〇級	165,000円以上　175,000円未満	170,000	2,040,000
第一一級	175,000円以上　185,000円未満	180,000	2,160,000
第一二級	185,000円以上　195,000円未満	190,000	2,280,000
第一三級	195,000円以上 210,000円未満	200,000	2,400,000
第一四級	210,000円以上　230,000円未満	220,000	2,640,000
第一五級	230,000円以上　250,000円未満	240,000	2,880,000
第一六級	250,000円以上　270,000円未満	260,000	3,120,000
第一七級	270,000円以上　290,000円未満	280,000	3,360,000
第一八級	290,000円以上　310,000円未満	300,000	3,600,000
第一九級	310,000円以上　330,000円未満	320,000	3,840,000
第二〇級	330,000円以上　350,000円未満	340,000	4,080,000
第二一級	350,000円以上　370,000円未満	360,000	4,320,000
第二二級	370,000円以上　395,000円未満	380,000	4,560,000
第二三級	395,000円以上　425,000円未満	410,000	4,920,000
第二四級	425,000円以上　455,000円未満	440,000	5,280,000
第二五級	455,000円以上　485,000円未満	470,000	5,640,000
第二六級	485,000円以上　515,000円未満	500,000	6,000,000
第二七級	515,000円以上　545,000円未満	530,000	6,360,000
第二八級	545,000円以上　575,000円未満	560,000	6,720,000
第二九級	575,000円以上　605,000円未満	590,000	7,080,000
第三〇級	605,000円以上	620,000	7,440,000
私立学校教職員共済法28条1項22条は、次と同一内容である。			
国家公務員共済組合法42条1項			

び月額は、加入者の給与月額に基づき表 7 の区分により定める。

　厚生年金保険法上の標準報酬制のもとにおける数値も同一である（同法 20 条、表 10 セル D 5 ないしセル G 34）。

（2）　保　険　料　率
（a）　公務員の場合
　国家公務員の掛金負担率について、所得税法上の所得等級に適用され得る租税負担率[18]（表 8 セル C 列、E 列）並びに国家公務員共済組合法 42 条 1 項の報酬等級に適用されうる掛金負担率（表 8 セル N，O 各列）が表 8 に示されている。掛金負担率についてみると、例えば年収 38 万円の被保険者は 23.05％の掛金負担率で 87,588 円を支払う。

$$租税負担率＝\frac{分母への税額}{所得金額の全体}$$

$$掛け金負担率＝\frac{分母への掛金額}{所得金額の全体}＝\frac{（標準報酬月額×1.2）×掛金率}{実額の所得金額}$$

　掛金負担率についてみると、例えば年収 38 万円の被保険者（生活保護費を申請せず、かつ、最低賃金法を考慮しないものとする。）は 23.05％（表 8 セル N 7）[19] の掛金負担率で 87,588 円（表 8 セル M 7）[20] を支払う。
　他方、同じ第 1 等級に属する年収 1,211,988 円（（101000-1）＊12＝1211988）の被保険者は掛金負担率 7.23％（表 8 セル O 7）[21] で同額の 87,588 円（表 8 セル M 7）を掛金として支払う。この 7.23％の掛金負担率（表 8 セル O 7）で支払う被保険者（単身者と仮定）は、報酬から租税負担率 3.43％（表 8 セル C 7）の所得税（¥41,599.4 ＝（（101000-1）＊ 12-380000）＊ 0.05）と掛金負担率 7.23％の掛金（87,588/2，表 8 セル M 7）の合計（85,393.4＝41599.4＋（87588/2））を控除されることとなる。
　標準報酬の等級が 1 段階上がると、例えば、第 9 等級から第 10 等級に上が

---

[18]　租税負担率の概念について、参照、河野（1987）22 頁、49 頁、257 頁。所得控除と税率の関係について、参照、河野（2004）121 頁以下。
[19]　23.0496％ ＝ ＝M7/380000（表 8）
[20]　87,588＝（98000＊12）＊7.448％（表 8）
[21]　7.2268％ ＝M7/（（101000-1）＊12）（表 8）

628

るとき、第9等級の下限値に相当とする報酬に対する掛金負担率（表8セルN 15)[22] は、第10等級の上限値に相当とする報酬に対する掛金負担率（表8セルO 16)[23] に比べ、常に高い。報酬等級が30に分かれているから、その都度ちぐはぐな不合理な問題が発生している。他方、標準報酬の等級が1段階上がると、例えば、第9等級から第10等級に上がるとき、第9等級の上限値に相当とする報酬に対する掛金負担率（表8セルO 15)[24] は、第10等級の下限値に相当とする報酬に対する掛金負担率（表8セルN 16)[25] に比べ、常に低く、これは順当な数値であろう。

　さらに、標準報酬システムのもとで、同一の所得等級クラス内でさえ下限値に係る掛金負担率は上限値に係る掛金負担率に比べ常に低い（表8セルN 26[26] とセルO 27[27] の各列を横並びで比較せよ）。

　標準報酬システムは、実額報酬システムに比べ、上記に分析した不合理性を本来的に内在している。

　またさらに、標準報酬の最高ランクである第30級に属する被保険者は、掛金負担率が他の下位クラスに属するものに比べ、著しく低位である（表8セルN 36ないしセルO 38をみよ）。このため、報酬年額744万円（表8セルI 36）以上を取得する者は、定額554,131円（表8セルM 36）の掛金を毎年支払うに過ぎない。7.63%（表8セルN 36)[28] から0.38%（表8セルO 38)[29] の掛金負担率がそれである。

　以上のように、表8セルO列を上から下へと通覧すれば、掛金負担率の構造は、フラット料率であるから直線の累進性になるはずではあるが、標準報酬の等級が厳密に等差でないため逆進性を示すなど概して不規則である。とりわけ、第30級の上限値を超える領域では、著しい逆進性が示されている（表8セルN 36ないしセルN 38）。

　最後に、所得税法はその89条1項において超過累進構造を採用しており、所得金額が増大するにつれて、租税負担率も漸増する。これに比べ、国家公務

---

[22]　7.6883% =M15/（（155000-1）＊12）（表8）
[23]　7.2352% =M16/（175000＊12）（表8）
[24]　7.2223% =M15/（（165000-1）＊12）（表8）
[25]　7.2352% =M16/（（165000-1）＊12）（表8）
[26]　例えば、表8セルN24について、7.7048% =M24/（290000＊12）（表8）
[27]　例えば、表8セルO24について、7.2077% =M24/（（310000-1）＊12）（表8）
[28]　7.6327% =M36/（605000＊12）（表8）
[29]　0.3845% =M36/144100000（表8）

員共済組合法42条1項は標準報酬システムを、そしてその下位規範である国家公務員共済組合連合会定款33条1項は一律料率を採用しているが、その標準報酬システムのもとでその掛金負担率を分析してみると、決して合理的でも

表8

私学教職員共済及び国家公務員共済の場合における租税負担率と掛金負担率　　平成20年4月1日改正

税率(%)	年所得金額（独身）	租税負担率（独身）	年当たり所得金額（4人家族）	租税負担率（4人家族）	標準給与の等級	給与月額	標準給与/報酬の月額 単位円	標準給与/報酬の年額 単位円	私学 年掛金額 (12.076%)	私学 掛金負担率独身	私学 掛金負担率4人家族	国家 年掛金額 (7.448%)	国家 掛金負担率独身	国家 掛金負担率4人家族
0 第0所得等級 0人的所得	¥0-¥380,000	0.0000%	年当たり所得金額	0.0000%										
5 第1所得等級 最低税率	¥380,000-¥1,950,000 最低税率	3.4323%	¥0-¥380,000*4 ¥1,950,000 最低税率	-1.2706%	第一級	101,000円未満	98,000	1,176,000	142,014	37.3720%	11.7173%	87,588	23.0496%	7.2268%
		3.5202%		-0.9190%	第二級	101,000円以上107,000円未満	104,000	1,248,000	150,708	11.7173%	11.7374%	92,951	7.6692%	7.2392%
		3.6111%		-0.5556%	第三級	107,000円以上114,000円未満	110,000	1,320,000	159,403	11.7374%	11.6523%	98,314	7.6568%	7.1867%
		3.7022%		-0.1913%	第四級	114,000円以上122,000円未満	118,000	1,416,000	170,996	11.6523%	11.6801%	105,464	7.7093%	7.2038%
		3.7821%		0.1282%	第五級	122,000円以上130,000円未満	126,000	1,512,000	182,589	11.6801%	11.7044%	112,614	7.6922%	7.2188%
		3.8527%		0.4106%	第六級	130,000円以上138,000円未満	134,000	1,608,000	194,182	11.7044%	11.7260%	119,764	7.7260%	7.2321%
		3.9155%		0.6621%	第七級	138,000円以上146,000円未満	142,000	1,704,000	205,775	11.7260%	11.7452%	126,914	7.6639%	7.2439%
		3.9785%		0.9140%	第八級	146,000円以上155,000円未満	150,000	1,800,000	217,368	11.7452%	11.6865%	134,064	7.6521%	7.2077%
		4.0404%		1.1026%	第九級	155,000円以上165,000円未満	160,000	1,920,000	231,859	12.4655%	11.7101%	143,002	7.6883%	7.2223%
10 第2所得等級 標準税率	¥1,950,000-¥3,300,000 標準税率	4.4524%	¥1,950,000-¥3,300,000 標準税率	1.7381%	第一〇級	165,000円以上175,000円未満	170,000	2,040,000	246,350	12.4419%	11.7310%	151,939	7.6737%	7.2352%
		4.7523%		2.1847%	第一一級	175,000円以上185,000円未満	180,000	2,160,000	260,842	12.4210%	11.7496%	160,877	7.6608%	7.2467%
		5.0214%		2.5855%	第一二級	185,000円以上195,000円未満	190,000	2,280,000	275,333	12.4024%	11.7664%	169,814	7.6493%	7.2570%
		5.3770%		3.1151%	第一三級	195,000円以上210,000円未満	200,000	2,400,000	289,824	12.3856%	11.5010%	178,752	7.6390%	7.0933%
		5.7790%		3.7138%	第一四級	210,000円以上230,000円未満	220,000	2,640,000	318,806	12.6510%	11.5510%	196,627	7.8027%	7.1242%
		6.1167%		4.2167%	第一五級	230,000円以上250,000円未満	240,000	2,880,000	347,789	11.5930%	11.5930%	214,502	7.7718%	7.1501%
		6.4043%		4.6451%	第一六級	250,000円以上270,000円未満	260,000	3,120,000	376,771	12.5590%	11.6287%	232,378	7.7459%	7.1721%
		6.4697%		4.7424%	第一七級	270,000円以上290,000円未満	280,000	3,360,000	405,754	12.5233%	11.6596%	250,253	7.7239%	7.1912%
20 第3所得等級 標準税率	¥3,300,000-¥6,950,000 標準税率	7.9973%	¥3,300,000-¥6,950,000 標準税率	6.4651%	第一八級	290,000円以上310,000円未満	300,000	3,600,000	434,736	12.4924%	11.6865%	268,128	7.7048%	7.2077%
		8.7247%		7.2854%	第一九級	310,000円以上330,000円未満	320,000	3,840,000	463,718	12.4655%	11.7101%	286,003	7.6883%	7.2223%
		9.3690%		8.0119%	第二〇級	330,000円以上350,000円未満	340,000	4,080,000	492,701	12.4419%	11.7310%	303,878	7.6737%	7.2352%
		9.9437%		8.6599%	第二一級	350,000円以上370,000円未満	360,000	4,320,000	521,683	12.4210%	11.7496%	321,754	7.6608%	7.2467%
		10.5802%		9.3776%	第二二級	370,000円以上395,000円未満	380,000	4,560,000	550,666	12.4024%	11.6174%	339,629	7.6493%	7.1652%
		11.2451%		10.1275%	第二三級	395,000円以上425,000円未満	410,000	4,920,000	594,139	12.5346%	11.6498%	366,442	7.7308%	7.1851%
		11.8223%		10.7784%	第二四級	425,000円以上455,000円未満	440,000	5,280,000	637,613	12.5022%	11.6779%	393,254	7.7050%	7.2025%
		12.3282%		11.3488%	第二五級	455,000円以上485,000円未満	470,000	5,640,000	681,086	12.4741%	11.7025%	420,067	7.6935%	7.2176%
		12.7751%		11.8528%	第二六級	485,000円以上515,000円未満	500,000	6,000,000	724,560	12.4495%	11.7243%	446,880	7.6784%	7.2311%
		13.1728%		12.3012%	第二七級	515,000円以上545,000円未満	530,000	6,360,000	768,034	12.4277%	11.7436%	473,693	7.6649%	7.2430%
		13.5755%		12.7554%	第二八級	545,000円以上575,000円未満	560,000	6,720,000	811,507	12.4084%	11.7610%	500,506	7.6530%	7.2537%
23 第4所得等級 標準税率	¥6,950,000-¥9,000,000 標準税率	13.9780%	¥6,950,000-¥9,000,000 標準税率	13.1928%	第二九級	575,000円以上605,000円未満	590,000	7,080,000	854,981	12.3910%	11.7766%	527,318	7.6423%	7.2633%
		15.7222%		15.0889%	第三〇級	605,000円以上	620,000	7,440,000	898,454	12.3754%	9.9828%	554,131	7.6327%	6.1570%
33 第5所得等級 標準税率	¥9,000,000-¥18,000,000 標準税率	24.3611%	¥9,000,000-¥18,000,000 標準税率	24.0444%						9.9828%	4.9914%		6.1570%	3.0785%
40 第6所得等級 最高税率	¥18,000,000-∞ say ¥144,100,000 最高税率	38.0465%	¥18,000,000-∞ say ¥144,100,000 最高税率	38.0069%						4.9914%	0.6235%		3.0785%	0.3845%

A 所得税法89条1項　　B　　C　　D　　E 国家公務員共済組合法42条1項　　F　　G　　H　　I　　J　　K　　L　　M　　N　　O

なく衡平でもない。

その理由の一つは、議会のコントロールが国家公務員共済組合連合会定款 33 条 1 項に全く及んでおらず、その掛金料率について広く議論されていないから、おそらくは、このような惨状が放置されているのではなかろうか。

(b) 私学教職員の場合

私立教職員の掛金負担率について、所得税法上の所得等級に適用され得る租税負担率（表 8 セル C 列、E 列）並びに私立学校教職員共済法 22 条の報酬等級に適用されうる掛金負担率（表 8 セル K 列、L 列）が表 8 に示されている。私立学校教職員の長期給付に係る掛金率が平成 20 年度以降について、12.0760 ％であり（表 4）、国家公務員の 7.5125 ％（表 3）より高い。60.75 ％増である。

$$(12.0760 - 7.5125) / 7.5125 = 0.607454$$

掛金負担率についてみると、例えば年収 38 万円の被保険者（生活保護費を申請せず、かつ、最低賃金法を考慮しないものとする。）は 37.37 ％（表 8 セル K 7）の掛金負担率で 142,014 円（表 8 セル J 7）を支払う。他方、同じ第 1 等級に属する年収 1,211,988 円（(101000-1)＊12=1211988）の被保険者は掛金負担率 11.72 ％（表 8 セル L 7）で同額の 142,014 円を掛金として支払う。37.37 ％（表 8 セル K 7）の掛金負担率で支払う被保険者（単身者と仮定）は、報酬から租税負担率 3.43 ％（表 8 セル C 7）の所得税と掛金負担率 37.37 ％（表 8 セル K 7）の掛金の合計を控除されることとなる。

標準給与の等級が 1 段階上がると、例えば、第 9 等級から第 10 等級にあがるとき、第 9 等級の下限値に相当とする報酬に対する掛金負担率は、第 10 等級の上限値に相当とする報酬に対する掛金負担率に比べ、常に高い（表 8 セル K 15 とセル L 16 を、あるいはセル K 34 とセル L 35 を比較せよ。）。報酬等級が 30 に分かれているから、その都度同じ問題が発生している。

標準給与システムは、実額報酬システムに比べ、同一の所得等級クラス内でさえ掛金負担率に差異を生じさせる（表 8 セル K 15 とセル L 16 を比較せよ）。

さらに、標準給与の最高ランクである第 30 等級に属する被保険者は、掛金負担率が他の下位クラスに属するものに比べ、著しく低位である（表 8 セル K 36 ないしセル L 38 をみよ。）。

このため、給与年額 744 万円（表 8 セル I 36）以上を取得する者は、定額 898,454 円（表 8 セル J 36）の掛金を毎年支払うに過ぎない。12.38 ％から 0.62 ％の掛金負担率（表 8 セル K 36 ないしセル L 38）である。

第3部　第15章　社会保障制度と租税法

　最後に、所得税法はその89条1項において超過累進構造を採用しており、所得金額が増大するにつれて、租税負担率も漸増する。これに比べ、私立学校教職員共済法22条は標準給与システムを、そしてその下位規範である私立学校教職員共済法施行令29条さらに日本私立学校振興・共済事業団共済規定26条は一律料率を採用しているが、その標準給与システムのもとで、その掛金負担率を分析してみると、決して合理的でもなく衡平でもない。

　議会のコントロールは、標準給与については、国家公務員共済組合連合会定款33条1項のケースと異なり、私立学校教職員共済法22条に及んでいるが、その掛金料率については、私立学校教職員共済法27条3項の委任をうけた私立学校教職員共済法施行令29条を経由してようやく日本私立学校振興・共済事業団共済規程26条2項により具体的に定められている。したがって、掛金料率については議会のコントロールは遠く及ばないといわざるを得ない。広く議論されていないから、おそらくは、このような不合理が放置されているのではなかろうか。

3　厚生年金被保険者の場合

(1)　標 準 報 酬

　標準報酬の等級及び月額は、国家公務員共済組合法の場合と同一である（厚生年金保険法20条1項）。

(2)　保 険 料 率

　保険料率は、表9のように、厚生年金保険法81条4項に規定されている。

632

表9

厚生年金保険の 保険料率　　81条4項	
上欄	下欄
平成十六年十月から平成十七年八月までの月分	千分の百三十九・三四
平成十七年九月から平成十八年八月までの月分	千分の百四十二・八八
平成十八年九月から平成十九年八月までの月分	千分の百四十六・四二
平成十九年九月から平成二十年八月までの月分	千分の百四十九・九六
平成二十年九月から平成二十一年八月までの月分	千分の百五十三・五〇
平成二十一年九月から平成二十二年八月までの月分	千分の百五十七・〇四
平成二十二年九月から平成二十三年八月までの月分	千分の百六十・五八
平成二十三年九月から平成二十四年八月までの月分	千分の百六十四・一二
平成二十四年九月から平成二十五年八月までの月分	千分の百六十七・六六
平成二十五年九月から平成二十六年八月までの月分	千分の百七十一・二〇
平成二十六年九月から平成二十七年八月までの月分	千分の百七十四・七四
平成二十七年九月から平成二十八年八月までの月分	千分の百七十八・二八
平成二十八年九月から平成二十九年八月までの月分	千分の百八十一・八二
平成二十九年九月以後の月分	千分の百八十三・〇〇
保険料率は、次の表の上欄に掲げる月分の保険料について、それぞれ同表の下欄に定める率とする。	

　厚生年金法上の被保険者の掛金負担率について、所得税法上の所得等級に適用され得る租税負担率（表10セルC列及びE列）並びに厚生年金保険法81条4項の報酬等級に適用されうる掛金負担率（表10セルI，J各列）が表10に示されている。

　その掛金負担率の構造は、国家公務員の場合の掛金負担率構成についての問題と同様に起きている。それは、標準報酬制から必然的に生じる欠陥である。

　厚生年金保険法の長期給付に係る掛金率は平成20年10月現在について、15.350％であり（表9及び表10セルH2）、国家公務員の7.5125％（表1）より高い。104.33％増である。2倍以上を意味する。

　(15.350-7.5125)/7.5125＝1.043261231281198`

第3節　保険掛金ベースを給与所得に統合

　標準報酬システム又は標準給与システムのもとでフラット掛金率が実額報酬（又は実額給与）ではなく標準報酬の金額に適用される場合、n等級の下限値にかかる掛金負担率は、常に、n+1等級の上限値にかかる掛金負担率よりも高い。標準報酬（又は標準給与）第30等級——所得税率23％以上の所得等級の課税総

第3部　第15章　社会保障制度と租税法

表 10　厚生年金の場合における租税負担率と掛金負担率

税率(%) 年所得金額	独身 租税負担率:各所得等級の上限の値又は同クラスの給与年額上限値	等級、給与/報酬月額、標準給与/報酬 標準報酬月額の等級	報酬月額	標準報酬の月額 単位円	標準報酬の年額 単位円	掛金率 15.350% 年掛金額	掛金負担率 独身 15.350% 掛金負担率:報酬年額の下限値又は各所得等級の下限値	掛金負担率 独身/4人家族 掛金負担率:報酬年額の上限値又は各所得等級の上限値
0 第0所得等級 ¥0-¥380,000 人的所得控除	0.0000%							
5 第1所得等級 ¥380,000-¥1,950,000 最低税率	3.4323%	第一級	101,000円未満	98,000	1,176,000	180,516.00	47.504%	14.894%
	3.5202%	第二級	101,000円以上107,000円未満	104,000	1,248,000	191,568.00	15.806%	14.920%
	3.6111%	第三級	107,000円以上114,000円未満	110,000	1,320,000	202,620.00	15.780%	14.811%
	3.7022%	第四級	114,000円以上122,000円未満	118,000	1,416,000	217,356.00	15.889%	14.847%
	3.7821%	第五級	122,000円以上130,000円未満	126,000	1,512,000	232,092.00	15.853%	14.878%
	3.8527%	第六級	130,000円以上138,000円未満	134,000	1,608,000	246,828.00	15.822%	14.905%
	3.9155%	第七級	138,000円以上146,000円未満	142,000	1,704,000	261,564.00	15.795%	14.929%
	3.9785%	第八級	146,000円以上155,000円未満	150,000	1,800,000	276,300.00	15.771%	14.855%
	4.0404%	第九級	155,000円以上165,000円未満	160,000	1,920,000	294,720.00	15.845%	14.885%
10 第2所得等級 ¥1,950,000-¥3,300,000 標準税率	4.4524%	第一〇級	165,000円以上175,000円未満	170,000	2,040,000	313,140.00	15.815%	14.911%
	4.7523%	第一一級	175,000円以上185,000円未満	180,000	2,160,000	331,560.00	15.789%	14.935%
	5.0214%	第一二級	185,000円以上195,000円未満	190,000	2,280,000	349,980.00	15.765%	14.956%
	5.3770%	第一三級	195,000円以上210,000円未満	200,000	2,400,000	368,400.00	15.744%	14.619%
	5.7790%	第一四級	210,000円以上230,000円未満	220,000	2,640,000	405,240.00	16.081%	14.683%
	6.1167%	第一五級	230,000円以上250,000円未満	240,000	2,880,000	442,080.00	16.017%	14.736%
	6.4043%	第一六級	250,000円以上270,000円未満	260,000	3,120,000	478,920.00	15.964%	14.781%
	6.4697%	第一七級	270,000円以上290,000円未満	280,000	3,360,000	515,760.00	15.919%	14.821%
20 第3所得等級 ¥3,300,000-¥6,950,000 標準税率	7.9973%	第一八級	290,000円以上310,000円未満	300,000	3,600,000	552,600.00	15.879%	14.855%
	8.7247%	第一九級	310,000円以上330,000円未満	320,000	3,840,000	589,440.00	15.845%	14.885%
	9.3690%	第二〇級	330,000円以上350,000円未満	340,000	4,080,000	626,280.00	15.815%	14.911%
	9.9437%	第二一級	350,000円以上370,000円未満	360,000	4,320,000	663,120.00	15.789%	14.935%
	10.5802%	第二二級	370,000円以上395,000円未満	380,000	4,560,000	699,960.00	15.765%	14.767%
	11.2451%	第二三級	395,000円以上425,000円未満	410,000	4,920,000	755,220.00	15.933%	14.808%
	11.8223%	第二四級	425,000円以上455,000円未満	440,000	5,280,000	810,480.00	15.892%	14.844%
	12.3282%	第二五級	455,000円以上485,000円未満	470,000	5,640,000	865,740.00	15.856%	14.875%
	12.7751%	第二六級	485,000円以上515,000円未満	500,000	6,000,000	921,000.00	15.825%	14.903%
	13.1728%	第二七級	515,000円以上545,000円未満	530,000	6,360,000	976,260.00	15.797%	14.928%
	13.5755%	第二八級	545,000円以上575,000円未満	560,000	6,720,000	1,031,520.00	15.772%	14.950%
23 第4所得等級 ¥6,950,000-¥9,000,000 標準税率	13.9780%	第二九級	575,000円以上605,000円未満	590,000	7,080,000	1,086,780.00	15.750%	14.969%
	15.7222%	第三〇級	605,000円以上	620,000	7,440,000	1,142,040.00	15.731%	12.689%
33 第5所得等級 ¥9,000,000-¥18,000,000 標準税率	24.3611%						12.689%	6.345%
40 第6所得等級 ¥18,000,000-∞ say ¥144,100,000 最高税率	38.0465%						6.345%	0.793%

A　B　C　D　E　F　G　H　I　J

634

第3節　保険掛金ベースを給与所得に統合

所得金額——に係る長期給付の掛金負担率は、第1等級から第29等級までの標準報酬（又は標準給与）に係る長期給付の掛金負担率に比べ著しく低いうえ、その状態を正当化しうる論拠がない。加入者は、掛金の算定の基礎となる標準報酬と自己の所得金額の関係について熟知していないのはもちろん、その掛金率の通知を受けているわけでもない。したがって、加入者は、自己に賦課される掛金の適法性をチェック確認することがきわめて困難であるばかりでなく、適法性を審査するに要する法的情報さえも入手困難である。私立学校教職員のための長期給付に要する掛金率（現在12.08％）は、なぜ、国家公務員のための長期給付に要する掛金率（現在7.51％）に比べ60.85％も高いのであろうか。厚生年金保険法の適用を受ける被保険者はなぜ国家公務員のそれに比し2倍以上も高いのであろうか？

　国家公務員の掛金率は政令ではなく、国家公務員共済組合連合会定款33条1項に規定されており、一般に国民の目が届かないばかりでなく、議会によるコントロールも及んでいないことに、その不合理な料率格差の遠因はあるのではなかろうか。

　さらに、標準報酬（及び標準給与）システムは、IT時代においては、国民年金制度にとって不可欠ではない。

　私見によれば、国家公務員及び私立学校教職員の長期給付に要する掛金賦課徴収制度を現行の給与源泉徴収制度及び事業所得税制度のもとに統合するシステムを導入すべきである。それら保険掛金ベースを所得税法上の給与所得（事業所得を含む）に限定することによって、給与支払機関（又は私立学校等）は、給与の支払い時に、その給与の額に対し掛金率を乗じた金額に相当する掛金を徴収する。加入者を使用する給与支払機関（又は私立学校等）は、その掛金を折半して負担する[30]。主たる雇用者か否かを問わず、すべての給与支払機関及び雇用者が、そのような掛金を徴収・拠出すべきであろう。

　事業団が、加入者の掛金を算定してその賦課通知書を雇用者に送付する現行システムのもとでは、あたかもその事業団が、税務署と類似して、掛金を賦課する。事業団が加入者の財産権を侵害して、適法にかつ強制的に被保険者から掛金を賦課徴収する権限を賦与されているとしても、事業団が適正にその権限を行使しているかどうかは、加入者にとって情報不足であり、即断しかねる。

30　自営業者の場合、その掛金は、自営業者が負担すべきであろうが、事業者はそれを事業所得の金額の計算上経費控除し、年金を受け取るとき、課税に服すればよい。

635

事業団が現在行っている業務の一部は、所得税法に定める源泉徴収制度及び保険掛金ベースの改正（実額給与ベース、より正確に述べれば、実額稼働所得ベース）に統合するならば、合理化できるであろう。

第4節　社会保障制度は全面改正

国庫負担金のさらなる投入及び消費税の目的税化は、国民年金制度をその根底から切り崩すおそれがある。国民年金制度の不透明と職域エゴは、当該制度の衡平さをゆがめており、この陋習を打ち破るには、その全面改正を行うほかはないであろう。

1　議会による稀薄なコントロール：政省令および組合定款

政府が国民年金事業を管掌することになっているにも拘わらず、国民保険料率の定立が、議会でも政府でもなく、共済組合の連合会によって行われる。国家公務員のための国民年金保険料率は、政省令によっても何ら枠組みを固められず、連合会定款によって定立される。議会のコントロールがないままに、財産権の侵害が国民年金制度のためという名のもとで行われているのは、不健全かつ異常であるといわざるを得ない。英国では、保険料率を定める省令は、議会の承認を要する[31]。

法律が、本法の条文規定で又は（国税通法の委任する国税徴収法のごとく）本法の委任する年金保険料率法の条文規定で、国民年金保険料率を明確に定立するように改正して、明確に憲法84条（法律留保の原則及び法律優任の原則）に適合する状態に改正すべきである。内閣提出の法案は、日本の議会においては、数多くあるのであって、その内閣提出法案は、所轄省庁によってよく検討されたうえで、その大臣が閣議に提出するであろうから、何等実務上支障を生じないであろう。もちろん、その国民保険料率を改定する法案は、各議会及び委員会で審議されてしかるべきであろう。そうすれば、国民保険料率が各職域間において衡平といいがたく、1つの特定の職域における掛金負担率が標準報酬制のもとで被保険者の所得金額によって不合理に異なっている現状は、議会のコントロールのもとで改められるであろうし、かつ、国民の意見を反映するようにシステムも変更されうるであろう。

---

[31]　木村（2008）3頁以下。

2 横断的システム・デザイン：社会保障拠出法、社会保障管理法、社会保障給付法、所得支援給付法

年金制度の改革を論ずるに当たって、財政学の観点は不可欠であろう[32]。しかし、その経済分析はその精通者に委ねるとしても、先に指摘したとおり、社会保障制度そのもの（例えば、その中核である社会保険料率の特定）が、事業団や連合会のつよいコントロール下にあり、議会のコントロールをほとんど受けないメカニズムからなっており、きわめて深刻な問題点を生み出しており、かつ、職域年金制度は少なくとも職域間（例えば、国家公務員、私立学校教職員とそれら以外の被用者との間）で決して衡平でない。このような不合理の惨状は法制度の仕組み全体を改変しない限り、改まらない[33]。

(1) 社会保障拠出法

社会保障制度のもとにおいて、短期給付に要する拠出金及び長期給付に要する拠出金について、その賦課徴収を統一的に国民すべてに対して規制する法律が創設されるべきである。

憲法84条の規定に照らし、制定法（たとえば国民年金法）は、保険料債務者（保険料拠出義務者）、保険掛金の算定の基礎（保険掛金ベース）、保険料率、保険料債権者、保険料徴収義務者及び保険掛金の源泉徴収メカニズムを明確に法定すべきである（法律留保の原則）。その制定法は、保険料率について、年金保険料率法所得税法に定める税率規定と同様の規定を明確に定めるよう改正すべきであろう。フラット料率又は線形累進保険料率が稼得所得に適用されると、その負担は漸増する。高所得者は高い保険料を、低所得者は低い保険料を支払うからである（逆進性は現れない）。保険掛金の算定の基礎（保険掛金ベース）は、総所得金額よりむしろ、給与所得（従業員ストックオプションを含む。）と事業所得（これらを「稼得所得」という。）とするべきではなかろうか。退職所得[34]及び雑所得（年金など）は保険掛金ベースに含めない（二重負担の防止）。保険掛金の賦課ベースについて、下限値も上限値も設定しない。保険掛金の賦課ベー

---

[32] 例えば、堀勝（1998）iii頁以下；平野正樹・近藤・宮原（1999）117-150頁（宮原執筆）。

[33] 社会保障法学の分野から、年金問題について、参照、堀勝（2005）（制度設計を提言）；江口（2008）。

[34] 退職所得を保険掛金ベースに加えない理由は、次にある。すなわち、法人税法は、退職給付引当金の損金計上を許容しておらず、稼得者に代わって法人にその退職給付引当金に相当する金額を課税している（身代わり課税）から、ここでは繰延課税はみられない。身代わり課税について、参照、木村（2004）29-53頁。

スに下限値を設定すれば、雇用者はかえって、保険掛金の負担回避のためその
下限値を下回る賃金を支払うなど、小細工するといった事態が予想されるであ
ろう。保険掛金の賦課ベースに上限値を設定しなくても、高所得者は、勤労性
所得以外の類型の所得（配当所得、不動産所得、雑所得など）の金額は保険掛金
の算定の基礎に算入されないから、その意味において受忍できないわけでもな
い。同一世代内における所得再分配がその考え方の基礎にある（積立方式）。
他方、賦課方式は、異世代間における所得再分配をその思想の基礎とするので、
国民年金基金の余裕金が蓄積されるまでの間、そのような退職世代に当分の間
適用されるであろう。

　さらに、当該制定法は被保険者及びその世帯構成員の個人情報を保護するた
め、保険掛金債権者及び保険掛金徴収義務者並びにそれぞれの履行補助者に守
秘義務を課し、その違反に対し過料を課すべきである。その内容は、所得税法
の規定に倣うべきであろう。質問検査[35]及び立入検査[36]について、同制定法は、
守秘義務、犯罪捜査への流用禁止[37]、罰則の規定を税法の規定[38]に倣って明確に
法定すべきである。

(2)　社会保障管理法

　社会保障制度のもとにおいて、政府は、保険掛金債務者が給与支払機関を経
由して拠出した保険掛金の累積額（基金）を管理する機関を改組して設置すべ
きである。この機関自体は、基金（ファンド）ではないけれども、基金（保険
料拠出基金）を管理し、場合によっては投資して収益を稼得するよう努める責
務を負う。この機関は、保険料拠出基金の管理運用のための組織を付置するほ
かに、歳入庁（国税庁の改組）を最高機関として、国税局及び税務署と類似し
て、その下に事業団、連合会を、さらにその下部組織として、共済組合、組合
等を設置する。いうまでもなく、この改組は、事業団及び共済組合は現在の形
で（公共組合として）温存されるべきことを意味するわけではない。

　社会保障管理法は、明確に社会保障、とりわけ国民年金の展望を明らかにす

---

[35]　国年106条1項、107条1項、108条1項、2項、3項、113条の2第1項、141条1項、
　　142条1項、143条1項。

[36]　国年92条の6第1項4号。

[37]　国年92条の5第5項、141条3項。

[38]　国税通則法34条の6第5項、97条5項、国税徴収法147条2項、所得税法243条、
　　234条2項、法人税法163条、156条2項、消費税法69条、62条6項、相続税法72条、
　　地方税法22条、特別法人税法23条、17条5項、地価税法42条、36条5項；さらには
　　国年92条の5第5項、141条2項。

第4節　社会保障制度は全面改正

べきである。制定法は、当面「賦課方式」を採用せざるを得ないとしても、中期的には「保険料拠出に等しい給付の原則」（積立方式）に復帰して、さらに、長期的には被保険者勘定をその国民年金基金に開設できるように法定すべきであろう（勘定方式）。なぜなら、少子高齢化のすすむであろう社会おいて、現役就労世代が退職世代の社会保障に要する費用を全額賄うという、賦課方式の原則は健全な持続可能なセイフティ・ネットワークの理念たり得ない。自己責任と社会保障及び同世代内の所得再分配の理念はあらためて考慮に値する。

　保険料拠出基金は、ファイナンスの観点から投資収益を稼得しうるように努められるべきであって、低利の国債、リスクの高い外国債の引き受け等にかまけているべきではない。金融リスクを他者に転じるヘッジ技能が不可欠であることは、論をまたない。

(3)　社会保障給付法

　社会保障給付の種類は、健康保健サービス等から、国民年金（その亜種）に至るまで多種多様である。さらに、給付行政には、現物給付を含め、確定拠出型の給付行政と非拠出型の給付行政に大別することもできよう。1本の制定法がこれらを整合的にまとめ上げるのは、容易ではないであろうが、社会保障給付についての学問は日本でもこれまで築き上げられてきているから、その成果を踏まえて全面的に改変できるであろう。

(4)　所得支援給付法 [39]

　就労している者が稼得する給与所得の金額が、例えば、相対的含本線の値又は最低賃金法で定める基準値より少ない場合には、政府が所得支援給付金を月ごとにその就労者に支給する [40]。各児童には、国民ならすべて、その親の貨幣所得の金額と所得移転消去率リールを斟酌して、所得支援給付金を支給する。少子化社会から多子化社会へと誘導できるように、児童所得支援の支給額は、考慮されてしかるべきであろう [41]。被扶養配偶者についても、所得税法上、人

---

[39]　租税債権給付と表現することもできる。Tax credit は二重課税の回避との関連において税額控除と翻訳されることが多い。しかし、社会保障制度のもとにおいて、それは、所得税法上の給与所得源泉徴収制度を活用してその枠内において納税義務（租税債務）と相殺して請求人に毎月支給される。したがって、tax cedit は文字通り租税債権を指しており、それは毎月源泉徴収に当たって申請者に支給され、所得税と相殺される。例外的に、国が直接に、源泉徴収所得税をうけない個人に対して所得支援給付額を支給する。

[40]　租税債権、租税債権給付及び負の所得税の基礎理論について、参照、木村（2006）21-60頁；木村（2007）431-495頁。

[41]　Tax credits を用いた税制と社会保障との一体運営を提言するものに、参照、東京財団政策研究部（2008）（鶴光太郎、森信茂樹、阿部彩、八塩裕之、金今男　執筆）。

第3部　第15章　社会保障制度と租税法

的所得控除の制度を用いずに[42]、所得支援給付金を支給するメカニズムが採用されるべきである。その際、その被扶養配偶者の生存権保障に要する費用が所得支援給付金の基準額の目安とされるべきであろう。

基礎控除、配偶者控除及び扶養控除の制度は、租税負担率が低所得者から高所得者までの間0%から約40%にわたり異なっているから、基礎控除、配偶者控除及び扶養控除の制度は、同じ38万円についても、その税負担軽減額（政府からの隠れた補助金）は高所得者のほうが低所得者よりも有利である。このため、これら最低生存権を保障する基礎控除等の制度は、所得支援給付制度へ移行すべきである。所得支援給付制度は、所得が増えるにつれて、消去率ルールを適用して支給額を減額しやがては消滅する、仕組みを採っている。

所得支援給付金は、給与の源泉徴収制度の枠組みを利用して政府から雇用者を通して被用者又は当該親にそれぞれ給与所得の支払い時に給付される[43]。

第5節　結　語

本章は、国民年金法とその関連法および厚生年金保険法のもとにおける標準報酬制度について、その不合理さと議会によるコントロールの稀薄さを指摘させていただいた。続いて、本章は、標準報酬制の不合理を克服するため、年金保険掛金ベースを標準報酬から勤労性所得（給与所得又は事業所得など）に切り替えることを提案いたしたい。この提案は、社会保障システムと所得税システムの統合[44]を目指し、社会保障制度自体を公衆にとって理解しやすく、国民年金保険料率等について議会が直接にコントロールできるように改めることを意図している。そのような議会のコントロールのもとで、社会保障制度は衡平、簡素かつ安定性を確保できるであろう。不可欠でもない組織や道具概念（たとえば標準報酬、共済組合[45]）は改廃し、スリムかつスマートな組織と運営が展開

---

[42]　なぜなら、高所得者は中小所得者に比べ、租税負担率が高いので、その配偶者控除の金額にその者の租税負担率を乗じた金額は、その他の中小所得者のそれより多額となるので、それは中小所得者にとって衡平ではないであろう。他方、租税債権が高所得者の被扶養配偶者に支給されるとしても、その高所得者の受給資格には所得金額について上限要件が設けられるべきであろう。

[43]　英国の租税債権給付法について、詳細は、木村（2008）。

[44]　類似の方向にある提言として、参照、(株)日本総合研究所　調査部　ビジネス戦略研究センター（2005）。

[45]　1907年（明治40年）「鉄道作業局職員保険法案」（参照、佐口（1977）63頁、89頁注7に掲げられた文献）は、社会保険としての体裁を整えていたのではあるが、時期焦燥

第5節 結　語

されるであろう。国庫負担金が社会保障制度に投入されるかどうか、その程度如何を問わなければならない現状は、その制度が問題をはらんでおり、かつその運営が不首尾なことの証であると言っては過言であろうか。社会保障のための保険掛金は国の歳入源として大切であり、消費税がこれに代わるべきではない。消費税が目的税化すれば、一般税源に用いることのできる歳入源がますます狭まってくることは、誰の目にも明らかではなかろうか。

　2007/08 年における英国歳入源の第 2 位は、保険料拠出金であり、第 3 位は消費税徴収金である [46]、という事実を再言して締めくくらせていただきたい。国庫負担金の国民年金制度への投入は、英国の場合のように、できる限り速やかに 0（ゼロ）に収縮すべきである。

　日本で、国民年金保険料（掛金を含む。）は、長期給付に要する費用を賄うに不足している。そのため、国庫負担金が投入されている。もし、議会が、国民年金保険料（掛金を含む。）の賦課徴収を躊躇して国民年金保険料から十分な歳入を得なくなるならば、政府は歳入不足を何に求めるのであろうか。

　消費税は老若男女を問わず幅広い世代の人びとからなる消費者によって経済的に負担されるから、このような性質を持つ消費税が国民年金制度の財源とされるには、理由が一見したところありそうにも見える。しかしながら、現在老

として、「社会保険の第 1 段階とも云うべき共済組合から出立しては如何。」と修正を受けた（佐口（1977）65 頁）。その法案は断念され、「帝国鉄道庁現業員共済組合ニ関スル件」（明治 40 年勅令 127 号）及び「帝国鉄道庁職員救済組合規則」（明治 40 年公達 315 号）が成立し、「帝国鉄道庁救済組合」が実施に移された（佐口（1977）66 頁以下）。その後、勧業共済組合は国鉄にならって陸続する（佐口（1977）78 頁、80 頁注 19）。民間共済組合も官業共済組合も共に個別企業の福利施設に他ならなかった（佐口（1977）83 頁）。歴史の発展を振り返ると、現在の社会保障制度又は社会保険制度のもとにおいて「共済組合」はその先駆をなしたものであるが、それを墨守すべき理由はどこにもない。共済組合は企業における閉鎖的存在であり「一企業内部での所得再分配であるにすぎず、企業内部も賃金格差（それは年齢＝勤続に比例している）に比例して受益立が規定されており、それが社会保険と同一機能を果たすとはとうていいいえない。社会保険の概念はこれと正に逆に危険分散と所得再分配の効果を企業をこえ、かつ種々な階層間にひろげる（高額層の負担による低額層の保険事故処理）ものでなくではならないからである。だから [大正 11 年健康保険法たる] 社会保険成立の一歩は共済組合の枠を破ることからふみ出され [健康保険組合に変形移行され] たのであった」（津田（1972）180-183 頁［…］内は木村加筆）という必然性と保険技術との関連から、共済組合は理解されうる（佐口（1977）89 頁）。さらに、健康保険法実施後の民間共済組合は、「冠婚葬祭」的相互扶助組織の役割を担うにすぎないが、健康保険法によって組織・運営を規制されている（小川喜一（編）（1974）211-212 頁（坂口正之執筆）；佐口（1977 年）202 頁）
[46]　参照、木村（2008）6 頁表 -1.

641

齢年金を受給する世代は、消費税法の導入前に、所得税と保険料（掛金）を自ら支払ってきたのであるから、今新たに、消費税を老齢年金の税源に充てるという、若い世代の主張ににわかに賛同し得ないであろう。さらに、国内における消費税の経済的負担者は被保険者対象外の国民（生活保護法 89 条 2 号及び 1 号による生活保護費受給者など）及び外国人を含むから、消費税を国民年金制度の財源にすべしとの見解は、将来年金の受給権者になり得ない者からも国民年金保険料を徴収するとの主張につながり、到底、賛同を得ない。他国における悪しき例は採りいれるべきではない。

しかも、消費税からの歳入のうち特定割合（35％等）が老齢年金に廻されるとするならば、消費税の歳入のうちその余の部分だけが、一般財源として用いられるだけになる。

さらには、逆進性を示す傾向にある消費税が、社会保障制度の財源に充てられるについては、経済的に貧困な人びとが逆進消費税制のもとで拠出した消費税が、経済的に貧困な人びとに再分配されることを意味する[47]。

最後に、消費税率の引き上げは、長期給付（国民年金）に要する費用を賄うために、どのくらいであろうか。

社会保障制度に相応しい保険料率（掛金料率）の定立は、先に見たように、定額制度のもとでも、標準報酬制度（標準給与制度）のもとでの一律料率によっても不衡平をもたらすから、全面的に標準報酬制度を廃止したうえで、社会保障掛金は一律料率を給与所得金額と事業所得金額の合計額に乗じて算出すべきであろう。しかも、給与所得金額などに上限を設けるべきではない。さもなければ、所得再分配は、社会保障制度を通して実現されないであろう。

所得税法が、貧困から自由解放と就労への歓びに寄与すべきだとすれば、所得支援給付制度（「租税債権給付制度」ともいう。）を導入すべきであろう。中高所得層の稼得者及び生活保護の受給要件を満たす者を除いた者に対し、政府は、一定の要件のもとで、就労所得支援給付金を毎月給与支払い時に支給すべきであろう。所得の少ない者には、より多くの所得支援給付金（「租税債権給付金」ともいう。）を支給する。就労者と失業者及び児童と被扶養配偶者には、その個人事情すべてを斟酌して特別な類型の所得支援給付金を支給する[48]。

社会保障と租税を統合する試案についてどうぞご検討のうえ、ご賛同をいた

---

[47] 小塩・田近・府川（編）（2006）87 頁及びそこに掲げられた文献（田近栄治・八塩裕之）（消費税や社会保険用の負担は逆進性であることは周知の通りである）。

[48] 木村（2008）。

第 5 節　結　語

だきたく存じます。

（謝辞）　本章は、2003 年 10 月 3 日に日本租税研究会にて行った報告に基づいている。
（財）日本学術振興会から「法と経済学によるタックス・エンジニアリングと社会保
障：所得税法の近代化と立法学」について平成 20 年度科研費の助成をいただいた。そ
の研究成果の一部が本報告である。謝意を表する。

第16章　線形累進税額表モデルと所得支援給付の統合とその歳入予測——見て楽しい税率——

第1節　問題提起：1949年シャウプ勧告による超過累進税額表の特色

　シャウプ勧告が超過累進税制を明らかにしている。その平均税率表を次のグラフにて示す。その作成方法は、拙稿「2015年と2013年所得税法の定める超過累進税額表と歳入予測：見て楽しい税率」（本第3部第12章）と同一である。

　第1次シャウプ使節団は、最低限界税率を20％、最高限界税率を55％、そして、所得区間の数8を勧告している。最低限界税率が課税所得0円超の数値に適用されていることから判明するように、基礎控除を含め、人的所得控除は、所得税率の適用直前の（主観的）課税標準額を計算する過程において、斟酌されている。

　シャウプ勧告による、最低限界税率は20％であり、2015年現行所得税法による5％に比すべくもない。シャウプ勧告による、最高限界税率は55％である。シャウプ勧告は、当時の歳入需要を満たすために、税率を設定したと語っている。他方、国際的にみて、所得税の最低限界税率が5％である、という2015年現在の租税政策は、異例に低すぎる。

　Shoup Missionによる所得税構想による所得区間ごとの平均税率は、グラフとそのプログラム[1]により次の様に表現できる。

---

[1]　Print["所得区間ごとの　平均税率　Shoup Mission 所得税法　"]

```
Show[
 Plot[{(0.2` x)/x},{x,0,5.00},AxesLabel->{" 所得 "," 平均税率 "},
   PlotRange->All,PlotStyle->{Red,Thickness[0.005]},ImageSize->Large],
 Plot[{(-0.25` +0.25` x)/x}, {x, 5.00,8.00},
   PlotRange->All, PlotStyle->{Red, Thickness[0.005]}],
 Plot[{(-0.64999999999999999` +0.3` x)/x},{x,8.00,10.00},
```

グラフ1　所得区間ごとの　平均税率 Shoup Mission 所得税勧告

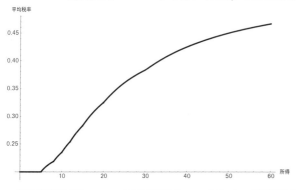

所得区間ごとの　　平均税率 Shoup Mission 所得税勧告

日本の所得税法下における平均税率を算出するため、(主観的) 課税所得に対する (各所得区間で算出される) 所得税額の比率を平均税率ということとする。平均税率30％に対応する課税所得額は16.7万円であり、第6所得区間に属し、その限界税率は45％である。平均税率40％に対応する課税所得額は33.4万円であり、第8所得区間に属し、その限界税率は55％である。平均税率は、累進税制のもとでは、すべての所得区間について、常に限界税率よりも低い。両者は混同されるべきではない。

　課税所得5万円以下の所得階級に属する納税者は、平均税率20％で課

　　PlotRange->All, PlotStyle->{Red, Thickness[0.005]}],
　Plot[{(-1.15` +0.35` x)/x},{x,10.00,12.00},
　　PlotRange->All, PlotStyle->{Red, Thickness[0.005]}],
　Plot[{(-1.7500000000000009` +0.4` x)/x}, {x, 12.00, 15.00},
　　PlotRange->All, PlotStyle->{Red, Thickness[0.005]}],
　Plot[{(-2.5` +0.45` x)/x},{x, 15.00, 20.00},
　　PlotRange->All,PlotStyle->{Red,Thickness[0.005]}],
　Plot[{(-3.5` +0.5` x)/x}, {x, 20.00,30.00},
　　PlotRange->All, PlotStyle->{Red, Thickness[0.005]}],

　Plot[{(-5.` +0.55` x)/x},{x,30.00,30.00+30.00},
　　PlotRange->All, PlotStyle->{Red, Thickness[0.005]}]
]
Print[" グラフ3　所得区間ごとの　　平均税率　Shoup Mission 所得税法　　"]
なお、本稿では数学ソフト Mathematica 10 を使用する。

税を受けている。

　課税所得 60 万円の所得階級に属する納税者は、46％をわずかに上回る平均税率で課税を受けている。

　平均税率 30％を負担する所得階級に属する納税者の課税所得は約 16.7 万円である。課税所得は約 16.7 万円は、勧告にいう第 6 所得区間に属する。

　なお、2015 年現在の課税所得の金額と比較すれば、当時のそれは約 100 倍低いことが分かる。

　歳入弾性を説明する。歳入弾性は、各所得区間の領域（横軸幅）内において、局所的にどのような累進性又は逆進性を蔵しているかを測定する道具である。
　歳入弾性はグラフとそのプログラム[2]により次の様に表現される。

2　（＊歳入弾性＝$\dfrac{限界税率}{平均税率}$＊）

Print["歳入弾性表　Shoup Mission 所得税法　　"]
Show[
　Plot[{0.20/((0.2` x)/x)},{x,0,5.00},AxesLabel->{" 所得 "," 歳入弾性 "},
　　PlotRange->All, PlotStyle->{Red, Thickness[0.01]}, ImageSize->Large],
　Graphics[{Red, Thick, Line[{{5.00, 0.20/((0.2` * 5.00)/5.00) }, {5.00,0.25/((-0.25` +0.25` * 5.00)/5.00)}}]}],
　Plot[{0.25/((-0.25` +0.25` x)/x)}, {x, 5.00, 8.00},
　　PlotRange->All, PlotStyle->{Red, Thickness[0.01]}],
　Graphics[{Red, Thick, Line[{{8.00, 0.25/((-0.25` +0.25` * 8.00)/8.00)}, {8.00, 0.30/((-0.6499999999999999` +0.3` * 8.00)/8.00)}}]}],
　Plot[{0.30/((-0.6499999999999999` +0.3` x)/x)},{x,8.00,10.00},
　　PlotRange->All, PlotStyle->{Red, Thickness[0.01]}],
　Graphics[{Red, Thick, Line[{{10.00, 0.30/((-0.6499999999999999` +0.3`*10.00)/10.00)}, {10.00, 0.35/((-1.15` +0.35` * 10.00)/10.00)}}]}],
　Plot[{0.35/((-1.15` +0.35` x)/x)}, {x, 10.00, 12.00},
　　PlotRange->All, PlotStyle->{Red, Thickness[0.01]}],
　Graphics[{Red, Thick, Line[{{12.00, 0.35/((-1.15` +0.35`*12.00)/12.00)}, {12.00, 0.40/((-1.7500000000000009` +0.4` * 12.00)/12.00)}}]}],
　Plot[{0.40/((-1.7500000000000009` +0.4` x)/x)}, {x, 12.00, 15.00},
　　PlotRange->All, PlotStyle->{Red, Thickness[0.01]}],
　Graphics[{Red, Thick, Line[{{15.00, 0.40/((-1.7500000000000009` +0.4` * 15.00)/15)}, {15.00, 0.45/((-2.5` +0.45`*15.00)/15)}}]}],
　Plot[{0.45/((-2.5` +0.45` x)/x)}, {x, 15.00, 20.00},
　　PlotRange->All, PlotStyle->{Red, Thickness[0.01]}],
　Graphics[{Red, Thick, Line[{{20.00, 0.45/((-2.5` +0.45` * 20)/20)}, {20.00, 0.50/((-3.5` +0.5` *20)/20)}}]}],

第3部　第16章　線形累進税額表モデルと所得支援給付の統合とその歳入予測

グラフ2 歳入弾性　　Shoup Mission 所得税勧告

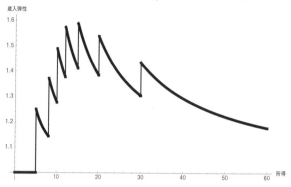

歳入弾性表　　Shoup Mission 所得税勧告

　グラフ2は、所得区間が横軸右側に移行するごとに、その入口から出口にかけて局所逆進性を示している。所得区間の領域（横軸幅）が狭いほど、かつ、各所得区間内の入口税率と出口税率の格差が大きいほど、局所逆進性が著しくなることが図解されている。さらに、所得区間の領域（横軸幅）は均等に設定されていない限り、局所逆累進性が各所得区間において不均等になる。

　したがって、局所逆進性をほどよく抑制するには、所得区間の領域（横軸幅）が均等に広く設定され、また、各所得区間内の入口税率と出口税率の格差（換言すると、各限界税率の格差）が均等に小さくなるように設定すればよい。
　この命題を極限まで押し進めるならば、線形累進税表のコンセプトが得られる。所得区間の数を最小限に抑え、かつ、所得区間の領域（横軸幅）を可及的に広げることである。

　歳入弾性（および残余所得弾性）は、各所得区間ごとに、局所的にみれば、

　Plot[{0.50/((-3.5`+0.5` x)/x)}, {x, 20.00, 30.00},
　　PlotRange->All, PlotStyle->{Red, Thickness[0.01]}],
　Graphics[{Red, Thick, Line[{{30.00, 0.50/((-3.5`+0.5` *30)/30.00)}, {30.00, 0.55/((-5.`+0.55` *30)/30)}}]}],
　Plot[{0.55/((-5.`+0.55` x)/x)}, {x,30.00, 30.00+30.00},
　　PlotRange->All, PlotStyle->{Red, Thickness[0.01]}]
　]

648

逆進性を示している（グラフ 2）[3]。

第 2 節　線形累進税額表モデルと歳入予測

1　線形累進税モデル

本章では、線形累進税モデル[4]についてグラフィックを楽しみ、そしてその歳入を予測しよう。

課税所得 360 万円以下の金額（m）は、20％の所得税率（α）を、課税所得9600 万円超の金額（n）は、55％の所得税率（β）を、そして、課税所得金額mと課税所得金額nとの間の領域には、積分を用いた数式を用いて税額シェジュールを算定する。3 つの領域を数式化し、グラフで描画する[5]。

第 1 所得区間

---

[3]　木村（1983）91 頁以下で用いた個人所得税率 35％、40％、53％、60％は、本章にいう各所得区間ごとの平均税率に相応する（参照、グラフ 3）。しかも、本文と前提条件を変更して、地方税を計算に入れないで、所得税だけにかかる各所得階級ごとの平均税率を比較するために、各納税者の平均税率がそれぞれ 40％を 38％ に、53％を 40％ に、60％を 45％ に取り替えるとしても、本文の分析は、大要、変更する必要はない。35％が分岐点である。

　　なお、シャウプ勧告は、アメリカ合衆国所得税法のもとにおける、人的所得控除とゼロ税率ゾーンを念頭にして、分母として客観的課税標準（人的所得控除前の課税標準）を用いて、平均税率を説明している。他方、日本の所得税法は、客観的課税標準から人的所得控除額を差し引いた後の（主観的）課税標準を税額の算定基礎としている。もっとも、同勧告に見る税率ルールは、日本所得税法と同じく、主観的課税標準を基礎にして、平均税率を算出している。

[4]　参照、木村（2011）524-546 頁：本第 3 部第 10 章。

[5]　ClearAll[x, m, n, α, β, rate, shotoku];
rate=1/3.; shotoku=x+ 180*(1-x/540);

m=3.6*100; n=64*100;α=0.20; β=0.55; (* 単位　百万円 *)
(*Plot[{x+180*(1-x/540), x+Max[0, 180*(1-x/540)]}, {x, 0, 700}]*)
Show[

Plot[{ α *x}, {x, 0, m}, AxesLabel->{" 所得 万円 ", " 税額　"},
　PlotRange->All, PlotStyle->{Red, Thickness[0.01]}],
Plot[3.75497` +0.179139 x+0.175*x2/6040,
　{x, 369, 6400}, PlotRange->All, PlotStyle->Brown],
Plot[{ 2336.999127` +0.55` (-6400+x)}, {x, 6400, 20000}, PlotRange->All,
　PlotStyle->{Blue, Thickness[0.01]}]]] (* 修正課税所得は課税所得と移転所得の合計をいう。*)

0.20*x   数式1
(* 0 ≤ x ≦ 360*)

0.2 x

第2所得区間

$0.2 * 360 + \int_{360}^{x} \left(0.2 + (0.55 - 0.2) * \frac{\bar{x}-360}{6400-360}\right) d\bar{x}$ 数式2

(* 360 ≦ x ≦ 6400*)
これを変形する。

$3.7549668874172255 + 0.17913907284768213\bar{x} + 0.175 * \frac{\bar{x}^2}{6040}$

$3.75497 + 0.179139\,\bar{x} + 0.0000289735\,\bar{x}^2$ 数式3

Plot[3.75497 +0.179139 x+0.0000289735 x^2, {x, 360, 34005.7}]

グラフ3　Shoup Mission 所得税勧告の最低限界税率と最高限界税率を用いた線形累進税額表

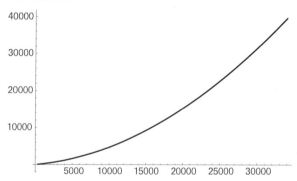

第3所得区間
3.754967`+0.179139`6400+0.0000289735`64002+0.55`(-6400+)   数式4
(*6400 ≦ n*)
2337. +0.55 (-6400+x)   数式5

第2区間は、線形代数を用いており、グラフ3にみるとおり凹型曲線である。勾配が緩慢である場合、その線形は一見すると直線かと見間違えるばかりであ

第2節　線形累進税額表モデルと歳入予測

る。

　ここで展開する提言は、シャウプ勧告の措定した最低限界税率と最高限界税率に倣っている。所得税歳入需要が1949年当時と2015年当時の両時期ともにきわめて強いからである。数式4-2（本第3部第10章）の $\int_{m}^{x}\left(\alpha + (\beta - \alpha) \cdot \dfrac{x-m}{n-m}\right)dx$ における課税所得金額nと課税所得金額mとの間の領域は、幅広く設定している。

　1億円超の合計所得金額の属する所得階級の所得税申告納税者は、その所得負担率を著しく下落させている、という統計資料が公表されているからである[6]。合計所得金額が1億円に相当する課税所得金額は、一人当たり64.762013円に相当する。そこで、本稿は、6400万円を第三の所得区間の入口（n）として、ここでの税率を55％に設定している。

　課税所得nの数値を例えば2000万円としたいなら、数式4-2（前出）と数式2において6400の代わりにn=2000と入力すればよい。最高限界税率の数値を0.55の代わりに0.5に置き換えてもよい。

グラフ4　線形累進税額表モデル

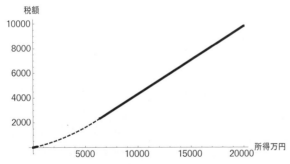

　グラフ4では、線形累進税額シェジュールが示されている。政府からの移転所得は、課税所得の計算上算入されていない。mとnを変動すれば、線形累進税額表はその姿を変化する。

---

[6]　木村（2015）164頁脚注4〔本第3部第12章〕およびそれに対応する本文。

第3部　第16章　線形累進税額表モデルと所得支援給付の統合とその歳入予測

2　入口税率と出口税率に依存する歳入予測

閾値（いき値）mにおける税率（これを入口税率という。）と閾値nにおける税率（これを出口税率という。）ならびに（n-m）の数値がその領域における算出所得税額からなる歳入額を規定する（数式2）。

　課税所得の金額nの数値を小さくし、所得税率（β）を大にすれば、するほど、一層、所得税からの歳入は大となる。

　しかし、過酷な課税を企図しない本提言は、所得負担率が合計所得金額1億円を超えると低下する等を示す、国税庁統計に鑑み、その数値に対応する課税所得の金額（n）から、55%の出口税率（β）を適用することとする。他方、入口税率（α）は20%とする。著しく低い税率では、納税者の意識低下に繋がるばかりでなく、非居住者らは、母国の税負担に比し、余りの軽課税に仰天するばかりである。ただし、本稿は、中低所得階級に属する人々が、Tax Credits によって、最低生存権を保障され得る、法制度を提言する。所得税と社会保障の統合がこれである。

3　局所逆進性の伴わない、矯正的平等

超過累進税率制が不可避的に内蔵している著しい局所逆進性（グラフ2参照）[7]は、線形累進税額シェジュールにみられない。同一所得区間内部における局所逆進性による不平等は、本稿で示す線形累進税額シェジュールによって、大幅に緩和され矯正され得る。

4　残余所得にて最低生活費を賄い得ない者に対する所得支援の必要性

Si tributis solutis non vivitur, res publica auxilia ad vivendum necessaria tribuere debet.

　（If after tax paying one cannot live, then the state has to suport things necessary to live. 納税後に生活できなければ、政府は必要な所得を支援しなければならない。）

　19世紀及び20世紀にみられた準則は、数理租税法学の発達した現在では、もはや克服されるべきである。19世紀伝来のラテン語による標語が基本的に

7　木村（2015）160-162頁〔本第3部第12章〕；詳細は、参照、木村（2016）第3部第16章。

変転する。

There is a very old latin sentence "primum vivere deinde tributum sol-vere" (first living, then paying taxes). As a theoretical concept, the idea comes from Public Finance doctrine in XIX century, and in XX century is linked to the principle of ability to pay, enacted in some European Consti-tutions.[8]

「抽象的権利説」的生存権理解が、19世紀後半以降の展開にそのまま依拠して、社会権保障の解釈論を展開している。所論においては、社会権保障を享受する個人は「客体」化されている。しかし、そこでは、「国民」による社会権保障制度の構築という国民主権や実質的法治主義からの視点が欠如しているばかりでなく、社会権保障について裁判所が個人の権利を救済するという視点も非常に弱い[9]。人間を国家における単なる客体となすことは、人間の尊厳に反する[10]。そもそも、日本行政法の通説は、行政手続法及び国税通則法などに法定するとおり、金銭債権を除いて、行政手続法上国民は国に対して権利を有さず、義務と罰を負う地位におくように、理論構成している。

具体的に説明するならば、年間38万円の人的所得控除（基礎控除、扶養控除、配偶者控除）によって、個人の最低生活費が保障されるわけではない。課税所得金額1120万円を稼得する納税者の平均税率は約20％である。この所得階級に属する納税者は、国から隠れた移転所得を7.6万円（＝0.20×38万円）を取得している。100万円の課税所得を有する者にとって、平均税率は10％に満たない[11]。この所得階級に属する納税者は、3.8万円の隠れた移転所得を取得している。さらに、課税所得4万円を申告する納税者の人数は183,582人に上っているが[12]、この者は国からの隠れた移転所得はきわめて僅少な金額0.8万円であ

---

8   Maria Teresa Soler Roch (Professor of the Tax Law Department. Law Faculty, Uni-versity of Alicante.) 発木村宛の2015年10月6日付け電子メールによる。ドイツ憲法裁判所もまた、可処分所得（課税可能な所得）の限界は最低限度の生活のラインを超えてはならない、といった具体的帰結をもたらす憲法準則を発展させているのである。BVerfGE 82, 60 (85); BVerfGE 87, 153 (169).

9   高田（2007）152頁。

10   BVerfGE 27, 1 (6); BVerfGE 45, 187 (228); BVerfGE 50, 166 (175); BVerfGE 87,2209 (228); G. Düring, in Maunz / Düring, GG, Art.1 (1958), Rz.28.

11   木村（2015）159頁グラフ10及び160頁グラフ11。

12   国税庁・平成25年度分申告所得税標本調査、177頁。

る。このように、人的所得控除制度は、高い平均税率の適用を受ける高位所得者にとっては、より低い平均税率の適用を受ける中低位所得者よりも有利な結果を不可避的にもたらす。さらに、課税所得を有しない経済的貧困者が生活保護はじめ社会的扶助を享受しない場合、その者は所得税法上の人的所得控除を請求することもできない。これらは憲法14条の要請する平等原則に照らし、差別扱いの禁止に反している。

さらに、このような人的所得控除による隠れた移転所得が、最低位な所得階級に属する経済的貧困者にとって最低限の生存権を保障している、と評することは困難であろう。

第3節　Tax Credits（負の所得税）

1　人的所得控除に代替する Tax Credits：社会保障制度にとっての意義

むしろ、貨幣所得（＝稼得所得＋移転所得）から納付税額を差し引いた残余所得（手許に残った所得）が、最低生活費を上回っていない範囲において、その者は憲法の要請する生存権保障に基づき、国に対し所得支援給付請求権を有する、と理論構成するのが、賢明である。この見解によれば、残余所得が最低生活費を下回る国民は、何人であっても、所得支援給付請求権に基づき、国または地方公共団体に対し相応の金員を請求できる。

国民は、所得税制度のもとで、税法を活用しての国に対する請求権（これをTax Credits という）として、所得支援給付請求権を有する。この権利は所得税と社会保障との統合からなっている。

そのためには、法律が必要である。所得支援給付法（仮称）がそれである[13]。

2　所得支援給付としての Tax Credits

生活保護法は、原則として廃止して差し支えない。けだし、同法は、資産調査などにより、受給者に屈辱的不快感と行政手続法上の負担を与えるからである。受給者が中古の事業用車両を購入して事業の用に供し始めると、生活保護

13　本書第9章「所得支援給付法案の要綱」参照。

が打ち切られるという。あるいは、資産家の一部が生活保護費を受給している
ケースが批判されている。さらに、生活保護法は、その支給額と算定方法を法
定しておらず、法律留保の原則及び法律優位の原則（憲法84条）に違反してい
る。このように、同法には問題点が数多く指摘されている。

　納税後の残余所得で最低限度の生存をし得ない者に限って、政府は必要な所
得を支援し給付しなければならない。憲法は、個人の尊厳及び人格権を最上位
の憲法価値と認めた上で、人格の自由な発展として人々の自立した生活を期待
しているが、何らかの事情で、自立して生活できない場合に限って、必要に応
じて最低生活費を給付すると共に、就労意欲を鼓舞するような態様と種類の給
付手段が開発されなければならない。政府が、生存権の保障の目的との関連に
おいて、所得支援の必要のない者に対して、人的所得控除を通して隠れた移転
所得を給付する必要性はない。その限りにおいて、所得支援給付制度（Tax
Credits）は小さな政府を目指している。

　Tax Credits の道具は、雇用対策、貧困児童対策、家族構成員支援対策をは
じめ各種の政策を実現する手法として用いられ得る。所得支援給付法（仮称）
がこの道具を配備するのである。

3　相対的貧困線の意義

　国は、生活支援を必要とする者に対し、どの程度の給付額をどのように給付
額を計算して給付すべきかは、重要な問題である。

　目安は、近年、厚生労働省から公表されている、相対的貧困線[14]の金額であ
る。貧困線の金額をわずかに超過する所得を稼得すれば、直ちに、tax credits

---

[14]　相対的貧困の定義は「等価可処分所得（世帯の可処分所得を世帯人員の平方根で割っ
て調整した所得）の中央値の半分に満たない世帯員」であり、この割合を示すものが相
対的貧困率とされている。そこでの前提は、所得金額と所得者数の関係が正規分布（釣
鐘型）である。しかし現実には、課税所得と申告納税者数は正規分布でなく、裾野の広
がっているべき分布である（第12章グラフ2）。しかも、フラクタルが第12章グラフ3
においてみられる（フラクタルについて、参照、マンデルブロ/ハドソン（2008））。こ
のため、相対的貧困線の値は、著しく上方に偏っている（詳細は、第3部第12章）。正
規分布を前提する相対的貧困線のコンセプトは、日本の所得分布の現状に妥当し得ない。
この事情のため、本第3部は、夫婦世帯単位の相対的貧困線の値を180万円と仮定して
いる。

655

第3部　第16章　線形累進税額表モデルと所得支援給付の統合とその歳入予測

が打ち切られるとするならば、貧困線に至る直前において、その者の就労意欲
は萎えるであろう。これは避けるべきであろう。

そこで、相対的貧困線の3倍の数値に相当する課税所得金額に至るまでの
領域では、中低所得者は所得支援給付金を受給しうる権利を有する、というよ
うに法定する。

4　消去率付き Tax Credits

修正課税所得とは、貨幣所得を taxbase として、（主観的）課税所得を算
出した値をいう（グラフ5）。貨幣所得は移転所得（所得支援給付額 tax credit）
を含んでいる。

だが、しかし、一律に定額の Tax Credits は給付さるべきではない。社会保
障給付法にいう必要即応の原則がここでも妥当する。中低所得者が稼得所得の
金額を増すにつれて、Tax Credits を消去する率を引き上げて、その結果、給
付額は次第に逓減し、やがて特定の課税所得の金額において消滅する（グラフ
7）。グラフ6は、所得支援受給権者数と所得支援給付額との関係を所得階級ご
とにプロットしている。そのプログラムは脚注 15 で示す。

15　ClearAll[x, m, n, α, β, rate, shotoku];
rate=1/3.; shotoku=x+ 180*(1-x/540);

m=3.6*100; n=64*100; α=0.20; β =0.55; (* 単位　百万円 *)
(*Plot[{x+180*(1-x/540), x+Max[0, 180*(1-x/540)]}, {x, 0, 700}]*)
Show[
　Plot[{x+Max[0, 180*(1-x/540)]}, {x, 0, 12000}, AxesLabel->{" 所得 万円 ", " 税額　"},
　　PlotRange->All, PlotStyle->{Red, Thickness[0.01]}],
　Plot[{3.75497` +0.179139 x+0.175*x2/6040},
　　{x, 369, 6400}, PlotRange->All, PlotStyle->Brown],
　Plot[{2336.999127` +0.55` (-6400+x)}, {x, 6400,12000}, PlotRange->All,
　　PlotStyle->{Blue, Thickness[0.01]}], Epilog->{Text[" 修正課税所得 ", {8000, 10000}],
　Text[" 税額 ", {8500, 2000}]}] (* 修正課税所得は課税所得と移転所得の合計をいう。*)

第 3 節　Tax Credits（負の所得税）

グラフ 5　修正課税所得と税額

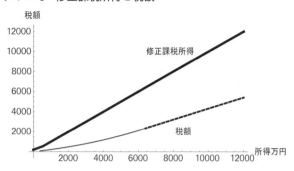

　課税所得のない者は、Tax Credit を満額 180 万円受給し得る権利を有する。課税所得 539.9 万円の者は、わずかではあるとしても、Tax Credit を受給し得る。その者は、僅少な金額を受給しうるだけであるから、その打ち切りによる就労意欲・精勤意欲の減退は著しくはないであろう。

　グラフ 6 は後掲パネル 1 の右端でも示しておく。

グラフ 6　所得支援受給権者数と所得支援給付額

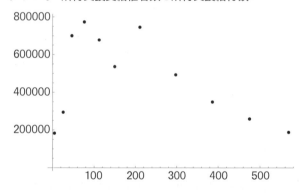

　課税所得 77 万円を経て 110 万円をピークに 150 万円に至まで申告納税者数は急勾配で下落する。その理由は、配偶者特別控除額の上限値が、勤労意欲に負の影響を与えていると解することができるであろう。課税所得 210 万円のプロットから申告納税者数が下落し始める理由は、事業所得の捕捉率の低迷に求められるばかりでなく、中産階級層の稀薄化を表現していると解される。

　それらの理由はともあれ、プロットは正規分布を示しておらず、課税所得 110 万円および課税所得 210 万円のところで、釣鐘がふたつ座しており（フラ

657

第3部　第16章　線形累進税額表モデルと所得支援給付の統合とその歳入予測

クタル）、その後、納税者数は 1,512 万円超から最高位所得階級に至るまで、ベ
キ分布を典型的に示すこととなる（本第3部第12章グラフ2およびグラフ3、補
遺3）。プロットを観察する限り、フラクタル理論とべき乗則がここで妥当し
ているのではなかろうか[16]。正規分布は、高位所得階級のみならず、中低位所
得階級にも見られず、むしろ、フラクタルの繋がりと、ベキ分布が観察し得る。
このことは、正規分布を前提として算出される相対的貧困線の理論が、日本の
現状において妥当し得るかどうかについて、疑問を提起せざるを得ない。

　　所得支援給付の金額と消去率をプログラム[17]とグラフ7で表現する。

---

[16]　マンデルブロ／ハドソン（2008）22-32 頁、166-167 頁；ブキャナン（2009）72-76 頁、
　　85 頁、140-141 頁（臨界的思考の観点に立てば、臨界状態にある物事に関して、その本
　　質的な組織構造を理解するときには、いくつかの真に重要な特徴を無視しない限り、他
　　のどんな詳細を無視して構わない。）。

[17]　shotoku＝{4.3484655, 25.7560717, 46.7112915, 76.9928365, 111.6924341, 150.1237924,
　　211.0356518, 297.5007435, 385.9708328, 474.612355, 568.412469, 705.0682463,
　　901.4995525, 1137.274568, 1512.432569, 2198.101201, 3559.280, 6476.201279, 13117.73818,
　　29110.08653, 68313.02326, 136448.4568, 302489.6552, 663902.5641, 2799594.444}; (* 課税
　　所得　　全所得階級　　出典：国税庁・平成 25 年度分申告所得税標本調査、177 頁　単位
　　万円 *)
　　dist＝{183582, 294152, 701552, 774198, 676694, 535574, 746245, 494307, 348474, 257968,
　　188853, 251369, 164249, 165904, 166651, 136718, 83064, 41435, 11168, 3698, 860, 324, 174,
　　39, 18}; (* 平成 25 年度申告所得税の納税者数＝事業所得者＋その他所得者＝1,796＋5973
　　千人 *)
　　pairdata＝Table[{shotoku[[i]], dist[[i]]}, {i,Length[shotoku]-14}]
　　{{4.34847, 183582}, {25.7561, 294152}, {46.7113, 701552}, {76.9928, 774198}, {111.692,
　　676694}, {150.124, 535574}, {211.036, 746245}, {297.501, 494307}, {385.971, 348474},
　　{474.612, 257968}, {568.412, 188853}}

　　ClearAll[a, k];
　　a＝180; k＝1/3;
　　sikyuu＝Table[Max[0, (3* a+3*a*k-shotoku[[i]]*k)-3a], {i, Length[shotoku]}]
　　{178.551, 171.415, 164.43, 154.336, 142.769, 129.959, 109.655, 80.8331, 51.3431, 21.7959,
　　0, 0, 0, 0, 0, 0, 0, 0, 0, 0, 0, 0, 0, 0, 0}

　　pairdata＝Table[{shotoku[[i]], dist[[i]]}, {i, Length[shotoku]-14}] ;
　　pairdata2＝Table[{shotoku[[i]], sikyuu[[i]]}, {i, Length[shotoku]-14}] ;
　　Print[" 所得支援受給権者数と　　課税所得　　"]
　　Show[ListPlot[{ pairdata}], ImageSize->300]
　　Print[グラフ 1　所得支援受給権者数と　　課税所得　　]
　　Print[" 消去率付き所得支援給付債権　　"]
　　Show[ListPlot[{ pairdata2}], ImageSize->300]
　　Print[グラフ 6　消去率付き所得支援給付債権　　]

第 3 節　Tax Credits（負の所得税）

グラフ 7　消去率付き所得支援給付額

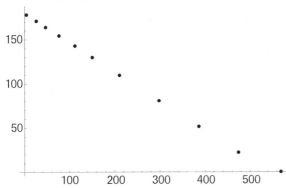

　パネルとその式[18]において、レバーの操作によって、切片の値と勾配の値との連動を視覚的に認識し、かつ、所得給付額と受給者の範囲を視覚的に設定することができる。パネルの上部中央にみる数値 6.29557 x 10^8 は、切片 180（すなわち、所得給付額 180 万円満額）と勾配 1/3（したがって、受給権者の最大所得額（3 x 180 ＝ 540）の場合の所得支援給付総額（歳出額）を示している。その数値は、レバーの操作によって、変動する。
　パネルにおいて、座標 (0,0)、座標 (540,540) と座標 (0,180) で囲まれた領域が、所得支援給付を示している。座標 (0,0) から座標 (540,540) へとの

---

[18]　Sum[sikyuu[[i]]*dist[[i]], {i, 1, Length[dist]}]
　ClearAll[aa, kk, xx]; aa=180; kk=1/3;
　Print[" 消去率付き　所得支援給付請求権　とその歳出額　"]
　Manipulate[
　 {sikyuu2=Table[Max[0, (3*aa*kk-shotoku[[i]])*kk）], {i, Length[shotoku]}];
　　integral=Sum[sikyuu2[[i]]*dist[[i]], {i, 1, Length[dist]}];

　　Show[
　　 Plot[{xx, xx+3*aa*kk-xx*kk}, {xx, 0, 1000}, PlotLabel->integral],
　　 ListLinePlot[{{3*aa, 3 a}, {0, 3 a}}, PlotStyle->{Red}], ImageSize->250],
　　 ListPlot[{ pairdata}]
　　 },
　 {{aa, 180, " 切片 "}, 0, 240, Appearance->"Labeled"},
　 {{kk, 1/3, " 傾き "}, 0, 0.5, 0.01, Appearance->"Labeled"},
　 SaveDefinitions->True]
　 Print[" グラフ 3　消去率付き所得支援給付とその歳出額 "]

659

びる45度直線は稼得所得を表現している。稼得所得の金額を0円から540万円まで取得する人々は、所得支援給付額をグラフ7に見る態様で受給する権利を有する。これが政府からの移転所得である。したがって、この所得階級に属する人々は、稼得所得と移転所得の合計である貨幣所得（座標（0,180）と座標（540,540）の直線とX横軸との開差）を自由に処分できる。一人当たりの数値への換算が必要である。

稼得所得540万円以上を取得する人々は、最低生存に必要な生活費を自立して稼いでいるので、所得支援給付債権を有しない。

パネル　消去率付き所得支援給付とその歳出額

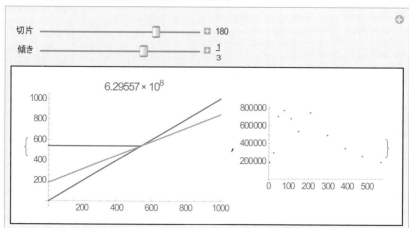

5　Tax Credits の歳出予測

課税所得の金額が1億円を超えても、もちろん、残余所得は増え続けるが、課税所得金額6400万円に設定される税率55％は、最高課税所得の領域においてその政策効果を発揮する。

日本国民は、欧米諸国における良好な住環境・生活環境・教育環境など享受しようとしても、親戚や友人および異文化や言語の障碍に直面するであろうから、租税からの逃避のために永続して移住することに二の足を踏むであろう。北欧諸国の人々とは、その点で、事情を異にする。

第 3 節 Tax Credits（負の所得税）

　2013 年国税庁統計による所得階級の納税者数とそれに対応する所得支援歳
出の分布は、グラフ 8 とプログラム [19] により次の様に表現される。所得金額が
ゼロ円である場合の所得支援給付請求権者の人数は、申告納税者にかかる国税
庁統計資料から判明しない。請求権者の人数は、生活保護受給者の人数にかか
る統計資料から求めるほかないであろう。

　所得支援給付額は所得金額 77 万円の座標で（これに受給者数を乗じた値が）
極大値をとったのち下降し、所得金額 151 万円の座標で（これに受給者数を乗
じた値が）極小値を示したのち、再び上昇して所得金額 210 万円の座標で（こ
れに受給者数を乗じた値が）ピークとなり、その後逓減する。所得金額 151 万円
からの 210 万円の領域では、納税者数（受給者数）が上昇し、かつ、同時に、
所得支援給付額が増加している（グラフ 6 と 8）。この推計値は、彼らが就労意
欲または勤労意欲を向上させようとする蓋然性を強く示している。

　所得金額 210 万円を超過する所得支援受給権者は、相対的貧困線 180 万円を
境に支給額をまったく受けられなくなるのではなく、幾ばくかの所得支援給付
額を受給できるから（グラフ 9）、勤労意欲を喪失するのではなく、むしろ彼の
手許に残る残余所得をできる限り増加しようと努めるであろう。

　2013 年国税庁統計による　所得階級納税者数　と　所得支援歳出分布

---

[19]　Print["2013 年国税庁統計による　　所得階級納税者数　と　　所得支援歳出分布　　　"]
　　syotokukyuuhuDist＝
　　　Table[{shotoku[[i]], dist[[i]]*f2[shotoku[[i]]]}, {i, classNum1＋1, classNum2}];
　　ListLinePlot[syotokukyuuhuDist, AxesLabel->{" 所得階級　　　万円　　", " 所得支援歳
　　出分布 "}, PlotRange->All]
　　Print[" グラフ 3 所得給付歳出額 "]

661

グラフ 8　所得給付歳出額

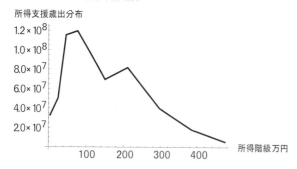

　所得金額ゼロに属する申告納税者数については、国税庁の所得税に関する統計資料は、空白である。生活保護受給権者およびまたは年金受給権者の統計資料により、その人数は推計できるであろう。筆者は、それを調査する余裕を持ち合わせない。

　2013 年国税庁統計による　所得階級に応じた　所得給付総額　と　算出税額総額

グラフ 9　所得支援給付総額　と　算出税額総額

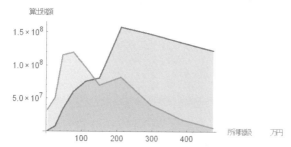

プログラム [20] とそのグラフ 9 に応じた所得支援給付線（グラフ 8 参照）と算

---

[20]　Print[" 2013 年国税庁統計による　所得階級に応じた　所得給付総額　と　算出税額総額：　開差は実質納付税額または実質所得受給額　　"]
pairdate2=
　　Table[{shotoku[[i]], dist[[i]]*shotoku[[i]]}, {i, classNum1+1, classNum2}];
Show[ListLinePlot[{pairdate2, zeishuunyuuDist}, Filling->Axis, AxesLabel->{" 所得階級　万円 "," 算出税額 　　"}]]
　　Print[" グラフ 9　　2013 年国税庁統計による 所得階級に応じた所得給付総額　と　算出

出所得税額線（グラフ9参照）との開差が、正味の所得受給額と正味の算出所得税額を意味する。所得金額135万円を超える所得階級に属する稼得者は、所得給付を受給すると共に、所得税を納付する（相殺）。Tax Credit の道具がその効能を発揮する。

第4節　線形累進税額表と社会保障の統合

　所得税と社会扶助の統合は次の標語でその神髄を表現しうる。

Si tributis solutis non vivitur, res publica auxilia ad vivendum necessaria tribuere debet.

　英語で表現するなら、If after tax paying man can't live, then the state has to support things necessary to live. 日本語では、「納税後に生活できなければ、政府は必要な所得を支援しなければならない。」である。

　この標語は、19世紀伝来のラテン語の標語に替わるものである。一度名声を獲得した定説はそう簡単には消え去らない。最低生活に要する所得は、課税に服し得ないとする古典的な公式は、今でも世界中の多くの所得税法に残っている。しかし、野焼きの火のごとく、焔は地球規模で燃え上がるであろう。

　社会保障の受給者は、国民の手許に残る残余所得に照らして、必要即応の原則に応じて、所得支援給付額を受給する権利を有すべきである。

1　Tax Credits モデルと線形累進税額表モデルの組合せ

　相対的貧困線の金額が180万円だと仮定する。その3倍の540万円に相当する金額の課税所得金額を稼得する所に至までの国民（納税者に限らず、老齢年金受給者、障害者年金受給者、生活保護受給者を含む。）が Tax Credits を請求する権利を有する（参照、パネル）。

税額総額 "]

2 そのグラフィックス
グラフ10 修正課税所得と税額の開差：残余所得

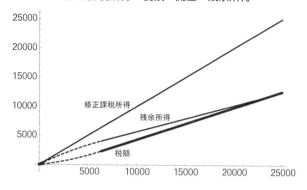

プログラム[21]とグラフ10を解釈するならば、修正課税所得は、稼得所得と移転所得（所得支援受給額）との合計額からなる貨幣所得に所得税法を適用して算出した課税所得を意味する。稼得所得（及び場合によっては、所得支援給付金を加算）からなる課税所得金額が、上記の前提要件のもとでは、540万円以下において、修正課税所得の形で、増加している。残余所得の金額は修正課税所得（より正確には、貨幣所得）と税額との差額を指す。課税所得25,000万円辺りから、税額が残余所得金額を上回る（グラフ10参照）。ただし、高位所得

---

[21] ClearAll[x, m, n, α, β, rate, shotoku];
rate=1/3.; shotoku=x+ 180*(1-x/540);

m=3.6*100; n=64*100; α =0.20; β =0.55; (* 単位　百万円 *)
(*Plot[{x+180*(1-x/540), x+Max[0, 180*(1-x/540)]}, {x, 0, 700}]*)
Show[
　Plot[{x+Max[0, 180*(1-x/540)]}, {x, 0, 25000}],
　Plot[{x+Max[0, 180*(1-x/540)]　- α *x, α *x}, {x, 0, m}, AxesLabel->{" 所得 万円 ", " 税額 "},
　　PlotRange->All, PlotStyle->{Red, Thickness[0.01]}],
　Plot[{x+Max[0, 180*(1-x/540)]-(3.75497` +0.179139 x+0.175*x2/6040), 3.75497` +0.179139 x+0.175*x2/6040},
　　{x,369, 6400}, PlotRange->All, PlotStyle->Brown],
　Plot[{x+Max[0, 180*(1-x/540)]-{ 2336.999127` +0.55` (-6400+x)}, 2336.999127` +0.55` (-6400+x)}, {x, 6400, 25000}, PlotRange->All,
　　PlotStyle->{Blue, Thickness[0.01]}], Epilog->{Text[" 修正課税所得 ", {8000, 10000}],
Text[" 残余所得 ", {8500, 5500}], Text[" 税額 ", {8500, 2000}]}] (* 修正課税所得は課税所得と移転所得の合計をいう。*)

第4節　線形累進税額表と社会保障の統合

階級に属する稼得者の人数が比較的少数であることに鑑み、その者が納税後に自ら自由に処分しうる残余所得は、もちろん、その者の生存権を脅かすわけではない。

所得の再分配政策が、これを正当化しているのである。

3　その歳入歳出予測：実行可能性

申告納税者について、課税所得金額の合計額は、30.4兆円である。これは、国税庁の統計数値と一致している。算出所得税の歳入合計額は、7.5兆円と推計される[22]。ただし、平成25年分の統計数値を基礎としている。歳入増の理由は、1に、合計所得金額1億円以上の申告所得者を対象に、その課税所得6,400万円超の所得金額に55％の最高限界税率を適用しているからであり、2に、第1所得区間の出口値を貧困線の2倍に設定して、その出口税率を20％としているからである。

所得区間の数やその領域（横軸幅）は可能な限り、恣意的に刻むべきではない。

22　shotoku= {4.3484655, 25.7560717, 46.7112915, 76.9928365, 111.6924341, 150.1237924, 211.0356518, 297.5007435, 385.9708328, 474.612355, 568.412469, 705.0682463, 901.4995525, 1137.274568, 1512.432569, 2198.101201, 3559.280, 6476.201279, 13117.73818, 29110.08653, 68313.02326, 136448.4568, 302489.6552, 663902.5641, 2799594.444

　　};　(* 課税所得　全所得階級　出典：国税庁・平成25年度分申告所得税標本調査、177頁　単位　万円 *)

dist={183582, 294152, 701552, 774198, 676694, 535574, 746245, 494307, 348474, 257968, 188853, 251369, 164249, 165904, 166651, 136718, 83064, 41435, 11168, 3698, 860, 324, 174, 39, 18};　(* 平成25年度申告所得税の納税者数＝事業所得者＋その他所得者＝1,796+5973 千人 *)

pairdata=Table[{shotoku[[i]], dist[[i]]}, {i, Length[shotoku]}]

{{4.34847, 183582}, {25.7561, 294152}, {46.7113, 701552}, {76.9928, 774198}, {111.692, 676694}, {150.124, 535574}, {211.036, 746245}, {297.501, 494307}, {385.971, 348474}, {474.612, 257968}, {568.412, 188853}, {705.068, 251369}, {901.5, 164249}, {1137.27, 165904}, {1512.43, 166651}, {2198.1, 136718}, {3559.28, 83064}, {6476.2, 41435}, {13117.7, 11168}, {29110.1, 3698}, {68313., 860}, {136448., 324}, {302490., 174}, {663903., 39}, {2.79959*106, 18}}

Show[DiscretePlot[Sin[t], {t, 0, 2 Pi, Pi/6}, ExtentSize->Full], Plot[Sin[t], {t, 0, 2 Pi}]]

shotokuSum=Table[dist[[i]]*shotoku[[i]], {i, Length[shotoku]}]

zeishuunyuuSum=Table[zeishuunyuuDist[[i, 2]], {i, Length[shotoku]}]

665

第3部 第16章 線形累進税額表モデルと所得支援給付の統合とその歳入予測

所得支援給付のための歳出合計を算出するためのプログラム[23]を解釈するな

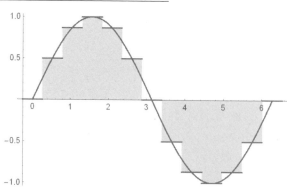

{798300., 7.5762*10^6, 3.27704*10^7, 5.96077*10^7, 7.55816*10^7, 8.04024*10^7, 1.57484*10^8, 1.47057*10^8, 1.34501*10^8, 1.22435*10^8, 1.07346*10^8, 1.77232*10^8, 1.4807*10^8, 1.88678*10^8, 2.52048*10^8, 3.0052*10^8, 2.95648*10^8, 2.68341*10^8, 1.46499*10^8, 1.07649*10^8, 5.87492*10^7, 4.42093*10^7, 5.26332*10^7, 2.58922*10^7, 5.03927*10^7}
{159660., 255822., 610135., 673315., 588516., 465785., 649004., 429895., 2.6907*10^7, 2.45851*10^7, 2.17069*10^7, 3.63137*10^7, 3.10095*10^7, 4.06397*10^7, 5.68223*10^7, 7.34874*10^7, 8.37627*10^7, 9.85701*10^7, 6.73626*10^7, 5.48323*10^7, 3.12947*10^7, 2.39318*10^7, 2.87424*10^7, 1.41946*10^7, 2.76947*10^7}

Fold[(#1+#2) &, 0, shotokuSum] (* 課税所得合計 30.4 兆円 *)
3.04212*10^9

Fold[(#1+#2) &, 0, zeishuunyuuSum] (* 算出所得税歳入合計 7.5 兆円 *)
7.4569*10^8

[23] Show[DiscretePlot[Sin[t], {t, 0, 2 Pi, Pi/6}, ExtentSize->Full], Plot[Sin[t], {t, 0, 2 Pi}]]
shotokuSum=Table[dist[[i]]*shotoku[[i]], {i, classNum1+1, classNum2}]
syotokukyuuhu1=Table[syotokukyuuhuDist[[i, 2]], {i, classNum1+1, classNum2}]

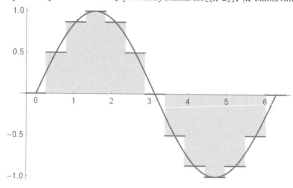

らば、課税所得金額 0 円超から 540 万円未満の領域における課税所得金額を有する申告納税者についてみると、所得支援給付のための歳出合計額は、6.3 兆円と推計される。ただし、平成 25 年分の統計数値を基礎としている。

　所得給付総額は、本章の設例では 6.3 兆円である（パネル）。ただし、これは、申告納税者についての数値である。申告納税をしない給与所得者及び生活保護受給者の人数を本章は把握していないから、彼らに支給すべき所得支援給付のための歳出額は、本章で扱わない。

　このように、課税所得金額が零円以下に属する所得階級の人数は、生活保護受給者の人数とその暗数とによって、推計する必要がある。その総人数に、180 万円を乗じた所得支援給付額が必要となる。他方、生活保護支給額は原則削除することができるであろう。前掲パネルのレバーを操作すれば、1 人当り支給額を減らし、または、傾きを変化させると、所得支援給付の総額は縮減する。

第 5 節　結　語

1　消去率付き Tax Credits と線形累進税額シェジュールの統合

　国民が所得支援給付請求権（Tax Credits）を国または地方公共団体から賦与される場合、すべての国民がその所得（ことに貨幣所得または残余所得）の金額に左右されることなく、一定額の金員（いわゆるベーシック・インカム）を支給されるとすれば、そのようなベーシック・インカム・モデルは所得の再分配及びそれに要する歳出額に照らし、実行可能でないであろう。もしそのようなモデルが実施され得るとしても、給付され得るベーシック・インカムの金額は、極めて僅少であり、到底、最低生存費をすべての国民に保障し得ないであろう。

$\{798300., 7.5762*10^6, 3.27704*10^7, 5.96077*10^7, 7.55816*10^7, 8.04024*10^7, 1.57484*10^8, 1.47057*10^8, 1.34501*10^8, 1.22435*10^8\}$

$\{3.27787*10^7, 5.0422*10^7, 1.15356*10^8, 1.19486*10^8, 9.66111*10^7, 6.96025*10^7, 8.18293*10^7, 3.99564*10^7, 1.78917*10^7, 5.62264*10^6\}$

Fold[(#1+#2) &,0,shotokuSum]　　（*　2015 年分　課税所得合計　　30.4 兆円 *）
$30.42473506*10^8$

ScientificForm[N[3042473506,10]]
$3.042473506*10^9$

Fold[(#1+#2) &, 0, syotokukyuuhu1]　　（*　所得給付総額　6.3 兆円 *）
$6.29557*10^8$

667

むしろ、特定金額の所得制限を付して、その金額以下の稼得所得を取得する国民に限って、所得支援給付請求権（Tax Credits）は付与されるべきである。その場合、稼得所得の金額が所得制限の上限額を超えると、直ちに、所得支援給付請求権（Tax Credits）の支給額がすべて受領できないとすれば、関係の人々は、その者の稼得所得が所得制限の上限額を超えないように、試みるであろう。その限りにおいて、定額の所得支援給付制度は、勤労意欲を減退させるように作用する。

ところが、就労意欲の減退を防止し、勤労意欲を促進させうる手法が開発されている。Tax Credit 消去率という道具がそれである。生存権を保障するための金額が相対的貧困線の数値（たとえば、180万円）に合致するとするならば、その3倍の数値（540万円）に相当する所得金額を、Tax Credit を受給しうる上限値として設定する。そして、稼得所得の金額がゼロである場合には、所得支援給付請求権（Tax Credits）の支給額は満額の180万円とし、他方、或る国民が稼得所得の金額を540万円取得する場合には、所得支援給付請求権（Tax Credits）の支給額は満額から0円にまで消去される。稼得所得の金額が0円から540万円に至る領域では、所得支援給付請求権（Tax Credits）の支給額は徐々に比例して消去されていく。このようにして、生存権の保障を実際に必要とする人々は、その必要度に比例して国（または地方公共団体）から所得支援額を受給する権利を行使できるようになる。

その権利行使の結果、稼得所得540円未満を取得するすべての国民は、自らの稼得所得と政府からの移転所得（ここでは所得支援給付額）の合計額を取得することとなる。

以上が、消去率付きの所得支援給付請求権（Tax Credits）による社会保障についての概要である。

2　最低生活費が残余所得を下回らないという準則

前記の貨幣所得の金額が所得税に服する。貨幣所得から所得税の納付額を控除した額の所得を残余所得という。

残余所得の金額が各人の最低生活費を下回らない場合、その者の生存権は経済的に保障されることとなる。所得制限の上限値を上回る稼得所得を取得しうる国民は、人的所得控除の形で、政府から隠れた移転所得を受給する必要もない。その者は、自己責任でもって自立して経済的に生活しうるからである。他方、政府は、人的所得控除の形で、政府から隠れた移転所得を租税支出しなく

第5節 結 語

てよいから、余計な歳出を節約できる。

　日本国憲法は、その25条と30条において、社会保障制度の確立を政府に求め、そして、納税義務を国民に課している。上記のモデルは、これらの要請を過不足なく満たし得る。

　日本国憲法25条の要請する生存権を抽象的権利として、国民の手の届かない神棚に祭り上げる論者がいる。他方、具体的権利説が有力に説かれている[24]。本章は、所得税を支払った後に生活のできない者には、政府はその必要な所得を支援する、という法思想（具体的生存権保障）とその具体的に実行可能なプログラム（所得の再分配のための3つの道具すなわち線形累進税シェジュール、消去率付き所得支援給付請求権（Basic Tax Credit）、歳入歳出推計方法）を明らかにしている。

　現在の福祉国家（社会国家）原則を実現し、貧富の格差および富の再分配、社会扶助制度の再構築といった課題を解決するため、イノベーションが必要である。上記の3つの道具がそれである。貧困な親の児童がその貧困に基因して、良質の教育を享受できない、といった社会問題も、このイノベーションの変形（児童 Tax Credit）により解決に向かうであろう。就労の意欲強化のため「消去率」付き Tax Credit はきわめて有効であろう。生活保護給付に際しての資産テストは原則不要となるであろう。けだし、所得限度額が、所得支援給付請求権（Tax Credit）支給の判定基準だからである。

　Si tributis solutis non vivitur, res publica ad vivendum necessaria tribuere debet.

　納税後に生活できない場合には、政府はその者に必要なものを支援する。すべての国民は尊厳を保持し、その人格を自由に発展する権利を有し（人格権）、自らの責任で人格を発展すべき義務を負っている。しかし、やむを得ない事情のもとで、納税義務を果たした後、生活できない場合、政府はその不足分を支援し給付することによって、何人も具体的生存権を保障されるのである。

---

[24]　高田（1964）87頁以下；高田（1961）1頁以下；その他、高田（1993）；片岡・西村（1980）163-164頁；遠藤（1991）。

3 就労意欲等を鼓舞するという要請

日本国憲法は、その27条において、すべての国民は勤労の権利を有しそして義務を負うと定める。所得支援給付モデルは、その消去率という道具によって、就労の意欲と勤労の意欲を鼓舞することに積極的に作用する。Tax Credits は、生存権の最低保障のほかに、貧困児童の教育を受ける権利の実現、および、就労のための職業教育を受ける権利の実現にも資し得ることは、実証済みである。Child Tax Credit, および Working Tax Credit がそれである。

マイナンバー制度導入後は、各人の個人番号が社会保障および所得税の領域において利用しうるから、所得支援給付と所得税を統合した本モデルは、行政実務においても、実行可能である。

4 公的年金制度も線形累進保険料シェジュールへ改革：矯正的平等

所得支援給付制度が実効性をもって施行されるならば、数多くの社会的扶助は、重ねて給付する必要がないから、そのうちのいくつかは本所得支援給付制度モデルと統合され廃止されうるであろう。生活保護制度がその例である。資産テストは可能な限り差し控えられるであろう。

5 超過累進税制の内蔵する局所逆進性は排除すべしとの要請

上記の要請は、いずれも、本提言によって満たされており、しかも、課税所得金額6400万円を超える超高額所得者に対する所得税負担率を矯正することを視野に入れている。その所得区間の課税所得には、55%の税率が適用されるからである。所得の再分配が本提言によって是正されよう。本提言は、シャウプ所得税勧告の一部（ことに税率）を維持しつつ、初歩的な線形代数を用いて、所得の格差を合理的に超克し富の再分配を押し進めるものである。

補遺3 パレート指数とパレート分布を2013年度申告所得標本調査に基づいて示す。パレート指数は1.550であり、所得格差は大である。そしてべき分布が如実に示されている。したがって、現状を直視するならば、相対的貧困線は再検討を要する。

（謝辞）ラテン語について、Ms. Anna Julia Bock（Alexander-von-Humboldt-Gymnasium Bornheim・ラテン語教師）にご教示いただいた。感謝の意を表する。
Wolfram Mathematica 10.3 を使用した。

第5節 結　語

```
ClearAll[k, α(*,γ,μ*)];
(*2013年度申告所得税標本調査に基づくパレート指数とパレート分布*)

shotoku =
  {4.3484655, 25.7560717, 46.7112915, 76.9928365, 111.6924341,
   150.1237924, 211.0356518, 297.5007435, 385.9708328, 474.612355,
   568.412469, 705.0682463, 901.4995525, 1137.274568, 1512.432569,
   2198.101201, 3559.280, 6476.201279, 13117.73818, 29110.08653,
   68313.02326, 136448.4568, 302489.6552, 663902.5641, 2799594.444
}; (*課税所得　全所得階級　　出典：国税庁・平成25年度分申告所得税標本調査、177頁　単位　万円*)
dist = {183582, 294152, 701552, 774198, 676694, 535574,
   746245, 494307, 348474, 257968, 188853, 251369, 164249, 165904,
   166651, 136718, 83064, 41435, 11168, 3698, 860, 324, 174, 39, 18};
(* 平成25年度申告所得税の納税者数＝事業所得者＋ その他所得者 ＝ 1,
796+5973千人　*)
pairdata = Table[{shotoku[[i]], dist[[i]]}, {i, Length[shotoku]}]
Print["一人当たり所得額　と　所得階級当たり納税者数　　　　"　]
ListLogLogPlot[pairdata, Filling → Axis, PlotRange → All]
Print["グラフ 1　所得額と納税者数"] (*両面対数グラフ*)
```

{{4.34847, 183582}, {25.7561, 294152}, {46.7113, 701552}, {76.9928, 774198},
 {111.692, 676694}, {150.124, 535574}, {211.036, 746245}, {297.501, 494307},
 {385.971, 348474}, {474.612, 257968}, {568.412, 188853}, {705.068, 251369},
 {901.5, 164249}, {1137.27, 165904}, {1512.43, 166651}, {2198.1, 136718},
 {3559.28, 83064}, {6476.2, 41435}, {13117.7, 11168}, {29110.1, 3698},
 {68313., 860}, {136448., 324}, {302490., 174}, {663903., 39}, {2.79959×10^6, 18}}

一人当たり所得額　と　所得階級当たり納税者数

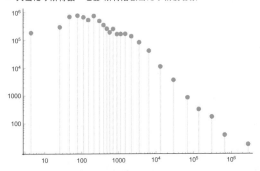

グラフ　1 : "所得額　と　納税者数"

第3部　第16章　線形累進税額表モデルと所得支援給付の統合とその歳入予測

```
nn = Length[shotoku]
Clear[ruiseki]; ruiseki = Table[{0, 0}, {i, 1, nn}];
ruiseki[[nn]] = pairdata[[nn]];
For[i = nn - 1, i ≥ 1, i--, {ruiseki[[i]][[1]] = shotoku[[i]];
  ruiseki[[i]][[2]] = ruiseki[[i + 1]][[2]] + dist[[i]]}]
ruiseki
```

25

$\{\{4.34847, 6\,227\,270\}, \{25.7561, 6\,043\,688\}, \{46.7113, 5\,749\,536\},$
$\{76.9928, 5\,047\,984\}, \{111.692, 4\,273\,786\}, \{150.124, 3\,597\,092\},$
$\{211.036, 3\,061\,518\}, \{297.501, 2\,315\,273\}, \{385.971, 1\,820\,966\},$
$\{474.612, 1\,472\,492\}, \{568.412, 1\,214\,524\}, \{705.068, 1\,025\,671\}, \{901.5, 774\,302\},$
$\{1137.27, 610\,053\}, \{1512.43, 444\,149\}, \{2198.1, 277\,498\}, \{3559.28, 140\,780\},$
$\{6476.2, 57\,716\}, \{13\,117.7, 16\,281\}, \{29\,110.1, 5113\}, \{68\,313., 1415\},$
$\{136\,448., 555\}, \{302\,490., 231\}, \{663\,903., 57\}, \{2.79959 \times 10^6, 18\}\}$

```
size = Fold[ (#1 + #2) &, 0, dist]
```

6\,227\,270

```
ruisekiProb = Table[{shotoku[[i]], 1. ruiseki[[i]][[2]] / size}, {i, 1, nn}]
```

$\{\{4.34847, 1.\}, \{25.7561, 0.97052\}, \{46.7113, 0.923284\}, \{76.9928, 0.810626\},$
$\{111.692, 0.686302\}, \{150.124, 0.577635\}, \{211.036, 0.491631\},$
$\{297.501, 0.371796\}, \{385.971, 0.292418\}, \{474.612, 0.236459\},$
$\{568.412, 0.195033\}, \{705.068, 0.164706\}, \{901.5, 0.124341\},$
$\{1137.27, 0.0979648\}, \{1512.43, 0.0713232\}, \{2198.1, 0.0445617\},$
$\{3559.28, 0.022607\}, \{6476.2, 0.00926827\}, \{13\,117.7, 0.00261447\},$
$\{29\,110.1, 0.000821066\}, \{68\,313., 0.000227226\}, \{136\,448., 0.0000891241\},$
$\{302\,490., 0.0000370949\}, \{663\,903., 9.15329 \times 10^{-6}\}, \{2.79959 \times 10^6, 2.89051 \times 10^{-6}\}\}$

```
ruisekiProb[[16]]
```

$\{2198.1, 0.0445617\}$

第5節　結　語

```
Show[
  ListLogLogPlot[ruisekiProb, Filling → Axis, PlotRange → All],
  ListLogLogPlot[Table[ruisekiProb[[i]], {i, 16, nn}], PlotStyle → Red]
]▨(*最高位の所得金額とその所得者数から逆向きに加算して累積確率分布を表す*)。
```

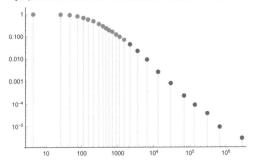

グラフ2：▨累積確率分布

```
koushotokusha = Table[ruisekiProb[[i]], {i, 16, nn}]
```

$\{\{2198.1, 0.0445617\}, \{3559.28, 0.022607\}, \{6476.2, 0.00926827\},$
　$\{13117.7, 0.00261447\}, \{29110.1, 0.000821066\}, \{68313., 0.000227226\},$
　$\{136448., 0.0000891241\}, \{302490., 0.0000370949\},$
　$\{663903., 9.15329 \times 10^{-6}\}, \{2.79959 \times 10^6, 2.89051 \times 10^{-6}\}\}$

$\text{nlm} = \text{NonlinearModelFit}\bigl[\text{koushotokusha}, k * x\char`^(-m-1), \{k, m\}, x\bigr]$

FittedModel[$\dfrac{3310.244295238025\grave{\ }}{x^{1.4569808346048492\grave{\ }}}$]▨パレード指数μ = 1.457　　2,198 万円以上

```
Show[
  ListLogLogPlot[Table[ruisekiProb[[i]], {i, 16, nn}], PlotStyle → Red],
  LogLogPlot[3310.24 * x^(-0.45698 - 1), {x, 0.1, 10^7}]]▨
(*グラフ2の右端から１６番目までがべき分布（パレート分布）を示すものと仮定(1)*)
```

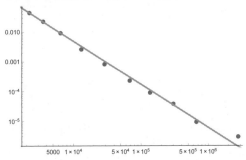

グラフ3：パレード指数 （１）

673

第 3 部 第 16 章 線形累進税額表モデルと所得支援給付の統合とその歳入予測

```
Show[
 ListLogLogPlot[ruisekiProb, Filling → Axis, PlotRange → All],
 ListLogLogPlot[Table[ruisekiProb[[i]], {i, 15, nn}], PlotStyle → Orange]]
(*グラフ2の右端から15番目までがべき分布（パレート分布）を示すものと仮定(2)*)
```

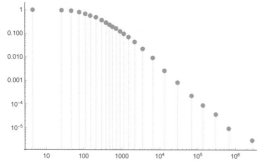

```
koushotokusha15 = Table[ruisekiProb[[i]], {i, 15, nn}];
nlm15 = NonlinearModelFit[koushotokusha15, k * x^(-m-1), {k, m}, x]
```

FittedModel[$\dfrac{1497.8016227317542}{x^{1.3581445353793282}}$] (*パレート指数μ=1.358　　1,510万円以上*)

```
Show[
 ListLogLogPlot[Table[ruisekiProb[[i]], {i, 16, nn}], PlotStyle → Orange],
 LogLogPlot[1497.8 * x^(-0.35814 - 1), {x, 0.1, 10^7}]]
```

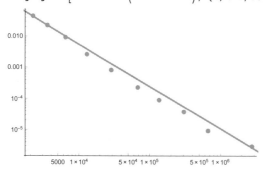

```
koushotokusha17 = Table[ruisekiProb[[i]], {i, 17, nn}];
nlm17 = NonlinearModelFit[koushotokusha17, k * x^(-m-1), {k, m}, x]
Show[
 ListLogLogPlot[Table[ruisekiProb[[i]], {i, 17, nn}], PlotStyle → Pink],
 LogLogPlot[7230.45 * x^(-0.54973 - 1), {x, 0.1, 10^7}]]
(*グラフ2の右端から17番目までがべき分布（パレート分布）を示すものと仮定(3)*)
```

674

第5節 結　語

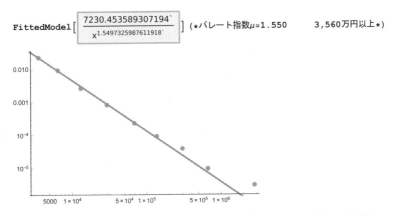

コメント：上記の仮定のうち、右端のプロットを満たす仮定が選択さるべきである。したがって、パレート指数は2を大きく下回る1.550であり（パレートの第1法則）、かつ、境界値は3,559万円である。本第3部第16章において、パレート指数1.550に線形累進税額表式における "n" に n=3,600 を代入するならば、それは一つの合理的根拠となりうる。

パレート指数について、青山・相馬・藤原（2002）、44-50 頁（46 頁）。

参 考 文 献

アトキンソン，A.B.（原著）（1981）佐藤隆三・高川清明（訳）『不平等の経済学』（時潮社
　1981 年）

㈱日本総合研究所　調査部　ビジネス戦略研究センター「個人所得課税改革の課題：子育て・
　就労・教育をサポートする税制改革を」ビジネス環境レポート No.4

『生活保護 50 年の軌跡』刊行委員会編（2001）『生活保護 50 年の軌跡 ― ソーシャルケース
　ワーカーと公的扶助の展望』（みずのわ出版　2001 年）

A.B. アトキンソン（原著）（1974A）田中寿・今岡健一郎（訳）「負所得税と社会配当案」『イ
　ギリスにおける貧困と社会保障改革（海外社会福祉選書②）』（光生館　1974 年）143-167 頁

A.B. アトキンソン（原著）（1974B）田中寿・今岡健一郎（訳）「付録 A 児童に対する手当と
　税控除、国民保険および補足給付（1969 年 6 月現在）」『イギリスにおける貧困と社会保障
　改革（海外社会福祉選書②）』（光生館　1974 年）143-168 頁

R・M ティトマス（原著）（1971）三浦文夫（監訳）『社会福祉と社会保障 ― 新しい福祉をめ
　ざして』（東京大学出版会　1971 年），Richard M. Titmuss, Commitment to Welfare, London
　1968.

T・E・メイ（原著）『英國議院典例　上』日本立法資料全集　別巻 421（2006 年 10 月）復刻
　版

アーチボルド，G.C.・リチャード・G・リプシー（原著）（1982）作間逸雄・秋山太郎・戸田
　学（訳）『入門経済数学』（多賀出版　1982 年）

阿部彩（2008 A）「日本の貧困の実態と貧困政策」阿部彩・國枝繁樹・鈴木亘・林正義『生活
　保護の経済分析』（東京大学出版会　2008 年）21 頁

阿部彩（2008 B）『子どもの貧困 ― 日本の不公平を考える』（岩波新書　2008 年）

阿部泰隆（1987）「個人所得税最低限制度のあり方」法律時報 59 巻 3 号（1987 年）56 頁

アマルティア・セン（原著）（1988）鈴村與太郎（訳）『福祉の経済学 ― 財と潜在能力』（岩波
　書店　1988 年）

荒木誠之（1983）（編著）『社会保障法』（新版　青林書院新社 1998 年）80 頁以下（荒木誠之）

池田篤彦（編著）（2008）『図説　日本の財政　平成 20 年度版』（東洋経済新報社　2008 年）

石島弘（1982）「低所得者と税制」ジュリスト 757 号（1982 年）49-51 頁

井手文雄（1986）「所得税の限界税率と平均税率」税理 29 巻 9 号（1986 年）202 頁

井堀利宏（2002 A）「社会保障と税制」ファイナンシャル・レビュー（財務省財務総合政策研
　究所）65 号（2002）4-20 頁

井堀利宏（2002 B）国立社会保障・人口問題研究所（編）『社会保障と世代・公正』（東京大学
　出版会　2002 年 2 月）24 頁以下（井堀利宏）

岩井浩・村上雅俊（2007）「日本の Working Poor の計測 ― 就業構造基本調査リサンプリン
　グ・データの分析」統計学 92 号（2007 年）1-20 頁

岩城成幸（2000）「税制改革 ― 所得税に均一税率導入　（海外法律情報　ロシア）」ジュリスト

参 考 文 献

1188 号（2000 年）65 頁

岩間大和子（2006）「英国ブレア政権の保育政策の展開：統合化，普遍化，質の確保へ」レファレンス 2006 年 4 月号 6 頁

岩村正彦（2001）「所得保障法の構造」所収：日本社会保障法学会（編）『所得保障法（講座社会保障法第 2 巻）』（法律文化社　2001 年）

岩村正彦（2001）『社会保障法 I』（弘文堂　2001 年）

上村敏之（2001）『財政負担の経済分析―税制改革と年金政策の評価』（関西学院大学出版会　2001 年）

上村敏之（2008）「所得税における租税支出の推計 ― 財政の透明性の観点から」会計検査研究 38 号（2008 年）1-14 頁

上村敏之（2009）『公的年金と財源の経済学』（日本経済新聞出版社　2009 年）

ヴェルナー，ゲッツ・W.（原著）（2007）渡辺一男（訳）小沢修司（解題）『ベーシック・インカム：基本所得のある社会へ』（現代書館　2007 年）

ヴェルナー，ゲッツ・W.（原著）（2009）渡辺一男（訳）『すべての人にベーシック・インカムを ― 基本的人権としての所得保障について』（現代書館　2009 年）

埋橋孝文（2002）「専業主婦（片働き）世帯への『政策的配慮』 ― オーストラリア・ドイツ・日本・スウェーデン・イギリス・アメリカ 6 カ国の税・社会保障制度」経済学論究（関西学院大学経済学研究会）56 巻 3 号（2002 年）47-65 頁

江口隆裕（2008）『変貌する世界と日本の年金―年金の基本原理から考える』（法律文化社　2008 年）

ＮＨＫスペシャル「ワーキングプア」取材班（2007）『ワーキングプア ― 日本を蝕む病』（ポプラ社　2007 年）

大木靖郎（2005）『Excel による統計学入門』（泉文堂　2005 年）

大友信勝（2000）『公的扶助の展開 ― 公的扶助研究運動と生活保護行政の歩み』（旬報社　2000 年）

岡村忠生（1999）「所得税改革と課税最低限」税経通信 54 巻 9 号（1999 年）17 頁

小川政亮（1959）「恤救規則の成立 ― 明治絶対主義救貧法の形成過程」所収：福島正夫（編）『戸籍制度と「家」制度―「家」制度の研究』（東京大学出版会　1959 年）273-274 頁

小川政亮（1960）「産業資本確立期の救貧体制」所収：日本社会事業大学救貧制度研究会（編）『日本の救貧制度』（勁草書房　1960 年，復刻版　2001 年）101-152 頁

小沢修司（2002）『福祉社会と社会保障改革 ― ベーシック・インカム構想の新地平』（高菅出版　2002 年）

甲斐素直（2002 A）「イギリスの財政憲法(6)」会計と監査 53 巻 4 号（2002 年 4 月）40-43 頁

甲斐素直（2002 B）「イギリスの財政憲法(10)」会計と監査 53 巻 9 号（2002 年 8 月）26-29 頁

甲斐素直（2002 C）「イギリス現代財政憲法の研究」日本法学 68 巻 2 号（2002 年）361-406 頁

貝塚啓明（2002）国立社会保障・人口問題研究所（編）『社会保障と世代・公正』（東京大学出版会　2002 年）18 頁（貝塚啓明）

角田豊・佐藤進（1994）『社会保障法』（新版　青林書院　1994 年）

参 考 文 献

樫原朗（2005）『イギリス社会保障の史的研究Ⅴ－20世紀末から21世紀へ』（法律文化社
　2005年）

樫原朗（1988）『イギリス社会保障の史的研究Ⅲ－戦後の社会保障のはじまりから1986年社
　会保障法へ』（法律文化社　1988年）

加藤智章（2001）「社会保障制度における生活保障と所得保障」所収：日本社会保障法学会
　（編）『所得保障法（講座　社会保障法第2巻）』（法律文化社　2001年）23-27頁

金子宏（2003）「総説－所得税における所得控除の研究」日税研論集52号（2003年）6頁

金子宏（2009）『租税法』（第14版　弘文堂　2009年）

川口大司（2009）「最低賃金は有効な貧困対策か」（独法）経済産業研究所　2009年9月9日
　（http://www.rieti.go.jp/jp/events/bbl/09090901.html）

菊池馨実（2001）「社会保障の権利」日本社会保障法学会（編）『21世紀の社会保障法（講座
　社会保障法　第1巻）』（法律文化社　2001年10月）56頁以下（菊池馨実）

北野弘久（1995）『納税者の権利』（岩波新書　1995年）

北野弘久（2003）『税法学原論』（第5版　青林書院　2003年）

衣笠葉子（2006）「英国におけるタックスクレジット制度と障害者の就労」近畿大学法学54巻
　3号（2006年）204-171頁

木村弘之亮（1998）『租税法総則』17頁（成文堂　1998年）

木村弘之亮（1999）『租税法学』（税務経理協会　1999年）

木村弘之亮（2004）「報酬繰延と影の投資所得－貨幣の時間的価値による発生所得課税」税法
　学522号（2004年）29-53頁

木村弘之亮（2005）「（研究紹介）1等賞のドイツ税制改革案－所得税と社会保障の統合なら
　びに法人税の全廃」税経通信60巻13号（2005年）17-29頁

木村弘之亮（2006）「所得保障モデルを統合した所得税法案―Mitschke所得税・所得支援交付
　金統合法案の位置づけ」税法学555号（2006年）21-60頁

木村弘之亮（2007）「生活保護法と所得税法の統合モデル―生活保護法は法の支配下か」所
　収：石島弘・木村弘之亮・玉國文敏・山下清兵衛（編）『山田二郎先生喜寿記念　納税者保
　護と法の支配』（信山社　2007年）431-495頁

木村弘之亮（2008）「英国の所得税法における家族課税と租税債権給付―児童貧困の撲滅と働
　きがいのある社会保障給付を目指して」税法学560号（2008年）37-88頁

木村弘之亮（2009A）「政府からの移転所得に対する課税モデル－税率適用の留保ルールと所
　得移転消去率ルール」自治研究85巻9号（2009年9月）45-63頁

木村弘之亮（2009B）「農業共済組合による共済掛金等の賦課徴収と憲法84条」自治研究85
　巻2号（2009年2月）118-147頁

木村弘之亮（2010A）「所得税引き後の所得金額が最低生活必要額を保障すればよいとする，
　最低生活費残余説(1)」自治研究86巻1号（2010年1月）31-57頁

木村弘之亮（2010B）「所得税引き後の所得金額が最低生活必要額を保障すればよいとする，
　最低生活費残余説（2・完）」自治研究86巻2号（2010年2月）16-35頁

木村弘之亮（2010C）「基礎控除等に代わる租税クレジットの創設－生存権保障の充実」税経

参 考 文 献

通信 65 巻 2 号（2010 年 2 月）40-49 頁

木村忠二郎（1950・58）『生活保護法の解説』（時事通信社　1950 年，第 2 次改訂版　1958 年）

木村陽子（2003）「超過課税は財政危機を救えるか ― 日本とスウェーデンの比較」地方税 54 巻 3 号（2003 年）2-7 頁

清永敬次（1996）「独憲法裁判所の最近の租税関係判例」所収：榎原猛・阿部照哉・佐藤幸治・初宿正典（編）『宮田豊先生古稀記念　国法学の諸問題』（嵯峨野書院　1996 年）229 頁

國枝繁樹（2008）「公的扶助の経済理論 I: 公的扶助と労働供給」所収：阿部彩・國枝繁樹・鈴木亘・林正義『生活保護の経済分析』（東京大学出版会　2008 年）53 頁

窪田隼人（1976）角田豊・窪田隼人・佐藤進（編）『社会保障法入門』（全訂版　法律文化社　1976 年 6 月）53 頁以下（窪田隼人）

粂井淳子（1995）「包括的所得税に代替する税としての支出税の検討」大阪市大論集（大阪市立大学大学院経済・経営学研究会）81 号（1996）1-23 頁

厚生統計協会（2002）「国民の福祉の動向」厚生の指標 49 巻 12 号（2002 年）88-94 頁

河野正輝（1975）「憲法 25 条と『防貧施策』」法律時報 48 巻 5 号（1976 年）15-22 頁

河野惟隆（1987）『個人所得税の研究』（税務経理協会　1987 年）

河野惟隆（1990）「所得控除の増加と実効税率」税経通信 45 巻 3 号（1990 年）15-20 頁

河野惟隆（2004）『法人税法・所得税法の経済学』（税務経理協会　2004 年）

古賀昭典（1997）『現代公的扶助法論』（新版　法律文化社　1997 年）

国立社会保障・人口問題研究所（編）（2002）『社会保障と世代・公正』（東京大学出版会　2002 年）

小林甲一（2005）「ドイツの社会保障と社会保険政策」名古屋学院大学論集［社会科学篇］（名古屋学院大学総合研究所）41 巻 3 号（2005 年）85-103 頁

小林勇人「ワークフェアの普及：アメリカから（主に）イギリスへの普及」（http://workfare. infoldls01.htm）

駒村庸平（2002）「セーフティネットの再構築—低所得者世帯の状況」週刊社会保障 56 巻 2 号（2002 年）24-27 頁

駒村庸平（2003 A）「低所得世帯の推計と生活保護制度」三田商学研究 46 巻 3 号（2003 年）107-126 頁

駒村庸平（2003 B）『福祉の総合政策』（新訂版　創成社　2003 年）

駒村康平（2009）『大貧困社会』（角川 SS コミュニケーションズ　2009 年）

小山進次郎（1951/75）『改訂・増補　生活保護法の解釈と運用』（1951 年，復刻版　1975 年）

小山路男（1975）小山路男・山本正淑『社会保障教室』（有斐閣　1975 年）20 頁以下（小山路男）

近藤文二（1977）『社会保障入門』（新版　有斐閣　1977 年）

坂井豊貴・藤中裕二・若山琢磨（2008）『メカニズムデザイン ― 資源配分制度の設計とインセンティブ ― 』（ミネルヴァ書房　2008 年）

佐々木潤子（1997 A）「所得税法における課税最低限と最低生活費㈠」民商 117 巻 1 号（1997 年 10 月）36-74 頁

参 考 文 献

佐々木潤子（1997 B）「所得税法における課税最低限と最低生活費㈡・完」民商117巻2号
（1997年11月）216-253頁

佐藤進（2005）「ILO・EU・OECD の社会的保護政策とその国際的な財政規制」所収：日本財
政法学会（編）『財政法の基本課題（財政法講座1）』（勁草書房　2005年）349〜368頁

佐藤進（2005）佐藤進・河野正輝（編）『新現代社会保障法入門』（第3版　法律文化社　2005
年）55頁以下（佐藤進）

佐藤英明（2002）「基礎的人的控除の簡素化」税研94号（2002年）60頁

佐藤英明（2007）「雑損控除と医療費控除 ― 制度の性格と内容」税研23巻3号（2007年）36
頁

サムエルソン，P.・W. ノードハウス（原著）（1992）都留重人（訳）『サムエルソン　経済学
上』（原著第13版　岩波書店　1992年）

サムエルソン，P.・W. ノードハウス（原著）（1993）都留重人（訳）『サムエルソン　経済学
下』（原著第13版　岩波書店　1993年）

地主重美（1968）「（書評）グリーン，Ch.『負の所得税と貧困問題』Green, Ch., Negative
Taxes and the Poverty Problem, The Brookings Institution, 1967, pp. xiv + 210」季刊社会保
障研究4巻2号（1968年）80-83頁

下夷美幸（1999）「家族クレジット・児童給付・障害者手当」所収：武川正吾・塩野谷祐一
（編）『先進諸国の社会保障　Ⅰ　イギリス』（東京大学出版会　1999年）163頁

シャウプ使節団（1949）『日本税制報告書』（1949年）

所道彦（2007）「ブレア政権の子育て支援策の展開と到達点」海外社会保障研究160号（2007
年）87-98頁

慎斗範（2000）「主要国における社会保障政策に関する比較研究 ― アメリカの場合」国際関係
研究[総合編]（日本大学国際関係学部国際関係研究所）20巻3号（2000）117-135頁

スティグリッツ，ジョゼフ・E.（原著）（2001）藪下史郎・秋山太郎・金子能宏・木立力・清
野一治（訳）『スティグリッツ　マクロ経済学』（第2版　東洋経済新社　2001年）

生活保護手帳編集委員会（編）（2005）『生活保護手帳（2005年度版）』（中央法規出版　2005
年）

関根由紀（2007）「日本の貧困 ― 増える働く貧困層」日本労働研究雑誌563号（2007年）20-
30頁

セン，A.（原著）（1989）大庭健・川本隆史（訳）『合理的な愚か者 ― 経済学＝倫理学的探究』
（勁草書房　1989年）

セン，アマルティア（原著）（1977）杉山武彦（訳）『不平等の経済理論』（日本経済新聞社
1977年）

セン，アマルティア（原著）（2002）黒崎卓・山崎幸治（訳）『貧困と飢餓』（岩波書店　2000
年）

セン，アマルティア（原著）（1999）池本幸生・野上裕生・佐藤仁（訳）『不平等の再検討―潜
在能力と自由』（岩波書店　1999年）

千保喜久夫（1997）「公的年金の包括的改革をめざすアメリカ ―『社会保障に関する諮問委員

参 考 文 献

会報告』について」 総研展望（長銀総合研究所）87号（1997年）30-35頁

高橋利雄（1995）「少子・高齢化社会と税・社会保障のあり方」 政経研究（日本大学法学会）31巻4号（1995年）1-36頁

武川正吾（1999）武川正吾・塩野谷祐一（編）『先進諸国の社会保障　Ⅰ　イギリス』（東京大学出版会　1999年）8頁以下（武川正吾）

橘木俊詔（2002）国立社会保障・人口問題研究所（編）『社会保障と世代・公正』（東京大学出版会　2002年）44頁（橘木俊詔）

橘木俊詔・浦川邦夫（2006）『日本の貧困研究』（東京大学出版会　2006年）

橘木俊詔・浦川邦夫（2007）「日本の貧困と労働に関する実証分析」日本労働研究雑誌563号（2007年）4-19頁

田中舘照橘（1980）園部逸夫・田中舘照橘・石本忠義（編）『社会保障行政法　社会保障と現代行政法』（有斐閣　1980年）33頁（田中舘照橘）

田中康男（2005）「所得控除の今日的意義 ― 人的控除のあり方を中心として」税務大学校論叢48号（2005年）25頁

谷口勢津夫（2007）「基礎的人的控除の今後のあり方」税研23巻3号（2007年）22-29頁。

田原芳幸（2016）「諸外国における概算控除」税研31巻5号（2016年）61-65頁。

チャン，A. C.（原著）（1995）大住栄治・小田正雄・高森寛・堀江義（訳）『現代経済学の数学基礎（上）』（シーエービー出版　1995年）

十河利明（2001）「アメリカ連邦財政と公的社会保障年金」商学論集（福島大学経済学会）69巻4号（2001年）63-96頁

床谷文雄（2004）於保不二雄・中川淳（編）『新版　注釈民法(25)親族(5)』（改訂版　有斐閣　2004年）738-741頁（床谷文雄）

中桐宏文（1969 A）「所得保障の手段としての負所得税（上）」レファレンス19巻3号3-33頁（1969年3月）

中桐宏文（1969 B）「所得保障の手段としての負所得税（下）」レファレンス19巻5号4-41頁（1969年5月）

成道秀雄（1991）「寄付金とその沿革」日税研論集17号（1991年）125頁

西野敞雄（1995）「『救貧税法案』『恤救法案』― 『負の所得税』の1つの試み」国士舘法学27巻（1995年）1頁

西村健一郎（2008）『社会保障法入門』（有斐閣　2008年）

野口悠紀雄（1985）「なぜいま，『所得税率の簡素化』か―所得再分@よりも税収の確保　（欧米税制事情2）」エコノミスト63巻41号（1985年）24頁

橋元恭之（2006）「税・社会保障制度」所収―樋口美雄・財務省財務省財務総合政策研究所（編著）『転換期の雇用・能力開発支援の経済政策：非正規雇用からプロフェッショナルまで』（日本評論社　2006年）323頁

橋本恭之（2002）「イギリスの税制改革」総合税制研究No. 10（2002年）2(3)

バトラー，エイモン（原著）（1989）宮川重義（訳）（2005）『フリードマンの経済学と思想』（多賀出版　1989年）

参考文献

尾藤廣喜・**木下**秀雄・**中川**健太朗（編著）（1996）『生活保護法のルネッサンス』（法律文化社　1996 年）

フィッシャー（原著）（1980）気賀勘重・気賀健三（訳）『利子論』（日本経済評論社　1980 年）

フィッツパトリック，トニー（原著）（2005）武川正吾・菊池英明（訳）（2005）『自由と保障 ― ベーシック・インカム論争』（勁草書房　2005 年）

深井英喜（2003）「『社会的排除』問題と『21 世紀型完全雇用』構想：ブレア福祉国家改革の射程と限界」一橋論叢 130 巻 4 号（2003 年）362-378 頁

福岡正夫（2000）『ゼミナール　経済学入門』（第 3 版　日本経済新聞社　2000 年）

福田淳一（編著）（2009）『図説　日本の財政　平成 21 年度版』（東洋経済新報社　2009 年）

藤岡純一（1994）「課税最低限 ― 財政学からの問題提起」所収：日本租税理論学会編『課税最低限』（谷沢書房　1994 年）28 頁

藤田伍一（2005）「アメリカ社会保障法の成立とその構造」社会学研究（一橋大学研究年報編集委員会）43 号（2005 年）3-56 頁

藤本武（代表）（1960）『日本の生活水準（労働科学集成第 2 巻）』（労働科学研究所　1960 年）

フリードマン，ミルトン（原著）（1975）熊谷尚夫・西山千明・白井孝昌（共訳）『資本主義と自由：Milton Friedman, Capitalism and Freedom, Friedman, Milton 1962（マグロウヒル好学社　1975 年）234 頁

フリードマン，ミルトン（原著）（2008）村井章子（訳）『資本主義と自由』（日経 BP 社　2008 年）

フリードマン，ミルトン／ローズ・フリードマン（原著）（1980）西山千明（訳）『選択の自由 ― 自立社会への挑戦』（日本経済社　1980 年）

古谷泉生（2003）「公的年金等控除のマイクロ・シミュレーション」PRI Discussion Paper Series No.03A-24（財務省財務総合政策研究所研究部　2003 年）

ペングイト，サンジャンバーナデット・尾形裕也（2002）「日本とカナダの社会保障 ― 加日社会保障政策研究円卓会議の成果（特集）」海外社会保障研究（国立社会保障・人口問題研究所）139 号（2002 年）4-89 頁

ポラニー，カール（原著）（1975）吉沢英成・野口建彦・長尾史郎・杉村芳美（訳）『大転換 ― 市場社会の形成と崩壊』（東洋経済新報社　1975 年）

堀勝洋（1999）武川正吾・塩野谷祐一『先進諸国の社会保障　I　イギリス』（東京大学出版会　1999 年）136 頁以下（堀勝洋）

増井良啓（2005）「所得税法からみた日本の官と民：寄付金控除を素材として」所収：江頭憲治郎・増井良啓（編）『市場と組織』（東京大学出版会　2005 年）38 頁

松田直樹（2005）「国税と社会保険料の徴収一元化の理想と現実」税務大学校論叢 47 号（2005 年 6 月）1 頁以下

松原有里（2007）「物的控除は必要か ― 社会保険料控除，保険料控除，寄付控除」税研 23 巻 3 号（2007 年）43 頁

マンキュー，N. グレゴリー（原著）（2001）足立英之・石川城太・小川英治・地主敏樹・中馬宏之・柳川隆（訳）『マンキュー　経済学　II　マクロ編』（東洋経済新報社　2001 年）

参考文献

マンキュー，N. グレゴリー（原著）(1996) 足立英之・地主敏樹・中谷武・柳川隆『マンキュー　マクロ経済学　Ⅰ　入門編』(東洋経済新報社　1996 年)

三木義一 (1995)「(紹介) 課税最低限とその法的統制 ― ドイツ憲法裁判所違憲判決を素材として」日本財政法学会（編）『現代財政法学の基本課題』(学陽書房　1995 年)

三木義一 (1994)「課税最低額 ― 法的側面から問題提起」所収：日本租税理論学会編『課税最低限』(谷沢書房　1994 年) 49 頁

水野忠恒 (2003)「所得控除と憲法問題」日税研 52 巻 (2003 年) 25 頁

宮島洋 (2004)「課税と社会保障 ― 新たな論点」財政と公共政策（財政学研究会）26 巻 2 号 (2004 年) 53-62 頁

三和治 (1999)『生活保護制度の研究』(学文社　1999 年)

森信茂樹 (2009 A)「給付付き税額控除の 4 類型とその課題」税理 52 巻 5 号 (2009 年 4 月) 77-83 頁

森信茂樹 (2009 B)「先進国の標準税制としての給付付き税額控除」税研 24 巻 6 号 (2009 年 5 月) 22-55 頁

森信茂樹（主査）(2008 A)「税と社会保障の一体化の研究―給付つき税額控除制度の導入」東京財団政策提言 (東京財団政策研究部　2008 年)

森信茂樹 (2008 B)『給付つき税額控除』(中央経済社　2008 年)

森信茂樹「我が国税制の現状と課題」

森信茂樹「給付付き税額控除の意義と課題」Japan Tax Institute

諸富徹 (2009 A)「グローバル化による貧困の拡大と給付つきの税額控除 ― イギリス所得税制の経験から何をまなべるか ― 」所収：諸富徹（編著）『グローバル時代の税制改革 ― 公平性と財源確保の相剋』(ミネルヴァ書房　2009 年) 203 頁

諸富徹 (2009 B)「はじめに」所収：諸富徹（編著）『グローバル時代の税制改革 ― 公平性と財源確保の相剋』(ミネルヴァ書房　2009 年) x 頁

谷口勢津夫 (2007)「基礎的人的控除の今後のあり方」税研 23 巻 3 号 (2007 年) 22-29 頁

山口二郎 (2005)『ブレア時代のイギリス』(岩波新書　2005 年)

吉村典久 (2007)「所得控除の意義について」税研 23 巻 3 号 (2007 年) 16-21 頁

吉村典久 (1991)「所得控除と応能負担原則 ― 所得税法における主観的担税力の考慮」所収：金子宏編『所得課税の研究』(有斐閣　1991 年) 241 頁

吉村典久 (1991)「判批」ジュリスト 983 号 (1991 年) 129

吉村政穂 (2007)「特別人的控除の今後のあり方」税研 23 巻 3 号 (2007 号) 32 頁

参 考 文 献

Adam, Stuart/ Howard Reed (2003), Income tax and National Insurance contributions, in: Robert Chote/ Carl Emmerson/ Helen Simpson; The IFS Green Budget: January 2003, The Institute for Fiscal Studies Commentary 92.

Almsick, Josef van (1981) Die negative Einkommensteuer. Finanztheoretische Struktur, Arbeitsangebotswirkungen und sozialpolitische Konzeption. Volkswirtschaftliche Schriften, Heft 307, Berlin 1981

Andreae, Clemens-August (1973) Die negative Einkommensteuer, in: Wirtschaftspolitische Blätter, Jg. 20. 1973, S. 150-155.

Andrews, William D. (1972) Personal Deductions in the Ideal Income Tax, 86 Harvard Law Review, 309-331 (1972)

Arndt, Hans-Wolfgang (1993) Die Sicherung des Existenzminimums im Einkommensteuerrecht. Zur verfassungsrechtlichen Problematik der Übergangsregelung des Bundesministeriums der Finanzen, BB 1993, 977-980.

Atkinson, A. B., (1975) The Economics of Inequality, Oxford: Clarendon 1975

Atkinson, A. B., (1996) Incomes and the Welfare State : Essays on Britain and Europe, 1996 Cambridge Univ Press

Balke,Michael (1995) Kostenbeschluß nach erfolgreichem Vorlageverfahren zum verfassungswidrigen Einkommensteuer. Grundfreibetrag. Nds. FG, Beschluß vom 28.12.1994 - IX 427/90, BB 1995, 762-763

Bals, Bernhard (1974) Ziele der Einkommensteuer-Reform. Neuverteilung der Steuerlasten, BB 1974, 454

Becker, Johannes / Clemens Fuest, Wie viel Aufkommnen kostet die Einführung eines Konsumsteuersystems? - Weniger als 1% des BIP, Working Paper

Bittker, Boris I. (1967) A "Comprehensive Tax Base" as a Goal of Income Tax Reform, 80 Harv. L. Rev. 925 (1967)

Bittker, Boris I. (1968) Accounting for Federal "Tax Subsidies" in the National Budget, 22 National Tax Journal, 244-261 (1968)

Bittker, Boris I./ Lawrence Lokken (1981) Federal Taxation of Income, Estates and Gifts, 3rd. ed., Volume 2, Warren, Gorham & Lamont, New York 1981

Bittker, Boris I./ Lawrence Lokken (2005) Federal Taxation of Income, Estates and Gifts, 2005 Cumulative Supplement No.2 Text, Warren, Gorham & Lamont, New York 2005.

Booker, H.S. (1946) Lady Rhys Williams' Proposals for the Amalgamation of Direct Taxation with Social Insurance, in: 56 The Economic Journal, 237 (1946).

Brandis, Peter (2006) Bemessungsgrundlagen im Steuerrecht und im Sozialrecht - Aus der Sicht des Steuerrechts, in: Rudolf Mellinghoff (ed.), Steuern im Sozialstaat, Köln 2006

Brannon, Gerard/Elliott R. Morss (1973) The Tax Allowance for Dependents: Deductions Versus Credits, 26 National Tax Journal 599-609 (1973)

Bräuer, Karl (1954) Probleme einer Finanz - und Steuerreform, Bd. II, Wörishofen 1954, S. 65

685

参 考 文 献

Bräuer, Karl (1927) Umrisse und Untersuchungen zu einer Lehre vom Steuertarif, Jena 1927, S. 41ff.

Brewer, M./T. Clark /M. Myck (2001) Credit Where It's Due? An Assessment of the New Tax Credits, Commentary no. 86, Institute for Fiscal Studies (2001)

Child Poverty Action Group (2009) Welfare benefits and tax credits handbook 2009/2010, London 2009

Child Poverty Action Group (2010) Welfare benefits and tax credits handbook 2010/2011, London 2010

Chrysant, Ingeborg/ Bert Rürup (1971) Zum Problem negativer Einkommensteuern, in: Steuer und Wirtschaft, Jg.48 (1) (1971), S. 359-368

Clemens, Fuest/ Andreas Peichl/ Thilo Schaefer (2005) Aufkommens-, Beschäftigungs- und Wachstumswirkungen einer Steuerreform nach dem Vorschlag von Dezember 2005. FiFo-Berichte Nr. 5 Dezember 2005 Mitschke. Gutachten im Auftrag der Humanistischen Stiftung, Frankfurt am Main. Endfassung,

D. Willetts/ N. Hillman (2002) Tax Credits: Do they add up?, Politeia (2002)

Dalton, Hugh (1954) Principles of Public Finance, London, 1922, 4th ed. rev. and reset. 21st. Impression, 1954

David, Martin/ Jane Leuthold (1968) Formulas for Income Maintenance: Their Distributional Impact, Economic Behavior of Households Workshop Paper # 6701. December, 1967. Institute for Research on Poverty Social Systems Research Institute, in: 21(1) National Tax Journal, 70 (1968)

Dennis, Lees (1968) Controversy Surrounding Negative Income Taxation: Comment, in: Institut International des Finances Publiques (ed.), Finances Publiques et Securite Sociale, Congrès de Turin, Septembre 1968, 24 Session, p. 262ff.

Dilnot,A. / C. Emmerson/ H. Simpson(2002) The IFS Green Budget: January 2002, Institute for Fiscal Studies, 2002, Commentary 87, para 5.2.

Economists on Income Guarantees and Supplements (1968) A Statement by Economists on Income Guarantees and Supplements, in: Income Maintenance Programs, Hearings Before the Subcommittees on Fiscal Policy of the Joint Economic Committee, 90th Cong., 2d Sass., Vol. 2: Appendix Materials, Washington D. C. 1968, p. 676ff.

Elicker, Michael (2004) Entwurf einer proportionalen Netto-Einkommensteuer. Textentwurf und Begründung, Köln Verlag Dr. Otto Schmidt, 2004

Engels, Wolfram / Joachim Mitschke /Bernd Starkloff (1975) Staatsbürgersteuer. Vorschlag zur Reform der direkten Steuern und persönlichen Subventionen durch ein integriertes personalsteuer- und Subventionssystem. Schriftenreihe des Karl-Bräuer-Instituts des Bundes der Steuerzahler, Heft 26, Wiesbaden1974; 2. Aufl., 1975.

Fisher, Irving (1930 / 1970) The Theory of Interest, 1930 (reprinted New York 1970)

Franz, Chiristoph (1988) Einkommensbegriffe im Steuer- und Sozialrecht, StuW 1988, 17-38

参 考 文 献

Friedman, Milton (1957) A Theory of the Consumption Function. National Bureau of Economic Research. Number 63f, General Series. Princeton 1957

Friedman, Milton (1967/68) The Case for the Negative Income Tax: A View From The Right, in U.S. Congress House, National Collegiate Debate, House Reports Doc. 172, 90th Congress, 1st Session. Washington D. C. 1967/68, at 71-81

Friedman, Milton (1968 a) Negative Income Tax - I, 72 (12) Newsweek, 53 (September 16, 1968)

Friedman, Milton (1968 b) Negative Income Tax - II, 72 (15) Newsweek, 48 (October 7, 1968)

Friedman, Milton (1971) Kapitalismus und Freiheit. P.C. Martin (独訳)：Capitalism and Freedom, Stuttgart 1971

Friedman, Milton (1963/69) Capitalisum and Freedom. 1st. ed., 1963, 9th Impression. Chicago-London 1969, pp. 190-195

Friedman, Milton (1967) The Case for the Negative Income Tax, in, 19 (9) National Review, 239-240 (March 7, 1967)

Fuest, Clemens/ Andreas Peichl/ Thilo Schaefer (2005) Aufkommens-, Beschäftigungs- und Wachstumswirkungen einer Steuerreform nach dem Vorschlag von Mitscke, FiFo-Berichte Nr. 5, Finanzwissenschftliches Forschcungsinstitut an der Universität zu Köln, Juni 2005.

Fuest, Clemens/ Sven Heilmann/ Andreas Peichl/ Thilo Schaefer/ Christian Bergs (2006) Anfkommens-, Beschäftigungs- und Wachstumswirkungen einer integrierten Reform des Steuer- und Transfersystems nach dem Bürgergeld- Vorschlag von Joachim Mitschke. Gutachten im Anftrag der Humanitischen Stiftung, Frankfurt a.M. Köln, Juni 2006.

Giloy, Jörg (1982) Zur Besteuerung von Staatsleistungen, FR 1982, 129.

Giloy, Jörg (1986) Ist der Grundfreibetrag im Einkommensteuertarif wirklich entbehrlich?, FA 1986, 56, 58

Giloy, Jörg (1978) Vieldeutige Einkommensbegriffe. Zur geeigneten Bezugsgröße staatlicher Transferleisutungen, Berlin Neue Wirtschafts-Briefe, 1978

Gottschalk, Peter (1976) Deductions Versus Credits Revisited, 29 National Tax Journal 221-226 (1976)

Graetz, Michael J./ Deborah H. Schenk (2001) Federal Income Taxation. Principles and Policies, 4th.ed. Foundation Press New York 2001

Green, Christopher (1967) Negative Taxes and the Poverty Problem, The Brookings Institution, Washington D.C. 1967.

Green, Christopher (1968) Negative Taxes and Monetary Incentives to Work: The Static Theory, in: 3 The Journal of Human Resources, 280ff. (1968).

Hackmann, Johannes (1994) Die einkommensteuerliche Berücksichtigung des Existenzminimums. Einige kritische Anmerkungen anläßlich der Entscheidung des Bundesverfassungsgerichts zur Verfassungswidrigkeit des Grundfreibetrags und ein Lösungsvorschlag, BB Beilage 1994, Nr 19, 1-27

参 考 文 献

Halperin, Daniel (1986) Interest in Disguise: Taxing the Time value of money, 95 Yale Law Journal 506 (1986)

Hanson, Albert Henry/ Herbert Victor Wiseman (1962/ 75) Parliament at work, Stevens & Sons Limited 1962 (reprinted in 1975 by Greenwood Press)

Hildebrand, George H. (1967) Poverty, Income Maintenance, and the Negative Income Tax, Ithaka/N.Y. 1967

HM Treasury (2002) The Modernisation of Britain's Tax and Benefit System – The Child and working Tax Credits, Report No. 10, 2002

HM Treasury (2000) HM Treasury, The Modernisation of Britain's Tax and Benefit System: Tackling Poverty and Making Work Pay – Tax Credits for the 21st Century, Report No 6, (2000) para 2.8.

Homburg, Stefan (1993) Eine Theorie des Länderfinanzausgleichs, Finanzausgleich und Produktionseffizienz, FA 1993, 458

Homburg, Stefan (1995) Zur Steuerfreihait des Existenzminimums: Grundfreibetrag oder Abzug von der Bemessungsgrundlage?, FA 1995, 182

Homburg, Stefan (2007) Allgemeine Steuerlehre, 5. Aufl., München 2007

Hugo Müller-Vogg,Das Mitschke Konzept: Niedrigere Steuersätze, mehr Wachstum, mehr Arbeitsplätze

ISSA, (1968) International Social Security Review, No. 2, 295(1968)

Jehnert, Hansgeorg (2004) Der Staat sollte erst bei der Entnahme des Gewinns zugreifen – Vorshlag für eine wachstumsfördernde Reform der Unternehmensbesteuerung / Juristen versus Wirtschaftswissenschtler, FAZ Nr. i vom 2. 1. 2004

Kanh, Harry (1960) Personal Deductions in the Federal Income Tax, Princeton, Princeton University Press 1960

Kausemann, E.-Peter (1983) Möglichkeiten einer Integration von Steuer- und Transfersystem. Reihe Wirtschaftswissenschaften, Bd. 290. Thun -Frankufurt/M. 1983

Keynes, John Maynard (1927) The Colwyn Report on national Debt and Taxation, in; 37 The Economic Journal, 1927, also in: Moggridge, Donald (ed.); The Collected Writings of John Keynes, Maynard, Volume XIX Activities 1922-1929, The Return to Gold and Industrial Policz in Two Volumes Part II. 1981, 675-695

Kipke, Werner (1931) Beiträge zur Lehre vom Steuertarif, Jena 1931

Kirchhof, Paul (2008) EStG KompaktKommentar - Einkommensteuergesetz, 8. Aufl. Heidelberg 2008, § 32a Rn 10, S. 1365

Klein, William A./ Joseph Bankman/ Daniel N. Shaviro (2003) Federal income taxation, 13th ed., Aspen Publishers, 2003

Kussmann/ Martin/ Niedenführ/ Rick (1997) Lehrbuch der Einkommensteuer, 9. Aufl. Neue Wiritschafts-Briefe Herne-Berlin 1997

Kuznets, S. (1953) Share of upper income groups in income and savings, National Bureau of

参 考 文 献

Economic Research, 1953, New York

Lampman, Robert J. (1971) NIT: Welfare-Oriented Negative Rates Plan and Negative Rates Plan for the Working Poor, in: Marmor, Theodore R. (ed.), Poverty Policy. A Compendium of Cash Transfer Proposals, 1971, 108-116.

Lampman, Robert J. (1964) Prognosis for Poverty, in: Proceedings of 57th Annual Conference on the taxation under auspices of the National Tax Association, Pittusburg 1964, 71-81.

Lampman, Robert J. (1965 a) Approaches to the Reduction of Poverty, in: 55 American Economic Review, 521-529 (1965)

Lampman, Robert J. (1965 b) Negative Rates Income Taxation, Paper prepared for the Office of Economic Opportunity, Washington D. C. 1965.

Lang, Joachim (1999) Germany (national report), in: Maria Teresa Soler Roch (ed), Family Taxation in Europe, Kluwer Law International 1999, 55 ff.

Lang, Joachim, Norbert Herzig, Johanna Hey, Heinz-Gerd Hordlemann, Joergen Pelka, Heinz-Juergen Pezzer, Roman Seer, als beratendes Mitglied Klaus Tipke (2005) Kölner Entwurf eines Einkommensteuergesetzes, Köln Verlag Dr. Otto Schmidt, 2005

Lee, Natalie (2003 A) The working families' tax credit: an intergration of the tax and benefits systems?, 10 Journal of Social Security Law, 7-51 (2003)

Lee, Natalie (2003 B) The new tax credits, in: (2003) 10 Journal of Social Security Law, pp7-51

Lee, Natalie (2008) Revenue Law – Principles and Practice 26 th ed. West Sussex Tottel Publishing 2008

Lehman, Jeffrey/Shirelle Phelps (ed.) (2005) West's Encyclopedia of American Law, 2nd ed., Gale Group 2005

Lehner, Moris (1986) Abzug des Grundfreibetrages von der Bemessungsgrundlage oder von der Steuerschuld?, StuW 1986, 59-63.

Lehner, Moris (1993) Einkommensteuerrecht und Sozialhilferecht, Bausteine zu einem Verfassungsrecht des sozialen Steuerstaates, Tübingen 1993

Lidman, Russel (1972) Cost and Distributional Impact of a Credit Income Tax Plan, in: 20 Public Policy 311 (1972)

Lieb, Ralf (1992) Direkte Steuerprogression: geschichtliche Entwicklung und kritische Würdigung ihrer Begründungen, Wiesbaden 1992

Lindsay, C. M. (1972) Two Theories of Tax Deductibility, 25 National Tax Journal, 43-52 (1972)

McGovern, George (1972 A) Tax Reform and Redistribution of Income, in: Congressional Record, Proceedings and Debates of the 92d Congress, Second Session, Vol.118 Part 1, January 19, 1972, 283-285（累積版）

McGovern, George (1972 B) On Taxing & Redistributing Income, in: 18 New York Review of Books, 7-11 (May 4, 1972).

McKay, William (editor) (2003) Erskine May's Treatise on The Law, Privileges, Proceedings and Usage of Parliament, 23rd ed. London Butteworths 2003, ch. 23, at 664ff.（初版は May,

参 考 文 献

Erskine, Parllamentary Practice)

M. Mendelson (1998), The WIS that was: Replacing the Canadian Working Income Supplement, Joseph Rowntree Foundation, 1998.

Mitschke, Joachim (1974/ 1975) Staatsbürgersteuer. Vorschlag zur Reform der direkten Steuern und persönlichen Subventionen durch ein integriertes Personalsteuer- und Subventionssystem (mit W. Engels und B. Starkloff). Schriftenreihe des Karl-Bräuer-Instituts, Heft 26, Wiesbaden 1974; 2. Aufl. Wiesbaden 1975.

Mitschke, Joachim (1975) Trivialarithmetik der Staatsbürgersteuer. Eine Replik auf Dieter Schneiders Rezension „Staatsbürgersteuer - ein Schildbürgerstreich" in StuW 1974, 369 ff, StuW 1975, S. 69-77.

Mitschke, Joachim (1976) Über die Eignung von Einkommen, Konsum und Vermögen als Bemessungsgrundlagen der direten Besteuerung – Eine meßtechnische Analyse. Volkswirtschaftliche Schriften, Heft 244, Berlin 1976.

Mitschke, Joachim (1980 A) Lebenseinkommensbesteuerung durch interperiodischen Progressionsausgleich, in: Steueru und Wirtschaft, 57. (10) Jg., 1980, Heft 2, S.122-134.

Mitschke, Joachim (1980 B) Methoden der indirekten Konsummessung für Zwecke einer persönlichen allgemeinen Ausgabensteuer, inä: Finanzarchiv, N.F. Bd. 38, 1980, Heft 2, S. 274-301

Mitschke, Joachim (1985) Steuer– und Transferordnung aus einem Guß, Entwurf einer Neugestaltung der direkten Steuern und Sozialtransfers in der Bundesrepublik Deutschland. Schriften zur Ordnungspolitik, Band 2. Bade-Baden 1985

Mitschke, Joachim (1988) Ökonomische Analyse einkommensteuerlicher Einkunftsermittlung und Alternativen steuerlicher Einkommensperiodisierung, StuW 1988, 111 ff

Mitschke, Joachim (1990) Steuer – und Transferordung aus einem Guß. Entwurf einer Neugestaltung der direkten Steuern und Sozialtransfers in der Bundesrepublik Deutschland. Schriften zur Ordungspolitik, Bd. 2. Hrsg. Frankfurter Institute für wirtschaftspolitische Forschung und Kronberger Kreis. Baden-Baden 1990

Mitschke, Joachim (1994) Integration von Steuer- und Sozialleistungssystem – Chancen und Hürden, StuW 1994, 153ff.

Mitschke, Joachim (1995) Steuer- und Sozialpolitik für mehr reguläre Beschäftigung, Wirtschaftsdienst 1995, 75 ff.

Mitschke, Joachim (1996) Steuerpolitik für mehr Beschäftigung und qualites Wachstum, in: Stefan Baron/ Konrad Handschuch (Hrsg.) Wege aus dem Steuerchaos – Aktueller Stand der steuerpolitischen Diskussion in Deutschland, Schäffer-Poeschel Verlag Stuttgart 1996, S. 90-102.

Mitschke, Joachim (1998) Wirstchaft Leistungsfähigkeit, sozialer Zusammenhalt und ökologische Nachhaltigkeit. Drei Ziele – ein Weg. Bericht der Zukunftskommission der Friedrich-Ebert– Stiftung (mit anderen Autoren), Bonn 1998

参 考 文 献

Mitschke, Joachim (2000 A) Arguing for a Negative Income Tax in Germany, in : Robert van der Veen – Loek Groot (eds), Basic Income on the Agenda– Policy Objectives and Political Chances, Amsterdam University Press, 2000, p. 107-120

Mitschke, Joachim (2000 B) Grundsicherungsmodelle – Ziele, Gestaltung, Wirkungen und Finanzbedarf. Eine Fundamentalanalyse mit besonderem Bezug auf die Steuer– und Sozialordnung sowie den Arbeitsmarkt der Republik Österreich, Baden-Baden 2000

Mitschke, Joachim (2000 C) Grundsicherungsmodelle – Ziele, Gestaltung, Wirkungen und Finanzbedarf, 2000

Mitschke, Joachim (2001 A) Politische Optionen der Bürgergeld-Konzeption. Eine Analyse der Stellgrößen des Bürgergeldssystems zur Umsetzung von Bürgergeldkonzepten. Liberal Report, Hrsg. Liberales Institut. Potsdam 2001

Mitschke, Joachim (2001 B) Abstimmung von steuerfinanzierten Sozialleistungen und Einkommensteuer durch Integration, in : Rose, Manfred (Hrsg.), Integriertes Steuer – und Sozialsystem (Tagungsband des Steuerkongresses in der Universität Heidelberg vom 21. und 22. Juni 2001), Heidelberg Physica-Verlag, 2003, S. 463 ff.

Mitschke, Joachim (2002) Erneuerung des deutschen Einkommensteuerrechts, Gesetzestextentwurf und Begüundung, Köln 2002.

Mitschke, Joachim (2003) Abstimmung von steuerfinanyierten Sozialleistungen und einkommensteueru durch Integration, in: Rose, Manfred (Hrsg.), Integriertes Steueru- und Sozailsystem, 2003, S. 464-479.

Mitschke, Joachim (2004 A) Die Neuordnung der Unternehmensbesteuerung, DStR 2004.

Mitschke, Joachim (2004 B) Erneuerung des deutschen Einkommensteuerrechts, Gesetzestextentwurf und Begündung, Köln, Verlag Dr. Otto Schmidt, 2004.

Molitor, Bruno (1973) Negative Einkommensteuer als sozialpolitisches Instrument, in: Jahrbuch für Sizialwissenschaft, Bd. 24 (1973), S. 38-54

Molitor, Bruno (1976) Negative Einkommensteuer als allgemeine Fürsorgeleistung, in: Molitor, B. (Hrsg.); Sozialpolitik auf dem Prüfstand, Hamburg 1976, S. 31-62.

Moser, Reinhold (2005) Buchbesprechungen, Der Wirtschaftsprüfung, 2005, 193.

Organization for Economic Co-Operation and Development (ed.) (1974) Negative Income Tax, An approach to the co-ordination of taxation and social welfare policies, Paris 1974.

Paterson, Judith (2009) Calculating Tax Credits, in: Child Poverty Action Grouped), Training materials, November 2009.

Pechman, Joseph A. (ed.) (1959) What would a Comprehensive Individual Income Tax Yield?, in: Tax Revision Compendium, Compendium of Papers on Broadening the Tax Base, Submitted to the Committee on Ways and Means 86th Cong. 1 st Sess., Vol.1, Washington D.C. 1959, 251ff.

Pfähler, Wilhelm (1972/73) Begriff und Formen der Negativsteuern, in: Finanzarchiv, N.F. Bd. 31, 1972/73, S. 234-261.

参 考 文 献

Pfähler, Wilhelm (1973) 15000 Verwaltungsbeamte können freigesetzt werden, in: Wirtschats-woch, Nr. 18 vom 27. 4. 1973, S. 65-68.

Pigou, A.C. (1929/52) The Economics of Welfare, 1st.ed., 1920, 4th ed., 1952.

Polanyi, Karl (1944/75) The Great Transformation, 1944, reprinted 1975 Octagon Books, New York.

Rhys-Williams, J.E. (1953) Taxation and Incentive, London 1953

Rhys-Williams, J.E.(1943/2004) Something to Look Forward To: A Suggestion for a New Social Contract, London 1943: MacDonald, coll, in: John Cunliffe and Guido Erreygers (ed.) The origins of universal grants : an anthology of historical writings on basic capital and basic income, Houndmills, Basingstoke, Hampshire; New York, N.Y. Palgrave Macmillan 2004, p. 161-169.

Roch, Maria Teresa Soler (ed) (1999) Family Taxation in Europe, Kluwer Law International 1999

Rolph, Earl. R. / George F Break. (1991) Public Finance. New York 1961

Rolph, Earl. R. (1966/67) The Case for a Negative Income Tax Device, in: 6 Industrial Relations, 155-165 (1966/67).

Rolph, Earl. R. (1969) Controversy Surrounding Negative Income Taxation, in: Institut International des Finances Publiques (ed.), Finances Publiques et Securite Sociale, Congrès de Turin, Septembre 1968, XXIVe Session, Lyon u.a. 1969, 352-361.

Rose, Manfred (hrsg.) (2002) Reform der Einkommensbesteuerung in Deutschland: Konzept, Auswirkungen und Rechtsgrundlagen der Einfachsteuer des Heidelberger Steuerkreises, Heidelberg, Verl. Recht und Wirtschaft, 2002, S213

Rose, Manfred (Hrsg.) (1991) Konsumorientierte Neuordnung des Steuerusystems, Berlin u.a.O. 1991.

Sangmeister,Bernd (1992) Verfassungswidrigkeit des Grundfreibetrags - BVerfG, Beschluß vom 25. 9. 1992 – 2 BvL 5/91, 2 BvL 8/91, 2 BvL 14/91, BB 1992, 2341

Sarrazin, Thilo (1975/76) Kumulative Effekte der Finanz – und Sozialpolitik auf die Einkommensverteilung, Finanzarchiv, Bd. 34, 1975/76, S. 424-455.

Schanz, von Georg (1962) Existenzminimum und seine Steuerfreiheit, in Ludwig Elster, Adolf Weber, Friedrich Wieser, Handwörterbuch der Staatswissenschaften, 4. Aufl. 1923-1929, Jena 1962, Bd. 3, SS. 911-918

Schelle, Klaus (1972) Zur Reform des Einkommensteuertarifs – Ein Diskussionsbeitrag, Karl-Bräuer-Institut des Bundes der Steuerzahler, Heft 22, 1972

Schemmel, Lothar (1993) Das einkommensteuerlicher Exsistenzminimum, Stuw 1993, 70-85

Schneider, Dieter (1971) Gewinnermittlung und steuerliche Gerechtigkeit, in Zeitschrift für betriebswirtschaftliche Forschung, N.F. 23. Jg., 1971, S. 193-211.

Schneider, Dieter (1974) Staatsbürgersteuer – ein Schildbürgerstreich, in: Steuer und Wirtschaft, N.F. 4. Jg., 1974, S. 369-372.

Schneider, Dieter (1992) Einkommensteuer, Konsumsteuer und Steuerreformen der letzten

参考文献

Jahre, in: Finanzarchiv, N.F., Bd 49, Heft 4, S. 534-557 (1992).

Schwartz, Edward E. (1964) A Way To End the Means Test, 9 (3) Social Work, 3-12 (1964)

Schwartz, Edward E. (1971) A Demogrant Approach: The Family Security Program, in: Theodore R. Marmor; Poverty Policy. A Compendium of Cash Transfer Proposals, Chicago 1971, 135-149. (ただし、本稿は Schwartz (1964) と同一内容の再録版)

Seidl, Christian /Karen Kaletha (1987) Ein analytischer Vergleich der Einkommensteuertarife 1986 und 1990, WiSt - Wirtschaftswissenschaftliches Studium, Jahrgang 16 (1987), S. 379-384

Seidl, Christian/Stefan Traub (1997) Was bringt die Steuerreform?, BB 1997, 861.

Seidl, Christian/Edgar Topritzhofer/ Walter Grafendorfer (1970) An Outline of a Theory of Progressive Individual Income-Tax Functions, in: Zeitschrift für Nationalökonomie, Vol. 30 (1970), pp. 407-429.

Seidl, Christian (1997) Die steuerliche Berücksichtigung des Existenzminumus: Tarifliche Nullzone, Freibetrag oder Steuerabsetzbetrag?, StuW 1997, S. 143

Seidl, Christian (2006) Eine umfassende Steuer- und Abgabenreform für Deutschland: Eine flat tax mit Sozialkomponente, in: Christian Seidl and Joachim Jickeli (eds.), Steuern und Soziale Sicherung in Deutschland, Reformvorschläge und deren finanzielle Auswirkungen, Physica-Verlag, Heidelberg, 2006, pp. 177-220.

Seidl, Christian/Thomas Drabinski/ Benjamin Bhatti (2006) Umfassende Steuer- und Abgabenreform für Deutschland: Ergebnisse der Mikrosimulation für die Sozialkomponente E, in: Christian Seidl and Joachim Jickeli (eds.), Steuern und Soziale Sicherung in Deutschland, Reformvorschläge und deren finanzielle Auswirkungen, Physica-Verlag, Heidelberg, 2006, pp. 221-252.

Seidl, Christian (2007 A) A Flat Tax with a Social Component, Working Paper WP7/2007/05 of the State University Higher School of Economics, Moscow 2007, pp. 72

Seidl, Christian (2007 B) Flat Tax mit Sozialer Grundsicherung: Die optimale Kombination, in: Christina Albertina, No. 65, 2007, pp. 32-54. [also: Discussion Paper of the Institut für Volkswirtschaftslehre 2007-3]

Seidl, Christian (2008) Finanzierung des öffentlichen Sektors für eine Flat Tax, in: Joachim Jickeli and Utz Schliesky (eds.), Aufgaben des modernen Staates in Europa, Lorenz-von-Stein Institut für Verwaltungswissenschaften an der Christian-Albrechts-Universität zu Kiel, Kiel 2008, pp. 135-144

Sen, A.K. (1973) On economic inequality, Oxford: Clarendon 1973

Shoup, Carl S. (1967) Negative Taxes, Welfare Payments, And Subsidies, in: 26 Rivista di Diritto Finanyario e Szienya Delle Finanze, 552-569 (1967)

Siegel, Theodeor/Dieter Schneider (1994) Existenzminimum und Familienlastenausgleich: Ein Problem der Reform des Einkommensteuerrechts, DStR 1994, 597

Silk, Paul/ Rhodri Walters (1987) How Parliament works, Longman Essex 1987

Simons, Henry C. (1938) Personal Income Taxation, Chicago 1938

参 考 文 献

Spermann, Alexander (1994) Das Bürgergeld – ein sozial- und beschäftigungspolitisches Wundermittel?, in: Sozialer Fortschrift, 43. Jg., 1994, S. 105-111

A Statement by Economists on Income Guarantees and Supplements (1968) in: Income Maintenance Programs, Hearings Before the Subcommittee on Fiscal Policy of the Joint Economic Committee, 90th Cong., 2d Sess., Vol. 2: Appendix Materials, Washington D.C. 1968, 676-690.

Steve Webb MP Hansard, H.C. Debs. Vol 376, cols. 621-623 (December 10 2001).

Stigler, George J. (1946) The Economics of Minimum Wage Legislation, in: 36 American Economic Review, 358-365 (1946)

Surrey, Stanley S. (1957) The Congress and the Tax Lobbyist – How Special Tax Provisions Get Enacted, 70 Harvard Law Review, 1145-1182 (1957)

Surrey, Stanley S. (1958) The Federal Income Tax Base for Individuals, 58 Columbia Law Review, 815-8304 (1958)

Surrey, Stanley S. (1973) Pathways to Tax Reform: The Concept of Tax Expenditures, Harvard University Press, Cambridge 1973

Taylor, Eric (1979) The House of Commons at work, 9th ed. Macmillan Press London/ Basingstoke 1979

Theobald, Robert (1963) Free Men and Free Markets, New York/ N.Y. 1963

Theobald, Robert (1965/66) The Background to the Guaranteed-Income Concept, in: Theobald, R. (ed.), The Guaranteed Income: Next Step in Economic Evolution?, Garden City/N.Y. 1965/66, p. 83-96.

Thuronyi, Victor (1990) The Concept of Income, 46 Tax L. Rev. 45 (1990).

Tiley/ Collison (2007) UK Tax Guide 2007-08, 25th ed., Butterworth

Tiley, John (2008) Revenue Law 6th ed. Hart Publishing, Oxford 2008

Tipke, Klaus (1993) Die Steuerrechtsordnung, Köln 1993, Bd. II

Tipke/ Lang (2008) Steuerrecht, 19. Aufkl., Köln 2008

Tipke/ Lang (2009) Steuerrecht, 20. Aufl. Köln 2010

Titmuss, Richard (1970) The Role of Social Security Systems in Maintaining Minimum Levels of Living, in: 23 (2) International Social Security Review, 259-299 (1970)

Tobin, James/ Pechman, J.A./Mieszkowski, P.M (1967) Is a Negative Income Tax Practical?, 77 The Yale Law Journal, (1967) 1-27.

Tobin, James (1965) On Improving the Economic Status of the Negro, in 94 (4) Daedalus, (1965) 878-898

Tobin, James (1967/68) Income Guarantees And Incentives, in: U.S. Congress House, National Collegiate Debate, House Reports Doc. 172, 90th Congress, 1st Session. Washington D.C. 1967/68, at 64-70.

Trier, Walter van (2002) WHO FRAMED 'SOCIAL DIVIDEND'?, USBIG Discussion Paper No. 26, 2002 (Paper to be presented at the 1st USBIG-conference, CUNY, New York, 8-10 March 2002)

参 考 文 献

Turnball, John G./ C. Arthur Williams, Jr./ Earl F. Cheit (1973) Economic and Social Security, 4.ed. New York 1973, 568-598.

Wenger, Ekkerhard (1985) Lebenszeitbezogene Gleichmäßigkeit als Leitidee der Abschnitts-besteuerung, Finanzarchiv, N.F. Bd. 43, 1985, S. 307-327.

Westin Richard A. (2002) WG&L Tax Dictionary, Warren Gorham & Lamont New York 2002

D. Willetts/ N. Hillman (2002), Tax Credits: Do they add up?, Politeia (April 2002).

Wueller, Paul H. (1938 A) Concepts of Taxable Income (I) - The German Contribution, 53 (1) Political Science Quarterly, 83-111 (1938)

Wueller, Paul H. (1938 B) Concepts of Taxable Income (II) – The American Contribution, 53 (4) Political Science Quarterly, 557-583 (1938)

Wueller, Paul H. (1939) Concepts of Taxable Income (III), The Italian Contribution, 54 (4) Political Science Quarterly, 555-576 (1939)

Zeppernick, Ralf (1974) Die Bedeutung der Finanz – und Sozialpolitik für die Einkommens-verteilung, in: Finanzarchiv, N.F. Bd.32, 1974, S. 425-463.

Zeppernick, Ralf (1983) Steuerpolitik: Alte Lehren vergessen, in: Wirtschaftswoche, 37. Jg. 1983, Nr. 41, S. 96-106.

第 3 部 (増補)

青山秀明・家富洋・池田裕一・相馬亘・藤原義久 (2007) 『パレート・ファームズ——企業の興亡とのつながりの科学』 (日本経済評論社　2007 年)

青山秀明・相馬亘・藤原義久 (2002) 「富と所得のダイナミックス」数理科学 2002 年 10 月号 44-50 頁

遠藤昇三 (1991) 『「人間の尊厳の原理」と社会保障法』 (法律文化社　1991 年)

小川喜一 (編) (1974) 『「健康保険法」成立史 (経済学会研究叢書 4)』 (大阪市立大学経済学会　1974) 211-212 頁 (坂口正之執筆)

小塩隆士・田近栄治・府川哲夫 (編) (2006) 『日本の所得分配——格差拡大と政策の役割』 (東京大学出版会　2006 年)

片岡昇・西村健一郎 (1980) 「社会保障の権利」　所収：『社会保障の思想と理論　(社会保障講座　第 1 巻)』 (総合労働研究所　1980 年)

金子宏 (2008) 『租税法』 (第 13 版　弘文堂　2008 年)

木村弘之亮 (1983) 「シャウプ法人税構想における資金調達誘因措置」　所収：日本租税研究協会 (編) 『シャウプ勧告とわが国の税制』 (日本租税研究協会　1983 年)

木村弘之亮 (2008A) 「イギリス議会における省令承認手続き——社会保険料率を中心にして」 自治研究 84 巻 11 号 (2008 年) 3 頁

木村弘之亮 (2009C) 「社会保障制度と租税法——憲法 84 条からみた社会保障と租税の統合」 租税研究 711 号 (2009 年) 111-130 頁

木村弘之亮 (2009D) 「国民年金は第 2 の税金か——標準報酬と課税標準の統合 (上・下)」 税務弘報 57 巻 3 号 (2009 年) 172-183 頁，4 号 106-112 頁

参 考 文 献

木村弘之亮（2011）「所得税額表の立法技術——超過累進制に代わる、線形累進税モデル」 所収：水野武雄先生古稀記念論文集刊行委員会（編）『水野武夫先生古稀記念論文集 行政と国民の権利』（法律文化社 2011 年）524-546 頁

木村弘之亮（2015）「2015 年と 2013 年所得税法の定める超過累進税額表と歳入予測——見て楽しい税率」税務弘報 63 巻 13 号（2015 年）

国税庁（編）（2013）『平成 25 年度国税庁統計年報書』（大蔵財務協会 2013 年）

近藤文二（1963）『社会保険』（岩波書店 1963 年）

阪田健夫（2008）「生活保護法改正提案」自由と正義 59 巻 9 月号（2008 年）90 頁

佐口 卓（1977）『日本社会保険制度史』（勁草書房 1977 年）

志賀 櫻（2013）『タックス・ヘイブン——逃げていく税金』（岩波書店 2013 年）

社会保険研究所（2008）『国民年金ハンドブック』（第 33 版 社会保険研究所 2008 年）

高田 篤（2007）「生存権の省察——高田敏教授の「具体的権利説」をめぐって——」 所収：村上武則・高橋明男・松本和彦（編）『法治国家の展開と現代的構成』（高田敏先生古稀記念論集 法律文化社 2007 年）150-159 頁

高田 敏（1961）「ドイツにおける法治国の思想」法律時報 33 巻 4 号（1961 年）1 頁以下

高田 敏（1964）「生存権保障規定の法的性格——ドイツ憲法におけるプログラム規定の性格をめぐって」公法研究 26 号（1964 年）87 頁以下

高田 敏（1993）『社会的法治国の構成』（信山社 1993 年）

高安秀樹（2004）『経済物理学の発見』（光文社 2004 年）

橘木俊詔（1998）『日本の経済格差——所得と資産から考える』（岩波新書 1998 年）

津田真澂（1972）『日本の都市下層社会』（ミネルヴァ書房 1972 年）

㈱日本総合研究所 調査部 ビジネス戦略研究センター（2005）「個人所得課税改革の課題——子育て・就労・教育をサポートする税制改革を」ビジネス環境レポート 4 号（2005 年 6 月 15 日）

林 宏昭（1995）『租税政策の計量分析——家計間・地域間の負担配分』（日本評論社 1995 年）

平野正樹・近藤学・宮原信吾（1999）『受益と負担の経済学——税制・年金改革のシナリオ』（日本評論社 1999 年）

ブキャナン マーク（2009）マーク・ブキャナン（原著）水谷淳（訳）『歴史は「べき乗則」で動く：種の絶滅から戦争までを読み解く複雑系科学』（ハヤカワ 文庫 NF——数理を愉しむシリーズ 2009 年）

ベノワ・B・マンデルブロ／リチャード・L・ハドソン（原著）・高安秀樹（監訳）（2008）『禁断の市場——フラクタルでみるリスクとリターン』（東洋経済新報社 2008 年）

堀 勝洋（1997）『年金制度の再構築』（東洋経済新報社 1997 年）

堀 勝洋（2005）『年金の誤解：無責任な年金批判を斬る』（東洋経済新報社 2005 年）

横田信武（1987）「税率構造の累進性」早稲田商学 323 号（1987 年）135 頁

参 考 文 献

Atkinson, A.B. (1970), On the measurement of inequality, Journal of Economic Theory 2, pp.244-263 (1970)

Atkinson, A.B. (1973), How progressive should income tax be?, in: Michael Parkin/ A.R.Nobay, Essays in Modern Economics – The Proceedings of the Association of University Teachers of Economics: Aberystwyth 1972, London 1973, pp.90-109

P. Bareis (1996), Die Diskussion um einen „Stufentarif" bei der Einkommensteuer, DStR 1996 S.1466ff.

Birk, Dieter (1983), Das Leistungsfähigkeitsprinzip als Maßstab der Steuernormen, Köln 1983

Bomsdorf, Eckart (1981), Konzentration und Einkommensteuertarif. Allgemeines Statistisches Archiv 65/1981, S.315-324 (317f.)

Bomsdorf, Eckart (1996), Ein alternativer Vorschlag zur Neufassung des Einkommesteuertarifs, Wirtschaftsdienst 1996/XII, S.623f.

Bomsdorf, Eckart/ Ulrich Peter Hermani (1978), Institut der deutschen Wirtschaft (Hrsg.), Modelle zur Reform des Einkommensteuertarifs (Beiträge zur Wirtschafts- und Sozialpolitik Nr.54, Köln 1978

Boss, Achim/ Alfred Boss/ Thomas Boss (2006), Der deutsche Einkommensteuertarif: Weiterhin eine Wachstumsbremse?, Kiel Working Papers No.1304 (2006), S.2

Bundesministerium der Finanzen (Hrg.) (1977), Bericht der Bundesregierung über die Möglichkeiten zur Einführung eines Einkommensteuertarifs mit durchgehendem Progressionsverlauf-Tarifbericht (§ 56 EstG), (Schriftenreihe des Bundesministeriums der Finanzen Heft 23), Wilhelm Stollfuss Verlag Bonn 1977

Dalton, Hugh (2003), Principles of Public Finance, 11 impression, London & New York, 2003

Dziadkowski, Dieter (1985), Plädoyer für einen transparenten und realitätsbezogenen („bürgernahen") Einkommensteuertarif, Beilage 9-1985 zu BB Heft 15-1985, S.1ff.

Genser, Bernd (1980), Lorenzgerechte Besteuerung. Ein normatives Konzept für einen neuen Steuertarif, Verlag der Österreichischen Akademie der Wissenschaften, Wien 1980

Hayek, Friedrich A. (1952), Die Ungerechtigkeit der Steuerprogression, 32 Schweizerische Monatshefte, 1952, S.508ff.

Homburg, Stefan (2010), Allgemeine Steuerlehre (Vahlens Handbücher der Wirtschafts- und Sozialwissenschaften), 6. Aufl., München 2010

Houben/ Baumgarten (2011), Haushalts- und Verteilungswirkungen einer Tarifreform, IFSt-Schrift Nr. 476 (2011) S.26ff.

Jakobsson, Ulf (1976), On the Measurement of the Degree of Progression, 5 Journal of Public Economics, p.161 (1976)

Kakwani, Nanak C. (1980), Income Inequality and Poverty. Methods of Estimation and Policy Applications, Oxford University Press 1980

Kakwani, Nanak C. (1977A), Measurement of tax progressivity:An international comparison, 87(345) The Economic Journal pp.71-79 (1977)

697

参 考 文 献

Kakwani, Nanak C. (1977B), Applications of Lorenz Curves in Economic Analysis, 45 (3) Econometrica, pp.719-727 (1977)

Kakwani, Nanak C. (1980), Income Inequality and Poverty: Methods of Estimation and Policy Applications, Oxford University Press, 1980

Karl-Bräuer-Institut des Bundes der Steuerzahler (1971), Der Weg zu einem zeitgemäßen Steuersystem, Heft 20 der Schriftenreihe, 1971

Karl-Bräuer-Institut des Bundes der Steuerzahler (1972), Zur Reform des Einkommensteuertarifs, Heft 22 der Schriftenreihe, 1972

Karl-Bräuer-Institut des Bundes der Steuerzahler (1984), Ein Vorschlag zur Reform des Lohn- und Einkommensteuertarifs, Heft 56 der Schriftenreihe, 1984

Kolm, S.C. (1969), The optimal production of social justice, in: H.Guitton and J. Margolis, (eds.), Public Economics (St. Martin, New York),1969

R.A. Musgrave/ Tun Thin (1948), Income Tax Progression, 1929-48, 56 Journal of Political Economy, pp.498-514 (1948)

Musgrave, Richard Abel/ Peggy B. Musgrave/ Lore Kullmer (1975), Die öffentlichen Finanzen in Theorie und Praxis, 2.Bd., Tübingen 1975

Nozick, Robert (1974), Anarchy, State and Utopia, New York 1974

Rotschild, M./ J.E. Stiglitz (1973), Some Further Results on the Measurement of Inequality, Journal of Economic Theory 6, 1973

Schneider, Dieter (1984), Leistungsfähigkeitsprinzip und Abzug von der Bemessungsgrundlage, StuW 1984 S.356ff.

Seidl, Christian (2002), "The Over-generous Boon: Tax Splitting in Germany", in: Patrick Moyes, Christian Seidl and Anthony F. Shorrocks (eds.), Inequalities: Theory, Measurement and Application, Journal of Economics/ Zeitschrift für Nationalökonomie, Supplement 9 (2002), pp.241-260

Tipke, Klaus (1985), Steuerrecht, 10. Aufl., Köln 1985

Vogel, Klaus (1975), Steuergerechtigkeit und soziale Gestaltung, DStZ A 1975 S.409ff.

事項索引

1946年法規命令承認手続法············ 418,426

1992年9月25日連邦憲法裁判所決定······ 128

1992年決定····························· 375

1992年社会保障管理法141条 ······· 412,426

1999年ドイツ連邦憲法裁判所決定········ 375

1999年租税クレジット ················· 155

2002年租税クレジット法················ 156

あ 行

新たな関係の期間····················· 229

英国2002年Tax Credits Act ············· viii

一律税率····························· 5

インフレによる隠れた増税············ 540,577

応能負担原則························· 539

親　法····························· 426

か 行

解釈通達····························· 419

改定決定···························· 250,296

下位法令··························· 412,426

概要書····························· 420

学生所得··························· 270,279

（拡張された）負の所得税システム········ 63

確定拠出型の社会保障制度················· 426

掛金負担率························· 628

過　酷····························· 243

過少支給··························· 320,321

可処分····························· 349

可処分所得························· 587

課税外所得························· 270

課税所得··························· 270,346

課税所得金額······················· 376

課税総所得金額····················· 5

課税ベース························· 5,10

家族クレジット····················· 155

家族追加要因額····················· 180

家族の裁定額······················· 169,267

家族の貧困························· 9

過大支給····························· 322

　　——の回収····················· 237

過大支給額の回収手続き················ 322

カップル要因額····················· 201

稼得所得··························· 277,345

寡　婦····························· 9

貨幣所得··························· 345,654,668

関係期間··············· 179,212,221～226,

230,232,313～318

関係の所得金額··········· 212,224,225,227,230

監護人手当························· 279

緩衝値····························· 289

完全計算法························· 305

関連の期間························· 200

議会コントロール········ 412,413,420,631,640

議会手続き························· 418

議会における命令承認手続············· 413

機会の平等························· 2

基礎控除··························· 159

基礎控除額························· 92,513

基礎控除額表······················· 95

基礎所得支援給付（基礎租税クレジット）··· 6

基本要因額························· 201,216

逆進効果··························· 346

逆進性····························· 96,376

客観的課税標準····················· 5,346

救護法····························· 98

救　済····························· 158

求職者給付························· 345

求職者手当························· 196,301

救貧税法案························· 98

給付行政··························· 411

699

事項索引

給付つき税額控除	1
給付明細書	9
給与所得	270
恐怖からの自由	101
局所逆進性	533,648
局所最大値	454,456
局所測度	470,491,492
局所累進性	536
勤労控除	95
クズネッツ	2
クレジット・トークン	279
ケインズ	89
決定	293
限界税率	13,14
限界税率曲線	570
限界税率表	516,527
限界税率負担	453,462
限界税率累進	492
現金外のバウチャー	279
現金バウチャー	279
現物給付	278,333
憲法84条の規定の趣旨	411
公課禁止	345
公的扶助	89
公的扶助給付額	377
合同所得	333
合同所得金額	267
公認児童養育スキーム	202
高齢者	9
コーポレート・ファイナンス行政	411
国外所得	270
国民健康保険法	411
国民保険基金	413
50歳プラス要因額	202
個人所得	26,106,587
個人所得税申告	68
個人の裁定額	169,267
個人の尊厳か貧困者の恥辱か	105

個人要因額	180
国会によるコントロール	411
国会法の改正	426
子ども手当給付法5条	367
子ども手当給付法16条	367
子ども手当給付法施行令1条	367
子ども手当法4条1項各号	367
子どものいない労働者	195
子どものいる家族の支援	323
5年審査	417

さ 行

最高額	233
最高限界税率	516
最終決定	262,309
最終裁定	292
最終裁定額	288,290
最終通知書	248,258,282,298
最終的に決定	288
最初の決定	288
最初の裁定額	287,293
最大裁定額	203
最大料率	245,268,283,284,
	286,308,314,317,318
裁定	293
裁定額	330
裁定額を修正	186,297
最低所得保障額	108
最低生活の維持	2
最低生活費	91
最低生活費残余説	6,588,595
最低生活費残余方式	376
最低生活保障水準	91
最低賃金	190
最低の所得階級	376
歳入	11
歳入・関税庁	301
歳入弾性	454,492,493,531,572

事項索引

歳入庁による支給…………………… 320

削減消去ルール……………………… 203

雑所得………………………………… 270

30時間要因…………………………… 282

30時間要因額………………………… 201

残余所得……………………… 559,654,668

残余所得弾性…………… 454,492,494,533

支　給………………………………… 320

事業所得……………………………… 270

資産テスト……………… 168,169,267,268

支出税………………………………… 116

実額報酬システム…………………… 631

失業等給付…………………………… 346

失業の罠……………………………… 190

実効税率……………………………… 12

児童所得支援給付（児童クレジット）……… 6

児童租税クレジット……… 156,169,170,290

　――の基本受給権………………… 294

　――の金額………………………… 178

　――の最大料率……………… 178,180

　――の受給権……………………… 293

　――の当初受給権………………… 294

児童手当………………………… 271,279

児童の貧困…………………… viii,332

児童養育コスト……………………… 293

　――の上限額……………………… 203

　――の80％………………………… 203

児童養育要因額……………… 201,202

　――の受給権………………… 202,294

シャウプ勧告………………………… 645

社会契約論…………………………… 98

社会的セーフティネット…………… 329

社会的法治国原則…………………… 539

社会配当……………………… 44,67,100

社会配当アプローチ………………… 90

社会配当プラン……………………… 29

社会配当論…………………………… 98

社会保険制度………………………… 5

社会保険料等の賦課要件…………… 411

社会保障管理法……………………… 638

社会保障給付法……………………… 639

社会保障拠出法……………………… 637

社会保障システムと所得税システムの統合

………………………………… 640

社会保障所得………………… 270,279

就学児童手当………………………… 592

修　正………… 184,188,207,209,212,254

修正課税所得………………………… 664

修正裁定……………………… 186,207

住宅手当……………… 7,211,271,279

重度障害要因額……………………… 201

収入充当額…………………………… 94

就労意欲……………………………… 26

　――の高揚…………………… 8,44

就労インセンティブ………………… 47

就労家族租税クレジット…………… 156,325

就労しない世帯……………… 196,301

就労所得支援給付（就労クレジット）……… 6

就労する方が得になる……………… 332

就労租税クレジット……… 156,169,190,267,
290,323,325,326

　――の基本受給権………………… 294

　――の最大料率…………………… 201

　――の裁定額……………………… 203

　――の受給権……………………… 294

就労租税クレジット（権利及び最大料率）

省令………………………… 191,335

就労のインセンティブ……………… 326

主観的課税標準……………… 5,346,513

受給権………………………………… 288

　――の料率………………………… 281

受給年齢後の再入職………………… 195

主たる後見人………………………… 320

恤救規則……………………………… 98

恤救法案……………………………… 98

出産休職……………………………… 195

701

事 項 索 引

出産手当…………………………… 271	所得支援給付金システム………… 121,123
シュバルツ………………… 67,68,121	所得支援給付金統合法………………… 113
障害者就労手当…………………… 155	所得支援給付システム………… 54,155
障害者租税クレジット…………… 156	所得支援給付請求権………………… 654
生涯所得税………………………… 122	所得支援給付プラン………………… 96
障害要因額………………………… 201	所得支援給付法……………… viii,3,639
奨学金……………………………… 271	所得支援給付法案………………… 96
奨学金所得………………………… 279	所得支援給付率…………………74
状況の変化………… 188,198,209,229,235,	所得支援消去率…………………… 106
241,243,244,252,259,260,	所得支援分岐水準………………… 108
262,267,281,297,321,330	所得支援分岐線…………………… 106
消極的承認手続きに服する法規命令…… 423	所得支援分岐点…………………… 6,8
消去率…… 183,226,228,231,233,303,314,656	所得除外…………………………… 271
情報提供請求権…………………… 297	所得税クレジット………………… 80
正味の所得支援給付金………………… 55	所得税クレジット制度…………… 106
職務上の瑕疵……………………… 242	所得税・所得支援給付金統合法案……… 123
所　得……………………………… 587	所得税制を用いた所得税クレジット…… 80
所得移転……………………………… 3	所得税と社会保障との統合………… 654
所得移転消去率……………………… 26	所得税法89条1項………………… 498
所得移転消去率の2階層システム ……… 329	所得税法の基本構造………………… 32
所得移転消去率ルール……………… 6	所得調査…………………………… 8
所得階級……………………………… 8	所得の格差…………………………… 2
所得格差……………………………… 2	所得ベース型求職者手当………… 200,211
所得型求職者手当………………… 279	所得補給………… 196,200,211,279,301
所得関連型雇用支援手当………… 200,211	所得補足交付金……………………… 98
所得金額………………… 267,269,298	資力調査………………………… 8,45
——の計算方法…………………… 269	資力調査の廃止……………………… 68
——の不修正枠…………………… 299	侵害行政…………………………… 411
——の変化………………… 286,321	新規就労控除………………………… 6
所得控除…………………………10	新社会契約論……………………… 100
所得再分配………………… 155,491	身障児童…………………………… 195
所得支援基準給付………………… 44	身障のない労働者………………… 195
所得支援基準給付アプローチ……… 32,90	人的所得控除………… 36,90,155,159,346,653
所得支援基準給付額………………… 6	人的所得控除アプローチ……… 32,33,38,90
所得支援基準給付金………………… 26	人的所得控除額……………………… 24
所得支援給付…………………44,333	人的所得控除権…………………… 160
——の即応性……………………… 333	垂直的平等…………………………… 8
所得支援給付金………………… 98,106	推定所得金額……………………… 298

702

事 項 索 引

水平的平等……………………… 8
スティグマ……………………… 324
スピナムランド………………… 99
税額控除……………… 9,155,158,161
税額算出式………………………… 14
税額シェジュール……………… 503
生活困窮者……………………… 89
生活保護基準額………………… 92,95
生活保護基準額(最低生活費)…… 94
生活保護基準額控除額………… 92
生活保護基準控除額…………… 94
生活保護給付…………………… 5
生活保護給付基準額…………… 377
生活保護受給額………………… 92,95,97
生活保護受給者………………… 91
生活保護法……………………… 91
生活保護法(旧法)……………… 98
生活保護法(新法)……………… 98
請 求………………………… 249
　　──と日付の遡及…………… 184
　　──の方法………………… 253
請求人…………………………… 251
税金・社会保障給付の罠……… 329
政策即応型累進税額シェジュール… 539
税 収……………………… 11
税制度を用いた所得移転……… 1
税制を用いた所得移転システム… 28
税制を用いた所得移転制度…… 106
税制を用いた所得支援給付金… 10
税制を用いた所得支援給付金制度… 106
税、租税クレジット及び社会給付… 189
生存権…………………………… 2
生存保障所得控除……………… 9
正の税率………………………… 5
税の即応性……………………… 333
政府からの隠れた所得移転…… 10,96,346,376
政府からの金銭給付…………… 345
税法上の所得概念……………… 277

税 率……………………… 108
税率適用の留保ルール………… 6
責 任………………………… 242
世帯所得………………………… 333
世帯所得支援給付(FSB)申請書… 68
世帯所得支援給付金…………… 67
世帯単位………………………… 55
積極的承認手続き……………… 423
　　──に服する法規命令…… 422
ゼロ税率ゾーン………………… 513
ゼロ税率ブラケット規定……… 376
セ ン………………………… 3
潜在能力………………………… 4,89
相殺所得税……………………… 47,58,80
総所得金額……………………… 5,346
総所得対税負担率……………… 12
相対的貧困線…………………… 8,10
ソーシャルワーク……………… 8
即応性…………………………… 330
即応の必要性…………………… 592
租税クレジット………… viii,6,155,161,332
　　──の最大料率…… 245,268,296
　　──の裁定額……………… 288
　　──の支給………………… 187
　　──の請求、決定と支給… 249
　　──の当初裁定額の最大値… 295
租税クレジット額の最大値…… 203
租税クレジット裁定額………… 292
租税クレジット・システム…… 158
租税クレジット事務所…… 238,249,252,254,
　　　　　　　　　　　　　　263,275
租税クレジット(雇用者等による支給)
　　(改正)省令………………… 208
租税クレジット(所得支援分岐水準及び
　　料率の決定)省令…………… 335
租税債権給付…………………… 639
租税支出………………………… 3,10
租税支出額計算………………… 13

703

事項索引

租税支出総額……………………… 5, 13
租税システムと所得支援給付システムの
　統合……………………………… 332
租税と所得支援給付システムを統合…… 157
租税分岐点………………………… 5, 8
粗の最低所得保障額……………… 40
粗の所得支援給付金……………… 55

た 行

第1所得支援分岐水準未満の総所得金額 203
第1所得支援分岐水準の上限値……… 203
多段階累進税率…………………… 376
Tax credits………………………… 161
段階税率…………………………… 14
段階的導入………………………… 57
単なる客体………………………… 653
地方税給付金……………………… 211, 279
チャーチル………………………… 103
超過所得……… 184, 226, 228, 303, 307, 314
超過累進所得税額表……………… 513
聴聞権……………………………… 298
直接累進課税方式………………… 456, 559
追加的負担所得控除……………… 9
通貨建て…………………………… 270
冷たい累進………………………… 541
ディスインセンティブ…………… 26, 96
テオバルト………………………… 67, 121
適格児童養育コスト…… 169, 201, 219, 222, 294
適格青年…………………………… 174
適格養育コスト…………………… 267
ドイツ憲法85条2項……………… 426
同　居……………………………… 162
投資所得…………………………… 271
当初決定……… 250, 259, 262, 263, 293, 309
当初裁定…………………………… 186, 206
当初裁定額………………………… 295
当初査定額………………………… 335
同性結婚…………………………… 197

――である個人…………………… 162
特別奨学金………………………… 271
年単位賦課………………………… 332
届　出……………………………… 297

な 行

ニクソン…………………………… 113
乳幼児童手当……………………… 591
年金掛金の拠出…………………… 160
年金クレジット…………………… 200, 211
年金数理庁長官…………………… 417
年金保険掛金ベース……………… 640
年次所得…………………………… 271
年次申告…………………………… 259, 260
年次審査…………………………… 258, 259
年度内過大支給…………………… 235, 244
年度末過大支給…………………… 236, 244

は 行

パート・タイム労働者…………… 325
配偶者控除………………………… 160
配偶者所得支援給付(配偶者クレジット)… 6
白紙委任…………………………… 411
働きがいのある就労意欲………… 4
パレート指数……………………… 670
パレート分布……………………… 670
必須の生計費……………………… 243
必要性のテスト…………………… 68
必要即応の原則…………………… 593, 656
必要労働時間……………………… 325
一人親……………………… 194, 201, 290
飛躍問題…………………………… 53
被用者への租税クレジットの支給…… 208
標準給与システム………………… 631
標準報酬システム………………… 629
貧困水準…………………………… 67
貧困線……………………………… vii, 6
貧困線ギャップ…………………… 80

事 項 索 引

貧困線ギャップ・アプローチ………… 33,66
貧困線ギャップ・アモデル……………… 90
貧困の罠……………………………… 190,326
貧困問題…………………………………… 155
夫婦税額控除…………………………… 161
不可処分所得…………………………… 513
賦課方式………………………… 412,426
福祉プログラム………………………… 45
扶助額……………………………………… 5
ブッカー………………………………… 104
不動産所得……………………………… 271
負の課税所得…………………………… 36
負の所得税……………………… 8,106,654
　　──の算定ベース………………… 41
負の所得税制度………………………… 89
「負の所得税」モデル ………………… 31
負の税率…………………………………… 5
不服申立権……………………………… 301
普遍主義………………………………… 100
　　──か選別主義か………………… 105
　　──による社会配当……………… 101
フラット税率……………………………… 8
フリードマン…………… 29,31,90,121
フル・タイム労働者…………………… 325
平均税率………… 12,14,158,159,346,376
平均税率曲線…………………………… 571
平均税率表……………………… 518,529
平均税率負担………………… 453,462
ベヴァリッジ…………………………… 103
べき分布………………………………… 670
変化の届出……………………………… 282
法規課…………………………………… 419
法規命令………………………………… 418

法規命令承認手続法…………… 413,427
法規命令承認手続を定める法律……… 426
法規命令承認に関する議会手続き……… 420
法規命令の政策評価…………………… 425
法規命令の否決………………………… 424
保険金非課税システム…………………… 5
保険料所得控除…………………………… 5
保険料率等に関する省令……………… 426
　　──を法律に格上げ……………… 426
保険料率の改訂………………………… 426

ま 行

marginal rate………………………………14
マクガバン…………………………… 80,110
増差少額切捨てルール………………… 291
ミチケ…………………………………… 113
みなし所得(想定所得)………………… 280
盲人控除………………………………… 158
盲人所得控除…………………………… 160

や 行

欲望からの自由………………………… 101

ら 行

ランプマン……………………… 29,76,121
リス・ウィリアムズ…………… 29,99,121
累進測度………………… 453,493,503
老人夫婦税額控除……………………… 162
労働厚生事務次官通知別表…………… 95
労働時間………… 267,282,325,330,331
ローレンツ曲線………………………… 491
ローレンツ正義………………………… 556
ロルフ………………………………… 80,107

〈著者紹介〉

木 村 弘 之 亮（きむら こうのすけ）

現職：日本大学大学院総合科学研究科教授
専攻領域：租税法、行政法、法と経済学
1946年　三重県生まれ
1969年　慶應義塾大学法学部卒業、慶應義塾大学大学院法学研究科後期博
　　　　士課程修了、法学博士（慶應義塾大学）。
1988年　慶應義塾大学法学部教授、2003年　日本大学総合科学研究所教授
　　　　を経て、2006年〜2012年　國學院大学非常勤講師

〔主要著書〕

租税証拠法の研究（成文堂　1987年）
租税過料法（弘文堂　1991年）
多国籍企業税法　（慶應義塾大学出版会　1993年）
行政法演習Ⅰ／Ⅱ　（成文堂　1995年、1997年）
カナリス（原著）法律学における体系思考と体系概念（慶應義塾大学出版会
　　　　1996年）
人見康子（共編）家族と税制（弘文堂　1998年）
租税法総則（成文堂　1998年）
租税法学　（税務経理協会　1999年）
国際税法　（成文堂　2000年）
2001年行政事件訴訟法草案（信山社　2001年）
HP 12c によるときめきひらめき金融数学(パレード2008年;増補第2版　2010年)

学術選書
69
租税法

❀ ❈ ❀

所得支援給付法〔増補版〕

2016(平成28)年4月5日　第1版第1刷発行
5869-1：P730　￥14800E-012：030-009

著　者　　木 村 弘 之 亮
発行者　　今井貴　稲葉文子
発行所　　株式会社　信山社
〒113-0033 東京都文京区本郷6-2-9-102
Tel 03-3818-1019　Fax 03-3818-0344
henshu@shinzansha.co.jp
笠間才木支店 〒309-1611 茨城県笠間市笠間515-3
笠間来栖支店 〒309-1625 茨城県笠間市来栖2345-1
Tel 0296-71-0215　Fax 0296-72-5410
出版契約2016-5869-1-01010 Printed in Japan

©木村弘之亮, 2016　印刷・製本／東洋印刷・渋谷文泉閣
ISBN978-4-7972-5869-1 C3332 分類323.944-b010租税法

JCOPY 〈(社)出版者著作権管理機構 委託出版物〉
本書の無断複写は著作権法上での例外を除き禁じられています。複写される場合は、
そのつど事前に、(社)出版者著作権管理機構 (電話03-3513-6969,FAX 03-3513-6979,
e-mail: info@jcopy.or.jp) の許諾を得てください。

◇学術選書◇

32	半田吉信	ドイツ新債務法と民法改正	8,800円
33	潮見佳男	債務不履行の救済法理	8,800円
34	椎橋隆幸	刑事訴訟法の理論的展開	12,000円
35	和田幹彦	家制度の廃止	12,000円
36	甲斐素直	人権論の間隙	10,000円
37	安藤仁介	国際人権法の構造Ⅰ〈仮題〉	続刊
38	安藤仁介	国際人権法の構造Ⅱ〈仮題〉	続刊
39	岡本詔治	通行権裁判の現代的課題	8,800円
40	王 冷然	適合性原則と私法秩序	7,500円
41	吉村徳重	民事判決効の理論（上）	8,800円
42	吉村徳重	民事判決効の理論（下）	9,800円
43	吉村徳重	比較民事手続法	近刊
44	吉村徳重	民事紛争処理手続の研究	近刊
45	道幸哲也	労働組合の変貌と労使関係法	8,800円
46	伊奈川秀和	フランス社会保障法の権利構造	13,800円
47	横田光平	子ども法の基本構造	10,476円
48	鳥谷部茂	金融担保の法理	近刊
49	三宅雄彦	憲法学の倫理的展開	続刊
50	小宮文人	雇用終了の法理	8,800円
51	山元 一	現代フランス憲法の理論	近刊
52	高野耕一	家事調停論（増補版）	続刊
53	阪本昌成	表現の自由〈仮題〉	続刊
54	阪本昌成	立憲主義〈仮題〉	続刊
55	山川洋一郎	報道の自由	近刊
56	兼平裕子	低炭素社会の法政策理論	6,800円
57	西土彰一郎	放送の自由の基層	近刊
58	木村弘之亮	所得支援給付法	12,800円
59	畑 安次	18世紀フランスの憲法思想とその実践	近刊
60	髙橋信隆	環境行政法の構造と理論	12,000円
2010	高瀬弘文	戦後日本の経済外交	8,800円
2011	高 一	北朝鮮外交と東北アジア:1970-1973	7,800円

信山社

価格は税別